Die Apostelgeschichte

erklärt von

Werner de Boor

R. Brockhaus Verlag, Wuppertal

8. Auflage 1982

Printed in Germany
Karten auf Seite 470 und 471 von Harald Wever
Druck: fotokop wilhelm weihert Kg, Darmstadt
ISBN 3-417-25106-0 Efalin
ISBN 3-417-25006-4 Paperback

Richtlinien
für die Benutzer der Wuppertaler Studienbibel

In bezug auf den Bibeltext:

Der Bibeltext ist fett gedruckt. Wiederholungen aus dem behandelten Bibeltext sind fett gedruckt.

Gesperrt nur im Sinne der Verdeutlichung bei Betonung.

In bezug auf die Parallel-Stellen:

Mit Absicht sind eine große Fülle von Bibel-Stellen als Parallelen gebracht. Für diese Parallelstellen ist am Rand eine Spalte freigelassen.

In bezug auf die Handschriften:

Zu den wichtigsten vom Text abweichenden Lesarten, die sich im allgemeinen in den Fußnoten finden, sind folgende Zeichen gesetzt, die der Erklärung bedürfen:

Die Handschriften des Neuen Testaments

Bezeichnung	aus Jahrhundert	Namen	Standort: in Bibliothek	
א	IV	Sinaiticus	London	Neutestamentlicher Teil einer Vollbibel. Die romantische Entdeckungsgeschichte, wie sie Tischendorf erzählt, siehe bei Tischendorf. Gregory 348 ff., Gregory 23 ff. 1844 im Katharinenkloster auf Sinai in einem Abfallkorb zum Heizen bestimmt. Genannt sei auch: Schneller: Tischendorf-Erinnerungen.
A	V	Alexandrinus	London	Das NT mit 1. Clemensbrief und den sogen. Psalmen Salomos, in der Bibliothek Alexandrien, 1628 an Karl I. von England geschenkt. Vollbibel mit einzelnen Lücken.
B	IV	Vaticanus	Rom	Einer der größten Schätze der päpstlichen Bibliothek. Vollbibel mit Lücken.
C	V	Ephraemi rescriptus	Paris	In Pariser Nationalbibliothek stehend. Vom Syrer Ephraem überschrieben. 1535 nach Paris gekommen. Bibel mit vielen Lücken.

Diese vier Bibeln des IV. und V. Jahrhunderts dürfen als die wichtigsten Zeugen gelten. — Wenn sie auch auf die Hauptsitze der katholischen und anglikanischen Kirche Rom, Paris, London verteilt sind, so hat doch der deutsche Protestantismus sich um ihre gelehrte Erforschung sehr bemüht.

Die Zusammenfassung der vier Handschriften א A B C zu einer Text-Gruppe wird die hesychianische oder ägyptische Textform genannt. Hesychius war ein Grieche in Alexandrien. Weil Alexandrien in Ägypten liegt, wird diese Textgruppe auch die ägyptische Textform genannt.

Weitere Handschriften des Neuen Testaments

Bezeichnung	aus Jahrhundert	Namen	Standort: in Bibliothek	
D	VI	Bezae Cantabrigiensis	Cambridge	Enthält die 4 Evangelien und die Apostelgeschichte, aber mit großen Lücken.
E	VIII	Basiliensis	Basel	Diese Handschriften enthalten die vier Evangelien.
F	IX	Boreelianus	Utrecht	
G	X	Seidelianus I	London	
H	IX	Seidelianus II	Hamburg	
L	VIII		Paris	H und L enthalten Apostelgeschichte und Briefe.
046	VIII		Rom	046 enthält Offenbarung des Johannes.

Die sogenannte **Koine** ist diejenige Handschriftengruppe, welche die Zusammenfassung der einzelnen Handschriften E F G H L und 046 bildet.

Es sind also die Handschriften aus dem VIII. bis X. Jahrhundert. Die Koine ist die in Antiochien und später in Konstantinopel zur allgemeinen Verbreitung gekommene Textform. Diese Textform tritt uns, da Erasmus von Rotterdam solche späten Handschriften benutzte, in Luthers Bibelübersetzung entgegen. Luther stützte sich auf diese späte Handschriftengruppe, also auf die sogenannte Koine, die in der Erasmus-Ausgabe vorlag.

Die Erasmus-Arbeit war eine sehr flüchtige Arbeit.

„Erasmus benutzte höchstens drei Handschriften, die er von den Predigermönchen in Basel entlieh und die heute noch erhalten sind (keine von ihnen ist älter als das 12. Jahrhundert). Sie zeigen, daß Erasmus die Handschriften selbst durcharbeitete und dann als Vorlage in die Druckerei gehen ließ. Für die Offenbarung des Johannes, die in jenen Handschriften fehlte, wurde eine Handschrift aus Maihingen herangezogen; in ihr fehlte der Schluß 22, 16—21; Erasmus übersetzte ihn einfach aus der Vulgata ins Griechische, ohne das irgendwo anzugeben." Michaelis, Einleitung in das NT 1954 Seite 357.

Die Koine-Gruppe, d. i. die Vorlage Luthers, erwähnen wir ebenfalls.

Andere Handschriften werden jeweilig im Text erklärt.

Am Schluß der Studienbibel soll eine Übersicht über die Geschichte der Handschriften folgen.

In bezug auf besondere Urtext-Wörter:

Schwierige Wörter des griechischen Textes, die die Möglichkeit verschiedener Übersetzungen bieten, sind in den Fußnoten eingetragen. Die griechischen Wörter sind dabei in Klammern oder in Anführung gesetzt und in lateinischen Buchstaben wiedergegeben!

Abkürzungs-Verzeichnis

I. Allgemeine Abkürzungen:

AT = Altes Testament
NT = Neues Testament
atst = alttestamentlich
ntst = neutestamentlich
grie = griechisch
hebr = hebräisch
lat = lateinisch
LXX = Septuaginta. Das ist die griechische Übersetzung des AT, angeblich von 70 gelehrten Juden auf Befehl des Königs Ptolemäus Philadelphus 200 v. Chr. in Alexandrien angefertigt.

II. Literatur-Abkürzungen:

W—B = Walter Bauer: Griechisch-Deutsches Wörterbuch. 4. Aufl. 1952
Bl—De = Blaß—Debrunner: Grammatik des ntst Griechisch 9. Auflage 1954 zitiert n. §§.
Radm = Rademacher: Neutestl. Grammatik 1925. 2. Aufl.
Ki—Th W = Kittel: Theolog. Wörterbuch
NTD = Neues Testament Deutsch Göttingen 1932 ff.
St—B = Strack—Billerbeck: Kommentar zum NT aus Talmud usw. Bd. I—IV. München 1922 ff.

III. Abkürzungen der biblischen Bücher:

a) Altes Testament

1 Mo = 1. Mose
2 Mo = 2. Mose
usw. usw.
Jos = Josua
Ri = Richter
Rth = Ruth
1 Sam = 1. Buch Samuelis
2 Sam = 2. Buch Samuelis
1 Kö = 1. Buch der Könige
2 Kö = 2. Buch der Könige
1 Chro = 1. Buch der Chronika
2 Chro = 2. Buch der Chronika
Esr = Esra
Neh = Nehemia
Esth = Esther
Hio = Hiob
Ps = Psalter
Spr = Sprüche
Pred = Prediger
Holi = Hohelied
Jes = Jesaja
Jer = Jeremia
Kla = Klagelieder
Hes = Hesekiel
Da = Daniel
Hos = Hosea
Joe = Joel
Am = Amos
Ob = Obadja
Jon = Jona
Mi = Micha
Nah = Nahum
Hab = Habakuk
Ze = Zephanja
Hag = Haggai
Sach = Sacharja
Mal = Maleachi

b) Apokryphen

Tob = Tobias
1 Makk = 1. Makkabäer
2 Makk = 2. Makkabäer
Sir = Sirach

c) Neues Testament

Mt = Matthäus
Mk = Markus
Lk = Lukas
Jo = Johannes
Apg = Apostelgeschichte
Rö = Römer
1 Ko = 1. Korinther
2 Ko = 2. Korinther
Gal = Galater
Eph = Epheser
Phil = Philipper
Kol = Kolosser
1 Th = 1. Thessalonicher
2 Th = 2. Thessalonicher
1 Tim = 1. Timotheus
2 Tim = 2. Timotheus
Tit = Titus
Phlm = Philemon
1 Pt = 1. Petrus
2 Pt = 2. Petrus
1 Jo = 1. Johannes
2 Jo = 2. Johannes
3 Jo = 3. Johannes
Hbr = Hebräer
Jak = Jakobus
Jud = Judas
Offb = Offenbarung des Johannes

Vgl. W. Stb. Matth. S ... = Vergleiche Wuppertaler Studienbibel Matthäus-Band Seite ...
Vgl. W. Stb. Mark. S ... = Vergleiche Wuppertaler Studienbibel Markus-Band Seite ... usw.

Die Apostelgeschichte

erklärt von

Werner de Boor

R. Brockhaus Verlag, Wuppertal

VORWORT

Wenn man von der Erklärung Paulinischer Briefe, ganz besonders des Römerbriefes, herkommt, scheint die Auslegung der Apostelgeschichte recht einfach zu sein. Wir haben es hier mit „Geschichte" zu tun, mit Berichten über Ereignisse, die sich so oder so zugetragen haben. Hier ist eigentlich nichts zu „erklären". Einige Hinweise sprachlicher und geschichtlicher Art scheinen zum Verständnis zu genügen. Aber in dieser „Einfachheit" liegt zugleich die Schwierigkeit. Der Leser soll nicht nur zur Kenntnis nehmen: So ist es einst geschehen! Er verlangt mit Recht nach einer Anleitung, das damals Geschehene zu dem Leben der Gemeinde Jesu heute in Beziehung zu setzen und es gerade dadurch auch erst in sich selbst wirklich zu verstehen. Wo aber ist dann die Grenze zwischen berechtigter Verdeutlichung des Textes von der Gegenwart her und zwischen „Predigten über die Apostelgeschichte", die in eine Auslegung nicht hineingehören, sondern ihr nur folgen können? Hier ist nicht leicht zu entscheiden, wann der Ausleger zu viel oder zu wenig des Guten tut. Eine gewisse Ungleichmäßigkeit in der Behandlung der einzelnen Abschnitte wird sich dabei schwer vermeiden lassen. Mancher Leser wird eine eingehende Erklärung gerade da vermissen, wo der Verfasser sich mit kurzen Hinweisen meinte begnügen zu können, und hätte größere Kürze da gewünscht, wo der Verfasser ausführlicher wurde.

Schwierig ist die Auslegung der Apostelgeschichte auch deshalb, weil ein solches „geschichtliches" Buch ganz anders als ein Brief der historischen Kritik unterliegt. Man wird an der vorliegenden Erklärung der Apostelgesichte die Auseinandersetzungen mit dieser Kritik vermissen. Sie ist aber aus drei gewichtigen Gründen, die eng miteinander zusammenhängen, bewußt unterlassen worden. Eine kurze Abweisung der historisch-kritischen Einwände gegen die Darstellung des Lukas ist zu billig und hilft demjenigen nicht, der ernstlich von den Problemen der kritischen Theologie angefochten ist. Eine gründlichere Auseinandersetzung aber erfordert sprachliche, geschichtliche und methodische Kenntnisse, wie sie ein großer Teil der Benutzer unserer Studienbibel nicht haben kann. Eine solche Auseinandersetzung würde zugleich den Umfang des Buches allzu sehr anschwellen lassen und den Leser von der einen Hauptsache ablenken: unter Gebet mit völliger Aufgeschlossenheit zu hören und zu sehen, was Gott ihm in der Apostelgeschichte des Lukas zu sagen und zu zeigen hat. Diese positive Aufgabe ist so groß, daß sie alle Kraft des Auslegers wie seiner Leser in Anspruch nimmt. Gelingt aber diese positive Aufgabe, dann ist die ausdrückliche Auseinandersetzung mit kritischen Einwänden nicht mehr so wichtig. Als Graf Zeppelins erstes Luftschiff tatsächlich über dem Bodensee kreiste, waren die zahllosen kritischen Schriften gegen sein Werk nicht mehr von erheblicher Bedeutung. Steht uns das, was Jesus nach seiner Himmelfahrt als der

erhöhte Herr fortfuhr zu tun und zu lehren, hell und klar vor Augen, erfüllt es unser Denken, formt es unser Wollen, gestaltet es unsern Dienst, dann treten alle kritischen Einwände gegen die Apostelgeschichte von selbst in den Hintergrund.

In der Übersetzung bin ich bei dem Versuch geblieben, dem Leser bis in die ganz undeutsche Wortstellung und in den Gebrauch von Partizipien hinein ein möglichst getreues Bild des griechischen Textes zu bieten. Ich freue mich, daß auch ein Neutestamentler von Fach wie Haenchen darin einiges wagt. Wer eine flüssige Wiedergabe in gutem Deutsch sucht, kann das reichlich anderwärts finden.

Eine besondere Einzelfrage ist die Wiedergabe der vielen geographischen Namen der Apostelgeschichte. Der Leser hat ein Recht darauf zu erfahren, wie diese Namen im Text des Lukas selbst lauten. Dem ist weitgehend entsprochen worden. Völlige Konsequenz ist allerdings nicht durchführbar, wie auch das Werk von Stählin zeigt. Selbst „Antiochia" ist schon eine Eindeutschung, es müßte ganz genau „Antiocheía" heißen. Die ursprüngliche Namensform von Orten ist uns besonders fremd, wo wir bis in die Gegenwart hinein an die umgeformten Namen gewöhnt sind: in „Kypros" würde kein heutiger Leser die Insel „Cypern" wiedererkennen; während er in „Thessalonike" ohne weiteres das vertraute „Thessalonich" findet. Die Grenzen der möglichen oder nicht mehr möglichen Beibehaltung der ursprünglichen Namensformen sind fließend. Das ist auch bei heutigen Berichten und Erzählungen aus fremden Erdteilen nicht anders.

Auch dieser Band der Studienbibel wäre ohne den vielfältigen Einsatz meiner Mitarbeiterin Fräulein D. Vogt nicht zustande gekommen. Herrn G. Dulon, theologischer Lehrer in Wiedenest, hat diese Arbeit manche Anregung zu verdanken. Auch haben wieder viele Beter durch eine lange Zeit hindurch mit ihrer Fürbitte die Arbeit an diesem Band begleitet. Ich bin von Herzen dankbar dafür.

Schwerin, im Frühjahr 1965 Werner de Boor

Inhaltsverzeichnis

EINLEITUNG

1. Eigenart und Ziel der Apostelgeschichte

a) Es war eine kühne Tat, als der Verfasser des dritten Evangeliums daran ging, in einem zweiten Band ein erstes Stück „Kirchengeschichte" zu schreiben! Schon hier sehen wir Antrieb und Wirken des Geistes Gottes in dem Herzen dieses Mannes. Ganz neu hat er Wort und Auftrag des Herrn Jesus am Himmelfahrtstag verstanden und darum auch die Bedeutung dieses Tages jetzt noch deutlicher als am Schluß seines Evangeliums darstellen können. Es ist ihm aufgegangen: Die Wiederkunft Jesu ist nicht unmittelbar das nächste Ziel, dem alles Denken gehört, sondern der Wiederkunft geht ein Geschehen von großer Wichtigkeit voraus, dem die Gemeinde Jesu jetzt ihre ganze Kraft zu widmen hat. Dieses Geschehen ist die Ausbreitung des Evangeliums von Jerusalem her durch immer weitere Kreise bis ans Ende der Erde. Sicherlich, davon hatte Jesus selbst gerade in seiner endzeitlichen Rede gesprochen: „Und diese Heilsbotschaft vom Reich wird auf dem ganzen Erdkreis allen Völkern zum Zeugnis gepredigt werden, und dann wird das Ende kommen" (Mt 24, 14). Uns ist das durch 1900 Jahre Missions- und Kirchengeschichte „selbstverständlich" geworden. Für Lukas aber war es eine neue Entdeckung, als er begriff: Jesus fährt fort, zu tun und zu lehren, durch den Heiligen Geist in seinen Boten und Zeugen, und auch dieses Handeln des Herrn gehört zum „Evangelium" und ist darum in Fortsetzung des ersten Buches aufzuschreiben und darzustellen. Welch ein glaubendes Verständnis der „Kirchengeschichte" hat uns Lukas damit erschlossen. Wieviel Dank schulden wir ihm dafür und dem Heiligen Geist, der ihn so erleuchtet hat.

b) Damit ist das Ziel des Buches schon ausgesprochen. Freilich, unser deutscher Titel „Apostelgeschichte" erweist sich als irreführend. Wohl erscheinen „die Apostel" in den ersten Kapiteln als geschlossener und auch gemeinsam handelnder Kreis. Aber nur von Petrus erhalten wir in der ersten Hälfte des Buches anschaulichen Bericht. Doch liegt dem Verfasser auch wieder gar nichts an „Petrus" als solchem; von seinem weiteren Wirken nach dem Apostel-Konzil oder gar von seinem Ende erfahren wir — nichts. Ein Johannes wird nur am Anfang nebenbei mit erwähnt. Und auch Paulus, dessen Missionsreisen und dessen Prozeß den zweiten Teil des Buches füllen, ist gar nicht biographisch wichtig. Viele wesentliche Erlebnisse, die Paulus selbst in seinen Briefen erwähnt, verschweigt Lukas und hat für den Ausgang des Prozesses und den Märtyrertod des Apostels nicht ein Wort übrig. Er will eben nicht eine „Geschichte der Apostel" schreiben. Wichtig ist allein der Lauf des Evangeliums durch die Welt. Alle menschlichen Werkzeuge, sogar die Apostel, sind demgegenüber unwichtig. Das ist echt biblisch! Ganz genauso fehlt auch dem AT alles „biographische" Interesse und jede „Heldenverehrung". Es geht im Ernst nur um Gott

und seine große Sache. Das haben wir neu zu lernen, auch aus der Gestalt der Apostelgeschichte.

c) Darum ist das Buch auch kein „Geschichtswerk" in unserem Sinn. Nach unseren modernen Maßstäben ist es sehr unvollkommen und unvollständig, nur daß es selber diesen Maßstäben gar nicht genügen will. Ganze Abschnitte der geschichtlichen Entwicklung und wichtige Arbeiten kann Lukas mit einem einzigen Satz abtun, um dann wieder einzelne Geschehnisse breit auszumalen. Für die reiche Arbeit des Paulus in Ephesus durch zwei Jahre hindurch hat Lukas drei Verse übrig, für die Episode mit den Skeuassöhnen aber sieben und für den Aufruhr der Silberschmiede gar achtzehn! Von der großen Drangsal in der Provinz Asien, die Paulus selbst so eindrücklich war (2 Ko 1, 8—11), hören wir bei Lukas kein Wort. Von dem langen, heißen Ringen um die Gemeinde in Korinth, das sich in den Korinther-Briefen widerspiegelt, erfahren wir nichts. Lukas hat eine ganz andere Art zu erzählen und aus der riesigen Fülle des Stoffes auszuwählen. Er liebt es, statt eine allgemeine und fortlaufende Darstellung der Geschichte zu geben, uns vielmehr an einzelnen, mit großer Anschaulichkeit hingemalten Ereignissen den Gang der Dinge miterleben zu lassen.

d) So könnte der grie Titel des Werkes „práxeis apostólōn = Taten der Apostel" zutreffender erscheinen. Es gab im Altertum eine ganze „práxeis"-Literatur, Bücher, die in lockerer und anschaulicher Weise allerlei aus dem Leben berühmter Männer erzählen. Es wäre kein Einwand gegen die Geistesleitung bei Lukas, wenn er sich in der Darstellungsart seines Werkes einer solchen Literaturform seiner Zeit angeschlossen hätte, wie auch der geisterfüllte Apostel Paulus dem Briefstil seiner Zeit folgte. Aber Lukas wird den Titel „práxeis apostólōn" nicht selber gewählt haben. An der einzigen Stelle, an der das Wort „práxeis" in der Apostelgeschichte selber vorkommt, hat es den üblen Sinn „Zauber-Praktiken" (Apg 19, 18). Vor allem aber ist das Werk des Lukas bei manchen Berührungen in der Form doch inhaltlich und wesenhaft so tief von den antiken „práxeis"-Schriften geschieden, daß auch der jetzige grie Titel es nicht in diese Literatur-Gattung einreihen kann.

e) Von der Erkenntnis aus, daß die Apostelgeschichte kein „Geschichtswerk" in unserem Sinn ist, hat man gern betont, Lukas wollte gar nicht objektiv Geschichte schildern, sondern zur „Erbauung" seiner Leser schreiben. So müsse man die Apostelgeschichte als „Erbauungsbuch" lesen und sich nicht vom „Historismus" plagen lassen[1]. Aber damit tragen wir in gefährlicher Weise moderne, entartete Gedanken in das Werk des Lukas ein. Im Raum des NT ist das „Erbauen" noch ein sehr sachliches, auf den „Bau" der Gemeinde gerichtetes Tun. Es gründet sich auf Gottes wirkliches Handeln. „Erbaulichkeit" im Sinne der Gefühlserregung durch ergreifende „Geschichten", auf deren geschichtliche Wahrheit nicht viel ankommt, liegt biblischen Menschen völlig fern. Wenn der Engel den Petrus nicht wirklich aus dem sicher verwahrten Gefängnis herausholte, dann ist dieses Kapitel der Apostelgeschichte auch nicht „erbaulich", weder für Lukas, noch für seine damaligen Leser, noch für uns.

[1] Das ist die Grundrichtung in dem Werk von Haenchen, Die Apostelgeschichte.

f) Neben der „Erbauung" hat man das Ziel der Apostelgeschichte in der „Verteidigung" des jungen Christentums dem römischen Staat gegenüber gesehen. Darum lasse Lukas den Paulus immer wieder so intensiv seine Zugehörigkeit zu Israel erklären und beweisen, damit es für den römischen Staat klar werde: das Christentum gehört zum Judentum und ist somit eine „religio licita", eine staatlich zugelassene Religion. Und in den römischen Beamten und Offizieren, die sich zu Paulus so wohlwollend und achtungsvoll stellen und die Schuldlosigkeit des Paulus aussprechen, halte die Apostelgeschichte am Anfang des zweiten Jahrhunderts den damaligen Staatsfunktionären einen Spiegel vor[2]. Aber sollte Lukas den Einfluß seines Buches so phantastisch überschätzt haben? Sein Werk erschien doch nicht in großer Auflage gedruckt, so daß es allen Beamten im römischen Reich vor die Augen kam! Und verdarb er sich nicht diesen Zweck seines Buches selber, wenn er gleichzeitig die leidenschaftliche Ablehnung des Paulus und des Christentums durch die maßgebenden jüdischen Kreise so eindrucksvoll schilderte?

g) Nein, schon in der Widmung des ersten Bandes, des Evangeliums, an Theophilus ist das Ziel des Buches vom Verfasser selber einfach und klar bestimmt: „Damit du die unbedingte Zuverlässigkeit der Reden, von denen du Kunde bekommen hast, gründlich erkennest" (Lk 1, 4). Was gibt uns ein Recht, für die Fortsetzung des Werkes in der Apostelgeschichte an diesem Ziel zu deuteln? Weil Lukas inzwischen aufgegangen ist, daß das „Evangelium" mit dem Abschied Jesu von den Seinen nicht zu Ende ist, sondern weitergeht in seinem eigenen Lauf durch die Welt, darum schrieb auch er weiter für den gleichen Mann zu dem gleichen Zweck. Und darum schrieb er so, wie er es tat, nicht eine nüchtern „objektive" Geschichte der ersten Christenheit, auch nicht eine Darstellung der Apostel in ihrem ganzen Leben und Wirken, sondern ein Zeugnis des wunderlichen Weges, den das Evangelium von Jerusalem über Samaria, Antiochia, Kleinasien, Makedonien und Griechenland bis nach der Welthauptstadt Rom gegangen ist. Dem entspricht

2. Der Aufbau der Apostelgeschichte

Die Apostel erhalten den großen Auftrag: „Ihr werdet meine Zeugen sein in Jerusalem und in ganz Judäa und Samaria und bis an das Ende der Erde" (Apg 1, 8). Von der Verwirklichung dieses Auftrages berichtet die Apostelgeschichte. Diese Verwirklichung erfolgt nicht durch ein planmäßiges Vorgehen der Apostel, sondern ganz und gar durch ein Geschehen, das von Jesus selbst bestimmt und gelenkt wird. Dieses Geschehen vollzieht sich in drei Abschnitten, die aber einander nicht einfach folgen, sondern ineinandergreifen.

Der erste Abschnitt (Kapitel 1—7) zeigt uns die Apostel als **„Zeugen Jesu in Jerusalem"** bis hin zu dem ersten Märtyrer Stephanus, dessen Blut in Jerusalem floß. Stephanus aber gehört zu den „Hellenisten", die in ihrem Dasein schon den Blick über Jerusalem hinaus in die Weite richten. Die durch seinen Tod ausgelöste

[2] So wieder besonders Haenchen.

Verfolgung führt im zweiten Abschnitt (Kapitel 8—12) die Erfüllung des Auftrages **„Jesu Zeugen in Judäa und Samaria"** herbei. Alles lockert sich und weitet sich, das Evangelium drängt hinaus. Nicht nur Samaria wird erfaßt, sondern auch der Mann aus dem fernen Äthiopien, aber auch die erste Schar von Heiden, Kornelius und die Seinen in Caesarea und über Cypern kommt das Evangelium bis nach Antiochia und gewinnt dort einen neuen Mittelpunkt. Träger dieser ganzen Bewegung sind nicht die Apostel im engeren Sinn. Aber doch bleibt Petrus der maßgebende Mann, und die Apostel bleiben für Samaria und für Antiochia entscheidend. So greift der erste Abschnitt wieder in den zweiten Abschnitt hinein und mitten im zweiten Abschnitt wird durch die Bekehrung des Saulus von Tarsus (Kapitel 9) schon der dritte Abschnitt (Kapitel 13—28) vorbereitet, der uns nun vor Augen führt, wie Jesus selbst seinen Auftrag **„meine Zeugen bis an das Ende der Erde"** vor allem in dem gewaltigen Werk des Paulus durchsetzt. Durch Kapitel 15 (Apostelkonzil) und Kapitel 21—23 (Paulus in Jerusalem) ist dieser dritte Abschnitt wieder mit dem ersten Abschnitt verklammert. „Jerusalem" bleibt auch jetzt entscheidend, wenn „Rom" in Sicht kommt.

Man kann sich den Aufbau des Buches auch so verdeutlichen, daß man es in zwei große Teile gegliedert sieht: ersten Hauptteil Kapitel 1—12: Jerusalem und Palästina, Hauptperson Petrus; zweiten Hauptteil Kapitel 13—28, von Antiochia nach Rom, Hauptperson Paulus. Auch dann ist die Verzahnung der beiden Teile miteinander durch die Kapitel 9, 1 bis 23 gegeben.

3. Der Verfasser der Apostelgeschichte

Während sich in den Briefen des NT der Absender ausdrücklich mit seinem Namen und auch mit seiner Stellung kenntlich macht, hat der Verfasser der Apostelgeschichte und des Evangeliums auch in seiner persönlichen Widmung an Theophilus von sich selbst nichts gesagt. Die kirchliche Überlieferung aber sieht von früh an in ihm ohne jedes Schwanken Lukas, den Antiochener, Arzt und Reisegefährten des Paulus. Diese Überlieferung ist um so bemerkenswerter, als die kurzen Erwähnungen des Lukas in Kol 4, 14; Phlm 24; 2 Tim 4, 11 nichts enthalten, was nachträglich hätte dazu führen können, gerade ihm die Verfasserschaft des dritten Evangeliums und der Apostelgeschichte zuzuschreiben. Hier muß eine selbständige Kunde vorliegen, zu der wir Vertrauen haben dürfen. Manches in dem Werk selbst kann zu ihrer Bestätigung dienen. Zwar hat der Versuch, in der Apostelgeschichte in besonderer Weise die Sprache des Arztes festzustellen, einer gründlichen Prüfung nicht standhalten können. Die von Lukas gelegentlich verwendeten medizinischen Ausdrücke finden sich auch in antiken Literaturwerken, die nicht von Ärzten geschrieben sind. Aber der Verfasser der Apostelgeschichte ist jedenfalls ein Hellenist und ein gebildeter Mann, der ein gewandtes Griechisch mit sprachlichen Feinheiten zu schreiben weiß. Von Antiochia und dem dortigen Gemeindeleben entwirft er ein so anschauliches Bild mit solchen personellen Einzelheiten, daß wir in ihm gut einen Antiochener sehen können. Mit besonderer Liebe spricht er von „gottesfürchtigen"

Heiden. Vielleicht hat er selbst in den Kreis dieser Männer gehört; dann war er dadurch schon vor seiner Bekehrung zum Christentum mit dem AT in der grie Übersetzung vertraut und hatte auch eine gewisse Bekanntschaft mit jüdischen Dingen erworben. Wenn die „Wir"-Stücke in der Apg seinem eigenen Tagebuch entstammen, dann muß er in Troas in die Mitarbeit mit Paulus eingetreten sein. Er hat die Evangelisation in Philippi miterlebt und ist beim Fortgang des Paulus und Silas aus der Stadt zur Weiterführung der Gemeinde dort zurückgelassen worden. Paulus hat ihn bei seiner Reise nach Jerusalem von Philippi aus wieder mitgenommen. In Jerusalem und Caesarea hat er die Ereignisse nur aus der Ferne mit angesehen oder auch andere Aufgaben zu erfüllen gehabt. Aber die Reise nach Rom macht er wieder mit und ist in Rom bei dem gefangenen Paulus. Wenn 2 Tim 4, 11 auf eine spätere zweite Gefangenschaft des Paulus in Rom geht, wird Lukas auch nach der Freilassung des Apostels in einer Arbeitsgemeinschaft mit ihm gestanden haben, die ihn bis zum Tode des Paulus fest mit ihm verband. Wann aber Lukas zuerst dem Paulus begegnet ist, ob er durch Paulus selbst Christ wurde, warum er gerade erst in Troas in die Reisebegleitung des Paulus eintrat, das alles wissen wir nicht, wie wir so vieles Wichtige aus den uns gegebenen Quellen nicht erfahren.

4. Die Zeit der Abfassung

Die Apostelgeschichte schließt mit dem Blick auf die zwei Jahre, die Paulus in Rom in eigener Mietswohnung und verhältnismäßiger Freiheit zubringen konnte. Mit ihnen stehen wir etwa im Jahre 61 n. Chr. Die Apg könnte also frühestens um 62 geschrieben und herausgegeben sein. Aber nun ist sie nach Apg 1, 1 ein Buch, das auf das Evangelium als eine früher geschriebene Schrift zurückblickt. In seiner Widmung des Evangeliums an Theophilus spricht aber Lukas davon, daß „viele es unternommen haben, eine Erzählung von den unter uns zum Abschluß gekommenen Ereignissen abzufassen". Schriftliche „Evangelien" lagen also schon in größerer Zahl vor, als Lukas sich seinerseits ans Schreiben begab. Das aber kann noch nicht so früh der Fall gewesen sein. Wenn Lukas die Fortsetzung des Evangeliums, die Apostelgeschichte, unter Vespasian (69–79) schrieb, dann entspräche ihr frohlockendes Schlußwort „ungehindert" der Lage, in der sich die junge Christenheit nach den Schrecken der ersten Verfolgung unter Nero nun wieder befand.

5. Die Quellen der Apostelgeschichte

Lukas hat im Vorwort seines Evangeliums unbefangen davon gesprochen, daß dieses sein Buch das Ergebnis eigener gründlicher Forschungsarbeit sei. Er schreibt es als einer, „der allem von Anfang an mit Sorgfalt nachgegangen ist" (Lk 1, 3). Dieser Satz ist wichtig für das rechte biblische Verständnis der „Inspiration" der Heiligen Schrift. Lukas sagt nicht: Ich bin von Gott unmittelbar über das Leben des Herrn erleuchtet worden und habe so mein Evangelium geschrieben. Er sagt erst recht nicht:

Es ist mir Wort für Wort eingegeben worden. Im Gegenteil, er hält seine eigene Forschungsarbeit und seine eigene, geordnete Darstellung für wesentlich. Das heißt aber nicht, daß sein Werk nicht vom Heiligen Geist geleitet und durchleuchtet wäre! Wir dürfen uns das Wirken des Geistes nur nicht so mechanisch vorstellen. Es ist die Herrlichkeit des Geistes Gottes, daß er das eigene Denken, Wollen und Tun des Menschen nicht verdrängen muß, um den nötigen Raum für sein Handeln zu finden, sondern daß er eben dieses eigene menschliche Denken, Wollen und Tun erleuchtet und gestaltet. Anders ist es auch bei den Briefen des NT nicht. Auch sie sind nicht himmlisches Diktat, sondern echte menschliche Briefe, mit Sorgfalt und Überlegung für bestimmte Menschen in bestimmter Lage geschrieben. Die ganze persönliche Eigenart eines Briefschreibers, eines Paulus, eines Johannes, eines Petrus, eines Jakobus, ist an ihnen zu erkennen. Und doch ist mitten darin der Heilige Geist so wirksam gewesen, daß nun diese gleichen menschlichen, zeitgebundenen Briefe das wirkende und schaffende Wort Gottes heute an Menschen aller Erdteile sind. So geheimnisvoll und lebendig ist die Inspiration der Heiligen Schrift, die wir als wunderbare Tatsache vor uns sehen.

So ist auch die Apostelgeschichte inspiriertes Wort Gottes, obwohl sie ein sorgfältig nach „Quellen" gearbeitetes Werk des Lukas ist. Denn das Vorwort zum Evangelium gilt mit für den zweiten Band, auch wenn dieser als eigenes, selbständiges Buch erschienen ist. Lukas konnte die Apostelgeschichte ohne „Quellen" gar nicht schreiben. Ist er ein antiochenischer Heidenchrist, der erst in Troas in die Reisemannschaft des Paulus eintrat, dann konnte er erst von Kapitel 16 seines Buches ab die eigenen Erinnerungen benutzen und war für alles, was er in Kapitel 1–15 erzählt, auf Quellen angewiesen. Die wissenschaftliche Forschung hat sich nun redlich gemüht, die „Quellen" aufzuspüren und nach ihrem geschichtlichen Wert zu beurteilen. Aber die ganze Buntheit im Ergebnis dieses Bemühens zeigt, wie vergeblich es ist. Lukas hat das, was seine Quellen ihm sagten, mit solcher Gestaltungskraft verarbeitet und ist so wenig ein bloßer Zusammenflicker fremder Berichte, daß eine Feststellung bestimmer Quellen und ihre Unterscheidung von der redaktionellen Arbeit des Lukas nicht möglich ist. Die „Quellen" brauchen auch gar nicht schriftlich oder gar literarisch gewesen zu sein. Wenn Lukas den Paulus auf der Reise nach Jerusalem begleitet und so in Caesarea tagelang mit Philippus zusammen war (Apg 21, 8), wieviel konnte er von ihm über die Gemeinde in Jerusalem bis zur Verfolgung durch Saul erfahren! Andererseits sind schriftliche Aufzeichnungen, die Lukas benutzen konnte, nicht ausgeschlossen. Ganz sicher hat es „Itinerare" gegeben, kurze Reisetagebücher. Die berühmten „Wir"-Berichte der Apostelgeschichte werden aus einem solchen „Reisetagebuch" des Lukas selber stammen.

6. Die historische Kritik an der Apostelgeschichte

Aus der offenkundigen Tatsache, daß die Apostelgeschichte ein Geschichtswerk ist, von einem Mann unter Benutzung von „Quellen" erarbeitet und geschrieben, leitet die wissenschaftliche Forschung das Recht, ja die Pflicht ab, diese Darstellung

der Geschichte der ersten Christenheit kritisch zu prüfen. Ist die Darstellung des Lukas historisch richtig? Hat sich alles tatsächlich so abgespielt, wie Lukas es uns erzählt? „Kann" es so gewesen sein? Oder zeigen sich in den Berichten der Apostelgeschichte selbst Unstimmigkeiten, Schwierigkeiten, Widersprüche verschiedenster Art, die uns bedenklich machen müssen? War schon in den Quellen selbst das wirkliche geschichtliche Geschehen übermalt und unwillkürlich verändert oder ausgesponnen? Und hat dann Lukas von seiner Sicht aus und für die großen Zwecke, um die es ihm für die Gemeinde ging, die Darstellung noch wieder umgeformt und ausgestaltet?

So liegen in großer Fülle und bunter Mannigfaltigkeit kritische Kommentare und kritische Untersuchungen zur Apostelgeschichte vor. Wie sollen wir uns dazu stellen?

a) Es ist ausgeschlossen, dem Benutzer unserer Studienbibel das Gewirr der Einwände, Fragen, Urteile, Lösungsversuche und Annahmen vorzuführen und verständlich zu machen. Es ist vollends ausgeschlossen, mit ihm eine eigene Stellungnahme zu all dem zu erarbeiten. Dazu müßte der Leser gründliche Kenntnis der grie Sprache, der ntst Zeitgeschichte und der historischen Arbeitsmethoden haben. Wer dies alles besitzt, wird sowieso zu den theologischen Kommentaren greifen, die für solche Leser geschrieben sind. In unserer Studienbibel ist die Apostelgeschichte so, wie sie uns von Gott geschenkt ist, anschaulich und verständlich zu machen. Das beansprucht den zur Verfügung stehenden Raum des Buches und die vom Leser aufzuwendende Zeit und Kraft ganz und gar.

b) Soweit die kritische Exegese sachlich auf Schwierigkeiten in den Berichten der Apostelgeschichte aufmerksam gemacht und Fragen dazu gestellt hat, werden wir (ohne Auseinandersetzungen mit den kritischen Kommentaren als solchen) diese Fragen zu hören und uns mit den aufgezeigten Schwierigkeiten zu beschäftigen haben. Das gehört zur Erarbeitung eines gründlichen Verständnisses des Textes selbst.

c) Dabei wird sich zeigen, wie sehr das geschichtliche Urteil über das, was gewesen sein „kann" oder „unmöglich" so gewesen sein „könne", von dem Maß und der Art unserer eigenen Erfahrung bestimmt ist. Wer bestimmte Dinge mit Gott nicht erlebt hat, wird schnell für „Sage" oder „erbauliche Ausmalung" halten, was einem andern durchaus bekannte Wirklichkeit ist. Allzuleicht ist der gelehrte Mann an seinem Schreibtisch eingesponnen in ein rationales Welt- und Menschenbild, nach dessen Maßstäben er nun ein kritisches Urteil fällt. Man wird dabei an Luthers mächtiges Wort erinnert, das er kurz vor seinem Tod auf einen Zettel schrieb: Die Hirtengedichte des Virgil könne nur verstehen, wer fünf Jahre unter den Hirten mit ihren Herden gelebt, die Reden Ciceros nur, wer fünfundzwanzig Jahre leitend in einem Staatswesen gestanden, die Bibel darum nur, wer hundert Jahre mit Aposteln und Propheten die Gemeinde Gottes geweidet habe.

d) Von da aus müssen wir uns darüber klar sein, daß wir immer und in jedem Falle mit einem „Vorurteil" an die Bibel herantreten, einem „Vor-Urteil", das von vornherein unser Lesen der Bibel bestimmt. Man kann von dem „Vorurteil" her-

kommen, daß die Bibel letzten Endes ein Buch wie alle andern Bücher ist, wenn sie auch inhaltlich von Gott handelt. Dann nimmt man sie ohne Scheu als „Objekt" des eigenen Untersuchens und Beurteilens. Man kann aber auch das biblische Wort so sehr als das scharfe Schwert göttlichen Gerichtes und als die lebendige Kraft der Wiedergeburt bei sich selbst und bei vielen Menschen erfahren haben, daß man die Männer und Frauen versteht, die nach ihrer Bekehrung die Bibel buchstäblich nur auf den Knien lesen konnten[3].Dann geschieht auch alles Forschen und alles Fragen nach „Schwierigkeiten" und „Unverständlichkeiten" in tiefer Ehrfurcht, und zu einem raschen Besserwissen ist man nicht mehr fähig. Unsere Auslegung der Apostelgeschichte geht — wie unsere Studienbibel überhaupt — von diesem „Vorurteil" aus der Erfahrung im Umgang mit der Bibel aus. Es ist uns ernst mit dem, was wir eben von der Inspiration der Apostelgeschichte mitten im eigenen Arbeiten des Lukas sagten. Ist die Apostelgeschichte nicht nur ein Werk des Lukas, sondern zugleich und darin ein Werk des Heiligen Geistes, dann gebührt dem Leser und dem Ausleger auch diesem Buch des NT gegenüber das betende Hören.

e) Bestätigt wird diese Haltung durch die Tatsache, daß Geschlecht um Geschlecht der Gemeinde Jesu aus diesem Buch einen unendlichen Reichtum von Erkenntnis, von Wegweisung, von Kraft und Trost empfangen hat. Gerade bei der Apostelgeschichte ist bis zum heutigen Tage die Fülle von „praktischen" Auslegungen besonders groß, die unmittelbar für die Gegenwart und für das Leben der Gemeinde wie der einzelnen Christen aus diesem Buche schöpfen. Wäre das überhaupt möglich, wenn die Apostelgeschichte das durchweg irrige Spätzeugnis eines Christen des zweiten Jahrhunderts wäre, zu dem die Kritik es stempelt?

7. Der Text der Apostelgeschichte

Allen Bänden unserer W. Stb. sind allgemeine Richtlinien vorangestellt, die den Leser auch auf die wichtigsten Handschriften aufmerksam machen, in denen uns der Text des NT überliefert ist. Nun sind in den meisten Büchern des NT die Abweichungen in den verschiedenen Handschriften verhältnismäßig so geringfügig, daß es kaum einmal nötig ist, den Leser unserer W. Stb. mit ihnen zu beschäftigen. Anders ist es aber bei der Apostelgeschichte. Der allgemein im Gebrauch befindliche „Nestle"[4] legt auch bei ihr die „hesychianische" oder „ägyptische" Textform zugrunde (in den grie Ausgaben mit „H" bezeichnet). Auch wir folgen ihm in unserer Übersetzung. Nun gibt es aber gerade für die Apg einen hier und da auffallend abweichenden und ausführlichen Text, der besonders von Codex D, aber auch von der aus Sardinien stammenden Handschrift E und von alten lat und syrischen Über-

[3] Pfarrer Stockmayer sagte auf einer Blankenburger Allianzkonferenz: „So wenig ich je erlaubt hätte, den Leib meiner Mutter zu sezieren, die mich geboren hat, so wenig kann ich es auch erlauben, daß man das Wort Gottes zerschneidet, durch das ich wiedergeboren bin!" Zitiert bei Ernst Modersohn in „Er führet mich auf rechter Straße . . ." S. 155. 9. Aufl. Wuppertal 1961.

[4] Novum Testamentum graece von † D. Eberhard Nestle.

setzungen geboten wird. Mit ihm müssen wir den Leser an manchen Stellen bekanntmachen. Die Arbeit dieses Textes wird von den Forschern verschieden beurteilt. Manche meinen in ihm die ursprünglichere Gestalt des Lukanischen Werkes zu haben; andere sehen in ihm so etwas wie eine „Zweite Auflage" des Buches. Wir werden jeweils zu prüfen versuchen, wie es mit diesen Textabweichungen steht. An der Grundgestalt der Apostelgeschichte ändern diese Textverschiedenheiten freilich nichts.

8. Literatur zur Apostelgeschichte

Es ist zwecklos, dem Leser hier eine Fülle von Literatur zu nennen, die er praktisch doch nicht benutzen wird.

Wer genügend grie Sprachkenntnisse hat und sich einen deutlichen Eindruck von der „kritisch-exegetischen" Arbeit an der Apg verschaffen will, der greife zu dem Kommentar von *E. Haenchen*. Dort findet er auch eine gute Übersicht über die wichtigsten wissenschaftlichen Kommentare und Arbeiten zur Apostelgeschichte. Der Benutzer muß sich nur darauf gefaßt machen, Kapitel um Kapitel zu erfahren, daß es alles nicht so geschehen sein könne, wie Lukas es darstellt. Lukas habe aus unhistorischen Überlieferungen oder aus dürftigen Notizen seine farbigen Schilderungen herausgesponnen — eine glänzende schriftstellerische Leistung, doch leider von geringem historischem Wert.

Im „NTD" ist die Apostelgeschichte, bisher bearbeitet von H. W. Beyer, jetzt neu herausgekommen, übersetzt und erklärt von *G. Stählin*. Es ist ein ebenso gründliches wie lebendiges Werk, das mit vorzüglichem Kartenmaterial ausgestattet ist. Freilich nimmt auch Stählin zu manchen Abschnitten der Apg unerwartet kritisch Stellung.

Unverändert lesenswert ist *A. Schlatters* Auslegung in seinen „Erläuterungen zum NT".

In der „Bibelhilfe für die Gemeinde" bringt U. Smidt die Apostelgeschichte in bemerkenswerter Kürze, Lebendigkeit und Anschaulichkeit seinen Lesern nah. Wer die Apg in einem Zuge als ganzes unter sachkundiger Führung kennenlernen will, greife zu diesem Buche.

Von den „Einleitungen" in das Neue Testament sei auf die von Paul Feine (neu bearbeitet von J. Behm) und ganz besonders auf die von Wilhelm Michaelis hingewiesen. Der Leser findet hier eine gründliche Erörterung der auch in unserer „Einleitung" behandelten Fragen.

Die Apostelgeschichte. Übers. u. erkl. v. E. Haenchen, 13. A. Göttingen 1962. 710 S. u. e. Karte (= Kritisch-exeget. Kommentar über das Neue Testament Bd. III).

G. Stählin, Die Apostelgeschichte. 10. A. Göttingen 1962. 320 S., 8 Karten (= Das Neue Testament Deutsch Teil 5).

A. Schlatter, Die Apostelgeschichte. 42. Tsd. Stuttgart 1962. 320 S. (= Erläuterungen z. Neuen Testament Bd. IV).

Udo Smidt, Die Apostelgeschichte. 3. A. Kassel 1960. 194 S. (= Bibelhilfe f. d. Gemeinde Bd. 5).

Paul Feine u. Joh. Behm, Einleitung in das Neue Testament. 12. A. Heidelberg 1962. 400 S.

Wilhelm Michaelis, Einleitung in das Neue Testament. 3. A. Bern 1961. 402 S.

DAS THEMA DER APOSTELGESCHICHTE: DIE SENDUNG DER JÜNGER BIS AN DAS ENDE DER ERDE

Apostelgeschichte 1, 1—8

1 **Das erste Buch habe ich verfaßt über alles, Theophilus, was Jesus**
2 **zu tun und zu lehren begann, * bis zu dem Tag, an dem er den**
Aposteln im Heiligen Geist, durch den er sie auch erwählt hatte, sei-
3 **nen Auftrag gab und dann hinaufgenommen wurde. * Ihnen hatte**
er sich als der Lebendige erwiesen nach seinem Leiden durch viele
Beweise, indem er durch vierzig Tage hindurch sich unter ihnen
4 **sehen ließ und von der Königsherrschaft Gottes sprach. * Und in-**
dem er (mit ihnen) zusammen aß, gebot er ihnen, sich von Jerusa-
lem nicht zu trennen, sondern zu erwarten die Verheißung des
5 **Vaters, „die ihr von mir gehört habt. * Denn Johannes taufte mit**
Wasser, ihr aber werdet mit dem Heiligen Geist getauft werden,
6 **nicht lange nach diesen Tagen." * Die Versammelten fragten ihn**
nun: „Herr, stellst du zu dieser Zeit das Königreich für Israel wie-
7 **der her?" * Er sprach zu ihnen: „Es ist nicht eure Sache, zu kennen**
Zeiten und Fristen, die der Vater in seiner eigenen Vollmacht
8 **festgesetzt hat. * Aber ihr werdet Kraft empfangen, wenn der**
Heilige Geist auf euch kommt, und werdet meine Zeugen sein, in
Jerusalem und in ganz Judäa und Samaria und bis an das Ende der
Erde."

zu Vers 1:
Lk 1, 1. 3
Apg 3, 23
zu Vers 2:
Mt 28, 19. 20
Lk 24, 49. 51
Jo 20, 21. 22
Lk 6, 13
1 Tim 3, 16
zu Vers 3:
Jo 20, 19—30
1 Ko 15, 4—8
zu Vers 4:
Mk 16, 19
Jo 14, 16
zu Vers 5:
Apg 2, 4
11, 15-17
zu Vers 6:
Mt 6, 10
Lk 19, 11
Mt 17, 11-12
zu Vers 7:
Mt 24, 36. 37
Mk 13, 32
5 Mo 29, 28
zu Vers 8:
Apg 5, 28. 32
8, 5 10, 39
Lk 24, 47

1

Die Apostelgeschichte beginnt nicht mit einem eigentlichen „Vorwort" wie das Evangelium des Lukas. Das ist bemerkenswert. Im Evangelium kann sich Lukas darauf berufen, daß schon „viele" getan haben, was er mit seiner Schrift ebenfalls unternimmt. Es war nichts Neues und Ungewöhnliches. Jetzt aber legt er ein Buch vor, für das es kein Vorbild gab und das in einsamer Größe dasteht. Wie nahe hätte es gelegen, daß der Verfasser etwas davon sagte, wie er auf diesen neuen und kühnen Gedanken geführt worden sei, die apostolische Zeit in einem zweiten Geschichtswerk darzustellen. Er tut es nicht, er ist sofort bei der Sache selbst; jede Selbstbespiegelung liegt ihm fern. Aber er verweist auf sein erstes Buch. Auch dabei geht es ihm nicht um die Hervorhebung seiner Leistung, auch nicht nur um eine naheliegende schriftstellerische Anknüpfung, sondern um den sachlichen Zusammenhang. Wir werden sofort darauf hingewiesen: Es geht um den Einen, der allein in der Mitte steht, auch wenn „Taten

der Apostel" berichtet werden. In diesem tieferen Sinn ist die Apostelgeschichte eine „Fortsetzung" des Evangeliums und nicht ein eigenes zweites Werk des Verfassers. Alles **„was Jesus zu tun und zu lehren begann"**[5] hat Theophilus[6] durch das Lukas-Evangelium erfahren. Nun soll er hören, was Jesus fortfuhr zu wirken und zu verkündigen.

2/3 Denn Jesus „lebt"! Schon das Evangelium endete ja nicht wie jede menschliche Lebensbeschreibung auch der Großen und Mächtigen mit dem Sterben und dem Begräbnis, sondern mit der „Hinaufnahme" des auferstandenen Herrn (Lk 24, 36—53). Daran erinnert Lukas. In dieses Geschehen sind die Apostel von vornherein mit einbezogen. Darum hat Lukas in einer eigentümlichen Weise, wie sie nur in der grie Sprache möglich ist, die Worte **„durch den Heiligen Geist"** so gestellt, daß sie sich sowohl auf die ursprüngliche Erwählung der Apostel wie auch auf ihre jetzige Beauftragung beziehen. Unsere Übersetzung versucht das in deutscher Weise wiederzugeben. Was Jesus tut, tut er „im Heiligen Geist", also nicht von sich aus, sondern ganz in der göttlichen Leitung, so daß in seinem Tun Gottes Handeln geschieht. Das war schon so bei der ersten Berufung der Jünger, bei der das Ziel ihrer „Sendung" bereits aufleuchtete (Mk 3, 13 ff; Lk 6, 13)[7]. Damals war dieses Ziel freilich zeitlich und inhaltlich begrenzt (Lk 9, 10; 10, 17; Mt 10, 5 f). Jetzt wird es der neue weltweite **„Auftrag"** (V. 8). Mit ihm bringt der Auferstandene, der als „Herr" seine Befehle erteilt, die Geschichte in Bewegung, die Lukas nunmehr darstellen will. Die Erwählung der Apostel während der irdischen Wirksamkeit Jesu erweist jetzt erst ihren eigent-

[5] Das „Tun" steht vor dem „Lehren"! Jesus kam nicht als „Lehrer", sondern als Erretter. Mit dem schönsten Lehren über Gott wäre uns wenig geholfen. Paulus hat recht gesehen: Das Evangelium ist nicht eine neue Anschauung über Gott, sondern „Kraft Gottes zur Rettung für jeden Glaubenden". Das Vergeben von Schuld, das Heilen von Kranken, das Lösen aus Gebundenheiten, das Erneuern von Menschen, dieses „Tun" Jesu ist es, das sich dann in der Kreuzestat vollendet. Die Leute in Kapernaum hatten es richtig gespürt, was für eine machtvolle „Lehre" es bei Jesus war: Mk 1, 27! In den „Taten der Apostel" — so lautet der grie Titel unseres Buches — wird dieses „Tun und Lehren" Jesu gegenwärtig, von Jerusalem bis Rom, ja bis an das Ende der Erde.

[6] Es fällt auf, daß Theophilus hier nicht mehr wie in Lk 1, 3 die feierliche Anrede „kratiste = Sehr geehrter" (Anrede an den Statthalter 23, 26; 24, 3; 26, 25!) erhält. War er inzwischen ganz Christ geworden, mit Lukas näher befreundet, oder hat sich seine äußere Stellung geändert? — Die Widmung an einen „Patron" schloß im Altertum die Erwartung in sich, daß dieser die — recht kostspielige — Verbreitung des ihm gewidmeten Buches fördern werde. Lukas hat seine Schriften durch ihre Widmung bewußt in die „Literatur" seiner Zeit einreihen wollen.

[7] Die „Berufung" bestimmter Werkzeuge ist stets ein ganz entscheidender Schritt in der Durchführung der großen Pläne Gottes! Vgl. 1 Mo 12, 1—3; 2 Mo 3, 1—12; Am 7, 14 f; Jes 6, 1—13; 40, 1—11; Apg 9, 15; wir denken aber auch an Luther, Wesley, Zinzendorf und viele andere.

lichen Sinn. Darum schließt sich ihre Geschichte an das Evangelium sogleich notwendig an.

Lukas unterstreicht noch einmal die Tatsache der Auferstehung. Im Unterschied zum Schluß des Evangeliums[8] wird hier die bestimmte Frist der vierzig Tage[9] genannt, in der Jesus sich sehen ließ und so die **„vielen Beweise"** dafür gab, daß er „lebendig" ist. Wenn er dabei mit den Aposteln **„von der Königsherrschaft Gottes sprach"**, dann wird er das so getan haben, wie Lukas es in seinem Evangelium geschildert hat: Er „öffnete ihnen den Sinn zum Verständnis der Schriften" (Lk 24, 45). Es ging nicht um neue, über die Schriften und die geschehene Geschichte hinausgehende Offenbarungen. Nirgends finden wir im apostolischen Wort eine Berufung auf solche geheimnisvollen Erkenntnisquellen, wie sie immer wieder bei schwarmgeistigen Bewegungen in der Kirchengeschichte beliebt waren. Aber freilich, in welch neuem und klarem Licht lag nun das AT ebenso wie die von ihnen selbst durchlebte Geschichte vor den Augen der Apostel! Vom „Reich" handelt die Frohbotschaft Jesu von Anfang an (Mk 1, 14)! Vom „Himmelreich" sprechen seine Gleichnisse. Aber was von Jesus vor den entscheidenden Heilsereignissen des Kreuzes und der Auferstehung nur angedeutet werden konnte (etwa Lk 11, 20), das tritt nun in heller Klarheit hervor: „Jesus" und „Das Reich" gehören unmittelbar zusammen. In dem Kommen, Leiden, Sterben, Auferstehen und Herrschen Jesu ist die „Königsherrschaft Gottes" bereits angebrochen, die sich durch die Wiederkunft Jesu in mächtigen, die ganze Schöpfung erfassenden Ereignissen freilich erst vollenden wird. Das wird die Gespräche jener vierzig Tage erfüllt haben. Darum wird gerade dieses Eine das Grundthema der apostolischen Verkündigung (vgl. Apg 8, 12; 28, 23; 28, 31).

Und nun wird die Schilderung des Himmelfahrtstages eingehender 4
als im Evangelium. Jesus hält noch einmal Tischgemeinschaft mit seinen Jüngern[10]. Solche Tischgemeinschaft war ein kennzeichnendes Geschehen im Zusammenleben Jesu mit den Seinen gewesen. Darum

[8] In Lk 24 klingt der Bericht so, als habe sich alles, einschließlich der Himmelfahrt, an dem gleichen Tage, am Ostertage selbst abgespielt. Hat Lukas inzwischen neuere und gründlichere Nachrichten über die Osterzeit erhalten? Vielleicht haben wir es doch nur mit einer Eigenart des Lukas zu tun, der bei einer zweiten Darstellung eines Vorganges gern stillschweigend „nachholt", was er bei der ersten Schilderung nicht erwähnt, wohl aber gewußt hat. Immerhin zeigt die Verschiedenheit, daß Lukas nicht von Anfang an ein zweibändiges Werk geplant, sondern die Apg später in Angriff genommen hat.

[9] Die „vierzig Tage" spielen in der Bibel vielfach eine bedeutsame Rolle, z. B.: 1 Mo 7, 4; 7, 17; 2 Mo 24, 18; 1 Kö 19, 8; Lk 4, 2.

[10] Die Deutung des von Lukas hier gebrauchten Wortes ist umstritten. Es wird von andern als ein bloßes Sich-versammeln, Zusammenkommen verstanden. Die frühkirchlichen Übersetzungen der Apg fassen es aber als „zusammen essen" auf.

hat der Auferstandene gerade die Gemeinschaft des Mahles gewählt, um seinen Jüngern sowohl die ganze Wirklichkeit seiner Person, wie auch seine volle, durch das Versagen der Jünger nicht zerstörte Verbundenheit mit ihnen zu bekunden (vgl. Mk 16, 14; Lk 24, 30 ff; 24, 41 ff; Jo 21, 12 ff). Die frohen Mahlzeiten der Gemeinde mit dem „Brotbrechen" (Apg 2, 46 f), von denen wir bald hören werden, waren von daher Erinnerung an die alte Tischgemeinschaft während der ganzen Wirksamkeit Jesu, aber auch Gedächtnis jenes letzten Abendmahles vor dem Leiden und Sterben und jenes wunderbaren Frühmahles nach der Auferstehung. Im „Tischgespräch" bei diesem Mahl vor der Himmelfahrt bekommen die Apostel den ausdrücklichen Befehl, in Jerusalem zu bleiben. Für die Männer aus Galiläa (V. 11) lag es nahe genug, nach dem endgültigen Abschied von Jesus in die alte Heimat zurückzukehren, zumal auch dort Begegnungen mit dem Auferstandenen stattgefunden haben (Mt 28; Jo 21). Was hielt sie jetzt noch in Jerusalem? Jesus sagte es ihnen: Das nächste große Ereignis der Heilsgeschichte, die Ausgießung des Geistes, geschieht dort in der Hauptstadt Israels; in ihr beginnt auch der Zeugenberuf der Jünger. Die Schilderung geht in die direkte Rede über, ein schriftstellerisches Kunstmittel, das Lukas mehrfach (Apg 17, 3; 25, 4;
5 32, 22) anwendet. In der Zeit, in der Lukas schrieb, spielten Kreise eine Rolle, die auch von der „Königsherrschaft Gottes" erfüllt waren, aber von der Bewegung Johannes des Täufers ihren Anstoß erhalten hatten und sich mit der Taufe des Johannes begnügten: In Apg 18, 24–26; 19, 1–6 werden wir ausdrücklich auf solche Kreise stoßen (vgl. S. 338). Darum ist es Lukas wichtig, im eigenen Wort des Herrn darauf hinzuweisen, daß Johannes mit seiner Bußtaufe freilich seine Bedeutung gehabt hat, daß aber jetzt in der verheißenen Ausgießung des Heiligen Geistes von Gott her eine total neue Lage geschaffen wird. Die Gegenwart des Geistes Gottes hebt die Gemeinde Jesu über alles hoch empor, was es bisher in der Geschichte gegeben hat[11]. Jesus erinnert die Jünger an **„die Verheißung des Vaters"**, die sie von ihm selbst gehört haben. Lukas wird dabei an Worte Jesu wie Lk 11, 13; 12, 12 gedacht, aber auch nicht das Wort des Täufers selbst vergessen haben, das Jesus hier fast wörtlich aufnimmt. Nur ein Unterschied ist bezeichnend. Während der Täufer sagte: Der nach mir Kommende (also Jesus) wird euch mit dem Geist taufen, tritt hier Jesus selbst als der Sohn ganz hinter dem Vater zurück und formuliert: **„Ihr werdet mit dem Heiligen Geist getauft werden"**. Das war die jüdische Art, von Gott in solcher Ehrfurcht zu sprechen, daß man den Namen Gottes nicht nannte, sondern das Passiv gebrauchte.

11 Und wir heute wissen von diesem „Wohnen" des Geistes in der Gemeinde und im einzelnen Christen weithin nichts mehr und halten jedes Wissen davon für „Schwärmerei"!

Die Versammelten[12] — vielleicht doch mehr als die elf Apostel im strengen Sinn — antworten mit einer Frage, die wir leicht für unverständig und fehlgehend halten: **„Herr, stellst du zu dieser Zeit** 6
das Königreich für Israel wieder her?" Der „Unverstand" liegt dann aber bei uns! Wir müssen heraus aus der Gewöhnung an den Ablauf der Dinge, der uns nun „selbstverständlich" zu sein scheint, während er doch sehr erstaunlich ist. Wir sollten ernstlich fragen, warum denn an Ostern nicht sofort das „Tausendjährige Reich", das „Königreich der Himmel" auf dieser Erde begonnen hat? Die Erlösung war vollbracht, die Sünde der Welt getragen, dem Tod die Macht genommen, Satan entmächtigt, Jesus alle Gewalt in die Hand gegeben, mußte nun nicht die Erfüllung der Reichsverheißungen unmittelbar kommen? Und da zum Anbruch der messianischen Zeit auch die Ausgießung des Geistes gehörte, mußte dann nicht eben in und mit dieser Ausgießung das Reich anbrechen? So völlig verstehend und biblisch folgerichtig ist die Frage der Jünger! Und nicht einmal die Betonung **„für Israel"** ist falscher Nationalismus. Die Verheißungen für Israel in der prophetischen Verkündigung sind klar genug, und „unwiderruflich sind die Gnadengaben und die Berufung Gottes"
(Rö 11, 2). Darum ist auch Jesu Antwort an die Apostel nicht mit 7
einer Silbe ein Tadel oder eine Zurückweisung ihrer Erwartungen als solcher. Nur das wird ihnen gesagt: **„Es ist nicht eure Sache, zu kennen Zeiten und Fristen[13], die der Vater in seiner eigenen Vollmacht festgesetzt hat."**

„Zeiten und Fristen" setzt allein Gott. Und eben jetzt ist Gott dabei, eine ganz neue „Zeit" herbeizuführen, die Zeit der „Gemeinde". Gott will seinem gehorsamen Sohn nach der Vollendung seines Erlösungswerkes ein ganz kostbares Geschenk machen: das Geschenk des „Leibes". Nicht nur der König von Israel soll Jesus sein und nicht nur der Herr und Richter der Welt, sondern auch das Haupt des Leibes[14]. Aus Israel und vor allem aus den Nationen

[12] Wenn man in Vers 6 das Partizip nicht mit „die Versammelten" übersetzt, sondern in den Satz auflöst „sie nun kamen zusammen, fragten ihn und sprachen" (so Schlatter in den „Erläuterungen"), dann ist in Vers 4 ein früheres Zusammensein Jesu mit seinen Jüngern gemeint, bei dem er ihnen die Weisung zum Bleiben in Jerusalem erteilte. Danach erst — eben am Tag der Himmelfahrt — kommen sie erneut zusammen, und nun bringen die Jünger die Fragen vor, die von der Weisung Jesu in ihnen ausgelöst sind. Aber hat Lukas das wirklich so gedacht?

[13] Die grie Sprache kannte zwei ganz verschiedene Worte für „Zeit"; das eine „Chronos" meint den allgemeinen Zeitablauf, das andere „Kairos" die besondere, geschichtsmächtige Zeit. G. Stählin übersetzt an unserer Stelle sehr schön „Zeitabschnitte und Gottesstunden".

[14] Wir sollten darum von Jesus nicht nur als von dem „Herrn der Gemeinde" sprechen. Jesus steht zu seinem Leib und damit auch zu uns, den Gliedern des Leibes, in einem ganz anderen, kostbaren Verhältnis, dessen wir uns in tiefer Dankbarkeit freuen sollten.

wird dieser Leib herausgerufen. Darum bedeutet die Geistesausgießung nicht schon den Anbruch des Reiches, sondern **„ihr werdet
8 Kraft empfangen, wenn der Heilige Geist auf euch kommt, und werdet meine Zeugen sein“**. Die Mission, die Evangelisation zum Aufbau des Leibes Christi beginnt. Dazu ist „Kraft“ nötig. Aber keine Kraft des Verstandes, des menschlichen Willens, der Redekunst reicht dazu aus. „Kraft des auf euch kommenden Geistes“, damit ist allein diese Aufgabe zu lösen. Mit ihr werden die Apostel die wirksamen **„Zeugen“** Jesu sein. Achten wir genau auf den Wortlaut. Hier steht nicht „ihr sollt“. Mit dem Heiligen Geist sind wir aus dem Raum des „Gesetzes“, dem Raum bloßer Forderungen heraus und in den Raum faktischen Geschehens hineingenommen. Denn der Geist wirkt in uns und handelt in uns und durch uns.

Er macht uns zu Zeugen. Wir kennen das Wort „Zeuge“ aus der Gerichtssprache. Bei einer Gerichtsverhandlung werden Zeugen vernommen. Sie sollen nicht ihre Meinung äußern und nicht ihre Gedanken erzählen, sondern – genau wie es die Apostel (Apg 4, 20) tun – „reden, was sie gesehen und gehört haben“. Zeugen stellen fest, was in Wirklichkeit geschehen ist. Darum konnten die Apostel nach Vers 21 ff jetzt schon Zeugen Jesu sein. Da es sich aber um die unsichtbaren, göttlichen Wirklichkeiten handelt, reicht alles nur menschliche Bezeugen nicht aus, um andere davon zu über-zeugen. Erst die Kraft des Heiligen Geistes beglaubigt das Zeugnis von Jesus für das Gewissen der andern so, daß sie zum Glauben kommen oder sich gegen die Wahrheit aufbäumen, die sie doch nicht mehr leugnen können. Es ist also so, wie Johannes es uns als Jesu Wort überliefert hat: Der Geist der Wahrheit wird „nicht von sich selber reden“, er „wird mich verklären; denn von dem Meinen wird ers nehmen und euch verkündigen“ (Jo 16, 13 f). Die Apostel empfangen vom Geist nicht geheimnisvolle neue Lehren, sondern das wirksame Zeugnis von Jesus. Sie werden nichts anderes sagen als das, was sie jetzt schon als Zeugen sagen könnten (Vers 21 f), aber sie werden es „anders“ sagen, so herzdurchbohrend, wie es uns Lukas sofort im 2. Kapitel zeigen wird. Dabei erinnert uns das grie Wort für „Zeuge“ = „Martys“ daran, daß gerade dieses ins Herz treffende Zeugnis die Boten ins Leiden führt und nur unter Leiden (Apg 9, 16!) abgelegt werden kann.

Dieser Zeugendienst wird sich wachsend entfalten: Jerusalem – Judäa – Samaria – die ganze Welt. Das ist zugleich der Plan für das Werk, das Lukas zu schreiben beginnt. Ganze Kapitel hindurch wird er uns in Jerusalem festhalten; dann geht es zu der großen Erweckung nach Samarien und anschließend zur Bekehrung des Paulus, mit dem wir bis nach Rom reisen werden. Mit dem Ausdruck

„bis an das Ende der Erde" nimmt Jesus die prophetische Weissagung und in ihr den göttlichen Zuspruch von Jes 49, 6 auf. Seine erste Erfüllung hat er für den Blick des Lukas nicht erst dann gefunden, wenn Paulus wirklich noch nach Spanien (Rö 15, 23. 24) gelangt ist, sondern schon, wenn Paulus in Rom das Evangelium verkündigt, in dem Rom, das die Enden der Erde beherrscht. Das alles aber vollzieht sich nicht nach einer klugen „Missions-Strategie", die sich die Apostel erdacht haben. Lukas wird es uns sehr deutlich machen, wie es sich „begibt", auch gerade durch das, was wie lauter Hindernis und Durchkreuzung aussieht. Es begibt sich nach dem Plan, den Jesus hier in seinen Grundzügen den Aposteln mitteilt.

Wir aber können auf das, was die Apostelgeschichte uns schildert, nicht zurückblicken als auf eine ferne und abgeschlossene Geschichte, die wir ruhig und erbaulich „betrachten". Diese Geschichte geht weiter und nimmt uns selber in ihr Geschehen mit hinein und für dieses Geschehen mit unserem Beten und unserem Geben und unserem persönlichen Einsatz mit in Anspruch. Nach Gottes Vorsehung hat sich das **„Ende der Erde"** immer weiter und weiter hinausgeschoben, je umfassender wir die Welt kennenlernten. Es ist dem Befehl Jesu gemäß erreicht und doch noch nicht erreicht. Mt 24, 14 ist erfüllt und noch nicht endgültig erfüllt. So stehen wir noch in diesen **„Zeiten und Fristen"**, in diesem Zeitalter der Herausrufung des Leibes Christi, in diesem Zeugendienst **„bis zum Ende der Erde"**. Wir verstehen die „Kirche" und ihre Geschichte, ihre Aufgaben und ihre Verheißungen nur, wenn wir dies verstehen. Auch für uns handelt es sich dabei nicht um eigenes Wollen, eigene Gedanken, Interessen und Pläne. Es wurzelt auch heute noch alle „Mission" und „Evangelisation" in dem majestätischen Wort des Herrn selbst, das Befehl und Verheißung in einem ist: **„Ihr werdet meine Zeugen sein, in Jerusalem und in Judäa und Samaria und bis an das Ende der Erde."** Und auch wir erfüllen den Sinn unseres Dienstes nur, wenn wir immer neu erfassen, daß es dabei nur einen einzigen, wahrhaft entscheidenden Faktor gibt: die Kraft des auf uns gekommenen Heiligen Geistes.

DIE HIMMELFAHRT JESU

Apostelgeschichte 1, 9—12

9 **Und als er dies gesprochen, während sie zusahen, wurde er empor-**
gehoben, und eine Wolke nahm ihn auf, fort von ihren Augen.
10 *** Und wie sie immerfort weiter zum Himmel blickten, in den er**
fortging, siehe, zwei Männer standen da bei ihnen in weißen

zu Vers 9:
Mk 16, 19
Jo 6, 62

zu Vers 10:
Lk 24, 4
1 Pt 3, 22
zu Vers 11:
Mt 26, 64. 65
1 Th 4, 16
Offb 1, 7
zu Vers 12:
Lk 24, 52

11 **Gewändern, * die sprachen: „Galiläische Männer, was steht ihr**
und blickt zum Himmel? Dieser Jesus, der hinaufgenommen
wurde weg von euch in den Himmel, wird so auf dieselbe Weise
(wieder) **kommen, wie ihr ihn geschaut habt fortgehen in den**
12 **Himmel." * Da kehrten sie nach Jerusalem zurück von dem Berge,**
der „Ölgarten" heißt, der nahe bei Jerusalem liegt, einen Sab-
batweg entfernt.

9 Den letzten Weisungen an die Apostel folgt unmittelbar der Abschied. Die Jünger sehen, wie Jesus **„emporgehoben"** wurde. Dann aber entzieht eine **„Wolke"** alles ihren Blicken.

Diese „Himmelfahrt" Jesu hat modernen Menschen besonders viel weltanschauliche Not gemacht. Liegt ihr nicht das typische Weltbild des Altertums zu Grunde, das über der Erdscheibe das Himmelsgewölbe mit dem Wohnort Gottes sieht? Wir aber kennen doch die Erde als die Kugel, die um die Sonne kreist, die Sonne als einzelnen Stern im ungeheuren Milchstraßensystem und dieses System wieder als eine Sterneninsel unter zahlreichen anderen im Weltraum! Wie soll da Jesus „gen Himmel gefahren" sein? Ist das nicht alles eine „Mythologie", die uns heutigen Menschen unmöglich geworden ist?

Aber wer hier „entmythologisiert"[15], muß der Frage standhalten: Wo ist jetzt „dieser Jesus", den zu kennen und zu lieben, dem zu vertrauen und zu gehorchen unser ganzes „Christentum" ausmacht? Es ist das klare Zeugnis der Jünger, daß er nach Ostern zunächst noch bei ihnen war und sich sehen ließ. Dieses „Sehen" aber endete, Jesus „ging von ihnen fort". So sagt es Lukas hier in Vers 10 und 11. Wir haben absichtlich dies schlichte Wort in der Übersetzung stehen lassen. Wohin ging er? Wir können nur mit Lukas antworten: Er wurde **„emporgehoben", „hinaufgenommen"** zu Gott. Dabei wußte es schon Luther und wußte es schon Tersteegen, daß das nicht ein geographischer Ort im planetarischen oder galaktischen[16] Raum ist, sondern daß es bedeutet: „Du kannst alles allerorten nun erfüllen und nahe sein" (EKG 95). Sollten biblische Männer wie Paulus und Lukas das nicht auch gewußt haben? Lasen sie nicht in ihrem AT bereits: „Siehe, der Himmel und aller Himmel Himmel können dich

[15] Dieses Wort ist durch die Bemühungen R. Bultmanns zu einem viel umstrittenen theologischen Schlagwort geworden. Bultmann dachte an den modernen Menschen, dem die „Himmelfahrt" Jesu und vieles andere in der Bibel „mythologisch" vorkommt, in das märchenhafte alte Weltbild verfangen. Bultmann wollte die „eigentliche" Botschaft des NT aus dieser Verfangenheit herauslösen, sie „entmythologisieren" und sie dadurch in ihrem Kern dem heutigen Menschen wieder zugänglich machen. Unsere Stellung dazu siehe in der Auslegung.

[16] Galaktisch ist der astronomische Fachausdruck für das Sternensystem der Milchstraße.

nicht fassen" (1 Kö 8, 27)? Es ist gar nicht wahr, daß die biblischen Männer Gott irgendwo oben im Weltraum „lokalisiert" haben. Gott mit seiner machtvollen „Rechten" ist überall, wo er sein und wirken will. Die „Himmelfahrt", die „Hinaufnahme" Jesu ist die „Erhöhung zur Rechten Gottes" (vgl. Apg 2, 33—36), d. h. aber gar nichts anderes, als daß Jesus dadurch Anteil bekommt an dieser göttlichen Art des Seins und des Wirkens. Dadurch ist Jesus zwar nicht mehr unmittelbar und sichtbar „anwesend" bei den Jüngern. Aber wie nahe, wie wirksam haben die Apostel ihren Herrn gewußt: Apg 2, 47; 3, 13; 4, 10; 4, 30; 9, 5; 22, 17—21. Ist er ihnen jetzt verborgen, so doch nicht sie ihm: Offb 2, 2; 2, 9. 13—19 usw. Beschrieben als Vorgang wird die Himmelfahrt durch Lukas, aber als Tatsache der „Erhöhung" Jesu bezeugt wird sie überall im NT: Rö 8, 34; Eph 1, 20; Phil 2, 9; 1 Tim 3, 16; 1 Pt 3, 22; Hbr 1, 3.

Aber zugleich ist es so, daß wir gar nicht vermeiden können, diese göttlichen Wirklichkeiten in den räumlichen Bildern auszusprechen, die von jeher das einzige Ausdrucksmittel dafür waren. Kann auch der moderne Physiker, wenn er an Gott denkt, etwas anderes tun als „emporblicken" zum Himmel und Gott „droben" suchen? Lukas seinerseits hat in einer Weise, die wir bewundern müßten, wenn es nicht einfach die Weise echten biblischen Glaubens wäre, in seiner Darstellung dafür gesorgt, alles wirklich „Mythologische" auszuschließen! Wir lesen nicht ein einziges Wort phantastischer Ausmalung! Wer die entsprechende Literatur des Altertums (auch mancher Schriften aus dem Raum der alten Kirche) kennt und das Verlangen des wundersüchtigen, menschlichen Herzens bedenkt, ermißt erst ganz die keusche Zurückhaltung unseres Abschnittes[17]. Die **„Wolke"** ist hier wie auch sonst in der Bibel kein atmosphärisches Gebilde, sondern Ausdruck für die Hülle, die Gott seinem geheimnisvollen Handeln gibt[18]. Jesus wird aus einer noch bestehenden Bindung an den irdischen Raum entnommen; eben darum können auch die ntst Zeugen nicht an eine bloße Höherrückung innerhalb dieses Raumes gedacht haben. Es ist der Weg in die „Höhe" zu Gott, für Menschen nicht mehr faßbar und auch für Jüngeraugen durch die **„Wolke"** verhüllt.

Typisch biblisch ist es auch, daß wir von dem inneren Erleben der Jünger bei diesem ebenso unerhörten wie einschneidenden Geschehen

[17] Das ist die biblische Art, die es ernst nimmt mit der Wirklichkeit des heiligen, lebendigen Gottes und sich darum mit den knappsten Andeutungen begnügt, wenn sie von Gott und göttlichem Geschehen berichtet. Vgl. 2 Mo 3, 2; 24, 9 f; 33, 17—23, aber auch Mt 1, 18; Lk 1, 26—35, oder die Berichte von der Auferstehung des Herrn.

[18] Vgl. 2 Mo 16, 10; 24, 15; 40, 34; 13, 21; 5 Mo 33, 26; Ps 97, 2; Ps 104, 3; Jes 1, 4; Da 7, 13; Mt 17, 5; 1 Ko 10, 1. 2; 1 Th 4, 17; Offb 14, 14.

nicht das Geringste erfahren. Die göttlichen Taten und Tatsachen sind wichtig, nicht unser Gefühl dabei. Die Darstellung des Lukas ist fast erschreckend nüchtern.

10 Die innere Beteiligung der Apostel wird nur daran sichtbar, daß sie
„immerfort weiter zum Himmel blicken"[19]. Aber auch daraus werden
sie sachlich herausgerufen. Mit dem vielgebrauchten biblischen
„Siehe" werden unsere Blicke wie die der Apostel vom „Himmel"
fortgelenkt, weil zwei Himmelsboten plötzlich neben den Aposteln
11 stehen und sie anreden[20]. Diese Boten aus der Himmelswelt kennen
die Apostel als **„Galiläer"**. Auch die Engel sind also nicht in Sternen-
weiten von uns entfernt, sondern sind uns so nahe, daß sie uns sehen
und hören und kennen. Sie nehmen teil an uns und unserem Leben.
So verstehen sie auch bei den Jüngern das staunende, teils schmerzliche, teils freudige Nachschauen nach dem geliebten Herrn. Aber die Welt der Bibel ist völlig unsentimental. Gottes Liebe duldet kein Verweilen bei uns selbst und unseren Stimmungen[21]. Es ist keine Zeit zum Stehenbleiben und Nachschauen. So rücken die Engel die Jünger zurecht für die Gegenwart, indem sie ihnen die Zukunft bezeugen: Jesus kommt wieder! Es ist kein Abschied für immer. Genauso wie Jesus jetzt „fortging" aus dem irdischen Raum in die total andere Welt Gottes, so wird er von dort zurückkehren und aufs neue in den Raum des sichtbaren Wirkens auf dieser Erde eintreten. Darum redet das NT von der „Parusie", von der neuen „Anwesenheit" Jesu, oder von seiner neuen „Offenbarung"[22]. Auch damit sind alle „mythischen" Vorstellungen abgewehrt.

Lukas hat im Wort der Engel das **„so, auf dieselbe Weise"** besonders betont. Was hat das zu sagen? In den Ostertagen war die Herr-

[19] Hier ist — wie in Vers 2 das Wort „durch den Heiligen Geist" — das Wort „zum Himmel" so gestellt, daß es zu zwei Aussagen gleichzeitig gehört, zu der Aussage über die emporblickenden Jünger und zu der von dem fortgehenden Herrn. Wir haben das wieder in der Übersetzung zu verdeutlichen versucht.

[20] Es sind zwei „Männer" „in weißen Gewändern". Vgl. Mt 28, 2 f; Mk 16, 5; Lk 24, 4; Jo 20, 12. Wie sind wir nur darauf gekommen, „Engel" selbstverständlich als „Frauen" oder „Mädchen" darzustellen? Steht dahinter eine allgemeine Entmännlichung des Christentums, die ihrerseits wieder zum Zurücktreten der Männer in unserem kirchlichen Leben beitrug?

[21] Vgl. 2 Mo 14, 15; 1 Kö 9, 5. 7; 19, 13—15; Phil 1, 12; Apg 14, 19—21; 1 Th 2, 2.

[22] Während wir meist das Wort „Wiederkunft" gebrauchen, das im NT selbst kaum vorkommt — auch an unserer Stelle steht nur einfach „kommen" und nicht „wiederkommen" —, finden wir „Parusie" in 1 Ko 15, 23; 1 Th 2, 19; 3, 13; 5, 23; 2 Th 2, 1. 8. 9; Jak 5, 7. Dabei ist bezeichnend, daß Paulus auch von einer „Parusie" des Antichristen sprechen kann: Der Antichrist aber „kommt nicht wieder", sondern ist geheimnisvoll da und beginnt sein Wirken in der Welt. Den Ausdruck „Offenbarung" finden wir 1 Ko 1, 7; 2 Th 1, 7; 1 Pt 1, 7. 13; 4, 13; Lk 17, 30; den Ausdruck „Erscheinen" in Kol 3, 4; Hbr 9, 26; 1 Pt 5, 4.

lichkeit Jesu noch eigenartig verborgen. Er wurde gar nicht sofort erkannt und ging also nicht in strahlender Größe umher. Aber jetzt bei der Himmelfahrt wird er „emporgehoben", von den Grenzen des Irdischen befreit und mit der Herrlichkeit Gottes beschenkt. Und ebenso „werden alle Geschlechter auf Erden . . . kommen sehen des Menschen Sohn in den Wolken des Himmels mit großer Kraft und Herrlichkeit" (Mt 24, 30; Lk 21, 27). Es wird das genau so real und sichtbar erfolgen wie jetzt sein Fortgang in den Himmel.

Man hat es als die besondere theologische und kirchliche Leistung des Lukas angesehen, daß er die Gemeinde von einer falschen „Naherwartung" der Parusie gelöst und zu ihrer Aufgabe in dieser Zeit und Welt hingewendet habe. Daran ist etwas Richtiges. Es fehlt im Wort der Engel jede Zeitangabe über die neue Offenbarung des Herrn Jesu, jede nahe Datierung. Aber man darf dabei das andere nicht übersehen: Das urchristliche Warten der Gemeinde auf ihren kommenden Herrn hat Lukas nicht beiseite schieben wollen. Mit der vollen Wucht einer Botschaft aus dem Munde himmlischer Boten hat es Lukas an den Anfang seines Buches gestellt: Maran atha, unser Herr kommt! Darauf bleibt alles ausgerichtet, was jetzt durch die Gemeinde mit ihren Aposteln von Jerusalem bis ans Ende der Erde getan werden muß.

Das Wort der Engel gehört zu der Weisung, die die Apostel un- 12
mittelbar vor dem Abschied von Jesus selbst empfangen haben. Die Apostel begreifen die Lage! Sie begreifen, was Jesus in das knappe Wort gefaßt hat: „Handelt, bis ich wiederkomme!" (Lk 14, 13). Es ist nicht Zeit zum sehnsüchtigen oder bewundernden Nachschauen. Die große Arbeit beginnt in Jerusalem, sobald der Geist gekommen ist. Sie werden in dieser Arbeit das Wirken des unsichtbaren Herrn mit Macht spüren (Apg 2, 47, vgl. Mt 16, 20). Alle Arbeit aber steht unter der Verantwortung des Herrn, der an seinem Tage wieder „anwesend" und „sichtbar" sein und im Feuer seines Tages unser Werk prüfen wird (2 Ko 5, 10; 3, 11 ff). Darum ziehen sie die richtige gehorsame Folgerung. Sie erbitten sich nicht von den Engeln weitere eschatologische Aufschlüsse, sondern **„kehrten nach Jerusalem zurück"**.

Nun erfahren wir auch den Ort der Himmelfahrt: Es ist der Berg, der den Namen **„Ölgarten"** oder „Olivenhain" führt und den wir als „Ölberg" kennen. Nahe vor ihnen, **„einen Sabbatweg entfernt"**[23], liegt die Stadt, in die sie zurückkehren, der spannenden Ge-

[23] Ein „Sabbatweg" ist die Strecke, die man am Sabbat gehen durfte, ohne das Gebot 2 Mo 16, 29 zu übertreten. Diese Strecke war von den Schriftgelehrten auf zweitausend Ellen, also auf 1 km bestimmt. Wenn das Lukas-Evangelium 24, 50 Bethanien nennt, das an der Ostseite des Ölbergs, 2,5 km von Jerusalem entfernt, liegt, dann kann der Natur

schichte ihres Lebens mit ihren Höhen und Tiefen, mit ihren erwarteten und unerwarteten Ereignissen entgegen, die Lukas uns erzählen will.

DAS BETENDE WARTEN AUF DIE AUSGIESSUNG DES GEISTES

Apostelgeschichte 1, 13—14

zu Vers 13: Mt 10, 2-4

zu Vers 14: Apg 2, 1; Lk 8, 20 f

13 Und als sie hineinkamen, stiegen sie in das Obergemach hinauf,
wo sie sich ständig aufhielten: Petrus und Johannes und Jakobus
und Andreas, Philippus und Thomas, Bartholomäus und Mat-
thäus, Jakobus der Sohn des Alphäus, und Simon der Eiferer,
14 und Judas, der Sohn des Jakobus. * Diese alle verharrten ein-
mütig im Gebet zusammen mit den Frauen und Maria, der Mut-
ter Jesu, und zusammen mit seinen Brüdern.

13 Die Jünger erfüllen den Befehl Jesu: Wartet! Sie ziehen sich dazu in die Stille zurück, wie sie das „Obergemach" im Unterschied zu den unteren Räumen im Hause darbietet[24]. Lukas sagt ausdrücklich, daß dies nicht nur eine einzelne Zusammenkunft nach der Himmelfahrt war, sondern zu einem ständigen Beisammensein die ganzen Tage hindurch führte. Ja, wir werden uns dies Haus mit seinem Obergemach als den dauernden Aufenthaltsort der Apostel denken müssen, solange sie überhaupt in Jerusalem waren.

Das Warten ist weder ein ungeduldig-aufgeregtes, noch ein leeres und untätiges, es ist erfüllt vom „Verharren im Gebet". Jeder Israelit kannte von Kindheit an das Beten. Später hatten die Jünger den Unterricht Jesu im Beten empfangen und sein Vorbild ständig vor Augen gehabt. Natürlich haben wir uns nicht zu denken, daß sie dort von morgens bis zum Abend auf den Knien lagen und Gebete sprachen. Aber das Reden mit Gott, rückblickend auf alles Erlebte und erwar-

der Sache nach nicht daran gedacht sein, daß sich die Himmelfahrt Jesu in dem Ort selbst vollzogen habe. Es ist die Wegrichtung angegeben: „Auf Bethanien zu"; das aber war der Weg zum Ölberg.

[24] Ein solches „Obergemach" hatte Elia bei der Witwe in Zarpath (1 Kö 17, 19), Elisa bei der Sunamitin (2 Kö 4, 10). Es war auch seiner Stille wegen zum „Prophetenstübchen" geeignet. Vgl. auch Ri 3, 20—23; Da 6, 11. Auch die „Kammer", in die Jesus (Mt 6, 6) seine Jünger zum Beten schickt, kann ein solches „Obergemach" gewesen sein. Und in der Apostelgeschichte spielt das „Obergemach" mehrfach eine ganz besondere Rolle: Apg 9, 37 ff; 10, 9 ff; 20, 8 ff. In welchem Hause in Jerusalem sich dies Obergemach befand, wird nicht gesagt. Es muß aber ein wohlhabendes Haus gewesen sein, dessen Obergemach groß genug für eine solche Versammlung war. Es liegt nahe, nach Apg 12, 12 an das Haus der Maria, der Mutter des Johannes-Markus zu denken.

tungsvoll vorausblickend auf das Verheißene und Befohlene, beherrschte die Tage. Dies Beten war nicht religiöse Stimmungssache, sondern ernste, willentliche Arbeit. So im Warten auf Gottes bestimmte Zusagen und im gründlichen und ausdauernden Beten werden göttliche Ereignisse vorbereitet[25].

Wir werden darüber unterrichtet, wer in diesen Vorbereitungstagen dort zusammen war. Es sind zunächst die elf Apostel. Sie werden ausdrücklich mit Namen aufgezählt[26]. Man hat an der Apostelgeschichte oft getadelt, daß sie in keiner Weise ihrem Namen gerecht wird. Eigentlich hörten wir nur von Petrus Näheres, und auch von ihm bekämen wir keine umfassende Geschichte seines Lebens und Wirkens. Was die anderen in ihrem apostolischen Beruf getan haben, erführen wir überhaupt nicht. Aber auch hier wieder unterscheidet sich die Bibel gründlich von unserem Interesse an namhaften Menschen. Es gibt in der Bibel keine „Biographie", nicht einmal von Jesaja oder Jeremia. Männer wie der Prophet Micha in 1 Kö 22, 28 tauchen auf und verschwinden, ohne daß wir etwas von ihrem Wirken erfahren, das sich keinesfalls auf dieses eine Auftreten beschränkt hat. So schreibt auch Lukas nichts von der Geschichte der einzelnen Apostel. Aber daß sie hier betend beisammen sind, daß sie die Pfingstgeschichte miterleben, am Bau der Urgemeinde mitarbeiten und in der Leitung der werdenden Kirche stehen (vgl. Kap. 2, 1. 14. 37. 42; 4, 33; 5, 15. 40—42; 8, 14), das ist ein volles apostolisches Werk. Nicht als einzelne, biographisch interessante Originale sind sie wichtig, sondern als diese Zwölferschar, die Jesus selbst berief und die gemeinsam im Dienst steht.

Zu den Aposteln traten aber auch „Frauen", schwerlich nur die Frauen der Apostel und der Brüder Jesu, sondern vor allem jene Frauen, denen gerade Lukas einen wichtigen Anteil am Werk Jesu zuspricht: Lk 8, 2 ff; 23, 49. 55; 24, 10. Es ist bezeichnend für die Gemeinde Jesu, daß in ihr der Frau eine ganz andere Rolle zuerteilt wird als in der Synagoge; das kommt nun auch hier zu einem starken Ausdruck: Frauen sind an der betenden Vorbereitung für Pfingsten beteiligt (vgl. auch S. 154 zu Kap. 8, 3).

Auch Maria, die Mutter Jesu, ist dabei mit Jesu Brüdern. Hier wird im NT zum letzten Mal der Name Marias genannt. Wir sehen sie

[25] So fordert Paulus in Rö 15, 30 f; Eph 6, 18 f; Kol 4, 2 das beharrliche Beten von den Gemeinden als Anteil an seinem Werk. Man lese dazu auch, was Finney in seinen „Lebenserinnerungen" S. 42 ff von solchem anhaltendem Beten und seiner Auswirkung berichtet. Wenn wir heute in Gemeindeleben und Evangelisation so wenig von Gott erfahren, liegt es nicht vor allem daran, daß uns dies Warten und Beten fehlt? — Charles G. Finney, Lebenserinnerungen. Basel. o. J., 277 S.

[26] Zu den Namen der Apostel und der Zusammensetzung der Apostelschar vgl.: die Auslegung des Markus-Evangeliums in der W. Stb. Seite 84 ff.

nicht in einer Ehrenstellung, sondern mit einem schlichten „und" den andern Frauen zugesellt[27]. Von der früheren Einstellung der Brüder Jesu lesen wir Mk 3, 31—35 (Vers 21!); Jo 7, 3—8. Jesus selbst hatte alle Ansprüche seiner Familie zurückgewiesen. Aber in den Ostertagen ist er auch seinem Bruder Jakobus begegnet (1 Ko 15, 7), und Jakobus kam zum Glauben. Das hat offenbar die ganze Familie in die Gemeinde hineingeführt, in der Jakobus neben den Aposteln eine führende Stellung bekam (vgl. S. 228 zu Kap. 12, 17; Gal 2, 9; Apg 15, 13 ff).

14 **„Diese alle verharrten einmütig im Gebet."** Es gibt auch „einmütige" Gegnerschaft: Kap 7, 57; 18, 12; 19, 29; es ist dies die Einmütigkeit der heißen Erregung. Umso wichtiger ist die stille, gesammelte Einmütigkeit der Jünger Jesu, die zur Gebetsgemeinschaft führt. Sie ist nach der Verheißung in Ps 133 eine Grundvoraussetzung göttlicher Segnungen. Niemand in Jerusalem wird besonders auf die kleine Schar geachtet haben, die dort im Obergemach eines Hauses verborgen zusammen kam. Erst recht ahnte in Rom und am Kaiserhof keiner etwas davon. Und doch: Hier geschah etwas, was alle großen und lauten Vorgänge in Politik und Wirtschaft übertraf und die Voraussetzung für eine weltweite Geschichte wurde, die auch uns einschließt und in die ewige Zukunft einmündet.

DIE NACHWAHL DES 12. APOSTELS

Apostelgeschichte 1, 15—26

zu Vers 16:
Ps 41, 10
Ps 55, 13. 14
Jo 13, 18
zu Vers 18:
Mt 27, 3-10
2 Pt 2, 15
zu Vers 19:
Apg 2, 14
zu Vers 20:
Ps 69, 26
Ps 109, 8
Mt 23, 38
zu Vers 21:
Jo 15, 27
Apg 4, 33

15 **Und in diesen Tagen stand Petrus auf in der Mitte der Brüder**
und sprach (es war die Menge der Namen am selben Ort etwa
16 hundertzwanzig): * **„Männer und Brüder, es mußte erfüllt werden**
das Schriftwort, das der Heilige Geist vorher gesagt hat durch den
Mund Davids über Judas, der zum Führer für die geworden ist,
17 **die Jesus festnahmen. * Er war uns zugezählt und hatte das Los**
18 **dieses Dienstes empfangen. * Dieser nun erwarb ein Grundstück**
von dem Lohn der Ungerechtigkeit, und vornüber stürzend riß er
19 **mitten durch, und es quollen heraus alle seine Eingeweide. * Und**
das wurde bekannt allen Bewohnern Jerusalems, so daß jenes
Grundstück in ihrer eigenen Sprache Hakeldamach, d. h. ‚Blut-
20 **acker', genannt wurde. * Denn es steht geschrieben im Buch der**
Psalmen: ‚Es soll sein Gehöft öde werden und keinen mehr geben,
der darin wohnt'. Und: ‚Sein Aufsichtsamt soll ein anderer emp-

27 Alle spätere Verherrlichung der Maria erweist sich von hier aus endgültig als unbiblisch.

21 **fangen'. * Es muß nun von den Männern, die mit uns zusammen**
zogen in der ganzen Zeit, in der der Herr Jesus unter uns ein-
22 **und ausging, * angefangen von der Taufe des Johannes bis zu**
dem Tage, an dem er hinaufgenommen wurde von uns fort, ein
Zeuge seiner Auferstehung zusammen mit uns werden einer von
23 **diesen." * Und sie stellten zwei auf: Joseph, genannt Barsabbas**
24 **mit dem Beinamen Justus, und Matthias. * Und sie sprachen**
betend: Du, Herr, Herzenskündiger aller, zeige den einen, wel-
25 **chen du erwählt hast aus diesen beiden, * zu empfangen den Platz**
dieses Dienstes und dieser Sendung, von der Judas abtrat, um an
26 **seinen eigenen Platz zu gehen. * Und sie gaben ihnen Lose, und**
es fiel das Los auf Matthias, und er wurde hinzugeordnet zu den
elf Aposteln.

zu Vers 22:
Apg 2, 32
3, 15
4, 33
5, 32
13, 31

zu Vers 24:
Jo 2, 24. 25
Apg 15, 8
Lk 16, 15
1 Sam 16, 7

zu Vers 26:
Mt 28, 16
Spr 16, 33

Nun sehen wir, daß „diese Tage" tatsächlich nicht nur vom Beten als solchem erfüllt waren. Wirkliches Beten stellt uns immer auch in unsere Aufgaben hinein. Die Jünger reden mit Gott über die Sendung des Geistes und über das ungeheure Werk, das vor ihnen, den geringen Menschen aus Galiläa, liegt. Dabei stoßen sie auf die rätselhafte und notvolle Tatsache, daß ihr Kreis eine Lücke aufweist. Zwölf Apostel hat der Herr für die zwölf Stämme Israels berufen; und nun sind sie nur elf. Müssen sie nicht vollzählig werden, ehe sie in die Arbeit an Israel hineingehen?

Petrus erfaßt seine Aufgabe, die ihm Jesus bei Caesarea Philippi 15
(Mt 16, 18. 19) gegeben und nach Ostern am See Tiberias neu übertragen (Jo 21, 15–17) hat. Er versammelt einen großen Kreis von Jüngern Jesu, so daß etwa hundertundzwanzig **„Namen" „am selben Ort"** beieinander sind[28]. Der Ausdruck „Namen" meint das, was wir mit dem Wort „Person" wiedergeben[29]. Der Ort der Versammlung ist schwerlich das Obergemach, das für hundertundzwanzig Menschen nicht Raum geboten haben wird, sondern ein anderer Saal, vielleicht auch der Hofraum des Hauses; das Leben spielt sich im Orient ganz anders im Freien ab als bei uns.

Petrus **„steht auf in der Mitte der Brüder"** und nimmt das Wort. Hier wird etwas ganz Großes sichtbar: die volle Wirklichkeit der Vergebung! Der sich dort in der Mitte der Brüder erhebt, das ist

[28] Diese Zahl wird Lukas auch darum nennen, weil sie der Mindestzahl der Männer entspricht, die befugt waren, eine selbständige jüdische Gemeinde zu bilden. „Darum will die Angabe wohl besagen: Diese Jüngergemeinde stellte einen ordnungsgemäßen Wahlkörper dar" (Stählin a. a. O. S. 23).

[29] Darum ist in der Bibel der „Name" so wichtig! In ihm wird die Person selber erfaßt. Vgl. 2 Mo 3, 13–15. Auch in der Apostelgeschichte werden wir noch weiter auf die Geltung des „Namens" stoßen.

der Mann, der den Herrn verleugnet hat. Alle Versammelten wissen es. Ist er noch „würdig", der Leitende in ihrem Kreise zu sein? Verlor er nicht alle Autorität? Erhebt sich nicht Verachtung und Ablehnung gegen ihn? Wir hören weder hier noch später ein Wort davon! Die erste Gemeinde hat wunderbarerweise beides gekonnt: den Fall des Petrus nicht zu vertuschen, sondern in aller Klarheit im Evangelium selbst zu berichten, und zugleich in Petrus vorbehaltlos das Haupt der Jüngerschar anzuerkennen. Die Vergebung, die Jesus seinem Petrus wie ihnen allen schenkte, hatte seine Schuld wie die ihre völlig getilgt. So steht auch Petrus selber nicht unsicher, nicht mit Minderwertigkeitsgefühlen vor ihnen. Auch er faßt die Vergebung in ihrer ganzen Herrlichkeit und nimmt in sachlichem Gehorsam seinen Platz ein.

Petrus trägt dabei das Wort Jesu in seinem Herzen, das unter der Jüngerschar jede weltliche Herrschaftsweise ausschließt (Mt 20, 25–28). Darum ordnet Petrus nicht von sich aus autoritativ („bischöflich") die Dinge, bespricht sie auch nicht nur im Kreise seiner Mitapostel, sondern wendet sich bewußt an die „Gemeinde", auch wenn sie jetzt nur diese lose Schar von Jüngern ist.

16/19 Er redet dabei nach der Sitte des Altertums und auch der Judenschaft nur die **„Männer und Brüder"** an. So finden wir es auch in den apostolischen Briefen. Unser übliches „Liebe Brüder und Schwestern!" ist dem NT unbekannt. Dabei zeigen aber gerade die Briefe – man denke nur an die „Grußliste" in Rö 16! –, wie intensiv auch Frauen am Aufbau der Gemeinde beteiligt waren. So waren sie entsprechend dem in Vers 14 Gesagten sicher auch bei dieser ersten „Gemeindeversammlung" mit zugegen und tatsächlich mit angesprochen.

Von der nun folgenden Rede des Petrus gilt, was G. Stählin (a. a. O. S. 23) sagt: „Es ist die Kunstform der sogenannten Kurzrede. Diese besteht zwar aus lauter Sätzen, die in einer mündlichen Rede tatsächlich gesprochen werden könnten, stellt aber inhaltlich doch nur eine knappe Zusammenfassung der wirklichen Rede dar." Dabei wird Vers 19 nicht unmittelbar zu der Rede des Petrus selbst gehören, sondern eine „Anmerkung" des Lukas sein. Denn Petrus sprach ja in derselben aramäischen Sprache wie die Jerusalemer sie hatten, zu seinen Mitjüngern, denen er das Wort „Hakeldamach" nicht erst grie übersetzen mußte. Für Theophilus und die grie Leser der Apostelgeschichte dagegen war der Hinweis nötig, den Lukas hier in die Ausführungen des Petrus einschiebt[30].

[30] A. Schlatter schreibt zu der ganzen Frage der „Reden" in der Apostelgeschichte in seinen „Erläuterungen" Band 4 (Apostelgeschichte), S. 13: „Es macht dies einen lehrreichen Unterschied zwischen dem ersten und dem zweiten von Lukas verfaßten Buche aus.

Die Berichte, auf die Lukas seine Darstellung gründet, weichen von dem ab, was uns Matthäus über das Ende des Judas und über den „Blutacker" erzählt (Mt 27, 3—10). Das wird uns nicht wundern. Wir haben es selber schon oft gemerkt, wie Menschen, die doch Augenzeugen eines bestimmten Ereignisses waren, nachher recht verschiedene Darstellungen davon gaben. Und wenn wir gar Erinnerungen an gemeinsam Erlebtes austauschen, wie anders hat es jeder in den Bildern seines Gedächtnisses behalten. Daraus ist nicht der törichte Schluß zu ziehen, daß das betreffende Ereignis gar nicht stattgefunden habe und die Erzähler sich alles nur ausgedacht hätten. Im Gegenteil, die Abweichungen beweisen die Echtheit von Zeugenaussagen: Es ist nichts verabredet und zurechtgebogen. Und alles Wesentliche steht dann doch übereinstimmend in den verschiedenen Berichten vor uns. So ist es auch hier. Wir wollen die Überlieferung bei Matthäus und bei Lukas nicht künstlich miteinander ausgleichen. Aber wir wollen auf die wesentlichen Linien achten, die bei beiden gleich sind: Der Verräter hat bald nach seiner Tat ein schreckliches Ende gefunden; sein Geld wurde ihm zum Verhängnis; es ist das nicht verborgen geblieben, sondern in Jerusalem öffentlich bekannt geworden, und die Erinnerung daran hat sich — wie es im Volk gern geschieht — an den Namen eines Grundstückes gehängt, das mit dem Blutgeld des Verräters in Zusammenhang steht und darum **„Blutacker"** genannt wird. Das ist es, was wir wissen müssen. Darin zeigt sich uns der Ernst des göttlichen Gerichtes.

Von diesem Ernst ist die Haltung des Petrus bestimmt. Es wird 16/17
noch einmal das Ungeheuerliche in der Tat des Judas hervorgehoben[31]. Zum **„Führer für die, die Jesus festnahmen"** wurde der Mann,

Das Evangelium enthält keine ähnlich geformten Reden Jesu; es verdeutlicht uns das Wort Jesu nur durch Sprüche, die freilich nach ihrem Inhalt zu größeren und kleineren ‚Reden' miteinander verbunden sind. Ähnliche Sprüche gibt uns Lukas weder von Petrus noch von Paulus, sondern stellt uns die für ihre Wirksamkeit entscheidenden Überzeugungen dadurch dar, daß er ihnen die Form kurzgefaßter Reden gibt. Es kommt hierdurch die verschiedene Stellung des Lukas zum Wort Jesu und zu dem der Apostel ans Licht. Jesu Wort wurde in der Kirche festgehalten, wie er es gesprochen hat. Darin bestand ein wesentliches Stück des apostolischen Amts, daß es der Gemeinde Jesu Wort überbrachte. Die Apostel dagegen haben ihre Autorität nur daher, daß sie Jesu Boten sind; der Nachdruck liegt bei ihnen auf dem Inhalt ihrer Predigt, nicht auch auf ihrer Form. Lukas hat darum hier mit größerer Freiheit gearbeitet, nicht so, daß er einzelne Aussprüche in einer durch die Überlieferung fixierten Form aneinanderreihte, sondern so, daß er uns die Grundgedanken der apostolischen Predigt in lehrhafter Ausführung wiederholt."

[31] Darum sollen auch wir uns strikt davor hüten, zu tun, was das NT selber nicht getan hat: den Weg des Judas psychologisch oder sonstwie zu „erklären". Das Furchtbare und Abgründige an der Tat des Judas ist eben ihre „Unerklärbarkeit" und damit Unentschuldbarkeit.

der **„uns zugezählt war und das Los dieses Dienstes empfangen hatte“.** Es wird kein Wort einer tiefsinnigen Erklärung des Vorganges versucht. Hier, wie bei jeder wirklichen „Sünde“, ist nichts zu „erklären“. Jede „Erklärung“ wäre schon ein Schritt zur Aufhebung der Schuld[32]. Es fällt aber auch kein Schimpfwort über Judas. Was Petrus sagt, ist völlig frei von der häßlichen Lust, mit der wir uns leicht voll Entrüstung über einen Schuldigen erheben. Gott hat schon ernst genug gerichtet, ganz Jerusalem weiß es. Hier kann und muß menschliches Urteil schweigen.

16 Die eigene Erschütterung klingt noch durch: **„Er war uns zugezählt!“** Aber diese Erschütterung ist überwunden durch die Zuflucht im Schriftwort. So hat es die Gemeinde Gottes zu allen Zeiten bis heute erlebt: Gerade in Stunden rätselhafter, schwer erträglicher Geschehnisse öffnet sich uns auf einmal ein Wort der Schrift. Es gewinnt für uns einen ganz neuen Sinn und läßt sein Licht in das Dunkel der Ereignisse fallen. Wir merken mit Dank: Das, was uns unbegreiflich war, was uns so große Sorge und Not bereitete, das ist von Gott vorausgesehen und in Gottes Plan eingeordnet. Gott hat sein Wort schon längst dazu gesagt. Es ist dann gar kein Einwand dagegen, daß das betreffende Schriftwort „objektiv“ oder „geschichtlich“ von etwas ganz anderem spricht. Natürlich waren Ps 69, 26 und 109, 8 zunächst allgemeine Gebete von Frommen gegen grausame Feinde. Diese Psalmen waren so schon oftmals von bedrängten Menschen gebetet worden. Aber als Petrus mit den andern Aposteln über das Geschehen mit Judas nachsann, da trafen ihn diese alten Worte ganz neu. Nicht die Tat des Judas als solche war „vorherbestimmt“! Über das Verhältnis von göttlicher Bestimmung und menschlicher Schuld werden in der Bibel keine Theorien versucht. Beide Wirklichkeiten werden so, wie wir sie selber erfahren, stehen gelassen: die alles umfassende göttliche Regierung und die eigene Freiheit und Verantwortung des Menschen (vgl. dazu vor allem Rö 9 und die Erklärung dieses Kapitels in W. Stb. Römerbrief). Darum löst Petrus das schreckliche Geheimnis im Verrat des Judas nicht auf und sagt nicht: Dieser Verrat mußte geschehen, denn die Schrift hat ihn vorhergesagt. Aber von Gott gesehen und eingeordnet ist er allerdings. Das wird deutlich am Ende des Verräters, das der Weissagung in Davids Psalm

[32] Hier ist bestimmt und klar ausgesprochen, worin der „Verrat“ des Judas bestand. Das NT verwendet das gleiche Wort „dahingeben, preisgeben“ für das Tun des Judas an seinem Herrn wie für das Tun Gottes an seinem Sohn (Rö 4, 25; 8, 32; Mt 10, 4; 26, 31 u. a.). Darum ist auch im Abendmahlsbericht 1 Ko 11, 23 vielleicht richtiger zu übersetzen: „in der Nacht, in der er dahingegeben ward“, nämlich vom Vater. Nicht die Preisgabe durch seine Jünger, sondern die Preisgabe durch Gott ist das entscheidende, das den „Verrat“ mit einschließende Geschehen.

entspricht. Vergeblich der Versuch des Judas, mit dem „Lohn der 20
Ungerechtigkeit" sich eine Bleibe zu sichern! Nein, Gott hat es gesagt: **„Es soll sein Gehöft öde werden und keinen mehr geben, der darin wohnt."** Dementsprechend hat Gott das grauenhafte Ende des Verräters herbeigeführt, vermutlich eben auf dem erworbenen Grundstück. Dann muß aber auch das andere Psalmwort erfaßt werden: **„Sein Aufsichtsamt soll ein anderer empfangen."** Und dazu ist diese Versammlung einberufen.

Petrus stellt zunächst die unerläßlichen Anforderungen an einen 21/22
„Apostel" fest. Ein „Apostel" ist vor allem ein **„Zeuge der Auferstehung Jesu"**. Die Auferstehung Jesu ist — freilich in unlöslicher Verbindung mit seinem Kreuz! — das entscheidende Ereignis, welches das Evangelium überhaupt erst zum Evangelium macht. Ohne das Geschehen des Ostertages hätte es niemals „Christentum" in der Welt gegeben. Daß der Mensch Jesus von Nazareth lebte, lehrte, heilte, liebte und litt, hätte keine letzte Bedeutung für uns, für die ganze Welt, wenn dieser Jesus nicht von Gott auferweckt und zu einem „Herrn und Christus gemacht" worden wäre (vgl. Kap 2, 32–36; 3, 13–15; 4, 10–12; 13, 37–39; 17, 30. 31). Jesus ist „eingesetzt zum Sohn Gottes in Kraft nach dem Geist der Heiligkeit auf Grund von Totenauferstehung" (Rö 1, 4). Diese Auferstehung von den Toten ist aber zugleich das „Unmögliche", das menschlich Undenkbare und darum das Anstößige, Aufreizende und Lächerliche (Apg 17, 32). Darum kann das kirchengründende Urzeugnis des Apostolates in dieser gottentfremdeten Welt nur von einem Manne ausgerichtet werden, der die ungeheure Tatsache der Auferstehung Jesu selber sah und ihre Wirklichkeit erfuhr. Diese Auferstehung ist aber nicht ein isoliertes Ereignis für sich. Jesus und nur Jesus ist es, der von den Toten auferstand! Und nur gerade Jesus ist als Auferstandener wirklich ein herrlicher Heiland, wie Sünder ihn brauchen. Der Zeuge seiner Auferstehung muß darum auch Jesus selbst gründlich gekannt haben. Er ist aber auch nicht als einsamer Einzelner „Apostel", er ist es — wir sprachen schon davon — nur als Glied des Apostelkreises. So muß er schon von Anfang an Verbindung mit diesem Kreis gehabt haben, dem er von nun an völlig zugehören soll. Er muß **„mit uns zusammen"** den Dienst tun.

Männer dieser Art gab es unter den Hundertundzwanzig. Zwei von 23
ihnen erschienen den Versammelten besonders vertrauenswürdig. Sie stellten Joseph, genannt Barsabbas mit dem Beinamen Justus[33] und

[33] Diese ausführliche Benennung hebt ihn besonders hervor; er ist offenbar wirklich der erste Kandidat. Vielleicht ist er ein Bruder des „Judas genannt Barsabbas", dem die Gemeinde in 15, 22 einen wichtigen Dienst anvertraut.

Matthias heraus. Die letzte Entscheidung wollen aber weder sie noch die Apostel selbst treffen. Noch ist ja der Heilige Geist nicht da, der später — etwa Kap. 13, 2 — zum Dienst aussondert und beruft. Darum
24 wenden sie sich an den **„Herzenskündiger"** und fragen betend nach seinem Willen. Sie legen ihm die Notwendigkeit ihrer Bitten dar;
25 das dürfen wir im Gebet tun. Judas ist von **„dem Platz dieses Dienstes und dieser Sendung abgetreten"**, um **„an seinen eigenen Platz"**, d. h. in die Verlorenheit zu gehen. Der leere Platz muß ausgefüllt
26 und von einem anderen übernommen werden. Der Herr soll nun durch das Los entscheiden. Der Wortlaut läßt nicht eindeutig erkennen, ob sie „für sie Lose werfen" (so A. Schlatter) oder die beiden ein Los ziehen lassen. Jedenfalls bezeichnete das Los den Matthias[34] als den vom Herrn erwählten, **„und er wurde hinzugeordnet zu den elf Aposteln".**

So lebendig und vielseitig ging es also am Anfang der Gemeinde zu! Petrus handelt von sich aus mit seiner eigenen Autorität. In der Gemeinde gibt es führende Männer. Aber dann ruft er die Gemeinde selbst zum Handeln, nachdem er ihr gezeigt hat, worauf sie ihr Augenmerk richten muß. Und die Gemeinde legt die letzte Entscheidung betend in die Hand des Herrn und benutzt hier am Anfang einmal das Mittel des Loses[35]. Es wird kein Prinzip, weder ein „bischöfliches", noch ein „demokratisches" durchgesetzt, noch auch ein Anspruch auf die ständige wunderbare Leitung durch den Herrn erhoben. In freier Weise kam alles zu seinem Recht, wie es der gegenwärtigen Lage entsprach.

Es ist manchmal gesagt worden, die Gemeinde habe dennoch voreilig gehandelt. Der vom Herrn gemeinte zwölfte Apostel sei Paulus, auf dessen Berufung die Gemeinde hätte warten müssen. Aber konnte die Gemeinde jahrelang aufs Ungewisse warten? Dazu hätte

[34] E. Haenchen bemerkt in seiner Auslegung der Apg auf S. 127 dazu: „Die Gebeine des Matthias, von Konstantin nach Trier gesandt und beim Normannensturm vergraben, wurden nach der kirchlichen Überlieferung wunderbar wieder aufgefunden und neu beigesetzt. Matthias ist der einzige Apostel, dessen Gebeine (ohne den in Italien aufbewahrten Schädel) in Deutschland ruhen."

[35] „Gelost" worden ist schon in Israel in entscheidenden Stunden: 4 Mo 26, 55 f; 1 Sam 10, 17—27. Bekannt ist die Wiederaufnahme des „Losens" bei Zinzendorf und der Brüdergemeine. Vgl. dazu in Beyreuthers Werk über Zinzendorf (Marburg 1959 und 1961) Band II, S. 93—96, 145/46, 176/77; Band III, S. 148—150. Die innere Berechtigung des „Loses" gerade bei dieser Nachwahl eines Apostels macht Lukas dadurch deutlich, daß er schon in Vers 17 das Apostelamt überhaupt als ein „Los" bezeichnet. Von dem grie Wort für „Los = kleros" ist unser Ausdruck „Klerus" für den gesamten „geistlichen Stand" der Kirche abgeleitet. So darf die Gemeinde erwarten, daß der Herr selbst das „Los", ein „Apostel" zu sein, durch das „Los" zuerteilen wird. Es ist aber zu beachten, daß für die Berufung der sieben Armenpfleger in Kap. 6, 1—6 nicht wieder das „Los" bemüht wird!

sie einer klaren Weisung des Herrn bedurft. Vor allem aber: Paulus hat sich nie zu den „Zwölf" gezählt, die er in 1 Ko 15, 5 als besonderen Kreis ausdrücklich von sich unterscheidet. Die Zwölf waren in ihrer Zwölfzahl auf Israel ausgerichtet. Wer zu ihnen gehören wollte, der mußte wirklich, wie Petrus hier fordert, die besondere Gottesgeschichte innerhalb Israels von der Bußbewegung des Johannes bis zu dem letzten Ausgang in der Himmelfahrt Jesu miterlebt haben. In diesem Sinn konnte Paulus kein Apostel sein. Paulus hat sich darum selbst als einen eigentümlichen Sonderfall betrachtet: 1 Ko 15, 8—10. Er wußte sich als ein „Apostel der Nationen", darin freilich auch voll und ganz als einen „Apostel" — Paulus hat um die Anerkennung seiner apostolischen Sendung und Autorität mit aller Kraft gerungen — aber gerade nicht als einer der „Zwölf", die gemeinsam in Jerusalem vor allem für Israel ihren Dienst taten.

DAS KOMMEN DES GEISTES AM PFINGSTTAG

Apostelgeschichte 2, 1—13

1 Und als sich zu erfüllen begann der Tag des Pfingstfestes, waren
2 alle an einem Ort beisammen. * Und es kam plötzlich vom Him-
mel her ein Brausen wie das eines daherfahrenden mächtigen Win-
3 des und erfüllte das ganze Haus, wo sie saßen. * Und es erschienen
ihnen sich zerteilende Zungen wie von Feuer, und er ließ sich auf
4 jeden einzelnen von ihnen nieder, * und sie wurden erfüllt alle von
Heiligem Geist und begannen zu reden mit andern Zungen, wie
5 der Geist es ihnen auszusprechen gab. * Es waren aber in Jerusa-
lem wohnhaft Juden, fromme Männer von jedem Volk unter dem
6 Himmel. * Als aber diese Stimme erklang, lief die Menge zusam-
men und wurde bestürzt, denn sie hörten sie ein jeder in der
7 eigenen Mundart reden. * Sie gerieten aber außer sich und staun-
ten und sagten: „Siehe, sind nicht alle diese Redenden Galiläer?
8 * Und wie hören wir sie jeder in unserer eigenen Mundart, in der
9 wir geboren wurden? * Perser und Meder und Elamiter, und die
Bewohner von Mesopotamien, Judäa und Kappadocien, von Pontus
10 und Asien, * von Phrygien und Pamphylien, von Ägypten und
den Gegenden von Lybien bei Kyrene, auch die hier ansässigen
11 Römer, * Juden und Proselyten, Kreter und Araber — wir hören
12 sie in unseren Zungen die Großtaten Gottes reden!" * Sie gerieten
aber alle außer sich und waren ratlos und sagten einer zum an-
13 dern: Was will dies sein? * Andere aber sagten spottend: „Sie
sind voll jungen Weins."

zu Vers 1:
3 Mo 23, 15-21
Apg 1, 14
Lk 9, 51
zu Vers 2:
Apg 4, 31
5, 12
Jo 3, 8
1 Pt 1, 12
2 Pt 1, 21
zu Vers 3:
4 Mo 11, 25
Mt 3, 11
Lk 12, 49
zu Vers 4:
Apg 4, 8. 31
10, 44-46
11, 15
19, 6
Mk 16, 17
1 Ko 14
zu Vers 5:
Apg 8, 2
zu Vers 7:
Jo 7, 52
zu Vers 9:
1 Pt 1, 1

zu Vers 13:
1 Ko 14,19.23

Die Apostel mit einer großen Schar von Jesusjüngern, darunter
auch Frauen und Maria, die Mutter Jesu, und seine leiblichen Brüder
1 (Apg 1, 14), warteten betend auf die Erfüllung der großen Zusagen
Gottes und damit zugleich auf den Beginn ihres Zeugendienstes. Nun kommt diese Erfüllung. Darum beginnt Lukas seinen Bericht: **„Und als sich zu erfüllen begann . . .“** Diese Erfüllung kommt in freier Majestät allein von Gott selbst an dem von ihm bestimmten Tag. Die Jünger werden nicht allmählich in der Stille mehr und mehr mit Geist erfüllt. Erst recht suchen sie nicht durch irgendwelche eigenen religiösen Methoden in den Besitz des Geistes zu gelangen. Sie kennen nur eines: glaubend zu warten auf Gottes eigene Tat.

Diese Tat geschieht an einem jüdischen Festtag, **„als sich zu erfüllen begann der Tag des Pfingstfestes“.** Wir könnten übersetzen: „Beim Anbruch des Pfingsttages waren alle beisammen.“ Das große Ereignis vollzieht sich gleich am Morgen des Festes. Als Petrus seine Rede beginnt, ist es erst 9 Uhr vormittags. Die Ordnung des „Kirchenjahres“ im Alten Bunde sah drei große Feste vor: das Passah, das Fest der Ernte und das Fest der „Einsammlung am Ausgang des Jahres“ (vgl. 1 Mo 23, 14–17). In 3 Mo 23, 15–22 ist dann das Fest der Ernte genauer geregelt. Es soll am 50. Tag nach dem Passah gefeiert werden. Der „fünfzigste“ (Tag) heißt grie „pentekosté“; daraus ist unser Wort „Pfingsten“ entstanden. Später hat Israel auch Pfingsten und Laubhüttenfest nicht mehr nur als Natur- und Erntefeste begehen mögen. Wohl nahm es auch weiter die Naturgaben der Felder, Gärten und Weinberge dankbar aus Gottes Hand. Aber es wußte, daß Gott ihm noch ganz anders herrlich und göttlich in seiner Geschichte begegnet war. So sah es in den „Laubhütten“ die Erinnerung an die Wüstenwanderung mit ihren Zelten und mit der wunderbaren Durchhilfe und Versorgung bis hin zum Gelobten Land und verband das Pfingstfest mit der Gesetzgebung am Sinai. Zwar haben wir literarische Belege dafür erst aus der nachapostolischen Zeit. Aber kann das Gedenken an das Sinai-Ereignis am Pfingsttag nicht schon vorher im Volk lebendig gewesen sein? Es ist jedenfalls auffällig, welch tiefe innere Beziehungen das von Lukas berichtete Geschehen an diesem Pfingsttag zu der Offenbarung Gottes am Sinai hat. Hier wie dort die Gegenwart des lebendigen Gottes zur Schaffung seiner „Gemeinde“, eines heiligen Volkes, eines Königreiches von Priestern. Hier wie dort Sturm und Feuer als sichtbare Zeichen des gegenwärtigen Herrn. Nach jüdischer Überlieferung sollen die 70 Völker der Welt die göttliche Verkündigung vom Sinai je in ihrer eigenen Sprache vernommen haben, so wie jetzt Menschen aus aller Welt die großen Taten Gottes in ihrer Heimatsprache rühmen hören. Aber freilich: Nun ist es der Neue Bund, von dem Jeremia geweissagt hat

(Jer 31, 31—34), nicht mehr der Mose-Dienst des „Buchstabens", der Verurteilung und des Todes, sondern der Dienst des Geistes, der Gerechtigkeit und des Lebens (vgl. 2 Ko 3, 4—9). Nun ersteht erst wirklich „das königliche Priestertum, das heilige Volk, das Volk des Eigentums, daß ihr verkündigen sollt die Tugenden des, der euch berufen hat von der Finsternis zu seinem wunderbaren Licht" (1 Pt 2, 9). Wie am „Passah", so sehen wir auch „Pfingsten" beides zugleich: Gott handelt nicht willkürlich, sondern in einer planvollen Ordnung, die an sein früheres Tun anknüpft, es aufnimmt und vollendet; aber Gott läßt sich auch nicht in die Schranken alter Offenbarungen einschließen, er schafft unerhört Neues, durch das er erst die ganze Herrlichkeit dessen zeigt, was er schon in seinen früheren Erweisungen vor Augen hatte. So „erfüllt" sich das „schonende Vorübergehen" (das bedeutet „Passah") Gottes im Blick auf das „Blut des Lammes" (2 Mo 12, 13) in weltweiter Größe und ewiger Geltung im Sterben und Bluten des Gottessohnes am Kreuz; und so „erfüllt" sich nun an „Pfingsten" in der Ausgießung des Geistes Gottes in weltweiter Größe und letzter Wirklichkeit, was Gott am Sinai in der Berufung Israels eigentlich gemeint hatte.

Was nun vor sich geht, ist nicht nur „inneres Geschehen". Es geht 2
ja nicht um „Geist" im Sinn von menschlicher „Geistigkeit". Wir müssen heraus aus dem grie Idealismus, der uns überfremdet hat. Es geht um die Kraft und das Leben des lebendigen Gottes. Diesem Gott und Schöpfer aber gehört die „äußere" Welt genauso wie die „innere". Wo er sich naht, wird seine lebendige Gegenwart immer auch hörbar und sichtbar[36]. Eben darin zeigt nun auch die Pfingstgeschichte, daß es sich nicht um innerseelische Vorgänge handelt, die wir so oder so erklären könnten, sondern um das Eingreifen Gottes. **„Es kam plötzlich vom Himmel her ein Brausen wie das eines daherfahrenden mächtigen Windes".** „Pnoe = Wind", „Pneuma = Geist" sind im grie (wie auch im hbr „ruach") schon rein sprachlich verwandte Begriffe. So hat auch Jesus im Gespräch mit Nikodemus das geheimnisvolle Sausen des Windes zum Bild des Geisteswehen genommen. Freilich, es ist nur „Bild". Beachten wir, daß Lukas ausdrücklich sagt: Es brauste **„wie"** bei einem mächtigen Wind. Das Brausen kommt **„vom Himmel her"**, natürlich wieder nicht aus der irdischen Atmosphäre, sondern von Gott her. Aber es kommt voll in die irdische Welt herein und erfüllt ein irdisches Haus. Gott ist nicht gebunden an Tempel und geweihte Räume! Er wählt zu seiner Gegenwart einen armseligen Dornbusch in der Wüste und hier ein gewöhnliches weltliches Haus in Jerusalem[37].

[36] Vgl. 2 Mo 3, 2; 13, 21; 19, 16—18; Ri 5, 4—5; 1 Kö 19, 11—13; Ps 68, 89; 104, 14; Jes 33, 14; Apg 9, 3; 2 Th 1, 8.

3
Nun wird der Geist auch „sichtbar". **„Und es erschienen ihnen sich zerteilende Zungen wie von Feuer."** Von der Taufe „mit dem Heiligen Geist und mit Feuer" hatte schon der Täufer gesprochen (Mt 3, 11); „Feuer" war schon immer wie „Licht" und „Sturm" ein Zeichen göttlichen Wesens und Wirkens[38]. Lukas, hier wie in der Schilderung der Himmelfahrt nüchtern und verhalten vor der Einzigartigkeit göttlichen Geschehens, weiß sehr wohl, daß er nur unzulängliche Vergleiche bringen kann; zu sehen sind Zungen „wie" von Feuer[39]. Darum ist seine Schilderung auch kein Widerspruch gegen das Schauen eines Johannes, der den Geist „wie eine Taube" herabkommen sieht. Wer je selber Heiligen Geist erlebte, der weiß es: er ist „Feuer", wärmend, reinigend, verzehrend, das Herz in Brand setzend, er ist „Sturm", der mit unwiderstehlicher Kraft treibt, und er ist doch immer jener zarte, stille Geist, der von aller menschlichen Aufregung und aller dämonischen Treiberei gänzlich verschieden ist.

Die Zungen werden als **„sich zerteilende"** bezeichnet. Vielleicht sollten wir sofort übersetzen: sich „verteilende". Nicht das Bild gespaltener Flammen ist gemeint, sondern die persönliche Zuwendung des Geistesfeuers zu jedem einzelnen der großen Schar. Darum fährt Lukas trotz der eben genannten Mehrzahl von Zungen fort: **„... und er ließ sich auf jeden einzelnen von ihnen nieder."** Treffend kommt in dieser scheinbar ungeschickten Formulierung zum Ausdruck, daß es der eine unteilbare Heilige Geist ist, der nun doch persönlich jedem einzelnen zuteil wird. **„Und sie wurden erfüllt alle von Heiligem**
4
Geist." Es ist der Geist wie ein von oben kommendes Feuermeer, das mit seinen „Zungen" nach allen Versammelten greift. Nicht etwa nur die Apostel, die „Amtsträger", erhalten den Geist. Auch die anderen Jünger werden mit ihm beschenkt, auch die Frauen. Jawohl, es gilt in der Gemeinde Jesu von Anfang an: „Hier ist nicht Mann noch Weib" (Gal 3, 28). Darum blickt Petrus bei seiner Rede auf das Wort Joels, das ausdrücklich die „Mägde" und „Töchter" mit den „Söhnen"

[37] Freilich ist es nicht eindeutig klar, was Lukas mit dem Wort „Haus" hier gemeint hat. Auch wenn der Gemeinde Jesu offenbar von Anfang an ein großes Haus zur Verfügung gestanden hat (s. o. zu 1, 15 und 12, 12), boten Haus und Straße der engen Innenstadt von Jerusalem Raum für das Zusammenströmen „großer" Scharen, wie unser Bericht es nachher voraussetzt? Es kann gerade auch von Lukas der Tempel in Jerusalem als „Haus" bezeichnet werden: 7, 47; Lk 11, 51; 19, 46. Waren die Apostel mit den Jüngern am Pfingstmorgen im Tempel versammelt? (Vgl. dazu auch Lk 24, 53.) Geschah das Pfingsterleben, die große Versammlung aus der Stadt und die Pfingstpredigt des Petrus auch schon in der „Halle Salomos"?

[38] Siehe Anmerkung 36.

[39] Hier liegt auch die Grenze der bildlichen Darstellungen des Pfingstgeschehens! Das Bilderverbot im Dekalog (2 Mo 20, 4) hat schon seine tiefe Berechtigung.

und „Knechten" zusammen als Empfänger des Geistes und seiner Wirkungen nennt.

Was aber wirkt der Geist? Nur innere Erfüllung und Freude bei den Beschenkten selbst? Das widerspräche der Grundlinie der gesamten Schriftoffenbarung. Niemals sind Gottes mächtige Taten nur zu unserer persönlichen inneren Beglückung da! Immer bereiten sie Menschen für Gott, zur Ehre Gottes und zur Mitarbeit in Gottes Heilsgeschichte unter den Menschen. So erfahren es nun auch die Jünger: **„Sie begannen zu reden mit anderen Zungen, wie der Geist es ihnen auszusprechen gab."** Der Heilige Geist gibt „auszusprechen". Das dafür verwendete Wort meint ein feuriges oder begeistertes Sprechen. Die Jünger „predigen" nicht etwa! Lukas hat sehr klar dargestellt, wie eine eigentliche „Predigt" mit ihren ruhigen (wenn auch zum Durchbohren von Herzen bevollmächtigten!) Darlegungen dann erst die Sache des Petrus ist. Wie sollten auch 120 Menschen zu gleicher Zeit „Predigten halten" können! Wer sollte da folgen. Es ist auch beachtlich, daß Mißgünstige unter der Menge von den Jüngern den Eindruck haben konnten: „Sie sind voll jungen Weins." Das macht deutlich, daß es sich nicht um „Predigen in verschiedenen Sprachen oder Dialekten" handeln konnte. Wie hätte dabei jeder der Zuhörer gerade an den Jünger kommen sollen, der seine Heimatsprache redete. Und ein Predigen in verschiedenen Sprachen macht auch nicht den Eindruck der „Trunkenheit". Nein, es wird dies „Reden mit andern Zungen" das erste urchristliche „Zungenreden" gewesen sein. Bei ihm konnte der Außenstehende achselzuckend sagen: „Wahnsinnige!" (1 Ko 14, 23) oder eben hier „Betrunkene!" Es ist doch auch recht wichtig, daß später Petrus das „Zungenreden" der mit dem Geist beschenkten Heiden ausdrücklich zu dem Pfingstgeschehen in Parallele setzt: Apg 11, 15 in Verbindung mit Kap. 10, 44—46; 15, 8. Das „Zungenreden" aber war kein „Predigen", sondern ein Anbeten, Loben, Rühmen, Danken (Apg 10, 46; 1 Ko 14, 14—17). So preisen hier die Jünger im Zungengebet die Großtaten Gottes. Das konnten sie in der großen Schar gleichzeitig tun. Wir sind von bitteren Erfahrungen her mit Recht[40] mißtrauisch gegen alle „enthusiastischen" Erscheinungen. Das darf uns aber doch nicht hindern zu sehen, daß in der Apostelgeschichte die „Zungenrede" als besonderes Zeichen der Wirksamkeit des Geistes be-

[40] Es gibt das unheimliche Geschehen schwarmgeistiger „Imitation" des Heiligen Geistes. Aber alle „Imitation" beweist zugleich den hohen Wert dessen, was da imitiert wird! Nur weil Edelsteine etwas so Kostbares sind, gibt es falsche Brillanten! Wer um der schwarmgeistigen Verderbnisse willen alle besonderen Gaben und Kräfte des Heiligen Geistes verdächtigt, gleicht einem Mann, der kein echtes Arzttum mehr anerkennen kann, weil er mit „Kurpfuschern" böse Erfahrungen gemacht hat.

trachtet wird und daß auch Paulus selbst viel in Zungen redete (1 Ko 14, 18). Ganz gewiß, Lukas steht in der Wertung der Geistesgaben genauso wie Paulus in 1 Ko 14, 5. Nicht das jubelnde Beten der Jüngerschar in Zungen schafft die Bußbewegung, die zur Bildung der Urgemeinde führt, sondern die Verkündigung des Petrus (das „Weissagen"). Dennoch bleibt es etwas Großes, was hier am Pfingstmorgen geschah. Von Gott gewußt, an Gott geglaubt haben die Jünger auch vorher schon. Sie konnten auch vor Pfingsten mit einem Ernst und einer Ausdauer beten, die uns beschämt. Nun aber steht im Heiligen Geist Gottes Wirklichkeit und Herrlichkeit so einzigartig vor ihnen, daß sie vollständig sich selber und alles um sich her vergessen und nur noch Gott anbeten und preisen können. Was sie im Geist von Gottes Weisheit, Heiligkeit, Liebe und Erbarmen vor sich sehen, das sprengt alles menschliche Denken und Reden. Alle Worte üblicher Sprache versagen davor. Nur noch **„in anderen Zungen"** kann die „Großartigkeit" (mögliche Übersetzung für die „großen Taten" Gottes) des Wesens, der Gedanken und der Taten Gottes angebetet werden.

5—11 Die Jünger sind dabei vollständig auf Gott gerichtet. „Denn wer in Zungen redet, der redet nicht für Menschen, sondern für Gott" (1 Ko 14, 2a). Und doch wird ihr Beten zum „Zeugnis" und zum Beginn ihres Zeugenberufes nach der Zusage ihres Herrn (Apg 1, 8). Der ganze Vorgang kann in Jerusalem nicht verborgen bleiben. In der Stadt sind nicht nur vorübergehend anwesende Festbesucher. Aus der weit in die Welt[41] verstreuten Judenschaft zog es immer wieder gerade die „frommen Männer" nach dem Gelobten Land und seiner Hauptstadt, um dort „wohnhaft" zu werden, wo der Messias auf dem Ölberg erscheinen (Sach 14, 4) und zum Tempel kommen sollte (Mal 3, 1). **„Als aber diese Stimme erklang"** — „Stimme" bezeichnet hier wohl das ganze hörbare Geschehen, das Brausen und das laute Reden und Rühmen der Jünger — **„lief die Menge zusammen."** Wir wissen ja, wie das geschieht: Erst werden einige Menschen aufmerksam und kommen hinzu, dann bleiben immer mehr stehen, mit Windeseile läuft die Kunde weiter und zieht neue Scharen herbei.

Und nun verbindet sich mit dem ersten Geschehen das eigentliche Pfingstwunder. Paulus hat vom Zungenreden in der Öffentlichkeit der Gemeinde gesagt, es habe dort nur Sinn und Recht, wenn jemand da sei, der es „auslegt" oder „übersetzt" (1 Ko 14, 13. 27. 28). Dieses Verstehen und Übersetzen der Zungenrede ist ebenfalls eine besondere Gabe des Geistes (1 Ko 12, 10). Am Pfingsttage aber tut der Heilige Geist in eigener Person ohne menschliche Vermittlung

[41] Lukas verwendet hier einen alten biblischen Ausdruck aus 5 Mo 2, 25: „Alle Völker unter dem ganzen Himmel."

diesen Übersetzungsdienst. Und er tut ihn so gründlich, daß viele in der Menge nicht nur überhaupt verstehen, wie die Jünger die großen Taten Gottes rühmen, sondern sie in der eigenen, vertrauten Heimatsprache reden hören. Das Pfingstgeschehen ist also auch ein „Hörwunder", nicht nur das erstmalige Geschenk der „Zungenrede". Zweimal wird es von Lukas betont: **„... sie hörten sie ein jeder in der eigenen Mundart reden"** (V. 6) und **„... wir hören sie in unseren Zungen die großen Taten Gottes reden"** (V. 11). Nicht die einzelnen Jünger sprachen je verschiedene Sprachen, sondern der einzelne Hörer hörte alle Jünger **(„wir hören sie")** je in seiner Sprache in unmittelbarem Verstehen. In diesem Hören vollzieht sich die Wirkung des Heiligen Geistes, der hier in den Hörern die „Auslegung" der Zungenrede schafft, die später als besondere Geistesgabe einzelnen Gemeindegliedern zuteil wurde (1 Ko 12, 10; 14, 5; 14, 27).

Lukas hat keinen Versuch gemacht, den Vorgang zu erklären, ja auch nur näher zu beschreiben. Es wäre das ebenso unmöglich gewesen, wie es auch keine „Beschreibung" der Auferstehung Jesu, seines Auferstehungsleibes oder seiner Himmelfahrt gibt und geben kann. Was sich hier ereignet, ist „Zeichen" genauso wie das Sturmesbrausen und das Feuer mit seinen Zungen. Das wird dadurch unterstrichen, daß eine Notwendigkeit für diese Wunder nicht vorlag. Die zusammengeströmte Menge besteht ja nicht etwa aus eingeborenen Heiden der verschiedenen genannten Länder, die nur in ihrer eigenen Volkssprache reden und verstehen konnten und darum ein Wunder brauchten, um die „galiläischen Männer" überhaupt hören zu können. Es waren, wie ausdrücklich gesagt wird, alles „Juden". Wer anders sollte auch in Jerusalem wohnen oder zum Fest in der Stadt anwesend sein? Diese Juden aber sprachen ihr Aramäisch oder verstanden es wenigstens, selbst wenn es „Hellenisten" waren, die sich ganz an die grie Weltsprache oder auch an die Heimatsprachen ihres Siedlungslandes gewöhnt hatten. Offensichtlich konnte Petrus in seiner (aramäischen) Predigt sie alle anreden, ohne daß nochmals ein besonderes Sprach- oder Hörwunder sichtbar wird.

Aber als zeichenhaftes Geschehen ist das Zungenreden und das Hörwunder des Pfingsttages von umfassender Bedeutung. Man hat oft gesagt, Pfingsten sei das Gegenstück zu der babylonischen Sprachverwirrung nach dem Turmbau und deren gnädige Aufhebung. Das ist so unmittelbar nicht zutreffend. Denn erstens sind jene Menschen in Jerusalem nicht Glieder der verschiedenen Völker, sondern nur Juden; und zweitens hören sie nicht ein „göttliches Esperanto", das an die Stelle der verschiedenen Sprachen tritt, sondern jeder seinen eigenen Dialekt. Die Verschiedenheit der Sprachen ist hier also gerade nicht aufgehoben! Und doch ist es richtig und notwendig, daß der

Blick der Gemeinde Jesu immer wieder von Apg 2 zu 1 Mo 11 zurückgegangen ist. Der Ernst des Gerichtes über den Turmbau besteht nicht schon darin, daß die Menschen nun verschiedene Sprachen sprechen, sondern „daß keiner des andern Sprache versteht" (1 Mo 11, 7). Am Pfingsttage aber schenkt Gott im Heiligen Geist mitten in der bleibenden Sprachverschiedenheit doch das einmütige Hören und Verstehen des Lobpreises Gottes im Munde der Jünger. Es wird noch einmal deutlich, warum Pfingsten als „Hörwunder" und nicht als „Sprachwunder" so bedeutsam ist. Denn dieses „Hörwunder" setzt sich im innerlichsten Sinn fort auch in der aramäischen Rede des Petrus, der rein sprachlich jeder ohne weiteres folgen konnte. Denn auch im „Weissagen", also in der von Gottes Geist geschenkten und bevollmächtigten Verkündigung, vollzieht sich das durch keine Menschenkunst zu bewerkstelligende Wunder eines „Verstehens", welches das Herz erst für das Wort öffnet und die verschiedenartigsten Menschen in der gleichen Weise erfaßt und in die Gegenwart Gottes stellt (vgl. 1 Ko 14, 24!). Darum lebt die Mission immer wieder im Pfingstkapitel der Apostelgeschichte und sieht im Pfingstwunder ihr eigenstes Tun begonnen und verheißen. Denn auch die Mission hat ihrerseits die Volkssprachen nicht durch irgendeine Weltsprache ersetzt, um die „Sprachverwirrung" aufzuheben, sondern hat sich mit inniger Liebe und einem daraus entspringenden unerhörten Fleiß um die Volkssprachen bis in ihre einzelnen Dialekte hinein gemüht. Wirklich, auf dem Missionsfeld soll **„jeder in seiner eigenen Mundart"** die großen Taten Gottes hören! Und doch schafft das Evangelium darin zugleich das tiefe Verstehen und die herzliche Einmütigkeit unter Menschen, die sich vorher völlig fremd waren und einander haßten und mordeten. Das entspricht wesensmäßig genau dem damaligen Pfingstgeschehen und dem Werden der ersten Gemeinde in Jerusalem. Wir rühmen es mit Grund und Recht bis zu dieser Stunde von Gott und seinem Geist: „. . . der du durch Mannigfaltigkeit der Zungen die Völker der ganzen Welt versammelt hast in Einigkeit des Glaubens."

Damit wird schon die bleibende Bedeutung des Pfingstgeschehens sichtbar. Es ist in sich selbst so einmalig und unwiederholbar wie Weihnachten, Karfreitag und Ostern. Krippe und Windeln, Kreuz und Dornenkrone, leeres Grab und zusammengefaltete Grabtücher hat es nur ein einziges Mal gegeben. Auch Sturmesbrausen, Feuer und ein solches Hören in den eigenen Sprachen hat sich nicht mehr wiederholt. Und doch geben sich die großen göttlichen Heilstaten der glaubenden Gemeinde zum dauernden Besitz. Noch bei der Parusie werden wir an dem Sohn Gottes die Menschheit sehen, die er Weihnachten annahm. An jedem Tag und an jedem Ort besitzen wir die Erret-

tung, die auf Golgatha vollbracht wurde. Immer und überall ist Jesus unser auferstandener, gegenwärtiger Herr. So hat die Gemeinde aller Zeiten den Geist einwohnend, der am Pfingsttag herabkam. Immer wieder wirkt er das wahrhafte „Hören" und „Verstehen" der Verkündigung und der Anbetung und eint Menschen zur Bruderschaft der Gemeinde. „Pfingsten" benötigt und duldet eine Wiederholung so wenig wie „Karfreitag" oder „Ostern". Auf ein „neues Pfingsten" haben wir nicht zu warten, sondern dem Geist Raum zu geben, der seit dem Pfingsttag da ist[42].

Welch feiner Schriftsteller ist Lukas! Er fügt nicht selber in V. 5 8—11
eine trockene Aufzählung der vielen Länder ein, sondern läßt es die bewegten Männer mit Staunen aussprechen, aus welch verschiedenen Gegenden sie alle kommen. Dabei sind nur solche Länder genannt, in denen besonders viele und starke jüdische Gemeinden bestanden haben. Wir können uns leicht alle Landschaften auf einer Landkarte aufsuchen und dadurch selber den Eindruck der Weite und Mannigfaltigkeit bekommen, der die Menschen damals in Jerusalem bewegte. „Asien" meint damals als römischer Provinzname nicht den Erdteil, sondern das, was wir jetzt als „Kleinasien" bezeichnen, und auch davon nur das westliche Küstengebiet. Auffallend ist die Nennung von „Judäa" und noch dazu in Verbindung mit „Kappadocien"; in Judäa wurde keine besondere Mundart gesprochen. Auch die „Kreter" und „Araber" klappen eigentlich nach, nachdem abschließend Rom genannt und zusammenfassend festgestellt war, daß sich sowohl echte Juden wie auch Proselyten in der großen Menge befanden. Vielleicht will die Nennung von „Judäa" noch einmal (wie V. 5) betonen: es sind lauter Juden, teils geborene, teils nachträglich gewordene, während mit den „Kretern und Arabern", den Küsten- und Wüstenbewohnern, alle Genannten als Völker des Westens und Ostens zusammengefaßt werden[43]. Dabei würde die besondere Nennung von „Judäa" die Anschauung bestätigen, daß das Rühmen der Großtaten Gottes **„in andern Zungen wie ihnen der Geist auszusprechen gab"** tatsächlich das biblische „Zungenreden" war, das auch für die Juden des jüdischen Landes selbst übersetzt werden mußte, ehe es ihnen in ihrer Mundart verständlich wurde.

Noch einmal wird betont: **„Wir hören sie in unseren Zungen die**

[42] Darum ist es schade, daß viele Formulierungen unserer kirchlichen Pfingstlieder so klingen, als handle es sich um immer neue Pfingsten und um ein immer neu zu erbetendes Kommen des Geistes. Nur den zu Jesus neu Hinzukommenden wird der Geist neu und einmalig zuteil, auf dem Missionsfeld und mitten in der alten Christenheit. Aber nicht als eine neue Geistausgießung, sondern als persönliche Beschenkung mit dem Geist, der in der Gemeinde lebt und wirkt.

[43] So G. Stählin a. a. O. S. 35.

Großtaten Gottes reden." Die Jünger reden nicht von sich, von ihren Gedanken, Erkenntnissen, Herzenszuständen und Gefühlen. Alles bei ihnen ist völlig in Anspruch genommen von Gottes Größe und Herrlichkeit und von seinen Heilstaten. Und eben dies ist das sichere Zeichen der Geisteswirkung! Mit uns selbst beschäftigen wir uns von Natur. Wo wir darum bei Menschen unter noch so schönen und biblischen Worten ein Kreisen um sich selbst und um ihren eigenen Zustand finden, da ist sicherlich wenig Heiliger Geist. Aber wo Menschen von sich selber frei und zu Gott hingewendet werden, so daß ihr Herz und darum auch ihr Mund von Gott bewegt und mit Gott erfüllt ist, da hat gewiß der Heilige Geist sein Werk getan.

12/13 Von größter Wichtigkeit ist der abschließende Vers unseres Abschnittes. Hier wird noch einmal klar, warum das geistgewirkte Zungenbeten der Jünger trotz der „Auslegung" durch den Geist selbst in den Herzen der Hörer noch nicht das Eigentliche und Entscheidende des großen Tages sein kann. Es führte auch im günstigen Fall nur zu einem ratlosen Staunen und Fragen: **„Sie gerieten aber alle außer sich und waren ratlos und sagten einer zum andern: Was will das sein?"** Bei andern flüchtete sich diese Ratlosigkeit in den Spott: **„Andere aber sagten spottend: Sie sind voll jungen Weins."** Innerlich überwunden wurde noch keiner! Aus der letztlich noch unpersönlichen Frage: „Was soll dies bedeuten?" wurde noch nicht die persönliche, durchbohrende Frage: „Was sollen wir tun?!" Paulus hat es später in den Kapiteln 12—14 seines 1. Briefes an die Korinther klar formuliert: Nicht das „Zungenbeten", sondern das „Weissagen" ist die entscheidende Gabe des Geistes, die die Gemeinde am dringendsten braucht. Denn erst die klare Verkündigung in der Vollmacht des Heiligen Geistes trifft die Gewissen, deckt des Menschen Zustand auf und führt zur Errettung und Bekehrung von Menschen. Darum kommt die eigentliche Auswirkung der Geistausgießung am Pfingsttag nun erst in der „Pfingstpredigt"[44] des Petrus ans Licht.

DIE „PFINGSTPREDIGT" DES PETRUS

Apostelgeschichte 2, 14—36

14 Es trat aber auf Petrus zusammen mit den Elfen, erhob seine Stimme und sprach zu ihnen: „Ihr jüdischen Männer und ihr Be-

[44] Eigentlich sollten wir die Worte „Predigt, predigen" hier wie überall im NT vermeiden. Sie wecken sofort falsche Vorstellungen. Es handelt sich vielmehr um „Heroldsrufe" (grie „kerussai = herolden"), um die öffentliche Bekanntgabe von Tatsachen, Forderungen und Zusagen, die jeden Menschen in höchster Sachlichkeit angehen.

wohner von Jerusalem alle, dieses sei euch kund, und nehmt meine
15 Worte in eure Ohren auf. * Nicht nämlich sind (wie ihr annehmt)
16 diese trunken; es ist ja erst die dritte Stunde des Tages. * Sondern
17 das ist es, was gesagt ist durch den Propheten Joel: * ‚Und es
wird geschehen in den letzten Tagen, sagt Gott, ausgießen werde
ich von meinem Geist auf alles Fleisch, und weissagen werden
eure Söhne und eure Töchter, und eure jungen Männer werden
18 Gesichte sehen, und eure Alten werden Träume haben. * Und auf
meine Knechte und auf meine Mägde werde ich in jenen Tagen
19 von meinem Geist ausgießen, und sie werden weissagen. * Und
ich werde Wunder geben am Himmel oben und Zeichen auf der
20 Erde unten, Blut und Feuer und Rauchqualm. * Die Sonne wird
sich verwandeln in Finsternis und der Mond in Blut, ehe da kommt
21 der Tag des Herrn, der große und strahlende. * Und es wird geschehen: jeder, der nur immer anrufen wird den Namen des Herrn,
22 wird errettet werden.' * Israelitische Männer, höret diese Worte!
Jesus von Nazareth, einen Mann, beglaubigt von Gott bei euch
durch Machttaten und Wunder und Zeichen, welche getan hat
23 durch ihn Gott in eurer Mitte, wie ihr selbst wißt, * diesen —
durch den festgesetzten Ratschluß und die Vorsehung Gottes
preisgegeben — habt ihr durch die Hand der Gesetzlosen ans
24 Kreuz geheftet und beseitigt. * Ihn hat Gott auferweckt, lösend
die Wehen des Todes, wie es ja auch nicht möglich war, daß er
25 von ihm in der Gewalt gehalten wurde. * Denn David sagt im
Blick auf ihn: ‚Ich sah den Herrn vor mir immerdar, denn er ist
26 zu meiner Rechten, damit ich nicht ins Wanken gerate. * Darum
freut sich mein Herz und jubelt meine Zunge; dazu aber auch wird
27 mein Fleisch ruhen auf Grund von Hoffnung; * denn du wirst
nicht überlassen meine Seele in die Totenwelt und wirst nicht zugeben, daß dein Heiliger die Verwesung sehe. * Kundgegeben
28
hast du mir Wege des Lebens, erfüllen wirst du mich mit Freude
29 vor deinem Angesicht.' * Männer und Brüder, es ist erlaubt zu
sprechen mit Freimut zu euch über den Erzvater David, da er
starb und begraben wurde, und sein Grab ist in unserer Mitte
30 bis auf diesen Tag. * Da er nun ein Prophet war und wußte, daß
ihm Gott mit einem Eid geschworen hatte, einen aus der Frucht
31 seiner Lenden zu setzen auf seinen Thron, * hat er vorausschauend gesprochen von der Auferstehung des Gesalbten, daß er weder
überlassen wurde in die Totenwelt noch sein Fleisch die Verwe-
32 sung sah. * Diesen Jesus hat Gott auferweckt, dafür sind wir alle
33 Zeugen. * Zur Rechten Gottes wurde er nun erhöht, empfing die
Verheißung des Heiligen Geistes vom Vater und hat ausgegossen
34 dieses, was ihr seht und hört. * Denn nicht David stieg auf in die

zu Vers 14: Apg 1, 8; Mt 28, 16; Mt 13, 9
zu Vers 15: Apg 26, 15; Eph 5, 18
zu Vers 16: Joel 3, 1-5
zu Vers 17: Jes 2, 2; Jes 44, 3; Hes 39, 29; Rö 5, 5; Tit 3, 5. 6; Apg 21, 9
zu Vers 19: Lk 21, 25
zu Vers 20: Joel 3, 15; Offb 6, 12
zu Vers 21: Apg 4, 7. 12; 9, 14. 21; 22, 16; Rö 10, 13
zu Vers 22: Apg 10, 38; Lk 24, 19; Jo 3, 2
zu Vers 23: Apg 3, 13-15; 4, 10. 28; 5, 30; 1 Th 2, 15; 1 Pt 1, 20
zu Vers 24: Ps 18, 5-7
zu Vers 25: Ps 16, 8-11
zu Vers 27: Apg 13, 35
zu Vers 29: Apg 13, 36; 1 Kö 2, 10; Jo 8, 52
zu Vers 30: Ps 132, 11; Ps 89, 4—5; 2 Sam 7, 12-13

zu Vers 31: Ps 16, 10
zu Vers 32: Apg 3, 15; 4, 33
zu Vers 33: Apg 5, 31; Phil 2, 9
zu Vers 34: Ps 110, 1; Mt 22, 44; Hbr 1, 13; 1 Ko 15, 25
zu Vers 36: Apg 5, 31

Himmel; sagt er doch selbst: ‚Es sprach der Herr zu meinem
35 **Herrn: Setze dich zu meiner Rechten, * bis ich deine Feinde als**
36 **Schemel unter deine Füße lege.‘ * Mit Gewißheit also erkenne das**
ganze Haus Israel, daß Gott ihn zum Herrn und zum Gesalbten
gemacht hat — diesen Jesus, den ihr gekreuzigt habt.“

Alle wunderbaren Erscheinungen des Pfingsttages bringen es auch bei den Willigen nur zur Bestürzung und zu der ratlosen Frage: „Was will dies sein?“ Wir wollen uns darum nicht in falscher Weise nach Wundern sehnen, als ob damit schon Entscheidungen gewonnen werden. Entscheidung bringt erst das klare Wort vollmächtiger Verkündigung. Wieder erfaßt Petrus — nun auch vor der großen Öffentlichkeit des Volkes — seine Aufgabe. Er tritt auf und erhebt seine Stimme.
14 Er tut es **„zusammen mit den Elfen“**. Gerade vor Israel ist das Zeugnis der Zwölf wichtig, auch wenn nur Petrus unter ihnen und für sie das Wort nimmt.

15—36 Wenn wir diese erste „christliche Predigt“[45] als ganze überschauen, dann fällt uns ihre kraftvolle Sachlichkeit auf. Sie beginnt mit einer kurzen Erledigung des spöttischen Vorwurfes der Trunkenheit: Um neun Uhr morgens ist bei ernsthaften Juden dieser Vorwurf gegenstandslos[46]. Nein, so billig kann man sich dem Geistgeschehen nicht entziehen. Sie schließt mit einem knappen Appell, der aber auch mehr eine wichtige Feststellung als eine eigentliche Aufforderung ist: **„Mit Gewißheit also erkenne das ganze Haus Israel, daß Gott ihn zum Herrn und zum Gesalbten gemacht hat — diesen Jesus, den ihr gekreuzigt habt.“** Sonst unterbleibt in dieser Predigt jeder Aufruf, jedes Drängen zur Entscheidung, jede absichtliche Erregung der Gefühle; nur Schriftworte und Tatsachen, Schriftworte, die die Tatsachen ins Licht stellen, Tatsachen, die die Schriftworte erfüllen und zur gegenwärtigen Wirklichkeit machen — das beherrscht die ganze Rede. Freilich, diese Schriftworte waren für diesen Hörerkreis von vornherein absolute Autorität, und diese Tatsachen betrafen die eigene Existenz der Hörer. Die Predigt des Petrus ist im höchsten Sinn aktuell. Es bedurfte keiner besonderen Appelle und keiner Angriffe auf das

[45] Vgl. Anmerkung 44 S. 56

[46] Welch ein Unterschied gegen heute, da es morgens schon Betrunkene gibt. Damals galt noch 1 Th 5, 6. 7. Es fehlt aber auch jede Entrüstung über diesen Vorwurf. „Wein“ und „Geist“ hat auch Paulus in Eph 5, 18 nebeneinander genannt und dadurch bei allem klaren Gegensatz doch auch eine Ähnlichkeit vorausgesetzt. Der vom Geist Erfüllte „fällt ebenso aus dem Rahmen“ wie der „Wahnsinnige“ (vgl. Apg 26, 24; 1 Ko 14, 23) oder der „Trunkene“. Darum können auch hier für den ersten Blick Verwechslungen vorkommen. Zugleich aber weiß der Christ: Was der enttäuschte Mensch an „Erhebung“ und „Freude“ im Alkohol vergeblich sucht, das findet er in bleibender Wirklichkeit, wenn er voll Geistes wird.

Gefühl. Diese Tatsachen und diese Schriftworte in ihrer gegenseitigen Beziehung waren für jeden Juden ein einziger Angriff auf sein ganzes Dasein und trafen ihn unmittelbar ins Herz. Dabei ist die Rede einfach und kunstlos — keine Kunst, wenn man so Mächtiges zu sagen hat wie Petrus in dieser Stunde[47]!

Nur Schriftverheißung und Tatsachenerfüllung stellt Petrus vor seine Hörer hin. Er gibt noch keine theologische Deutung. Er schweigt von der Gottessohnschaft und Vorweltlichkeit Jesu und bezeichnet Jesus nur als **„den Mann, beglaubigt von Gott"**. Er sagt nichts von der Notwendigkeit und von der Heilsdeutung des Kreuzestodes. Er bringt keine Lehre von „Fleisch und Geist". Petrus belastet seine Predigt nicht mit Dingen, die seine Hörer jetzt noch gar nicht verstehen konnten und auch jetzt für ihre Entscheidung nicht zu verstehen brauchten. Die Pfingstpredigt ist auch darum echte und vorbildliche Verkündigung, daß sie sich ganz in die gegebene Situation hineinstellt und nur das jetzt und hier Notwendige ausspricht.

Die Spötter hat Petrus kurz abgefertigt. Jetzt wendet er sich zu 16
denen, die erschüttert und ratlos fragen: „Was will das sein?" Ihnen gibt er klare und bestimmte Antwort: **„Das ist es!"**, nämlich das, **„was gesagt ist durch den Propheten Joel."** Joel 3, 1—5 stellt er vor sie hin. Und wie einst Jesus selbst in seiner Predigt in Nazareth von dem Wort des Jesaja, so sagt es hier Petrus von der Weissagung Joel: „Heute ist dieses Wort erfüllt vor euren Ohren" (Lk 4, 16—21). Man kann über beide Worte und Prophetensprüche seine feinen und richtigen Betrachtungen anstellen. Aber wie ungeheuer ist es, wenn Menschen verkündigt wird: Alte Weissagung erfüllt sich vor euren inneren Augen, altes Bibelwort wird aus dem Gegenstand erbaulicher Betrachtungen brennende Gegenwart in eurer Mitte! Ihr werdet heute und hier Teilnehmer an göttlicher Geschichte!

Das Wort des Joel, zu dem Petrus greift, ist ein endzeitliches. Da- 17/20
mit sagt Petrus: Das Pfingstgeschehen ist endzeitliches Geschehen, **„ehe da kommt der Tag des Herrn, der große und strahlende"**. Die lange verkündigte, erwartete und ersehnte Endzeit — jetzt bricht sie an. Die Hörer erleben in der Ausgießung des Geistes ihren Beginn. So ist das ganze NT getragen von der Gewißheit, in der Endzeit zu stehen[48].

[47] Wir haben hier für die Predigt und die Evangelisation zu lernen! Unser falsches Drängen und ständiges Appellieren zeigt, daß wir nicht mehr genug Tatsachen zu sagen haben, die in sich selbst Entscheidung fordernd sind, oder daß wir sie in dieser ihrer eigenen Mächtigkeit nicht genug sehen und herausstellen können. Finney hat bei seiner Evangelisation wochenlang „gelehrt", also göttliche Tatsachen vor seinen Hörern sichtbar gemacht, ehe er dann zur Entscheidung rief. „Gefühle" haben keinen Wert in sich selbst, sondern nur als Zeichen für die richtige Erfassung bedeutsamer Tatsachen.

[48] Wir können uns gar nicht genug klar machen, daß die „Eschatologie", die Botschaft von

Wenn wir die Joelstelle im AT selbst nachschlagen, merken wir, wie Petrus in Joel 3, 2 eine erklärende Änderung vornimmt. Gott hatte durch den Propheten verkündigen lassen, daß in dieser Ausgießung des Geistes **„auf alles Fleisch"** sogar Sklaven und Sklavinnen eingeschlossen sein sollten (wie es sich dann auch in der jungen Christenheit buchstäblich erfüllt hat). Petrus aber formuliert: **„. . . auf meine Knechte und auf meine Mägde."** Denn so hat Gott jetzt die Erfüllung seiner Verheißung gegeben: Sie beginnt bei dieser kleinen Gruppe der Knechte und Mägde Gottes, die in jenen hundertundzwanzig vor den Hörern stehen. Die **„Wunder am Himmel oben"** und **„die Zeichen auf der Erde unten"** stehen noch aus. Die Endzeit ist lang und inhaltsreich. Wir haben aber von **„Blut und Feuer und Rauchqualm"** in unserer Generation schon wahrhaft Apokalyptisches gesehen.

21 Es bedarf keines besonderen „Appells", wenn Menschen bezeugt wird: Ihr erfahrt den Anbruch der Endzeit. Damit ist der letzte Entscheidungsernst unmittelbar für jeden gegeben. Die Endzeit bringt den **„Tag des Herrn"** herbei, den **„großen und strahlenden"**, wie Petrus hier mit der LXX[48a] sagt. Der hbr Urtext spricht von dem „großen und schrecklichen" Tag des Herrn. Jedenfalls aber geht es um die Errettung des Menschen an diesem Tage. Wenn dieser ganze Weltlauf abbricht, wenn Gott selber in seiner ganzen Heiligkeit und Gerechtigkeit hervortritt und sein fehlloses Gericht hält, wenn niemand mehr entrinnen und sich verbergen kann, wenn es um ewiges Leben oder ewigen Tod geht — wer kann da errettet werden? Frage aller Fragen! Wenn immer im NT von Errettung gesprochen wird, müssen wir dies vor Augen haben. Es geht in der ntst Botschaft von Anfang an nicht um Hilfe in mancherlei Lebensnöten oder um sittliche oder religiöse Verbesserung des Menschen, es geht um die Rettung am Tage des Herrn, dem großen, strahlenden und schrecklichen. Einmütig ist aber auch die Antwort des ganzen NT: **„Und es wird geschehen: jeder, der nur immer anrufen wird den Namen des Herrn, wird errettet werden."** Dabei ist unter dem Wort „Herr" immer der „Herr Jesus Chri-

der Endzeit, nicht ein Anhang zur ntst Theologie, sondern ihre Grundlage ist! Vgl. Rö 2, 5. 16; 5, 9; 13, 11—14; 1 Ko 1, 7; 3, 11—15; 15, 20—58; 1 Th 4, 13—18; 5, 1—11; 2 Th 1 u. 2; 1 Tim 6, 13—16; 2 Tim 4, 7; Tit 2, 18 f; 1 Pt 1, 13. 20; 2 Pt 3,11—14; Offb.

[48a] „Septuaginta = die Siebzig", darum kurz mit den lat Zahlzeichen LXX angeführt, heißt die große grie Übersetzung des AT. Der Überlieferung nach soll sie von siebzig Männern (eigentlich zweiundsiebzig, nämlich aus jedem Stamm sechs Älteste) geschaffen worden sein, die sie in 72 Tagen so herstellten, daß wunderbarerweise bei allen zweiundsiebzig der Text genau übereinstimmte. Da die Christen die Septuaginta in ihrer Mission eifrig benutzten, wandten sich die Juden dann mehr und mehr von ihr ab und schufen neue eigene Übersetzungen des AT. Die atst Zitate des NT sind überwiegend dem Text der Septuaginta entnommen.

stus, der Gekreuzigte und Auferstandene" gesehen. So ist das Wort aus Joel auch Rö 10, 13 von Paulus angeführt.

Aber die Männer, auf die Petrus blickt, werden nicht jetzt erst am 22/23
Pfingsttage unmittelbar Zeugen endzeitlichen Geschehens, sie sind schon viel länger und in einer verhängnisvollen Weise Miterlebende, ja Mithandelnde der Endzeit. Das will ihnen Petrus nun zeigen und wendet sich darum mit einer erneuten Mahnung zur Aufmerksamkeit an seine Hörer. Nicht erst die Geistesausgießung ist Gottes endzeitliches Handeln. Sie ist nur ein Teilgeschehen und steht in ganz großen Zusammenhängen. Sie ist der Sendung des Einen zugeordnet, den Petrus jetzt in den Mittelpunkt seiner Predigt stellt: Jesus! Petrus nennt ihn zunächst nur mit seinem schlichten menschlichen Namen: **„Jesus von Nazareth"**[49]. Unter diesem Namen haben alle seine Hörer ihn gekannt. Aber in seiner einfachen Menschlichkeit war er doch **„beglaubigt von Gott bei euch durch Machttaten und Wunder und Zeichen".** Die Wunder Jesu, für uns moderne, falsch vergeistigte Menschen eine Sache der Verlegenheit, die wir gern so oder so aus dem Evangelium weg erklären, waren für Petrus (wie für Jesus selbst! Vgl. Lk 10, 9; 11, 20; Jo 10, 37. 38; 14, 11) notwendige göttliche Beglaubigung seiner Sendung[50]. Petrus versteht es, ohne dogmatische Ausdrücke, die den Hörern unverständlich bleiben müssen, doch sofort zu zeigen, daß seine Hörer es in Jesus mit Gott selbst zu tun haben: denn die Wunder hat **„durch ihn Gott in eurer Mitte, wie ihr selbst wißt, getan".** Ja, sie haben das alles selber miterlebt und haben darum auch zu diesem Jesus Stellung nehmen müssen und Stellung genommen. Aber in welch furchtbarer Weise! Sie haben ihn **„durch die Hand der Gesetzlosen ans Kreuz geheftet und beseitigt".** Petrus reißt den ganzen Abgrund ihrer Schuld vor ihnen auf[51]. Die Auslieferung ihres isrealitischen Bruders, durch den Gott so herrlich und gnädig wirkte, an die Römer, an die „Gesetzlosen", die ihn in den Tod am Fluchholz bringen, macht ihre Schuld besonders schrecklich.

[49] Im Text steht „Jesus der Nazoräer". Ob die Urchristenheit mit diesem Wort noch etwas anderes sagen wollte als die Bezeichnung der Herkunft Jesu, wissen wir nicht. Daher bleiben wir bei der einfachen Wiedergabe durch „Jesus von Nazareth".

[50] Wie sollte ein ohnmächtiger „Messias" wirklich der Messias und Retter sein! Weil die Christenheit weithin sich der Wunder Jesu geschämt und Jesus nicht mehr als den „mächtigen Erretter" bezeugt hat, wenden sich die Menschen verständlicherweise denen zu, die als Männer dieser Welt ihre „Machttaten und Wunder und Zeichen" zeigen.

[51] Es ist wichtig darauf zu achten, daß hier ebenso wie im Römerbrief die Sünde nicht „moralisch" gesehen wird, sondern im schuldhaften Widerspruch des Menschen gegen Gott. Es gab viele Sünde in Israel, auf allen Lebensgebieten. Petrus aber spricht mit ihnen nicht von Habsucht, von Betrug und Unreinheit, sondern einzig von ihrer Stellung zu Jesus und damit zu Gott. Wie einheitlich ist die Schrift. So sagt es auch kurz und klar Jo 16, 9: „Um die Sünde, daß sie nicht glauben an mich."

Sicherlich, diese ihre Schuld ist in Gottes Plan mit hineingenommen. Gott hat Jesus **„durch den festgesetzten Ratschluß und die Vorsehung Gottes preisgegeben"**. Hier begegnet uns wieder das Wort **„preisgegeben"**, auf das wir schon bei dem Blick auf Judas Ischarioth stießen (S. 44 Anm. 32). Menschen können nicht etwa durch ihre Auflehnung gegen Gott Gottes Plan durchkreuzen und Gottes Absichten vereiteln. Gott triumphiert gerade darin, daß er die menschliche Sünde zum Werk der Sündentilgung benutzt. Aber die schuldigen Menschen werden dadurch nicht entlastet. Petrus behaftet seine Hörer mit ihrer Schuld. Denn dieses Geschehen hat sich nicht irgendwie in der Ferne vollzogen, so daß die Hörer der Predigt mehr oder weniger bewegte Zuschauer dieser Dinge sein konnten. Nein, sie sind unmittelbar beteiligt, sind die Mörder Jesu und erleben in diesen Pfingsttagen die Antwort Gottes, die Bestätigung und Erhöhung Jesu durch Gott in der Ausgießung des Heiligen Geistes.

24 Denn Gott hat Jesus **„auferweckt, lösend die Wehen des Todes"**. Wieder wird das Zeugnis von der Auferstehung zum entscheidenden Mittelpunkt der Botschaft (vgl. o. zu Kap. 1, 22). Wohl ist sie „das Wort vom Kreuz", und der Missionar Paulus konnte entschlossen sein, „nichts zu kennen als nur Jesus Christus und ihn als den Gekreuzigten" (1 Ko 1, 18; 2, 2). Aber das Kreuz erhält die volle Heilsbedeutung erst durch die Tat Gottes, mit der Gott sich am Ostertage zu Jesus und seinem Erlösungswerk bekennt. Petrus betont hier, daß diese Auferweckung Jesu geradezu notwendig und unvermeidlich war: **„Wie es ja auch nicht möglich war, daß er von ihm in der Gewalt gehalten wurde."** Der Tod konnte mit seinen „Fesseln" (so Ps 18, 5. 6 im Hbr statt der unrichtigen Übersetzung „Wehen" in der LXX) den nicht dauernd binden, der dieser von Gott beglaubigte Retter war. Es wird hier aber auch deutlich, daß es dem Tod gegenüber nicht um „Anschauungen", um philosophische „Beweise für die Unsterblichkeit der Seele" oder dergleichen geht, sondern um eine Machtfrage und um ein mächtiges Geschehen. Der Tod bindet und hält „uns in sei'm Reich gfangen" (Luthers Osterlied!). Gott aber hat mit göttlicher Gewalt eingegriffen und bei Jesus diese Fesseln zerrissen und Jesus in neue Lebensherrlichkeit emporgeführt[52].

25/28 Es „mußte" so sein. Nicht nur vom Wesen der Dinge her, sondern

[52] Nicht an „Vernichtung" durch den Tod ist gedacht, wie modernes Denken, auch theologisches, oft meint. Die Vorstellung, daß im Tod „der ganze Mensch nach Leib und Seele" stirbt und vergeht, ist der gesamten Bibel völlig fremd. Darum spricht auch die ntst Botschaft nicht von der Auferweckung Jesu „aus dem Tod", sondern „aus den Toten". Gott hat „aus den Toten heraufgeführt den großen Hirten der Schafe" (Hbr 13, 20). Die „Toten" sind nicht ausgelöscht und vernichtet, aber sie sind in den „Fesseln" des Todes.

vor allem „nach der Schrift" (vgl. 1 Ko 15, 4), **„denn David sagt im Blick auf ihn: ‚Ich sah den Herrn vor mir immerdar, denn er ist zu meiner Rechten, damit ich nicht ins Wanken gerate'."** Petrus benutzt Ps 16, 8—11 zum Schriftbeweis für die Auferstehung Jesu. Wir dürfen gegen diesen Schriftbeweis nicht einwenden, es sei doch im Psalm ursprünglich und „historisch" alles ganz anders gemeint. Sicherlich, alle atst Aussagen und Verheißungen haben ihre lebendige Beziehung zur jeweiligen Gegenwart, sprechen in die geschichtliche Lage hinein und kündigen Dinge des geschichtlichen Geschehens an. Aber sie enthalten zugleich etwas, was in der geschichtlichen Gegenwart nicht aufgeht und sich im bloßen geschichtlichen Geschehen nicht erfüllen kann. Sie weisen über sich selbst hinaus. Ganz gewiß, schon David selbst erfuhr etwas von der jubelnden Freude und dem tiefen Frieden, der in unser Leben kommt, wenn wir **„den Herrn immerdar vor uns sehen"**. Er erlebte Bewahrungen in tödlicher Gefahr, so daß seine Seele nicht der Totenwelt überlassen wurde und er die Ver-
wesung noch nicht sah. Aber Petrus hat recht: Es erfüllte sich dieses 29/32
herrliche Psalmwort noch nicht wahrhaft an David. Freimütig darf Petrus darauf hinweisen, daß der Erzvater David **„starb und begraben wurde und sein Grab ist in unserer Mitte bis auf diesen Tag"**. Jedes Kind kennt das Davidsgrab in Jerusalem. Darum ist sein Psalm zugleich prophetische Weissagung. Gott hat ihm den besonderen Nachkommen auf dem Thron verheißen (2 Sam 7, 12 ff; Ps 89, 4 ff; 132, 11), den eigentlichen und wahren König, den Messias. So **„hat er vorausschauend gesprochen von der Auferstehung des Gesalbten, daß er weder überlassen wurde in die Totenwelt, noch sein Fleisch die Verwesung sah"**. Dieser Gesalbte aber, von dem David im Psalm sprach, ist Jesus. Denn an ihm ist tatsächlich geschehen, was David sagt. Jesus ist von Gott auferweckt „am dritten Tage", also ehe die Verwesung einsetzt. **„Dafür sind wir alle Zeugen."**

Diese Auferweckung Jesu bleibt nicht ein einmaliges, sonderbares 33/35
Mirakel ohne Auswirkung. Nein, die Ostergeschichte geht weiter. **„Zur Rechten Gottes wurde er nun erhöht, empfing die Verheißung des Heiligen Geistes vom Vater und hat ausgegossen dieses, was ihr seht und hört."** Auch dafür ist der Schriftbeweis zu führen mit dem Wort des Psalms 110, das schon Jesus selbst in seiner rätselhaften Tiefe den Schriftgelehrten entgegenhielt, die nur an einen „Davidssohn" als Messias dachten (Mt 22, 41—46). Hier ist es vollends klar: **„Denn nicht David stieg auf in den Himmel."** Er spricht ausdrücklich von **„seinem Herrn"**, der in unbegreiflicher Hoheit von Gott selbst zu seiner Rechten gesetzt wird. Wieder haben die Apostel die Erfüllung dieses Schriftwortes in der Himmelfahrt Jesu selbst erlebt. Die Folge aber dieser Erhöhung Jesu ist die Ausgießung des Geistes,

vom Vater empfangen, vom Sohn vollzogen, das Geschehen, das die Hörer selbst in dieser Stunde miterlebten. Bis hierhin fügen sich Schriftworte der Vergangenheit und Tatsachen der Gegenwart zueinander und machen sich dadurch gegenseitig hell und gewiß.

36 Nur Schriftverheißung und Tatsachenzeugnis hat Petrus vor seine große, aufgewühlte Zuhörerschaft gestellt. Nun zieht er aus allem den letzten Schluß: **„Mit Gewißheit also erkenne das ganze Haus Israel, daß Gott ihn zum Herrn und Gesalbten gemacht hat — diesen Jesus, den ihr gekreuzigt habt."** Jedes Wort in diesem Schlußsatz ist voll Wucht und Wichtigkeit. Es geht um völlige Gewißheit, nicht um Annahmen und Meinungen oder gar um Phantasien aufgeregter Seelen. Diese klare Gewißheit kann keiner von sich weisen. Sie geht auch nicht nur einzelne Männer, etwa die Priester und Schriftgelehrten, oder besonders religiös veranlagte Menschen an. Das ganze Haus Israel ist zu dieser Gewißheit gerufen. Gott hat eine endgültige Tatsache von letzter Bedeutung geschaffen und hier einen Mann **„zum Herrn und Gesalbten[53] gemacht"[54]**. Das jahrhundertelange Warten auf den Messias ist zu Ende, Gott hat seine Verheißung heut und hier

[53] Durch die „Salbung" mit Öl wurden in Israel Männer zu „Königen" geweiht (1 Sam 10, 1; 16, 1. 13; 1 Kö 19, 15. 16). Aber Israel konnte nie vergessen, daß es als das Bundesvolk Gottes nicht „Könige" haben konnte wie die „Nationen" (1 Sam 8, 1—9). Eigentlich konnte nur Gott selber ihr „König" sein (Ps 93, 1. 2!). Je enttäuschter Israel von seinen Königen sein mußte, um so mehr lernte es warten auf „den" König, „den" Gesalbten, auf den auch seine besten Fürsten nur ein Hinweis sein konnten. Ein wahrer „Davidssohn", ein mit Heiligem Geist „gesalbter" Herrscher, der „Messias", mußte kommen und Israel an sein herrliches Ziel führen (Jes 9, 1—6; 11, 1—9). Dieser „Gesalbte" ist in Jesus da. Aber wie schon Jesus selbst auf das göttliche Geheimnis hingewiesen hatte, das alles allzu irdische Hoffen auf einen bloßen „zweiten David" zerschlug (Mt 22, 41—46), so fügt auch hier Petrus zu dem Wort „Gesalbter" sogleich noch das Wort „Herr". „Kyrios" (in der Lutherbibel „Herr") war die grie Wiedergabe des atst Gottesnamens. Jesus ist der „König", in dem nun wirklich Gott selber der „Herr" seines Volkes wird. Darum ist Jesu Königtum ein weltumspannendes und überweltliches. In Jesus ist Ps 93, 1. 2 erfüllt: Der Herr ist König. Jesus ist „Herr" und „König".

[54] Petrus wählt den Ausdruck „Gott hat ihn zum Herrn und zum Gesalbten *gemacht*", um die ganze Geschichtlichkeit und Aktualität des göttlichen Handelns zu unterstreichen. Sicher war Jesus auch schon in seinem irdischen Leben „Herr und Messias". Ja, sein „Herrentum" reicht bis in die Ewigkeit zurück (Phil 2, 6a). Aber doch kann derselbe Paulus, der Phil 2, 6a schrieb, im Römerbrief sagen, daß Jesus „eingesetzt wurde zum Sohn Gottes in Kraft nach dem Geist der Heiligkeit auf Grund von Totenauferstehung" (Rö 1, 4). Hier liegen nicht einfach nur „ältere Christologien" vor, wie die historische Forschung meint. Das „ewige" und das „geschichtliche" Handeln Gottes in seinem Verhältnis zueinander bleibt für unser Erfassen immer rätselvoll. Gott geht so ernst und wirklich in die Geschichte ein, daß er dort Dinge „macht", die doch zugleich bei ihm vorzeitliche Gegenwart sind. Wenn wir nur Gottes „Ewigkeit" sehen, wird für uns alles gläsern und unbeweglich und die Geschichte zum bloßen Schein. Wenn wir nur Gottes geschichtliches Handeln sehen, droht sich für uns alles in dem bloßen Strom innerweltlichen Geschehens aufzulösen. Darum stehen zu unserem Besten die verschiedenen „Christologien" mit ihren entgegengesetzten Blickpunkten im NT.

erfüllt. Der Messias ist da. Die Endzeit ist mit der Ausgießung des Geistes hereingebrochen. Aber zum Herrn und Messias hat Gott gemacht **„diesen Jesus, den ihr gekreuzigt habt"**. Mit dieser Feststellung schließt Petrus seine Predigt. Etwas Ungeheuerliches spricht er damit aus und stellt seine Hörer vor einen Abgrund unermeßlicher Schuld. Vorbei ist es jetzt mit billigem Spott. Vorbei aber auch mit den ratlosen Fragen: „Was will dieses sein"? Gott hat in Treue und Herrlichkeit seine Verheißung erfüllt, der Messias ist gesandt und beglaubigt mit den Zeichen und Wundern seiner irdischen Wirksamkeit und mit der Erhöhung zur Rechten Gottes und der Ausgießung des Geistes. Wir aber haben den Messias verworfen und ermordet, wir haben Gott ins Gesicht geschlagen und unsere ganze lange Geschichte als Bundesvolk ungültig gemacht. Was soll nun werden?

DER RUF ZUR BEKEHRUNG UND ERRETTUNG

Apostelgeschichte 2, 37—41

37 **Als sie das hörten, wurde ihr Herz durchbohrt, und sie sprachen**
zu Petrus und den übrigen Aposteln: „Was sollen wir tun, Brü-
38 **der?" * Petrus aber** (sagte) **zu ihnen: „Bekehret euch, und lasse**
jeder von euch sich taufen auf den Namen des Messias Jesus zur
Vergebung eurer Sünden, und ihr werdet empfangen die Gabe
39 **des Heiligen Geistes. * Denn euch gehört ja die Verheißung und**
euren Kindern und allen denen in der Ferne, so viele herzurufen
40 **wird der Herr, unser Gott." * Und mit vielen weiteren Worten**
gab er Zeugnis und ermahnte sie (sagend)**: „Laßt euch retten aus**
41 **diesem verkehrten Geschlecht!" * Die nun annahmen sein Wort,**
ließen sich taufen, und es wurden hinzugetan an jenem Tage etwa
dreitausend Seelen.

zu Vers 37:
Apg 16, 30
Lk 3, 10
Hbr 4, 12
zu Vers 38:
Apg 3, 19
Mk 16, 16
Apg 8, 15-17
Eph 1, 13
Kol 1, 13-14
zu Vers 39:
Apg 13, 48
Eph 2, 13
Kol 1, 21
Offb 7, 14
zu Vers 40:
2 Ko 5, 20
Gal 1, 4
Phil 2, 15
1 Th 1, 5
zu Vers 41:
Apg 2, 47
4, 4
5, 14
6, 4
Rö 10, 17
Eph 1, 13
1 Th 1, 6
1 Th 2, 13

Man hat darauf hingewiesen, daß die Reden des Petrus in der Apostelgeschichte alle in gleicher Weise aufgebaut seien. Das war von der Sache her gegeben. Und doch hebt sich die Pfingstpredigt in einem wesentlichen Punkt von den späteren Reden ab: sie enthält kein Gnadenangebot, keine Aufforderung an die Hörer zu irgend einem Tun, keinen Appell an Herz und Gemüt. Und doch erreicht sie in der Wucht ihrer Tatsachen mit scharfer Treffsicherheit das „Herz" der Hörer. **„Als sie das hörten, wurde ihr Herz durchbohrt."** Von dieser Predigt sind die Hörer weder „begeistert" noch „erbaut". Alle übrigen Kategorien, mit denen wir die Wirkungen einer Predigt zu beschreiben pflegen, versagen hier. Hier war scharf geschossen worden und der Schuß saß mitten im Herzen.

Freilich, damit war der Ausgang der Sache noch nicht entschieden. Immer, wenn das Wort uns trifft und unsere Schuld aufdeckt, steht alles auf des Messers Schneide. Beugen wir uns nun unter unsere Schuld, brechen wir innerlich zusammen oder lehnen wir uns auf und schlagen gerade als die „Getroffenen" auf den Boten ein, der uns so mit dem Wort verwundete. Auch von den Hörern der Stephanusrede heißt es: „Als sie dieses hörten, wurden ihre Herzen zersägt" (Kap. 7, 54). Aber dann knirschen sie mit den Zähnen und halten sich die Ohren zu, stürmen auf Stephanus ein und stoßen ihn zur Stadt hinaus zur Steinigung. Es ist ein wunderbares Geheimnis, wenn die klare Wortverkündigung Herzen so trifft, daß sie kapitulieren in der heißen Frage: „Was sollen wir tun?"

Hier am Pfingsttag geschieht es so. Petrus hat kein Tun von seinen Hörern gefordert. Aber er hatte von lauter „Tun" gesprochen, vom Tun Gottes und vom Tun der Menschen. „Gott hat . . . ihr habt; ihr habt . . . Gott hat", davon war seine Predigt erfüllt. Nun brach angesichts dieser geschehenen Taten die Frage nach dem „Tun" mit Notwendigkeit hervor. **„Sie sprachen zu Petrus und den übrigen Aposteln: Was sollen wir tun, Brüder?"** Diese Frage hat einen verzweifelten Klang. Gibt es aus der Kette der Ereignisse, in denen sie zu Verrätern und Mördern des Messias geworden sind, überhaupt noch einen Ausweg? Können sie jetzt noch irgend etwas „tun"? „Was sollen wir bloß machen?" so haben wir die Frage zu hören.

Und doch hat Petrus mitten im rückhaltlosen Ernst seiner Verkündigung Vertrauen bei seinen Hörern gewonnen. Als „Brüder" werden Petrus und seine Mitapostel angeredet, als Brüder, von denen man trotz allem noch Rat und Hilfe erwartet. Und mußte nicht die Tatsache der Verkündigung als solche eine unwillkürliche Hoffnung erwecken? Würde sich dieser Bote des Messias Jesus so an sie wenden, so zu ihnen sprechen, wenn doch alles aus wäre und nur noch das Gericht erwartet werden könnte? So hat die Frage der Hörer zugleich einen ahnenden, verlangenden Klang. Es gibt am Ende nach allen Missetaten ein ganz neues, rettendes Tun? Die Auferweckung des von ihnen beseitigten Messias durch Gott könnte — kaum auszudenken — eine unbegreifliche Begnadigung bedeuten?

Mit der meisterhaften Weisheit des Heiligen Geistes hatte Petrus seinen Hörern keinerlei „Tun" nahe gelegt. Gerade darum bricht mit elementarer Wucht die Frage hervor: **„Was sollen wir tun?"**

Und nun zeigt es sich, daß Petrus auf diese Frage eine klare und bestimmte Antwort hat. Wo immer Menschen unter der Verkündigung der Wahrheit zur Erkenntnis ihrer Schuld kommen und aus einem erschrockenen Herzen heraus fragen, darf ihnen eine eindeutige, selige Antwort gegeben werden. Petrus weiß wirklich einen

Weg, den seine Hörer nun in bestimmten Schritten gehen können und gehen müssen. Diese Schritte heißen: Bekehrung — Taufe zur Vergebung der Sünden — Geistesempfang.

Der Erzählerstil des Lukas ist reizvoll; die rasche Lebendigkeit der 38
Antwort zeichnet Lukas durch das Fortlassen jedes Verbums: **„Petrus aber zu ihnen: ‚Bekehret euch'!"** Die meisten Übersetzungen behalten hier das bekannte „Tut Buße" bei. Es ist wahr: alle vom Geist Gottes gewirkten und geleiteten Bewegungen sind Bußbewegungen. Jede „Erweckung" beginnt mit „Buße". Aber der Ausdruck „Buße tun" ist für uns allzu belastet mit der Vorstellung düsterer Stimmungen. Petrus hat hier den alten Prophetenruf aufgenommen, der in Israels Geschichte so oft erklungen war: „Schubu! = Kehrt um!" (Vgl. Jes 30, 15; 31, 6; 55, 7; Jer 3, 7; 25, 5; 26, 3; Hes 18, 23; 33, 11; Mal 3, 7.) „Buße" in unserem Sinn, also Erkenntnis der Schuld und Trauer über das, was man getan, ist nur ein Teil der Sache. Entscheidend ist, daß es nun aus dieser Erkenntnis heraus zu einer Umkehr und Umwendung des ganzen Lebens kommt.

Wie kann aber eine „Umkehr" helfen? Nicht das Umkehren als solches bringt die Hilfe. Doch wirkliche „Umkehr" ist immer die Abkehr von dem bisherigen Leben und zugleich die Zukehr zu einem neuen Ziel. Und dieses Ziel der Umkehr ist für Petrus eindeutig bestimmt. Er ruft die Fragenden zu dem Messias Jesus. Petrus entwickelt hier keine Erlösungslehre und keine Kreuzestheologie. Er setzt nicht auseinander, wie trotz allem noch eine Errettung „möglich" ist. Nach all dem fragt ja auch der wirklich „Verlorene" gar nicht. Wenn wir noch verlangen, daß uns die Erlösung erst „bewiesen" und „erklärt" werden müsse, ehe wir sie annehmen können, zeigen wir damit nur, daß wir unsere Verlorenheit noch gar nicht erkannt haben. Darum spricht Petrus nur die eine wunderbare Tatsache aus, auf die alles ankommt: Bei Jesus gibt es Vergebung der Sünden! Dieser Jesus, den wir vergessen, übersehen, verachtet, bekämpft und gehaßt haben, nimmt sich unser unbegreiflich an und löscht die ganze Schuld unseres Lebens, auch unsere ganze Schuld gegen ihn selbst, aus. Christus vergibt den Christusmördern. Der Sohn Gottes begnadigt die Gottesfeinde.

War das zu fassen? Genügen hier Worte und Versicherungen? Petrus mit seinen Brüdern faßte diese Tat Jesu in eine Handlung hinein, die sofort auch wieder zu einer „Tat" der Schuldigen wurde. Jesus wäscht Menschen rein. Nur er selbst kann es tun mit seinem Blut. Aber er tut es nun mit dem Zeichen des Untertauchens im Wasser. Da wird das alte Leben „begraben" und die Schuld verschlungen. Wer sich jetzt taufen ließ, der hatte nicht nur Gedanken und Fragen über seine etwaige Sünde, nicht nur Wünsche und Meinungen über

eine mögliche Erlösung, sondern gab sich tatsächlich verloren. Der stieg als ein durch und durch Beschmutzter in das reinigende Bad, der stellte sich unter das Todesurteil und nahm die Vergebung als ein jetzt sich vollziehendes Geschenk an. Dies alles aber war die Sache jedes einzelnen in persönlicher Entscheidung. Darum sagt Petrus auch nicht: „Laßt euch alle taufen", sondern hebt es ausdrücklich hervor: **„Lasse jeder von euch sich taufen."** Er verwendet bei dem „jeder" nicht das Wort „pas", die Einzahl des Wortes „alle", sondern „hékastos", das jeden einzelnen als solchen hervorhebt.

So war diese Taufe nicht eine geheimnisvolle Handlung, die ohne die innere Beteiligung der Menschen von selber etwas wirkte, sondern ein klarer Entscheidungsschritt der radikalen Umkehr. Aber diesem Schritt in der Taufe, der von vornherein nur durch die Gnade möglich und sinnvoll war, antwortet die Gnade Jesu mit dem Geschenk der Vergebung der Sünden. So war es schon bei Johannes: Johannes „predigte von der Taufe der Buße zur Vergebung der Sünden" (Lk 3, 3). Aber der Täufer wird diese Vergebung doch nur in Aussicht gestellt, aber nicht unmittelbar vollzogen haben; andernfalls hätte ihn ja bei der großen Zahl seiner Taufen noch ganz anders der Vorwurf der Gotteslästerung treffen müssen, der Jesus sofort gemacht wurde, als er nur einem einzigen Menschen die Vergebung direkt zusprach (Lk 5, 21). Nun aber ist die Vergebung vollgültig erworben durch Jesus, der sein Leben in den Tod gab und der nun als der Auferweckte und Erhöhte das göttliche Recht des wirksamen Vergebens in seiner Hand hat. Wenn die Umkehrenden zu Jesus kamen, wird in ihrer Taufe ihre ganze schuldige Vergangenheit begraben und ihnen der neue versöhnte Stand vor Gott geschenkt.

Dabei kann Petrus ihnen sofort fest versprechen: **„Und ihr werdet empfangen die Gabe des Heiligen Geistes."** Sie, die Feinde und Mörder des Messias, bekommen genauso den Heiligen Geist wie die Jünger, die mit Jesus gegangen waren! Das ist Gnade, das ist wirkliches Vergeben. Hier gibt es kein „vielleicht" und „hoffentlich". Hier gibt es auch keine Aufforderung zum Beten um den Heiligen Geist. Ohne klare Bekehrung zu Jesus würde kein Flehen um Gottes Geist etwas nützen[55]. Den Bekehrten und Reingewaschenen aber wird unmittelbar das Geschenk des Heiligen Geistes zuteil, der nicht erst kommen
39 muß, sondern nun gekommen ist. **„Denn euch gehört ja die Verheißung und euren Kindern und allen denen in der Ferne, so viele herzurufen wird der Herr, unser Gott."** Petrus blickt bei diesen Wor-

[55] Sicherlich darf der Mensch in seiner inneren Not auch ernstlich um den Heiligen Geist beten. Aber dann wird er in Erhörung dieses seines Gebetes eben diesen Weg der Umkehr und Auslieferung an Jesus geführt werden, wodurch der Heilige Geist in sein Herz einzieht.

ten nicht auf die Heidenmission hinaus! Es war für die Gläubigen aus den Juden später geradezu ein Schock, als „auch auf die Heiden die Gabe des Heiligen Geistes ausgegossen ward" (Kap. 10, 45). Und Petrus hätte diesen Schock geteilt, wenn er nicht von Gott ganz besonders auf dieses Ereignis vorbereitet worden wäre. Jedenfalls ist am Pfingsttage sein Blick einzig und völlig auf Israel gerichtet. In Jerusalem war nur ein kleiner Ausschnitt des ganzen Volkes versammelt. Viele waren noch „in der Ferne" — sollten sie etwa keinen Anteil an dem bekommen, was jetzt in Jerusalem geschah? Doch, Petrus weiß es aus der gleichen Joelstelle, die er am Beginn seiner Pfingstpredigt angeführt hatte: „Denn auf dem Berge Zion und zu Jerusalem wird eine Errettung sein, wie der Herr verheißen, auch bei den anderen übrigen, die der Herr berufen wird" (Joel 2, 32).

Wie bei jeder rechten Evangelisation folgen der die Herzen treffen- 40
den Verkündigung die entscheidenden Aussprachen. Es waren freilich keine seelsorgerlichen Einzelgespräche unter vier Augen hinter verschlossenen Türen. Das war hier auch nicht nötig, wo es sich um die eine, gleiche, öffentliche Sünde der Verwerfung Jesu handelte. Aber um die Apostel, die um Petrus geschart als die besonders Verantwortlichen hervorgetreten waren, bilden sich Gruppen von fragenden Menschen, denen ganz persönlich zugesprochen werden muß, denn eine echte Bekehrung ist keine Kleinigkeit. Auch da, wo ein Gewissen tief getroffen ist und wo die Gnade Gottes groß vor einem Menschen steht, geht es durch einen Kampf hindurch, ehe der entscheidende Schritt tatsächlich getan wird. Es ist das Menschenherz wirklich ein „trotzig und verzagt Ding". Mitten in klarer Schulderkenntnis kommen doch innere Bedenken und Einwände: Ist denn wirklich ein so radikaler Bruch nötig? Muß ich einen so folgenschweren Schritt sofort tun? Besonders schwer kann es uns werden, wenn wir aus einem „frommen" Leben kommen. So mochten damals viele zögern: „Aber wir sind doch Israeliten! Wir haben doch fromm gelebt und die Gebote Gottes gehalten. Wir sind doch keine gottlosen Heiden. Müssen wir uns wirklich bekehren?"

Petrus ringt mit Ernst und Einsatz um die Herzen: **„Und mit vielen weiteren Worten gab er Zeugnis und ermahnte sie** (sagend): **Laßt euch retten aus diesem verkehrten Geschlecht!"** Es steht in dieser Stunde alles auf dem Spiel. Auch eine durchschlagende Predigt nimmt den Hörern die Entscheidung nicht ab. Es kann noch wieder alles verloren gehen. **„Laßt euch retten"** — es geht um Rettung! Es geht nicht um Vertiefung religiöser Erkenntnis, nicht um moralische Verbesserung des Lebens, nicht um vermehrten Anteil am kirchlichen

Leben, es geht um Errettung[56]. Bedenken, Fragen, Zögern kosten mich das Leben, wenn ich mich nicht sofort aus dem brennenden Haus retten lasse.

Das wird besonders deutlich, indem dieser dringende Ruf gerade an Israeliten, an moralisch hochstehende und kirchlich fromme Leute ergeht und eben dieses frommste Volk der Welt als **„dieses verkehrte Geschlecht"** bezeichnet. Die verborgene Feindschaft gegen Gott, die tötliche Ichhaftigkeit des Lebens ist nirgends gefährlicher als da, wo sie sich hinter regelmäßigem Gottesdienstbesuch, reichlichem Beten und Opfern und moralischer Sauberkeit des Lebens versteckt. Darum ging auch schon der unermüdliche Kampf der Propheten. So hatte ein Mose bereits Israel eine „böse und verkehrte Art" genannt (5 Mo 32, 33). Jetzt aber war es in der Stellung Israels zu Jesus in letzter Klarheit offenbar geworden. Daß Jesus der heilige Gottessohn, der für Gott und Gottes Ehre lebte, Israel unerträglich wurde, daß Israel ihn ausstieß und durch die Hand der Gesetzlosen ans Fluchholz brachte, das war kein bedauerlicher Irrtum, kein unglücklicher Zufall, das war der Ausdruck der verborgenen Gottesfeindschaft mitten im Volke Gottes. Darum muß gerade jetzt hier dieser radikale Schritt einer vollständigen Umkehr getan werden, sonst gehen diese Frommen Israels verloren[57].

Die dringende Mahnung wird in der eigentümlichen Form: im Imperativ des Passiv gegeben, die für die missionarische Verkündigung des NT kennzeichnend ist: **„Laßt euch erretten"**, wörtlich: „Werdet errettet!" Die Errettung verlorener Sünder kann nur durch Gott selbst geschehen; sie ist ganz allein seine wunderbare Tat, reine, freie Gnade (vgl. Eph 2, 1—9). Und doch geschieht sie nicht ohne den eigenen Willen und die klare Zustimmung des Menschen. Es ist des Sünders höchst verantwortliche und entscheidende Tat, daß er sich erretten lasse. Die unlösbare Zusammengehörigkeit von beidem ist in dieser eigentümlichen Verbform eines „aktiven Passiv" zum Ausdruck gebracht.

Es wundert uns nicht, daß es nun zu Entscheidungen — und damit sofort auch zu Scheidungen kommt. Eine „Menge", die in Jerusalem

56 Wenn unsere kirchliche Arbeit an Kindern, jungen Menschen und Erwachsenen das doch wieder begreifen würde! Wie sehr sind wir mit ganz andern Anliegen beschäftigt, die erst *nach* der Rettung und Wiedergeburt eines Menschen wirklichen Wert haben und *vor* seiner Errettung vergeblich bleiben. So gleicht unser kirchliches Tun weithin einem Bauen ohne Fundament. Wieviel ernste und treue Arbeit wird dadurch ohne jeden wirklichen Erfolg getan!

57 Dem entsprechend geht in allen Erweckungsbewegungen bis heute der schwerste Kampf gerade um die kirchlich treuen und eifrigen Menschen. Sie sehen es am schwersten, daß der Ruf „Laßt euch erretten aus diesem verkehrten Geschlecht!" gerade ihnen gilt, und setzen der Erweckung einen entrüsteten Widerstand entgegen.

„zusammenkommt" (Kap. 2, 6) umfaßt weit mehr als dreitausend Menschen[58]. Aber nicht alle „nahmen das Wort an." Auch die Verkündigung eines Petrus am Pfingsttag unter der Gegenwart und Macht des Heiligen Geistes hat nicht die Garantie, alle zu bekehren. Die dreitausend sind zugleich eine „kleine" und eine „große" Schar. Im Blick auf die Bevölkerung Jerusalems, die an solchem Festtag durch zahlreiche Besucher vermehrt war, welch eine kleine Auswahl! Aber von der andern Seite her gesehen, welch unerhörtes Ereignis: Eine einzige „Predigt" bringt dreitausend Herzen zur Umkehr!

Ob es damals möglich war, noch am selben Tage in Jerusalem dreitausend Menschen zu taufen, können wir heute nicht beurteilen. Wenn Petrus sein Reden um 9 Uhr morgens begann, standen auch nach den Gruppenaussprachen noch viele Stunden für diese Taufen zur Verfügung. Der Entschluß zur Bekehrung und zur Taufe wurde jedenfalls bei diesen dreitausend an diesem Tage gewirkt; so wurden sie grundmäßig **„hinzugetan"**, selbst wenn die Taufhandlungen sich noch in die nächsten Tage hineinzogen. Eins ist aber für uns auffallend: Hier so wenig wie später bei dem Äthiopier oder bei Kornelius oder dem Kerkermeister ist von einem „Taufunterricht" die Rede. Die Taufe wird sofort nach der Bekehrung vollzogen. Die Bekehrung ist der entscheidende Vorgang, dem Sündenvergebung in der Taufe und Geistesempfang sogleich folgen. Die gründliche Unterweisung in der „Lehre der Apostel" geschieht in der bereits getauften, von Gottes Geist erfüllten und in der Bruderschaft zusammengefaßten Gemeinde.

DAS LEBEN DER URGEMEINDE

Apostelgeschichte 2, 42—47

42 Sie blieben aber beharrlich bei der Lehre der Apostel und bei der
43 Gemeinschaft, beim Brechen des Brotes und bei den Gebeten. * Es
überkam aber jede Seele Furcht; viele Wunder und Zeichen aber
44 geschahen durch die Apostel. * Alle Gläubiggewordenen aber wa-
45 ren zusammen und hatten alles gemeinsam. * Und die Grund-
stücke und Besitztümer verkauften sie und verteilten es an alle,
46 entsprechend, wie einer es nötig hatte. * Täglich verharrten sie
einmütig in dem Tempel und brachen in den Häusern das Brot,
nahmen Nahrung zu sich mit Frohlocken und Schlichtheit des

zu Vers 42:
Apg 20, 7
Eph 5, 19
Phil 2, 1
Kol 3, 16
zu Vers 43:
Apg 5, 11
19, 17
Jo 20, 23
Mk 16, 17-18. 20

[58] Man hat eingewendet, daß es nicht möglich sei, im Freien auch nur dreitausend Menschen ohne Lautsprecher zu erreichen. Aber Whitefield hat zu zehntausend, ja zu zwanzigtausend und dreißigtausend Menschen ohne Lautsprecher gesprochen. Vgl. Otto Riecker „Ruf an alle", Wuppertal 1962.

zu Vers 44:
Apg 4, 32
zu Vers 46-47:
Apg 5, 14
6, 7
9, 31
11, 21. 24
12, 24
14, 1
19, 20
Eph 5, 19-20
Kol 3, 16
Jak 5, 13

47 **Herzens, * lobten Gott und hatten Gunst bei dem ganzen Volk. Der Herr aber fügte hinzu, die sich retten ließen, täglich zu demselben.**

Wie geht es nach dem bewegenden Pfingsttag weiter? Es ist bezeichnend, daß wir hier so wenig wie in den letzten Worten Jesu vom Zeugendienst seiner Jünger Ermahnungssätze und Befehlsworte lesen, sondern nur einfache Aussagesätze. Wir meinen ja nach Bekehrungen und geistlichen Durchbrüchen immer gleich warnen zu müssen: „Nun müßt ihr aber auch . . .!" Damals war das nicht nötig, denn der Geist war da und schenkte in lebendiger Wirklichkeit, was wir mit vielen Ermahnungen doch nicht erreichen. **„Sie blieben aber be-**
42 **harrlich . . ."**[59]. Seelische Begeisterung verrauscht schnell, der Heilige Geist schafft Bleibendes.

Wobei blieben sie? Vor allem **„bei der Lehre der Apostel".** Es war hier so gewesen, wie es heute noch oft bei Bekehrungen ist: Das Zentrum des Lebens war von der Evangelisation getroffen, die entscheidende Wendung war geschehen, Menschen waren ein Eigentum Jesu geworden — aber wie wenig wußten sie von Jesus! Wie begierig waren sie, mehr, viel mehr von Jesus zu erfahren. Sie mußten nicht zum Bibellesen gedrängt werden, sie drängten sich um das lebendige NT, das in den Aposteln vor ihnen stand. Und nun werden wir uns den „Unterricht" der Apostel nach der jüdischen Sitte sehr schulmäßig und gerade darum befriedigend und beglückend zu denken haben. Die Apostel entwickelten nicht theologische und dogmatische Gedanken, sondern erzählten, „was Jesus zu tun und zu lehren begann" (Kap. 1, 1), erzählten, was sie mit Jesus erlebt hatten, und überlieferten die Aussprüche, Reden und Gleichnisse des Herrn. Und die Hörer prägten sich alles ein und lernten es auswendig als Menschen, die von klein auf daran gewöhnt waren, ihrem Gedächtnis viel Bibel einzuprägen. So lebten die Evangelien schon lange in Herz und Gedächtnis vieler, ehe davon etwas aufgeschrieben wurde. Solches Lernen und Auswendiglernen aber war nicht „langweilig", sondern beglückend. Wie reich wurde man, indem man immer mehr und mehr von diesem Jesus in sich aufnahm, dem man als dem Retter und Messias in inniger Dankbarkeit gehörte[60].

[59] Der hier verwendete Ausdruck „proskarterein = verharren" kommt — besonders in Verbindung mit dem Gebet — vielfach im NT vor: Apg 1, 14; 2, 46; 6, 4; Rö 12, 12; 13, 6; Eph 6, 18; Kol 4, 2. Wie entscheidend wichtig ist das „beharrliche Bleiben" für den Fortgang und die Reifung unseres geistlichen Lebens!

[60] Ob nicht auch unser Bibellesen viel froher würde, wenn wir nicht immer meinten, erst unsere erbaulichen Gedanken über den Text machten es fruchtbar, sondern wenn wir in der Aneignung des Textes selbst das Wichtigste und Schönste des Bibellesens erfaßten und wieder viel mehr Zeit auf das Auswendiglernen verwendeten?

Die Lehre der Apostel hatte sofort noch eine zweite Aufgabe. Wir haben es mit Israeliten zu tun. Ihnen hatte bisher der Unterricht der Schriftgelehrten gezeigt, wie man das Gesetz auf alle Einzelheiten des Lebens anwende. Darum war man gern mit allen Fragen der Lebensgestaltung zu den Schriftgelehrten gekommen. Nun gehörte das Leben Jesus; für ihn, zu seinem Wohlgefallen sollte es gelebt werden. Wie sah das aus? Wie folgte man praktisch „den Fußspuren Jesu nach" (1 Pt 2, 21)? Das mußten nun die Apostel den jung Bekehrten zeigen, auch wenn sie es nicht rabbinisch und gesetzlich tun konnten[61].

Endlich werden die Apostel in ihrer „Lehre" noch eines getan haben, was gerade für Israeliten unentbehrlich war: Sie zeigten auf, wie das Leben, Leiden, Sterben und Auferstehen Jesu den großen Verheißungen des Alten Bundes entsprach. So hatte Jesus selber den Jüngern „die Schrift geöffnet", daß ihnen „das Herz darüber brannte" (Lk 24, 27–32). So führten Petrus wie Paulus in jeder ihrer Reden den „Schriftbeweis". So konnten die jungen Christen in Jerusalem genau wie später die Leute in Beröa selber prüfen, „ob sichs so verhielte" (Apg 17, 11). Jesus wurde erwiesen als die Erfüllung des Alten Testamentes, und das Alte Testament erschloß sich von Jesus her allen in einem ganz neuen Licht.

Sie blieben aber auch beharrlich **„bei der Gemeinschaft"**. Petrus hatte lediglich von der Errettung und Bekehrung des einzelnen gesprochen. Umkehren und sich erretten lassen, ist in der Tat Sache jedes einzelnen in der ganzen Verantwortung seiner eigenen Entscheidung. Wir hören kein Wort, daß Petrus dann anschließend auch noch etwas davon gesagt hätte, wie sie nun aber zusammen bleiben und recht treu im Besuch aller Veranstaltungen sein müßten. Es wurde nicht zur Gründung einer Gemeinde aufgefordert oder die Bildung eines Vereins der Jesus-Gläubigen beschlossen. Dies alles war gar nicht nötig, denn **„sie blieben beharrlich bei der Gemeinschaft"**. Es zog sie ganz von selbst[62] zueinander. Es hätte keiner jetzt für sich bleiben mögen[63].

[61] In diesem Punkt hat uns in der evangelischen Christenheit viel gefehlt. Darum erwuchs unter uns jenes Christentum, das nur noch im Hören des Vergebungswortes bestand und die Gestaltung des ganzen wirklichen Lebens einer Standesethik oder gar der „Eigengesetzlichkeit" der verschiedenen Lebensgebiete überließ!

[62] Dafür haben wir in der Kirchengeschichte viele Beispiele. So erlebt es Dr. Baedecker auf seinen Reisen durch Rußland, wo zu seiner Zeit unter dem russischen Hochadel viele errettet worden waren. „Hoch und nieder war verbunden in einer Liebe zu einem Herrn. In vielen Häusern kamen die Gläubigen zusammen, um miteinander die Bibel zu lesen und zu beten"; so berichtet Baedecker. (Karl Weber, Dr. F. W. Baedecker, Ein Weltreisender Gottes, Metzingen 1960.)

[63] Ganz entsprechend bedarf es bei echten Erweckungen keiner Ermahnungen. Man kann

Diese Gemeinschaft ist nicht nur eine geistliche und erbauliche, sondern ist konkrete Lebensgemeinschaft. Das kommt zum Ausdruck in dem **„Brechen des Brotes"**. Das Wort meint zunächst einfach die gemeinsame Mahlzeit, die nach jüdischer Sitte mit dem Brechen und Verteilen des Brotes eingeleitet wird (vgl. Kap. 20, 11; 27, 35; Mt 14, 19; 15, 36; auch 26, 26; Lk 24, 30. 35). Man aß zusammen, natürlich wie Vers 46 sagt, gruppenweise in Häusern[64]. Dabei konnte die Gemeinschaft im Teilen und Abgeben sofort konkret werden. Aber nach 20, 7 dürfen wir annehmen, daß Lukas auch hier schon beim „Brotbrechen" zugleich die Feier des Herrenmahles vor sich sah. Diese Feier erwuchs – genau wie bei ihrer Einsetzung durch Jesus selbst – aus der gemeinsamen Mahlzeit und hatte, weit entfernt von Altar, Liturgie und Priestertum, in Haus und Mahlzeit ihren lebendigen Platz. So war es selbst noch in der heidenchristlichen Gemeinde von Korinth[65], wie 1 Ko 11, 17–34 zeigt.

Endlich blieben sie beharrlich **„bei den Gebeten"**. Da hier in allem von dem gemeinsamen Leben der ersten Gemeinde gesprochen wird, haben wir bei „den Gebeten" vor allem an Gebetsgemeinschaften zu denken. Gemeinsames Glauben treibt zum gemeinsamen Beten. Wieviel war nun auch täglich durchzubeten, selbst wenn sich dieses Beten zunächst noch ganz in den Grenzen Israels hielt. Alle waren in Dank und Beugung, Bitte und Fürbitte an der Gebetsgemeinschaft beteiligt. Als Israeliten waren die Glieder der Jesus-Gemeinde an das regelmäßige Beten gewöhnt. Psalmen und das „Achtzehn-Bitten-Gebet" waren in aller Munde. Aber mit all diesem Beten waren sie dennoch „das verkehrte Geschlecht" gewesen, dessen Beten nicht taugte. Nun ist ihnen das Anrufen des Vaters im Geist und in der Wahrheit geschenkt worden, der Kindesschrei aus einem vom Sohnesgeist erfüllten Herzen (Jo 4, 24; Rö 8, 15; Gal 4, 6). Was für Gebetsgemeinschaften wurden nun gehalten! Kapitel 4, 23–24 wird uns einen Blick da hinein tun lassen.

43 **„Es überkam aber jede Seele Furcht."** Finden wir das seltsam? Die „Furcht Gottes" ist uns freilich fremd geworden, weil Gott uns fern

vielmehr gar nicht genug Gelegenheiten zum Zusammenkommen schaffen, denn danach verlangt es alle ganz von selbst. Der Vorwurf gegen die Evangelisation, sie ziele nur auf Bekehrung des einzelnen und vergesse die Gemeinde, ist von hier aus gesehen ganz gegenstandslos. Jeder echte Bekehrte sucht nach Gemeinschaft, nur leider, daß es ihm oft sehr schwer gemacht wird, sie zu finden. Vgl. Mund „Theophil Krawielitzki", 2. Aufl., Marburg 1954.

64 Bei der Größe der Gemeinde war ein Zusammenkommen aller „reihum" in den Häusern der Christen ausgeschlossen.

65 Hier bahnt sich freilich um bestimmter Unzuträglichkeiten willen deutlich die Trennung des „Herrenmahles" von den häuslichen Mahlzeiten an und wird von Paulus selbst gewünscht (V. 22).

und undeutlich wurde, ein bloßer Gedanke unseres Kopfes. Von den ersten Christen aber schreibt Bengel zu unserer Stelle mit Recht: „Habebant enim DEUM praesentum" — „sie hatten nämlich GOTT gegenwärtig". Für Errettete war es darum nicht jene Angst vor Strafe, von der Johannes schreibt, daß die völlige Liebe sie austreibt (1 Jo 4, 18). Es war vielmehr die heilige Scheu derer, die nun wirklich in der Gegenwart Gottes im Heiligen Geist und so „bei dem verzehrenden Feuer und der ewigen Glut wohnten", von der Jesaja 33, 14 sprach. Es ist die „Furcht", die gerade Petrus den Glaubenden als bleibendes Merkmal ihres ganzen Wandels wünscht (1 Pt 1, 17).

Diese Nähe Gottes wurde handgreiflich spürbar in den **„Wundern und Zeichen, die durch die Apostel geschahen"**[66]. Der lebendige Gott ist seinem Wesen nach ein Gott der Wunder, ein Gott, der in die Wirklichkeiten des Lebens helfend, befreiend, heilend eingreift. Von da aus überkam die „Furcht" auch diejenigen, die noch nicht zur Gemeinde gehörten. Man sah mit Scheu auf diese Christen, bei denen sich Gott so mächtig erwies, und hütete sich, ihnen zu nahe zu treten. Man ahnte etwas davon, daß Gott noch etwas anderes sei als jene Gestalt alter Überlieferung, die man in hergebrachten Formen ohne besondere Erschütterung des Herzens „geglaubt" und verehrt hatte. Es ist ein Merkmal der Echtheit jener „Wunder und Zeichen", daß sie nicht Begeisterung und Schwärmerei, sondern „Furcht" erweckten.

„Alle Gläubiggewordenen aber waren zusammen und hatten alles 44/45
gemeinsam." Man kann auch übersetzen: sie „behandelten alles als ihnen allen in gleicher Weise gehörenden, gemeinsamen Besitz" (so G. Stählin). Das war unmittelbar ernst gemeint. **„Und die Grundstücke und Besitztümer verkauften sie und verteilten es an alle, entsprechend wie einer es nötig hatte."** Die grie Zeitform, in der hier das Wort **„sie verkauften"** steht, deutet an, daß dieses Verkaufen nach und nach geschah, wo eben besondere Nöte zu solchen Entschlüssen treiben. Wir müssen dabei die sozialen Zustände in Jerusalem bedenken. Die Stadt war dicht bevölkert, aber war durch ihre Lage zur Handelsstadt ungeeignet und wies auch sonst keine besonderen Erwerbsquellen auf. So gab es dort viel Armut. Es werden auch die Apostel nicht die einzigen gewesen sein, die die galiläische Heimat und mit ihr die Existenzgrundlage aufgegeben hatten. Diese Gemeindeglieder mußten von den andern mit erhalten werden. Dazu kam, daß diese Gemeinde in den ersten Wochen ihres Bestehens viel Zeit

[66] Wir haben im Text wörtlich übersetzt: Viele Wunder und Zeichen „aber" geschahen ... Das im Grie unaufhörlich gebrauchte „de" ist vielmehr eine verbindende Partikel als ein eigentliches „aber" und kann hier in diesem Zusammenhang geradezu den Sinn eines „nämlich, denn" annehmen. Die entscheidende Furcht Gottes wird also ausdrücklich mit den geschehenden Zeichen und Wundern in Verbindung gebracht.

haben wollte zum Bleiben in der Apostel Lehre, in der Gemeinschaft, in den Gebetsversammlungen. Diese Zeit wurde dem Erwerb entzogen. Die große Kollekte, die viele Jahre später Paulus mit Eifer in seinen Gemeinden für Jerusalem sammelte, bestätigt das Bild, das uns Lukas zeichnet. Eben weil es in Jerusalem nicht viele Besitzende und Wohlhabende gab, kam die Urgemeinde trotz der hingebenden Liebe in ihren Reihen nicht aus den finanziellen Nöten heraus.

Wieder ist es wichtig, daß wir beachten: Nicht Forderungen werden erhoben, nicht Ideale entwickelt, wie es eigentlich bei Christen sein müßte, sondern geschehene Tatsachen werden berichtet. So geschah es damals, so machten es **„alle Gläubiggewordenen".** Die Äußerung des Petrus in Apg 5, 4 zeigt, wie grundsätzlich dabei die volle Freiheit des einzelnen gewahrt blieb. Es war einfach dies, daß der Brudername nicht ein bloßes Wort war, sondern alle so herrlich Erretteten und im Messias Jesus Verbundenen sich wirklich als eine große Familie fühlten, in der keiner sein Eigentum ängstlich wahrte und keiner einen Bruder in Not sehen mochte. **„Entsprechend wie einer es nötig hatte"**, wurde ein Grundstück[67] oder anderer Besitz von einem wohlhabenden Gemeindeglied verkauft und damit dem Bruder geholfen. Dazu half die biblische Auffassung des Menschen, die die Gemeindeglieder als Israeliten ohne weiteres mitbrachten. Hier wurde nicht nur die Seele des Menschen hochgeschätzt, sondern der ganze Mensch in seiner leib-seelischen Existenz als Einheit gesehen und die Wichtigkeit seines „äußeren Lebens" unmittelbar erkannt. Das spiegelt sich darin wider, daß im Alten Bund das große Zukunftsziel nicht das „Jenseits" war, sondern das „Gelobte Land", in dem sie „die wüsten Städte bauen und bewohnen, Weinberge pflanzen und Wein davon trinken, Gärten machen und Früchte daraus essen" (Am 9, 14). So war jetzt auch im Pfingstgeschehen der ganze Mensch von Gott beschlagnahmt worden mit Seele und Leib, mit seinem ganzen Besitz, und war mit allem, was er war und hatte, in den Dienst Gottes gerufen. Und ebenso sah er den Nächsten nicht als eine geistlich zu betreuende „Seele", sondern als einen Bruder, dessen gesamte Existenz und Existenznot ihn unmittelbar anging. Die „Gemeinschaft" als solche war sofort und von vornherein nicht nur eine „religiöse", auf das „Innerliche" beschränkte, sondern eine konkrete und das ganze Leben umfassende[68].

[67] Das hier stehende Wort bedeutet zunächst allgemein „Besitz, Eigentum". Seine Verwendung in Apg 5, 1 im Vergleich zu Apg 5, 8 zeigt aber, daß es den engeren Sinn von „Grundstück" angenommen hat.

[68] Welche Verheerungen hat hier das wieder und wieder eingedrungene „grie" Denken in der Christenheit angerichtet. Wie selbstverständlich sehen wir bis heute in unserem Geld, in unserem Besitz, in unseren Rechten und Vorrechten unsere eigene Sache, die

„Täglich verharrten sie einmütig in dem Tempel." Das taten sie 46
nicht aus bloßer Gewohnheit oder Anhänglichkeit an alte Sitten. Es war schon etwas, wenn die Jesusjünger sich den Priestern unterstellten, die die Treibenden bei dem Vorgehen gegen Jesus gewesen waren. Dazu reichte das Band der Sitte nicht aus. Es wäre nicht zu verwundern gewesen, wenn die Apostel erklärt hätten: Mit dem Tempel und mit diesem Priestertum haben wir nichts mehr zu tun. Aber damit wäre der Ernst des Verhältnisses von Altem und Neuem Testament, von Jesusgemeinde und Israel völlig verkannt. Jesus ist ja nicht der Stifter einer neuen Religion, sondern der Messias Israels. Jesus vollendet die Geschichte Gottes, die mit der Berufung Abrahams begonnen hatte. Wer ihn als Messias erkannt hat, gehört nicht weniger, sondern erst recht in Israel hinein. Der Gedanke, sich von Israel und seinem Tempel zu trennen, konnte jenen ersten Christen überhaupt nicht kommen. Ihr tägliches Weilen im Tempel war der selbstverständliche Ausdruck ihrer Zugehörigkeit zu dem Israel, das nun durch Jesus am Ziel seiner ganzen Geschichte stand.

Wohl aber hatten sie notwendig zugleich noch ihre eigenen Zusammenkünfte: **„Sie brachen in den Häusern das Brot, nahmen Nahrung zu sich mit Frohlocken und Schlichtheit des Herzens."** Diese Zusammenkünfte bei den gemeinsamen Mahlzeiten hatten ihr Kennzeichen in **„Frohlocken und Schlichtheit des Herzens"**. Auf den Speisezettel haben sie dabei wenig geachtet! Und diese jubelnde Freude war nicht ein Gegensatz zur „Furcht" oder von der Furcht auch nur eingeschränkt, sondern war genauso wie die „Furcht" die Wirkung der ganzen Gegenwart Gottes. Immer verfehlen wir die Wahrheit, wenn wir bei Gott die Gerechtigkeit und die Liebe, den Ernst und die Güte trennen. Immer verlieren wir darum die ganze tiefe Freude, wenn wir die Furcht Gottes verlieren. Vor dem in Jesus, in seinem Kreuz und seiner Auferstehung offenbaren lebendigen Gott ist uns der überströmende Dank und die heilige Scheu gleichzeitig geschenkt. Der Heilige Geist in unserem Herzen läßt uns jubeln u n d erzittern, Gott fürchten u n d lieben. Dabei müssen wir darauf achten, daß das Wort „Frohlocken" immer „endzeitlichen" Klang hat. „Die Erlösten des Herrn werden wiederkommen und gen Zion kommen mit Jauch-

mit unserem Verhältnis zu Gott und zu unserem Bruder nichts zu tun hat. Wie tüchtig kommen wir uns vor, wenn wir bei der kirchlichen Kollekte die bescheidenen „Gaben unserer Liebe" in den Korb legen oder gar den Zehnten geben. Wie völlig kühl haben wir im 19. Jahrhundert dem werdenden proletarischen Schicksal zugesehen. An Gegenstößen urchristlichen Geistes hat es nicht gefehlt: In manchen Zweigen des Mönchtums, in der Brüder-Unität, in Diakonissen-Mutterhäusern, in Vater Bodelschwinghs Werken und anderwärts war davon etwas zu spüren. Aber es blieben doch vereinzelte Erscheinungen, während damals die Urgemeinde als solche und als ganze in dieser echten „Gemeinschaft" lebte.

zen; ewige Freude wird über ihrem Haupte sein; Freude und Wonne werden sie ergreifen, und Schmerz und Seufzen wird entfliehen" weissagte Jesaja (35, 10). Wenn es jetzt in der Gemeinde diese Mahlzeiten voll Jubel und Lob Gottes gab bei aller äußeren Armut, dann waren diese Mahlzeiten schon Vorbild und Angeld des Hochzeitsmahles der Endzeit, da Gott in aller seiner Herrlichkeit in sichtbarer Gegenwart unter seinem Volke weilen und es mit „unaussprechlicher und herrlicher Freude" (1 Pt 1, 8) erfüllen wird. Daß sie, die Feinde Gottes und Mörder Jesu, zu diesen „Erlösten des Herrn" gehören durften, das war ein immer neuer Grund dieses „Frohlockens", das jetzt schon die Tage der jungen Gemeinde durchstrahlte. Die in der sogenannten „Didache"[69] überlieferten Abendmahlsgebete lassen uns etwas davon ahnen, wie wir uns dieses **„Zu-sich-Nehmen der Nahrung mit Frohlocken und Schlichtheit des Herzens und mit dem Lobpreis Gottes"** zu denken haben.

47 So waren diese ersten Christen mit Gott und den Menschen im Frieden, **„sie lobten Gott und hatten Gunst bei dem ganzen Volk".** Es war ein großes Geschenk, daß diese Gemeinde — anders als die in Thessalonich (1 Th 1, 6) — sich zunächst im Frieden aufbauen durfte. Nun war es nicht von außen erschwert, zum Glauben an Jesus zu kommen und ihm das Leben auszuliefern. Freilich, die innere Überwindung der Herzen bringt keine äußere Gunst der Lage und nicht einmal das werbende Wort einer lebendigen Gemeinde als solches zustande. Nur der Herr selbst kann uns aus Unglauben und Verlorenheit erretten und die Bekehrung schenken. So tat es Jesus damals. Es blieb nicht bei der einmaligen Erweckung am Pfingsttag. Täglich gab es die große Freude an Menschen, die sich retten ließen. **„Der Herr aber fügte hinzu, die sich retten ließen, täglich zu demselben."**[70]

[69] Diese Schrift ist in deutscher Übersetzung zu finden in: Edgar Hennecke, Neutestamentliche Apokryphen, 3. Aufl., Tübingen 1959, S. 555 ff.

[70] „Zu demselben", so haben wir wörtlich übersetzt. Diesen Ausdruck hat man sehr bald nicht mehr verstanden und daher in den Handschriften Änderungen und Verbesserungen versucht. Aus solchen alten Verbesserungen stammt Luthers „zu der Gemeinde". Das Wort, das auch schon Apg 1, 15; 2, 1. 44 von Lukas gebraucht wurde, ist die grie Übersetzung eines hbr Wortes, das oft im AT vorkommt und „miteinander, zusammen" bedeutet. Die Bekehrten blieben nicht allein und vereinzelt. Sie wurden vom Herrn „zu demselben hinzugetan", sie wurden „miteinander" verbunden und mit den andern „zusammengeschlossen".

DIE HEILUNG DES LAHMEN

Apostelgeschichte 3, 1—10

1 **Petrus aber und Johannes gingen hinauf zum Tempel um die**
2 **Stunde des Gebetes, die neunte. * Und ein Mann, der von Mutter-**
leib an lahm war, wurde herbei getragen; den setzte man täglich
an die Tür des Tempels, welche „die schöne" heißt, um Almosen
3 **zu erbitten von denen, die in den Tempel hineingingen. * Als er**
Petrus und Johannes sah, wie sie im Begriff waren, den Tempel
zu betreten, begann er zu bitten, um ein Almosen zu bekommen.
4 *** Petrus aber schaute ihn fest an mit Johannes und sprach: „Sieh**
5 **uns an!" * Er aber richtete sein Augenmerk auf sie in der Erwar-**
6 **tung, etwas von ihnen zu bekommen. * Petrus aber sprach: „Sil-**
ber und Gold besitze ich nicht; was ich aber habe, das gebe ich
dir: In dem Namen Jesu, des Messias, des Nazareners, wandle!"
7 *** Und ihn bei der rechten Hand fassend, richtete er ihn auf. So-**
8 **gleich aber wurden fest seine Füße und seine Knöchel, * und auf-**
springend trat er fest hin und wandelte und ging mit ihnen in den
9 **Tempel, wandelnd und springend und Gott lobend. * Und es sah**
10 **das ganze Volk ihn wandeln und Gott loben. * Sie erkannten ihn**
aber, daß er es war, der nach dem Almosen am Schönen Tor des
Tempels saß, und wurden voll Staunen und Verwunderung über
das, was ihm widerfahren war.

zu Vers 1: Lk 18, 10 Jo 18, 15
zu Vers 2: Apg 14, 8 Jo 9, 1
zu Vers 4: Apg 14, 9
zu Vers 6: Mt 9, 6 Mt 10, 1. 8. 9 Mk 16, 17 Lk 9, 1. 2 Jo 5, 8 Apg 9, 34
zu Vers 7: Mt 8, 15 Lk 5, 25 Apg 9, 41 14, 10 Jes 35, 6
zu Vers 8: Jo 5, 14
zu Vers 10: Lk 5, 26

Lukas hat uns das Bild der ersten Christenheit und ihres Lebens gezeichnet. Geht das nun immer weiter unverändert fort? Nein, wir leben in der „Geschichte", in dem fortgehenden Geschehen, das sich in ganz bestimmter Weise formt und gestaltet. Menschen suchen oft mit ihren Plänen diese Gestaltung zu bestimmen und scheitern doch an scheinbaren Zufällen oder an Widerständen und Bewegungen, die aus der Tiefe der Geschichte alle Pläne durchkreuzen. Es ist bezeichnend, daß die Apostelgeschichte nichts von solchen Plänen der jungen Christengemeinde weiß. Sie berichtet nichts von Sitzungen der Apostel, auf denen Beschlüsse über den Fortgang der Kirchengeschichte gefaßt worden wären. Und doch geht diese Geschichte vorwärts zu neuen Ereignissen und zu Auseinandersetzungen und Kämpfen, die unabsehbare, weitgehende Folgen haben. Das aber geschieht nicht nach wohldurchdachten Planungen, sondern es erwächst aus scheinbar unbedeutenden und „zufälligen" Ereignissen.

„Petrus aber und Johannes gingen[71] hinauf zum Tempel um die 1

[71] Wieder steht hier das Imperfektum, das im Grie die Dauer einer erzählten Handlung

Stunde des Gebetes, die neunte." Sie tun nichts Besonderes und wissen nicht, daß dieser ihr Gang einen neuen Abschnitt der Kirchengeschichte einleitet. Das „tägliche Abendopfer" nach 2 Mo 29, 38 f wurde um die neunte Stunde, also gegen drei Uhr nachmittags, dargebracht. Die Sitte hatte eine der drei täglichen Gebetszeiten auf diese Stunde des Abendopfers gelegt (Dan 6, 11; 9, 21). So nahmen auch Petrus und Johannes — auch Gal 2, 3 werden sie als „Säulen" der Gemeinde zusammen genannt — am Gebet im Tempel teil, als schlichte Männer Israels ohne jede besondere „Würde", obwohl sie die Bevollmächtigten des Königs aller Könige sind.

2 Viele Menschen besuchen um diese Zeit den Tempel, und so läßt sich ein von Mutterleib her lahmer Mann täglich dorthin tragen und an der sogenannten „Schönen Pforte" des Tempels niedersetzen. Es ist gut, wenn wir uns ein anschauliches Bild des Tempels[72] machen, der mit seinen Höfen und Säulenhallen sehr anders aussah als eine „Kirche" bei uns. Die „Schöne Pforte" war vermutlich das Tor, das vom „Vorhof der Heiden" in den „Vorhof der Frauen" führte, den jeder kultisch reine Jude betreten konnte[73]. Da es für Körperbehinderte und Arme keinerlei amtliche Fürsorge gab, mußten diese für
3/4 sich selber sorgen. Dem kam die religiöse Anschauung entgegen, die im Almosen ein verdienstliches Werk sah (vgl. Mt 6, 1—4) und es mit dem „Beten" und „Fasten" zu einem Bestandteil des Gottesdienstes machte. So saß auch der Gelähmte an der Schönen Pforte, **„um Almosen zu erbitten von denen, die in den Tempel hineingingen".** Er redete auch Petrus und Johannes an. **„Petrus aber schaute ihn fest an mit Johannes und sprach: Sieh uns an!"** Über die inneren Vorgänge im Herzen des Petrus wird nichts gesagt. Hat er den armen Menschen schon öfter bemerkt? Wird ihm jetzt die innere Gewißheit zuteil, daß er hier wunderbar helfen darf?[74] Auf jeden Fall beginnt nun

ausdrücken kann; wir könnten es durch den Zusatz „regelmäßig" verdeutlichen. Der Gang zum Tempel, von dem jetzt berichtet wird, ist also nicht ein vereinzelter, sondern steht in der Reihe all der Tage, an denen Petrus und Johannes der festen Gebetssitte folgen. Es ist wahr: „Wer nicht zu bestimmten Zeiten betet, betet auch nicht zu unbestimmten."

[72] „Lexikon zur Bibel", 5. Aufl. Wuppertal 1964, Tafel 84 bei Sp 1313 und Stadtplan von Jerusalem Sp 684.

[73] Es wurde sprachlich unterschieden „hieron = Heiligtum", das die gesamte Tempelanlage mit den Säulenhallen und Vorhöfen bezeichnete, und „naos = Tempelhaus", das das eigentliche Tempelgebäude mit dem Heiligtum und dem Allerheiligsten meinte.

[74] Grundsätzlich war Petrus zum Heilen ebenso ermächtigt wie zum Verkündigen. Jesus hatte in seinem Auftrag an die Jünger beides von vornherein verbunden, weil von Gottes rettender Gnade immer der ganze Mensch, nicht nur seine „Seele" gemeint ist; vgl. Mt 10, 7 f; Mk 16, 15—18; Lk 10, 9. Aber gerade bei diesem ersten Mal mußte Petrus seiner Vollmacht jetzt gewiß werden.

sein Handeln. Er stellt zunächst den persönlichen Kontakt mit dem
Mann her, der gewöhnt war, die vielen Menschen zu sehen und doch
nicht zu sehen. Gerade das Almosen-geben und das Almosen-emp-
fangen wird so schnell völlig unpersönlich[75]. Überrascht blickt der 5
Lahme zu diesen beiden Männern auf, die ihn so ganz anders behan-
deln, als er es sonst gewohnt ist. Wollen sie ihm besonders viel ge-
ben?

„Petrus aber sprach: Silber und Gold besitze ich nicht." Petrus hatte 6
ja Heimat und Gewerbe verlassen und erhielt von der Gemeinde nur
das Notwendige zum Leben. Er ist eigentlich in der gleichen Lage wie
dieser Mann, der ihn um eine Gabe angesprochen hat. Und doch ist
Petrus unendlich reich. Dieser unscheinbare Mann, der kein Geld in
der Tasche trägt, ist eben doch „Apostel", Bevollmächtigter Gottes,
und kann als solcher geben, was die reichsten Leute Jerusalems mit
ihrem Geld nicht aufwiegen konnten. **„Was ich aber habe, das gebe
ich dir: In dem Namen Jesu, des Messias, des Nazareners[76], wand-
le!"**[77]

Zum ersten Mal erscheint hier der „Name Jesu" in seiner einzigartigen Bedeutung. Um diesen „Namen" wird es dann fort und fort gehen: Kap. 3, 16; 4, 7. 10. 12. 17. 18. 30; 5, 28. 40. Auch wir kennen noch einen Nachklang der Formel „im Namen": Es werden Urteile verkündigt „im Namen des Volkes" oder Glückwünsche und Grüße ausgesprochen „im Namen" eines ganzen Kreises von Menschen. Auch das ist uns nicht ganz fremd, daß das Aufklingen eines großen und bedeutsamen Namens ein Erschauern über unser Herz gehen läßt. „Im Namen" bezeichnet die Vollmacht, die hinter dem Reden und Handeln schwacher Menschen steht. Der „Name" vergegenwärtigt den Namensträger in seiner ganzen Größe, Kraft und Bedeutung. Die Menschen früherer Zeiten erlebten das noch viel unmittelbarer. Ein „Name" konnte darum zur Zauberformel werden. Alles aber hängt davon ab, wer hinter einem „Namen" steht! Wer ist dieser „Jesus", dieser „Nazarener"? Nur ein Mensch und dann in seinen maßlosen Ansprüchen ein Irrgeist und Gotteslästerer? Oder ist er wirklich der „Herr" und der „Messias", der „Knecht", ja der „Sohn" des lebendigen Gottes? Die machtvolle Wirkung seines Namens ist der klare Beweis für seine Person. Das ist die grundlegende Linie in den Kapiteln 3—5 der Apostelgeschichte[78].

[75] G. Stählin (a. a. O. S. 59) spricht sehr fein davon, wie „der Bettler aus seiner Doppelhaltung der gewohnheitsmäßigen Dringlichkeit und der stets auf Enttäuschung gefaßten Gleichgültigkeit herausgerissen wird".

[76] Vgl. Anmerkung 49 Seite 61

[77] Eine erhebliche Reihe von Handschriften liest „steh auf und wandle".

[78] Im Namen Jesu das vollmächtige Wort sagen kann nur der, der die Person Jesu in ihrer

7 So gewiß ist Petrus, daß er den Lahmen bei der rechten Hand faßt und aufrichtet. Die einfache Erzählung des Lukas sagt uns nicht, was in dem Kranken selber vor sich ging. „Glaubte" er? Theoretische Glaubensüberlegungen stellte er gewiß nicht an. Zum rettenden Heilsglauben kommt er in diesem Augenblick noch nicht. Aber indem er dem aufrichtenden Griff des Petrus folgte, vollzog sich darin ein Glauben, das für diese Stunde genug war. Er folgte darin einem jener unmöglichen und „sinnlosen" Befehle Gottes, in die sich Gottes wunderbare, unsere natürliche Welt sprengende Gaben kleiden müssen. Wir denken an Lk 7, 14; 8, 54; 18, 42; Jo 11, 43. Das ist der Glaubens-Gehorsam, wie er wesensmäßig auch den Heilsglauben kennzeichnet, nur, daß dieser dann nicht Kranke gesund, sondern fluchwürdige Sünder zu geliebten Kindern Gottes macht. Immer aber ist echter Glaube ein solches Zugreifen und Handeln des Menschen, der dann staunend die Wirklichkeit dessen erfährt, was Gott in seinem Wort fordert („wandle!") und damit zugleich gibt. **„Sogleich aber wurden fest seine Füße und seine Knöchel, und aufspringend trat er fest hin."**

8 Petrus seinerseits war gehorsam glaubend dem Wink seines Herrn gefolgt. An irgendwelche Folgen seiner Tat dachte er nicht. Er freute sich mit dem Mann, der aus seinem Elend befreit war, und freute sich des herrlichen Heilandes, dem er dienen durfte. Gesagt wird so etwas in der sachlichen, zurückhaltenden Darstellung der Bibel freilich nicht. Nur von der Freude des Geheilten, von seinem Wandeln und Springen und Gott loben ist die Rede. Lukas malt durch das vielfach wiederholte: „er wandelte, er sprang, er lobte" die ganze Intensität der Freude dieses Mannes. Wie gebraucht und genießt er jetzt das, was wir Gesunden als eine selbstverständliche Fähigkeit gedankenlos hinnehmen. Sein erster Gang aber führt ihn mit den Aposteln in den Tempel hinein. Seine Freude erschöpft sich nicht in seinem Glück, sondern treibt ihn zu Gott.

9/10 Das Geschehen aber ist nicht verborgen geblieben, es ist ja eine belebte Stunde am Tempeleingang. **„Und es sah das ganze Volk ihn wandeln und Gott loben. Sie erkannten ihn aber[79], daß er es war, der nach dem Almosen am Schönen Tor des Tempels saß, und wurden voll Staunen und Verwunderung über das, was ihm widerfahren war."** Wieder wie am Pfingsttage führt das Wunder als solches nur

ganzen Wirklichkeit und Herrlichkeit kennt. Darum ist eine über die Person Jesu unsicher gewordene Kirche so machtlos! Und umgekehrt erweist die Wirkung des Namens Jesu in der Lösung dämonischer Bindungen, in Heilung von Krankheiten, in der Befreiung von Menschenherzen bis heute die Wahrheit des alten apostolischen Zeugnisses.

79 Wieder liegt für den Griechen im „Imperfekt" der Hinweis, daß dieses „Erkennen" nach und nach geschah und sich durch die Menge hindurch ausbreitete.

zum „Verwundern" und zum scheuen Staunen. Das „Zeichen" verlangt nach dem „Wort", wobei dann freilich das Zeichen dem Wort eine Aktualität und Wirklichkeitsmacht besonderer Art gibt. Petrus erhält die Gelegenheit, ja die Verpflichtung, dieses Wort nun zu sagen.

ERNEUTE VERKÜNDIGUNG IM TEMPEL

Apostelgeschichte 3, 11–26

11 Während er sich aber zu Petrus und Johannes hielt, lief das ganze
Volk zu ihnen hinzu bei der sogenannten Halle Salomos, außer
12 sich vor Staunen. * Als Petrus das sah, hob er an zum Volk:
„Israelitische Männer, warum wundert ihr euch über diesen oder
was blickt ihr auf uns, als hätten wir durch eigene Kraft oder
13 Frömmigkeit fertig gebracht, daß er gehen kann? * Der Gott Abrahams
und Isaaks und Jakobs, der Gott unserer Väter, hat verherrlicht
seinen Knecht Jesus, den ihr freilich preisgegeben habt und
verleugnet angesichts des Pilatus, als er ihn freizulassen beschloß.
14 * Ihr aber habt den Heiligen und Gerechten verleugnet und ge-
15 beten, daß euch ein Mörder geschenkt würde. * Aber den Fürsten
des Lebens habt ihr getötet! Den hat Gott auferweckt aus den
16 Toten, wofür wir Zeugen sind. * Und auf Grund des Glaubens an
seinen Namen hat diesen, den ihr seht und kennt, sein Name
stark gemacht, und der durch ihn (erweckte) Glaube hat ihm diese
vollkommene Gesundheit gegeben vor euch allen.
17 Und nun, Brüder, ich weiß, ihr habt es aus Unwissenheit getan,
18 wie auch eure Oberen. * Gott aber hat, was er vorher verkündigt
hat durch den Mund aller Propheten, daß leiden werde sein Ge-
19 salbter, erfüllt auf diese Weise. * Darum ändert euren Sinn und
20 bekehrt euch, damit ausgelöscht werden eure Sünden, * auf daß
Zeiten der Erquickung kommen vom Angesicht des Herrn und er
21 sende den euch vorausbestimmten Messias Jesus, * den der Him-
mel aufnehmen muß bis zu den Zeiten der Wiederherstellung von
allem, was Gott gesprochen hat durch den Mund seiner heiligen
22 Propheten von alters. * Mose schon hat gesagt: Einen Propheten
wird euch erwecken der Herr, Gott, aus euren Brüdern wie mich;
ihn sollt ihr hören in allem, was er immer zu euch reden wird.
23 * Es wird aber geschehen: Jede Seele, die nicht hören wird auf
24 jenen Propheten, soll ausgerottet werden aus dem Volk. * Und
alle die Propheten von Samuel und den folgenden an, so viele
25 gesprochen haben, haben auch diese Tage verkündigt. * Ihr seid

zu Vers 11: Jo 12, 19 Jo 14, 12 Apg 5, 12
zu Vers 12: Apg 14, 15
zu Vers 13: Jes 52, 13 Mt 12, 18 Mk 2, 9. 11 Lk 23, 22 Apg 5, 30 2 Ko 3, 15
zu Vers 14: Mt 27, 22 f Lk 23, 18 Jes 53, 11
zu Vers 15: 1 Ko 15, 5 Hbr 2, 10 Hbr 12, 2
zu Vers 17: Apg 13, 27 17, 30 Lk 23, 34 1 Ko 2, 8 1 Tim 1, 13
zu Vers 18: Lk 24, 25-27 Jes 53
zu Vers 19: Apg 2, 38 Kol 2, 14
zu Vers 20: 2 Pt 3, 12

zu Vers 21:
Apg 1, 11
1 Ko 15, 25. 28
Kol 3, 1
zu Vers 22:
5 Mo 18, 15. 19
Mk 9, 7
Jo 5, 24
Apg 7, 37
zu Vers 23:
Mt 13, 13
zu Vers 24:
Apg 10, 43
zu Vers 25:
1 Mo 12, 3
Lk 1, 70-75
Lk 19, 9
Rö 15, 8
Gal 3, 8
zu Vers 26:
Apg 4, 27. 30
13, 46

die Söhne der Propheten und des Bundes, den Gott verordnet hat
euren Vätern, indem er zu Abraham sagte: Und in deinen Nach-
kommen werden gesegnet werden alle Geschlechter der Erde.
26 *** Für euch zuerst hat Gott erweckt seinen Knecht und hat ihn ge-**
sandt als den, der euch segnet, wenn ihr euch, ein jeder, abwendet
von euren Bosheiten (oder: indem er jeden von euch von euren
Bosheiten bekehrt)."

Die Handschrift D (vgl. die Übersicht über die Handschriften des NT in den Richtlinien für die Benutzer S 6) gibt den Vers 11 so wieder: „Während aber Petrus und Johannes herauskamen, kam er mit heraus sich zu ihnen haltend; sie aber standen da, außer sich vor Staunen." Man hat in den Abweichungen der Handschrift D den besseren und ursprünglicheren Text sehen wollen. Aber gerade unsere Stelle zeigt eher einen allzu gewissenhaften, verbessernden Schreiber. Dieser Schreiber wußte, daß die sogenannte Halle Salomos am Ostrande des Tempelbezirkes lag, noch vor der Schönen Pforte. Wenn die Apostel nach Vers 8 durch diese Pforte tiefer in den Tempel hineingegangen waren, mußten sie erst wieder „herauskommen", ehe sie zur Halle Salomos gelangen konnten. So gestaltete der Schreiber von D den Text. Aber mußte das ausdrücklich gesagt und jeder Schritt der Apostel beschrieben werden? Ist Lukas solch ein pedantischer Erzähler?

12 Das Gerücht von der wunderbaren Heilung ist natürlich weitergegangen. Und als nun Petrus und Johannes aus dem Tempel kommen, der Geheilte eng an sie angeschlossen, da **„läuft das ganze Volk zu ihnen hinzu bei der sogenannten Halle Salomos**[80] **außer sich vor Staunen". „Als Petrus das sah"**, muß er reden. Er kann es bei dem bloßen Staunen der Menschen nicht lassen, er muß ihnen von dem absagen, der diese Heilung gewirkt hat. Er muß vor allem alles abschneiden, was sich an Bewunderung fast selbstverständlich an ihn und an Johannes hängt. Ein Apostel Jesu unterscheidet sich dadurch radikal von den vielen Wundertätern, die es in jener Zeit unter Juden und Heiden gab. Ein Mann wie Simon in Samaria sagte von sich selbst, er sei ein Großer, und ließ sich gern „die große Kraft Gottes" nennen (Kap. 8, 9–10). Petrus und Johannes aber lehnen dies gerade entschlossen ab: **„Was blickt ihr auf uns, als hätten wir durch eigene Kraft fertiggebracht, daß er gehen kann?"** Petrus und Johannes waren wie alle biblischen Menschen „Glaubende", also in sich selbst nichts und nur Werkzeuge des Handelns Gottes. Es ist auch nicht ihre **„eigene Frömmigkeit"**, mit der sie Gottes Wunder herbeiziehen.

[80] In der „Halle Salomos" hatte bereits Jesus selbst seine große Hirtenrede gehalten Jo 10, 22–30.

Der Glaubende kennt keine verdienstliche Religiosität[81]. Mit aller Kraft wendet Petrus die Gedanken seiner Hörer völlig von den Aposteln fort, allein auf Gott hin. **„Der Gott Abrahams und Isaaks und** 13
Jakobs" – um ihn allein geht es. Für sich selbst läßt Petrus nicht das geringste übrig.

Nicht einen neuen Gott verkündigt der Apostel! Das „Christentum" ist nicht eine „neue Religion". Auch in der Botschaft der Christen geht es um **„den Gott Abrahams und Isaaks und Jakobs, den Gott der Väter".** Wie mußte das vor einer jüdischen Hörerschaft im Tempel betont werden. Aber – und nun ist Petrus sofort bei seinem Zentralthema – eben dieser Gott der Väter **„hat verherrlicht seinen Knecht Jesus".** Es wird nicht Jesus gegen einen unzulänglichen Gott des Alten Bundes ausgespielt; wie hätte Israel das anhören können. Nein, die Geschichte Jesu ist das Werk dieses einen lebendigen Gottes, der **„der Gott Abrahams und Isaaks und Jakobs"** ist, und ist deshalb für jeden Israeliten verbindlich. Darum spricht Petrus hier auch mit Worten des AT. Die feierliche Bezeichnung Gottes als **„der Gott Abrahams und Isaaks und Jakobs, der Gott unserer Väter"** findet sich geradeso in der Berufungsgeschichte des Mose am brennenden Dornbusch (2 Mo 3, 6. 15). Und von der „Verherrlichung" oder „Erhöhung" des „Knechtes Gottes" hatte Jesaja gerade vor dem mächtigen 53. Kapitel in 52, 13 gesprochen: „Siehe, mein Knecht wird weislich tun und wird erhöht und sehr hoch erhaben sein."

Wohl könnte von den späteren Zeugnissen des NT her die Bezeichnung Jesu als des „Gottesknechtes"[82] zu gering erscheinen. Sie findet sich bei einem Paulus nirgends. Aber die echte Verkündigung meint nicht, ständig und sofort alle höchsten dogmatischen Aussagen bringen zu müssen. Sie will ja dem Verständnis der Hörer begegnen und knüpft darum an das an, was den Hörern vertraut ist. Dabei war der „Gottesknecht" des Jesaja wahrlich eine geheimnisvolle und gewaltige Gestalt! War sie in Jesus aus einem Prophetenwort zur gegenwärtigen Wirklichkeit geworden, so war das eine aufwühlende Botschaft. „Jesus, der Gottesknecht, den Jesaja weissagte" – mehr

[81] Das Bild der Heiligen wird bedenklich, sobald auch nur eine Andeutung davon erscheint, als führe die außergewöhnliche Frömmigkeit eines Menschen mit Fasten und Beten und Gottesliebe Zeichen und Wunder herbei. Aber auch wir müssen uns immer neu vor dem unwillkürlichen Gedanken hüten, daß der „große Mann" in der „Reichsgottesarbeit" besondere „Kräfte" habe oder ganz besonders fromm sei.

[82] Das im Text stehende grie Wort „pais" kann zwar sowohl „Sohn" wie „Knecht" bedeuten, ähnlich wie auch im Deutschen „Knabe" und „Knappe" eigentlich das gleiche Wort sind. Petrus aber hat sicherlich von dem „Knecht Gottes", dem „ebed Jahwe", gesprochen, dessen Gestalt alle seine Hörer aus dem Propheten Jesaja kannten.

brauchte in dieser Stunde nicht gesagt zu werden. Vor den Augen der Hörer hatte Gott **„seinen Knecht Jesus verherrlicht"**.

13–15 Daran wird die ganze Schuld Israels deutlich. Gott ist treu, Gott hat die Prophetenweissagung erfüllt und den „ebed Jahwe", den „Gottesknecht", gesandt. Israel aber hat ihn **„preisgegeben und verleugnet"**. Wieder spricht Petrus mit seinen Hörern nicht über Ansichten und theologische Meinungen, sondern über eindeutige Taten und Tatsachen. Gottes Handeln und Israels Tun stehen Zug um Zug widereinander: Gott verherrlicht Jesus – sie haben ihn preisgegeben[83]; Gott stellt den **„Heiligen und Gerechten"** in ihre Mitte – sie verleugnen ihn und erbitten sich dafür einen Mörder; Gott schenkt ihnen den **„Fürsten des Lebens"** – sie töten ihn; sie töten – aber Gott erweckt ihn aus den Toten. Solches Handeln wider Gottes Tun und Schenken aber ist letzte, vollendete Schuld, weit über alle moralischen Verfehlungen hinaus. Was Israel getan hat, wiegt umso schwerer, als selbst ein „Gesetzloser" wie Pilatus die Unschuld Jesu sieht und ihn freilassen will. Und welche Verblendung liegt darin, den **„Fürsten** (d. h. den Urheber und Bringer) **des Lebens"** zu **„töten"** und in einem Mörder ein „Geschenk" zu sehen! Petrus erspart seinen Hörern nichts. Wieder sehen wir, mit welchem Ernst Petrus die Vergebung seiner Schuld ergriffen hat. Er, der als führender Jünger Jesu seinen Herrn „verleugnete", kann mit ruhiger Sachlichkeit seinen Hörern „ihr Verleugnen" des Heiligen und Gerechten vorhalten. Freilich, er kann es nicht mehr von oben herab, als einer, der „besser" wäre als sie. Er kann es nur als der, der von der Vergebung weiß und darum auch den andern die Schuld nur aufdeckt, damit sie Vergebung empfangen. So allein kommt echte Bußpredigt zustande, die sich von aller harten Moralpredigt grundlegend unterscheidet. Gerade darum kann echte Bußpredigt so rückhaltlos und klar sein, wie wir es hier an der Rede des Petrus sehen.

16 Für die Auferweckung Jesu **„sind wir Zeugen"**, sagt Petrus. Aber in gewisser Weise sind seine Hörer es nun auch. Denn **„auf Grund des Glaubens an seinen Namen hat diesen, den ihr seht und kennt, sein Name stark gemacht, und der durch ihn** (erweckte) **Glaube hat ihm diese vollkommene Gesundheit gegeben vor euch allen"**. Der „Name" Jesu kann nur so machtvoll sein, weil Jesus der Auferstandene und Lebendige ist. Petrus bestätigt unsere Annahme, daß sich in dem Gehorsam gegen den aufrichtenden Griff des Petrus der „Glaube" in dem Gelähmten vollzog. Ja, Petrus geht darüber noch hinaus. Er hat erfahren, wie Jesus selber es ist, der durch sein Wort den Glauben in diesem Mann „erweckte". Es ist kennzeichnend, wie

[83] Vgl. Anmerkung 32 S. 44

darum hier der mächtige „Name Jesu" und der wirksame **„Glaube an seinen Namen"** in einem einzigen Satz scheinbar verwirrend ineinander verschlungen sind. Was hat dem Gelähmten **„diese vollkommene Gesundheit gegeben"?** Der Name Jesu oder der Glaube? Petrus bezeugt: nicht das eine oder andere! „Objekt" und „Subjekt" sind hier unlöslich miteinander verflochten. Das gerade kennzeichnet alles bibelmäßige Geschehen. Und eben der Glaube seinerseits ist nicht eine menschliche Qualität oder Leistung als solche, sondern ist Gabe Jesu durch sein Wort. Da die Hörer Zeugen dieses Geschehens sind, haben sie jetzt Jesus mit eigenen Augen lebendig am Werk gesehen.

Und nun kommt – ganz anders als am Pfingsttag – schon in der 17–19
Predigt selbst der Aufruf zur Umkehr. Diese Umkehr war freilich nicht möglich, wenn die Verwerfung Jesu mit vollem Wissen und Wollen erfolgt wäre. Aber Petrus kann sagen: **„Ich weiß, ihr habt es aus Unwissenheit getan, wie auch eure Oberen."** Das ist genau das gleiche Urteil, das Paulus im Rückblick auf die Zeit seines leidenschaftlichen Kampfes gegen Jesus über sich selbst gefällt hat: „Aber ich erfuhr Erbarmen, weil ich es unwissend getan hatte im Unglauben" (1 Tim 1, 13). Das ist von Paulus, der sich sofort (V. 15) den größten aller Sünder nennt, nicht als Entschuldigung gemeint! So will auch hier Petrus nicht verharmlosen, was er eben als unbegreifliche und schreckliche Schuld vor seine Hörer hingestellt hat. Wenn Israeliten nicht mehr erkennen, was ein Heide wie Pilatus sah, dann ist das nicht Mangel an Intellekt, der ihr Tun entschuldigte, sondern eine Verblendung, die aus einem wachsenden Ungehorsam gegen Gott entstanden ist. Nur diejenige Sünde, die nach Jesu warnendem Wort an die Pharisäer unvergebbar ist (Mk 3, 28–30), der bewußte Widerstand gegen Gottes überführenden Geist, ist noch nicht geschehen! Darum kann zur Umkehr gerufen werden. Gott aber hat in seiner wunderbaren göttlichen Art die Schuld Israels benutzt, um auf diese Weise zu erfüllen, was er von den Leiden des Messias schon durch den Mund aller[84] Propheten vorausgesagt hatte.

Es gibt noch Umkehr. Aber sie muß nun auch mit radikalem Ernst vollzogen werden. Petrus unterstreicht das, indem er hier für den Ruf zur Bekehrung zwei Worte verbindet, die die beiden Seiten einer Bekehrung beleuchten: die Abwendung von der Sünde und die Zuwendung zu Gottes Gnade: **„Darum ändert euren Sinn und bekehrt euch."** Wenn solche Bekehrung erfolgt, dann findet sie etwas unbegreiflich Großes: **„Ausgelöscht werden eure Sünden."** Das also gibt

[84] Petrus muß hier nicht an einzelne Aussprüche bei „allen Propheten" gedacht haben, er war nicht Dogmatiker, der nach „Belegstellen" und „Beweisen" suchte, sondern israelitischer Christ, der überzeugt war, daß das ganze AT von Jesus Christus spricht. So hat es Jesus selbst gesagt und gezeigt: Jo 5, 39; Lk 24, 27.

es wirklich für uns: Alle unsere Sünden eines total verkehrten und gottverwerfenden Lebens werden getilgt, so daß es ist, als hätten wir sie nie begangen! Welch ein Angebot. Das ist „Evangelium“[85].

Dieses „Evangelium“ hat Petrus am Pfingsttag erst sagen wollen, als er aus den Fragen seiner Hörer deren echte Erschütterung ersah. Jetzt, da die Gemeinde Jesu aus Israel entstanden ist, kann er schon in der Predigt selbst zur heilvollen Umkehr rufen. Er überschreitet sofort noch in einer anderen Richtung den Rahmen seiner ersten Rede. Hatte er dort nur durch das Wort des Joel den endzeitlichen Charakter der Geistesausgießung angedeutet, so richtet er jetzt den
20 Blick der Hörer ausdrücklich auf die Zukunft: **„auf daß Zeiten der Erquickung kommen von dem Angesicht des Herrn und er sende den vorausbestimmten Messias Jesus“.** Israel empfand die ganze Härte seiner Lage. Dort unmittelbar hinter dem Tempel erhob sich die Burg Antonia, von der aus der Vertreter Roms die Stadt beherrschte. Israel war ein ohnmächtiges, drangsaliertes und verachtetes Volk. Wie fern waren die herrlichen Dinge, die Gott seinem Volk versprochen hatte! Wann kamen die Zeiten der Erquickung, des „Aufatmens“? Wie oft ist aus jüdischem Herzen diese Frage aufgestiegen[86]. Petrus gibt hier eine doppelte Antwort. Diese Zeiten kommen nur durch Jesus. Er ist der **„vorausbestimmte Messias“**, ihn muß Gott aufs neue senden als den Weltvollender. Dann kommen die Erquikkungszeiten[87]. Das hängt aber wiederum davon ab, daß Israel sich bekehrt. Wohl weiß es Petrus vom Himmelfahrtstage her, daß der Vater „die Zeiten und Fristen seiner eigenen Macht vorbehalten hat“. Aber er weiß auch, daß Gottes Regierung nie die eiserne Durchführung eines starren Programmes ist, sondern auf das Tun und Lassen der Menschen eingeht. Kommt es jetzt zur Bekehrung Israels, dann eilen die Zeiten der Erquickung schneller herbei.

21 Jesus wird zur Vollendung seines Werkes erneut „gesandt“, das gehört zur Botschaft von Jesus notwendig und wesentlich dazu. **„Ihn muß der Himmel aufnehmen bis zu den Zeiten der Wiederherstellung von allem, was Gott gesprochen hat durch den Mund seiner heiligen Propheten von alters.“** Hier steht das Wort von der „apokatastasis“, der „Wiederherstellung aller Dinge“, das in der Christenheit immer

[85] Es kann uns auffallen, daß eine Aufforderung zur Taufe hier nicht ausgesprochen ist. Nach der vollzogenen Taufe der Dreitausend war das wohl nicht mehr nötig. Ebenso fehlt hier die Zusage des Geistesempfangs. Es muß nicht in jeder Predigt alles gesagt werden.

[86] Wie klingt dieses Sehnen aus dem Lobgesang des Zacharias: „Daß wir, erlöst aus der Hand unserer Feinde, ihm dienten ohne Furcht unser Leben lang“ Lk 1, 67 ff.

[87] Hier ist wie auch in vielen Prophetenworten das endzeitliche Geschehen in einem einzigen, zusammenfassenden Wortbild ausgedrückt.

wieder rasch mit der „Allversöhnung" in eins gesetzt wird. Sicherlich, man kann durchaus auch übersetzen: „Bis zu den Zeiten der Wiederherstellung (oder: Vollendung) des Alls, von denen Gott gesprochen hat durch den Mund seiner heiligen Propheten von altersher"[88]. Aber mit dieser Wiederherstellung des Alls war gerade in Israel nicht mit einem Gedanken an das Seligwerden aller Menschen oder gar noch der gefallenen Engel und Satans gedacht! Auch in dem Ausdruck selbst liegt nichts davon. Wohl bedarf diese von Sünde, Satan und Tod verwüstete Schöpfung einer gründlichen und umfassenden „Wiederherstellung", einer Hinwendung zum längst von Gott geplanten Ziel der Vollendung und Vollkommenheit. Dafür hat Gott auch schon die „Zeiten" bestimmt und hat durch seine Propheten **„von alters"** davon gesprochen. Darauf wartet alles (Rö 8, 19—24), darauf wartet auch Jesus selbst (Hbr 10, 13). Er ist bis dahin im Himmel verborgen und geborgen. Dann aber wird er aufs neue „gesandt" („auf ein Befehlswort" 1 Th 4, 16), um alles zum Ziel zu bringen. Diese ungeheure Hoffnung schließt aber das Gericht in seinem ganzen Ernst mit ein (vgl. nur 2 Th 1, 7—9). Gerade darum ruft Petrus im Blick auf die kommenden Ereignisse seine Hörer so dringend zur Bekehrung.

Wenn wir die oben im Text gegebene Übersetzung vorziehen, wird es vollends klar, es geht nicht um eine „Wiederbringung aller", sondern um die volle Erfüllung aller Verheißungen, die Gott durch Prophetenmund ausgesprochen hat. Sie wird nicht nur „Erfüllung", sondern „Wiederherstellung" genannt, weil in der Gegenwart alles — gerade auch durch Israels eigene Schuld — gleichsam zerstört und zerschlagen ist, was Israel doch nach Gottes Willen zuteil werden sollte. So muß es „wiederhergestellt" werden.

Damit ist Petrus bei dem Schriftbeweis, an dem ihm auch hier wieder in vollem Ernst liegt und der seine Rede wirksam abschließt. 22
Schon Mose hat von dem kommenden, geheimnisvollen Propheten gesprochen, den Gott aus Israel erwecken wird. Er wird an der Schwelle der Vollendungszeit stehen, wie Mose der große Mittler des Anfangs, des Sinaibundes, der Volkwerdung Israels gewesen war. Darum heißt es: **„Einen Propheten . . . wie mich".** Aber wie die Vollendung den Beginn überragt, so ist auch die Bedeutung dieses „neuen Mose" noch gewaltiger und unbedingter: **„ihn sollt ihr hören in allem, was er immer zu euch reden wird".** Weil diese Verheißung in Israel lebendig geblieben war, wurde schon der Täufer offiziell gefragt, ob er sich etwa für „den Propheten" halte (Jo 1, 21).

Jesus aber ist wirklich dieser Prophet, dieses Gegenbild des Mose. 23

[88] So auch G. Stählin a. a. O. S. 61

Darum gilt es, auf Jesus so unbedingt zu hören, wie Mose selbst es seinem Volk schon gesagt hat (5 Mo 18, 15. 19)[89]. Unter Heranziehung von 3 Mo 23, 29 wird es den Hörern mit tiefem Ernst noch einmal vorgehalten, daß es bei der Stellung zu Jesus um Leben und Tod geht: **„Es wird aber geschehen: jede Seele, die nicht hören wird auf jenen Propheten, soll ausgerottet werden aus dem Volk."** Nach „Allversöhnung" klingt dies Wort nicht. Es trifft aber noch einmal den entscheidenden Punkt, um den es bei jeder Verkündigung an Israeliten gehen mußte. Verlieren wir nicht unseren kostbaren jüdischen Besitz, wenn wir uns Jesus anschließen? Das war die Frage, die sich der christlichen Verkündigung entgegenstellte. Im Gegenteil! antwortet Petrus. Nur wenn ihr zu Jesus kommt und auf ihn hört, bleibt ihr überhaupt Glieder des erwählten Volkes. Wer Jesus ablehnt, wird von Gott aus der Liste Israels gestrichen.

24 Aber nicht nur Mose, sondern **„alle Propheten von Samuel und den
folgenden an, so viele gesprochen haben, haben auch diese Tage verkündigt". „Diese Tage"** des Geschehens mit Jesus, in das die Apostel ihr ganzes Volk mit hineinziehen möchten, damit auch die Vollendung dieses Geschehens, die erneute Sendung Jesu zur Herbeiführung der Zeiten der Erquickung bald kommen kann. Denn trotz der gro-
25 ßen Schuld Israels bleibt es dabei: **„Ihr seid die Söhne der Propheten
und des Bundes, den Gott verordnet hat euren Vätern."** Der Ausdruck **„Söhne der Propheten und des Bundes"** meint nicht nur den geschichtlichen Zusammenhang in der Folge der Geschlechter, der freilich wichtig genug ist, sondern auch die innere Zugehörigkeit, so wie wir von „Kindern des Lichtes" sprechen. Petrus wirbt hier mit achtungsvoller Liebe um seine Hörer. Seht doch, w a s ihr seid, und s e i d es doch nun auch wirklich. Der Abrahamsbund[90] verheißt den **„Nachkommen"** (Einzahl!), durch den **„alle Geschlechter der Erde gesegnet werden"** sollen. In Jesus ist dieser Nachkomme da (vgl. Gal 3, 15–18). Den unmittelbaren Gliedern des Abrahambundes zuallererst gehört er darum (vgl. Rö 1, 16; 2, 9; 2, 10: „Zuerst den Ju-
26 den"). Wenn Petrus formuliert: **„Für euch zuerst hat Gott erweckt**

[89] Von hier aus wird bedeutsam, daß auf dem Berg der Verklärung Gott selbst im Beisein des Mose dieses sein Wort göttlich beglaubigt und es über Jesus ausspricht: „Den sollt ihr hören!" (Mt 17, 5)

[90] Es fällt uns auf, daß Petrus nicht von einem Bund spricht, den Gott „mit den Vätern geschlossen", sondern von einem Bund, den Gott „an eure Väter verordnet" hat. Zwischen Gott und Mensch kann kein Bund „geschlossen" werden wie zwischen gleichberechtigten Partnern. Es hat darum ein gutes Recht, wenn auch wir vom Alten und Neuen „Testament" = „Verfügung" reden. Es geht um eine von Gott allein getroffene „Verfügung", mit der er sich selbst an seine Verheißung und Zusage bindet — o kostbare Festigkeit dieses Bundes! — und uns Menschen unsere rechte Stellung im gehorsamen Vertrauen zu seiner Verheißung anweist.

seinen Knecht", so ist dieses **„erweckt"** vielleicht absichtlich doppeldeutig gebraucht. „Erwecken" wird in der biblischen Sprache gern verwendet für die geschichtliche Sendung von Menschen durch Gott. Die ganze Sendung Jesu ist so die Erfüllung des göttlichen Versprechens an Abraham. Aber nach der erregenden Verkündigung der Auferweckung Jesu aus den Toten mußten die Hörer in diesem Wort „erweckt" erneut die Mahnung herausklingen hören: Diesen von Gott zur Erfüllung des Abrahambundes gesandten Jesus habt ihr Söhne des Bundes getötet; aber nun hat Gott ihn noch einmal „erweckt" aus den Toten. Und auch dies ist wieder **„für euch zuerst"** geschehen. Nun erweist euch endlich als wahre „Söhne des Bundes" und nehmt Jesus an.

Denn — so kann nun Petrus das ganze Evangelium zusammenfassen — als einen Segnenden, nicht als einen Vergeltenden und Strafenden hat Gott Jesus „erweckt". Freilich, es geht dabei nicht um einen allgemeinen „Segen", so wie wir das Wort oft erbaulich-unbestimmt gebrauchen. „Segnen" bedeutet, Menschen von Gott her etwas Gutes zuwenden. Während aber Israel — ähnlich wie wir — dieses „Gute" von Gott allzuleicht eigensüchtig als eine Fülle von irdischen Gaben und Durchhilfen begehrte und erwartete, hatte schon der aaronitische Segen (4 Mo 6, 24) das zugewendete Gute von Gott vielmehr in dem zugewandten leuchtenden Angesicht Gottes selbst, in seiner Gnade und in seinem Frieden gesehen. Nun zeigt Petrus den „Segen" im Ziel der ganzen Sendung Jesu: in der Errettung und Bekehrung Israels. Die Konstruktion des grie Satzes, mit dem Petrus seine Rede schließt, kann beides aussagen: **„indem er abwendet jeden von euch von euren Bosheiten"** oder **„indem ihr euch, ein jeder, abwendet von euren Bosheiten"**. Der innere Sinn bleibt in beiden Fassungen wesentlich gleich. In der ersten Fassung würde besonders unterstrichen, daß Jesus in der Bekehrung der Hörer der eigentlich Handelnde ist. In der zweiten Fassung wird die Verantwortung der Hörer selbst stärker betont, obgleich auch dann ihr eigenes Sich-Bekehren die Segensgabe Jesu ist. Denn worin sie, die frommen Israeliten, jetzt leben, sind „Bosheiten". Das Wort erinnert sofort an „den Bösen", an den Teufel. Petrus meint nicht, daß seine Hörer in allen möglichen menschlichen Schlechtigkeiten stecken, aber sie stehen unter der Obrigkeit der Finsternis (Kol 1, 13), leben im Widerspruch zu Gott, haben kein wahres göttliches Leben und sind darum vergiftet in all ihrem Denken, Reden und Tun. Dieser Zustand ist Verderben, Verlorenheit und Tod. Jesus aber kam „zu suchen und zu erretten, was verloren ist". Als der Gekreuzigte und Auferstandene steht er so aufs neue vor den Menschen in der Halle Salomos. Die Heilung des lahmen Bettlers ist ein „Zeichen" für jene ganz andere Heilung und

Aufrichtung, die Jesus allen schenken will. So verbindet sich noch einmal Ernst und Freude, Angebot und Forderung ganz eng miteinander. Es geht nicht ohne entschlossene Bekehrung. Aber solche Bekehrung ist bei all ihrem Ernst doch nicht Last und harte Zumutung, sondern herrlicher göttlicher Segen in der Befreiung aus Schuld und Gebundenheit[91].

ERSTE VERHANDLUNG VOR DEM HOHEN RAT

Apostelgeschichte 4, 1—22

zu Vers 1:
Lk 22, 4. 52
Apg 5, 24. 26
zu Vers 2:
Mt 22, 23
Apg 23, 6. 8
1 Ko 15, 12
Phil 3, 11
zu Vers 4:
Apg 2, 41. 47
5, 14
zu Vers 6:
Mt 26, 3
Lk 3, 2
zu Vers 7:
Mt 21, 23
zu Vers 8:
Mt 10, 18 f
Apg 2, 4
zu Vers 10:
Apg 2, 23
3, 6. 13-16
zu Vers 11:
Ps 118, 22
Mt 21, 42
zu Vers 12:
Mt 1, 21
Mt 12, 21
Jo 1, 12
Jo 14, 6

1 **Während sie aber zum Volk sprachen, traten an sie heran die**
2 **Priester und der Tempelhauptmann und die Sadduzäer, * aufgebracht, weil sie das Volk lehrten und an Jesus die Auferstehung**
3 **aus den Toten verkündigten, * und legten die Hand an sie und setzten sie in Haft bis zum nächsten Tag; denn es war schon**
4 **Abend. * Viele aber von denen, die das Wort gehört hatten, kamen zum Glauben, und es wurde die Zahl der Männer gegen fünftausend.**
5 **Es geschah aber am nächsten Tag, daß sich versammelten ihre Oberen und die Ältesten und die Schriftgelehrten in Jerusalem,**
6 *** und Hannas, der Hohepriester, und Kajaphas und Johannes und Alexander und alle, die aus Hohenpriestergeschlecht waren,**
7 *** und sie stellten sie in die Mitte und fragten: „In welcher Kraft**
8 **oder in welchem Namen habt ihr das getan, ihr?" * Da sprach Petrus erfüllt mit Heiligem Geist zu ihnen: „Obere des Volkes**
9 **und Älteste! * Wenn wir heute verhört werden wegen der Wohltat an einem kranken Menschen, durch wen ihm Rettung**
10 **widerfahren ist, * so soll kund sein euch allen und dem ganzen Volk Israel, daß durch den Namen Jesu, des Messias, des Nazareners, welchen ihr gekreuzigt habt, den Gott auferweckt hat aus**
11 **den Toten, durch diesen dieser dasteht vor euch gesund. * Er ist der Stein, verachtet von euch, den Bauleuten, der zum Eckstein**
12 **geworden ist. * Und es gibt in gar keinem anderen die Rettung, denn es ist auch kein anderer Name unter dem Himmel, der unter den Menschen gegeben wäre, durch den wir uns retten lassen**
13 **müssen** (oder: gerettet werden sollen).**" * Sehend aber den Freimut**

[91] Wenn es doch auch heute klar würde, daß wir mit dem Ruf zur Bekehrung nicht Menschen quälen und belasten, sondern in Gottes Auftrag segnen und beschenken wollen! Fromme und unfromme Menschen wehren sich gegen die Bekehrungspredigt so, als würde hier allzu viel von ihnen verlangt. Nein, es wird ihnen ein ganz großes Angebot gemacht! Von der Sünde wirklich loskommen dürfen, ist das denn eine Last? Und neues, göttliches Leben erhalten, ist das ein Unglück, gegen das man sich zur Wehr setzen muß?

des Petrus und des Johannes und bemerkend, daß sie ungelehrte
Leute und Laien sind, gerieten sie in Staunen; sie erkannten sie
14 **auch, daß sie mit Jesus gewesen waren. * Sie erblickten aber den**
Menschen bei ihnen stehen, der geheilt worden war, und hatten
15 **nichts dagegen zu sagen. * Nachdem sie ihnen befohlen, aus dem**
Synedrium hinauszugehen, berieten sie untereinander und sagten:
16 *** „Was wollen wir diesen Menschen tun? Denn daß ein offen-**
kundiges Zeichen durch sie geschehen ist, ist allen Bewohnern
17 **Jerusalems sichtbar, und wir vermögen es nicht zu leugnen. * Aber**
damit es nicht noch mehr verbreitet wird ins Volk hinein, wollen
wir ihnen mit Drohungen verbieten, nicht mehr zu reden unter
18 **Berufung auf diesen Namen zu irgendeinem Menschen." * Und sie**
riefen sie und befahlen, überhaupt nicht zu verkündigen und nicht
19 **zu lehren unter Berufung auf den Namen Jesu. * Petrus aber und**
Johannes antworteten und sprachen zu ihnen: „Ob es recht ist vor
20 **Gott, auf euch zu hören mehr als auf Gott, beurteilt selbst. * Denn**
wir wenigstens sind nicht im Stande, von dem, was wir gesehen
21 **und gehört haben, nicht zu reden." * Sie aber fügten noch weitere**
Drohungen hinzu und ließen sie frei, da sie keine Möglichkeit fan-
den, wie sie sie bestrafen konnten um des Volkes willen, weil alle
22 **Gott priesen auf Grund des Geschehenen; * denn mehr als vierzig**
Jahre alt war der Mensch, an dem geschehen war dieses Zeichen
der Heilung.

Apg 2, 21
Gal 3, 26
Eph 1, 5
zu Vers 13:
Mt 26, 71 f
Jo 7, 15
1 Ko 14, 23 f
zu Vers 14:
Apg 3, 8 f
zu Vers 15:
Apg 5, 34
zu Vers 16:
Jo 11, 47
zu Vers 18:
Apg 5, 28
zu Vers 19:
Jo 12, 43
Apg 5, 29
2 Ko 13, 8
2 Tim 1, 7
zu Vers 20:
Apg 22, 15
1 Ko 9, 16
2 Pt 1, 16. 18
1 Jo 1, 1. 3
zu Vers 21:
Mt 13, 16 f
Jes 52, 15

1/2

Es ist nicht verwunderlich, daß die Behörden eingreifen. Ein solcher Menschenauflauf im Tempelgelände mußte schnell auffallen. Was ging hier vor? Die Priester interessieren sich besonders für das, was in „ihrem" Tempel zu einer großen Volksmenge gesagt wird. Schon darüber sind sie **„aufgebracht, weil sie**[92] **das Volk lehrten".** Wer maßt sich das dort an? Und nun hören sie gar, daß sie **„an Jesus die Auferstehung aus den Toten verkündigten".** Die Priester gehörten mit dem Laienadel zur einflußreichen Gruppe der „Sadduzäer", die wir schon aus den Evangelien kennen. Sie leugnen die Auferstehung und wünschen ein aufgeklärtes Judentum, das geistig mit der Weltbildung, politisch mit der Weltmacht zusammengeht. Nun hören sie in ihrem eigensten Bereich dies, was ihrem Denken ins Gesicht schlägt und ihr ganzes Streben gefährdet! Man hat kritisch eingewendet, das von Lukas gekennzeichnete Bild könne nicht stimmen, denn sonst hätten die Sadduzäer in gleicher Weise schon längst gegen die Pharisäer vor-

[92] Während wir bisher nur von einer Rede des Petrus hörten, lesen wir jetzt auf einmal „sie sprachen" zum Volk, „sie lehrten" das Volk. Es wird auch hier wie am Pfingsttag ein Fragen in der Hörerschaft aufgebrochen sein (Apg 2, 37) und zu Gesprächen geführt haben, an denen alle Apostel beteiligt waren. Da hinein erfolgt der polizeiliche Eingriff.

gehen müssen, die sich auch zur Auferstehung bekannten. Aber es ist etwas anderes, ob amtlich anerkannte Schriftgelehrte hinter den Wänden der Lehrhäuser von der Auferstehung sprechen, oder ob jetzt irgendwelche Männer im Tempelbezirk zu Tausenden davon reden. Und es ist erst recht etwas anderes, ob die Auferstehung am Ende der Tage theoretisch behauptet oder ob sie ausgerechnet an Jesus — welch ein aufregender Name für die Priesterschaft — als
3 gegenwärtige Wirklichkeit bezeugt wird[93]. So alarmierten die Priester die Tempelpolizei, deren Befehlshaber, der „Tempelhauptmann", selber den Sadduzäern angehörte. **„Sie legten die Hand an sie und setzten sie in Haft bis zum nächsten Tag; denn es war schon Abend."** „Abend" wird es in Palästina schon früh. Lukas macht damit keine genaue Zeitangabe[94]. Es war aber jedenfalls nicht mehr möglich, sofort noch eine Sitzung des Rates einzuberufen.

So verbringen Petrus und Johannes die erste Nacht in einer Gefängniszelle. Es ist die erste Nacht von vielen tausend Nächten, die viele tausend Boten Jesu so verbringen werden. Als Petrus und Johannes zur üblichen Gebetszeit ihren gewohnten Gang zum Tempel machten, ahnten sie nicht, daß sie von diesem Gang nicht wieder nach Hause zurückkommen, sondern im Gefängnis landen würden. Aber die Schritte dieses Weges waren notwendig gewesen. Sie konnten an Gottes Auftrag für den Leidenden nicht vorbeigehen und mußten helfen. Sie konnten die Menge nicht ihrem ratlosen Staunen und ihren falschen Gedanken überlassen, sondern mußten von Jesus sprechen. So konnten sie ohne Selbstvorwürfe im Gefängnis sein.

4 Aber die Verhaftung der Apostel ist nicht das einzige Ergebnis dieses Tages, sondern **„viele von denen, die das Wort gehört hatten, kamen zum Glauben"**. Was Petrus so eindringlich vor seine israelitischen Hörer hingestellt hatte, faßte mit unausweichlicher Macht ihr Gewissen und ließ **„viele"** das Angebot Gottes annehmen. „Zum Glauben kommen", das ist immer wieder in allen Jahrhunderten und in allen Ländern und Erdteilen das entscheidende Ereignis, um das es geht. Das persönliche Erfassen des auferstandenen, gegenwärtigen Jesus als des Retters, die Übergabe des ganzen Lebens an ihn, die Eingliederung in seine Gemeinde, das alles liegt in diesem einfachen

[93] Das Gespräch Jesu mit Martha in Jo 11, 23—26 gibt uns in seiner Weise einen Eindruck von der Wucht dieses Unterschiedes.

[94] Zu der Frage der Ansetzung des „Abends" vgl. Lk 24, 29. Immerhin zeigt die Zeitangabe von Apg 4, 3 im Vergleich zu Apg 3, 1, daß Lukas für das ganze Geschehen mit einer erheblichen Zeitdauer gerechnet hat. Petrus hat nicht nur wenige Minuten gesprochen! Es ist die Kunst des Lukas, aus einer langen Rede der Apostel nur einen kurzen Überblick über deren Inhalt zu geben und doch in uns den Eindruck zu erwecken, als hätten wir mit den damaligen Hörern gemeinsam eine vollständige Rede miterlebt.

Ausdruck. Es wird dabei deutlich, daß „Glaube an Jesus" das ein und alles des Christseins ist.

„Und es wurde die Zahl der Männer gegen fünftausend." Auch hier wieder wird Lukas summarisch berichten. Nach der aufregenden Verhaftung der Apostel war schwerlich Zeit zu Feststellungen und Zählungen der Bekehrten. Taufen konnten an jenem Abend kaum noch vollzogen werden. So wird Lukas sagen wollen, daß durch die Auswirkung dieser mächtigen Verkündigung die Gemeinde einen Zuwachs bekam, der die Zahl der Männer von dreitausend auf fünftausend ansteigen ließ. Dabei kann wirklich – wie in Mt 14, 21 – der Blick nur auf die Männer gerichtet gewesen sein. Es kann aber auch entsprechend den dreitausend „Seelen" in Kapitel 2, 41 an die Zahl der Gemeindeglieder überhaupt gedacht sein, die jetzt neu hinzukamen.

Am nächsten Tag kommt es zur Sitzung des „Synedriums", des 5/6
„Hohen Rates". Es ist die gleiche Behörde, die wenige Wochen zuvor den Prozeß gegen Jesus geführt hat (Mk 14, 53; Mt 26, 54; Lk 22, 66). So begegnen wir auch den bekannten Namen Hannas und Kajaphas. Nicht Hannas, sondern Kajaphas ist der amtierende Hohepriester, aber Hannas, der Schwiegervater des Kajaphas, hat offenbar noch großen Einfluß im Hohen Rat (vgl. Jo 18, 13). Johannes[95] und Alexander sind uns sonst nicht bekannt, gehören aber zum **„Hohenpriestergeschlecht"**. Weiterhin haben Sitz und Stimme im Hohen Rat die **„Oberen"**, die führenden Glieder des Priesteradels, und die **„Ältesten"**, unter denen sich – wie wir in Kapitel 5 sehen werden – auch angesehene Pharisäer und Schriftgelehrte befanden.

Nun werden die Apostel hereingeführt und stehen im freien Raum 7
„in der Mitte", der von dem Sitz der Ratsherren im Halbkreis umschlossen ist. Das Verhör beginnt: **„In welcher Kraft oder in welchem Namen habt ihr das getan, ihr?"** Die Frage wird das ganze Auftreten der Apostel meinen, die Heilung vor allem, aber auch die öffentliche Verkündigung im Tempel. Wie kommt ihr zu dem allen, wer hat euch dazu die Erlaubnis gegeben? Genauso war an Jesus selbst die Frage gerichtet worden: „In welcher Vollmacht tust du dieses? Und wer hat dir diese Vollmacht erteilt?" (Mt 21, 23)[96]. Nun ist die Stunde rasch gekommen, von der Jesus seinen Jüngern gesagt hatte: „Hütet euch vor den Menschen, sie werden euch an die Synedrien auslie-

[95] Die Handschrift D nennt statt seiner Jonathas, den Sohn des Hannas und Amtsnachfolger des Kajaphas. Das könnte aber wieder die Textänderung eines geschichtskundigen Schreibers sein.

[96] Anders als bei den Ketzerprozessen des europäischen Raumes geht es hier nicht um „Gedanken" und „Lehrmeinungen", die auf ihre dogmatische Richtigkeit geprüft werden. Im biblischen Raum wird gehandelt! Darum geht die Frage hier nach der Vollmacht, nach dem „Namen", der zu solchem Handeln berechtigt.

fern" (Mt 10, 17; vgl. Lk 12, 11 f; 21, 11—15). Petrus und Johannes werden daran gedacht und sich der großen Verheißung getröstet haben, die über dieser Stunde stand: „Der Heilige Geist wird euch zu derselben Stunde lehren, was ihr sagen sollt" (Lk 12, 12).

8 Diese Zusage erfüllt sich. Man kann die Rede des Petrus nicht lesen, ohne tief bewegt zu sein und dieses „Erfülltsein vom Heiligen Geist"[97] deutlich zu erkennen. Welche Lage dieser einfachen Männer vor dieser großartigen Versammlung! Aber es ist in den Worten des Petrus nichts Befangenes, e r spricht wirklich, wie der Hohe Rat selbst feststellt, mit „Freimut". Keine Angst um das eigene Leben, kein Haschen nach dem Wohlwollen dieser Mächtigen ist zu spüren, aber auch keine Entrüstung, keine Dreistigkeit. Frei von jeder Art von Ichhaftigkeit, sachlich, klar, ehrerbietig, aber mit dem tiefen Ernst des wirklichen Stehens vor Gott redet Petrus. Diese Haltung meint das ntst Wort „Freimut"[98].

9 Mit der Weisheit, die für solche Stunden den Jüngern versprochen ist, bezieht Petrus die Fragen des Hohen Rates ganz auf die Heilung des Lahmen. Mit feinem Humor kann er den hohen Herren vorhalten: **„Wenn wir heute verhört werden wegen der Wohltat an einem kranken Menschen . . ."** Eine seltsame Gerichtsverhandlung, die sich nicht auf Übeltaten, sondern auf eine Wohltat bezieht! Aber diese Weisheit des Petrus ist nicht Diplomatie. Petrus greift sofort die zentrale Frage auf: **„durch wen**[99] **dem Kranken Rettung wider-**
10 **fahren ist".** Zu solcher Tat gehört freilich „Vollmacht". Hinter ihr steht der **„Name"** dessen, der hier eigentlich gehandelt, und die **„Rettung"**, die Heilung geschenkt hat. Petrus spricht es mit allem Nachdruck aus: **„So soll kund sein euch allen und dem ganzen Volk Israel, daß durch den Namen Jesu, des Messias, des Nazareners, welchen ihr gekreuzigt habt, den Gott auferweckt hat aus den Toten, durch diesen dieser dasteht vor euch gesund."** Aus der Verteidigung wird unmittelbar Verkündigung, aus dem gerichtlich Befragten ein klarer Zeuge, aus dem Angeklagten ein ernster Ankläger[100]. Petrus

[97] Der Heilige Geist „wohnt" ständig in den Herzen derer, die ihn „empfangen haben". Aber es gibt für besondere Lagen ein besonderes Wirken des Geistes Gottes, das einen Mann ganz „erfüllt" und ihn zu einem besonderen Werkzeug Gottes macht.

[98] Die alten Lutherbibeln sagten „Freidigkeit". Daraus war dann leider „Freudigkeit" gemacht worden. Dieses viel mißbrauchte Wort hat einen falschen Gefühlsklang. „Freudig" war Petrus in jener Stunde sicher nicht; aber er verkündigt „freidig", d. h. mit „freiem Mut".

[99] Das grie Wort läßt nicht erkennen, ob es männlich oder sächlich aufzufassen ist. Es könnte auch mit „durch sie, wodurch" übersetzt werden. Im Zusammenhang des Ganzen wird aber die Formulierung des Petrus schärfer und klarer, wenn er schon hier auf Jesus blickend, „durch wen" sagt.

[100] So ist es zu allen Zeiten bis heute gegangen, wo Menschen Jesu vor weltlichen oder „geistlichen" Gerichten standen.

verschweigt auch vor diesen Männern, die das Todesurteil über Jesus gesprochen hatten, die beiden Grundaussagen nicht: Ihr habt Jesus gekreuzigt, Gott hat ihn auferweckt. Wie anders noch klang das in diesem Kreise als vor den Volksscharen, die nicht in dieser unmittelbaren Weise am Tod Jesu schuldig waren. Den Gegensatz, den Petrus 11
auch in seinen beiden anderen Reden seinen Hörern vor Augen stellte, unterstreicht er hier mit Ps 118, 22[101] in neuer Weise: Gerade die **„Bauleute"**, die für den Aufbau Israels Verantwortlichen, hatten den Stein Jesus als unbrauchbar verachtet. Gott aber hat gerade ihn zum **„Eckstein"** gemacht. Er ist der Grundstein, der den ganzen Bau Israels (und den ganzen Bau der Gemeinde des Neuen Bundes Eph 2, 20; 1 Ko 3, 11!) trägt, oder nach dem heute gewonnenen Verständnis des Ausdruckes: er ist der Schlußstein, der dem ganzen Baugewölbe erst den Halt gibt. Jesus, von den kirchlichen, theologischen Fachleuten verworfen, von Gott zur entscheidenden Größe gemacht, das wagt Petrus vor der obersten Behörde seines Volkes zu sagen[102].

Petrus hat von vornherein für die wunderbare Heilung des Lahmen das Wort „Rettung" verwendet. Das war kein rednerischer Kunstgriff. So war Petrus innerlich von Gottes Geist geleitet worden. Er sah mit der Klugheit des Heiligen Geistes in der Heilung des Lahmen ein „Zeichen", das auf etwas viel Größeres hinweist[103]. Es geht gar nicht nur um die einzelne Rettung des Menschen aus seiner Krankheit, es geht um die ganze Rettung des Menschen vor Gott, nicht nur um „Heilung", sondern um „Heil". Darum kann er es nun von der einzelnen **„Wohltat an einem kranken Menschen"** her umfassend und radikal aussprechen: **„Es gibt in gar keinem andern die Rettung."** 12
Da ist in einem einzigen kurzen Satz das ganze Evangelium in seiner Herrlichkeit und in seinem entscheidungsvollen Ernst. Dieses **„in gar keinem andern"** spricht schon jenes „a l l e i n" aus, allein Christus, allein durch den Glauben, mit dem die Reformation die Hoheit des Evangeliums erneut vor die Menschen stellte. Petrus trifft damit den verborgenen Hintergrund dieses ganzen Verhörs. Nicht eine

[101] Petrus, der „Laie" (Vers 13), belehrt die Schriftgelehrten (Vers 5) aus der Schrift wie ein Meister (vgl. Jo 7, 15; Mk 6, 2); „die Ungelehrten" sind die wahren Gottesgelehrten (vgl. Lk 10, 21; Mt 21, 16) (Stählin a. a. O. S. 73).

[102] Das Bild des „Baues", das Petrus dem Psalm entnimmt, hat in der Bibel fundamentale Bedeutung, von Jes 28, 16 bis Offb 3, 12. Gerade Petrus hat es später in seinem Brief (1 Pt 2, 4—10) ebenso wie Paulus in Eph 2, 20—22 zur Beschreibung des wesenhaften Geschehens auch in der ntst Heilsgeschichte benutzt. Dann ist es eine ebenso entscheidende wie sehr konkrete Frage, wer der „Eckstein" in diesem Bau Gottes ist. Wer aber den von Gott gelegten „Stein" nicht erkennt, begeht nicht nur einen theoretischen Irrtum, sondern kommt an diesem Stein zu Fall. Das sah Petrus schon bei jener Ratsversammlung vor sich.

[103] So hat der Evangelist Johannes die Wunder Jesu verstanden!

einzelne Wundertat hat diese Sitzung der obersten Behörde zustande gebracht. Sondern es ist Jesus und seine Bedeutung für Israel, für die ganze Welt, um die es hier geht. Hier scheiden sich die Geister bis heute. Hier stehen immer wieder die **„Bauleute"**, die diesen Stein für den Aufbau der Menschheit gering achten und in grober oder feiner Form verwerfen, und dort die Glaubenden, die es wissen, daß **„kein anderer Name unter dem Himmel ist, der unter den Menschen gegeben wäre, durch den wir uns retten lassen müssen"**. Noch einmal geht es um den **„Namen"**; vgl. o. S. 87. Wir brauchen auch als Christen nicht zu leugnen, daß es viele Namen in der Geschichte der Menschheit gibt, die wir mit Ehrerbietung und Dankbarkeit nennen, Namen von Männern und Frauen, von denen wir Wertvolles empfingen. Nur eines können sie alle uns nicht geben: die Rettung im Gericht des Heiligen Gottes, die Rettung aus dem ewigen Tod (Ps 49, 8 f). In Jesus aber ist uns dieser eine **„Name"** von Gott selber geschenkt als eine „unaussprechliche Gabe". Es ist der Name, **„durch den wir gerettet werden sollen"**, durch den wir uns aber auch **„retten lassen müssen"**. Wieder stoßen wir auf dieses „aktive Passiv", auf diese unsere Verantwortung vor der Botschaft von Gottes alleinigem Heil. In dem betont ausgesprochenen „wir" liegt das persönliche Bekenntnis. Es geht nicht um allgemeine Wahrheiten, nicht um die Menschen im allgemeinen, es geht um „uns", um dich und mich[104].

13/14 Es ist für den Erfolg dieser Rede und für die Art eines solchen Gremiums bezeichnend, daß ein Fragen nach der Wahrheit der Sache selbst und der verkündigten Botschaft überhaupt nicht aufkommt. Was solche **„ungelehrte Leute und Laien"** sagen, ist keiner ernsthaften Beachtung wert. Die Heilung kann man zwar nicht bestreiten, aber man kann sie auch nicht weiter ernst nehmen[105]. Der Gedanke, sie, die führenden Männer des Volkes, sollten vor diesen ungebildeten jungen Männern „Buße tun", in der Verurteilung dieses Jesus eine Schuld vor Gott sehen und an dieses Märchen von der Auferstehung glauben, ist zu absurd, als daß man ihm nur einen Augenblick Raum geben könnte. Aber persönlich haben Petrus und Johannes Eindruck auf sie gemacht. Wie können Unstudierte[106] so freimütig

[104] Darum hat es nicht erst und nicht nur der „Pietist", sondern auch ein „orthodoxer" Dichter wie Paul Gerhardt ausgesprochen: „... da bist du, m e i n Heil, kommen und hast m i c h froh gemacht" (aus: „Wie soll ich dich empfangen ...").

[105] Dieser naive Hochmut der „Fachleute" wird den Verkündigern des Evangeliums immer wieder begegnen. Auch die offenkundigsten Tatsachen helfen hier nichts. Sie werden bagatellisiert oder geschickt in das kluge System des eigenen Denkens eingeordnet.

[106] Es ist unvermeidlich, daß die Kirchen heute ihren Amtsträgern eine möglichst gute Ausbildung geben. Aber die Kirchen sollten nie vergessen, daß am entscheidenden Anfang nicht Theologieprofessoren stehen, sondern „anthropoi agrammatoi = des Schreibens unkundige Menschen", doch „erfüllt mit Heiligem Geist". Auch in der modernen Welt

vor solch einer erhabenen Versammlung stehen! **„Sie erkannten sie auch, daß sie mit Jesus gewesen waren".** Johannes war sogar (nach Jo 18, 15) dem Hohenpriester persönlich bekannt. Und der Geheilte war mit verhaftet[107] worden, und **„sie erblickten ihn bei ihnen stehen".** Was sollten sie da noch **„dagegen sagen"?** Eine verbindliche Lehre wie in unserer Kirche gab es in Israel nicht; ein „Lehrzucht-Verfahren" gegen die Apostel kam darum nicht in Betracht. Selbst gegen Jesus war der Prozeß schwierig gewesen; erst Jesu eigenes Bekenntnis zu seiner Gottessohnschaft erbrachte die „Gotteslästerung", auf Grund deren man ihn verurteilen konnte. Doch die Behauptung, die Heilung des Lahmen sei durch Jesus geschehen, war vielleicht Unsinn, aber keine Gotteslästerung. Dazu ist auf das Volk Rücksicht zu nehmen. **„Denn daß ein offenkundiges Zeichen durch sie geschehen ist, ist allen Bewohnern Jerusalems sichtbar, und wir vermögen es nicht zu leugnen."** So ist das Synedrium in Verlegenheit. Es läßt
die Angeklagten hinausgehen und berät unter sich[108]. Man kann nur 15—17
eines tun: dafür sorgen, daß **„es nicht noch mehr verbreitet wird ins Volk hinein".** Mit einem strengen Redeverbot hofft man das zu er-
reichen. **„Und sie riefen sie und befahlen, überhaupt nicht zu verkün- 18**
digen und nicht zu lehren unter Berufung auf den Namen Jesu." Nun ist es ganz klar heraus: Auch dem Hohen Rat geht es nicht um Heilungen und dergleichen. Es geht auch ihm einzig um Jesus, daß endlich dieser „Name" nicht mehr genannt und von diesem Jesus nicht mehr gesprochen wird[109]. Darum wird sowohl das „Verkündigen" in die Menge hinein wie auch das „Lehren" in geschlossenen Versammlungen verboten, ja, selbst das persönliche Wort an den ein-

wird sich solch Erfülltsein mit dem Heiligen Geist als wichtiger und wirksamer erweisen als alles kluge Wissen, ja als einzig wirksam. Man kann darum die gegenwärtige Zurüstung zum kirchlichen Dienst nur mit großer Sorge sehen und sich über die Unwirksamkeit der Kirche heute nicht wundern.

[107] Er hat die Herrlichkeit Jesu erfahren und die große Freude erlebt, nun bekommt er auch den „Anteil an den Leiden" und an der Schmach Christi.

[108] Natürlich hat man kritisch gefragt, woher denn dann Lukas von dieser Verhandlung hinter verschlossenen Türen etwas wissen konnte. Wie weltfremd ist die „Kritik". Als ob nicht aus hunderten von „Geheimverhandlungen" schnell die intimsten Einzelheiten an die Öffentlichkeit gekommen wären! Zudem gehörten Männer wie Nikodemus und Gamaliel dem Hohen Rat an, die keinen Grund hatten, über die Vorgänge in der Sitzung zu schweigen.

[109] Das verkennen die Kritiker, die zwischen Vers 16 und 17 einen Widerspruch finden. Ein Redeverbot sei doch sinnlos, wenn bereits alle Bewohner Jerusalems von der Heilung gehört hätten. Ein einzelnes Ereignis, wenn es noch so aufregend ist, ist bald wieder vergessen. Darum brauchte der Hohe Rat keine Sorge zu haben. Aber der Name Jesu sollte nicht immer weiter ins Volk hineingetragen werden. Wäre das Redeverbot befolgt worden, so gäbe es kein Christentum, trotz der in ganz Jerusalem bekanntgewordenen Heilung des Lahmen.

zelnen. Schon das Sprechen von Jesus zu **„irgendeinem Menschen“** ist strafbar.

Die Apostel erklären sofort offen, daß sie sich nicht an das Redeverbot halten werden! Sie denken weder an einen Kompromiß noch an heimliche Umgehung des Verbotes. Wieder wird der „Freimut“ sichtbar. Darum hat der Ungehorsam hier nichts Freches, nichts „Aufsässiges“ an sich. Die Apostel begründen ihn im Gehorsam gegen
19/20 Gottes Auftrag[110] und wenden sich an das eigene Urteil ihrer Obrigkeit. Sie haben hier nicht Heiden vor sich, sondern die Leiter des erwählten Volkes Gottes. **„Ob es recht ist vor Gott, auf euch zu hören mehr als auf Gott, beurteilt selbst“.** Ob etwas „gerecht vor Gott“ sei oder nicht, das war ja die ständige Frage in Jerusalem. **„Wir wenigstens“** — das sonst in der grie Sprache bei den Tätigkeitsworten allein durch die Wortform ausgedrückte „wir“ ist hier hervorhebend extra hinzu gesetzt — **„sind nicht imstande, von dem, was wir gesehen und gehört haben, nicht zu reden.“** So steht es mit echten Zeugen Jesu. Sie müssen sich nicht zwingen, der Zeugenpflicht einigermaßen nachzukommen, sondern — wie kann doch der Heilige Geist formulieren! — sie sind gar nicht imstande, etwa nicht zu reden.
21/22 Daran scheitert jedes „Redeverbot“. Der Hohe Rat beantwortet die Erklärung der Apostel mit erneuten Drohungen und läßt die Männer frei. Ob er doch noch hoffte, diese einfachen Menschen würden eingeschüchtert sein und sich vor allzu eifriger und öffentlicher Tätigkeit hüten? Jedenfalls war die bloße Ankündigung, trotz des Verbotes reden zu wollen, noch keine strafbare Handlung. Beim nächsten Prozeß wird das anders sein. Da liegt der Tatbestand einer Übertretung des Verbotes vor (Kap. 5, 28). Jetzt aber finden sie **„keine Möglichkeit, wie sie sie bestrafen könnten“.** Und der Blick der Behörde bleibt auf das Volk gerichtet. **„Alle priesen Gott auf Grund des Geschehenen.“** Diese Heilung war besonders bewegend gewesen: **„denn mehr als vierzig Jahre alt war der Mensch, an dem geschehen war dieses Zeichen der Heilung“.** So lange hatte hier ein Mensch an den Fesseln seiner Krankheit gelegen und war nun frei geworden. Staunend und dankend sprach man in der ganzen Stadt davon. Konnte man von seiten einer an Gott glaubenden Behörde in dieses Lob Gottes hinein mit Bestrafungen antworten?

[110] Dieser „Auftrag Gottes“ ist niemals objektiv festzustellen. Es kann immer wieder sein, daß Menschen in diesem „Gott mehr gehorchen“ einer Täuschung unterliegen oder es sogar nur zum Vorwand ihres Eigenwillens nehmen. Darum mahnt dieser Satz der Apostel beide Seiten, Ankläger und Angeklagte, zur ernsten Prüfung und darf nicht leichthin nachgesprochen werden.

BERICHT VOR DER GEMEINDE UND GEMEINDEGEBET

Apostelgeschichte 4, 23—31

23 **Als sie aber freigelassen waren, kamen sie zu den Ihrigen und**
berichteten alles, was zu ihnen die Hohenpriester und die Ältesten
24 **gesagt hatten. * Sie aber, als sie es hörten, erhoben einmütig ihre**
Stimme zu Gott und sprachen: „Herrscher, der du gemacht hast
den Himmel und die Erde und das Meer und alles, was in ihnen
25 **ist, * der du im Heiligen Geist durch den Mund unseres Vaters**
David, deines Knechtes, gesagt hast: ‚Warum tobten Nationen
26 **und Völker sannen Vergebliches? * Aufgetreten sind die Könige**
der Erde, und die Herrscher versammelten sich zusammen gegen
27 **den Herrn und gegen seinen Gesalbten.' * Versammelt haben sich**
ja wirklich in dieser Stadt gegen deinen heiligen Knecht Jesus, den
du gesalbt hast, Herodes und Pontius Pilatus mit den Nationen
28 **und mit den Völkern Israels, * zu tun alles, was deine Hand und**
29 **dein Rat vorausbestimmt hat, daß es geschehen soll. * Und nun,**
Herr, sieh auf ihre Drohungen und gib deinen Knechten, mit
30 **allem Freimut zu reden dein Wort, * indem du die Hand aus-**
streckst, daß Heilung und Zeichen und Wunder geschehen durch
31 **den Namen deines heiligen Knechtes Jesus." * Und als sie gebe-**
tet hatten, erbebte der Ort, an dem sie versammelt waren, und sie
wurden erfüllt alle mit dem Heiligen Geist und redeten das Wort
Gottes mit Freimut.

zu Vers 24: 2 Mo 20, 11 Neh 9, 6 Ps 146, 6 Apg 14, 15
zu Vers 25: Ps 2, 1 f
zu Vers 27: Lk 23, 12 Apg 10, 38
zu Vers 28: Apg 2, 23
zu Vers 29: Eph 6, 19 1 Pt 3, 14 f
zu Vers 30: Apg 3, 26 5, 12
zu Vers 31: Apg 2, 2. 4 5, 42 16, 26

Nach der Haftentlassung eilen Petrus und Johannes zu den **„Ihrigen"**. Wie man sonst nach bedeutsamen und schweren Erlebnissen seine Familie, seine nächsten Angehörigen aufsucht, so finden die Apostel ihre Heimat in der Gemeinde, die sie ganz als „Familie Gottes" empfinden. Hier wird wirksam, was bei Jesus selbst begonnen hatte: Mk 3, 31—35. Natürlich konnten nicht alle jene fünftausend zur Stelle sein. Aber ein Kreis von Betern war offenbar seit der Verhaftung der Apostel mit ernster Teilnahme am Geschehen beisammen geblieben (vgl. Apg 12, 12). 23

Nun kommt das, was wir aus der Zeit des Kirchenkampfes so gut kennen: „der Bericht zur Lage". Petrus und Johannes **„berichteten alles, was zu ihnen die Hohenpriester und die Ältesten gesagt hatten"**. Zum wenigsten der tragende Kreis der Gemeinde muß erfahren, was sich zugetragen hat und wie es steht. Welche Freude wird es ausgelöst haben: Unsere beiden Brüder sind wieder da! Aber wie ernst

war es auch durch das Redeverbot und die Drohung der Regierung.
24 Und nun haben wir Grund zum Staunen. Denn nun folgt nicht, wie wir es selbstverständlich gewohnt sind, die „Aussprache" über den Bericht. Es wird nicht in einer Diskussion die Haltung der Apostel gebilligt, das Unrecht der Regierung festgestellt, die richtige Mitte zwischen geforderter Festigkeit und gebotener Vorsicht ausgewogen. Diese Schar wendet den Blick sofort weg von Menschen hin zu Gott! Sie ist wirklich und im Ernst „gläubig": Gott ist ihr die Hauptsache. Darum folgt auf den Bericht zur Lage statt Aussprache Gebetsgemeinschaft. **„Sie aber, als sie es hörten, erhoben einmütig ihre Stimme zu Gott und sprachen."**

In diesem Gebet fällt die ausführliche Anrede auf[111]. Mit der Anrede vergegenwärtigt sich der Beter, zu wem er jetzt spricht, um dadurch die kühne Zuversicht ebenso zu gewinnen wie die gehorsame Unterordnung. Wir müssen das wieder mehr lernen. **„Herrscher, der du gemacht hast . . ."**. Dieses Gebet geht an Gott, nicht an Jesus. Gott ist der Gewaltige, alles umfassende Schöpfer — was sind neben ihm die mächtigsten Menschen? Er ist aber nicht nur
25/26 stumme Schöpfermacht. Er hat geredet. Er tat es **„im Heiligen Geist durch den Mund unseres Vaters David, deines Knechtes"**[112]. Wieder wie in der Pfingstpredigt ist David auch in seinen Psalmen als Prophet gesehen, durch dessen Mund Gott selber im Heiligen Geist spricht und Zukünftiges voraussagt. Es ist der Anfang des 2. Psalmes, den sich die Beter vor Augen halten. Auch das müssen wir wieder ganz anders lernen, unser Beten auf Gottes eigenes Wort zu gründen. Vor diesem Wort verliert die Lage das Befremdende und Erschrekkende. Es hat solche Lage bereits früher gegeben, sie ist von Gott in seinem Wort vorgesehen, und es steht darüber die Gewißheit von Gott her: Alles „Toben der Nationen" ist doch nur „Sinnen auf Vergebliches".

Was David damals aussprach, das ist jetzt ganze Wirklichkeit ge-
27 worden: **„Versammelt haben sich ja wirklich[113] in dieser Stadt gegen**

[111] Man hat für die ganze Art des Gebetes auf Hiskias Gebet Jes 37, 15—20 verwiesen. Warum sollte sich diese bibelkundige Schar nicht an ein atst Gebet in ähnlicher Lage erinnert und davon gelernt haben? In diesem großen Gemeindegebet ist der Streit zwischen „freiem" und „gebundenem" Beten überwunden. Die Gemeinde betet „frei" „aus dem Herzen" und spricht dabei doch unwillkürlich und dankbar in Formen und Worten, die sie von den betenden Vätern empfangen hat.

[112] Diese Übersetzung ist schon eine Zurechtsetzung des grie Wortlautes, der überladen und in Unordnung ist. Der kürzere Text der „Koine" (siehe die Richtlinien für den Benutzer der W.Stb. S. 6 dieses Bandes) könnte hier das Ursprüngliche haben: „Der du durch den Mund Davids, deines Knechtes, gesagt hast."

[113] Wörtlich: „Auf Grund von Wahrheit." Das biblische Wort „Wahrheit" meint nicht die subjektive Wahrhaftigkeit, sondern die objektive Wirklichkeit.

deinen heiligen Knecht Jesus, den du gesalbt hast, Herodes und Pontius Pilatus mit den Nationen und Völkern Israels." Diese Verwirklichung des prophetischen Wortes ist unheimlich genug: In der Stadt Gottes selbst, nicht etwa draußen bei den Nationen, haben sich zusammengetan, die gar nicht zusammengehören: der jüdische König und der römische Statthalter, die Heiden und die Israeliten. O ja, was findet sich nicht alles zusammen, wenn es gegen Jesus geht!

Aber nun triumphiert der Glaube. Wenn sie sich alle zu einem 28
widernatürlichen Bündnis gegen Jesus zusammengeschlossen haben, dann könnte der Satz doch eigentlich nur weitergehen: „**zu tun, was** sie gegen deinen Rat und Willen sich vorgenommen haben." Aber es ist voller Ernst mit der Gewißheit: **„Sie sannen Vergebliches."** Nicht nur so, daß diese Pläne der Feinde scheitern. Nein, ihre gelungene Durchführung kann nur gerade das zustande bringen, **„was deine Hand und dein Rat vorausbestimmt hat, daß es geschehen soll"**. So die Welt und die Weltgeschichte sehen, das heißt „glauben".

Darum kann nach dieser Anrede die eigentliche Bitte nun wunder- 29
bar selbstlos und kühn sein. Kein Wort fällt von der Bestrafung der Feinde; kein Wort von Bewahrung und Schutz für das bedrängte Häuflein. **„Und nun, Herr, sieh auf ihre Drohungen."**[114] Das ist genug[115]. Für die Gemeinde aber ist der heiße Wunsch nur der: **„Gib deinen Knechten mit allem Freimut zu reden dein Wort."** Nicht auf uns und unsere „Haltung" können wir bauen. Wir sind schnell am Ende. Petrus mag daran gedacht haben, wohin er mit seinem „und wenn ich mit dir sterben müßte, so will ich dich nicht verleugnen" gekommen ist. Es ist Gottes Gabe, wenn wir in bedrohten Lagen
furchtlos und sachlich die Botschaft weiter ausrichten. Erbeten wer- 30
den aber auch die „mitfolgenden Zeichen" (Mk 16, 26), die die Botschaft bestätigen und den Namen Jesu verherrlichen. Warum haben wir diese Bitte um das „Ausstrecken seiner Hand zur Gesundheit" so preisgegeben?

Solches Beten wird erhört! Alles wirkliche Beten bewegt den Arm 31
Gottes. Und dieser Arm Gottes bewegt nun hier den **„Ort, an dem sie versammelt waren"** zum Zeichen der Erhörung. Aber auch hier ist nicht das Zeichen das Wichtigste. Sondern das ist es: **„Sie wurden erfüllt alle mit dem Heiligen Geist und redeten das Wort Gottes mit Freimut."** Der Heilige Geist ist ausgegossen; er „wohnt" nun in der

[114] Es wird hier eine Eigenart des Betens deutlich. Natürlich „sieht" Gott das Tun der Feinde auch ohne unser Gebet. Aber indem wir es ausdrücklich erbitten, werden wir an diesem seinem Tun mitbeteiligt und seines „Sehens" tröstlich gewiß.

[115] Es braucht sich an der „Lage" noch nichts zu ändern. Wenn ich nur in meiner Lage nicht allein und verlassen bin, wenn Gottes Blick und Herz sie nur kennt und umfaßt. Vgl. Offb 2, 2. 13. Dort lesen wir des erhöhten Herrn Trost für seine bedrängte Gemeinde.

gläubigen Gemeinde (1 Ko 3, 16)[116]. Aber der Geist Gottes ist nicht ein „Fluidum", das nach seiner Ausschüttung mechanisch gleichbleibend da ist, sondern er ist lebendige Person, die je nach der Lage und Haltung der Glaubenden neu und besonders ihre Gegenwart wirksam macht und die Glaubenden **„erfüllt"**. Dieses „Erfüllen" wird wirksam im freimütigen Verkünden des Wortes Gottes. Das „Erfülltsein mit dem Geist" ist nicht ein Vorrecht des Petrus oder der Apostel. **„Alle"** erfahren es jetzt, und „alle" nehmen am Weitersagen der Botschaft teil. Unter dem gläubigen Beten wird das Redeverbot zum Durchbruch eines neuen, breiten Stromes der Verkündigung.

Man hat mit Recht darauf hingewiesen, daß Lukas nicht ein Historiker im modernen Sinn war. Er schrieb bewußt zur „Erbauung". Er will nicht nur sachlich feststellen, wie es „einmal gewesen war", sondern mit dem geschichtlichen Bild der Vergangenheit der Gemeinde der Gegenwart dienen. An dem Bild der Urgemeinde in ihrem ersten Zusammenstoß mit den Mächtigen dieser Welt will Lukas der Gemeinde seiner Zeit (und aller Zeiten!) zeigen, wie sie beten und unerschrocken und kühn das Wort weiter ausrichten muß, des lebendigen Gottes gewiß.

EIN ZWEITER BERICHT AUS DEM LEBEN DER URGEMEINDE

Apostelgeschichte 4, 32—37

zu Vers 32: Jo 17, 21 f
zu Vers 33: Apg 2, 45. 47
zu Vers 34: 5 Mo 15, 4
zu Vers 35: Apg 5, 2; 2 Ko 8, 14

32 **Die Menge der Gläubiggewordenen aber war e i n Herz und e i n e**
Seele; und auch nicht einer sagte, daß etwas von seinen Besitz-
tümern sein eigen sei, sondern es war ihnen alles gemeinsam.
33 *** Und mit großer Kraft legten die Apostel das Zeugnis von der**
Auferstehung des Herrn Jesus ab, und große Gnade waltete über
34 **ihnen allen. * Denn es war auch kein Notleidender unter ihnen.**
Denn alle, die Besitzer von Grundstücken oder Häusern waren,
35 **brachten nach dem Verkauf den Preis für das Verkaufte * und**
legten ihn zu den Füßen der Apostel nieder. Es wurde aber aus-
36 **geteilt einem jeglichen so, wie einer es bedurfte. * Joseph aber,**

[116] Vgl. dazu die Fülle der Stellen im NT, in denen dieses „Wohnen" des Geistes in den Gläubigen, dieses Empfangenhaben des Geistes, durch die Gläubigen bezeugt wird. (Vgl. Rö 5, 5; 8, 9—11; Rö 8, 15. 23; 1 Ko 3, 16; 6, 19; 12, 7; 2 Ko 5, 5; Gal 3, 2; 4, 6; 5, 25; Eph 1, 13; 4, 30; 2 Tim 1, 7; Tit 3, 6; 1 Joh 2, 20. 27; 3, 24.) Angesichts dieser Stellen ist es unmöglich, daß jedes besondere „Erfülltsein" mit dem Geist Gottes als ein neues „pfingstliches" Geschehen zu verstehen ist. Eph 5, 18—21 zeigt mit aller Deutlichkeit, daß man auf ganz andern Wegen als durch enthusiastische Erlebnisse „voll Geistes" wird.

der zubenannt wurde „Barnabas" von den Aposteln, was übersetzt heißt „Sohn des Trostes", ein Levit, Cyprier von Geschlecht,
37 *** im Besitz eines Ackers, verkaufte ihn und brachte das Geld und legte es zu den Füßen der Apostel nieder.**

zu Vers 36:
Apg 9, 27
11, 22. 30
12, 25
1 Ko 9, 6
Gal 2, 1-13
32

„Sie wurden erfüllt alle mit dem Heiligen Geist", so schloß der vorige Abschnitt. Und dies zeigte sich nicht nur im freimütigen Zeugnis nach draußen. Der Geist Gottes ist nicht nur — wie es in unserer Kirche leicht erscheinen kann — ein Mittel der Verkündigung. Er gestaltet vor allem das innere Leben: **„Die Menge der Gläubiggewordenen aber war ein Herz und eine Seele."** Gewiß findet sich der Ausdruck vom **„einen Herzen"** auch schon im AT (1 Chro 12, 38); und auch im Griechentum gab es ein Nachdenken über das Wesen der Gemeinschaft und ein Sehnen danach[117]. Anklänge an das, was auch sonst von Menschen über Einmütigkeit und Gemeinschaft gedacht und gesagt worden war, sind von der Sache her selbstverständlich. Wichtig und groß aber ist, daß hier im Heiligen Geist verwirklicht war und gelebt wurde, was sonst überall ein bloßes theoretisches Ideal bleibt[118]. Die Liebe ist die Grundfrucht des Geistes (Gal 5, 22), das die Gemeinde umschlingende „Band der Vollkommenheit" (Kol 3, 14).

Diese Liebe zeigt sich hier gerade am kritischen Punkt! **„Auch nicht einer sagte, daß etwas von seinen Besitztümern sein eigen sei."** Wie leicht endet unsere Liebe an dieser Stelle. Lukas hat in seinem Evangelium, noch mehr als die andern Evangelisten, die gefährliche Macht des Besitzes geschildert (Lk 12, 13—21; 16; 19, 1—10). Nun freut er sich, zeigen zu können, wie in der jungen Christenheit diese Macht

117 Haenchen weist in seinem Kommentar S. 188 darauf hin, daß in der berühmten Nikomachischen Ethik des Aristoteles als griechisches Gemeinschaftsideal „eine Seele" und „Gemeinschaft am Eigentum der Freunde" erwähnt werden. Lukas deutet hier an, daß die erste Gemeinde auch das „griechische Gemeinschaftsideal verwirklichte". Ebenda S. 190.

118 Paulus hat diese Verwirklichung auch für seine geliebten Philipper vor Augen 1, 27; 2, 2. Wir aber werden beschämt erkennen müssen, wie wir hier weithin nur Worte und keine Wirklichkeit mehr haben. Vgl. das wichtige Buch von J. H. Oldham „Ein Mensch wagt zu lieben" (6. Aufl. Bad Salzuflen 1961). Ebenso wird uns von solchem Leben der Gläubigen berichtet in dem Buch von Frank Houghton „Amy Carmichael von Dohnavur" (2. Aufl. Wuppertal 1961). Auf S. 52 heißt es: „Im ganzen Hause herrscht eine Atmosphäre der Liebe und des Gehorsams. In dieser großen Familie von über 30 Menschen, deren Alter von 34 Jahren bis zum Kind von 9 Monaten schwankt, habe ich nicht einen bösen Blick gesehen, noch ein ungeduldiges Wort gehört. Eine Schar von liebevolleren, selbstloseren Frauen, Mädchen und Kindern kann man nicht leicht finden. Ich glaube, das Geheimnis besteht darin, daß man alles, Großes und Kleines, für Gott tut, um Ihm wohlzugefallen, und in dem Bewußtsein, daß Jesus gegenwärtig ist." Dabei brauchen wir nicht zu verkennen, wie schwer das Lieben für uns bleibt und wie die Gemeinschaft auch unter den Gläubigen beständig bedroht ist: Apg 6, 1; 11, 2; 15, 2; 20, 30; Eph 4, 3.

wirklich gebrochen war, gerade darum, weil hier nicht eine gesetzliche Regelung alle zum Verzichten zwang. Für jeden blieben die Grundstücke und Häuser sein unangetasteter Besitz. Aber niemand versteifte sich auf sein Besitzrecht und verteidigte sein Eigentum. Hier wurde nicht eine neue soziale Gestaltung versucht, nicht ein neuer „Eigentumsbegriff" gefunden. Hier wurde eine völlig neue innere Haltung eingenommen. Diese Haltung wirkte sich in allen aus, sowohl in denen, die wie Maria, die Mutter des Johannes = Markus (Apg 12, 12), ihr großes Haus behielt, um es in anderer Weise für die Brüder nutzbar zu machen, und auch in denen, die wie Barnabas tatsächlich ihr Grundstück verkauften. **„Es war ihnen alles gemeinsam"**, oder wie wir auch übersetzen könnten: **„Sie betrachteten alles als gemeinsamen Besitz."**

Die ganze Eigenart in dieser Haltung der Urgemeinde wird besonders deutlich, wenn wir sie mit dem Leben der ungefähr gleichzeitigen Ordensgemeinschaft von Qumran[119] vergleichen. Man hat gern auf die großen Ähnlichkeiten hingewiesen und gefragt, ob sich das Urchristentum nicht geradezu aus solchen jüdischen „Sekten" wie Qumran ableiten ließe. Aber der Unterschied zwischen „Urchristentum" und „Qumran" ist auch hier ein wesenhafter: in Qumran hartes Gesetz um der eigenen Vollkommenheit willen, in der Gemeinde Jesu ohne jeden gesetzlichen Zwang ganz vom Evangelium her die innere Lösung vom Besitz und die Freiheit der Liebe, die nicht auf die geistlichen Höhen des eigenen Ich, sondern auf die Tiefen der Nöte des Bruders sieht. Zudem ist die ganze Lage für „Qumran" und für die Urgemeinde grundverschieden. Klöster und Orden, seien es essenische oder christliche oder buddhistische, können eine als Einrichtung durchgeführte Gütergemeinschaft haben; jene erste, aus Familien bestehende Gemeinde konnte es nicht. Eine Familie kann ohne ein gewisses Maß persönlichen Besitzes, der frei zu ihrer eigenen Verfügung bleibt, nicht leben. Hier kann die „Gemeinsamkeit des Besitzes" nur in jener inneren Haltung bestehen, der das Gedeihen des Ganzen und das Gedeihen des Bruders wichtiger als alles eigene „Recht" ist. Darum ist es auch falsch, von einem „urchristlichen Kommunismus" zu sprechen, auch wenn die Formulierung **„alles gemeinsam"** immer wie-

119 1947 wurden in einer Höhle bei Qumran in der judäischen Wüste nahe am Toten Meer wertvollste biblische Handschriften gefunden. Sie entstammen der Bibliothek eines Klosters aus der Zeit Jesu und seiner Apostel. Ob die Mönchsgemeinschaft dieses „Klosters" zu den „Essenern" gehörte oder eine eigene jüdische Sekte darstellte, ist — wie so viele Fragen um Qumran — noch nicht endgültig geklärt. Sicher ist aber, daß diese religiöse, jüdische Genossenschaft, die dort lebte, Besitzlosigkeit, Ehelosigkeit, Gütergemeinschaft und harte Askese übte. (F. F. Bruce, Die Handschriftenfunde am Toten Meer, München 1957; J. Jeremias, Die theolog. Bedeutung der Funde am Toten Meer. Göttingen 1962.)

der dazu verleitet hat. Wirklicher Kommunismus und christliche Lebensgemeinschaft erwachsen aus total verschiedenen Wurzeln, ob uns das nun lieb oder leid ist. G. Stählin sagt auch treffend, daß die hier gegebene Schilderung des Lukas ein „Urbild, aber kein Vorbild" sei. Damals in Jerusalem handelte die Liebe kraftvoll in der ihr jetzt gegebenen Lage. Wir denken noch einmal an die großen Schwierigkeiten, die in Jerusalem dem Erwerbsleben entgegenstanden und dadurch besondere Nöte schafften (s. o. S. 75). In den paulinischen Gemeinden war das anders. Darum hat Paulus das „Vorbild" von Jerusalem nicht nachgemacht, sondern seinen Gemeinden ganz andere Regeln gegeben (vgl. 1 Th 4, 11 f; 2 Th 3, 6—12). Aber die Not in Jerusalem hat er anerkannt und mit starkem Einsatz die große Sammlung für die Urgemeinde betrieben (2 Ko 8; 9; Rö 15, 25—31). Und das „Urbild" tatkräftiger, brüderlicher Liebe bleibt auch für ihn in Geltung: 1 Th 4, 9 f; Gal 6, 2. 6.

Eine unmittelbare und dann notwendig „gesetzliche" Nachahmung der Urgemeinde wäre ein Mißverständnis der Schrift. Aber das „Urbild" darf uns keine Ruhe lassen. Die innere Haltung jener ersten Gemeinde Jesu darf und muß wieder die unsere werden. Welche konkreten Formen der brüderlichen Gemeinsamkeit sie dann findet, wird von der jeweiligen geschichtlichen Lage her bestimmt sein müssen. Dankbar wollen wir auf Stätten wie auf das alte Herrnhut sehen, wo in der gesellschaftlichen Umwelt des 18. Jahrhunderts der „Gemeingeist" ein wirkliches Zusammenleben in wirklicher Bruderschaft schuf, oder auf die Lebensformen in der Mission Karl Studds[120], in dem Dohnavur der A. Carmichael [121] und in anderen Werken. Und es kann jeder von uns an seinem Platz und in seiner Weise in der „Haltung" leben, die unser Abschnitt schildert.

Vers 33 ist von manchen Auslegern als späterer Einschub ange- 33
sehen worden, der den klaren Zusammenhang zwischen V. 32 und 34 störe. Aber kann nicht gerade der Heilige Geist diesen Platz für seinen Hinweis auf das bleibende Zentrum des Gemeindelebens gewählt haben? Er mahnt dadurch: Seht nicht nur auf den urchristlichen Liebes-Kommunismus, der euch vielleicht begeistert! Verliert euch nicht darin. Diese Liebe war nur da, weil **„mit großer Kraft die Apostel von der Auferstehung des Herrn Jesu"** zeugten. Hier kann uns die Formulierung verwundern. Wir haben uns daran gewöhnt, die Auferstehung Jesu als einen „Lehrpunkt" der christlichen Dogmatik anzusehen, bei dessen Darlegung eine besondere „Kraft" nicht nötig zu sein scheint. Im NT ist das ganz anders. Die Auferweckung

[120] Vgl. „Karl Studd, Ein Bote Gottes" und „Mit Studd im Kongo", beide v. Norman P. Grubb, Basel o. J.

[121] „Amy Carmichael von Dohnavur" von Frank Houghton, Wuppertal 1961.

Jesu von den Toten ist in ihrem Geschehen selbst das Werk unerhörter göttlicher Kraft. Und diese gleiche Macht Gottes ist auch „erweckend" am Werk, wo es in Menschen zum Glauben an den Auferstandenen kommt (vgl. Eph 1, 19. 20; Kol 2, 12). Wirklicher Glaube ist ein „mit Christus lebendig gemacht, mit ihm auferweckt werden" (Eph 2, 5. 6). Darum muß auch die Verkündigung der Auferstehung **„mit großer** (göttlicher!) **Kraft"** geschehen[122]. Zugleich aber war es auch wieder eine Hilfe für das Zeugnis der Apostel, daß der Stand in der Gemeinde die umwandelnde Macht des auferstandenen Herrn merken ließ. Hier entkräftete die beschämende Wirklichkeit des Gemeindelebens nicht die großen Worte der Verkündigung. Die Verkündigung der Apostel geschah so, wie es später Paulus, Silvanus und Timotheus in Thessalonich erfuhren: „Unser Evangelium war bei uns nicht allein in Worten, sondern auch in Kraft und im Heiligen Geist und in großer Gewißheit" (1 Th 1, 5). Das ist die Art rechter Verkündigung in Jerusalem und Thessalonich und an jedem Ort der Welt.

Dann gilt auch immer, was hier hinzugefügt wird: **„Große Gnade waltete über ihnen allen."** Es handelt sich an unserer Stelle nicht wie in Apg 2, 47 um die „Gunst bei dem ganzen Volk", sondern wie in Lk 2, 40 um Gottes Gnade, die auf ihnen ruhte. Diese Gnade wirkte sich aber nicht nur in der Kraft der Verkündigung aus. Sie brachte in der jungen Gemeinde die Verheißung von 5 Mo 15, 4 zur Erfüllung:
34/35 **„Denn es war auch kein Notleidender unter ihnen."** Die Fürsorge für die jeweils Bedürftigen ist aber nun nicht mehr eine rein persönliche Sache zwischen diesen und den Wohlhabenden wie Apg 2, 45. Jetzt sind die Apostel eingeschaltet: Die Besitzer von Grundstücken oder Häusern **„brachten nach dem Verkauf den Preis für das Verkaufte und legten ihn zu den Füßen der Apostel nieder. Es wurde aber ausgeteilt einem jeglichen so, wie einer es bedurfte".** In der größer gewordenen Gemeinde müssen diese Dinge umfassender geordnet werden. Es bildet sich eine gemeinsame Kasse, die ganz selbstverständlich von den Aposteln verwaltet wird. Sie sind die allen bekannten Männer in der Gemeinde, ihnen übergibt man das Geld. Beim „Lehren" der Gemeinde (Kap. 2, 42) sitzen sie auf einem erhöhten Platz, so daß die Gaben **„zu ihren Füßen niedergelegt"** werden. Näheres erfahren wir aber nicht. Beschließen die Apostel unter sich über die Zuteilung von Gaben? Wurde bereits regelmäßig Buch geführt? Halfen Gemeindeglieder bei der Überbringung der Unterstüt-

[122] Unsere „Homiletik" (Lehre von der Predigt) wird diesen entscheidenden Gesichtspunkt ganz neu erfassen müssen! Wie anders wird sich die ganze Zurüstung des Nachwuchses gestalten, wenn wir wieder daran denken werden, daß wirkliches „Predigen" nicht nur eine Sache der „reinen Lehre", sondern wesentlich eine Sache der „Kraft" ist.

zungen? Man wird sich an die gute Organisation der Wohltätigkeit in den jüdischen Gemeinden angelehnt haben. Wie die Ordnung dann noch weiter ausgebaut zu werden verlangte, wird uns Kapitel 6 zeigen. Wir werden es in dieser Welt – leider – immer wieder erleben, daß das einfache, unmittelbar persönliche Helfen von Mensch zu Mensch, von Christ zu Christ nicht ausreicht und von Ordnungen überbaut werden muß, die einerseits alles wirksamer zusammenfassen, andererseits aber auch leichter zur Form erstarren lassen und dem Helfen für Geber und Empfänger den kostbaren Duft der ganz persönlichen warmen Liebe nehmen. Übrigens zeigt auch hier wieder das Imperfekt in der Schilderung, daß es sich um ein „Verkaufen" und „Bringen" nach und nach von Fall zu Fall handelt. Das Wort „alle" ist daher auch an dieser Stelle wie so oft im NT nicht arithmetisch,
sondern grundsätzlich zu verstehen. Darum kann nun noch ein Mann 36/37
besonders genannt werden, der ein Beispiel für solches Tun in der Urgemeinde darstellt. Es ist der seiner Familie nach aus Cypern stammende Joseph, von den Aposteln „Barnabas" genannt. Natürlich ist auch er Israelit, sogar einer aus dem Stamme Levi. Er wird besonders erwähnt, weil er noch oft mit wichtigen Diensten für die Gemeinde in der Apostelgeschichte vorkommt (9, 27; 11, 22–25. 26. 29. 30; 13, 1–2; 14, 12. 20. 27. 28; 15, 2). Der Beiname, unter dem allein er weiterhin in der Apostelgeschichte erscheint, wird von Lukas als **„Sohn des Trostes"** gedeutet. Wie ist dieser Name innerlich zu verstehen? **„Sohn des Trostes"** würde ihn zunächst als einen besonders Getrösteten bezeichnen. Hat er bei seiner Taufe diesen Namen erhalten, weil er nun den „Trost Israels kannte" (Lk 2, 25)? Oder ist er von den Aposteln als einer bezeichnet, der die Gabe des Tröstens in schöner Stärke besaß? Manches an seinen späteren Diensten würde dazu gut passen. Offenbar gehört er (bzw. schon sein Vater) zu jenen Juden in der weiten Welt, die sich in Jerusalem ankaufen, um hier lebend oder im Grabe zur Stelle zu sein, wenn der Messias kommt. Dann wird der Verkauf des Grundstücks eine besonders bedeutungsvolle Handlung. Barnabas trennt sich von einem Besitz, der keine bloße Geldangelegenheit war, sondern mit der großen Hoffnung Israels zusammenhing. Er konnte sich von diesem Besitz trennen, weil Israels Hoffnung für ihn in Jesus erfüllt war. So ist es zugleich ein Bekenntnis seines Glaubens, als er seinen Acker verkaufte **„und brachte das Geld und legte es zu den Füßen der Apostel nieder"**.

ANANIAS UND SAPPHIRA

Apostelgeschichte 5, 1—11

zu Vers 2:
1 Mo 3, 1-5
Jos 7, 19. 20
zu Vers 3:
Lk 22, 3
Jo 13, 8
Apg 2, 44
1 Th 4, 8
zu Vers 4:
5 Mo 23, 23
zu Vers 5:
Apg 19, 17
1 Pt 4, 17
zu Vers 9:
Hbr 4, 12

1 **Ein Mann aber, Ananias mit Namen, zusammen mit seiner Frau**
2 **Sapphira verkaufte einen Besitz * und brachte etwas von dem**
Kaufpreis beiseite, unter Mitwissen seiner Frau, und brachte
3 **einen Teil und legte ihn zu den Füßen der Apostel nieder. * Es**
sprach aber Petrus: „Ananias, warum hat der Satan dein Herz
erfüllt, daß du den Heiligen Geist anlügst und etwas von dem
4 **Preis des Grundstückes auf die Seite brachtest? * Blieb es nicht,**
wenn es (unverkauft) blieb, dein eigen, und war es nicht, auch als
es verkauft war, in deiner Verfügung? Was (ist's), daß du dir vor-
nahmst in deinem Herzen diese Sache? Du hast nicht Menschen,
5 **sondern Gott belogen!" * Wie Ananias diese Worte hörte, stürzte**
er nieder und hauchte (sein Leben) aus. Und es kam große Furcht
6 **über alle, die es hörten. * Es standen aber die jungen Leute auf**
7 **und hüllten ihn ein, trugen ihn heraus und begruben ihn. * Es ge-**
schah aber nach Verlauf von etwa drei Stunden, trat seine Frau
8 **herein, die nichts von dem Vorgefallenen wußte. * Da wandte sich**
Petrus an sie: „Sage mir, habt ihr für so viel das Grundstück weg-
9 **gegeben?" Sie aber sprach: „Ja, für so viel." * Petrus aber zu ihr:**
„Was (ist's), daß ihr übereingekommen seid, zu versuchen den
Geist des Herrn? Siehe, die Füße derer, die deinen Mann begru-
10 **ben, sind vor der Tür und werden auch dich hinaustragen." * Sie**
stürzte aber sofort zu seinen Füßen hin und hauchte ihr Leben
aus. Als die Jünglinge aber hereinkamen, fanden sie sie tot, und
11 **trugen sie hinaus und begruben sie bei ihrem Mann. * Und es**
kam große Furcht auf die ganze Gemeinde und auf alle, die die-
ses hörten.

Lukas hat uns das Bild der ersten Christenheit in hellen Farben geschildert. Als ein reines Geschenk von oben aus der Kraft des Heiligen Geistes war dieses göttliche Leben mit seinem Glauben und Lieben in der neuen Gemeinde da. Aber diese Gemeinde hat einen Todfeind. Petrus hat es später warnend geschrieben: „Seid nüchtern und wachet; denn euer Widersacher, der Teufel, geht umher wie ein brüllender Löwe und sucht, welchen er verschlinge" (1 Pt 5, 8). Der Einbruch Satans in den Raum der Gemeinde geschieht an der Stelle, die in jeder frommen Gemeinschaft die gefährdete ist. Im frommen Kreis gibt das fromme Verhalten Ansehen und Ehre. Wie leicht ist dadurch der Blick beim Geben, Beten und Fasten von Gott abgelenkt

zu dem Beifall der Menschen. Das ist die feine Heuchelei, die ständig unser Glaubensleben bedroht. Jesus hat sie in Mt 6, 1–4; 5, 6. 16–18 an der Gemeinde des Alten Bundes aufgezeigt. Sie kann aber auch noch gröber und häßlicher werden. Zur vollen Leistung dessen, was in der Gemeinde – mit Recht! – hochgehalten wird, hat man nicht Lust und Kraft, aber das Ansehen möchte man doch haben. So kommt es zur Heuchelei der Scheinleistung, zur Lüge, und dies in den heiligen Dingen Gottes selbst. Wird sich solche „Heuchelei", die Jesus an den Frommen seines Volkes aufgedeckt und mit dem furchtbaren Bild von den „übertünchten Gräbern" (Mt 23, 27) ins Licht gestellt hat, auch in seiner eigenen Gemeinde wiederholen und ihr eine tödliche Wunde beibringen? Was hatte die neue Gemeinde Israel noch zu sagen, wenn sich auch in ihr „der Sauerteig der Pharisäer" fand, „welches ist die Heuchelei" (Lk 12, 1)? Von dieser entscheidenden Frage her müssen wir den Bericht über Ananias und Sapphira lesen und so das erschreckende Gericht verstehen, das Gott damals vollzogen hat. Es traf die erste wissentliche und willentliche Heuchelei hart (viel zu hart, wie wir schnell sagen). Aber es wirkte die tiefe Furcht, die für diese erste Gemeinde gerade im jüdischen, an die Heuchelei so gewöhnten Raum lebensnotwendig war.

Ananias[123] **„verkaufte einen Besitz und brachte etwas von dem** 1/2
Kaufpreis beiseite, unter Mitwissen seiner Frau, und brachte einen Teil und legte ihn zu den Füßen der Apostel nieder". Es handelt sich also um ein wohl überlegtes, zwischen den Eheleuten verabredetes Vorhaben. Nicht die Tatsache, daß dies Ehepaar Geld vom Verkauf seines Grundstückes für sich behielt, war die Sünde. Sie hätten das
ruhig tun können: **„Blieb es nicht, wenn es unverkauft blieb, dein** 4
eigen, und war es nicht, auch als es verkauft war, in deiner Verfügung?" Die Sünde lag in der Heuchelei. Ananias und Sapphira wollen als die aufopfernden Spender vor den Aposteln und der Gemeinde dastehen und doch zugleich nicht wirklich alles opfern, sondern sich selbst wenigstens mit einem Teil des Geldes gegen die Not sichern. So werden sie zu „Lügnern", zu Lügnern im Heiligtum und vor Gottes Angesicht. Ananias hat **„nicht Menschen, sondern Gott belogen".** Wollen wir – mit manchem Ausleger! – angesichts dieses Tatbestandes das Gericht Gottes noch zu „hart" nennen[124]?

[123] Wir finden diesen Namen später noch einmal in der Bekehrungsgeschichte des Paulus (Apg 9, 10; 12, 2) und bei dem Hohenpriester, der Paulus verhörte (Apg 23, 2).

[124] Der große mittelalterliche Theologe Anselm von Canterbury hat recht, wenn er in seiner Schrift „Cur deus homo" sagt: „Nondum considerasti, quanti ponderis sit peccatum = du hast noch nie bedacht, welch ein Gewicht die Sünde hat." Daran kranken wir in der modernen Christenheit. Darum kommen wir mit unserem Abschnitt nicht zurecht. Wenn Gott uns bisher soviel milder behandelt hat, können wir darüber nur dankend staunen, aber nicht das strenge Gericht schelten, das auch wir wohl verdient

3 Als Ananias das Geld bringt, durchschaut ihn Petrus. Er besitzt in dieser Stunde in besonderer Weise den Durchblick in das Herz des andern, der jedem rechten Verkünder und Seelsorger, jedem wirklichen Christen je und dann gegeben wird (vgl. 1 Ko 14, 25 f!). Nun muß Petrus sprechen. Er tut es in aller Klarheit schonungslos: **„Ananias, warum hat der Satan dein Herz erfüllt, daß du den Heiligen Geist anlügst?"** Es geht nicht um eine der vielen Unwahrhaftigkeiten, die unaufhörlich zwischen Menschen vorkommen. Hier ist Furchtbares geschehen. Ananias weiß doch, daß der Heilige Geist in der Gemeinde wohnt und die Apostel erfüllt. So tastet er mit seiner Lüge den Heiligen Geist und darin den gegenwärtigen Gott selber an. Das ist nicht mehr menschlich verständlich. Hier ist der Feind Gottes selbst am Werk, um mitten in dem neuen Gottesvolk seine Macht zu erweisen und den Angriff gegen Gott zu führen. Der „Vater der Lüge" blickt Petrus aus diesem Gemeindeglied an. Aber das ist für Ananias keine Entschuldigung. Petrus fragte ihn mit Recht: **„Warum hat Satan dein Herz erfüllt?"** Immer ist eine inwendige Geschichte voll eigener Schuld vorhergegangen, ehe Satan ein Herz „erfüllen" kann. Welches diese Geschichte bei Ananias war, wird uns nicht gesagt; aber Petrus erinnert ihn mit seiner Frage daran. Welch schauerlicher Tatbestand: ein Herz, das vorher mit dem Heiligen Geist Gottes erfüllt war, ist nun erfüllt vom Satan. Das kann es geben. Jede Selbstsicherheit ist uns verwehrt.

5 **„Wie Ananias diese Worte hörte, stürzte er nieder und hauchte sein Leben aus."** Lukas will dieses Geschehen sicher nicht „psychologisch" verstanden haben, auch wenn Gott den jähen Schrecken bei dem plötzlich ins Licht gestellten Mann zu seinem Gericht mit benutzt haben kann. Petrus selbst hat nur den Tatbestand der Schuld ausgesprochen und kein Urteil gefällt. War noch Raum zur Buße? Hätte Ananias noch in anderer Weise „niederstürzen" und seine Schuld bekennen können? Aber das Wort des Apostels, das für Tausende von Sündern zum Lebenswort geworden war, wird hier zum Todeswort. Gott tilgt den Heuchler aus der Gemeinde aus. Als Folge **„kam große Furcht über alle, die es hörten"**. Dazu dienen die Gerichte Gottes. Wir alle sind vom Sündenfall her ohne Furcht Gottes und tragen tief in uns die Neigung, Gott nicht wahrhaft ernst zu nehmen. Es ist Gottes Gnade mitten in seinen Gerichten, wenn die Gemeinde dadurch seiner heiligen Wirklichkeit inne wird und die Furcht Gottes lernt.

6 **„Es standen aber die jungen Leute auf . . . und begruben ihn."**

hätten! Es geht auch nicht an, angesichts der „Härte" des Petrus auf die „Milde" Jesu zu verweisen. Auch Jesus hat **dieser** Sünde nicht sein Erbarmen erwiesen, sondern sein „Wehe!" entgegengerufen.

Die Teilung der Gemeinde in Jüngere und Ältere (vgl. 1 Pt 5, 5) war schon im Judentum üblich. Die „Jungen" sind es naturgemäß, die einen solchen Dienst wie das Forttragen und Begraben eines Leichnams zu tun haben.

Gottes Gericht wiederholt sich an Sapphira. Sie ist zunächst frei- 7—9
lich nur mitschuldig. Darum gibt Petrus ihr mit seiner Frage eine Möglichkeit zur Umkehr. Sie kann sich durch diese Frage aus der Lüge lösen lassen und die Wahrheit sagen. Aber nun lädt sie durch ihre Antwort die volle Schuld auf sich. Sie **„kommt"** durch diese Antwort **„überein"** mit dem Mann und nimmt an seiner Schuld, **„den**
Heiligen Geist zu versuchen"[125], teil. Nun sagt Petrus ihr ausdrück- 10/11
lich das Gericht Gottes an, das sich sofort vollzieht. **„Und es kam große Furcht auf die ganze Gemeinde und über alle, die dies hörten."** Noch einmal wird das göttliche Ziel solchen Eingreifens klar. Gerade diese Gemeinde[126] auf der Höhe ihres geistlichen Lebensstandes war in besonderer Weise vom Fall bedroht. Darum war es ihr eine mächtige Hilfe, daß sie bei aller jubelnden Freude an Gottes reicher Gnade auch Gottes unerbittlichen Ernst gerade den frommen Leuten gegenüber erlebte und dadurch gegen die „Schliche des Teufels" (Eph 6, 11) gerüstet wurde. So steht dieser Bericht von Ananias und Sapphira nicht für die Fernstehenden in der Bibel, sondern für die Gemeinde, für die Glaubenden, und zerschlägt uns alle falsche Sicherheit. Aber dieses Geschehen wirkte zugleich tief in die Stadt hinein und erweckte auch dort etwas von echter Gottesfurcht. Sie alle in Jerusalem „wußten" von Gott und hatten Berichte von Gottes Handeln von klein auf gelernt. Nun wird aus allem „Gewußten" Geschichte leben-

[125] In 1 Ko 10, 9 weist Paulus darauf hin, daß in Israel diejenigen, die „den Herrn versuchen", von den Schlangen umgebracht wurden. Wenn Gott schon im atst Volk so hart strafte, wenn man ihn versuchte, muß nicht sein Gericht erst recht über Menschen ergehen, die in der Gemeinde des Neuen Bundes den einwohnenden Heiligen Geist versuchen? Je näher wir bei Gott leben, umso weniger „harmlos" ist unser Leben. Im Heiligtum, in der Gegenwart Gottes wird gerade an den „Priestern" deutlich, daß Sünde tödlich ist: 2 Mo 28, 35. 43; 30, 17—21; 3 Mo 10, 1—3. Die Gemeinde aber des Neuen Bundes ist ein Königreich von Priestern, in dessen Mitte Gott im Heiligen Geist wohnt.

[126] Zum ersten Mal wird hier das Wort „ecclesia = Gemeinde" in der Apg gebraucht, während es bisher nur „die Gläubigen" oder „die Brüder" hieß. Das Wort, das es deutlich auch im grie Sprach- und Kulturbereich gab (vgl. Apg 19, 32. 40), müssen wir hier im israelitischen Raum vom AT her hören. „Ecclesia" ist „Kahal Jahwe", das versammelte Volk Gottes. (Vgl. etwa 4 Mo 14, 5; 16, 3; 20, 4; 5 Mo 5, 19; Ps 22, 23. 26; Esra 10, 12.) An unserer Stelle meldet sich also das in den Jesusgläubigen aufwachende Bewußtsein, innerhalb des ablehnenden Israel das eigentliche Gottesvolk zu sein. Wie wunderbar schreibt der Heilige Geist: Das neue „Selbstbewußtsein" der Christenheit erwähnt er zum ersten Mal da, wo es nicht um stolze Ansprüche, sondern um erschütterte Furcht vor dem Weilen in Gottes Nähe geht!

diger Gegenwart Gottes im erschreckenden Gericht. Mancher Israelit erfuhr zum ersten Mal im Leben, was wirklich „Furcht Gottes“ ist.

EIN DRITTER BERICHT AUS DEM LEBEN DER URGEMEINDE

Apostelgeschichte 5, 12–16

zu Vers 12:
Apg 2, 43
4, 30
6, 8
7, 36
14, 3
15, 12
2 Ko 12, 12
zu Vers 14:
Apg 2, 47
zu Vers 15:
Apg 19, 11. 12
Mk 5, 27-29
Mk 6, 56

12 **Durch die Hände der Apostel aber geschahen viele Zeichen und**
Wunder im Volk. Und sie waren einmütig alle in der Halle Salo-
13 **mos. * Von den übrigen aber wagte keiner, ihnen zu nahe zu**
14 **kommen; aber das Volk hielt sie hoch. * Noch mehr aber wurden**
als Glaubende hinzugetan zum Herrn, Scharen von Männern und
15 **Frauen, * so daß sie auch auf die Straßen hinaustrugen die Kran-**
ken und sie auf die Betten und Bahren legten, damit, wenn Petrus
16 **käme, wenigstens sein Schatten einen von ihnen beschattete. * Es**
kam aber auch die Menge aus den Städten rings um Jerusalem her
zusammen, und sie brachten Kranke und von unreinen Geistern
Gequälte, welche alle geheilt wurden.

12 Als Paulus 2 Ko 12, 11 f die Echtheit seines Apostolats den Korinthern gegenüber verteidigte, schreibt er: „Denn es sind ja eines Apostels Zeichen unter euch geschehen in aller Geduld mit Zeichen und mit Wundern und mit Taten.“ Ein „Apostel“ ist nicht nur ein Denker oder ein Lehrer und Prediger, sondern er ist vor allem ein „Bevollmächtigter“, der in Wort und Tat im Auftrag seines Herrn zu h a n d e l n hat. Das verkennen wir zu leicht, weil wir im Mittelpunkt unserer Kirchen die „Lehre“ haben. Dann wird uns ein Abschnitt wie der vorliegende fremd, ja anstößig. In der Apostelgeschichte wie in den Evangelien ist das wunderbare Helfen und Heilen fest mit der Verkündigung verbunden, weil Jesus ein wirklicher Retter und Wiederhersteller für den wirklichen Menschen nach Geist, Seele und Leib ist[127]. Darum hatte die Gemeinde in ihrem großen Gebet (Apg. 4, 24–31) auch beides erbeten: den Freimut zur Verkündigung und das Ausstrecken der Hand Gottes zu Heilung, Zeichen und Wundern. Von der Erfüllung dieser zweiten Bitte berichtet jetzt Lukas. Wie das Wort Gottes über die Lippen von Menschen zu den andern kommt, so wird die ausgestreckte Hand Gottes durch die Hand der Apostel wirksam: **„Durch die Hände der Apostel aber geschahen viele Zeichen und Wunder im Volk.“** Für Lukas ist das geradezu „selbstverständlich“. Stehen wir, die wir nur noch das „Predi-

[127] Vgl. dazu S. 81 und Anmerkung 74 S. 80

gen" kennen, wirklich „über" jenen angeblich „primitiven" Zeiten oder bleiben wir weit hinter dem zurück, was als mächtige Einheit von Wort und Tat für Jesus und für die Apostel kennzeichnend war?

„Und sie waren einmütig alle in der Halle Salomos." Natürlich waren das auch nach Meinung des Lukas nicht ständig die Fünftausend. Aber der Vorhof des Tempels mit der Halle Salomos blieb der Treffpunkt der Gemeinde, die ja eine „Kirche" oder ein „Gemeindehaus" nicht besaß und in den Häusern nur in kleinen Gruppen zusammen sein konnte. Zugleich bezeugten sie damit ihre feste Zugehörigkeit zu Israel und richteten die Botschaft von Jesus an ihr Volk aus, durch ihr Dasein im Tempel und durch ihr Wort. Jesus gehört Israel und Israel gehört Jesus[128].

Die Wirkung dieses Verhaltens bleibt nicht aus. **„Das Volk hielt sie hoch".** Es war eine schöne, frohe Anfangszeit, in der noch viel Offenheit im einfachen Volk von Israel vorhanden war. Die Gemeinde war ja auch wirklich anziehend, sowohl durch die Wunder und Zeichen als auch durch die herzliche Liebe und Fürsorge in ihrer Mitte. Konnte es dadurch nicht zu einem unguten, oberflächlichen Wachstum kommen? Schon manches schöne Werk des Herrn ist an solchem Wachstum zugrunde gegangen. Aber hier zieht die Gegenwart Gottes im Heiligen Geist selbst eine Grenze, ohne daß die Gemeinde Schranken aufrichten muß: **„Von den übrigen[129] aber wagte keiner, ihnen zu nahe zu kommen."** Die Gemeinde war nicht nur „anziehend", sie erweckte ebenso auch eine Scheu, die keinen sich ihr anbiedern ließ. So muß es immer wieder sein, bei der Gemeinde wie bei den einzelnen Christen. Es prägt sich Gottes liebevolles und doch heiliges Wesen recht in ihnen aus, wenn sie mit starker Kraft anlokken und doch jede falsche Vertraulichkeit ausschließen.

13

Es gibt aber auch ein echtes Wachstum. **„Noch mehr aber wurden als Glaubende hinzugetan zum Herrn, Scharen von Männern und Frauen."** Die „Erweckung" geht weiter. Wir heute lesen mit Bewegung, daß es wieder **„Scharen von Männern"** sind, die zum Glauben kamen. Lukas will eher die Frauen hervorheben, die er im Unterschied zu Kap. 2, 42 und 3, 4 hier ausdrücklich nennt[130]. In Israel und darum auch in der Urgemeinde war das Verhältnis zu Gott, das noch nicht zur stimmungsmäßigen „Religion" heruntergekommen war, in erster Linie Mannessache. Und es war eher die Frau, die sich vor so

14

[128] Vgl. dazu S. 69

[129] Unter den „übrigen" versteht Lukas die unbekehrten Juden, wie er auch in seinem Evangelium 8, 10 das Wort von „denen draußen" in Mk 4, 11 seinerseits mit den „übrigen" wiedergibt.

[130] Auf die Frau in der Gemeinde und ihre Bedeutung weist Lukas später vielfach hin: Kap. 8, 3; 9, 36; 12, 12; 16, 1; 16, 14; 18, 26; 21, 9.

schweren Fragen — Ist Jesus der Messias? Ist mit der Ausgießung des Geistes die Endzeit angebrochen? Müssen wir bei Jesus die Errettung suchen? — in ihr häusliches Leben flüchten mochte. Darum ist es eine große Sache, daß hier **„Scharen von Frauen"** zur klaren Entscheidung für den Messias Jesus kommen.

15 Die leibliche Hilfe der Apostel sucht man eifrig. Es wird wieder so wie in den Erdentagen Jesu — kein Wunder, da der Auferstandene und Erhöhte derselbe ist wie der Heiland der Evangelien und durch seine Boten sein Werk fortsetzt: **„So daß sie auch auf die Straßen hinaustrugen die Kranken und sie auf die Betten und Bahren legten, damit, wenn Petrus käme, wenigstens sein Schatten einen von ihnen beschatte."** Markus berichtet 6, 56: „Und wo er in Dörfer, Städte und Höfe hineinging, da legten sie die Kranken auf den Markt und baten ihn, daß sie auch nur den Saum seines Kleides anrühren dürften; und alle die ihn anrührten, wurden gesund." Auch das blutflüssige Weib spricht: „Wenn ich nur den Saum seines Gewandes anrühre, werde ich gesund" (Mk 5, 28). Jesus hat diese Frau nicht als „abergläubisch" gescholten, sondern den wirklichen Glauben in ihrem Verlangen erkannt. Wollen wir nicht ebenso an denen, die auf den Schatten des vorbeigehenden Petrus warteten, ein erstes zaghaftes „Glauben" achten? Es waren ja nicht im Aberglauben verfangene Heiden, die das taten, sondern Israeliten, die aus ihren Psalmen (17, 8; 36, 8; 91, 1; 121, 5) vom „Schatten Gottes" und seiner helfenden Macht etwas wußten. Wenn Gott in diesem seinem Boten wirksam war, war dann nicht in seinem Schatten etwas von diesem „Schatten Gottes" spürbar?

16 Der Ruf von dem, was in Jerusalem geschah, gelangte selbstverständlich schnell auch in die benachbarten Ortschaften Judäas[131]. **„Es kam aber auch die Menge aus den Städten rings um Jerusalem her zusammen, und sie brachten Kranke und von unreinen Geistern Gequälte, welche alle geheilt wurden."** Wieder ist es wie bei Jesus selbst: „und er heilte sie alle" (Mt 4, 24). Und wie im Bereich seiner Wirksamkeit sind es nun auch hier **„von unreinen Geistern Gequälte"**[132], die die Hilfe der Gemeinde suchen. Die von Jesus gewollte Aus-

[131] Wenn Lukas diese Ortschaften „Städte" nennt, dann sollte man ihm das als Griechen nicht übelnehmen. Mk 1, 38 verwendet den Ausdruck: „Dorfstädte", was Lk 4, 43 auch einfach mit „Städte" wiedergegeben ist. Den Unterschied zwischen „Dorf" und „Stadt" im damaligen Palästina dürfen wir uns nicht nach den uns vertrauten Verhältnissen vorstellen. Er war mehr verwaltungstechnischer als unmittelbar anschaulicher Natur.

[132] Uns ist das Wort und die damit gemeinte Sache fremd geworden. Dabei leben um uns her Tausende, die solche „Gequälten" sind! Auch heute läßt ernsthafte Seelsorge an Menschen, die mit okkulten Dingen (Kartenlegen, Horoskop, Handlinienlesen, Besprechen, Spiritismus u. a.) in Verbindung gekommen und von da unter die Gewalt „unreiner", d. h. widergöttlicher Mächte geraten sind, in dunkle Abgründe von Ge-

breitung der Botschaft über Jerusalem hinaus nach „ganz Judäa" (Apg 1, 8) beginnt. Aber nicht durch planmäßige Evangelisationsreisen der Apostel, sondern „ganz von selbst", durch das Hereinströmen von Menschen aus dem Lande zu den Aposteln. Hier werden Beziehungen geknüpft, die dann beim Losbruch der Verfolgung den flüchtenden Christen Jerusalems Wege öffnen und Unterschlupf bieten konnten. Aber dabei blieb es völlig klar: Das sehnsüchtige Vertrauen, das die Kranken und Gebundenen bei den Aposteln Hilfe suchen ließ, war nicht schon der „Glaube", der allein in die Gemeinde hineinführen konnte. Dieser „Glaube" war nichts Undeutliches und Unbestimmtes. Die ntst Männer hätten sich sehr verwundert, wenn wir ihnen erzählt hätten, es könne doch niemand von einem andern wissen, ob er wirklich glaube, das wisse man ja nicht einmal von sich selber. Für sie waren die „Gläubiggewordenen" oder „Glaubenden" deutlich erkennbar[133]. Ob ein Mensch mit seiner eigenen Frömmigkeit zufrieden blieb oder ob er seine Schuld und Verlorenheit erkannte und allein auf Jesus sein Vertrauen setzte und ihn als den „Herrn" und „Messias" anerkannte, das ergab einen radikalen Unterschied. Zum Glauben kam man nur durch tiefe Buße und einen radikalen Bruch mit dem ganzen bisherigen frommen oder unfrommen Leben. Es konnte nicht verborgen bleiben, ob ein Mensch durch diesen Bruch hindurchgegangen und wirklich zu Jesus gekommen war oder nicht.

DIE ZWEITE VERHANDLUNG VOR DEM HOHEN RAT

Apostelgeschichte 5, 17—42

17 **Es erhob sich aber der Hohepriester und alle, die es mit ihm hiel-**
18 **ten, die Partei der Sadduzäer; sie wurden voll von Eifer * und leg-**
ten die Hand an die Apostel und brachten sie in öffentliche Haft.
19 *** Aber ein Engel des Herrn öffnete nachts die Türen des Gefäng-**
20 **nisses, führte sie hinaus und sprach: * „Geht und stellt euch im**
Tempel hin und redet zum Volk alle diese Worte des Lebens."
21 *** Als sie es aber gehört hatten, gingen sie in der Morgendämme-**
rung in den Tempel und lehrten. Es fand sich aber der Hoheprie-

zu Vers 17: Mt 27, 18 Apg 4, 1. 6 13, 45
zu Vers 18: Apg 12, 4-10
zu Vers 19: Mt 18, 10 Mt 26, 53

bundenheit, Not und Angst hineinblicken. Aber auch heute ist es der Name Jesu, durch den hier Rettung und Befreiung gebracht werden kann. Die Wirklichkeit des biblischen Christus wird hier besonders mächtig erfahren.

[133] Es macht keinen großen Unterschied, ob wir in V. 14 übersetzen: „Die Glaubenden wurden zum Herrn hinzugetan", oder „die dem Herrn Glaubenden wurden hinzugetan". Die erste Auffassung der grie Worte entspricht dem Satz des Lukas in Apg 11, 24.

ster ein und die mit ihm waren, und sie riefen den Hohen Rat
zusammen und die ganze Ältestenschaft der Söhne Israels und
22 sandten zum Gefängnis, um sie vorführen zu lassen. * Als aber
die Diener hinkamen, fanden sie sie nicht im Gefängnis. Zurück-
23 kehrend aber * meldeten sie: „Das Gefängnis fanden wir ver-
schlossen mit aller Sicherheit und die Wachen an den Türen
stehend; als wir aber geöffnet hatten, fanden wir drinnen nie-
24 mand." * Als sie aber diese Worte hörten, der Tempelhauptmann
und die Hohenpriester, waren sie ratlos darüber, was dieses wohl
25 werden möchte. * Es kam aber jemand und meldete ihnen: „Siehe,
die Männer, die ihr ins Gefängnis gesetzt habt, stehen im Tempel
26 und lehren das Volk." * Da ging der Tempelhauptmann hin mit
den Dienern und holten sie, nicht mit Gewalt, denn sie fürchteten
27 sich vor dem Volk, sie möchten gesteinigt werden. * Sie führten
sie aber vor und stellten sie vor den Hohen Rat, und es fragte sie
28 der Hohepriester und sagte: * „Wir haben euch streng befohlen,
nicht zu lehren auf Grund dieses Namens. Und siehe, erfüllt habt
ihr Jerusalem mit eurer Lehre und wollt über uns bringen das Blut
29 dieses Menschen." * Antwortend aber sprachen Petrus und die
30 Apostel: „Gehorchen muß man Gott mehr als Menschen. * Der
Gott unserer Väter hat Jesus auferweckt, den ihr umgebracht habt,
31 indem ihr ihn ans Holz hängtet. * Diesen hat Gott zum Fürsten
und Retter erhöht mit seiner rechten Hand, zu schenken Umkehr
32 für Israel und Vergebung der Sünden. * Und wir sind Zeugen für
diese Worte und der Heilige Geist, den Gott gegeben hat denen,
die ihm gehorchen."
33 Als sie es aber hörten, ging es ihnen durch und durch und sie
34 wollten sie töten. * Es stand aber auf im Hohen Rat ein Pharisäer
mit Namen Gamaliel, ein Gesetzeslehrer geschätzt im Volk, befahl
35 die Menschen kurz hinaus zu tun, * und sagte zu ihnen: „Israe-
litische Männer, seht euch bei diesen Menschen vor, was ihr tun
36 wollt. * Denn vor diesen Tagen stand auf Theudas, behauptend
jemand zu sein, dem anhing eine Zahl von etwa vierhundert Män-
nern. Er wurde beseitigt, und alle, die ihm folgten, wurden zer-
37 sprengt und wurden zu nichts. * Nach dem stand auf Judas, der
Galiläer, in den Tagen der Schätzung, und brachte eine Schar zum
Abfall hinter sich her. Auch er kam um, und alle, die ihm folgten,
38 wurden zerstreut. * Und jetzt sage ich euch: Steht ab von diesen
Menschen und laßt sie los. Denn wenn aus Menschen ist dieser
39 Rat oder dieses Werk, wird es zugrunde gehen. * Wenn es aber
aus Gott ist, werdet ihr nicht imstande sein, sie zugrunde zu rich-
ten, daß ihr nur nicht gar als Kämpfer gegen Gott erfunden wer-
40 det." * Sie ließen sich von ihm bestimmen und riefen die Apostel

zu Vers 20:
Jo 6, 68
Apg 7, 38
Rö 10, 6-9
Phil 2, 16
5 Mo 30, 9 ff
zu Vers 26:
Mt 21, 26
Apg 16, 39
zu Vers 28:
Mt 27, 25
Apg 1, 8
4, 18
Jo 12, 19
zu Vers 29:
Apg 4, 19
Dan 3, 18
zu Vers 30:
5 Mo 21, 22
Apg 2, 23
Gal 3, 13
zu Vers 31:
Lk 22, 69
Jo 16, 10
Apg 2, 33
3, 13. 15
zu Vers 32:
Lk 24, 18
Jo 15, 26. 27
Apg 1, 22
zu Vers 33:
Apg 7, 54
zu Vers 34:
Apg 23, 9
zu Vers 36:
Mt 24, 5
zu Vers 37:
Lk 2, 2
Lk 13, 1
zu Vers 38:
Mt 15, 13
zu Vers 39:
Jes 8, 10
Gal 6, 7
zu Vers 40:
Mt 5, 10-12
Mt 10, 17
Apg 22, 19

herein, ließen sie schlagen und geboten, nicht zu reden auf Grund
41 **des Namens Jesu, und ließen sie frei. * Sie nun gingen vom An-**
gesicht des Hohen Rates sich freuend, daß sie gewürdigt worden
42 **waren, für den Namen entehrt zu werden. * Und keinen Tag**
hörten sie auf, im Tempel und in einzelnen Häusern zu lehren und
zu verkündigen den Messias Jesus.

zu Vers 41:
Apg 9, 16
16, 25
Phil 1, 29
1 Pt 4, 13
zu Vers 42:
Apg 18, 5

Wir dürfen an dieser Stelle dankbar sehen, wie Gott in Lukas einen Mann mit besonderen schriftstellerischen Gaben in seinen Dienst stellt. Lukas hat dem Bericht über den ersten Zusammenstoß der Gemeinde mit der Priesterschaft nicht sogleich die Schilderung der sich verschärfenden Kämpfe folgen lassen, sondern eine ausführliche Darlegung der inneren Zustände der Gemeinde von Kap. 4, 32 — 5, 16 eingeschaltet. Dadurch erleben wir den Verlauf der Dinge mit, wie er von den Christen damals selbst durchlebt worden ist. Die unerschrockene Festigkeit der Apostel bewährt sich, das Gebet der Gemeinde wird erhört, eine Zeit des Wachstums und des inneren Aufbauens (nicht ohne Versuchungen und Gerichte!) wird geschenkt. Der Schriftsteller Lukas vermeidet dadurch zugleich eine Ermüdung seiner Leser und läßt sie mit neuer Aufmerksamkeit aufhorchen, wenn nun der Kampf von neuem beginnt. Mit kraftvoller Anschaulichkeit stellt Lukas das bewegte Geschehen vor unsere Augen, das nun anhebt.

Es ist in der Geschichte oft so, daß die großen Spannungen und Gegensätze nicht sofort voll ausgetragen werden. Denken wir nur an den Verlauf der Reformation. So ist es auch hier. Über der Pause nach dem ersten Zusammenstoß liegt doch bleibend die Drohung des Redeverbotes. Nun muß es sich zeigen: Gibt die Priesterschaft nach, findet sie sich mit der dauernden Übertretung ihrer Befehle ab, gibt es also für die Gemeinde eine lange Zeit ungestörten Wachstums, oder verwirklicht sie ihre Drohungen und treibt gerade dadurch die Geschichte der ersten Christenheit in ungeahnter Weise vorwärts. Die Christen werden bei ihrem täglichen Zusammensein im Tempelgelände an der Haltung der Priester gemerkt haben, wie bei diesen die Erbitterung wuchs.

„Es erhob sich aber der Hohepriester und alle, die es mit ihm hiel- 17
ten, die Partei[134] der Sadduzäer; sie wurden voll von Eifer und legten die Hand an die Apostel und brachten sie in öffentliche Haft." Es ist wie in der Geschichte Jesu selbst: Die Pharisäer standen zwar auch immer entschlossen gegen Jesus und griffen ihn an, aber es blieb bei

[134] Hier steht das Wort „hairesis", von dem unser Wort „Häresie" abgeleitet ist, das für uns die Abspaltung von der Kirche durch Irrlehren bedeutet. Damals hatte das Wort diesen Sinn noch nicht.

den inneren Angriffen; bei dem Todesbeschluß ist die Priesterschaft führend (Jo 11, 46—53). Die theologischen Fragen waren ihr nicht so wichtig. Aber sie sah den Rest politischer Selbständigkeit und damit zugleich ihre eigene Macht durch solche gefährliche Schwärmerei bedroht und griff energisch durch. So sieht auch jetzt die Priesterschaft mit der ganzen Gruppe der Sadduzäer in wachsender Sorge und Empörung — **„voll von Eifer"** — die unverminderte Tätigkeit der Apostel und das Anwachsen der Gemeinde. Wie lange dieses Zusehen gegangen ist, sagt uns Lukas nicht. Aber seit wir durch einen glücklichen Fund den Aufenthalt des Paulus in Korinth genauer datieren können, wissen wir, daß die Bekehrung des Paulus früher erfolgt ist, als wir meist angenommen haben. Für das, was die Apostelgeschichte in ihren ersten acht Kapiteln erzählt, steht nur ein verhältnismäßig kurzer Zeitraum zur Verfügung. Zwischen dem ersten und zweiten Prozeß gegen die Apostel werden nur einige Wochen gelegen haben.

18 Nun aber „erhebt sich" der Hohepriester zum Handeln. Die Verhaftung ist schroffer, erfaßt nicht nur Petrus und Johannes, sondern **„die Apostel"**, und bringt sie in die **„öffentliche Haft"**, ins Staatsgefängnis. Diesmal konnte es zum Todesurteil kommen! Gott aber
19—21 gibt ein mächtiges Zeichen dafür, daß bei allem „Eifer" der Menschen dennoch er die Dinge in seiner Hand hat und seine Boten zu schützen weiß. **„Ein Engel des Herrn öffnete nachts die Türen des Gefängnisses."** Es geht dabei nicht um das Wohlergehen der Boten selbst. Nicht zum Entkommen werden sie aus dem Gefängnis befreit. Sie werden zum erneuten Dienst in den Tempel befohlen. Es geht bei diesem Dienst ja nicht um religiöse Ansichten oder Formen der Frömmigkeit, die ganz wichtig und interessant sein mögen, die aber doch nicht ein letztes Gewicht haben. Es geht um **„alle diese Worte des Lebens"**. Es ist die Botschaft, an der Leben und Tod, ewiges Leben oder ewiger Tod der Menschen hängt. Diese Worte müssen unter allen Umständen gesagt werden![135] Die Apostel gehorchen. Beim Morgengrauen wurden die Tempeltore geöffnet und das Morgenopfer dargebracht. Menschen fanden sich dazu ein. Da beginnen sofort auch die Apostel ihre Lehrtätigkeit. Das grie Imperfektum weist darauf hin, daß diese morgendliche Lehrtätigkeit eine längere Zeit andauerte. Wieder ist auf ausdrückliche Weisung Gottes der Tempel ihr Ort. Das Evangelium soll sich nicht in die Verborgenheit flüchten, sondern in der Öffentlichkeit verkündigt werden. Es ist keine fromme Winkelsache, sondern erhebt Anspruch darauf, Jesus und sein Lebenswerk öffentlich zu verkündigen.

[135] Sehen wir unsern Dienst noch so? Wie anders müßte dann unser Einsatz sein!

Welche Verlegenheit, als nun[136] die feierliche Sitzung des Hohen 22—24
Rates[137] eröffnet wird und die Verhafteten vorgeführt werden sol-
len — sie sind nicht da! Türschlösser und Wachen sind in Ordnung,
aber die Zellen sind leer! Es ist schrecklich mit diesen Aposteln. Nie
geht es mit ihnen glatt: **„Was will dies nun wieder werden!"** Die 25/26
Peinlichkeit der Situation erhöht sich! Die fatale Meldung kommt:
**„Siehe, die Männer, die ihr ins Gefängnis gesetzt habt, stehen im
Tempel und lehren das Volk."** Nun macht sich der Tempelhauptmann
mit seinen Dienern persönlich auf. Ein gewaltsames Vorgehen wagen
sie nicht, sie fürchten den Ausbruch einer Erregung in der Volks-
menge, die der Gemeinde Jesu mit großer Achtung und Ehrerbietung
(Kap. 5, 13) gegenübersteht und in einem gewaltsamen Vorgehen
gegen die Apostel eine „Gotteslästerung" sehen könnte, auf die sie
mit der gebotenen „Steinigung" antwortet. Es ist bezeichnend für
den klaren Glaubensstand der Apostel, daß sie diese Gunst des
Volkes und ihre wunderbare Befreiung aus dem Gefängnis nicht für
sich ausnutzten. Sie erkennen das Recht zu ihrer Vorladung an[138].
Willig folgen sie dem Tempelhauptmann und wissen, daß es ihres
Gottes Plan und Wille ist, daß sie erneut den führenden Männern
ihres Volkes das Zeugnis von Jesus sagen.

Nun stehen sie wieder in der Mitte der Ratsversammlung. Der 27/28
Hohepriester leitet die Verhandlung ein. Die Frage des Hohenprie-
sters[139] ist keine wirkliche „Frage", sondern ein erregter Vorwurf.

[136] Die Handschrift D hat in Vers 18 eingefügt „und ging ein jeder nach Hause". Sie ändert Vers 21 entsprechend: „Als sie aber früh aufgestanden waren und den Rat zusammengerufen hatten ..." Ist das der ursprüngliche Text? Aber welcher Schreiber sollte das weggelassen haben, wenn es ursprünglich so dastand? Dagegen ist verständlich, daß ein sehr genauer Schreiber hier eine Lücke in dem Bericht fand, die er durch seine Ergänzung auszubessern suchte. (Vgl. o. Seite 84)

[137] Lukas fügt hier dem Hohen Rat „die ganze Ältestenschaft der Söhne Israels" hinzu. Natürlich gehören die „Ältesten" bereits dem Hohen Rat an, wie auch Lukas in 4, 5 weiß. Entweder ist bei der Wichtigkeit der zu treffenden Entscheidung die Versammlung noch durch Hinzuziehung angesehener Männer erweitert oder Lukas hat die grie Bezeichnung „gerusia = Ältestenschaft" als Erklärung für seine Leser dem hbr Wort „Synedrium" beigefügt.

[138] Es ist immer töricht, wenn staatliche Behörden gegen Christen Gewaltmaßnahmen anwenden. Die Verhaftung der Apostel war ganz unnötig. Der Hohepriester hätte sich diese ganze Blamage sparen können. Die Apostel wären von vornherein einer Vorladung freiwillig gefolgt.

[139] Kritische Ausleger haben beanstandet, daß der Hohepriester sich nicht zuerst nach dem Vorgang der Befreiung erkundigt habe. Daran werde deutlich, daß Lukas das Befreiungswunder erst seinerseits in einen schlichteren Bericht über den Prozeß gegen die Apostel eingefügt habe. Aber ist es nicht klug gehandelt, wenn der Hohepriester sich nicht erst in eine Erörterung dieser rätselhaften und peinlichen Sache einläßt, sondern zum entscheidenden Angriff gegen diese Männer ansetzt, die er nun doch endlich vor sich hat. Gerade wenn Lukas diese Befreiung aus dem Gefängnis erst selber zur Aus-

Jetzt ist die Übertretung des ausdrücklichen Redeverbotes in flagranter Weise geschehen: **„Sieh, erfüllt habt ihr Jerusalem mit eurer Lehre."** Und nun läßt der Hohepriester in seiner Erregung auch die eigentliche wunde Stelle sehen, die hinter dem **„Eifer"** liegt: **„. . . und wollt über uns bringen das Blut dieses Menschen."** Es ist also das Wort **„Eifer"** in Vers 17 nicht einfach als „Eifersucht" zu fassen. Eifersucht auf die Erfolge der Apostel — so oberflächlich ist das Motiv nicht, das die Priesterschaft treibt. **„Ihr wollt das Blut dieses Menschen über uns bringen."** Das hieß: die Verkündigung der Auferweckung Jesu durch Gott stellt fortgesetzt uns als Mörder des Messias hin und lädt eine furchtbare Blutschuld auf uns. Es mischte sich aber gewiß (wie einst Jesus gegenüber) das politische Denken ein: Mit eurem schwärmerischen Wahnsinn bringt ihr es noch zum Eingreifen der Römer, und dann wird aus dem Ruf des Karfreitags „Sein Blut komme über uns und unsere Kinder" schrecklicher Ernst. Der Hohepriester bringt den verhaßten Namen „Jesus" nicht über die Lippen; er sagt nur **„auf Grund dieses Namens"** und **„das Blut dieses Menschen"**. Dadurch wird besonders deutlich: Es geht um **„diesen Namen"**, es geht um **„diesen Menschen"**, es geht um Jesus, allein um ihn!

29 Die Antwort der Apostel[140] ist schlicht, fest und klar. Beruft sich
der Ankläger auf das Redeverbot der früheren Verhandlung, so
greift auch Petrus auf sein damaliges Wort zurück: **„Gehorchen muß
man Gott mehr als Menschen."** Damit ist schon alles gesagt und alles
begründet. Aber freilich, dies Wort kann auch eine fromme Redens-
art sein, mit der jeder rechtfertigt, was ihm gefällt. Es muß schon
sehr bestimmt gezeigt werden, wieso die Apostel wirklich **„Gott ge-
horchen"**, so ernst, daß sie entgegenstehende Verbote von Men-
schen, seien es auch die Priester und Ältesten ihres Volkes, nicht be-
30 achten können. Petrus zeigt seinen Anklägern, daß er sich nicht etwa
einen Gott ausdenkt, hinter dessen angeblichen Weisungen er seine
eigenen Wünsche versteckt. Nein, dieser Gott, dem die Apostel mehr
gehorchen müssen, ist **„der Gott unserer Väter"**, der Gott, den auch
der Hohe Rat anerkennt. Vorbildlich sucht Petrus gerade jetzt den
gemeinsamen Boden. Dieser Gott der Väter aber **„hat auferweckt
Jesus"**. Es geht in keiner Weise um irgendwelche Ansichten über
Gott, es geht um die Tatsache, die Gott selbst geschaffen hat[141]. Das

schmückung erfunden und in den Bericht eingetragen hätte, dann hätte er nicht verfehlt, sie auch bei der Verhandlung wirkungsvoll zu verwenden.

140 In welcher Weise neben Petrus die andern Apostel zu Worte kamen, läßt Lukas bei der notwendigen Knappheit seiner Darstellung nicht erkennen.

141 Auch wir sollten in unserer Lage heute bei der Verkündigung und dem persönlichen Zeugnis uns selbst und den andern deutlich machen, daß das Fundament unseres

kann weder Petrus noch der Hohepriester ändern: Gott hat Jesus auferweckt. **„Den ihr umgebracht habt, indem ihr ihn ans Holz hängtet";** fügt Petrus hinzu, um noch einmal den Gegensatz zwischen Gott und dem Hohen Rat aufs schärfste deutlich zu machen. Hat Petrus bisher nur das „Töten" Jesu genannt und die Art dieses Tötens am Pfingsttag (Kap. 2, 23) nur angedeutet, so stellt er es vor diesem Gremium nun ausdrücklich fest: Ihr habt nach 5 Mo 21, 22 f an Jesus gehandelt und ihn dadurch als Verfluchten gebrandmarkt (vgl. Gal 3,
13). Aber diesen von euch Verfluchten hat Gott **„zum Fürsten und** 31
Retter erhöht mit seiner rechten Hand". Die Auferweckung Jesu aus den Toten ist ja nicht die Wiederherstellung seines alten Lebens, sondern seine Einsetzung in ein ganz neues und herrliches Wirken. In Kap. 2, 36 war das mit den Titeln „Herr und Messias" ausgedrückt. Jetzt wird der Auferstandene und durch Gottes Rechte Erhöhte als **„Fürst und Retter"** bezeichnet. „Retter, Erlöser, Heiland" ist Gottes Ehrenname im AT: Ps 19, 15; Jes 41, 14; 44, 6; 49, 7. 26; 43, 3; 59, 20; 63, 16; Jer 50, 34; Hos 13, 4. Nun wird dieser Name auf Jesus übertragen, weil in ihm Gottes endgültig rettendes Handeln gerade in Israel geschehen will. So haben die Jesuszeugen der Urgemeinde die „Gottheit Jesu" erkannt, die Einheit Jesu mit Gott. Mag später in den Gemeinden der grie und römischen Welt das Wort „Retter" sofort an die Titulatur der römischen Kaiser erinnert und Jesus jenen zweifelhaften „Rettungsgestalten" gegenüber als den wahren Retter der Welt gepriesen haben, hier unter Israeliten ist der Name „Retter" biblisch und göttlich und zwingt vom AT her gerade Israel zur Entscheidung.

Darum wird sein Retteramt sogleich und ausdrücklich auf Israel bezogen: **„. . . zu schenken Umkehr für Israel und Vergebung der Sünden."** Das ist uns wichtig, daß Petrus hier (wie schon Kap. 3, 17. 26 und in den Einzelunterredungen am Pfingsttag) gerade Israel die Umkehr und die Vergebung anbietet. Die weitverbreitete Meinung, Israel sei verworfen, weil es Jesus gekreuzigt habe, und die Kirche sei nun an die Stelle Israels getreten, erweist sich als eine oberflächliche Behauptung ohne biblischen Grund. Der Auferstandene ist nicht Israels Feind, sondern wirbt durch seine Boten um Israel. Die ganze volle Vergebung ist für Israel bereit. Jawohl, auch der Hohepriester, auch dieser ganze Hohe Rat wird die Auslöschung seiner unermeßlichen Schuld empfangen, wenn er umkehrt und zu Jesus kommt. Wie irrt doch der Hohepriester in seiner Empörung. Petrus will nicht „das Blut dieses Jesus über ihn bringen". Petrus nennt die Schuld des Hohenpriesters nicht, um bloßzustellen und zu

Glaubens nicht theologische oder weltanschauliche Gedanken oder Meinungen sind, sondern unabänderliche göttliche Tatsachen.

vergelten, Petrus verkündigt ihnen den Retter und den vollen Frieden der Vergebung. Israel stand damals erneut und erst recht vor der großen Entscheidung. Und erst die Ablehnung dieses Gnadenangebotes Jesu wird nun in Gottes Weltplan zu der Beiseitestellung Israels, die den Raum schafft für den Aufbau des Leibes Christi, der Gemeinde aus allen Nationen.

„Umkehr" — da war es wieder, dieses schreckliche Wort, das schon den Täufer so unerträglich gemacht und den Haß gegen Jesus immer mehr gesteigert hatte. Mochte das „Volk, das nichts vom Gesetz weiß" (Jo 7, 19), zur Buße gerufen werden, insoweit waren die Bemühungen des Täufers anzuerkennen. Aber Priester und Älteste des Volkes sollten sich bekehren müssen? Israel als Ganzes, das fromme Israel mit seiner genauen Gesetzeserfüllung und seinem kostbaren Tempeldienst sollte eine Bekehrung nötig haben? Das ist ein ruchloser Angriff gegen alles Heilige! Sie wollen es nicht sehen, daß Umkehr „Geschenk" ist.

32 **„Und wir sind Zeugen für diese Worte . . ."** Petrus verwendet hier einen Ausdruck, den wir wohl mit **„Worte"** wiedergeben, der aber im Hbr die Sache selbst mit meint, von der das Wort spricht. Wir sind Zeugen für all das, was Gott getan hat. Vielleicht spürt Petrus die innere Ablehnung: „Das kann jeder behaupten." Darum fügt er hinzu: **„. . . und der Heilige Geist, den Gott gegeben hat denen, die ihm gehorchen".** Es gibt außer den Aposteln noch einen anderen, einen göttlichen Zeugen, den Heiligen Geist. Hier fällt das Wort, das dann als „testimonium spiritus sancti", als „Zeugnis des Heiligen Geistes" in der Theologie mit Recht eine große Rolle gespielt hat. Unentbehrlich ist auch für uns das klare Wortzeugnis derer, die Jesus nach seiner Auferstehung sahen: 1 Ko 15, 1—20. Aber daß dies nicht eine bloße Behauptung bleibt, daß es uns innerlich überführt und gewiß macht, das ist das Werk des Geistes. „Ich glaube, daß ich nicht aus eigener Vernunft noch Kraft an Jesum Christum meinen Herrn glauben oder zu ihm kommen kann; sondern der Heilige Geist hat mich durch das Evangelium berufen, mit seinen Gaben erleuchtet, im rechten Glauben geheiligt und erhalten." Freilich, Gottes Geist zwingt uns nicht mit äußerer Gewalt, ohne unseren Willen, Gott wahrt die Freiheit, die er uns verliehen hat. Gott schenkt den Geist nur denen **„die ihm gehorchen".** Da lag der entscheidende Punkt bei den Gegnern Jesu. Darum bekehrt der Heilige Geist den Hohenpriester und seine Gefolgsleute nicht einfach. An dem „Kehrt um!" kommen sie nicht vorbei; verweigern sie diese Umkehr, dann erhalten sie auch nicht die Erleuchtung durch den Heiligen Geist.

33 Kehrt um, verurteilt euer ganzes bisheriges Tun als Schuld! Welch eine Forderung an „fromme" Menschen! Wo sie im Stolz der eigenen

Frömmigkeit abgelehnt wird, kann es nicht bei einer einfachen sachlichen Verneinung der Botschaft bleiben, es muß zur leidenschaftlichen Empörung gegen die kommen, die die Umkehr verlangen. **„Als sie es aber hörten, ging es ihnen durch und durch und sie wollten sie töten."** Lukas braucht hier (und dann wieder Kap. 7, 54) ein anderes Wort als in Kap. 2, 37; eigentlich heißt es: „Sie wurden zersägt." Innerlich tief getroffen waren sie. Aber gerade darum hatten sie nur noch den einen Willen, diese Männer endgültig zum Schweigen zu bringen. Vor der Forderung der Bekehrung kann man nur eines: zusammenbrechen und sich beugen oder — hassen.

Es sieht aus, als wiederhole sich nun der Prozeß gegen Jesus oder 34
als käme es schon jetzt gegen die Apostel zu dem tumultuarischen Verfahren, das später dem Stephanus den Tod bringt. Aber in diesem Augenblick erhebt sich im Rat **„ein Pharisäer mit Namen Gamaliel, ein Gesetzeslehrer, geschätzt im Volk".** Gamaliel — wie wir wissen, der theologische Lehrer des Saul von Tarsus (Kap. 22, 3) — war der Enkel des großen Schriftgelehrten Hillel und jetzt das Haupt seiner Schule. Auch in der jüdischen Überlieferung wird mit großer Hochachtung von ihm gesprochen. In dem Mischnatraktat Sota heißt es: „Mit dem Tode Rabbi Gamaliels, des alten, hörte die Ehrfurcht vor dem Gesetz auf, und Reinheit und Enthaltsamkeit starben." Gamaliel zeigt die Stärke und die Schwäche der pharisäischen[142] Haltung.
Sie war bestimmt von der steten Furcht vor „Versündigungen". In 35
dieser Furcht ist der Pharisäer äußerst gewissenhaft und besonnen. Aus dieser Furcht heraus kann er aber auch schwer zu einer klaren Stellungnahme kommen. Lieber nichts tun, als sich am Ende versündigen! So nimmt jetzt auch Gamaliel keine wirkliche Stellung zu der großen Frage, um die es hier ging. Aber **„seht euch bei diesen Menschen vor, was ihr tun wollt".** Es konnte ja doch etwas sein an dem, was diese ungelehrten Leute mit solcher Kühnheit und Bestimmtheit sagten. Gott konnte hinter all diesen seltsamen Geschehnissen stehen. Auch von der wunderbaren Befreiung des Apostels mochte Gamaliel doch beeindruckt worden sein. Darum jetzt kein Todes-
urteil, das nicht wiedergutzumachen ist. **„Daß ihr nur nicht gar als** 39
Kämpfer gegen Gott erfunden werdet!" Es ist nach Gamaliels Ansicht auch gar nicht nötig, sich in dieser undurchsichtigen Sache voreilig festzulegen. Der Schriftgelehrte beruft sich nicht — im Gegensatz zu dem „Laien" Petrus — auf die Schrift. Aber es ist ihm ernst mit dem Glauben an Gott und Gottes allmächtige Regierung. Er ist überzeugt:

[142] Wir dürfen in diesem Wort hier nicht den Sinn hören, der sich für uns heute mit dem Scheltwort „pharisäisch" und „Pharisäer" verbindet! Es ist hier rein sachlich verwendet.

„Wenn[143] aus Menschen ist dieser Rat oder dieses Werk, wird es zugrunde gehen. Wenn es aber aus Gott ist, werdet ihr nicht imstande
36/37 **sein, sie zugrunde zu richten."** Diese seine Überzeugung verdeutlicht er an den praktischen Beispielen des Theudas und des Judas aus Galiläa[144]. Gott hat diese eigenmächtigen und schwärmerischen Bewegungen schnell zusammenbrechen lassen. Ist das junge Christentum von gleicher Art, so wird es bald ebenso sein Ende finden, ohne
38/39 daß der Hohe Rat mit Todesurteilen eingreift. **„Und jetzt sage ich euch: Steht ab von diesen Menschen und laßt sie los."** Mit dem lebhaften Ruf aus dem ängstlichen Herzen eines ernsten Pharisäers schließt Gamaliel seine Rede: **„Nur nicht gar als Kämpfer gegen Gott erfunden werden."**[145]

40 An dem angesehenen theologischen Lehrer und seinen Gesinnungsgenossen im Rat kann die priesterliche Partei nicht einfach vorbeigehen. Es wird auch bei all ihrer Wut eine letzte Unsicherheit in ihrem Herzen gewesen sein. Ein klarer Rechtsgrund zu einem Todesurteil lag auch jetzt nicht vor. Sie **„ließen sich von ihm bestimmen"**. Gamaliel hatte die Angeklagten hinaustun lassen, um eine interne Beratung zu ermöglichen. So waren die verhaßten Gestalten den Priestern aus den Augen gerückt. Das erleichterte eine rasche Beschlußfassung.

Die Apostel werden hereingerufen, das Redeverbot wird erneuert. Zu seiner nachdrücklichen Einschärfung wird an ihnen jene Auspeitschung vollzogen, die uns als die „vierzig weniger eins"[146] auch

[143] Die grie Sprache ermöglicht hier eine feine Unterscheidung, die wir im Deutschen nicht so wiedergeben können. Das erste „wenn" meint eine bloße Annahme („falls es so sein sollte"), das zweite aber einen wirklichen Tatbestand („wenn es nun einmal so ist . . ."). Damit deutet Gamaliel an, daß er persönlich Gott irgendwie in der jungen Christenheit am Werke sieht. „Irgendwie" — darum wird er selber doch nicht Christ.

[144] Nach dem, was der jüdische Geschichtsschreiber Josephus uns über Theudas berichtet, ist dieser nicht vor Judas, sondern erst sehr viel später aufgetreten, in einer Zeit, die ein ganzes Stück nach dieser Ratssitzung liegt. Entweder müßte Lukas hier den Gamaliel auf einen andern Mann gleichen Namens anspielen lassen, oder die Ungenauigkeit in den Berichten, die Lukas erhalten hat — er selber als Grieche konnte die palästinensischen Verhältnisse nicht so genau kennen — „kann daher rühren, daß spätere Verhandlungen, bei denen auch der Ausgang des Theudas erörtert wurde, mit der Erzählung über die ältere Verhandlung des Rats zusammengenommen sind" (A. Schlatter zu unserer Stelle in seinen „Erläuterungen" Band 4 S. 63).

[145] Wie tief ist der junge Saul von seinem alten Lehrer Gamaliel unterschieden. Er wagt die ganze Entscheidung gegen das Christentum und wird tatsächlich zum „Kämpfer gegen Gott"! Aber darum kann er auch vor Damaskus den ganzen Zusammenbruch vor Gott und die ganze Gnade Gottes erleben und der große Kämpfer für das Evangelium werden, während Gamaliel es mit seiner Frömmigkeit und seiner Scheu vor Gott zu nichts gebracht hat.

[146] Die Schriftgelehrten dachten bei der Vollziehung dieser Strafe an die Gesetzesbestimmung in 5 Mo 25, 2—3. Um die dort von Gott gebotene Höchstzahl von vierzig Schlägen

von Paulus her bekannt ist (2 Ko 11, 24) und in jeder Synagoge als Strafe verhängt werden konnte. Dann werden die Apostel entlassen.

Und nun lesen wir von ihnen die kostbaren Sätze: **„Sie nun gingen vom Angesicht des Hohen Rates, sich freuend, daß sie gewürdigt worden waren, für den Namen entehrt zu werden. Und keinen Tag hörten sie auf, im Tempel und in einzelnen Häusern zu lehren und zu verkündigen den Messias Jesus."** Nicht die heißen Schmerzen eines blutigen Rückens waren ihnen wesentlich; sie werden gar nicht erwähnt. Doch tief empfanden sie die Entehrung, die in solcher körperlichen Strafe vor den Augen ihrer Feinde lag. Aber nicht gebrochen, nicht klagend, auch nicht verbittert, sondern **„sich freuend"** gehen sie vom Rat fort. Vor Menschen war ihr Leiden freilich eine Schmach, aber vor Gott war es „eine Würde, die nicht jedem widerfährt". Sie erfüllen das Wort, das ihnen Jesus selbst als „Seligpreisung" gesagt hatte (Mt 5, 11—12; Lk 6, 22. 23). Wir merken, wie sehr Petrus aus eigenster Erfahrung redet, wenn er später in seinem Brief schreibt: „Denn was ist das für ein Ruhm, wenn ihr um Missetat willen geschlagen werdet und das geduldig ertragt? Aber wenn ihr um guter Taten willen leidet und das ertragt, das ist Gnade bei Gott" (1 Pt 2, 20, vgl. noch Apg 4, 14—16). Die Apostel wurden nicht „um Missetat willen" geschlagen, sondern **„für den Namen"**, den einen wunderbaren Namen, für den man alles mit Freude leiden kann. Unerschrocken setzten sie ihre Tätigkeit fort, im Tempel vor den Augen der Priesterschaft und auch in den einzelnen Häusern. Sie „evangelisierten", sagte Lukas wörtlich und verwendet hier zum ersten Mal dieses schöne Wort. Der Inhalt der Evangelisation läßt sich in jenen zwei Worten zusammenfassen, die wir nur noch als einen „Namen" empfinden: Sie evangelisierten den **„Messias Jesus"**. In Wahrheit ist dies ein Bekenntnis, mit dem das ganze Evangelium ausgesprochen ist: Jesus ist der Messias, Jesus ist der Christus, Jesus ist der Erfüller aller göttlichen Verheißungen, der Retter von Schuld und Tod, der König Israels und der Vollender der Welt.

41/42

DIE EINSETZUNG DER SIEBEN

Apostelgeschichte 6, 1—7

1 **In diesen Tagen, da sich die Jünger mehrten, erhob sich ein Murren der Hellenisten gegen die Hebräer, weil übersehen wurden bei**
2 **dem täglichen Dienst ihre Witwen. * Da beriefen die Zwölf die**

zu Vers 1: Apg 4, 35
zu Vers 2: 2 Mo 18, 17-23

auf keinen Fall durch ein Versehen zu überschreiten, ließ man den vierzigsten Schlag aus.

zu Vers 3:
1 Tim 3, 7. 8
zu Vers 4:
Lk 1, 2
Apg 2, 42
zu Vers 6:
Apg 8, 17
2 Ko 8, 19
1 Tim 4, 14
2 Tim 1, 6
Hbr 6, 2
zu Vers 7:
Apg 19, 20
Rö 1, 5
Rö 16, 26

Menge der Jünger und sprachen: „Es ist (Gott) **nicht wohlgefällig,**
wenn wir unter Vernachlässigung des Wortes Gottes die Tische
3 **bedienen. * Erseht euch aber, Brüder, aus euch Männer mit einem**
guten Ruf, sieben, voll Geist und Weisheit, die wir einsetzen wer-
4 **den für diese Aufgabe. * Wir aber wollen am Gebet und an der**
5 **Zudienung des Wortes verharren.“ * Und es gefiel das Wort vor**
der ganzen Menge, und sie erwählten Stephanus, einen Mann voll
Glauben und Heiligem Geist, und Philippus und Prochorus und
Nikanor und Timon und Parmenas und Nikolaos, einen Proselyten
6 **aus Antiochia. * Diese stellten sie vor die Apostel, und unter Ge-**
bet legten sie ihnen die Hände auf.
7 **Und das Wort Gottes wuchs, und es mehrte sich die Zahl der**
Jünger in Jerusalem sehr, auch eine große Menge von Priestern
gehorchten dem Glauben.

1 Man hat Lukas zum Vorwurf gemacht, er zeichne ein zu ideales Bild der ersten Christenheit. Hier jedenfalls berichtet er ruhig von erheblichen Unzulänglichkeiten, die zu einer Spannung in der jungen Gemeinde und zum lauten Murren führten. Durch die Gemeinde lief ein natürlicher Unterschied: Es gab „Hellenisten“, d. h. Juden aus den westlichen Ländern, die grie sprachen, und „Hebräer“, die aramäisch redenden Juden aus Palästina (und dem eigentlichen Orient). Solche Unterschiede sind nie bedeutungslos[147]. Die Einheit der Gemeinde Jesu wird nicht dadurch hergestellt, daß man Verschiedenheiten einfach übergeht. Die grie sprechenden Kreise hatten es nicht leicht in christlichen Zusammenkünften, bei denen — auch von den Aposteln her — aramäisch gesprochen wurde. Ein Zug zu eigenen Versammlungen mit dem vertrauteren Grie wird sich bald ergeben haben. Umgekehrt ist nun die Fürsorge der Gemeinde, die nach Kap. 4, 35 bei der wachsenden Zahl der Christen[148] nicht mehr rein persönlich erfolgen konnte, sondern durch die Vermittlung

[147] Es gab darum im alten Berlin „französisch-reformierte“ Gemeinden neben den „deutsch-reformierten“.

[148] Nach Apg 5, 14 hatte dieses Wachstum weiter angehalten. „In diesen Tagen, da sich die Jünger mehrten“ beginnt Lukas unsern Abschnitt. Dabei verwendet er zum ersten Mal das Wort „Jünger“ für die Christen, das freilich in Texten der Koine-Gruppe schon 1, 15 für „Brüder“ steht (vgl. Apg 9, 1. 10; 11, 26. 29; 13, 52; 14, 27; 15, 10; 16, 1; 18, 23; 19, 1; 20, 1. 30; 21, 4. 16). Das Wort bezeichnet zunächst den Schüler und Lehrling; von da aus dann auch den Anhänger eines Meisters und wird darum mit der Nennung dessen gebraucht, dessen Schüler oder Anhänger jemand ist, z. B. „Jünger des Johannes“ (Mt 9, 14). Dann werden im Raum der Gemeinde die „Jünger Jesu“ so sehr „die Jünger“ schlechthin, daß nun das Wort ohne jeden Zusatz die Christen als solche benennt. Es wird aber darin die wichtige Wahrheit aufbewahrt, daß der wirkliche Christ in die „Nachfolge“ eingetreten ist und nicht neben einem sonst eigenmächtigen Leben einen „Glauben“ an Jesus haben kann.

der Apostel geschah, nicht in vollem Maße bis zu diesen „hellenistischen" Kreisen gelangt. Dabei waren es die Witwen, die **„übersehen wurden bei dem täglichen Dienst"**. Wieder merken wir, wie knapp die ganze Darstellung des Lukas ist. „Es wurde aber ausgeteilt einem jeglichen so, wie einer es bedurfte" (Kap. 4, 35), so hatte er, in kurzer Zusammenfassung des Wesentlichen, geschrieben. Für ihn war es wohl selbstverständlich, daß zu denen, die „es bedurften", in erster Linie die „Witwen" gehörten. Aus 1 Tim 5, 3–16 sehen wir, wie die Fürsorge für die Witwen ein besonderes Aufgabengebiet der Gemeinde blieb. Eine Möglichkeit eigenen Erwerbes gab es im Altertum für Frauen einfach nicht. Hatte eine Witwe keine Kinder, die für ihren Unterhalt sorgten, so geriet sie in große Not. In dieser Lage waren aber besonders die Witwen der „Hellenisten". Ehepaare waren im Alter aus dem Ausland ins Heilige Land, vor allem nach Jerusalem gezogen. Nun war der Mann gestorben, die Kinder lebten irgendwo in der Ferne, was sollte jetzt werden? Die Fürsorge der Gemeinde, zunächst der jüdischen und nun auch der christlichen, setzte ein. Nun wurden die sprachlichen Verschiedenheiten ebenso zum Hindernis wie die große Ausdehnung der Gemeinde. Witwen lebten damals still und zurückgezogen. Den Aposteln waren die Witwen des aramäischen Kreises der Gemeinde eher bekannt und wurden leichter in ihren Gesichtskreis gebracht. Die hellenistischen Witwen wurden **„übersehen"**. Auch das hat Lukas nicht extra erzählt, daß dies „Austeilen einem jeglichen so, wie einer es bedurfte" bereits zu einer Form regelmäßiger Hilfe geführt hatte. So etwas gestaltet sich unvermerkt und ist auf einmal als Einrichtung da. So war es offenbar zu regelmäßigen Speisungen der Bedürftigen gekommen, zu täglichen Mahlzeiten, zu denen hellenistische Witwen nicht mit eingeladen worden waren. Das aber erweckt in besonderer Weise den Kummer und die Verbitterung, wenn sich bestimmte Menschen nicht nur von einer freien, gelegentlichen Beschenkung, sondern von einer regelmäßigen Fürsorge ausgeschlossen sehen, die auch ihnen ein „Recht" auf bestimmte Gaben zu verleihen scheint. Wir wissen alle, wie schnell wir uns verletzt fühlen, wie leicht wir „Absichten" hinter Unterlassungen vermuten, die sich eigentlich ganz harmlos erklären, wie wir einzelne Fälle rasch verallgemeinern und wie ein Gruppenegoismus dann alles verschärft. **„Es erhob sich ein Murren der Hellenisten gegen die Hebräer, weil übersehen wurden bei dem täglichen Dienst ihre Witwen."**

Wie gut, daß dieses Murren bis zu den Aposteln durchdringt! Es 2
bedeutete einen Vorwurf auch gegen sie, in deren Händen bisher die Verwendung und Verteilung der Gaben lag. Aber die Apostel reagieren nicht empfindlich, sondern sachlich. Sie entscheiden nicht einfach selbst, sondern beteiligen (wie schon Kap. 1, 15 ff und dann wieder

15, 4. 22) an der aufgebrochenen Schwierigkeit die ganze Gemeinde. Sie **„berufen die Menge der Jünger"** und geben in Einmütigkeit als die **„Zwölf"** die Erklärung ab: **„Es ist Gott nicht wohlgefällig, wenn wir unter Vernachlässigung des Wortes Gottes die Tische bedienen."** Welch ein Wort voll Klarheit des Heiligen Geistes! Die Apostel sind nicht zuerst von dem Murren und den Vorwürfen bewegt. Sie entschuldigen sich nicht und versprechen nicht ihrerseits sofortige Abhilfe. Sie sehen nicht einmal zuerst auf die vorliegende Not, wie „christlich" das auch ausgesehen hätte. Sie blicken sofort auf zu dem Herrn und fragen nach seinem Willen. Das heißt „gläubig" leben! Wie frei und sachlich macht solcher Blick. Denn das ist klar: **„Vernachlässigung des Wortes"** kann nicht Gottes Wille und Auftrag sein. Die Apostel ehren Gott wirklich als Gott und bewähren es, daß der Mensch nicht vom Brot allein lebt, sondern von jedem Wort, das durch den Mund Gottes geht, und daß die ihnen anvertraute Botschaft buchstäblich „Worte dieses Lebens" (Kap. 5, 20) sind, an denen das ewige Leben der Menschen hängt. Diese Botschaft muß darum unter allen Umständen ausgerichtet werden. Diesem Dienst gehört alle Zeit und Kraft der Boten.

3 Aber die Zwölf schätzen darüber die äußere Fürsorge nicht gering. Wenn Witwen hungern, kann man das nicht einfach hinnehmen. Hier muß gründlich für Abhilfe gesorgt werden. Aber – die Gemeinde ist ja da! **„Erseht euch aber, Brüder, aus euch Männer mit einem guten Ruf, sieben, voll Geist und Weisheit, die wir einsetzen werden für diese Aufgabe".** Wir würden heute für diese Aufgabe an Frauen der Gemeinde denken. Damals war das zunächst unmöglich, wenn auch verhältnismäßig bald (Phoebe!) der Durchbruch durch die Sitte der Zeit gerade an diesem Punkt erfolgt ist. Es müssen also für jetzt geeignete Männer gesucht werden. Männer, denen man Gelder anvertraut, müssen **„einen guten Ruf"** haben. Warum es gerade **„sieben"** sein sollen, sagen die Apostel nicht. Aber in jüdischen Gemeinden bestand der Ortsvorstand meist aus sieben Männern, welche die „Sieben einer Stadt" genannt wurden. So mögen die Apostel unwillkürlich an diese Zahl gedacht haben[149]. Jedenfalls heißen diese Männer dann „die Sieben" (Kap. 21, 8), nicht aber, wie wir oft ohne Nachprüfung sagen, „Diakone". Nun wird die innere Vorbedingung genannt: **„voll Geist und Weisheit."** Auch dieser „Tischdienst" ist in einer Gemeinde Jesu ein „geistliches Amt", keine bloße „Verwaltungssache", die wesentlich mit rein weltlichen Kräften und Gaben zu bewältigen wäre. Es wird daran besonders deutlich, wie wahrhaft „sachlich" der Satz der Apostel über ihre eigene Arbeit war. Er hatte

[149] Vielleicht spielte auch die Rücksicht auf die sieben Tage der Woche mit: Die Leitung und Verantwortung im Fürsorgedienst konnte für jeden Tag reihum gehen.

nicht etwa den Sinn: Solche einfachen Dinge können auch geringere Leute machen, wir Apostel sind zu groß dazu. Nein, die Fürsorge in der Gemeinde erforderte vorzügliche Männer **„voll Geist und Weisheit"**[150]. In der Schilderung des Lukas liegt noch nichts von jenem Stufenbau der „Ämter", mit dem die Kirche sich bald dem „Schema" dieser Welt anglich und dadurch all den Trieben der menschlichen Natur Raum gab, die dem Wort und Wesen Jesu tief widersprachen, dem Ehrgeiz, dem Aussein auf Recht und Vorrecht, dem Pochen auf äußere Stellung. Lukas beschreibt hier nicht, wie dem höheren Amt der Apostel ein „niederes" der „Diakonie" zur Seite gestellt wird. Er gibt nicht einen Beitrag zum „Werden der Kirchenverfassung". Er zeigt vielmehr, wie eine lebendige Gemeinde bei auftretenden Nöten und Bedürfnissen tatkräftig zu sorgen weiß und auch in Tätigkeiten solcher Art Auswirkungen des in ihr wohnenden Geistes Gottes erblickt.

Nun können wir auch den nächsten Satz in seiner lauteren Sach- 4
lichkeit hören: **„Wir aber wollen am Gebet und an der Zudienung des Wortes verharren."** In dieser Sachlichkeit sollten wir allerdings auch für heute diesen Satz hören! Denn wir haben heute viele erbauliche Wendungen bereit, um den Aposteln zu widersprechen und ihnen zu zeigen, wie sie doch gerade den Auftrag des Meisters erfüllt hätten, wenn sie demütig und liebevoll **„die Tische bedient"** hätten. Das wäre die beste und wirksamste Predigt gewesen! Zumindest meinen wir weithin, heute sei die helfende Tat die einzige noch wirklich „ankommende" Verkündigung, weil das „Wort" entleert und machtlos sei. Und ganz selbstverständlich muten wir den „Dienern am Wort" zu, daß sie einen erheblichen Teil ihrer Zeit und Kraft dem „Bedienen der Tische" widmen. An passenden theologischen und christlichen Begründungen fehlt es uns dabei nicht. Eigentlich sollte uns das Ergebnis dieses Systems längst aufgeschreckt haben. Wir sollten es neu hören, was die Apostel mit solcher Klarheit und Bestimmtheit aussprechen. Sie nennen an erster Stelle als notwendig das Gebet! In der Tat, wieviel Zeit und Kraft erfordert das Gebetsleben des Dieners am Wort, wenn er auch nur einigermaßen allem gerecht werden soll, was allein schon in der ihm anvertrauten Gemeinde vor ihm liegt. Ob nicht die offenbare geistliche Ohnmacht unserer Kirche darin ihre eigentliche Wurzel hat, daß unsere Amtsträger vor lauter Überbelastung nicht mehr im **„Gebet verharren"**

[150] Hier war nicht weniger die „Liebe", die Grundfrucht des Heiligen Geistes, nötig wie bei dem Ringen um die Rettung von Menschen. Und den wirklichen Durchblick durch die Verhältnisse, das liebevolle und gerade darum unbestechliche Urteil über die Bedürftigkeit, die zurechthelfende Behandlung der menschlichen Schwächen und Unarten bei den Betreuten, gibt nur die „Weisheit von oben" (Jak. 3, 17).

können[151]. Wieder bewundern wir die Formulierungskraft des Heiligen Geistes, wenn Petrus zum Gebet die **„Zudienung des Wortes"** stellt. Es geht nicht darum, daß die Apostel sich vor dem „Dienen" drücken und sich vornehm auf erbaulichen Höhen halten wollen. Sie wissen, daß Jesus sie zum „Dienen" rief. Sie wollen nicht weniger dienen als die jetzt zu wählenden Sieben, nicht weniger „Diakone" sein als diese. Aber ihr Dienst vollzieht sich auf einem anderen Gebiet und nimmt sie dort völlig in Anspruch. Der „Dienst am Wort" läßt einfach nicht Zeit und Kraft für anderen Dienst übrig. Sollte das heute wirklich anders sein?

5 **„Und es gefiel das Wort vor der ganzen Menge."** Lukas verwendet hier eine atst Redeweise, wie er sie in seiner grie Bibel (etwa 2 Sam 3, 36) las. Ebenso konnte schon dort die ganze Gemeinde Israel als die **„ganze Menge"** bezeichnet werden (2 Chro 31, 18). **„Und sie erwählten . . ."**; die Menge **„wählte"**, ohne daß wir über das Verfahren dabei unterrichtet werden. Die Namen der Gewählten haben einen grie Klang. Es werden auch gerade „Hellenisten" mit benannt worden sein, weil eine Vernachlässigung ihrer Witwen der Anlaß zu der ganzen Aktion gewesen war. Nikolaos wird ausdrücklich als ein **„Proselyt aus Antiochia"** bezeichnet. Zum ersten Mal erscheint hier ein geborener Grieche, ein „Heide" im Raum der Gemeinde Jesu, freilich hier noch auf dem Weg über den Eintritt in die israelitische Volksgemeinschaft. Zum ersten Mal klingt auch der Name **„Antiochia"** auf, der dann in der Apostelgeschichte so bedeutsam wird. Wenn Lukas selber aus Antiochia stammte, dann besaß er hier besonders genaue Kenntnisse[152]. Dagegen war ein Mann wie Philippus trotz seines grie Namens schwerlich ein Hellenist. Er arbeitete später intensiv in Samaria, also in aramäischem Sprachgebiet.

Bei diesen Männern geht es uns ähnlich wie bei den Aposteln. Nur von Stephanus und Philippus hören wir noch weiter; die anderen kommen in der Apostelgeschichte nicht mehr vor. Sie haben den Dienst getan, zu dem sie hier gewählt wurden, das ist genug. Stephanus und Philippus aber finden wir im Evangelistendienst! Das kann uns nur wundern, solange wir noch im „Amtsdenken" befangen sind. Aber Schlatter hat recht: „Die Apostelgeschichte zeigt uns, daß die Beamten, die mit bestimmtem Auftrage konkrete Verpflichtungen auf sich nahmen, das Christenrecht unverkürzt besaßen, und die

151 Es sei hier auf „John Heyd, der Beter", Beatenberg 1955, verwiesen. Aber auch bei allen anderen von Gott bevollmächtigten Männern und Frauen (Hudson Taylor, Karl Studd, Georg Müller, Mutter Eva) war das Beten das Erste und Wichtigste in ihrem Leben.

152 Dadurch wird die oft geäußerste Annahme, die „Nikolaiten" in Ephesus und Pergamon, über die der erhöhte Herr sein scharfes Urteil spricht (Offb 2, 6. 15), gingen auf diesen Nikolaus zurück, sehr unwahrscheinlich.

Meinung war keineswegs die, daß Stephanus zwar Suppen koche, aber das Wort den andern lasse, sondern er bleibt, was er ist, Diener der Gemeinde, Glied am Leib des Herrn, darum Zeuge seiner Gnade, Kämpfer für sein Recht, und darf sterben, ohne daß ihn der Vorwurf träfe: Dein Diakonat hat dich in die Küche geschickt und nicht auf den Märtyrerposten"[153].

„Diese stellten sie vor die Apostel, und unter Gebet legten sie 6
ihnen die Hände auf." Wir werden hier auf beides zu achten haben. Einerseits sind es die Apostel, die die Gewählten in den Dienst einstellen. Die Handauflegung unter Gebet ist nicht nur eine formale Bestätigung der Wahl. Für biblisch denkende Menschen war schon vom AT her die Handauflegung reale Übertragung von Vollmacht und Kraft zum Dienst (4 Mo 27, 18–23; 5 Mo 34, 9), was durch das negative Gegenbild der realen Übertragung von Schuld durch Handauflegung (2 Mo 29, 15; 3 Mo 16, 21; 4 Mo 8, 12; 3, 19; 24, 14) ernst unterstrichen wird. Hier wird nicht nur symbolisch angedeutet, sondern wirksam gehandelt. Auf der andern Seite aber war dies, wie Apg 13, 3 zeigt, nicht amtlich – hierarchisch gemeint im Sinne einer rein „apostolischen" Funktion[154].

„Und das Wort Gottes wuchs." Wie auch in 2 Th 3, 1 ist **„das** 7
Wort" hier als eine selbständige Größe von eigener Lebendigkeit und Lebensmacht betrachtet. Wir sind wirklich nur „Diener" dieses Wortes, das nicht erst wir mit unserem Einsatz und unserer Tüchtigkeit groß und wirksam zu machen haben. Gott sei von Herzen Dank, daß auch wir es miterleben dürfen, wie das Wort selber „läuft" und **„wächst"**. Das verpflichtet uns erst recht zur Hergabe all unserer Liebe und Kraft im Dienst und befreit doch zugleich unsern Dienst von aller angstvollen Überspannung[155].

„Und es mehrte sich die Zahl der Jünger in Jerusalem sehr, auch eine große Menge von Priestern gehorchten dem Glauben." Lukas

[153] Aus Schlatters Vortrag über: „Das Amt in der Kirche", zitiert in der ausgezeichneten Auslegung der Apostelgeschichte von Udo Smidt 3. Aufl., Kassel 1960.

[154] Im Gedanken der „apostolischen Sukzession", die auch einem Zinzendorf wichtig war, liegt eine biblische Wahrheit, die wir uns schenken lassen dürfen. Es ist schon etwas, wenn ein Mose seinem Nachfolger Josua die Hände auflegt! Wir haben aber auch ganz allgemein im „Reichen der Hand" und im „Händedruck" noch ein Ahnen, daß hier eine reale Verbindung entsteht und etwas von unserem Vertrauen, unserer Liebe, unserer Kraft dem andern dargereicht wird. Wie sollte nicht erst recht etwas geschehen, wenn geisterfüllte Menschen bewußt im Aufblick zum Herrn unter Gebet segnend die Hände auflegen, sei es zur Heilung (Mk 16, 18), sei es zur Ausrüstung und Sendung im Dienst (2 Tim 1, 6).

[155] Luthers drastischer Satz im Blick auf die Reformation hat hier sein biblisches Recht: „Während Magister Philippus und ich Wittenbergisch Bier tranken, ist das Wort durch die Lande gegangen und hat's getan."

hatte uns in der Priesterschaft den eigentlichen Gegner Jesu und dann auch der Botschaft von Jesus gezeigt. Nun geschieht das Wunder (Jo 7, 48. 49!), daß das Wort selbst in die Reihen dieses Gegners einbricht[156]. Gerade hier formuliert Lukas treffend: **„Sie gehorchten dem Glauben."** Diese Priester konnte nicht eine rasche Begeisterung zu Jesus führen. Der Glaube mußte sich ihnen in seinem göttlichen Recht und seiner inneren Notwendigkeit zeigen, so daß sie entgegen ihrer ganzen bisherigen Haltung und entgegen allen Schwierigkeiten den Schritt zu Jesus als einen Schritt des G e h o r s a m s taten. Im Grie deutet das Imperfektum wieder an, daß dieses **„Gehorsamwerden"** dem Glauben gegenüber nur langsam und nach und nach geschah. Dabei braucht auch die **„Menge der Priester"** nur im Verhältnis zu der Gesamthaltung der Priesterschaft und nicht rein zahlenmäßig „groß" gewesen zu sein. Aber es wird hier an den Priestern besonders sichtbar, was zum Wesen echten Glaubens gehört. Echter Glaube ist nicht Willkür, ist nicht „Gefühl"; ist auch nicht nur die Annahme eines großen Glückes. Wie schnell könnten wir sonst wieder unsicher werden, wenn die Gefühle vergehen oder statt des Glükkes große Nöte aus unserem Glauben erwachsen. Klar und fest ist der Glaube nur dann, wenn er sich gehorchend einer Wahrheit unterwirft, die in Gottes Handeln in Jesus unwidersprechlich vor uns steht. Zugleich zeigt der Ausdruck aber auch, daß es niemals mechanisch, durch irgendeine „Überwältigung" zum Glauben bei uns kommt. Unser bequemes Herz wünscht sich oft solche Überwältigung, die uns im Grunde das Glauben ersparen würde. Gottes Wahrheit wird uns hell gezeigt; das ist Gottes Werk. Aber nun ist es unsere Sache, unter Überwindung erheblicher Widerstände um uns und in uns selber dem Glauben zu **„gehorchen"**[157].

[156] Man hat darauf hingewiesen, daß es etwa achttausend Priester gab, von denen viele in großer wirtschaftlicher Bedrängnis lebten und dadurch in einem sozialen Gegensatz zu dem Priesteradel standen. Aber das „erklärt" die Übertritte zum Christentum aus ihren Reihen keineswegs. Ihre Lage konnte sie ebenso gut von einem Übertritt zurückhalten. Sollten sie die letzten kümmerlichen Stützen verlieren und sich die Hohenpriester zu Feinden machen, deren Macht und Einfluß sie nur zu gut kannten? Konnte eine Bewegung sie locken, deren Führer erklären mußte: „Silber und Gold habe ich nicht"?

[157] „Glaubensgehorsam" ist eine besondere Prägung der paulinischen Verkündigung (Rö 1, 5; 15, 18; 16, 26; dazu auch Rö 6, 17; 10, 16; Phil 2, 12; 2 Th 1, 8). Wird hier nicht Lukas als „Pauliner" deutlich?

STEPHANUS UND DER BEGINN DES PROZESSES GEGEN IHN

Apostelgeschichte 6, 8–15

8 **Stephanus aber voll Gnade und Kraft tat große Wunder und**
9 **Zeichen im Volk. * Es erhoben sich aber einige von den** (Mitglie-
dern) **der sogenannten Synagoge der Libertiner und Kyrenäer**
und Alexandriner und von denen aus Kilikien und Asien, dispu-
10 **tierend mit Stephanus, * und sie vermochten nicht zu widerstehen**
11 **der Weisheit und dem Geist, mit dem er redete. * Da stifteten sie**
Männer an, die sagten: „Wir haben ihn Lästerworte gegen Mose
12 **und Gott reden hören." * Und sie brachten in Bewegung das Volk**
und die Ältesten und die Schriftgelehrten, und herantretend
13 **packten sie ihn und führten ihn zum Hohen Rat. * Sie stellten**
falsche Zeugen auf, die aussagten: „Dieser Mensch hört nicht auf,
Worte gegen diesen heiligen Ort und gegen das Gesetz zu reden;
14 *** denn wir haben ihn sagen hören, daß dieser Jesus, der Nazare-**
ner, zerstören wird diesen Ort und ändern die Sitten, die uns
15 **Mose überliefert hat." * Und es blickten gespannt auf ihn alle, die**
im Rat saßen, und sahen sein Angesicht wie eines Engels An-
gesicht.

zu Vers 10: Lk 21, 15
zu Vers 11: Mt 26, 59-66
zu Vers 12: Mt 10, 17
zu Vers 13: Jer 26, 11
zu Vers 14: Mt 23, 38; Mt 24, 2; Mt 26, 61; Jo 4, 21
zu Vers 15: Lk 20, 36

Mit schriftstellerischer Kunst hat uns Lukas einen Blick in die Zustände der Gemeinde tun lassen, ehe er zur Schilderung des dritten Prozesses mit seinem blutigen Ernst ansetzt. Wir haben aufatmen dürfen (wie die Gemeinde selbst), bevor wir nun angespannt das Schicksal des Stephanus miterleben. **„Stephanus"**[158], dieser Name steht sofort an der Spitze des neuen Abschnittes. Wir haben ihn eben bei der Wahl der „Sieben" als „Mann voll von Glauben und Geist" kennengelernt. Jetzt wird von ihm gesagt: **„voll Gnade und Kraft"**. Biblische Männer sind keine Denker und Theoretiker, die weltanschauliche oder theologische Systeme über Gott entfalten, sondern Zeugen des lebendigen Gottes, durch die er handelt. Denn diese Gnade Gottes ist auch ihrerseits nicht eine bloße freundliche Gesinnung, sondern machtvoll helfendes Tun. **„Gnade und Kraft"** gehören zusammen. Kraftlose Gnade hilft nichts, und gnadenlose 8

[158] Wieder sehen wir, wie wenig Interesse die Bibel an „Biographien" hat: Wir erfahren von Stephanus — sein Name heißt auf deutsch „Kranz" — weder seine Herkunft noch seinen Weg zum Glauben an Jesus. Die Bibel zeigt uns Menschen immer so, wie sie in der großen Sache Gottes sichtbar werden und soweit sie für diese Sache Bedeutung haben. Es geht überall in der Bibel um Gott und nicht um Menschen als solche.

Kraft ist schrecklich. Aber **„Gnade und Kraft"** tut **„große Wunder und Zeichen im Volk"**. Heilungen und andere Hilfe erstaunlicher Art in der Wirksamkeit des Stephanus lenken den Blick auf Jesus.

Die Apostel sind also nicht die einzigen, die Gott auf solche Weise beglaubigt. Gott ist auch dann nicht an bestimmte Menschen gebun-
9 den, selbst wenn er ihnen einzigartige Aufträge gab. Nichts hindert ihn, auch durch andere Männer zu wirken. Stephanus ist selbständig auch in den Wegen seiner Evangelisation. In Jerusalem gab es neben dem Tempel die „Synagogen". In ihnen wurde die Schrift (also das „AT") gelesen und von den Schriftgelehrten erläutert. Aber wie wir aus dem Leben Jesu und aus der Geschichte des Paulus reichlich wissen, konnte in der Synagoge jeder Israelit aus der Schrift vorlesen und dazu etwas sagen (vgl. Mt 9, 35; Lk 4, 16—21; Apg 13, 14—16; 17, 2; 18, 4; 19, 8). Es wundert uns nicht, daß Stephanus von diesem Recht Gebrauch machte, um die Botschaft von Jesus auch auf diese Weise in das Volk hineinzutragen. Er war selber „Hellenist" und suchte darum die hellenistischen Synagogen in Jerusalem auf. Aus den Worten des Lukas geht nicht eindeutig hervor, ob er hier fünf verschiedene Synagogen vor Augen hat oder nur zwei, so daß die **„Libertiner"**[159] mit den Juden aus Kyrene und Alexandrien gemeinsam eine Synagoge benutzten, während die aus Kilikien und aus der römischen Provinz „Asien" (s. o. zu Apg 2, 10) ein weiteres Bethaus zur Verfügung hatten. In der Synagoge der Kilikier hat damals auch sicher Saul aus Tarsus gesessen und so durch einen Mann wie Stephanus zuerst die christliche Botschaft gehört.

Eine „hellenistische" Synagoge schien ein besonders dankbares Arbeitsfeld zu bieten. Die Juden aus der westlichen Diaspora waren weitblickender und beweglicher als die Juden Jerusalems. Grie Denken war nicht ohne Einfluß auf sie geblieben. Aber es stellte sich bald heraus, daß sie gerade dadurch auch wieder gefährlicher waren als die „Gesetzeslehrer" alter hbr Art. Ging es diesen mehr um Einzelheiten der Schriftauslegung, so erfaßten jene schneller und klarer die Auswirkungen einzelner Gedanken im Zusammenhang des Ganzen. Die **„Wunder und Zeichen"** hatten auch hier wieder als solche

[159] „Libertiner" bedeutet „Freigelassene". In der Zeit der Sklaverei wurden mancherlei Sklaven aus verschiedenen Gründen „frei" und bildeten eine eigene soziale Schicht. So waren von den Juden, die unter Pompejus bei der Eroberung Jerusalems 63 v. Chr. gefangen und in die Sklaverei verkauft worden waren, viele frei geworden, bzw. ihre Kinder hatten die Freilassung erreicht. Sie waren nach Jerusalem zurückgekehrt und besaßen für sich eine eigene Synagoge, vielleicht gemeinsam mit den Kyrenäern und Alexandrinern. Es ist aber auch nicht ganz daran vorbei zu gehen, daß alte armenische Übersetzungen statt „Libertiner" vielmehr das Wort „Libyer" haben. Das paßt weit besser zu „Kyrenäer" und „Alexandriner", ist freilich darum auch verdächtig, eine unwillkürliche oder bewußte Verbesserung des Textes zu sein.

nicht zum Glauben führen können[160]. Sie konnten nur das Fragen wecken und eine falsche Ruhe stören. Dieses Fragen bricht nun hervor. Männer aus den hellenistischen Synagogen **„erhoben sich und disputierten mit Stephanus"**. Da dann die Anklagen gegen Stephanus sich darauf richteten: **„Wir haben ihn Lästerworte gegen Mose und Gott reden hören"** und **„Dieser Mensch hört nicht auf, Worte gegen diesen heiligen Ort und gegen das Gesetz zu reden"**, muß es sich bei der Diskussion mehr und mehr um diese beiden Punkte „Tempel" und „Gesetz" gehandelt haben. Es ist hier offenbar ganz ähnlich gegangen, wie später bei Martin Luther. Die Verkünder des Neuen sprachen zunächst mit Freude von dem Positiven, von dem, was Jesus bringt, von dem, den Gott „erhöht hat als Fürsten und Retter, zu schenken Umkehr für Israel und Vergebung der Sünden" (Kap. 5, 31). Das wird bei Stephanus nicht anders gewesen sein als bei den Aposteln. Aber nun wird Stephanus wie Martin Luther von den Gegnern gezwungen, die negativen Folgerungen zu ziehen. Und die denkgeübteren „Hellenisten" können ihn viel besser in immer kühnere Gedanken hineintreiben als die Jerusalemer, die in einer allgemeinen Empörung steckenblieben und ohne klare Begründung das „Reden unter Berufung auf den Namen Jesu" verbieten. Die Apostel verbanden ihre neue Frohe Botschaft mit einer selbstverständlichen Treue dem Tempel und dem Gesetz gegenüber, so wie Martin Luther auch nach seiner Neuentdeckung des Evangeliums ein guter Katholik bleiben wollte. An Stephanus aber werden nun in der Disputation die Fragen gerichtet: Wenn in Jesus und seinem Kreuz die Vergebung aller Sünden geschenkt wird, was soll dann noch der Tempel und der ganze Tempelkult? Wenn die neue Gemeinde auf dem „Glauben" ruht, und wenn sie im „Glauben" das entscheidende Verhältnis zu Gott, ihre Gerechtigkeit vor Gott, besitzt, was bedeutet dann noch das Gesetz? Es sind die Fragen, die später auch die christlichen Gemeinden selbst lebhaft beschäftigt haben (Römerbrief, Galaterbrief, Hebräerbrief!).

In dieser heißen Auseinandersetzung erfährt Stephanus die Wahr- 10
heit der Verheißung Jesu Lk 21, 35: „Und sie vermochten nicht zu widerstehen der Weisheit und dem Geist, mit dem er redete." Was später im Römerbrief und im Galaterbrief mit unwiderstehlicher Klarheit und Geistesmacht vor uns liegt und durch die Jahrhunderte hindurch immer von neuem Durchbrüche zur Wahrheit und Freiheit gewirkt hat, das ist damals schon von Stephanus ausgesprochen

160 Wir werden es immer wieder erleben, daß auch heute Menschen einfach „Beweise" für Gott durch „Wunder" verlangen, aber dann doch mit keinem Wunder zufrieden sind und vor keinem Zeichen wirklich kapitulieren. Erst am „Wort" fallen die Entscheidungen.

worden. Innerlich war Stephanus nicht zu überwinden. Immer wieder stand sein Wort voll Geist und Leben im Raum der Synagoge. Das
11 hat damals Saul von Tarsus miterlebt! Aber nun geschieht das, was immer geschieht, wenn Menschen in brennenden, das Leben einer ganzen Gemeinschaft berührenden Fragen den Bringer einer Botschaft nicht überwinden können und sich auch nicht von seiner Botschaft überwinden lassen. Sie greifen zu List und Gewalt. **„Da stifteten sie Männer an, die sagten: ‚Wir haben ihn Lästerworte gegen Mose und Gott reden hören'."** Sie treten nicht selber hervor. Sie sind feine Theologen und können das grobe Geschütz nicht handhaben, das zu einem gewaltsamen Vorgehen nötig ist. Sie wissen genau, daß Stephanus nicht daran gedacht hat, „Lästerworte" gegen Mose und gegen Gott zu sagen. Aber es ist nicht schwer, primitiven Gemütern,
12 die am Alten hängen, die Aussagen des Stephanus so darzustellen, daß sie in ihnen mit subjektiv völlig ehrlicher Entrüstung „Lästerungen" hören[161]. Die empörten Berichte dieser Männer werden im Volk ohne weiteres geglaubt, und zum ersten Mal hören wir, daß nun auch hier eine Bewegung gegen einen Jünger Jesu aufbricht, wo man bisher mit Achtung und Freude auf die Christen sah (Kap. 2, 47; 5, 11; 5, 26). Die feindlich eingestellten **„Ältesten"** und **„Schriftgelehrten"** nehmen die bösen Nachrichten über Stephanus erst recht begierig auf. Die **„Ältesten"** sind zugleich Mitglieder des Rates, die dem Hohen Rat willkommenen Bericht erstatten und die Ansetzung einer Sitzung erreichen. Zur verabredeten Stunde **„treten sie an Stephanus heran, packen ihn und führen ihn zum Hohen Rat"**.

13 Dort werden sogleich **„falsche Zeugen[162] aufgestellt"**. Das müssen wieder nicht Männer gewesen sein, die bewußt logen und willkürliche Behauptungen vortrugen; das hätte wenig Kraft gehabt. Wenn sie aussagten: **„Dieser Mensch hört nicht auf, Worte gegen diesen heiligen Ort und gegen das Gesetz zu reden; denn wir haben ihn sagen hören, daß dieser Jesus, der Nazarener, zerstören wird diesen Ort und ändern die Sitten, die Mose uns überliefert hat"**, dann haben sie entscheidende Punkte an sich richtig herausgehört. Was war noch der Tempel, was war noch das Gesetz, wenn Jesus und der

[161] Jede Erweckungsbewegung gibt anschauliche Beispiele für solche Vorgänge. Modersohn berichtet: „Es dauerte auch nicht lange, da kam die erste Beschwerde aus diesen Kreisen. Bei einer Beerdigung hatte ich gesagt, das Seligwerden sei nicht eine so selbstverständliche Sache, wie etwa der Morgen der Nacht folge oder der Frühling auf den Winter. Da müßten Bedingungen erfüllt werden, wenn man selig werden wolle. Da ging eine Beschwerde ans Konsistorium, daß ich meinen Geifer auf die Gräber der teuren Toten gespritzt hätte, die doch von meinen Amtsbrüdern feierlich geweiht worden seien." („Er führet mich auf rechter Straße" 8. Aufl. Wuppertal 1961)

[162] Die Not des „falschen Zeugnisses" ist im AT sehr ernst gesehen: 2 Mo 20, 16 (8. Gebot!); 23, 1; 5 Mo 19, 16—18; Ps 27, 12; 35, 11; Spr 14, 5; 24, 28.

Glaube an ihn ein und alles war? Anscheinend hat sich Stephanus, in den Disputationen auch auf das geheimnisvolle Wort Jesu über den Tempel (Jo 2, 19—21; Mt 26, 61; 27, 40) berufen, das schon im Prozeß gegen Jesus selbst eine Rolle spielte; ebenso könnte auch Jesu Stellung zum Sabbat zur Sprache gekommen sein[163]. Wie schnell können solche Worte falsch verstanden werden! So mag zur Reformationszeit mancher gute Katholik mit ehrlichem Grimm gemeint haben, daß Luther „Lästerworte" gegen den Papst und die heilige Kirche rede und alles niederreiße und zerstöre, woran doch das Herz eines frommen Menschen hänge. Zugleich freilich standen in solchen Zeugenaussagen ganz anders als in den bisherigen Verhandlungen gegen die Apostel konkrete Anklagepunkte vor dem Hohen Rat, welche die beiden Gruppen in ihm, die Sadduzäer wie die Pharisäer, treffen und gegen Stephanus aufbringen mußten. **„Und es blickten gespannt auf ihn alle, die im Rat saßen, und sahen sein Angesicht wie eines Engels Angesicht."** Das darf man sicher nicht falsch psychologisieren. Hier war mehr als nur menschliche „Freudigkeit". Aber wie bei Ananias (Siehe o. S. 112) Gott auch den jähen Schrecken des ins Licht gestellten Schuldigen mit zu seinem Gericht benutzt haben kann, so gehört auch bei Stephanus in dieser Stunde alles das zu dieser seiner Verklärung mit dazu, was sein ganzes Herz und Leben mit Freude an Jesus, mit Frieden der völligen Heilsgewißheit, mit suchender, rettender Liebe zu seinem Volk erfüllte. Darum sieht der Rat auf seinem Angesicht nicht die Angst des Menschen, der sich der Wut einer erregten Menge und dem Haß seiner Feinde preisgegeben sieht, aber auch nicht die Empörung des ungerecht Behandelten, nicht die Überlegenheit des Besserwissers, sondern den Glanz eines Gottesboten voll Wahrheit, Heiligkeit und Liebe.

DIE REDE DES STEPHANUS

Apostelgeschichte 7, 1—53

1 **Es sagte aber der Hohepriester: „Verhält sich dieses so?"**
2 *** Er aber sprach: „Ihr Männer, Brüder und Väter, hört! Der Gott der Herrlichkeit** (Ps 29, 3 Luther: „Der Gott der Ehre") **erschien unserem Vater Abraham, als er in Mesopotamien war, bevor er**
3 **sich in Haran niederließ** (1 Mo 11, 31; 15, 7) *** und sprach zu ihm: ‚Geh hinaus aus deinem Land und deiner Verwandtschaft und komm her in das Land, das ich dir zeigen werde'** (1 Mo 12, 1).

zu Vers 2: 1 Mo 11, 31; 1 Mo 15, 7
zu Vers 3: 1 Mo 12, 1. 5

[163] Damit mochten die Ankläger Aussagen über das Handeln des wiederkommenden Herrn verquickt und einfach auf die Gegenwart bezogen haben.

zu Vers 5:
1 Mo 12, 7
1 Mo 13, 15
1 Mo 17, 8
1 Mo 48, 4
zu Vers 6:
1 Mo 15, 13. 14
2 Mo 12, 40
zu Vers 7:
2 Mo 3, 12
zu Vers 8:
1 Mo 17, 10
1 Mo 21, 4
Lk 2, 21
zu Vers 9:
1 Mo 37, 11. 28
Mt 27, 18
zu Vers 10:
1 Mo 39, 21. 22
zu Vers 11:
1 Mo 41, 54
1 Mo 42, 5
zu Vers 12:
1 Mo 42, 2
zu Vers 13:
1 Mo 45, 1. 3. 16
zu Vers 14:
1 Mo 45, 9-11
1 Mo 46, 27
zu Vers 15:
1 Mo 46, 6
1 Mo 49, 33
zu Vers 16:
1 Mo 23, 16
Jos 24, 32
zu Vers 17-19:
2 Mo 1, 7-12
zu Vers 20:
2 Mo 2, 2
Hbr 11, 23

4 * Da zog er hinaus aus dem Land der Chaldäer und ließ sich in
Haran nieder. Und von dort nach dem Sterben seines Vaters ließ
er ihn übersiedeln in dieses Land, in dem ihr jetzt wohnt
5 (1 Mo 11, 32; 12, 5). * Und nicht gab er ihm Erbe darin, auch nicht
einen Fuß breit, und er verhieß, es ihm zu geben zum Besitz und
seinem Samen nach ihm, obwohl er noch kein Kind hatte
6 (1 Mo 12, 7; 13, 15; 17, 8). * Es sprach aber Gott folgendermaßen:
‚Es werde sein Same Beisasse sein in einem fremden Land, und
sie werden ihn versklaven und mißhandeln vierhundert Jahre
7 lang. * Und das Volk, dem sie fronen werden, will ich richten,
sprach Gott, und danach werden sie ausziehen und werden mir
8 dienen an diesem Ort' (1 Mo 15, 23 f; 2 Mo 12, 40; 24; 3, 12). * Und
er gab ihm den Bund der Beschneidung (1 Mo 17, 10; 21, 2—4);
und so zeugte er den Isaak und beschnitt ihn am achten Tage,
9 und Isaak den Jakob und Jakob die zwölf Patriarchen. * Und die
Patriarchen wurden eifersüchtig auf Joseph und verkauften ihn
10 nach Ägypten (1 Mo 37); und es war Gott mit ihm, * und er ret-
tete ihn aus allen seinen Drangsalen, und gab ihm Gnade und
Weisheit vor Pharao, dem König Ägyptens, und er setzte ihn als
Regenten über Ägypten und sein ganzes Haus (1 Mo 39, 1—5;
11 41, 38—46; 42, 6; Ps 105, 21). * Es kam aber eine Hungersnot
über ganz Ägypten und Kanaan und große Drangsal, und nicht fan-
12 den Nahrungsmittel unsere Väter. * Als aber Jakob hörte, daß
Getreide in Ägypten war, sandte er unsere Väter ein erstes Mal
13 (1 Mo 41, 53—54; 42, 1—5). * Und beim zweiten Mal wurde Jo-
seph von seinen Brüdern erkannt (oder: gab sich zu erkennen),
und kund wurde dem Pharao das Geschlecht Josephs (1 Mo 45,
14 3. 16). * Joseph aber sandte hin und ließ holen Jakob, seinen Va-
ter, und seine ganze Verwandtschaft mit fünfundsiebzig Seelen
15 (1 Mo 45, 9—11; 46, 27). * Und es zog Jakob hinab nach Ägypten;
und er starb daselbst und unsere Väter (1 Mo 46, 1. 6; 49, 33),
16 * und sie wurden überführt nach Sichem und beigesetzt in dem
Grab, das Abraham gekauft hatte um eine Summe Silbers von
den Söhnen Hemors in Sichem (1 Mo 23, 16—17; 33, 18 f;
50, 13; Jos 24, 32).
17 Als aber die Zeit der Verheißung nahte, die Gott dem Abraham
18 zugesagt hatte, wuchs das Volk und mehrte sich in Ägypten, * bis
ein anderer König über Ägypten aufstand und nichts wußte von
19 Joseph (2 Mo 1, 7. 8). * Dieser handelte arglistig an unserem Ge-
schlecht und plagte die Väter, so daß sie ihre Kinder aussetzen
20 mußten, daß sie nicht am Leben blieben (2 Mo 1, 9 f. 22). * In die-
ser Zeit wurde Mose geboren und war wohlgestaltet (wohlgefäl-
lig?) vor Gott. Er wurde aufgezogen drei Monate in dem Hause

21 seines Vaters. * Als er aber ausgesetzt wurde, nahm ihn die
Tochter Pharaos auf und erzog ihn sich selbst zum Sohn (2 Mo 2,
22 2. 5. 10; Hbr 11, 23). * Und Mose wurde unterrichtet in aller
Weisheit der Ägypter; er war aber mächtig in seinen Worten und
23 Taten (1 Kö 5, 10). * Als sich für ihn aber eine Vierzig-Jahrezeit
erfüllte, kam es in sein Herz, zu sehen nach seinen Brüdern, den
24 Söhnen Israels. * Und als er sah, daß einem Unrecht geschah,
stand er ihm bei und verschaffte Vergeltung dem Mißhandelten,
25 indem er den Ägypter erschlug (2 Mo 2, 11 f). * Er dachte aber,
die Brüder würden verstehen, daß Gott ihnen durch seine Hand
26 Rettung gebe; aber sie verstanden nicht. * Am folgenden Tage
nämlich erschien er bei ihnen, als sie sich stritten; und er suchte
sie zu versöhnen zum Frieden, indem er sagte: ‚Männer, ihr seid
27 doch Brüder! Warum tut ihr einander Unrecht?' * Der aber seinem
Nächsten Unrecht tat, stieß ihn weg sprechend: ‚Wer hat dich
28 eingesetzt als Herrscher und Richter über uns? * Willst du mich
etwa umbringen, so wie du umgebracht gestern den Ägypter?'
29 * Mose aber entfloh auf Grund dieses Wortes und wurde ein
Beisasse im Land Midian, wo er zwei Söhne zeugte (2 Mo 2, 13 bis
15. 22; 18, 3 f).
30 Und als sich erfüllten vierzig Jahre, erschien ihm in der Wüste
des Berges Sinai ein Engel im flammenden Feuer eines Dorn-
31 busches. * Als Mose es sah, wunderte er sich über das Gesicht.
Als er aber hinzukam, um es genau zu betrachten, kam die Stim-
32 me des Herrn: * ‚Ich bin der Gott deiner Väter, der Gott Isaaks
und Jakobs.' Mose aber geriet in Zittern und wagte nicht genau
33 hinzusehen. * Es sprach zu ihm der Herr: ‚Löse die Sandalen
deiner Füße! Denn der Ort, auf dem du stehst, ist heiliges Land.
34 * Ich habe wohl gesehen die Mißhandlung meines Volkes in
Ägypten, und sein Seufzen habe ich gehört, und ich bin herab-
gekommen, um sie zu erretten; und nun komm, laß dich nach
35 Ägypten senden' (2 Mo 3, 1—10). * Diesen Mose, den sie verleug-
net hatten, indem sie sprachen: ‚Wer hat dich eingesetzt als Herr-
scher und Richter?', den hat Gott als Herrscher und Erlöser ge-
sandt durch den Engel (wörtlich: mit der Hand des Engels), der
36 ihm erschien in dem Dornbusch. * Dieser führte sie heraus, Wun-
der und Zeichen tuend im Land Ägypten und im Roten Meer und
in der Wüste vierzig Jahre lang (2 Mo 7, 11; 14, 21—28; 4 Mo 14,
37 33 f). * Dieses ist der Mose, der gesagt hat den Söhnen Israels:
‚Einen Propheten wird euch Gott erwecken aus euren Brüdern
38 wie mich' (5 Mo 18, 55). * Dieser ist es, der bei der Versammlung
in der Wüste zwischen dem Engel, der zu ihm redete auf dem Berge
Sinai, und unseren Vätern stand, der lebendige Worte emp-

zu Vers 21: 2 Mo 2, 5. 10
zu Vers 22: 2 Mo 2, 11; 2 Mo 4, 10; Lk 24, 19
zu Vers 23: Hbr 11, 24. 25
zu Vers 24-29: 2 Mo 12, 12-15. 22
zu Vers 30-34: 2 Mo 3, 2-10; 5 Mo 33, 16
zu Vers 32: Mt 22, 32
zu Vers 34: Apg 2, 24
zu Vers 35: 2 Mo 2, 14
zu Vers 36: 2 Mo 7, 3. 10; 2 Mo 14, 21
zu Vers 37: 5 Mo 18, 15
zu Vers 38: 2 Mo 19, 3. 4; 5 Mo 9, 10

zu Vers 40-41:
2 Mo 32, 1. 4. 6. 23
zu Vers 42:
Jer 7, 18
Jer 19, 13
Am 5, 25-27
Rö 1, 24. 25
zu Vers 44:
2 Mo 25, 40
2 Mo 27, 21
zu Vers 45:
5 Mo 32, 49
Jos 3, 14
Jos 18, 1
zu Vers 46:
2 Sam 7, 2
Ps 132, 5
zu Vers 47-48:
1 Kö 6, 1
1 Kö 8, 27. 30
Apg 17, 24
zu Vers 49:
Jes 66, 1. 2
Mt 5, 34
zu Vers 51:
2 Mo 32, 9
2 Mo 33, 3
Jer 6, 10
Jer 9, 25
Jes 63, 10
zu Vers 52:
2 Chro 36, 16
Mt 23, 31
1 Pt 1, 10
Mt 27, 19
Apg 2, 23
zu Vers 53:
2 Mo 20
Jo 7, 19
Gal 3, 19
Hbr 2, 2

fing, um sie euch zu geben (2 Mo 19, 3. 7. 9. 14; 5 Mo 9, 10),
39 *** dem nicht wollten gehorsam werden unsere Väter, sondern sie**
stießen ihn weg und wendeten sich in ihren Herzen nach Ägypten,
40 *** sagend zu Aaron: ‚Mache uns Götter, die vor uns herziehen**
werden; denn dieser Mose, der uns herausgeführt hat aus Ägyp-
41 **ten, wir wissen nicht, was ihm widerfahren ist.‘ * Und sie mach-**
ten ein Kalb in jenen Tagen und brachten ein Opfer dem Götzen-
bild und freuten sich an den Werken ihrer Hand (2 Mo 16, 3;
42 4 Mo 14, 3—4; 2 Mo 32, 1. 4—6. 23 f). *** Gott aber wendete sich ab**
und gab sie dahin, zu dienen dem Heer des Himmels, wie ge-
schrieben steht im Buch der Propheten: ‚Habt ihr etwa Schlacht-
opfer und andere Opfer mir dargebracht vierzig Jahre in der
43 **Wüste, Haus Israel? * Und ihr habt mitgeführt das Zelt des Mo-**
loch und den Stern des Gottes Rompha, die Bilder, die ihr ge-
macht habt, um sie anzubeten; und ich werde euch verpflanzen
noch über Babylon hinaus‘ (Jer 7, 18; 8, 2; 19, 3; Am 5, 25—27;
1 Kö 11, 7; 2 Kö 17, 6).
44 **Das Zelt des Zeugnisses hatten unsere Väter in der Wüste, wie**
es angeordnet hatte der mit Mose Redende, es zu machen nach
45 **dem Vorbild, das er gesehen hatte. * Dieses haben auch übernom-**
men unsere Väter und hineingebracht mit Josua (im grie Text
geschrieben als „Jesus") **bei der Besitzergreifung** (des Landes)
der Nationen, die Gott ausstieß vor dem Angesicht unserer Väter,
bis zu den Tagen Davids (2 Mo 25, 8. 9. 40; Jos 3, 14; 18, 1;
46 2 Mo 34, 11). *** Der fand Gnade vor Gott und bat, zu finden eine**
Behausung für das Haus Jakobs (für den Gott Jakobs) (2 Sam 7, 2;
47/48 Ps 132, 5). *** Salomo aber baute ihm ein Haus** (1 Kö 6). *** Aber**
der Höchste wohnt nicht in dem, was mit Händen gemacht ist
49 (1 Kö 8, 27—30), **wie der Prophet sagt: * ‚Der Himmel ist mir**
Thron, aber die Erde Schemel meiner Füße. Welches Haus wollt
ihr mir bauen, sagt der Herr, oder welches ist der Ort meiner
50 **Ruhe? * Hat nicht meine Hand dieses alles gemacht‘** (Jes 66, 1. 2)?
51 *** Ihr Halsstarrigen und Unbeschnittenen an Herzen und Ohren,**
ihr widerstrebt immer dem Heiligen Geist, wie eure Väter so auch
ihr (2 Mo 32, 9; 33, 3; 3 Mo 26, 41; Jer 9, 25; 6, 10; Jes 63, 10).
52 *** Welchen Propheten haben eure Väter nicht verfolgt? Und sie töte-**
ten die, welche voraus verkündigt haben von dem Kommen des
Gerechten, dessen Verräter und Mörder ihr jetzt geworden seid,
53 *** ihr, die ihr empfangen habt das Gesetz durch Anordnungen von**
Engeln, und habt es nicht gehalten" (2 Chro 36, 16; Gal 3, 19;
Hbr 2, 2).

1 Wenn wir dieses ganze Kapitel recht verstehen wollen, müssen wir

uns klarmachen, daß die Lage bei diesem dritten Prozeß gegen die Christen eine vollständig andere ist. Bei den beiden ersten Verhaftungen waren die Apostel von der Behörde selbst festgenommen worden. Nach der Zwischenpause der Nacht konnte die Behörde ihrerseits die Verhandlung führen; es ging verhältnismäßig ruhig und sachlich zu. Die Anklagepunkte waren formaler Natur: unbefugtes Handeln und Reden im Tempel, Übertretung eines Redeverbotes. Der Zorn der Sadduzäer richtete sich gegen das stete Reden von Jesus; die Bedeutung dieses von ihnen hingerichteten Jesus stand ganz allgemein zur Debatte. Jetzt aber ist der Angeklagte von einer erregten Schar vor den Hohen Rat gezerrt, die schwersten Vorwürfe werden vor dem Rat (und erst einmal gar nicht von ihm!) erhoben, Zeugenaussagen bestätigen diese Vorwürfe. Die vor dem Rat erhobene Anklage aber hat einen ganz bestimmten Inhalt: Gotteslästerung, Lästerung Moses, Ablehnung des Tempels, Ablehnung des Gesetzes. Jeder kannte die Bestimmung 3 Mo 24, 16: „Welcher des Herrn Namen lästert, der soll des Todes sterben; die ganze Gemeinde soll ihn steinigen. Wie der Fremdling, so soll auch der Einheimische sein; wenn er den Namen lästert, so soll er sterben." Hier geht es sofort um Leben und Tod! Und diesmal hat der Hohe Rat auch „das Volk" nicht zu fürchten. Männer aus dem Volk stehen als leidenschaftliche Verkläger des Stephanus vor dem Rat. Der Hohepriester aber kann dadurch die Rolle des bloßen Vorsitzenden spielen: **„Es sagte aber der Hohepriester: ‚Verhält sich dieses so?'"**

Stephanus antwortet. Auch für ihn ist die Lage eine völlig andere 2
als für die Apostel. Er kann darum nicht wie Petrus bestimmte einzelne Vorwürfe mit knappen Worten zurückweisen und seine Handlung mit einem kurzen Zeugnis der göttlichen Taten in Jesus rechtfertigen. Mit einem bloßen „Ich habe gar nicht gelästert" war angesichts der Zeugenaussagen nichts getan.

„Ihr Männer, Brüder und Väter, hört!", so beginnt er. Sofort in seiner Anrede bezeigt er seine feste Zugehörigkeit zu Israel („Brüder") und seine ehrerbietige Haltung gegen die, die **„Väter"** im Volk waren. Mit seiner Bitte um Gehör bereitet er sie auf eine lange Rede vor.

Und nun folgt eine eingehende Darstellung der Geschichte Israels auf Grund vieler Schriftworte. Ausleger haben sich gewundert, „daß die Richter den Redenden nicht nach den ersten Sätzen unterbrochen und zur Sache gerufen haben".[164] Aber das ist Eintragung modernen Empfindens in eine ganz andere Welt! Der Orientale hat Zeit. Und eine Schilderung der heiligen Geschichte seines Volkes hörte jeder

[164] Vgl. Haenchen a. a. O. S. 240 mit einem Hinweis auf Zahn.

Israelit mit Andacht und Freude, selbst in solcher Stunde. „Herr Stephanus, das sind ja alles alte, bekannte Geschichten! Kommen Sie zur Sache!" nein, so konnte kein Hoherpriester, kein Pharisäer, kein Israelit sprechen.

Es ist auch gar nicht wahr, daß Stephanus auf die Anklage gegen ihn nicht eingehe. Wir müssen nur wieder nicht an das Plädoyer moderner Rechtsanwälte denken. „Lästerung Gottes, Lästerung Mose, Ablehnung des Gesetzes" hieß die Anklage. **„Der Gott der Herrlichkeit erschien unserem Vater Abraham"**, antwortet Stephanus. So stehe ich zu Gott, so stehe ich zu den Vätern, so stehe ich zur Schrift! Wir müssen bedenken, daß das Wort „Gesetz" einen viel weiteren Sinn haben kann. Die „Thora", „das Gesetz", waren die fünf Bücher Mose (und die fortführenden Geschichtsbücher). Die fünf Bücher Mose enthielten aber nicht nur gesetzliche Bestimmungen, sondern erzählten die Geschichte Israels und bezeugten die Offenbarung Gottes. „Das Gesetz" war in diesem Sinne einfach „Die Bibel". „Ich soll schriftwidrig lehren und die Bibel verachten? Ich bringe nur die Schrift, nichts als die Schrift, ich lebe in der Bibel", antwortete Stephanus und beweist es eben durch seine ausführliche Rede. Darum bringt er keine eigenen theologischen Gedankengänge, und darum weist er auch nicht nur wie Petrus vor dem Hohen Rat auf die neuen Taten Gottes in Jesus hin, sondern legt ihm von Abraham an ein Schriftzeugnis nach dem andern vor. Er will nichts sein als nur Schrifttheologe.

Der Leser hat schon aus den Stellenangaben im Text gesehen, um welche Fülle von Bibelstellen es sich handelt. Wer sich die Mühe macht, alle Stellen in seinem AT nachzuschlagen, wird freilich im dortigen Wortlaut nicht immer genau das finden, was Stephanus sagt. Das kommt einerseits daher, daß der Hellenist Stephanus nach der „Septuaginta"[165] zitierte, die er zudem nicht zum Nachschlagen vor sich liegen hatte, sondern aus dem (freilich sehr geübten) Gedächtnis wiedergab. Andererseits hat Stephanus hier und da jüdische Lehrüberlieferung und Auslegung unmittelbar mit dem Text zusammengefaßt.

Wir lesen in 1 Mo 46, 27; 2 Mo 1, 5 von siebzig Seelen, die mit Jakob nach Ägypten kamen, während in Vers 14 Stephanus fünfundsiebzig nennt. Aber schon die Septuaginta kam durch eine Zuzählung von neun Söhnen Josephs zu den in 1 Mo 46, 26 genannten sechsundsechzig Seelen auf die Zahl fünfundsiebzig. In Vers 16 ist die Begräbnisstelle, die Abraham bei Mamre für Saras Begräbnis erwarb und in der er dann selbst ruhte, mit dem von Jakob bei Sichem

[165] Vgl. Anmerkung 48a S. 60

von Hemor gekauften Land (1 Mo 23, 26 f; 33, 18 f) zusammengefaßt. Hier kann dem Redner, da er von Jakob sprach, im Augenblick ein Gedächtnisfehler unterlaufen sein; es kann aber auch schon eine Lehrtradition gegeben haben, die aus uns unbekannten Gründen diese Zusammenfassung vorgenommen hat. Im Vers 19 ist die Angabe von 2 Mo 1, 22 in anderer Weise ausgelegt, als wir sie verstehen; freilich ist die Konstruktion des grie Satzes schwierig und daher seine Übersetzung nicht eindeutig. Weiter: daß Mose in aller Weisheit der Ägypter unterrichtet worden sei, ist ein naheliegender Schluß, da er als Sohn der Tochter des Pharao aufwuchs; in 2 Mo 2 ist es aber nicht gesagt. Und daß Mose **„mächtig in seinen Worten"** war, scheint der Angabe von 2 Mo 4, 10 zu widersprechen; aber **„mächtig in Worten"** muß keineswegs „redegewandt" bedeuten! Die „Macht" des Wortes, von der der Hauptmann von Kapernaum sprach (Mt 8, 8 f), kann auch ein Mann mit „schwerer Zunge" besitzen. Es sind darum auch sofort die **„Taten"** hinzugefügt.

Am schwierigsten steht es mit dem Zitat aus Amos 5, 25–27 und V. 42 f. In unserer Bibel lesen wir in der Amosstelle: „Ihr truget den Sikkuth, euren König, und Chiun, euer Bild, den Stern eurer Götter, welche ihr euch selbst gemacht hattet". Die Septuaginta las den Namen „Sikkuth" als „Skene = Zelt" und das Wort „König = Melek", als „Moloch". Der Götzenname „Rompha" erscheint schon in den Handschriften der Apostelgeschichte in den verschiedensten Formen; wie alle diese Namensformen aus dem ursprünglichen „Chium" entstanden sind, wissen wir nicht. In Am 5, 27 spricht Amos von Gottes Strafe als einem Wegführenlassen „jenseits Damaskus". Israel war überzeugt, daß auch die zehn Stämme des Nordreiches nicht verloren sein könnten. Da sie aber in Babylonien nicht zu finden waren, müssen sie noch über Babylon hinaus ihren Verbannungsort haben. So änderte schon die grie Bibel den hbr Text.

Aber alles das sind kleine Dinge, die für das Verständnis der 2–8
Stephanusrede selbst ohne Bedeutung bleiben. Es sind zwei große Wahrheiten, die Stephanus seinen Anklägern und dem Hohen Rat entgegenhält und mit denen er, der Angeklagte, genau wie Petrus gerade von der Schrift her zum Ankläger wird. Wie es bei einem so intensiven Blick in die Schrift hinein nicht anders sein kann, steht erstens und vor allem Gott in seiner ganzen Souveränität und Freiheit vor uns. **„Der Gott der Herrlichkeit erschien unserem Vater Abraham"**, damit beginnt Stephanus. Kein „Verdienst" veranlaßte Gott, gerade ihm zu erscheinen. Abraham war damals noch **„in Mesopotamien"**, also im Heidentum. Gottes freie Wahl griff ihn heraus und begann damit die Geschichte Israels in seiner eigenen Gnade. Es gibt also keinen berechtigten „Stolz" des Juden. Stephanus trifft

damit sofort den tiefsten wunden Punkt, aus dem die ganze Wut gegen ihn aufbricht: Es ist der falsche Stolz, der sich gegen den Ruf zur Umkehr aufbäumt. Stephanus hat auch hier die Linie aufgezeigt, die dann Paulus (der Hörer dieser Rede des Stephanus!) in Rö 9—11 aufnimmt. Die ganze weitere Geschichte Israels steht unter dieser bestimmenden Macht Gottes, der mit seinen Verheißungen und Voraussagen in der erstaunlichen Geschichte Josephs und in der gewaltigen Sendung Moses der frei Handelnde und Errettende bleibt. Nicht Stephanus „lästert Gott", sondern seine Verkläger tun es, wenn sie dem Gott der Herrlichkeit diese Freiheit und Gnadenmacht bestreiten wollen, mit der er jetzt aufs neue in der Sendung Jesu gehandelt hat.

So hat Stephanus wirklich „voll Geist und Weisheit" (Kap. 6, 10)
seine Verteidigung in die Tiefe geführt und die eigentliche Sache herausgestellt, um die es geht. Er hat dies nicht mit eigenen Worten,
sondern ganz und gar mit der Bibel getan und seinen schriftkundigen
Richtern zugetraut, daß sie das verstehen. Dabei wurde er notwendig
und unwillkürlich zum Angreifer. Denn nun zeigt sich in der ganzen
9 Geschichte Israels als Zweites das gleiche Widerstreiten gegen Gottes
Freiheit und Gnade, das jetzt in der Ablehnung Jesu zum vollen
Durchbruch kommt. Die, die wir als „Patriarchen" verehren, waren
eifersüchtig auf Joseph, auf den Mann, mit dem Gott war und durch
den Gott so Großes tat, was auch für Jakob und seine Söhne in der
Hungersnot zur Rettung wurde. Erst beim zweiten Mal wurde Joseph
39 von seinen Brüdern erkannt[166]. Und Mose, den Stephanus gelästert
haben soll, wurde gerade von seinen Brüdern „verleugnet" und „weg-
25 gestoßen". **„Er dachte aber, die Brüder würden verstehen, daß Gott
ihnen durch seine Hand Rettung gebe; aber sie verstanden nicht."**[167]
So verkennen und „verleugnen" (Apg 3, 14) die Führer des Volkes
heute Jesus, der sich seiner Brüder angenommen hat und der ihnen
zum Retter von Gott gesandt ist[168]. Der angebliche Lästerer des Mose

[166] Manche Ausleger haben in dieser Bemerkung des Stephanus einen Hinweis darauf gesehen, daß auch Jesus, bei seinem ersten Kommen von Israel nicht erkannt, bei seinem zweiten Kommen erkannt werden wird.

[167] Man kann und darf biblische Berichte von verschiedenen Seiten her sehen. Wir können in Moses damaliger Handlungsweise das Eigenmächtige und Ungöttliche bemerken, das ihn darum auch so schnell verzagen und fliehen ließ. Aber Stephanus hatte ein gutes Recht, an den Volksgenossen des Mose das Unverständnis gegen den Mann hervorzuheben, der sich ihrer so annahm und der auch von Gott her zu ihrem Retter bestimmt war.

[168] Obwohl es Stephanus mit keinem Wort ausspricht, ist es doch möglich, daß er besonders Joseph wie auch Mose als „Vorbilder" Jesu empfindet und darstellt. „Nachdem der zukünftige Retter zunächst aus der von seinen Brüdern verschuldeten Not errettet worden war, rettet er nun diese aus der von Gott gesandten Not. Aus ihr heraus werden die zu Rettenden zu ihrem Retter gesandt — bei Mose und Jesus ist es umgekehrt —, und

zeigt die ganze Größe Mose in einem eindrucksvollen fünfmaligen **„dieser Mose, dieser, dieser, dieser, dieser"**, aber damit zugleich auch 35—39
die ganze unbegreifliche, schuldhafte Widerspenstigkeit Israels, das innerlich („in ihren Herzen") **„nach Ägypten"** zurück will und im groben Götzendienst auch wirklich geistlich gesehen dorthin zurückkehrt. Nicht Stephanus, nicht die Gemeinde Jesu ist der Gegner Mose, Israel selbst ist es! Auch Stephanus (wie Petrus in Kap. 3, 22 f) erinnert an Moses Wort von dem **„kommenden Propheten wie mich"**: Israels Auflehnung wird aufs neue akut in seiner Feindschaft gegen diesen einzigartigen „Propheten", der in Jesus vor ihnen steht[169].

Darum stellt Stephanus nun auch die Geschichte vom „goldenen 40—43
Kalb" vor seine Hörer hin. Israel hat die wunderbare Rettung aus Ägypten erlebt, die Gottes mächtige Hand durch Mose vollbracht hat. Israel war soeben am Sinai Zeuge der erschütternden Heiligkeit und Herrlichkeit des lebendigen Gottes gewesen. Israel hat einmütig dem Bund Gottes und seinem Gesetz zugestimmt. Und dann kann Israel einen Augenblick später Aaron auffordern **„Mache uns Götter"** und nach dem Erleben des wahren Gottes einem „Kalbe" opfern. Und dieses nicht irgendwie scheu oder verzweifelt, sondern sie **„freuten sich an den Werken ihrer Hand"**. So ist Israel, das jetzt den Anwalt Gottes und Mose gegen Jesus und die Zeugen seiner Wahrheit spielen will[170]! Gott aber macht ihre Schuld zur Strafe. Er, den sie verachten und nicht haben wollen, wendet sich von ihnen ab[171] und gibt sie ihrem Götzendienst preis, an den er sie kettet[172]. So wird sich auch jetzt das Gericht Gottes in Israel vollziehen, wenn es in Stephanus seinen Herrn Jesus und in diesem wiederum Gott selbst verwirft.

Aber Stephanus soll gegen den Tempel gesprochen haben. Auch 44—45
hier können nicht eigene Meinungen ausschlaggebend sein, entscheiden kann nur die Schrift. Darum spricht Stephanus nun auch vom „Zelt" des Zeugnisses — ach, Israel hat das „Zelt Molochs" viel lieber ge-

zwar betont der Verfasser das zweimalige Kommen der Brüder, das seine Entsprechung im zweimaligen Kommen Mose (vgl. V. 23 ff, 34 ff) und in der zweimaligen Sendung Jesu hat (vgl. Kap. 3, 20 mit V. 26). Erst beim zweiten Mal werden der Retter den Geretteten und diese der Welt offenbar (vgl. 1 Jo 3, 2; auch Offb 22, 4; Lk 21, 27; Jo 8, 28 u. a.)." G. Stählin a. a. O. S. 107.

169 Darum hat schon Jesus selbst in Jo 5, 45 Mose den eigentlichen Verkläger Israels genannt, den Mose, auf den sich die Juden gegen Jesus berufen wollen. Vielleicht hat Stephanus dieses Wort Jesu gekannt und ihm bei seinem Studium des AT nachgesonnen.

170 So ist jeder Mensch in seinem Wesen von Natur!

171 So ist der Atheist damit gestraft, daß er nun ohne Gott in dieser furchtbaren Welt des Todes und ohne Hoffnung leben muß. Eph 2, 12.

172 Vgl. dazu die Ausführungen des Paulus in Rö 1, 18—32: Gott straft unsere Sünde, indem er uns an die Sünde „dahingibt".

habt! – und vom Tempel. Ja, eben ein „Zelt", von Mose nach himmlischem Vorbild hergestellt, hatte Israel, auch bei seinem Übergang in das verheißene Land. Und so bleibt es in der ganzen Zeit des Wachstums und des Aufstieges bis zu David hin. Der freilich **„bat, zu finden eine Behausung für das Haus Jakobs"**[173]. Aber für den Blick des Stephanus kann es gerade zu der **„Gnade"**, die David vor Gott fand, gehört haben, daß ihm diese Bitte abgeschlagen wurde. So redlich das Empfinden Davids war: „Siehe, ich wohne in einem Zedernhause, und die Lade Gottes wohnt unter den Teppichen" (2 Sam 7, 2), es war dennoch eine tiefe Verkennung Gottes darin: **„Welches Haus wollt ihr mir bauen", „oder welches ist der Ort meiner Ruhe?"** (V. 49) Gott bewahrte David vor dem vergeblichen Werk. Denn **„der Höchste wohnt nicht in dem, was mit Händen gemacht ist"**. Wer Gott an den Tempel binden will, verkennt, wer Gott ist und was Gott von sich selbst gesagt hat. Wenn es Gott in den großen Zeiten mit Mose und mit David genügt hat, das einfache **„Zelt des Zeugnisses"** zu seiner Offenbarungsstätte zu haben, dann ist der kein „Lästerer", der auf den Tempel geringen Wert legt.

51–53 Und nun zieht Stephanus aus dem umfassenden biblischen Zeugnis die Folgerung für die Gegenwart. Wir dürfen uns diese letzten Sätze seiner Rede ja nicht etwa als ein „Schimpfen" denken. Der Mann, der mit dem Antlitz eines Engels vor seinen Richtern stand, der sie bewußt als Brüder und Väter angeredet hatte, der läßt sich jetzt nicht am Schluß von Fleisch und Blut zu bloßer Heftigkeit hinreißen. Wir müssen es alles in heißem Schmerz um sein Volk und in tiefem Ernst vor Gott gesagt hören. So wie dann auch Paulus in seinen härtesten Anklagen gegen Israel doch zugleich der bleibt, der „große Trauer und unaufhörliches Weh" um seine Brüder aus Israel im Herzen trägt (Rö 9, 1–5). Nicht mit kalten, rechthaberischen Theologen haben wir es hier zu tun, sondern mit Männern, die von Jesus die Liebe empfangen hatten, allerdings die Liebe, die rückhaltlos die verderbliche Wirklichkeit sieht. **„Ihr Halsstarrigen und Unbeschnittenen an Herzen und Ohren, ihr widerstrebt immer dem Heiligen Geist, wie eure Väter so auch ihr."** Auch diese schwersten Vorwürfe sind bis in den Wortlaut hinein – biblisch! Auch hier sagt Stephanus nur, was die Schrift sagt. Er sieht und zeichnet „Israel" als eine Einheit gestern und heute. Er sieht die Propheten abgelehnt und verfolgt, gerade weil sie **„vorausverkündigt haben von dem Kommen des Gerechten"**. Kein Wunder, daß nun erst recht die Söhne dieser Prophetenmörder jetzt **„zu Verrätern und Mördern"** dieses nun gekommenen Gerechten geworden sind.

[173] Vielleicht ist hier doch mit den Handschriften des „Reichstextes" statt „to oiko" vielmehr „to theo", also „für den Gott Jakobs" zu lesen.

Die Anklage gegen Stephanus und die Christen kommt aus einem tief verlogenen, selbstzufriedenen Bild, das sich Israel von sich selbst und seiner Geschichte gemacht hat. Sie sehen sich als das bevorzugte Gottesvolk, das mit seinem Tempel und mit seinem Gesetz in schöner Frömmigkeit vor Gott dasteht, und sind empört, wenn man diese ihre eitle Einbildung mit der Botschaft von Jesus angreift. Aber eben „das Gesetz", die Schrift, auf die sie sich berufen, zerstört den lügenhaften Wahn und zeigt Israels wahres Bild. Wohl haben sie das Gesetz, auch **„das Gesetz"** im engeren Sinn; durch heilige Vermittlung, **„durch Anordnung von Engeln"** (vgl. Gal 3, 19), haben sie es empfangen. Aber gehalten — haben sie es nie!

So gründlich, so tief ist die Antwort des Stephanus auf die Frage des Hohenpriesters[174]. So muß man als Christ das AT lesen, so die Geschichte Israels sehen — total anders, als wir es auch in der Christenheit vielfach getan haben, wenn wir Israel als „das Volk der Religion"[175] in falschem Glanz sahen. Freilich, wir werden zwischen falscher Verherrlichung Israels und „Antisemitismus" hin und her schwanken, solange wir nicht in echter Buße erkennen, wie Israels Lüge der Wahn auch unserer eigenen „Frömmigkeit" und unseres eigenen kirchlichen Stolzes ist, der in den tiefsten Schichten unseres „cor incurvatum in se ipsum", unseres „auf sich selbst zurück gekrümmten Herzens" (Luther) wurzelt. Darum reagieren wir gerade als „fromme Leute" auf den Angriff des Evangeliums, auf den Ruf zur Umkehr zu Jesus, auf das Wort vom Kreuz mit der gleichen Empörung, die damals gegen Stephanus aufbrach. Die Rede des Stephanus kann man darum nicht nur „historisch-kritisch" lesen, sondern muß sie als selbst davon Betroffener bußfertig hören.

DAS ENDE DES STEPHANUS UND DIE VERFOLGUNG DER GEMEINDE DURCH SAULUS

Apostelgeschichte 7, 54 — 8, 3

54 **Als sie aber dies hörten, schnitt es ihnen durchs Herz, und sie**
55 **knirschten mit den Zähnen gegen ihn. * Voll Heiligen Geistes**

zu Vers 54:
Ps 35, 16
Ps 112, 10
Apg 5, 33

[174] Wer das nicht versteht, der muß freilich mit Kopfschütteln vor dieser „langen" und angeblich die Sache gar nicht berührenden „Predigt" stehen und unlösbare „Probleme" in ihr finden.

[175] Diesen Titel führte bezeichnenderweise ein angesehenes und viel gebrauchtes Schulbuch über das AT in der Zeit vor dem ersten Weltkrieg. Kein Wunder, daß die Rede des Stephanus ein unbekanntes und unverstandenes Stück Bibel blieb!

zu Vers 55:
Mt 3, 16
Mt 26, 64
Mk 16, 19
Jo 1, 51
Apg 10, 11
2 Ko 12, 2
Offb 4, 2
Offb 5, 1
zu Vers 56:
Mt 3, 16
Mt 10, 11
Jo 1, 51
Jo 14, 19
zu Vers 58:
5 Mo 17, 7
Mt 23, 37
Jo 16, 2
Apg 22, 20
8, 1
Hbr 13, 12
zu Vers 59:
Ps 31, 6
Lk 23, 46
zu Vers 60:
Mt 5, 44
Lk 23, 34
zu Vers 1:
Apg 11, 19
22, 20
Jo 16, 2
Mt 10, 23
zu Vers 2:
Mt 14, 12
zu Vers 3:
Apg 9, 1
9, 21
22, 4
26, 11
1 Ko 15, 9
Phil 3, 6
Gal 1, 13. 23

aber zum Himmel blickend sah er die Herrlichkeit Gottes und Je-
56 sum stehend zur Rechten Gottes und sprach: * „Siehe, ich sehe
die Himmel geöffnet und den Menschensohn zur Rechten Gottes
57 stehend." * Schreiend aber mit lauter Stimme hielten sie sich ihre
Ohren zu und stürzten sich einmütig auf ihn, trieben ihn aus der
58 Stadt und steinigten ihn. * Und die Zeugen legten ihre Kleider ab
59 zu den Füßen eines jungen Mannes namens Saulus. * Und sie
steinigten den Stephanus, der anrief und sprach: „Herr Jesus,
60 nimm auf meinen Geist." * In die Knie gesunken aber rief er mit
lauter Stimme: „Herr, messe ihnen diese Sünde nicht zu!" Und
8, 1 als er dies gesagt, entschlief er. * Saulus aber war einverstanden
mit seiner Tötung.
Es entstand aber an jenem Tage eine große Verfolgung gegen die
Gemeinde in Jerusalem. Alle zerstreuten sich über die Gegenden
2 von Judäa und Samaria, außer den Aposteln. * Es bestatteten aber
den Stephanus fromme Männer und hielten eine große Toten-
3 klage über ihn. * Saulus aber suchte die Gemeinde zu vernichten,
indem er in die Häuser eindringend Männer wie Frauen fort-
schleppte und in das Gefängnis einlieferte.

Schon das knappe Wort des Petrus in Apg 5, 33 hatte die Herzen im Hohen Rat „zersägt" und den Willen zum Töten erweckt. Die Rede des Stephanus aber bedeutet noch einen ganz anderen Angriff, und die Situation ist von vornherein ganz anders erfüllt von Erbitterung. So können wir uns nicht wundern über die Auswirkung dieser Rede, die Stephanus nicht anders erwartet haben wird. **„Als sie aber dies hörten, schnitt es ihnen durchs Herz, und sie knirschten mit den Zähnen gegen ihn."** Noch halten sie zurück, das Urteil muß erst gefällt werden; aber die innere Erregung läßt sie mit den Zähnen knirschen. Kritische Ausleger haben vermißt, daß sich nicht auch hier wieder ein Gamaliel erhebt und zum Abwarten rät[176]. Aber erstens kommt die Verhandlung des Rates gar nicht zu Ende, da der nächste Ausruf des Stephanus den Tumult losbrechen läßt. Zweitens ist die ganze Lage und die Fassung der Anklage eine völlig andere als in Kapitel 5. Und drittens wurde von der Rede des Stephanus auch die pharisäische Gruppe ganz anders getroffen als von dem Wort und Zeugnis des Petrus. „Ihr habt das Gesetz nicht gehalten", das zog der pharisäischen Existenz den Boden unter den Füßen fort. Jesus ist auferstanden und hat diesen lahmen Mann geheilt, Jesus ist der Messias — das konnte sich ein Gamaliel nachdenklich anhören. „Ihr Halsstar-

[176] Haenchen kann es sich nur so erklären: Lukas besaß die glückliche Gabe, Personen dann zu vergessen, wenn sie ihn als Schriftsteller gestört hätten (a. a. O. S. 226).

rigen und Unbeschnittenen an Herzen und Ohren, ihr widerstrebt immer dem Heiligen Geist" — das war auch für ihn eine maßlose und unerträgliche Beschimpfung Israels und seiner Frommen. Jetzt war es mit der Zurückhaltung eines Gamaliel vorbei!

Aber zu einer Beratung und Abstimmung kommt es gar nicht mehr. 55
Stephanus wird in diesem Augenblick im Heiligen Geist der Blick in die Welt Gottes geschenkt. Er sieht **„die Herrlichkeit Gottes und Jesus stehend zur Rechten Gottes"**. Er war sich seiner Lage und des sicheren Todes bewußt; nun wird er innerlich allem entnommen und vor jene Wirklichkeit gestellt, die er glaubend erfaßt und bezeugt hat. Die „Herrlichkeit" Gottes ist immer auch der Lichtglanz Gottes. Wie wunderbar leuchtet er dem Stephanus in der Finsternis von Unverstand und Haß, die ihn umgab. Er sieht Jesus **„stehend zur Rechten Gottes"**, der nach Ps 110, 2 zur Rechten Gottes sitzt und wartet (Hbr 10, 12 f). Hat sich Jesus zur Begrüßung des ersten Blutzeugen erhoben? Zeigt er gerade jetzt bei Beginn der ersten Verfolgung seiner Gemeinde, daß er nicht untätig zuschaut, sondern der Handelnde ist, der sich schon zu seiner Parusie rüstet? Das sind nur Vermutungen. Stephanus sieht es so, mehr sagt uns Lukas nicht. Was er aber sieht, das spricht er aus, seine Lage und seine Feinde vergessend:
„Ich sehe die Himmel geöffnet und den Menschensohn zur Rechten 56
Gottes stehend." So hatte es Jesus selber[177] vor dem gleichen Hohen Rat gesagt: „Doch ich sage euch, von nun an wird's geschehen, daß ihr werdet sehen des Menschen Sohn sitzen zur Rechten der Kraft" (Mt 26, 64). Damals zerriß der Hohepriester sein Kleid, und der Hohe Rat sprach das Todesurteil. Jetzt bricht die Erregung noch ungestümer
los: **„Schreiend aber mit lauter Stimme hielten sie sich ihre Ohren zu** 57
und stürzten sich einmütig auf ihn." Es gibt kein Urteil mehr, keine Besinnung darauf, daß zu einer Hinrichtung das Einverständnis des römischen Prokurators nötig war. Die Behauptung, daß ein Mensch zur Rechten Gottes stehe, war für jedes jüdische Ohr eine unerträgliche Antastung der Majestät und Einzigartigkeit Gottes. Und nun sollte es gar jener Mensch sein, der von den maßgebenden Männern Israels ans Fluchholz gehängt worden war! Diese Gotteslästerung war ihnen so schrecklich, daß sie sich die Ohren zuhielten und laut schrien, teils aus Entsetzen, teils um die Worte des Stephanus zu übertönen. Beim Hinausstoßen des Stephanus aus der Stadt müssen sie nicht ausdrücklich an die gesetzliche Bestimmung 3 Mo 24, 14; 4 Mo 5, 36; 5 Mo 17, 5 gedacht haben, es erfolgte ganz von selbst. Der erste Märtyrer erfüllte freilich damit das, was Hbr 13, 12—13 ge-

[177] Darin liegt wohl der Grund, daß wir in dem Wort des Stephanus den einzigen Fall im NT haben, in dem ein anderer als Jesus selbst den Titel „Menschensohn" von Jesus gebraucht.

sagt ist. Die Steinigung als solche erfolgte nicht nach der Regel, die wir aus der Mischna, der jüdischen Überlieferung, kennen[178]; es wurden einfach auf freiem Feld die Steine auf Stephanus geschleudert. Nur die Bestimmung aus 5 Mo 17, 7 wurde eingehalten: die Zeugen gegen Stephanus taten die ersten Würfe. Sie legten ihr dabei hinder-
58 liches Obergewand **„zu den Füßen eines jungen Mannes namens Saulus"** ab.

So führt Lukas mit schriftstellerischer Kraft Paulus in sein Geschichtswerk ein: **„Ein junger Mann namens Saulus".** Noch ahnt niemand, am wenigsten er selbst, was aus ihm werden wird. Aber der Leser der Apostelgeschichte spürt es mit Erschauern: Da der erste Zeuge Jesu als Märtyrer stirbt, hat Jesus sich schon den neuen Boten erwählt, mitten aus der Schar seiner Feinde. Die Sache Jesu ist nicht aufzuhalten, nicht durch Prozesse, nicht durch Haß und Blutvergießen. Das Evangelium muß nach Jesu Wort und Willen bis an die Enden der Erde getragen werden; und eben der Mann, der es hier mit Ernst vernichten will, muß der wesentlichste Mitwirker dabei sein! Das grie Wort, mit dem er gekennzeichnet wird, meint nicht einen „Jüngling" in unserem Sinn, sondern den Mann zwischen vierundzwanzig und vierzig Jahren. Eine führende Rolle konnte in Israel ein Mann frühestens mit dreißig Jahren spielen. Wir dürfen uns den Saul, der die erste Verfolgung der Gemeinde in Gang setzt, nicht zu jung denken. Es wird ihm hier keine amtliche Stellung zugeschrieben, wie er sie in seinem eigenen Rückblick auf seine Vergangenheit in Phil 3 auch nicht erwähnt. Aber er muß ein besonderes Ansehen gehabt haben, daß gerade bei ihm die Kleider der Zeugen niedergelegt wurden. Warum sollte es auch nicht so sein, wenn er von sich selbst berichten konnte: „Und im Judentum stürmte ich vor über viele meiner Altersgenossen in meinem Volk hinaus, da ich in besonderer Weise ein Eiferer für meine väterlichen Überlieferungen war" (Gal 1, 14)?

59 Stephanus betet aber unter den Steinwürfen, zunächst noch stehend, in Anlehnung an das Psalmgebet 31, 6, in das auch Jesus sterbend seine Bitte an den Vater kleidete. Dabei ist aber das Gebet des Jüngers an Jesus selbst gerichtet und bescheidener geformt: **„Herr Jesus, nimm auf meinen Geist."** Was hinter dem leiblichen Sterben liegt, können wir im einzelnen nicht wissen; unsere irdischen Vorstellungen erreichen es nicht. Aber dies eine darf der sterbende Christ erbitten und dabei der Erhörung gewiß sein: Jesus ist da, Jesus nimmt unsern Geist auf[179]. Dann bricht Stephanus unter den Stei-

[178] Danach wurde der Verurteilte von einer Höhe herabgestürzt; führte das nicht zu seinem Tode, so wurde von oben ein schwerer Stein auf seine Brust geworfen, der die Rippen zerbrach und Herz und Lungen verletzte.

nen in die Knie, und laut tönt sein Ruf über seine Feinde hin: **„Herr, messe ihnen diese Sünde nicht zu!"** Es bestätigt sich, was wir oben über den Schluß seiner Rede gesagt haben. Er sucht auch jetzt nicht Gottes Rache und Strafe über die, die ihn hier so ungerecht zu Tode bringen. Darum wird auch dieses harte und gewaltsame Sterben dennoch ein „Entschlafen" in tiefem Frieden.

„Saulus aber war einverstanden mit seiner Tötung!" So kann das 8, 1a
Menschenherz sein, wenn es im eigenen Eifer für Gottes Ehre zu kämpfen meint. Die Rede des Stephanus überzeugte Saulus nicht, die ganze Haltung des Stephanus überwand ihn nicht. Er hielt die gewaltsame Beseitigung dieses Mannes für recht vor Gott. Ob die Formulierung des Lukas über ein inneres Einverständnis des Saulus hinaus auch eine irgendwie amtliche Zustimmung zu dieser Hinrichtung zum Ausdruck bringen soll, ist nicht festzustellen. Wie es aber auch sei, das wollen wir jedenfalls nicht vergessen, der erste Märtyrer stirbt nicht unter den Steinwürfen der „Welt" oder unter dem Schwert des Staates, sondern unter den Händen der kirchlichen Eiferer. Und der „fromme" Saul war **„einverstanden mit seiner Tötung"**.

Und nun löst das erregte Geschehen **„jenes Tages" „eine große** 1b
Verfolgung gegen die Gemeinde in Jerusalem" aus. Sie wird wie das Vorgehen gegen Stephanus tumultarischen Charakter getragen haben. **„Alle zerstreuten sich über die Gegenden von Judäa und Samaria, außer den Aposteln."** Das **„alle"** ist hier — wie an vielen Stellen des NT — nicht statistisch zu nehmen. Es gingen nicht bis auf den letzten Mann sämtliche Christen aus Jerusalem fort. Wozu hätten dann die Apostel dort bleiben sollen? Und wozu drang Saulus noch in die Häuser ein, wenn es keine Christen mehr in Jerusalem gab? Die Apostel blieben, weil eine verstörte und bedrängte Gemeinde sie brauchte. **„Alle"** können fliehen, die Apostel können es nicht[180].

179 Die moderne Theologie müßte feststellen, daß der erste Märtyrer der Christenheit falsch gebetet hat. Er hätte sagen müssen: „Herr, erwecke mich am jüngsten Tage und behalte mich bis dahin in deinen Gedanken." Aber die biblischen Menschen teilen das Wissen aller Völker der Welt, daß der Mensch einen Geist hat, der das leibliche Sterben überdauert. Freilich, zugleich muß gesagt werden, daß der erste Märtyrer auch weit bescheidener war als viele Christen. Er jubelte nicht: Jetzt gehe ich in die Herrlichkeit!, sondern bat nur: Herr, nimm meinen Geist auf. Der Zustand „unser Leben ist verborgen mit Christus in Gott" (Kol 3, 3) bleibt auch nach dem leiblichen Tode bestehen. Erst wenn Christus sich offenbart, bei der Parusie, werden auch wir mit ihm offenbar „in Herrlichkeit" (Kol 3, 4). Vgl. auch die wartenden Seelen am himmlischen Altar Offb 6, 9.

180 Es wird deutlich, wie auch ein Wort des Herrn selbst (Mt 10, 23) nicht zu einem starren „Gesetz" zu werden braucht und es auch nicht werden darf. Die Jünger haben die Freiheit zu fliehen, aber auch die Freiheit zu bleiben.

Aber ein Strom von Flüchtlingen ergießt sich in das Land bis nach
3 Samaria hin. Doch Saulus ist mit dieser Schockwirkung nicht zufrieden. Er **„suchte die Gemeinde zu vernichten, indem er in die Häuser eindringend Männer wie Frauen fortschleppte und in das Gefängnis einlieferte"**. Er ist radikal, also bis auf die Wurzel dringend und rücksichtslos. S o hat er sich selbst geschildert, nicht nur in den Reden der Apostelgeschichte, sondern auch in seinen Briefen. „Ich habe die Gemeinde Gottes verfolgt" (1 Ko 15, 9); „nach dem Eifer ein Verfolger der Gemeinde" (Phil 3, 6); „ich war ein Lästerer und ein Verfolger und ein Frevler" (1 Tim 1, 13), und Gal 1, 23 steht das gleiche Wort „vernichten" wie hier im Text[181].

Man hat eingewendet, daß eine solche systematische Verfolgung in Jerusalem nicht ohne den Hohen Rat und vor allem nicht ohne die Zustimmung der römischen Besatzung möglich war. Nun dürfen wir die „Systematik" jener Verfolgung wieder nicht mit modernen Maßstäben messen. Es ist im Altertum und vor allem im Orient die kalte Genauigkeit nicht üblich gewesen, mit der heute staatliches Vorgehen betrieben wird. Nicht einmal bei den späteren Christenverfolgungen, die der römische Staat inszenierte, ist die Schar der Christen auch nur annähernd vollständig erfaßt worden. Saulus drang in die Häuser ein – das heißt noch lange nicht, daß er Straßenzüge polizeilich abriegelte und durchkämmte! Aber freilich, der Hohe Rat mußte schon hinter ihm stehen und das Einverständnis der Römer für solche Maßnahmen besitzen. Das **„Einliefern der Christen ins Gefängnis"** hatte nicht die Gefangenschaft als solche zum Ziel, sondern es diente der Durchführung eines Prozesses, der mit der Auspeitschung bis zum Widerruf (vgl. Apg 26, 11 „ich zwang sie zu lästern") und bei Verweigerung des Widerrufes mit der Todesstrafe endete. Das ging nicht ohne die Duldung durch die Besatzungsmacht. Wie können wir heute sagen, daß der Hohe Rat diese Duldung nicht bekommen haben „könne"? Sollte Pilatus etwas dagegen gehabt haben, wenn Juden einander totschlugen? Lukas schreibt von einer Einwilligung der römischen Behörde nichts. Aber wie vielfach schweigt er in seiner knappen Darstellung von Dingen, die zweifellos doch geschehen sein müssen[182].

181 Die Kritik hält die Darstellung des Lukas für völlig ungeschichtlich. Ihrer Meinung nach war Paulus damals gar nicht in Jerusalem. Nur in oder bei Damaskus hat er sich an Christen im Rahmen der Strafbefugnis der Synagoge vergriffen. Aber hätte er sich dadurch schon in dem absoluten Sinn als „Verfolger der Gemeinde Gottes" betrachtet? Hätte er davon wirklich sagen können „Ich habe die Gemeinde Gottes maßlos verfolgt und zerstört" (Gal 1, 12)? Er braucht hier den gleichen Ausdruck vom „Zerstören" der Gemeinde, wie überhaupt die Schilderung des Lukas genau zu dem Selbstzeugnis des Apostels paßt.

182 Es ist immer mißlich, wenn wir von uns aus feststellen wollen, was in der Geschichte

Daß das Verfahren gegen Stephanus nicht mit einer klaren, amtlichen Verurteilung endete, sondern in eine Lynchjustiz auslief, zeigt auch die Bemerkung **„es bestatteten aber den Stephanus fromme Männer und hielten eine große Totenklage über ihn".** Für einen amtlich als Gotteslästerer hingerichteten Mann war eine solche Bestattung und Totenklage nicht erlaubt. Nicht Christen konnten damals ihrem Bruder diesen Dienst tun. Aber in der Judenschaft gab es Männer, die Stephanus anders einschätzten, als seine Gegner es taten. Sie wagten es, ihm jetzt die letzte Ehre zu erweisen. 2

DAS EVANGELIUM KOMMT NACH SAMARIA

Apostelgeschichte 8, 4—25

4 **Die nun Verstreuten zogen durch** (das Land) **und verkündigten**
5 **dabei das Wort. * Philippus aber kam hinab in die Stadt Samarias**
6 **und verkündigte[183] ihnen den Messias. * Die Volksscharen aber**
gaben acht[184] auf das von Philippus Gesagte einmütig, indem sie
7 **zuhörten und die Zeichen sahen, die er tat. * Denn viele von de-**
nen, die unreine Geister hatten — schreiend mit lauter Stimme
8 **fuhren sie aus; viele Gelähmte und Lahme wurden geheilt; * es**
entstand aber viel Freude in jener Stadt.
9 **Ein Mann aber namens Simon war schon vorher in der Stadt,**
der Zauberei trieb und das Volk Samariens in Erstaunen setzte,
10 **indem er von sich behauptete, ein Großer zu sein. * Auf ihn ga-**
ben alle acht[184] klein und groß, und sagten: „Dieser ist die Kraft
11 **Gottes, die man die Große nennt." * Sie achteten[184] aber auf ihn,**
weil er sie lange Zeit mit seiner Zauberei in Erstaunen gesetzt
12 **hatte. * Als sie aber gläubig wurden dem Philippus gegenüber,**
der die Botschaft von der Gottesherrschaft und dem Namen Jesu,
des Messias, brachte, ließen sie sich taufen, Männer und Frauen.
13 *** Simon aber kam auch selber zum Glauben; er ließ sich taufen**
und blieb beständig bei Philippus; und da er die großen Zeichen
und Wunder schaute, die geschahen, geriet er in Erstaunen.
14 **Als aber die Apostel in Jerusalem hörten: angenommen hat**

zu Vers 4: Apg 8, 40; 11, 19
zu Vers 5 Apg 1, 8; 6, 5
zu Vers 6: Hbr 2, 1
zu Vers 7: Mk 16, 17
zu Vers 8: Jo 4, 40-42
zu Vers 9: Apg 5, 36
zu Vers 10: Apg 8, 6
zu Vers 12: Mt 28, 19
zu Vers 14: Apg 1, 8; 11, 1. 22; Jo 4, 35. 39—41

habe geschehen oder nicht geschehen „können". Die Wirklichkeit ist viel bunter, als wir denken, und es geschieht allerlei, was unser Denken nicht für möglich hält.

[183] Wir geben notgedrungen mit dem gleichen Ausdruck zwei verschiedene Worte wieder, die wir nicht entsprechend verdeutschen können. In Vers 4 heißt es „sie evangelisierten" das Wort; in V. 5 dagegen „er heroldete ihnen den Messias".

[184] Das hier verwendete grie Wort enthält über das „achten, achtgeben" hinaus schon ein Stück den Klang von „sich halten an, anhängen".

zu Vers 15/16:
Apg 2, 38
19, 2-7
zu Vers 17:
Apg 6, 6
9, 17
19, 6
zu Vers 20:
Mt 10, 8
zu Vers 21:
Ps 78, 37
Apg 13, 10
zu Vers 22:
5 Mo 29, 18
zu Vers 23:
Hbr 12, 15
zu Vers 25:
Jo 4, 35

Samaria das Wort Gottes, sandten sie zu ihnen Petrus und Jo-
15 hannes, * die herabkamen und für sie beteten, damit sie Heiligen
16 Geist empfingen. * Denn noch war er nicht auf einen von ihnen
gefallen; sondern sie waren nur getauft auf den Namen des
17 Herrn Jesu. * Da legten sie die Hände auf sie, und sie empfingen
18 Heiligen Geist. * Als aber Simon sah, daß durch die Auflegung
der Hände der Apostel der Geist gegeben wird, brachte er ihnen
19 Geld * und sagte: „Gebt auch mir diese Vollmacht, daß, wem im-
mer ich die Hände auflege, er den Heiligen Geist empfängt (daß
20 jeder, dem ich die Hände auflege . . .)**". * Petrus aber sprach zu**
ihm: „Dein Geld samt dir gehe ins Verderben, weil du gemeint
21 hast, die freie Gabe Gottes durch Geld zu erwerben. * Du hast
kein Teil noch Los an diesem Wort; denn dein Herz ist nicht
22 gerade vor Gott. * Kehre darum um von dieser deiner Schlechtig-
keit und bitte den Herrn, ob dir vergeben wird der (böse) **Einfall**
23 deines Herzens. * Denn zu bitterer Galle und zur Fessel der Unge-
24 rechtigkeit sehe ich dich geworden." * Simon aber antwortete und
sprach: „Betet ihr für mich zum Herrn, daß nichts auf mich kom-
25 me von dem, was ihr gesagt habt." * Sie nun, nachdem sie durch-
greifend Zeugnis abgelegt und das Wort des Herrn gesagt hatten,
kehrten nach Jerusalem zurück und brachten dabei vielen Dör-
fern der Samariter die Botschaft.

4/5 **„Die nun Verstreuten zogen durch das Land und verkündigten dabei das Wort." „Philippus aber kam hinab in die Stadt Samarias und verkündigte ihnen den Messias."** Jesus hatte bei seinem Abschied den Aposteln nicht eigentlich befohlen, etwas zu tun, sondern gesagt, was sie als seine Zeugen tun würden. Dementsprechend hatten die Apostel dann auch keine Beratungen, wie sie den Befehl Jesu ausführen sollten, und machten keine Missionspläne. Sie tun als Glaubende Tag für Tag, was ihnen „unter die Hände kommt" (1 Sam 10, 7). Lukas hat in meisterhafter Weise gezeigt, wie sich dadurch alles „begibt" und gerade so Gottes Plan zur Durchführung kommt. Aus dem stillen, absichtslosen Gang zum Tempel Apg 3, 1 erwächst der Kampf, der nun zur ersten Hinrichtung eines Zeugen Jesu und zur ersten Verfolgung der Gemeinde geführt hat. Aber gerade dadurch kommt es ohne planmäßige Unternehmungen der Apostel zu der Evangelisation in Judäa und Samaria, von der Jesus gesprochen hatte. Lukas hat es kraftvoll unmittelbar nebeneinander gestellt: Saulus sucht die Gemeinde zu vernichten — die Verstreuten verkündigen bis nach Samaria hin die Botschaft! Freilich, auch die Verschiedenheit im Schicksal von Christen wird sichtbar: Männer und Frauen liegen in Jerusalem im Gefängnis, leiden und sterben —

Flüchtlinge stehen frei im Dienst ihres Herrn. Wer will sagen, wen das bessere Los getroffen, wer den wichtigeren Dienst getan hat?

Die Verstreuten **„zogen durch"**; dies Wort hat Lukas sehr oft verwendet. Z. B. in Kapitel 10, 38 zeichnet er damit auch zusammenfassend das Bild der Wanderungen Jesu. Die Flüchtlinge finden nicht schnell eine neue Heimat, sie rechnen wohl auch mit ruhigeren Zeiten, die ihnen die Rückkehr nach Jerusalem erlauben werden. Aber wie sich auch ihr Leben gestaltet, sie „evangelisieren". Es lag ja nahe, daß sie nach den Gründen ihrer Flucht gefragt wurden; es wird auch gerüchtweise von allem Geschehenen im ganzen Land gesprochen worden sein[185]. Es lag ebenso nahe, daß diese Männer und Frauen nach allem, was sie durchgemacht hatten, nun von dieser gefährlichen Jesussache ängstlich schwiegen. Aber sind sie auch Flüchtlinge, so sind sie doch keine Verleugner. Sie reden von Jesus; sie tun es „evangelistisch", also mit ungebrochener Freude und werbender Kraft. So war auch damals schon die „Evangelisation von Mann zu Mann" von großer Bedeutung!

In Philippus – es ist nicht der Apostel, sondern der Kap. 6, 5 zu den „Sieben" Gewählte ist gemeint – befindet sich ein bedeutender Mann unter den Flüchtlingen. Ihn führt der Weg – **„hinab"** vom hochgelegenen Jerusalem (760 m ü. M.) – nach der **„Stadt Samarias"**[186]. Das wird nicht das alte „Samaria" gewesen sein, das nach verschiedenen Zerstörungen, Neubauten und Erweiterungen in hellenistischer Zeit von Kaiser Augustus an Herodes den Großen geschenkt und von diesem zu Ehren des Kaisers „Sebaste" genannt worden war. Sebaste war eine überwiegend heidnische Stadt; eine von den Aposteln bestätigte Heidenmission hat es aber vor Kap. 10 nicht gegeben. So werden wir an Sichem zu denken haben. Hier wohnten die „Samariter" in dem uns bekannten Sinn einer eigenen, von Jerusalem gelösten jüdischen Religionsgemeinschaft. Hier war Philippus vor dem Hohen Rat in Sicherheit. Hier fand er den Boden für eine Verkündigung des „Messias", auf den auch die Samariter warteten (vgl. Jo 4, 25). Er konnte hier als „Herold"[187] des großen Königs reden, zumal die Erinnerung an Jesus bei vielen noch lebendig gewesen sein wird. Jetzt kommt die große Ernte, die Jesus schon gesehen und die in ihren Anfängen damals begonnen hatte.

Beides lenkt die Aufmerksamkeit ganzer Scharen auf Philippus, 6/8

[185] Wir lasen bereits in Apg 5, 16, wie das Wirken der Apostel in Judäa bekannt wurde und Menschen in leiblichen und seelischen Nöten zu den Aposteln nach Jerusalem hinein lockte. So waren mancherlei gute Beziehungen geknüpft, die jetzt den Flüchtlingen zustatten kamen.

[186] Beachtliche Handschriften sagen „eine Stadt Samarias".

[187] Vgl. Anmerkung 183

einerseits das von ihm Gesagte, das sie hören, andererseits seine Wunder- und Machttaten, die sie sehen. Beides steht in enger Verbindung miteinander. Aus Vers 12 erfahren wir, daß Philippus **„die Botschaft von der Gottesherrschaft und dem Namen Jesu, des Messias, brachte"**. Wir denken viel zu wenig daran, daß das Evangelium von Anfang an das „Evangelium vom Reich" war und bis in das letzte Buch der Bibel hinein blieb. Gottes Herrschaft bricht rettend, helfend, heilend in diese Welt der Unheils- und Todesmächte hinein. Das ist der „eschatologische" Grundzug der ganzen biblischen Botschaft. Aber diese „Endzeit" hat bereits begonnen. Das „Reich Gottes" ist Zukunft und doch nicht mehr nur Zukunft. Der Messias, der Heilskönig, ist da. Er heißt Jesus. Darum ist dieser Jesusname voll Kraft der mächtigen Hilfe (vgl. Apg 4, 10—12). Das aber kann man nicht mit Vollmacht verkündigen, wenn es nicht zugleich mit dem Verkündigen auch tatsächlich geschieht und vor aller Augen sichtbar wird[188]. Wenn **„unreine Geister" „schreiend mit lauter Stimme"**[189] ausfuhren, wenn verkrümmte Glieder sich streckten und gelähmte Menschen laufen und springen, dann erweist der Name Jesu seine herrliche Macht, und die Königsherrschaft Gottes ist gegenwärtig. **„Es entstand aber viel Freude in jener Stadt"**, das können wir uns vorstellen.

9 Das alles war für den Eingang des Evangeliums hier besonders wichtig. Denn diese Stadt lebte nicht nur in dem alten, überlieferten „Judentum" samaritischer Färbung, sondern war beherrscht von einer neuen Religion, von okkulten Kräften, die ihren Vertreter in **„einem Mann namens Simon"** hatten, der **„Zauberei trieb und das Volk Samariens in Erstaunen setzte, indem er von sich behauptete, ein Großer zu sein"**. Dabei müssen wir uns daran erinnern, daß nach Jo 8, 48 das Samaritertum zu Jesu Zeit bereits allgemein als okkult verseucht galt. Was Lukas hier berichtet, können wir uns von eigenen Erfahrungen aus vorstellen. Wir kennen Aberglauben und Zauberei in vielfältigen Formen. Wir kennen die geheimnisvoll-stolze Selbstüberzeugung derer, die auf diesem Gebiet etwas „sind". Wir kennen aber auch dies, daß es nicht bei einzelnen Zauberkünsten bleiben muß, sondern daß nun die okkulten Erfahrungen in ein weltanschauliches und religiöses System eingebaut werden, das Anschauungen bekannter Religionen, auch des Christentums, geschickt mit verwertet. In diesem System hat dann der Mann mit den okkulten

188 Hier haben uns Männer wie Blumhardt und Johannes Seitz wieder recht biblisch sehen und darum auch biblisch beten und handeln gelehrt.

189 Sowohl die göttliche wie die dämonische Welt ist so gewaltig, daß sie das ruhige und wohltemperierte Reden des natürlichen Menschen sprengen und zum „Schreien" führen kann; vgl. als das Gegenstück zu unserer Stelle: Rö 8, 15; Gal 4, 6.

Gaben seine besondere Stellung, die er mit dunklen Andeutungen ahnen läßt und die seine Anhänger umso leidenschaftlicher propagieren. So war es auch in dieser Stadt Samariens. Simon stand im 10/11
Mittelpunkt des Interesses. **„Auf ihn gaben alle acht**[190]**, klein und groß, und sagten: ‚Dieser ist die Kraft Gottes, die man die Große nennt.'"** Hier war eines jener Religionssysteme wirksam, wie sie aus der Religionsmengerei des hellenistischen Orients vielgestaltig hervorgingen und wie wir sie dann in der sogenannten „Gnosis" christlich gefärbt als gefährliche Konkurrenten der Kirche kennen. Man sprach von den verschiedenen „Emanationen", den „Ausflüssen" oder „Ausstrahlungen" der Gottheit und sah in bestimmten Kreisen oder auch in einzelnen Männern die „Kräfte" der Gottheit in verschiedenem Maße wirksam. Und eine Gestalt konnte dann **„die Kraft Gottes sein, die man die Große nennt".** Der „Meister" selbst sagt es nicht, aber seine Anhänger sprechen es aus. Zugleich wird auch hier jenes seltsame Hineinmischen bekannter Vorstellungen alter Religion sichtbar. Simon selbst **„behauptete von sich, ein Großer zu sein".** Das erinnert auffallend an die in Apg 5, 36 erwähnte Selbstaussage des Theudas, der in sie seinen Messiasanspruch kleidete. So mag auch Simon auf die samaritischen Messias-Erwartungen angespielt und ihre Erfüllung in seiner Person angedeutet haben. Damals aber wie heute noch horcht der Mensch begierig auf, wenn etwas seinem Verlangen nach wunderbarer Hilfe und nach einem Erleben des Übernatürlichen, Geheimnisvollen so drastisch und so billig entgegenkommt. **„Sie achteten aber auf ihn, weil er sie lange Zeit mit seiner Zauberei in Erstaunen gesetzt hatte."**

Von Anfang an stand das Evangelium im Kampf. In Jerusalem 12
hatte es mit dem Stolz der gesetzlichen Gottesbeziehung zu ringen. Sobald es aber die Grenzen des gesetzestreuen Judentums überschritt, traf es nicht so etwas wie einen leeren Raum an, sondern stieß auf das wirre Religionsgemisch der Zeit, das sich hier bis in das samaritische Judentum hinein auswirken konnte. Lukas schildert uns die erste Auseinandersetzung mit solcher okkult geladenen Religiosität. Es scheint zunächst alles aufs beste zu gehen. **„Als sie aber gläubig wurden dem Philippus gegenüber, der die Botschaft von der Gottesherrschaft und dem Namen Jesu, des Messias, brachte, ließen sie sich taufen, Männer und Frauen."** Wir fühlen ordentlich mit, wie hell und klar die Botschaft des Philippus hereinbrach in das seltsame Halbdunkel der Simonschen Anschauungswelt. Und vor allem:
Hier geschah noch mehr und noch Erstaunlicheres als bei Simon. Das 13
führte zum großen Triumph. Simon selbst wird davon gepackt. **„Si-**

[190] Vgl. Anmerkung 184.

mon aber kam auch selber zum Glauben; er ließ sich taufen und blieb beständig bei Philippus; und da er die großen Zeichen und Wunder schaute, die geschahen, geriet er in Erstaunen.“ Ist das nicht herrlich?

Lukas ist kein moderner Historiker, der seine Darstellung mit seiner eigenen kritischen Beurteilung der Dinge begleitet. Er schildert, was geschieht. Umso mehr aber muß der Leser seines Werkes darauf achten, wo sich in der Darstellung selbst zeigt, daß auch damals Fehler in der Arbeit gemacht werden konnten. Es muß uns auffallen[191], daß in der Verkündigung des Philippus eins völlig fehlt: der Bußruf „Kehrt um!“ Wie klar war er stets in der Verkündigung der Apostel zu hören. Und wie notwendig war nach der Flut okkulter Belastungen gerade in dieser Stadt eine gründliche Buße. Wie mußte die seltsame Mischreligion, in der sie gelebt hatten, als „Feindschaft gegen den lebendigen Gott“ erkannt und abgelegt werden. Nichts von alledem geschieht. Diese Männer und Frauen scheinen bruchlos von Simon zu Philippus überzugehen. Wie treffend läßt Gottes Geist Lukas hier formulieren: **„Als sie aber gläubig wurden dem Philippus gegenüber.“** Nicht eigentlich Jesus gegenüber werden sie gläubig. Nicht Jesus selbst steht im Mittelpunkt. Man geht eigentlich nur von einem Menschen zu dem andern über. Philippus „kann“ mehr als Simon, also „glaubt“ man nun ihm. So gibt es hier eine „Erweckung“, die doch keine Bußbewegung ist. Zu der **„großen Freude in der Stadt“** tritt darum nicht wie in Jerusalem (Apg 2, 43; 5, 11) die heilige Furcht. Die **„Zeichen und Wunder“** spielen eine allzu große Rolle. Man hat den Eindruck, daß sich Simon selbst dem Evangelium nur als der noch größeren Wundermacht beugt. Auch hier ist es wieder Philippus, der größere Meister, bei dem Simon **„beständig bleibt“**, nicht Jesus selbst. Hier ist die Evangelisation im Ansatz unzulänglich.

14—17 Das wird offenbar, als die Apostel eine „Visitation“ in Samaria durchführen. **„Als aber die Apostel in Jerusalem hörten: Angenommen hat Samaria das Wort Gottes, sandten sie zu ihnen Petrus und Johannes.“** Welche staunende Freude muß es in Jerusalem gegeben haben, als die bedrängte Gemeinde dort von den großen Ereignissen und Siegen in Samaria hörte: **„Samaria[192] hat das Wort Gottes angenommen.“** Nun wollten sich die Apostel selbst überzeugen und

191 Udo Smidt hat in seiner Auslegung besonders darauf aufmerksam gemacht.

192 Hier wird das Wort „Samaria“ in der gleichen Weise gebraucht, wie Paulus 2 Ko 9, 2 schreibt: „Achaja ist (für die große Sammlung) schon seit vorigem Jahr gerüstet.“ Weil die kleinen Scharen der Gläubigen in der Provinz Achaja sich zu der Sammlung gerüstet hatten, war „Achaja“ bereit. Für den Blick des Glaubens sind die Glaubenden ausschlaggebend, so gering ihre Zahl unter den andern sein mag.

zugleich die Verantwortung wahrnehmen, die sie hier in ganz besonderer Weise trugen. War doch die Feindschaft zwischen Samaritern und Juden tief eingewurzelt und „Samaria" jedem Jerusalemer schwer verdächtig. Nun sollten „Samariter" zu der einen Gemeinde des Messias Jesus ganz dazu gehören und das gleiche Leben aus Gott empfangen haben!

Es geht den beiden Abgesandten, Petrus und Johannes, im großen so, wie es später Paulus in Ephesus bei den zwölf „Jüngern" ging (Apg 19, 12 f): Sie merkten sofort, daß in Samaria Entscheidendes fehlte. Der Heilige Geist war „noch nicht auf einen von ihnen gefallen". Woran merkten sie das? Die Ausleger verweisen auf Apg 10, 40 und erklären sofort: Es fehlte das Zungenreden. Aber wir sollten mit solchen raschen Rückschlüssen vorsichtig sein. Wenn es Gott gefallen hat, bei den ersten Gläubigen aus den Heiden das Geschenk seines göttlichen Lebens den israelitischen Christen besonders handgreiflich durch das Zungenreden und den überströmenden Lobpreis Gottes zu beweisen, so muß darum den Aposteln die Zungenrede noch nicht als die eine und wesentliche Auswirkung des Geistes gegolten haben. Denn gerade von der Urgemeinde selbst hören wir weder bei der Gründung noch hernach bei den mehrfachen Schilderungen ihres Werdens und Wachsens ein Wort von „Zungen". Da ist vielmehr die überströmende Liebe „das" Kennzeichen des neuen Lebens. Und bei Simon war der Mangel auch nach dem Urteil des Petrus (V. 21. 23) offensichtlich nicht der, daß er nicht in Zungen sprach, sondern daß er ein ungereinigtes Herz hatte. Samaria war aufgeregt genug, es hatte stürmische Äußerungen des Heiligen Geistes nicht nötig. Aber das wahre göttliche Leben in tiefer Reinigung und Erneuerung des Herzens fehlte. Selbst wenn es sich dann auch in dem freien Lob Gottes und im Gebet mit der „Zunge" zeigen mochte, das Wesentliche war die innere Umwandlung, die dahinter stand. Diese Umwandlung geschieht nun unter dem Beten und unter der Handauflegung der Apostel. **„Da legten sie die Hände auf sie, und sie empfingen den Heiligen Geist."**

Und nun wird an Simon der ganze Mangel in seiner „Bekehrung" offenbar. Bisher war in der Erzählung des Lukas das „Gläubigwerden" immer ein echtes und wahres gewesen. Jetzt erleben wir zum ersten Mal mit, daß man „zum Glauben kommen" und „getauft werden" und dabei doch ungebrochen der alte Mensch bleiben kann. „Bekehrung" ohne wirkliche Umkehrung und Herzenserneuerung! Wie notwendig wäre diese Herzenserneuerung vollends bei diesem okkult völlig verseuchten Simon gewesen! Und nun zeigt sich, was wir seitdem oftmals gerade bei okkult belasteten und schwarmgeistigen Männern und Bewegungen in der Christenheit erlebt haben: Unter

der „christlichen“ Decke regiert im Herzen der alte Hochmut und Ehrgeiz, und spielt das Geld seine üble Rolle.

18/19 Nicht nach dem Heiligen Geist, nicht nach der Erneuerung selbst verlangt Simon, aber nach dieser wunderbaren Fähigkeit, sichtbare Umwandlung der Menschen zu bewirken. Hätte er diese Macht[193], dann wäre er wieder **„ein Großer“**, dann würden sie ihn wieder „die große Kraft Gottes“ nennen, dann stünde er wieder über dem Philippus, der bei all seinen Wundern das nicht fertiggebracht hatte, was Petrus und Johannes können. Er mißversteht die Wirksamkeit der Apostel aus seinem eigenen Wesen heraus okkult-magisch[194], und er offenbart unwillkürlich seinen eigenen Herzenszustand, wenn er selbstverständlich annimmt, solche geheimnisvollen Kräfte gibt man
20 nicht umsonst her, für Geld aber kann man alles haben. Petrus aber antwortet mit der notwendigen Härte: **„Dein Geld samt dir gehe ins Verderben, weil du gemeint hast, die freie Gabe Gottes durch Geld zu erwerben.“** Er stellt trotz „Bekehrung“ und „Taufe“ mit uner-
21/22 bittlicher Klarheit fest: **„Du hast kein Teil noch Los an diesem Wort.“** Denn, so urteilt er mit starkem Anklang an Ps 78, 36 f, **„dein Herz ist nicht gerade vor Gott“**. Kein Getauftsein, keine Wundertat (und auch keine „Zungenrede“!) hilft etwas, wenn es um unser Herz nicht recht bestellt ist. Anders als bei Ananias und Sapphira wird hier aber noch die Möglichkeit einer echten „Umkehr“ offengelassen. Nun hören wir endlich in diesem Kapitel das **„Kehre um!“** und das
23 Wort von der Vergebung der Sünden! Petrus denkt dabei nicht nur an das persönliche Schicksal des Simon, sondern sieht den ganzen gefährlichen Einfluß eines solchen Mannes und spricht das in seiner bibelgesättigten Sprache im Anklang an 5 Mo 29, 17 und Jes 58, 6 aus: **„Denn zu bitterer Galle und zur Fessel der Ungerechtigkeit sehe**
24 **ich dich geworden.“** Die Antwort des Simon ist kennzeichnend. Er sieht seine Schuld nicht ein und erschrickt vor seinem Zustand nicht. Darum mag er auch nicht Buße tun. Er bleibt in seinem Aberglauben hängen, fürchtet aber gerade von ihm aus den „mächtigen“ Petrus und etwaige Folgen seiner Drohungen für sich selbst und antwortet darum: **„Betet ihr für mich zum Herrn, daß nichts auf mich komme von dem, was ihr gesagt habt.“** Dem entspricht, was wir an späteren Nachrichten über Simon haben. Justin der Märtyrer, der

[193] In allem Heidentum und allem Okkultismus steckt das Verlangen nach „Macht“. Macht über die Dinge, Macht über die Menschen, Macht über das Jenseits möchte man haben. Darum gehört es zum Beweis der wahren Gottessohnschaft Jesu, daß Jesus bis in sein Sterben hinein willentlich der für sich selbst Machtlose blieb.

[194] Dazu hätte er ein gewisses Recht gehabt, wenn wirklich die ekstatischen Erscheinungen der eigentliche Beweis des Geistes gewesen wäre, wie bei religionsgeschichtlichen Forschern ohne weiteres angenommen wird.

selber in Samaria um 100 n. Chr. geboren ist, weiß von Simon. Simon hat sich — von vielen als „Gott“ verehrt — von der Gemeinde Jesu getrennt und eine eigene gnostische Gemeinde gegründet. Wenn ihm dabei üble Verirrungen auf sexuellem Gebiet nachgesagt werden, so entspricht auch das den Erfahrungen, wie wir sie bis in unsere Zeit bei schwarmgeistigen Bewegungen vielfach machen: Okkulte Kräfte verbinden sich mit Unlauterkeit auf finanziellem und sexuellem Gebiet[195].

Die Apostel hielten ihre Arbeit mit der Handauflegung nicht für 25
beendet. Bekehrung, Vergebung der Sünde, Geistesempfang — das ist ein Anfang und kein Endpunkt. So wie in Jerusalem gerade darauf das „Verharren bei der Apostel Lehre“ folgte und wie Paulus gerade die zum Glauben Gekommenen in Thessalonike sorgsam und dringlich in seine Seelsorge nahm (1 Th 2, 12; 4, 6), so verlassen auch Petrus und Johannes Samarien erst, **„nachdem sie durchgreifend Zeugnis abgelegt und das Wort des Herrn gesagt hatten“.** Der Rückweg nach Jerusalem wird eine Evangelisationsreise durch die Dörfer der Samariter.

EIN ÄTHIOPIER KOMMT ZUM GLAUBEN

Apostelgeschichte 8, 26—40

26 **Ein Engel des Herrn aber redete zu Philippus und sagte: Stehe auf**
und gehe um die Mittagszeit (oder: nach Süden) **zu der Straße, die**
27 **hinabgeht von Jerusalem nach Gaza; diese ist öde. * Und er**
stand auf und ging. Und siehe, ein äthiopischer Mann, ein Eunuch, Hofbeamter der Kandake, der Königin der Äthiopier, der
über ihren ganzen Schatz (gesetzt) **war, war nach Jerusalem ge-**
28 **kommen, um anzubeten. * Er war auf der Rückreise begriffen**
29 **und saß auf seinem Wagen und las den Propheten Jesaja. * Es**
sprach aber der Geist zu Philippus: Geh hinzu und schließe dich
30 **diesem Wagen an. * Als aber Philippus herbeilief, hörte er ihn**
den Propheten Jesaja lesen und sprach: „Verstehst du auch, was
31 **du liest?“ * Er aber sprach: „Wie sollte ich denn das imstande**
sein, wenn keiner mich anleitet?“ Und er bat Philippus aufzu-
32 **steigen und sich zu ihm zu setzen. * Aber der Abschnitt** (oder:
Wortlaut) **der Schrift, den** (die) **er las, war dieser: Wie ein Schaf**
zur Schlachtung geführt wird und wie ein Lamm vor seinem

zu Vers 27:
Ps 68, 32
1 Kö 8, 41. 42
Jes 56, 6-7
Zeph 3, 10
zu Vers 31:
Lk 24, 27
Jo 16, 13
zu Vers 32:
Jes 53, 7-8

[195] Wenn die Kirche im Mittelalter den Erwerb kirchlicher Ämter durch Geld als „Simonie“ bezeichnete, so hat sie unsern Bericht nur halb verstanden, weil sie in falscher Weise den Geist Gottes institutionell an das kirchliche „Amt“ gebunden sah.

zu Vers 35:
Lk 24, 44-46
1 Ko 15, 3-4
zu Vers 36:
Apg 10, 47
zu Vers 39:
1 Kö 18, 12
2 Ko 12, 2. 4
Apg 16, 34
zu Vers 40:
Apg 8, 4
21, 8

33 **Scherer verstummend, so öffnet er seinen Mund nicht. * In der**
Erniedrigung wurde sein Gericht aufgehoben. Sein Geschlecht,
wer wird es beschreiben? Denn fortgenommen ist von der Erde
34 **sein Leben** (Jes 53, 7. 8). *** Es antwortete aber der Eunuch dem**
Philippus und sprach: „Ich bitte dich, von wem sagt der Prophet
35 **dies? Von sich selbst oder von einem anderen?" * Da öffnete**
Philippus seinen Mund, und ausgehend von dieser Schriftstelle
36 **verkündigte er ihm die Botschaft von Jesus. * Wie sie aber auf**
der Straße dahinfuhren, kamen sie an ein Wasser, und der
Eunuch sagte: „Siehe da, Wasser! Was hindert, daß ich getauft
37 **werde?"** * (Es sprach aber zu ihm Philippus: „Wenn du glaubst
aus ganzem Herzen, ist es möglich." Antwortend aber sprach er:
38 „Ich glaube, daß Jesus Christus der Sohn Gottes ist.") *** Und er**
befahl, daß der Wagen hielte, und sie stiegen beide in das Was-
39 **ser hinab, Philippus und der Eunuch, und er taufte ihn. * Als sie**
aber aus dem Wasser heraufkamen, entrückte der Geist des
Herrn den Philippus, und es sah ihn nicht mehr der Eunuch; denn
40 **er zog seines Weges mit Freude. * Philippus aber wurde gefun-**
den in Asdod, und hindurchziehend verkündigte er die Botschaft
in allen Städten, bis er nach Caesarea kam.

26 War Philippus bei seiner Arbeit in Samaria zu tadeln? Daß eine vom Okkultismus belastete Stadt ein schwieriges Missionsfeld war und daß ein Mann wie Simon einen ganz besonderen seelsorgerlichen Tiefblick erforderte, den Philippus offensichtlich so nicht besaß, das geht aus dem Verlauf der Geschichte selbst hervor. Aber Philippus tat, was er konnte, und war ein beglaubigter und gesegneter Bote seines Herrn. Seine Arbeit war nicht vergeblich, wenn sie auch erst durch Petrus und Johannes zur klaren Frucht wurde. Aber hatte Jesus nicht gerade in Samaria das Wort von dem verschiedenartigen Dienst der Erntearbeiter gesagt? (Jo 4, 36—38). Wenn der neue Abschnitt auch nichts darüber sagt, wo und wann „ein Engel des Herrn zu Philippus redete", so liegt es doch am nächsten, ihn noch in Samaria zu denken[196]. Er stand dann in der reichen Arbeit, die einer fruchtbaren Evangelisation folgt. Dann wird es auch besonders eindrucksvoll, wie Gott selbst aus eifriger und dringlicher Tätigkeit herausrufen kann. **„Stehe auf und geh um die Mittagszeit**

[196] Freilich wäre der Befehl in seinem Wortlaut auch wieder viel leichter zu verstehen, wenn sich Philippus in Jerusalem befand. Von Samaria nach Gaza hinunter ist eine lange Wanderung; wird Philippus dann gerade um die Mittagszeit dort sein? Von Jerusalem aus aber konnte er sich ausdrücklich so aufmachen, daß er gegen Mittag auf dieser Straße nach Gaza war. Der Zusatz „diese ist öde" würde sich dann eindeutig auf die Straße beziehen.

(oder: nach Süden) **zu der Straße, die hinabgeht von Jerusalem nach Gaza; diese ist öde." „Steh auf!"** entspricht unserem „Mach dich auf!" **„Um die Mittagszeit"** oder **„nach Süden"**, beide Fassungen sind möglich. Aber daß Gaza im Süden lag, mußte nicht noch ausdrücklich hervorgehoben werden, während die Anweisung, um die heiße Mittagszeit die dann vollends menschenleere Straße aufzusuchen, die scheinbare „Sinnlosigkeit" des göttlichen Befehls unterstreicht[197]. Der Zusatz: **„Diese ist öde"** kann sich auf die Straße oder auf den — im grie als weiblich empfundenen — Ort Gaza beziehen. Der König von Jerusalem, Alexander Jannai, hatte zu Beginn des Jahrhunderts Gaza nach hartem Kampf erobert und gründlich zerstört. Wie wir auch die Einzelheiten unseres Satzes zu verstehen haben, jedenfalls wird Philippus an eine unwirtliche und einsame Stelle geschickt, an der gerade in der heißen Mittagshitze niemand zu erwarten ist. Ja, so seltsam können Gottes Befehle aussehen! Doch hat Gott für diesen scheinbar sinnlosen Auftrag einen Engel geschickt, damit Philippus gewiß ist, daß wirklich Gott ihm diese Weisung erteilt, gegen die jede vernünftige Überlegung sprach.

Philippus gehorcht, das sagt eindrucksvoll der kurze Satz, der die 27
Befehlsworte des Engels als ausgeführte wiederholt: **„Und er stand auf und ging."** Was ist auf der heißen Straße bei den Ruinen von Gaza zu sehen? Vielleicht lange Zeit nichts. Aber dann heißt es, wie so oft in der Bibel: **„Siehe!"** Es ist längst eine Geschichte im Gange, von der Philippus nichts ahnen kann. Gottes Boten wissen in den wenigsten Fällen von den Geschichten, die Gott schon begonnen hat, ehe er seine Zeugen in entscheidender Weise Menschen begegnen läßt. **„Siehe, ein äthiopischer Mann, ein Eunuch, Hofbeamter der Kandake, der Königin der Äthiopier, der über ihren ganzen Schatz** (gesetzt) **war."** Das „Äthiopien" der Bibel ist nicht das heute oft mit diesem Namen bezeichnete Abessinien, sondern entspricht etwa der Landschaft Nubien im Sudan, liegt also tief im Süden des ägyptischen Reiches. Es war von Königinnen regiert, die den Titel „Kandake" in ähnlicher Weise trugen wie die ägyptischen Herrscher den Titel „Pharao". Die Äthiopier waren rassisch keine Neger; Luthers Übersetzung „Mohrenland" könnte uns das denken lassen. Sie sind hochgewachsene, kriegstüchtige Leute von dunkler Hautfarbe. So haben wir uns auch diesen „äthiopischen Mann" vorzustellen. Er ist ein Hofbeamter von besonders verantwortlicher Stellung, der „Finanzminister" der Königin. Er wird hier zugleich als „Eunuch" (Verschnittener) bezeichnet. Männer am Hof weiblicher Herrscher

[197] Ist Philippus noch in Samaria, würde allerdings die Anweisung „nach Süden" besser passen; wie sollte Philippus gerade zur Mittagszeit die Straße Jerusalem—Gaza erreichen, wenn er über 100 km zu wandern hatte?

wurden in der Tat oft zeugungsunfähig gemacht, aus naheliegenden Gründen. Damit erfuhr aber das ursprünglich ganz eindeutige Wort zugleich eine Bedeutungserweiterung, so daß es überhaupt Männer hoher Stellung am Hofe bezeichnen kann. So wäre dann Luthers Übersetzung des Wortes mit „Kämmerer" gar nicht abwegig.

Dieser hochgestellte, einflußreiche und vermögende Mann hat eine bewegende innere Geschichte. Er **„war nach Jerusalem gekommen, um anzubeten. Er war auf der Rückreise begriffen und saß auf seinem Wagen und las laut den Propheten Jasaja"**. Die Frage nach Gott, ein Sehnen nach dem wirklichen, lebendigen Gott liegt schöpfungsmäßig in jedem Menschenherzen. Die heidnischen Religionen konnten dieses Verlangen nicht stillen. Darum gab es und gibt es in allen Religionen und Weltanschauungen Menschen, die Suchende sind. Reichtum, Stellung, Kunst und Wissen können sie nicht befriedigen. Solchen Menschen kam damals die jüdische Mission entgegen. Die Botschaft von dem einen Gott, die klare Anschauung des wahrhaft guten und rechten Lebens in den Geboten Gottes, die wunderbaren Führungen der Geschichte Israels, alles dieses zog die Herzen mächtig an. Hier war etwas, was weder die heidnischen Religionen noch die philosophischen Systeme zu bieten hatten. Männer, die sich so dem Judentum erschlossen, konnten durch Beschneidung und Proselytentaufe[198] ganz in Israel aufgenommen werden. Andere taten diesen Schritt nicht, lebten aber innerlich unter den Einflüssen der biblischen Gottesanschauung und Ethik. Der äthiopische Mann unseres Abschnittes wird nicht als „Proselyt" bezeichnet. War er tatsächlich ein Verschnittener, so durfte er nach 5 Mo 23, 1 f überhaupt nicht in den Verband des Volkes Israel eingegliedert werden. Auch seine Stellung am Hof mochte einen direkten Übertritt zum Judentum unmöglich machen. Aber innerlich ist er tief erfaßt. Dabei ist es gar nicht so schwierig zu denken, wie er überhaupt mit dem Judentum in Verbindung gekommen sein könnte. Nahe der Grenze des Sudan liegt die Nilinsel Elephantine, auf der sich seit Jahrhunderten eine jüdische Kolonie befand. Von ihr strahlte der Einfluß atst Klarheit in die Umgebung aus; auch direkte israelitische Mission wird von hier getrieben worden sein. So hatte dieser Äthiopier die Botschaft des AT gehört. Nun möchte er einmal in Jerusalem sein, von dem er schon so viel vernommen hat, in dieser „Stadt des großen Königs" (Ps 48, 3). So scheut er nicht die Reise von zweimal zweitausend km — als hochgestellter Mann im eigenen Reisewagen fah-

[198] Das Wort „Proselyt" heißt wörtlich: „Ein Hinzugekommener." Man unterschied später „Proselyten des Tores", die nur die „sieben Gebote Noahs" hielten, und „Proselyten der Gerechtigkeit", die das ganze mosaische Gesetz auf sich nahmen.

rend –, um in Jerusalem selbst, im dortigen Tempel „anzubeten", auch wenn er als „Nichtbeschnittener" dem eigentlichen Heiligtum fernbleiben mußte. Er war aber doch im Zentrum jener Gottesbeziehung, die ihn innerlich angezogen und ergriffen hatte. Wir können uns denken, daß er als reicher, hochgestellter Ausländer allerlei Beziehung zu jüdischen Kreisen gewann und Gespräche mit den Lehrern Israels hatte. Das wird dadurch bestätigt, daß er einen kostbaren Schatz mit heimnahm: eine Buchrolle[199] des Propheten Jesaja. Er war reich genug, sich so etwas leisten zu können. Aber eine „Buchhandlung", in der man „Bibelteile" einfach kaufen konnte, gab es in Jerusalem nicht. Nur durch Schriftgelehrte kann der Äthiopier an ein solches Stück der Heiligen Schrift gekommen sein.

Jetzt jedenfalls ist er auf der Heimfahrt und benutzt die vielen 28/29
stillen Stunden in seinem Wagen zum Lesen in seinem neu erworbenen Schatz. Selbstverständlich liest er als Mensch des Altertums laut[200]. Philippus wird beim Kommen des Wagens auf der einsamen Straße innerlich aufgehorcht haben. Nun empfängt er vom Geist – ein Engel ist jetzt nicht mehr nötig – die Weisung: Ja, um dieses Wagens willen bist du hierher geschickt. **„Geh hinzu und schließe dich diesem Wagen an."** Der schwerfällige Reisewagen des Altertums auf einer Straße, die keine moderne Chaussee war, fuhr dazu langsam genug. Wie bewegt es Philippus, als er, herangekommen, merkt, mit welcher Lektüre der vornehme Mann im Wagen beschäftigt ist. Und nun wird ihm die rechte Frage gegeben, wie die Boten Jesu tausendfach das kurze, treffende Wort in den Mund gelegt bekommen haben, das zum fruchtbaren Gespräch führt: **„Verstehst du auch, was du liest?"** Das ist im Grie[201] ein unwillkürliches Wortspiel: „ginóskeis, ha anaginóskeis?" Für den Christen Philippus ist es dabei gewiß, daß der andere das AT nicht wahrhaft verstehen kann; es hängt ja die „Decke" darüber, die nur „in Christus aufhört"

[199] Wie solche Buchrolle aussah, zeigen uns die berühmten Qumran-Funde, bei denen wir ja gerade den Propheten Jesaja in einer Handschrift erhalten haben, die etwa um 100 v. Chr. angefertigt sein wird. Aber es ist durchaus damit zu rechnen, daß damals auch schon die „Kodex"-Form, also das „Buch" in der heute noch üblichen Gestalt, im Gebrauch war. Wir können uns den Äthiopier in seinem Wagen statt mit der schweren und unhandlichen Rolle auch mit einem richtigen Buch auf dem Schoß vorstellen.

[200] Im Judentum war leises Lesen der Bibel geradezu verpönt. Auch wir sollten die Bibel wieder laut lesen! Es wäre das eine wesentliche Hilfe für uns hastige und zerstreute Leute. Viele biblische Texte erschließen ihre innere Kraft und Klarheit gerade erst beim lauten Lesen.

[201] Das hellenistische Grie war damals die Weltverkehrssprache, „Koine", d. h. „gemeinsame Sprache" genannt. Philippus als Hellenist sprach es, der hochgestellte Äthiopier auch. Auch sein Jesajabuch war nicht hebr geschrieben, sondern eine Abschrift aus der LXX (vgl. o. Anm. 48a S. 60).

(2. Ko 3, 14). Den Finanzminister müssen wir sofort liebgewinnen: Da ist kein Unwille über die Störung, keine Entrüstung über diese Frage des Fremden, sondern nur die freimütige Antwort: **„Wie sollte ich denn dazu imstande sein, wenn keiner mich anleitet?"** Und sofort folgt die Einladung an Philippus, auf den Wagen zu steigen und sich zu ihm zu setzen.

32/33 Der Äthiopier ist bei Jes 53, 7 f angekommen. Da das Wort „Schrift" in der Einzahl an sich schon „Schriftstelle, Schriftabschnitt" bedeutet — die ganze Bibel heißt „die Schriften" —, so kann für „perioché" hier die Bedeutung „Wortlaut" vorzuziehen sein. Es wird uns die Stelle im Wortlaut dargeboten. Es sind nicht die uns so besonders vertrauten und wesentlichen Verse 4—6 in Jes 53, die der Äthiopier vor sich hat. Das könnten wir schade finden, zumal der V. 8 in seinem hier vorliegenden grie Wortlaut für uns schwer verständlich ist: **„Sein Geschlecht, wer wird es beschreiben? Denn fortgenommen ist von der Erde sein Leben."** Die gleich anschließende Verweisung auf das stellvertretende Leiden des Gottesknechtes für die Missetat seines Volkes ist merkwürdigerweise nicht mehr mit aufgeführt. Jedenfalls ist hier aber von der Erniedrigung und dann von der wunderbaren Erhöhung des Gottesknechtes gesprochen. In der Erniedrigung ist der Gottesknecht das stille Lamm Gottes, das schweigend trägt und duldet. **„Darum wird in der Erniedrigung sein Gericht aufgehoben"** und sein Leben wird **„fortgenommen von der Erde"**, hinauf in die Herrlichkeit Gottes. Und nun stellte der Äthiopier die Frage, die jedem ernsthaften Leser von Jes 53 kommen mußte und die auch die atst Forschung immer wieder aufwarf: **„Ich bitte dich, von wem sagt der Prophet dies? Von sich selbst oder von einem anderen?"** Philippus entwickelt in seiner Antwort nicht die Probleme der atst Theologie. Mag rein historisch hier vieles ungeklärt bleiben, der Christ weiß es im Heiligen Geist gewiß: Hier ist
35 von Jesus gesprochen[202]. Und so **„öffnete Philippus seinen Mund und ausgehend von dieser Schriftstelle verkündigte er ihm die Botschaft von Jesus"**. Welch kostbare „Evangelisation" in der Einsamkeit und Stille dieser Fahrt.

Wir müssen nicht denken, daß Philippus dabei immer nur auf den Mann an seiner Seite eingeredet hat. Der hochgestellte Beamte war schon gewohnt, seinerseits das Wort zu ergreifen. Und wieviel hatte er zu fragen. Wenn er hernach beim Anblick des Wassers sofort an

[202] Es gibt kein „voraussetzungsloses" und „objektives" Verstehen des AT. Immer tragen wir bestimmte „Voraussetzungen" an die Deutung der alten Schriftabschnitte heran. Die Erfüllung der atst Prophetie in Jesus aber ist die von Gott selbst uns geschenkte und in diesem Sohn einzig „objektive" und zutreffende Grundlage für das Erfassen dessen, was der Vater Jesu Christi bereits im Alten Bund hat sagen und zeigen wollen.

die Taufe denkt, dann sehen wir, wie umfassend von der ganzen Botschaft gesprochen worden ist.

„Wie sie aber auf der Straße dahinfuhren, kamen sie an ein Was- 36
ser, und der Eunuch sagte: ‚Siehe da, Wasser! Was hindert, daß ich
getauft werde?'" Für den Äthiopier ist dieses der eigentliche Durch-
bruch zur Auslieferung an Jesus. Die Beschneidung konnte
(5 Mo 23, 2) oder wollte er nicht haben, aber getauft will er nun
werden. Daß Jesus ihn nicht wie Mose als einen Eunuchen zurück-
weist, dessen war er gewiß. Daß seine Stellung bei Hofe für ihn
kein Hindernis sein sollte, Jesus anzugehören, dazu war er entschlos-
sen. Wer „von Jesus Christus ergriffen ist", der kennt keine „Hin-
dernisse" mehr. Aber — hindert nicht den Philippus noch vieles, die
Taufe zu vollziehen? Hätten wir nicht an seiner Stelle sehr viele
Bedenken gehabt? Welcher Missionar im Heidenland tauft denn
nach einem einzigen Gespräch? Ist nicht erst gründlicher Taufunter-
richt nötig, eine längere Bewährungszeit? Kann man überhaupt
einen einzelnen Mann zum Christen machen, der dann zu Hause
keine Gemeinde findet, keinen Halt, keine Seelsorge? Von solchen
Bedenken her wird ein späterer Abschreiber den V. 37 in unserem 37
Text eingefügt haben, den die maßgebenden Handschriften nicht
enthalten: **„Es sprach aber zu ihm Philippus: ‚Wenn du glaubst aus**
ganzem Herzen, ist es möglich.' Antwortend aber sprach er: ‚Ich
glaube, daß Jesus Christus der Sohn Gottes ist.'" Mußte nicht, wie
es dann in der Kirche allgemein üblich wurde, vor der Taufe ein
Glaubensbekenntnis des Täuflings gesprochen werden? Unser „Apo-
stolikum" ist ja aus einem solchen „Taufbekenntnis" der römischen
Gemeinde erwachsen. Aber wenn wir damit recht haben, daß Philip-
pus den Eunuchen nicht nur die ganze Zeit anpredigte, sondern des
Mannes immer neue, begierige Fragen hörte und beantwortete und
über der Bibel im Gespräch mit ihm war, dann sah er ja die klare
Arbeit des Heiligen Geistes in diesem Mann und erkannte seinen
„Glauben" viel besser und tiefer, als es durch die Ablegung eines
offiziellen „Bekenntnisses" geschehen konnte. **„Ich glaube, daß Jesus**
Christus Gottes Sohn ist", das leuchtete aus allem hervor, was der
Äthiopier jetzt im Gespräch sagte. Dieser Glaube aber war genug
zur Übereignung an den Herrn und zur Aufnahme in die Gliedschaft
an seinem Leibe. Denn „Christentum" ist ja nicht ein kompliziertes
Gedankensystem, das man in mühsamer Arbeit lernen und verste-
hen muß, sondern die rettende und erneuernde Lebensverbunden-
heit mit Jesus, die im Entstehen des Glaubens geschenkt wird. Die
„Lehre der Apostel", das immer gründlichere Kennenlernen des le-
bendigen Gottes in der atst und ntst Heilsgeschichte folgt dann nach
(vgl. Apg 2, 41. 42) und dauert das ganze Leben hindurch an. So

38 wird der ursprüngliche Text einfach gelautet haben: **„Und er befahl, daß der Wagen hielte, und sie stiegen beide in das Wasser hinab, Philippus und der Eunuch, und er taufte ihn."** Der entscheidende Schritt zu Jesus hin ist der Sache nach immer — ein Schritt! Jede Bekehrung ist im Kern eine „plötzliche", so wie auch jede Verlobung die Sache eines Augenblickes ist, welche lange Vor- und Nachgeschichte sie immer haben mag. Und gerade, wenn der Äthiopier zu Hause keine christliche Gemeinde vorfand, worauf sollte Philippus dann diesen Mann vertrösten, dem er die Botschaft von Jesus gebracht hatte und der nun dieser Botschaft glaubte? Wenn er ein Eigentum des lebendigen und auferstandenen Jesus wird, dann wird sein Herr ihn auch festhalten und für ihn sorgen.

39 Diese Zuversicht und ihre sofort beginnende Verwirklichung will wohl die eigenartige Formulierung des nächsten Satzes mit ihrem seltsamen „denn" ausdrücken. **„Als sie aber aus dem Wasser heraufkamen, entrückte der Geist des Herrn den Philippus, und es sah ihn nicht mehr der Eunuch, denn er zog seines Weges mit Freude."** Wie gänzlich unsentimental und voll ernster göttlicher Sachlichkeit ist die Bibel. Es gibt kein weiteres bewegtes Zusammensein der beiden Männer. Gottes Geist **„entrückt Philippus"**. In welcher Weise das geschah, wird nicht gesagt. Jedenfalls: der Mann aus Äthiopien ist wieder allein. Aber so dankbar er dem gewesen sein wird, der ihn zu Jesus gebracht hat, für ihn ist nicht Philippus wichtig, sondern einzig Jesus. Wie deutlich unterscheidet sich hier die Bekehrung des Äthiopiers von der des Simon. Der Äthiopier ist nicht nur zu Philippus bekehrt und klammert sich darum auch nicht an ihn. Hier war alles allein vom göttlichen Wort her geschehen. Der Äthiopier staunte den Philippus nicht als überlegenen Wundermann an; sein ganzes Herz war von Jesus erfüllt, dem Lamm Gottes, das der Welt Sünde trug. Er sah Philippus nicht mehr und muß ihn nicht mehr sehen, denn er kann nun **„seines Weges mit Freude ziehen"**. Vielleicht war ihm dieses jähe Verschwinden des Philippus ein besonders kraftvolles Zeichen, daß es wirklich Gottes wunderbares Eingreifen war, das seinem Leben die entscheidende Wendung gab. Übrigens ist hier der Geistesempfang[203] — der Äthiopier ist als voller und ganzer Christ anzusehen — im Wirken des Philippus ohne Handauflegung

[203] Codex D bringt ihn ausdrücklich zur Geltung in einer Erweiterung des Verses 39: „Als sie aber aus dem Wasser hervorkamen, fiel der Heilige Geist auf den Eunuchen, ein Engel aber entrückte den Philippus." Doch dies wird eben eine „Erweiterung" durch einen Schreiber sein, der hier etwas vermißte. Hätte der ursprüngliche Text so gelautet, so hätten die anderen maßgebenden Handschriften sicher nichts davon gestrichen.

der Apostel geschehen; und auch hier zeigt sich der Geistesempfang nicht im „Zungenreden“ des Kämmerers, sondern in der Freude, mit der auch ein Äthiopier in seine ferne und vom Christentum noch ganz unberührte Heimat zieht.

Es muß uns auffallen, daß Lukas, der seine Apostelgeschichte so knapp und zurückhaltend schreibt und uns von vielem nichts berichtet, was wir gern wissen möchten, diese Einzelgeschichte in seinem Werk bringt und sie so ausführlich erzählt. Aber es ist seine Art, wichtige geschichtliche Vorgänge mit Einzelbeispielen anschaulich zu machen. Der lahme Bettler an der schönen Pforte zeigt uns, wie es bei den vielen Heilungen durch die Apostel zuging. Aus der anschließend mitgeteilten Predigt des Petrus können wir uns ein Bild machen, wie die Apostel überhaupt in der ersten Zeit verkündigt haben. An Ananias und Sapphira erleben wir besser als durch allgemeine Schilderungen mit, wie ernst es in jener ersten Gemeinde zuging, und an dem Zauberer Simon erfassen wir beispielhaft den Zusammenstoß des Evangeliums mit der okkult-religiösen Umwelt der Zeit. So zeigt uns Lukas hier an Philippus, wie Gott seine Boten braucht und führt, und wie die „Evangelisation“ von Mann zu Mann aussieht, die damals neben der Tätigkeit der Apostel eine so große Rolle spielt. Aber nicht nur das. Lukas hat, wie wir schon sahen, sein Werk mit schriftstellerischer Begabung aufgebaut (s. o. S. 20). In Kapitel 10 wird er uns die erste Heidenbekehrung durch Petrus schildern, in demselben Caesarea, in das wir hier am Schluß unseres Kapitels den Philippus begleiten. Auf diese Heidenbekehrung geht es zu, wenn in unserer Erzählung ein Äthiopier zum lebendigen Glauben und zur Taufe kommt. Er ist nicht eigentlich „Heide“. Er hat schon feste Beziehung zu Israel und ähnelt darin einem „Proselyten“. Und doch wird er auch wieder nicht so genannt und war schwerlich beschnitten, war also doch auch so etwas wie ein Heide aus ganz fernem Land. Ja, Gott führt die Botschaft von Jesus über die Grenzen Jerusalems und Judäas hinaus nach Samaria und läßt jetzt schon einen seiner Boten ein Zeichen für die Erfüllung des alten Psalmwortes erleben: „Mohrenland wird seine Hände ausstrecken zu Gott.“ Wie mag es auch Philippus bewegt haben, daß die Bekehrung dieses Mannes zugleich die Erfüllung der göttlichen Zusage in Jes 56, 3 war: „Und der Fremde, der zum Herrn sich getan hat, soll nicht sagen: Der Herr wird mich scheiden von seinem Volk; — und der Verschnittene soll nicht sagen: Siehe ich bin ein dürrer Baum.“ Darum mußte Philippus dort aus seiner Wirksamkeit zu dieser entlegenen, öden Stätte eilen, weil Gott keines seiner Worte zur Erde fallen lassen will.

Vor Philippus liegt eine neue reiche Arbeit: **„Philippus aber wurde** 40

gefunden[204] in Asdod, und hindurchziehend verkündigte er die Botschaft in allen Städten, bis er nach Caesarea kam." Von Asdod in der Küstenebene nördlich von Gaza kam Philippus auf dem Wege nach Caesarea in die Städte Jabne, Lydda, Joppe, Apollonia, Antipatris. Wir werden annehmen dürfen, daß es in diesen Städten von da an kleine Gemeinden von Christen gab. In Caesarea war Philippus diesen Gemeinden ebenso wie seinem ersten Arbeitsfeld in Samaria nahe.

DIE BEKEHRUNG UND BERUFUNG DES SAULUS

Apostelgeschichte 9, 1—19a

zu Vers 1: Apg 22, 8-21; 26, 9-20
zu Vers 2: Apg 8, 3; 9, 14
zu Vers 3: 1 Ko 9, 1
zu Vers 4: Mt 25, 40. 45
zu Vers 7: 5 Mo 4, 12; Dan 10, 7 f
zu Vers 8: Jo 9, 39
zu Vers 10: Apg 10, 3. 17. 19; 16, 9 f; 18, 9
zu Vers 11: Gal 4, 6
zu Vers 12: Apg 6, 6

1 Saulus aber, noch Drohung und Mord atmend gegen die Jünger
2 des Herrn, trat an den Hohenpriester heran * und erbat von ihm
Briefe nach Damaskus an die Synagogen, damit, wenn er einige
Angehörige „des Weges" fände, Männer und Frauen, er sie ge-
3 bunden nach Jerusalem bringe. * Auf seiner Wanderung aber ge-
schah es, daß er sich Damaskus näherte, und plötzlich umstrahlte
4 ihn ein Licht aus dem Himmel, * und zur Erde fallend hörte er
eine Stimme zu ihm sagen: „Saul, Saul, was verfolgst du mich?"
5 * Und er sprach: „Wer bist du, Herr?" Er aber: „Ich bin Jesus,
6 den du verfolgst;[205] * aber steh auf und geh in die Stadt, und es
7 wird dir gesagt werden, was du tun sollst." * Aber die Männer,
die mit ihm reisten, standen sprachlos, denn sie hörten zwar die
8 Stimme, aber sahen niemand. * Es erhob sich aber Saulus von der
Erde, doch obwohl seine Augen offen waren, sah er nichts. An
9 der Hand ihn führend, brachten sie ihn nach Damaskus. * Und er
war drei Tage lang nicht sehend, und aß und trank nicht.
10 Es war aber ein Jünger in Damaskus namens Ananias, und es
sprach zu ihm im Gesicht der Herr: „Ananias!" Er aber sprach:
11 „Hier bin ich, Herr!" * Der Herr aber zu ihm: „Steh auf, geh zur
Straße, die die Gerade heißt, und frage im Hause des Judas nach
12 einem Mann aus Tarsus namens Saulus. * Denn siehe, er betet

[204] Vielleicht ist auch zu übersetzen: „Philippus fand sich." Dann wäre damit angedeutet, daß Philippus selbst nicht wußte, wie ihm geschah und wie er nach Asdod gelangt sei. Spätere Zeiten haben solche „Entrückungen" auszumalen versucht. Lukas aber wahrt auch hier das Geheimnis und gibt keiner Neugierde Raum. Er hat ja als Begleiter des Paulus den Philippus selbst gesehen und gesprochen. Aber auch Philippus wird nur haben sagen können: „Ich weiß nicht, wie es geschah, aber als ich zur Besinnung kam, fand ich mich weit fort von Gaza in Asdod."

[205] Der von der Lutherübersetzung gebrachte Satz „Es wird dir schwer werden, wider den Stachel zu lecken" ist wohl aus Apg 26, 14 hier eingedrungen; er ist in den Handschriften nur schwach bezeugt. Das revidierte NT hat ihn darum auch nicht mehr gebracht.

und sah (im Gesicht) einen Mann namens Ananias hereinkommen und ihm die Hände auflegen, damit er wieder sehend werde.
13 * Es antwortete aber Ananias: „Herr, ich habe gehört von vielen
über diesen Mann, wieviel Schlimmes er deinen Heiligen getan
14 hat in Jerusalem. * Und hier hat er Vollmacht von den Hohen-
15 priestern, zu verhaften alle, die deinen Namen anrufen." * Es
sprach aber zu ihm der Herr: „Gehe, denn ein erwähltes Rüstzeug
ist mir dieser, zu tragen meinen Namen vor Nationen und Könige
16 und vor die Söhne Israel; * denn ich werde ihm zeigen, wieviel
17 er für meinen Namen leiden muß." * Da machte sich auf Ananias
und kam in das Haus, und ihm die Hände auflegend sprach er:
„Bruder Saul, der Herr hat mich gesandt, Jesus, der dir erschien
auf dem Wege, den du kamst, damit du wieder sehend werdest
18 und erfüllt mit dem Heiligen Geist." * Und sofort fielen von sei-
nen Augen gleichsam Schuppen, er konnte sehen, und er stand
19a auf und ließ sich taufen. * Und er nahm Speise zu sich und kam
wieder zu Kräften.

zu Vers 13: Apg 9, 2
zu Vers 14: 1 Ko 1, 2
zu Vers 15: Gal 1, 15 Rö 1, 5. 14 1 Tim 1, 12 Apg 27, 24
zu Vers 16: Apg 23, 29 2 Ko 11, 23-28 Kol 1, 24
zu Vers 17: Apg 6, 6 8, 17
zu Vers 19: Apg 27, 36

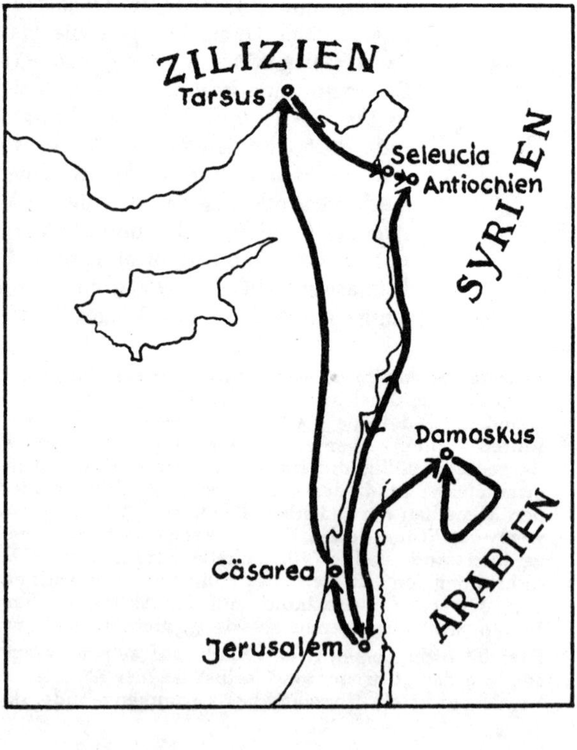

Die Wege des Paulus vor seiner ersten Missionsreise: Zug nach Damaskus (Apg 9, 1—9); Aufenthalt in Arabien (Gal 1, 17); Rückkehr nach Jerusalem (Apg 9, 26—28; Gal 1, 18. 19); Aufenthalt in Tarsus (Apg 9, 30; Gal 1, 21); Fahrt nach Antiochien (Apg 11, 25. 26); Reise nach Jerusalem mit der Spende der Gemeinde in Antiochien und Rückkehr (Apg 11, 30; Gal 2, 1—10).

1/2 Bis dicht an die Heidenmission waren wir geführt worden. Unser Blick ging nicht nur von Jerusalem nach Samaria, sondern schon weit hinaus ins ferne Nubien, in das ein an Jesus Gläubiggewordener heimkehrt. Geht es nun nicht weiter? Kommt nun nicht der Bericht, wie Petrus zu wirklichen Heiden geführt wird und bei ihnen den Durchbruch der Gnade Gottes erlebt? Apg 10, 1 würde sich genau an Kap. 8, 40 anschließen! Aber Lukas blendet zurück. Wir sollen es über der Freude an dem Äthiopier nicht vergessen: **„Saulus aber, noch Drohung und Mord atmend gegen die Jünger des Herrn."** Jesus führt seine Sache voran, aber es bleibt lebensgefährlich, ein Christ zu sein. In Jerusalem wird gelitten. Und drohend erhebt sich die Gefahr auch in weiter entfernten Gebieten. Denn Saulus **„trat an den Hohenpriester heran und erbat von ihm Briefe nach Damaskus an die Synagogen, damit, wenn er einige Angehörige des ‚Weges' fände, Männer und Frauen, er sie gebunden nach Jerusalem bringe".** Damaskus war eine bedeutende Stadt am Ostabhang des Antilibanon. Schon früh wird es im AT erwähnt: Elieser, Abrahams Knecht, stammt aus Damaskus 1 Mo 15, 2; Naemann rühmt „die Wasser Amana und Pharphar zu Damaskus" gegen alle Wasser in Israel (2 Kö 5, 22). Damaskus war die Hauptstadt des syrischen Reiches, das Israel gefährlich genug wurde (Jes 9, 10 f, freilich auch 7, 3—9). Es scheint eine besonders enge Beziehung zwischen der Judenschaft in Damaskus und Jerusalem bestanden zu haben, daß Paulus gerade dort Christen vermutet und anderseits der Hohepriester dort mit sicherem Gehorsam gegen seine Anordnungen rechnen darf[206]. Auch die Äußerung des Ananias in V. 13 zeigt diese Verbundenheit: Ananias ist über Saulus und die Vorgänge in Jerusalem von „vielen" unterrichtet. Saul ist nicht ganz sicher, ob es schon „Christen" in Damaskus gibt und wie groß oder klein ihre Zahl ist: **„Wenn er einige Angehörige des ‚Weges'[207] fände."** Das paßt gut zu der Tat-

[206] In unserem Abschnitt ist besonders dieser Punkt angezweifelt, ja als geschichtlich unmöglich bezeichnet worden; der Hohepriester und das Synedrium hätten in einem fremden Land keine Rechtsmacht besessen und erst recht nicht Verhaftungen durchführen können. Aber es ist ja auch gar nicht von einer „Rechtsvollmacht" die Rede! Es genügte völlig die innere Autorität. Dann dürfen wir uns auch umgekehrt eine orientalische Stadt der damaligen Zeit nicht „modern" vorstellen. Wenn dort einzelnen Menschen der jüdischen Bevölkerung etwas passierte, wer fragte viel danach. Und wenn der Ethnarch des Königs Aretas in Damaskus der Judenschaft so willfährig gegenüberstand, daß er ihr zuliebe Paulus fangen wollte (2 Ko 11, 32), warum sollte nicht unter den „Briefen" des Hohenpriesters auch einer an diesen Ethnarchen gewesen sein, der sein Einverständnis mit der Aktion des Saulus erbat? Wir sollten nach 1 900 Jahren nicht allzu genau zu wissen meinen, was „möglich" oder „unmöglich" war.

[207] Hier ist nicht gemeint, daß Saul „auf seinem Wege" einige Christen finden konnte, sondern das „Christentum" selbst ist hier als „der Weg" bezeichnet. Das Christentum ist also nicht ein dogmatisches Gedankengebilde, das man im Kopf hat, sondern ein

sache, daß noch keine direkte Mission von den Aposteln aus dort getrieben worden ist. Damaskus gehört – gleich andern bedeutenden Städten wie Antiochia und Rom – zu den Orten, in die das Christentum „einsickerte" und nicht durch eine Evangelisation namhafter Männer Eingang erhielt. Warum Saul nach der Zerstörung der Gemeinde in Jerusalem seinen Blick gerade auf Damaskus richtet, wissen wir nicht. Es ist ihm aber auch hier blutiger Ernst mit der Ausrottung der „Christen". Darum will er die Frauen ebenso verhaften wie die Männer. Es wird hier deutlich, daß die Frau im Christentum von Anfang an eine ganz andere Bedeutung bekam als in Israel oder in den heidnischen Religionen[208]. Saulus muß auch die gläubigen Frauen vernichten, wenn er dem Christentum ein Ende bereiten will[209].

Der Apostel Paulus wird in der Apostelgeschichte bis zu Kap. 13, 9 nur mit seinem hebr Namen „Saulus" genannt. Da Paulus bereits von Geburt her das römische Bürgerrecht besaß (Kap. 22, 28), wird er auch den römischen Namen „Paulus" (= der Kleine) von Anfang an neben seinem jüdischen Namen „Saulus" geführt haben. Wir finden in der Apostelgeschichte auch andere Doppelnamen: Joseph, genannt Barsabas, mit dem Beinamen Justus (Kap. 1, 23), Johannes-Markus (Kap. 12, 12), Silas und Silvanus (Kap. 15, 40; 1 Th 1, 1). Jüdische Männer nannten sich in der grie Umwelt gern mit einem grie Namen. Jetzt aber steht er mit leidenschaftlichem Handeln mitten in seinem jüdischen Volk als dieser „Saulus", so wie er dann in der Heidenmission als der „Paulus" stehen wird.

Er **„atmet Drohung und Mord gegen die Jünger des Herrn"**, das 1–6
ist ein bezeichnender Ausdruck. Sein ganzes Wesen ist leidenschaftlich erfüllt von der Gegnerschaft gegen die Christen mit tödlichem Ernst. Das entspricht genau seiner eigenen Schilderung Gal 1, 13. War er auch Schüler Gamaliels (22, 3), so unterschied er sich hier doch radikal von seinem Lehrer. Auch Temperament und natürliche Anlage spielten dabei eine Rolle. Warum sollen wir diese Kräfte gering achten? Sicher, die gestaltende Hand des Künstlers ist das Ausschlaggebende, aber der Künstler weiß sehr wohl, welches Material er jeweils für sein Werk verwendet! Zu den großen geschichtlichen Leistungen auch in der Gemeinde Gottes gehört Wucht und Leiden-

„Weg", den man mit seinem ganzen Leben geht, weil es „der Weg zum Leben" ist. Was David schon froh gerühmt hatte (vgl. Apg 2, 28), ist nun voll erfüllt. Denn Jesus selbst ist „der Weg" (Jo 14, 6). So meint der Ausdruck „Angehörige des Weges" einfach die „Christen".

208 Vgl. o. S. 39

209 So waren es auch in der Geschichte des Christentums bis in unsere Tage hinein oft genug die Frauen, die in Zeiten der Verfolgung am zähesten widerstanden.

schaft. Ein Philipp Melanchthon konnte Hervorragendes als Lehrer für die Reformation leisten; ein welterschütternder Reformator konnte er nicht werden. Saulus von Tarsus war auch in diesem Sinne ein **„erwähltes Rüstzeug".** Mit einem Gamaliel hätte Jesus selbst nach einer redlichen Bekehrung das nicht anfangen können, was er mit Paulus tat. Gamaliel sah seiner Natur nach die eine Seite der Wahrheit: Gegen Gottes Willen kann man weder negativ noch positiv ankommen. Saulus sah die andere Seite: Dem Willen Gottes hat man sich mit ganzem Einsatz hinzugeben! Gottes Ehre hat man mit jedem Mittel gegen seine Lästerer zu verteidigen. Saulus sah das im Gesetz klar genug bezeugt und dargestellt: 3 Mo 24, 10–16; 2 Mo 32, 26–28; 4 Mo 25, 1–5. Er sah das unausweichliche Entweder-Oder: Entweder war dieser Jesus wirklich der Messias Israels, dann mußte man ihm mit jedem Blutstropfen dienen, oder er war ein falscher Messias, ein Gotteslästerer, mit Recht ans Fluchholz gehängt, dann mußte man alle mit dem Tod bestrafen und ausrotten, die ihn noch immer als den Messias propagierten. Es ging ja um Söhne Israels, die diesen „Weg" gingen, diesen unerhörten Irrweg. Darum wendet sich der „Pharisäer" Saul ohne weiteres an den Hohenpriester, das Haupt der „Sadduzäer". In dem Wunsch nach Vernichtung der Christen ist er mit ihm einig.

Dieser Saulus wird „bekehrt"! Wodurch? Der moderne Mensch liebt es, nach psychologischen Vermittlungen zu suchen. Muß nicht Paulus die Not des Gesetzes, die er später so klar und so scharf zeichnet, damals bereits selber gespürt haben? Nein! Paulus war kein Martin Luther! Nicht Rö 7, 7 ff, sondern Phil 3, 3 ff ist Selbstbiographie. „Nach der Gerechtigkeit im Gesetz untadelig", so sah sich der Pharisäer Saul und fand darum in dem letzten Satz der Stephanusrede eine Lästerung, die den Tod verdiente. Aber hat nicht das Sterben des Stephanus einen tiefen Eindruck auf ihn gemacht? War er nicht unsicher geworden? Lukas bezeugt uns in Apg 8, 1; 9, 1 das Gegenteil. Lukas schneidet uns mit Recht alle solchen modernen Gedankengänge ab. Die Bekehrung des Saulus ist allein das Werk Jesu durch das jähe Eingreifen in das Leben seines Feindes. Sie hat nach jeder Richtung einen ungeheuer sachlichen Charakter, den wir sehen müssen, wenn wir den biblischen Bericht und die ganze „Theologie" des Paulus recht verstehen wollen[210]. Nicht im Durchbruch neuer Gedanken ereignet sie sich; der völlige Umsturz der bisherigen Gedankenwelt und der Aufbau einer neuen „Theologie"

[210] Die kritische Auslegung wirft Lukas vor, er habe Paulus nicht verstanden und sein Bild verzeichnet; man müsse darum Paulus gegen Lukas geradezu in Schutz nehmen (vgl. Haenchen S 103). Nun, die Bekehrung des Paulus ist von Lukas völlig sachgemäß und „paulinisch" geschildert.

vollzieht sich erst als Folge der Bekehrung. Diese selbst ist aber auch nicht ein Aufwallen tiefer Gefühle; die Gefühle sind hier — wie immer in der Bibel — nur Begleitung des eigentlichen Geschehens und werden nur sehr zurückhaltend angedeutet. Nein, Jesus gab gegen die treibende Grundüberzeugung des Saulus: „Jesus — Christus, Jesus der Messias — das ist Gotteslästerung!" den tatsächlichen Gegenbeweis: „Jesus — Christus, Jesus der Messias — das ist göttliche Wirklichkeit." Damit zerbrach die Existenz des Saulus bis auf den Grund. Aber dieser selbe Jesus beschlagnahmte diese zerbrochene Existenz für sich und seinen Dienst; und Saulus gehorchte. Das ist die Bekehrung des Paulus. So schildert sie Lukas: **„Auf seiner Wanderung aber geschah es, daß er sich Damaskus näherte, und plötzlich umstrahlte ihn ein Licht aus dem Himmel, und zur Erde fallend hörte er eine Stimme zu ihm sagen: ‚Saul, Saul, was verfolgst du mich?' und er sprach: ‚Wer bist du, Herr?' Er aber: ‚Ich bin Jesus, den du verfolgst; aber steh auf und geh in die Stadt, und es wird dir gesagt werden, was du tun sollst'"**[211].

„Aber die Männer, die mit ihm reisten, standen sprachlos, denn 7
sie hörten zwar die Stimme, aber sahen niemand." In Kap. 22, 9 wird es umgekehrt gesagt: „Meine Begleiter sahen das Licht, aber die Stimme des zu mir Redenden hörten sie nicht." So unbefangen konnte in der ersten Christenheit der gleiche Vorgang in den Einzelheiten verschieden[212] erzählt werden. Wie gar nicht ängstlich, wie gewiß war man seiner Sache! In beiden Fällen wird hier der gleiche Tatbestand bezeugt: Die Offenbarung Jesu im eigentlichen Sinn empfing nur Saulus; aber sie ist nicht ein bloßes inneres Gesicht[213]. Sie ist ein so objektives Geschehen, daß auch die Begleiter des Saulus etwas davon merken und nun ratlos dastehen. Paulus selbst hat die Begegnung mit Jesus von allen bloßen „Visionen" unterschieden und sie den Ostererfahrungen angefügt, freilich als eine letzte und

[211] Wieder beobachten wir die respektvolle Zurückhaltung des Lukas. Es wird nichts ausgemalt, die Erscheinung Jesu nicht beschrieben. Ein jäh aufflammendes Licht, wenige Worte einer Stimme — das ist alles.

[212] Der Unterschied in der Darstellung wird geringer, wenn wir genau zusehen. Lukas betont an unserer Stelle: „Sie sahen niemand", keine Person des Redenden. Das ist das Entscheidende; ein allgemeines Licht mögen sie gesehen haben. Umgekehrt liegt in der Schilderung von Kap. 22, 9 der Ton auf der Tatsache, daß die Begleiter die persönliche Anrede nicht verstanden, wobei sie eine „Stimme" als solche wohl gehört haben können.

[213] Die Bibel unterscheidet klar zwischen inneren „Schauungen" und den wirklichen Offenbarungen göttlicher Gegenwart. Es ist daher von vornherein verfehlt, wenn man etwa die Osterberichte als Schilderung bloßer „Visionen" darzustellen suchte, um sie der modernen Welt gegenüber zu „retten".

ungewöhnliche nach der Himmelfahrt (1 Ko 15, 8). Er tritt damit in die Reihe der „Zeugen der Auferstehung" und gründet darauf seine apostolische Autorität (Apg 1, 22; 1 Ko 9, 1).

4 **„Saul, Saul, was verfolgst du mich?"** Die Eindringlichkeit des doppelten Anrufes finden wir in der Bibel auch sonst (1 Mo 22, 11; 2 Mo 3, 4). Die vorwurfsvolle Frage Jesu bringt nicht nur zum Ausdruck, daß Jesus sich ganz zu seiner verfolgten Gemeinde stellt und alles, was sie leiden muß, als ihm selbst angetan empfindet. Sie trifft vielmehr genau in das Zentrum der ganzen Unternehmung Sauls. Er greift nach dem Christen, aber er meint in allem eigentlich nur — Jesus! Er hat es in seinem Herzen immerzu schon mit Jesus selbst zu tun. Es liegt darum in seinem Eifer jener Widersinn, der viele Verfolgungen bis heute kennzeichnet: der leidenschaftliche Haß richtet sich gegen den Gott und gegen den Christus, den es angeblich gar nicht gibt und den man doch eben in seinem Haß selber als Wirklichkeit bekennt. Mich möchtest du beseitigen und ausrotten, Saul — warum? Was habe ich dir getan? Zugleich knüpft Jesus mit dieser hebr Nennung des alten biblischen Ehrennamens bereits eine feste Verbindung mit seinem Feind. Du hassest mich — ich hasse dich nicht, ich rufe dich bei deinem Namen. Wir denken daran, was wir uns schon (o. S. 81) über die enge Verbindung von „Namen" und „Person" sagen ließen.

5 Saul stammelt nur zur Antwort: **„Wer bist du, Herr?"** Der Verfolger Saul kann Jesus nicht erkennen, wie der Jünger und Zeuge Stephanus ihn sofort erkennt (Apg 7, 55). Er ist von dem Lichtglanz geblendet, und doch mag in seiner Frage bereits ein Klang gewesen sein: „Jesus — bist du es wirklich? Bist du also doch — der Herr?" Und nun kommt als Antwort auf diese Frage das große „Ich bin!" aus dem Mund des Auferstandenen und erhöhten Herrn. Schon auf Erden hatte es Jesus seinen pharisäischen Gegnern gesagt: „Wenn ihr nicht glaubt, daß ‚Ich bin', so werdet ihr sterben in euren Sünden" (Jo 8, 24). Saul, nun glaube es, daß „Ich bin", und sei errettet! Und damit hat Jesus den Sieg über seinen Verfolger schon gewonnen und ist dieses Sieges so völlig und ruhig gewiß, daß er sofort jenes Verhältnis zu Paulus beginnt, das von jetzt an das ganze Leben dieses
6 Mannes gestaltet. Jesus verfügt über Paulus: **„Aber steh auf und geh in die Stadt, und es wird dir gesagt werden, was du tun sollst."** In seiner Selbstdarstellung Apg 26, 16—17 hat es Paulus verkürzt so erzählt, als habe Jesus selbst gleich anschließend die Berufung und Sendung Sauls ausgesprochen. Hier aber erfahren wir, daß Jesus seinen Knecht auf das verweist, was man ihm in der Stadt sagen wird. Das ist einerseits Übung im Gehorsam, wie sie dieser starke und eigenwillige Mann brauchte; es ist aber auch Barmherzigkeit:

Saul wird Zeit gelassen, den Umsturz seines ganzen Lebens innerlich zu verarbeiten, ehe er den neuen Auftrag empfängt.

„Es erhob sich aber Saulus von der Erde, doch, obwohl seine Au- 8/9
gen offen waren, sah er nichts. An der Hand ihn führend, brachten sie ihn nach Damaskus." Vielleicht müßten wir übersetzen: „Saulus aber wurde von der Erde aufgehoben"; er war nicht imstande, sich selbst aufzurichten. Es ist bei uns allen so, daß innere Erschütterungen sich auch leiblich auswirken und dokumentieren. Leib und Seele sind eng und tief verbunden. **„Und er war drei Tage lang nicht sehend, und aß und trank nicht."** Denn hier war eine „Umkehr" geschehen, die tatsächlich das Leben eines Mannes so radikal, so bis auf die Wurzeln umkehrte, wie es ganz selten geschieht. Hier wurde nicht ein Leben zerbrochen, das den Stempel der Sünde deutlich an sich trug und darum schon immer im tiefsten Herzen von seiner Verlorenheit wußte. Hier wurde jäh als Sünde und Gottesfeindschaft offenbar, was bis zu diesem Augenblick höchste Gerechtigkeit, wahre Frömmigkeit, rückhaltloser Eifer für Gott gewesen zu sein schien. Saul von Tarsus muß die Erfahrung machen, die er später den Römern in Rö 7, 13 darlegen wird: Gerade in der tadellosen Gerechtigkeit, die er errungen zu haben meinte, war die Sünde „überaus sündig" geworden und der frömmste Mann Israels der „Größte unter allen Sündern" (1 Tim 1, 15). Und nur dies Erstaunliche blieb als Tatsache in dieser Nacht des Trauerns: Jesus hatte ihn nicht vernichtet oder verworfen! In dem Ruf an ihn war nicht eigentlich Zorn und Gericht gewesen, sondern Erbarmen und Liebe!

Jesus selbst hat von Saul in diesen Tagen der Blindheit gesagt: **„Siehe, er betet."** Saul sucht sich betend und fastend in dem Geschehenen zurechtzufinden. Dabei werden es sofort notwendig die beiden Fragen gewesen sein, die ihn bestürmen und die Brennpunkte seines Denkens geblieben sind: „Warum wurde der Messias zum Gekreuzigten?" und „Was bedeutet das Gesetz?" Aber diese Fragen waren keine „theologischen", denen ein kühner und kühler Denker am Schreibtisch zu Leibe ging, sie waren Fragen seiner eigenen Existenz. Beide Fragen hängen eng miteinander zusammen und wurden miteinander gelöst. Weil unsere eigene Gerechtigkeit durch das Gesetz gerade zur tödlichen Sünde wird, darum stirbt der Messias am Fluchholz und wirkt damit die ganz neue, wahre Gerechtigkeit, die vor Gott gilt, die Gerechtigkeit durch den Glauben. Und weil wir zu dieser wahren Gerechtigkeit geführt werden sollen, die vor dem heiligen Gott gilt, darum ist das Gesetz „nebeneingekommen, damit groß werde die Übertretung" (Rö 5, 20).

Nun handelt Jesus an Saul durch Ananias, wie er immer wieder 10—12
durch den Bruder am Bruder sein Werk tut. Er wendet sich an Ana-

nias durch ein „Gesicht“, das wir uns schwerlich als ein Traumgesicht denken dürfen, da Ananias sogleich zu Saul geht und nicht nachts in ein fremdes Haus gekommen sein kann. Saul empfing gleichzeitig das entsprechende Gesicht, das ihn schon auf Ananias' Kommen vorbereitet. Das war bei dem Hingenommensein Sauls nötig. Die „Gerade Straße“ war als eine breite Prachtstraße bekannt. Die Judenschaft der Stadt war offensichtlich reich und angesehen, so daß ein Mann wie Judas in dieser Straße wohnen konnte.

13–16 Ananias erhebt unwillkürlich Einwände. Lukas wird nicht meinen, Ananias habe Jesus sagen wollen: „Da mag ich nicht hingehen, da habe ich Angst.“ Es geht vielmehr in dem Gespräch zwischen Ananias und seinem Herrn um den „Namen“ Jesu. Ananias wendet ein: „Verdient denn dieser Mann Schonung und Gnade?“ **„Und hier hat er Vollmacht von den Hohenpriestern, zu verhaften alle, die deinen Namen anrufen.“** Auch Ananias sieht: Es geht bei dem Angriff Sauls auf die Christen eigentlich um den Namen Jesu. Von daher gewinnt die Antwort Jesu erst ihre Wucht und Größe: **„Gehe, denn ein erwähltes Rüstzeug ist mir dieser, zu tragen meinen Namen vor Nationen und Könige und vor die Söhne Israels.“** Gerade der, der den Namen Jesu austilgen wollte von der Erde, wird diesen Namen in die Welt hineintragen wie kein anderer. Jetzt läßt er Christen leiden, weil sie den Namen Jesu aussprechen. Aber **„ich werde ihm zeigen, wieviel er für meinen Namen leiden muß“**. Wir sehen, wie dies Wort vom „Namen“ Jesu die ganzen Sätze durchzieht. Das entspricht genau der Rolle, die der „Name Jesu“ auch im Handeln, Kämpfen und Leiden der Apostel und der Urgemeinde in den Kapiteln 3–5 spielte.

Das „Leiden für den Namen Jesu“ ist nicht so etwas wie ein zufälliger Begleitumstand des Wirkens, der hier vorausgesagt wird, weil es sich nun einmal so begeben wird. Das Leiden gehört vielmehr zu dem Wirken notwendig hinzu und ist selbst ein wesentliches Stück dieses Wirkens. Das Leiden behindert und schwächt das **„auserwählte Rüstzeug“** nicht, sondern macht es erst wahrhaft zu einem solchen. Genau so hat es Paulus selbst in mächtigen Selbstaussagen gesehen und bejaht: 1 Ko 4, 9–13; 2 Ko 4, 7–11; 11, 23–30; Phil 3, 10. Wieder erweist sich Lukas als ein echter Pauliner, wenn er in seiner Darstellung wieder und wieder zeigt, wie Paulus gerade leidend wirkt und siegt.

Nicht unwichtig ist die Tatsache, daß Saul nicht einseitig nur zum „Heidenapostel“ erwählt wird. Nein, auch **„vor die Söhne Israels“** soll er den Namen Jesu tragen. Die große Gebietsteilung zwischen Paulus und den führenden Männern Jerusalems nach Gal 2, 9 ist eine menschliche Vereinbarung, die nur die großen Linien absteckte, nicht aber Paulus verbot, auch seinen israelitischen Brüdern von

Jesus zu sagen. Wie hätte er es nach Rö 9, 1—4 auch ausgehalten, an ihnen stumm vorüberzugehen und Israel die Kunde von seinem gekreuzigten Messias zu verschweigen! Seine Berufung gab ihm hier durch das eigene Wort des Herrn Jesu das gute Gewissen, wenn er auch draußen bei den „Nationen" zuerst die Synagoge aufsuchte und erst dann durch die Abweisung dort den freien Raum für die „Heidenmission" erhielt. Genauso hat er es selbst in Rö 11, 11—15 grundsätzlich dargelegt.

Nun gehorcht Ananias, und zwar herzlich und völlig. Er gibt die- 17
sem Feind und Verfolger sofort den Brudernamen und **„legt ihm die Hände auf, damit du wieder sehend werdest und erfüllt mit dem Heiligen Geist".** Hier wird zweierlei deutlich. Heilung der Blindheit und Ausrüstung mit dem Heiligen Geist werden an die Handauflegung des Bruders gebunden. So wichtig ist Jesus die Bruderschaft der Seinen. Zugleich erhält das Handeln Jesu auf diese Weise die eindeutige Bestimmtheit und Klarheit. Die Heilung ist nicht „Zufall" oder „Natur", sondern Jesu eigene Gabe durch die Hand des Bruders. Aber es ist nicht die Hand eines hohen Apostels dazu nötig. Ein einfacher Christ wie Ananias kann es tun. Jedes Mißverständnis der Schilderung Kap. 8, 15—17 ist damit abgewehrt. Die Handauflegung ist weder „sakramental" noch „hierarchisch".

„Und sofort fielen von seinen Augen gleichsam Schuppen, er 18
konnte sehen, und er stand auf und ließ sich taufen." Saulus hat unter der Handauflegung des Ananias nicht nur Heilung, sondern auch den Heiligen Geist empfangen. Hat er damit nicht alles, was er braucht? Und doch ist es ihm selbstverständlich, **„er stand auf und ließ sich taufen",** offenbar sofort an Ort und Stelle von Ananias. Die Taufe ist ihm kein „Problem" und nicht mit schwierigen theologischen Fragen belastet. In ihr dokumentiert sich die Zugehörigkeit zu Jesus und zu seiner Gemeinde. Saulus erwartet nicht, erst durch die Taufe Christ zu werden und die Gnade Jesu und den Heiligen Geist zu bekommen. Er ist schon ein Eigentum Jesu, er hat die Gnade seines Herrn und den Heiligen Geist erhalten, er ist **„ein erwähltes Rüstzeug".** Aber darum verachtet er die Taufe nicht. Er läßt in ihr sein ganzes altes Leben in den Tod des Herrn begraben (Rö 6, 3 f), läßt es sich versiegeln, daß er „mit" Christus gekreuzigt ist (Gal 2, 19) und hält sich nun für gestorben der Sünde gegenüber und lebend für Gott in Christus Jesus, seinem Herrn (Rö 6, 11). Zugleich fügt die Taufe ihn ein in die Gemeinde.

Mit der Taufe endet sein Fasten: **„Und nahm Speise zu sich und** 19a
kam wieder zu Kräften." Es war nicht mehr Trauerzeit. Er hielt sein erstes Mahl, gewiß so wie die erste Christenheit in Jerusalem: in Jubel und Einfalt des Herzens Gott lobend (Kap. 2, 46). Und es ist

anzunehmen, daß auch bei ihm dieses Mahl zugleich zur ersten Feier des „Herrenmahles" wurde. Dann war das **„Wieder-zu-Kräften-Kommen"** ein leiblich-geistliches, das in der Einheit von „Mahlzeit" und „Feier des Herrenmahles" den ganzen Menschen Saulus zu dem ungeheuren Dienst stärkte, den er nun sofort begann.

DIE ERSTE WIRKSAMKEIT DES SAULUS IN DAMASKUS UND JERUSALEM UND IHR ENDE

Apostelgeschichte 9, 19b—30

zu Vers 20:
Gal 1, 16
zu Vers 21:
Apg 9, 1. 14
8, 1. 3
1 Ko 1, 2
1 Ko 15, 9
Phil 3, 6
1 Tim 1, 13
zu Vers 22:
Apg 18, 28
zu Vers 23:
Jo 5, 18
zu Vers 24:
Apg 20, 3
2 Ko 11, 32 f
zu Vers 25:
Apg 17, 10
23, 23. 31
zu Vers 27:
Apg 4, 36
9, 20

19b Er war aber mit den Jüngern in Damaskus zusammen einige
20 Tage, * und sofort verkündigte er in den Synagogen Jesus, daß
21 dieser ist der Sohn Gottes. * Es erstaunten aber alle, die es hör-
ten, und sagten: „Ist nicht dieser es, der in Jerusalem ausrottete,
welche anrufen diesen Namen, und ist er nicht hierher dazu ge-
kommen, um sie gebunden zu den Hohenpriestern zu bringen?"
22 * Saulus aber wurde immer kraftvoller und versetzte die Juden,
die in Damaskus wohnten, in Bestürzung, indem er bewies: Die-
ser ist der Messias.
23 Als aber viele Tage zu Ende waren, faßten die Juden mit ein-
24 ander den Beschluß, ihn zu beseitigen; * es wurde aber Saulus
ihr Anschlag bekannt. Sie bewachten aber auch die Tore Tag und
25 Nacht, um ihn zu beseitigen. * Es nahmen ihn aber seine Jünger
und ließen ihn nachts durch die Mauer hinab, indem sie ihn hin-
26 unterließen in einem Korb. * Angekommen aber in Jerusalem,
versuchte er, sich den Jüngern anzuschließen, und alle fürchteten
sich vor ihm, da sie nicht glauben wollten, daß er ein Jünger sei.
27 * Barnabas aber nahm sich seiner an, brachte ihn zu den Apo-
steln und erzählte ihnen, wie er (Saul) auf dem Wege den Herrn
gesehen und daß er zu ihm gesprochen und wie er in Damaskus
28 freimütig geredet habe in dem Namen Jesu. * Und er ging bei
ihnen ein und aus in Jerusalem, freimütig redend im Namen des
29 Herrn, * und er sprach und disputierte mit den Hellenisten. Sie
30 aber versuchten ihn zu beseitigen. * Als es aber die Brüder erfuh-
ren, brachten sie ihn nach Caesarea und sandten ihn weiter nach
Tarsus.

19b Saulus bekehrt und getauft — und wie geht es nun weiter? Es folgt das ganz Natürliche: **„Er war aber mit den Jüngern in Damaskus zusammen einige Tage."** Saulus kannte kein privates Christentum. Jesus ist nicht einfach ein persönlicher Heiland für einzelne, sondern

als ihr Retter zugleich der „Kyrios“ und der „Messias“. So gehört Saulus den Brüdern und sucht ihre Gemeinschaft. Wie muß das für ihn und für sie gewesen sein! Er war ausgezogen, sie zu verhaften und zum Kapitalprozeß nach Jerusalem zu schleppen. Nun sitzt er als Bruder unter ihnen und gehört zu ihnen.

Aber dann zeigt sich der ganze Saulus: **„Und sofort verkündigte er in den Synagogen Jesus.“** Der entschlossene Einsatz liegt in seiner Natur. Aber zugleich hat er auch seine Bekehrung richtig verstanden. Sie war ja von vornherein nicht einfach seine eigene Errettung und Seligkeit, sondern Berufung zum Dienst. Und dieser Dienst war für Paulus nicht ein herber Zusatz zu dem empfangenen süßen Heil; immer sah er gerade in der Betrauung mit dem Dienst die Tiefe des ihm erwiesenen Erbarmens (2 Ko 4, 1; 1 Tim 1, 12 f). Darum wird er nun sofort der „Herold“ seines Königs; es steht hier wieder das Wort „herolden“ für „verkündigen“. Die Synagogen — es gab in den großen Städten mit einer zahlreichen Judenschaft stets mehrere jüdische Bethäuser — sind der Ort, in dem der Heroldsruf für Israels König ertönen muß. 20

Der Inhalt seiner Verkündigung ist ein einziger Satz von unendlicher Bedeutung: **„Dieser ist der Sohn Gottes.“** Vom „Knecht Gottes“ hatte Petrus zu seinen Israeliten gesprochen. Das Persongeheimnis Jesu hatte er unberührt gelassen. Paulus aber drang hier sofort tiefer. Was er in der Begegnung mit Jesus erlebt und was sich ihm von daher an Jesus erschlossen hatte, das ließ ihn Jesu völlige Zugehörigkeit zu Gott erfassen. Der Messias konnte nach jüdischem Verständnis auch ein bloßer Mensch sein. Paulus aber sah: Der Messias Jesus stand nicht unter den Menschen, wenn auch als der größte und herrlichste von ihnen; er kam von Gott und besaß „die Gestalt Gottes“ (Phil 2, 6).

Unter der Judenschaft in Damaskus kommt es zur ratlosen Verwirrung und Bestürzung, denn Paulus blieb nicht in theoretischen Gedankengängen über Jesus stecken, sondern **„bewies, dieser ist der Messias“**. Damit war für jeden Israeliten die praktische Entscheidungsfrage gestellt. Dem Messias Israels muß man mit Herz und Leben zur Verfügung stehen. Paulus „bewies“ es mit der Heiligen Schrift. Lukas wird es uns noch an Beispielen der Ansprachen des Paulus in Synagogen zeigen. 21/22

Müssen die Juden nun nicht überzeugt werden, wenn ein Mann wie Saulus, wenn der ehemalige Verfolger der Christen es ihnen sagt und beweist? So denken wir! Aber es hat sich oft genug gezeigt, daß weder die erstaunlichsten Wunder noch solche Wendungen führender Männer das widerstrebende Menschenherz überwinden. Der Widerstand des Herzens gegen die Bekehrung ist viel zu tief. Paulus 21—23

erlebt hier zum ersten Mal, was er später in 2 Ko 3, 15 f ausgesprochen hat: Auch der Schriftbeweis hilft in der Synagoge nicht, weil über dem AT die „Decke" hängt, die erst durch die Bekehrung zu Jesus weggenommen wird. Aber gleichgültig kann diese Botschaft keinen lassen; führt sie nicht zur Bekehrung, dann führt sie — Saulus weiß das allzugut — zur leidenschaftlichen Ablehnung. **„Als aber viele Tage zu Ende waren, faßten die Juden miteinander den Beschluß, ihn zu beseitigen."** Saulus kann in Damaskus keinen ersten Triumph feiern, sondern muß sofort das Leiden für Jesus kennenlernen. Er erlebt aber auch seine Rettung, wie er sie uns selbst 2 Ko 11, 32—33 erzählt hat[214]. Diese erste Todesgefahr ist ihm unvergeßlich in Erinnerung geblieben, er fügt sie der Aufzählung seiner Leiden in 2 Ko 11 noch besonders hinzu. Zugleich war es auch das erste Mal, daß er erfuhr, wie der Mann, den Gott noch brauchen will, nicht verloren ist, auch wenn seine Lage menschlich aussichtslos erscheint und ein starker Machthaber sorgfältig alle Tore bewacht[215].

26 **„Angekommen aber in Jerusalem . . ."** Die Schilderung der Verse 26—30 scheint im Widerspruch zu stehen zu dem, was Paulus selbst in Gal 1, 18—20 über seinen ersten Aufenthalt in Jerusalem sagt. Wenn auch „viele" Tage bis zu dem Anschlag und der Flucht aus Damaskus vergangen waren (V. 23), so sind das doch nicht „drei Jahre", wie Paulus Gal 1, 18 schreibt. Aber Lukas, der ja an vielen Stellen seines Buches längst nicht alles ausführlich darstellt, was sich zweifellos zugetragen hat, erwähnt das nicht, was wir von Paulus selbst erfahren: „Ich ging weg nach Arabien und kehrte wieder nach Damaskus zurück" (Gal 1, 17). Saulus blieb nicht ständig in Damaskus, sondern ging von dort aus nach „Arabien". Das ist nicht das heutige Arabien gewesen, das nur noch einen Rest des großen Nabatäerreiches darstellt, das zur Zeit der Apostel von seiner Hauptstadt Petra (dem alten Edom) bis nach Damaskus hinaufreichte. Manche haben die Vorstellung gehabt, Paulus habe dort Jahre der Stille und Einsamkeit verbracht, um seine ganze Anschauung vom Christen-

[214] Wie gut, daß er dies tat! Sonst würde sofort die Kritik ansetzen und uns sagen, es sei doch ganz „unmöglich", daß die Judenschaft von Damaskus die Macht besessen habe, „Tag und Nacht die Tore zu bewachen, um ihn zu beseitigen". Paulus zeigt uns, wieso es „möglich" war: Die Judenschaft hatte den Statthalter des Königs Aretas für ihre Pläne gewonnen und Paulus bei ihm als gefährlichen Aufrührer hingestellt.

[215] Unser Text sagt: „Es nahmen ihn aber seine Jünger ..." Hat Paulus wirklich sofort eigene „Jünger", besondere „Schüler" um sich gesammelt? Der Sitte und Art des Rabbinentums hätte das entsprochen. Aber bei Paulus ist davon in seinen Briefen nichts zu sehen. So kann hier einfach ein Schreibfehler vorliegen, den der Koine-Text mit Recht verbessert hat. Es handelt sich im grie Wortlaut um einen einzigen, noch dazu sehr ähnlichen Buchstaben, der aus einem „ihn" das Wort „seine" gemacht haben kann („auton" — „autou").

tum zu durchdenken und sich so auf seinen kommenden Dienst zu rüsten. Aber einerseits war „Arabien" keine stille Wüste, sondern zur Zeit der Nabatäer ein der Wüste abgerungenes Kulturland mit lebendigen Städten; und andererseits ist Paulus so in ganz falscher Weise als grübelnder Theologe gesehen. Der Saulus, der „sofort" in den Synagogen Jesus heroldet und seine Würde als Messias und Gottessohn „beweist", bedurfte solcher stillen Zeit nicht. Nein, er war missionarisch in den Städten Arabiens tätig. Und dann erst, als er „wieder nach Damaskus zurückkehrte" und seine evangelistische Tätigkeit fortsetzte, kam es zum letzten Konflikt.

Der eigene Bericht des Paulus über seinen Aufenthalt in Jerusalem 27
läßt zunächst nur an einen kurzen, stillen Besuch bei Petrus denken. Und gewiß, die summarische Angabe des Lukas: **„Barnabas aber nahm sich seiner an und brachte ihn zu den Aposteln"** müssen wir nach Gal 1, 19 korrigieren: Paulus sah damals nur Petrus und den Herrenbruder Jakobus, das versichert er nachdrücklich. Aber ebenso gewiß ist die kurze Angabe des Gal Briefes unvollständig, weil es Paulus in dem Zusammenhang seines Briefes nur auf das Eine ankommt, seine ganze Selbständigkeit und Unabhängigkeit den Uraposteln gegenüber klarzustellen. Daran läßt aber auch der Bericht des Lukas keinen Zweifel: Paulus kommt als völlig selbständiger Christ und Zeuge Jesu zu den Aposteln: **„Und er erzählte ihnen, wie er auf dem Wege den Herrn gesehen und daß er zu ihm gesprochen und wie er in Damaskus freimütig geredet habe in dem Namen Jesu."** Daß auch nach den drei Jahren der Arbeit in Damaskus und Arabien Mißtrauen und Ablehnung bei den Christen Jerusalems gegen den einstigen Verfolger bestand, ist verständlich. Zu viel hatten sie durch ihn erlitten. Warum ihn Barnabas anders beurteilte und ganzes Vertrauen zu ihm faßte, wird nicht gesagt. Aber geschieht so etwas nicht oft genug? Eine besondere Verbundenheit des Paulus mit
Barnabas liegt später offenkundig vor. Warum sollte sie damals nicht 28—30
so entstanden sein, wie Lukas uns hier berichtet? Aber Saulus im Verkündigungsdienst in Jerusalem? Gal 1, 18—20 sagt nichts davon. Aber „Schlüsse aus dem Schweigen" von Urkunden sind immer bedenklich. Und wir haben von Paulus selbst ein Zeugnis für eine evangelistische Arbeit in Jerusalem. Er schildert den Römern seine Arbeit und sagt: „So daß ich von Jerusalem aus und im weiten Bogen bis Illyrien das Evangelium des Christus erfüllt habe" (Rö 15, 19). „Von Jerusalem aus" — diesen Dienst einer Evangelisation in Jerusalem kann er nur bei diesem ersten Besuch dort und noch einmal bei Gelegenheit des Apostelkonzils getan haben. Er war nach Gal 1, 18 „fünfzehn Tage bei Petrus". Darin lagen immerhin zwei Sabbate, an denen er am gleichen Ort wie Stephanus den „Helle-

nisten" (vgl. o. S. 136) sagen konnte, warum der scharfe Gegner des Stephanus nun im Glauben an Jesus stehe. Daß dies bei ihm ebenso wie bei Stephanus zu „Diskussionen" führte, ist selbstverständlich. Das Ergebnis war hier kein anderes als in Damaskus: **„Sie aber versuchten ihn zu beseitigen."** Ein „Abtrünniger" von diesem Format und dieser Bedeutung darf nicht am Leben bleiben. Je höher sie ihn früher geschätzt haben, umso empörter sind sie nun. Die Brüder **„brachten ihn nach Caesarea und sandten ihn weiter nach Tarsus".** Wenn Paulus selbst unbestimmter und weiter „die Gegenden von Syrien und Kilikien" nennt (Gal 1, 21), so wird das damit zusammenhängen, daß er zwar seine alte Heimatstadt Tarsus als nächste Zufluchtsstätte aufsuchte, aber dort nicht untätig herumsaß, sondern von Tarsus aus in die ganze Provinz hinein die Botschaft verkündigte, und daß er die bald sich anschließende Tätigkeit in Antiochia (Apg 11, 25 f) in seinen kurzen Überblick mit einschließt. Von Gemeinden in Syrien und Kilikien hören wir Kap. 15, 23 und Kap. 15, 41. Sie werden in jener Zeit entstanden sein, als Paulus von Tarsus aus an die Arbeit ging. Offen bleiben viele Fragen, auf die wir gern eine Antwort hätten: Lebten damals die Eltern des Paulus noch?[216] Nahmen sie den Sohn auf? Konnte er sie für Jesus gewinnen? Wie sah es in jenen „Gemeinden" aus, die damals gegründet wurden? Waren auch sie schon wesentlich „heidenchristlich"? Nach Apg 15, 3. 12. 23 ff ist das anzunehmen. Aber wie gern wüßten wir Näheres!

26—30 Es bleibt für uns eine fühlbare Spannung zwischen der Darstellung des Lukas und den knappen Sätzen des Paulus im Galaterbrief. Nach Gal 1, 18—20 würde man nicht mit einer so lebendigen und lebhaften Tätigkeit des Paulus in Jerusalem rechnen, wie sie unser Abschnitt schildert; und bei unserem Abschnitt würde man nicht denken, daß es sich um einen so kurzen Besuch speziell bei Petrus gehandelt hat, bei dem Paulus außer Petrus keinen Apostel sah und sprach. Aber solange wir in dieser Welt und Zeit leben, werden bei der Darstellung vergangener Ereignisse solche Unterschiede unvermeidlich sein. Jeder von uns kann die Probe darauf machen, wenn er einmal seine Kinder von Ereignissen des Familienlebens erzählen läßt. Wie anders sieht für ihren Blick vieles aus, als es im Erinnerungsbild der Eltern steht. Und doch haben beide Teile jenes Ereignis miterlebt und berichten davon nach bestem Wissen und Gewissen. So müssen wir auch den Unterschied in der Darstellung zwischen Apostelgeschichte und Galaterbrief tragen. Er ist ein Zeichen dafür, daß wir nicht Geschichtskonstruktionen, sondern lebendige

[216] Nach Apg 22, 3 ist aber an die Möglichkeit zu denken, daß die Eltern mit ihren Kindern schon früher nach Jerusalem verzogen sind, so daß Paulus in Tarsus sein Elternhaus nicht mehr vorfand.

Erinnerung an wirklich durchlebte Geschichte vor uns haben. Ist doch auch bei Lukas selbst ein erheblicher Unterschied in der Schilderung dieser Jerusalemer Tage zu finden. Von dem in Apg 22, 17—21 Berichteten würden wir nach Kap. 9, 29—30 nichts ahnen. Und doch werden wir Lukas nicht für einen Wirrkopf halten, der in Kapitel 22 nicht mehr weiß, was er in Kapitel 9 geschrieben hat! Die Wirklichkeit ist immer reicher und vielseitiger, als wir denken, und gibt darum zu sehr unterschiedlichen Darstellungen Anlaß, die bis zur „Widersprüchlichkeit" abweichen können.

Wie es aber auch mit Gal 1, 18 ff und Apg 9, 26 ff stehen mag, daß Paulus jetzt nach Jerusalem ging und die führenden Männer der Urgemeinde persönlich kennenlernte, ist von grundlegender Bedeutung für die ganze weitere Geschichte der ersten Christenheit. Es entstand ein Vertrauensverhältnis zwischen den „Säulen" in Jerusalem und Paulus, das auch in starken Belastungsproben nicht erschüttert worden ist (Gal 2, 7—10; 1 Ko 15, 11; Apg 15, 24—26). Zugleich erfuhr Paulus aus dem Mund des führenden Jüngers und des leiblichen Bruders Jesu Einzelheiten aus der Geschichte des Herrn, die er seinerseits den Gemeinden weitergab; vgl. das schon im rabbinischen Sprachgebrauch geprägte: „Empfangen — geben" in 1 Ko 11, 23; 15, 3. Wie wichtig ist das für uns und unsere geschichtliche Gewißheit über Jesus! Paulus hat nicht dem „einfachen Evangelium" gegenüber eine seltsame Vorstellungswelt aus allerlei fremden Elementen aufgebaut, sondern hat mindestens 14 Tage lang im besonderen Verkehr mit Petrus und Jakobus seine Botschaft an den Erfahrungen und Kenntnissen jener Männer geprüft, die Jesus aus jahrelangem, nächstem Umgang kannten, und hat festgestellt: „Es sei nun ich oder jene: so predigen wir" (1 Ko 15, 11).

DAS WIRKEN DES PETRUS IN LYDDA UND JOPPE DIE ERWECKUNG DER TABITHA

Apostelgeschichte 9, 31—43

31 **Nun hatte die Gemeinde durch ganz Judäa und Galiläa und Samaria Frieden, wurde aufgebaut und wandelte in der Furcht des Herrn; und durch den Zuspruch des Heiligen Geistes wuchs sie.**
32 *** Es geschah aber, daß Petrus alles durchwandernd hinabkam**
33 **auch zu den Heiligen, die in Lydda wohnten. * Er fand dort einen Menschen namens Aeneas, seit acht Jahren auf einem Bett lie-**
34 **gend; er war gelähmt. * Und es sprach zu ihm Petrus: „Aeneas, es heilt dich Jesus Christus; steh auf und mache dir selber dein**

zu Vers 31:
1 Ko 14, 3
Jo 14, 16
zu Vers 32:
Apg 8, 4.
14. 40
20, 32
26, 18
1 Ko 1, 2
Hbr 3, 1

zu Vers 33:
Apg 3, 2
14, 8
zu Vers 34:
Lk 5, 24
Apg 3, 6-8
14, 10
zu Vers 40/41:
Mt 10, 8
Mk 5, 40-42
Lk 7, 15
1 Kö 17, 19 ff
zu Vers 42:
Apg 19, 17
zu Vers 43:
Apg 10, 6

35 **Bett!", und sofort stand er auf. * Und es sahen ihn alle, die in**
Lydda und in (der Ebene) **Saron wohnten, die bekehrten sich zum**
Herrn.

36 **In Joppe aber war eine Jüngerin mit Namen Tabitha, was über-**
setzt heißt „Dorkas = Gazelle"; die war voll von guten Werken
37 **und Wohltaten, die sie erwies. * Es geschah aber in jenen Tagen,**
daß sie krank wurde und starb. Sie wuschen sie und bahrten sie
38 **in einem Obergemach auf. * Da aber Lydda nahe bei Joppe ist,**
hatten die Jünger gehört, daß Petrus dort sei, und sandten zwei
Männer zu ihm mit der Aufforderung: „Zögere nicht, zu uns zu
39 **kommen." * Petrus aber stand auf und kam mit ihnen. Als er an-**
gekommen war, führten sie ihn in das Obergemach, und es
traten zu ihm alle die Witwen weinend und die Unter- und
Oberkleider zeigend, die Dorkas gemacht hatte, als sie noch bei
40 **ihnen war. * Petrus aber schickte sie alle hinaus, kniete nieder**
und betete, und zu der Leiche gewendet sprach er: „Tabitha, steh
auf!" Sie aber öffnete ihre Augen, und Petrus erblickend setzte
41 **sie sich auf. * Er aber gab ihr die Hand und richtete sie auf; dann**
rief er die Heiligen und die Witwen und stellte sie als lebendig
42 **dar. * Kund aber wurde es in ganz Joppe, und es kamen zum**
43 **Glauben viele an den Herrn. * Es geschah aber, daß er viele Tage**
in Joppe blieb bei einem Simon, einem Gerber.

31 In der Verfolgung der Gemeinde war Paulus die eigentliche treibende Kraft gewesen. Wohl waren die Sadduzäer von tiefer Abneigung gegen das Christentum erfüllt. Ein Mann wie Stephanus konnte die Priesterschaft wie auch die Schriftgelehrten zu leidenschaftlicher Empörung hinreißen. Gern gab der Hohepriester einem entschlossenen Mann wie Saulus von Tarsus alle nötigen Vollmachten. Aber die konsequente Durchführung einer Verfolgung lag den vornehmen, theologisch liberalen und politisch vorsichtigen Leuten nicht. Mit der Bekehrung Sauls war darum die Verfolgung zu Ende. Und wenn sich zwischen diese Bekehrung und den ersten Besuch des Christen Saulus in Jerusalem etwa drei Jahre schieben, dann wird die Schilderung des Lukas voll verständlich: **„Nun hatte die Gemeinde durch ganz Judäa und Galiläa und Samaria Frieden."** Von einer Evangelisation in Galiläa hat Lukas nicht besonders erzählt; wir sehen es wieder, wieviel er nicht ausführlich berichtet, was er doch selber als geschehen ansieht. Daß gerade in Galiläa, dem großen Wirkungsfeld Jesu und der Heimat der Apostel, der Botschaft die Wege offenstanden, ist verständlich.

Lukas verwendet hier das Wort „Gemeinde" zum ersten und einzigen Male in seinem Geschichtswerk so, daß es die vielen „Ge-

meinden" in der großen Einheit der „Kirche" zusammenfaßt. Er tut es ganz unwillkürlich und ohne nähere Erläuterung. Es entspricht einem mächtigen Sachverhalt, der vor allen dogmatischen oder kirchenrechtlichen Erwägungen durch Gottes Wirken einfach gegeben ist. Wohl lebte die junge Christenheit — auch noch bei Paulus — „kongregationalistisch", also in eigenständigen und unabhängigen Einzelgemeinden. Aber grundsätzlich konnte sie nur die eine Gemeinde des einen Herrn und Messias sein, wie es auch nur das eine Israel Gottes gab. So ist es die eine Gemeinde durch ganz Judäa, Galiläa und Samaria hindurch, die nun Frieden hat.

Es ist freilich ein Friede von sehr begrenzter Dauer, der schon in Kap. 12, 1 von neuer Bedrängnis, diesmal von dem König Herodes Agrippa her, abgelöst wird. Aber in diesem Frieden „wurden sie aufgebaut"[217]. Lukas hat uns beides gezeigt, was von der Kirchengeschichte immer neu bestätigt wird. Auch Not und Verfolgung vernichten die Gemeinde Jesu nicht, wie ihre Feinde es zu erreichen hoffen (Kap. 8, 3), sondern stärken sie und müssen gerade zu ihrer Ausbreitung dienen. Aber zum „Aufbau" bedarf die Gemeinde auch der Ruhezeiten, und es gibt im Frieden ein „Wachstum", das in dieser Weise in den Stürmen nicht möglich ist.

Dabei wandelt sie auch jetzt während der ruhigen Atempause, die Gott ihr gönnt, **„in der Furcht des Herrn"**. Gott ist ihr nicht ein theologischer Gedanke, sondern „Gott ist gegenwärtig", und in dieser heiligen und lichten Gegenwart Gottes wird das Leben bei aller Freude tief ernst und scheut jede Befleckung[218]. Die Gegenwart Gottes ist Wirklichkeit in dem Heiligen Geist. Sein „Zuspruch"[219] ist beständig da. Dadurch „wächst" die Gemeinde nicht nur innerlich. Lukas wird mit dem hier von ihm gebrauchten Wort vor allem das äußere Wachstum meinen. In vielen Gesprächen der Christen mit ihren Volksgenossen blieb der „Zuspruch" nicht vergeblich, weil die stille Macht des Geistes ihn an Herzen und Gewissen beglaubigte.

Nun hat Petrus die Freiheit, Jerusalem zu verlassen und sich auf 32

[217] Lukas benutzt hier das Wort, das dann bei Paulus eine so entscheidende Rolle spielt: Rö 14, 19; 15, 2; 1 Ko 8, 1; 10, 23; 14, 3; 14, 4. 12. 26; 2 Ko 10, 8; 12, 19; Eph 2, 21; 4, 12; 4, 16; 1 Th 5, 11. Paulus kann dieses Wort wohl auch einmal von der persönlichen „Erbauung" gebrauchen: 1 Ko 14, 4. Aber gerade an dieser Stelle wertet er deutlich die eigene Erbauung ab gegenüber der viel wichtigeren Erbauung der Gemeinde. Dabei ist das Wort noch ganz sachlich gemeint, nicht gefühlig entstellt wie bei uns. Das Bild des „Baues" steht noch deutlicher vor Augen. Ein „Bauplatz" ist alles andere als „erbaulich": Arbeit, Lärm und Staub kennzeichnen ihn.

[218] Vgl. die Auslegung zu Apg 2, 43 S. 74/75

[219] Hier steht das auch bei Paulus so häufig verwendete Wort „paraklese", das sowohl „Trost" wie „Ermahnung" in sich schließt. Unser Wort „Zuspruch" gibt das einigermaßen wieder.

eine Missions- und Visitationsreise zu begeben. **„Es geschah aber, daß Petrus alles durchwandernd hinabkam auch zu den Heiligen, die in Lydda wohnten."** Wieder treffen wir auf das Wort „durchwandern" (s. o. S. 157), das hier ebenso ein „Visitieren" wie ein „Missionieren" bezeugen wird. „Alles durchwandernd" schreibt Lukas und überläßt es uns, dazu „Gemeinden" oder „Gegenden" oder „Christen" zu ergänzen. Dabei kommt er vom hochgelegenen Jerusalem „hinab" nach dem schon in der Küstenebene liegenden Lydda, 40 km nordwestlich von Jerusalem[220]. Dort leben bereits Christen. Sie werden hier (wie schon die Christen Apg 9, 13 und dann wieder Kap. 9, 41) die **„Heiligen"** genannt; Lukas verwendet diesen Ausdruck nur Kap. 26, 10 noch einmal. Wir kennen diese Bezeichnung aus den Briefen des Paulus. Sie will nicht Menschen nach ihren sittlichen oder religiösen Eigenschaften schildern[221], sondern sie als Eigentum Gottes in Christus kennzeichnen. Menschen in Lydda gehören Gott, wie sie ihm als Glieder des Volkes Israel schon gehören sollten, aber es in Wahrheit doch nun erst durch die Bekehrung zu Jesus tun.

33 Petrus **„findet dort einen Menschen namens Aeneas, seit acht Jahren auf einem Bett liegend; er war gelähmt"**. Das **„dort"** wird sich auf die Schar der Heiligen, nicht aber allgemein auf den Ort Lydda beziehen; so werden wir uns den gelähmten Aeneas als Christen zu denken haben. Nicht der Kranke ruft im Sinn von Jak 5, 14 die Hilfe des Petrus an, sondern Petrus handelt nach der Anweisung
34 seines Herrn Mk 16, 18b. Von sich aus geht er in der Gewißheit seines Auftrages auf den Kranken zu: **„Aeneas, es heilt dich Jesus Christus."** Noch deutlicher als bei der Heilung des lahmen Bettlers in Kapitel 3 wird hier von vornherein Jesus als der eigentliche und alleinige Geber der Heilung herausgestellt. Hier konnte der Name Jesu sofort genannt werden, weil Jesus in diesem Christenhause glaubend gekannt wurde. Petrus fügt hinzu: **„Stehe auf und mache dir selber dein Bett!"** Ob wir diese Aufforderung an Aeneas wirklich so zu fassen haben, wie es unsere Übersetzung tut, ist fraglich. Es steht wörtlich nur da: „Breite dir selbst aus." Was Aeneas „ausbreiten" soll, müssen wir ergänzen. Meint aber Lukas wirklich das „Bett"? Da der Gelähmte bereits auf dem Bett liegt, muß er es nicht erst „ausbreiten". Sinnvoll wäre das Umgekehrte gewesen: „Roll dein Bett zusammen und geh heim." Aber Petrus ist im Hause des Aeneas und hat keinen Anlaß, dies zu sagen. Vielleicht meint er die

[220] Lydda ursprünglich „Lod" wird schon in alter Zeit erwähnt; nach der Rückkehr aus der babylonischen Gefangenschaft wird es wieder besiedelt (Esr 2, 33; Neh 7, 37).

[221] Wie unbiblisch ist der katholische Gebrauch dieses Wortes, der auch uns noch immer stark beeinflußt.

„Ausbreitung" des Teppichs, auf dem man nach morgenländischer Sitte saß. Dann hätte die Aufforderung den schönen Sinn: Nun brauchst du nicht mehr abseits von uns im Bett zu liegen! Rücke heran in unseren Kreis als ein Gesunder, der wieder voll am Leben des Hauses teilnehmen kann.

Aeneas erhebt sich geheilt. Diese wunderbare Heilung im Namen 35
Jesu wird bekannt, nicht nur in der Stadt Lydda, sondern in der ganzen Ebene Sarons; **„alle"** sahen den Geheilten. **„Die bekehrten sich zum Herrn"**, fügt Lukas hinzu. Hier scheint das Wunder als solches Glauben und Bekehrung zu wirken. Aber so ist es doch nicht: Die Verkündigung des Wortes ist vorangegangen; nun stand dieser verkündigte Jesus in seiner erbarmenden Wirklichkeit mitten unter ihnen. Nun öffnen sie ihm das Herz.

Indessen ereignet sich im nahen Joppe[222], 18 km entfernt von Lydda, 36—38
ein schmerzlicher Todesfall. **„Eine Jüngerin[223] mit Namen Tabitha"[224]**, grie Dorkas, zu deutsch „Gazelle", lebte ganz im Wohltun und Helfen; dabei waren es besonders die Witwen (s. o. S. 129), an die sie denkt. Gerade in jenen Tagen erkrankt sie und stirbt. Das Niederlegen der Leiche im **„Obergemach"** ist ungewöhnlich. Haben die Christen in Joppe an Elias und Elisa (1 Kö 17, 19; 2 Kö 4, 10; 2 Kö 4, 21. 32) und von da aus schon an Petrus gedacht und ein großes Hoffen in ihren Herzen getragen? Es kann ja in besonderen Stunden ein gelesenes oder von früher her bekanntes Wort der Schrift mit eigentümlicher Macht lebendig werden und uns und unser Tun göttlich leiten und bestimmen. Es mag ihnen bedeutsam und ein „Zeichen", ein Hinweis von Gott gewesen sein, daß Tabitha gerade **„in jenen Tagen"** erkrankte und starb, in den Tagen, in denen Petrus in der Nähe weilte. Jedenfalls senden sie jetzt **„zwei Männer zu ihm mit der Aufforderung: „Zögere nicht, zu uns zu kommen."** Sie sagen ihm nichts Näheres, sie sprechen die Bitte um ein Wunder nicht aus. Wie echt und lebendig ist das gezeichnet, wie auch wir oft schon zu glauben und zu erwarten beginnen und doch nicht in Worte fassen mögen, was uns bewegt. Gott allein soll bestimmen, was er tun will.
Ob Petrus ahnte, daß er Großem entgegenging? Jedenfalls folgt er 39
dem Ruf und findet in Joppe die ganze Trauer, besonders der Witwen, die ihm **„weinend die Unter- und Oberkleider zeigen, die Dor-**

[222] Joppe, eigentlich Japho, bildet in der atst Zeit die Grenze des Stammes Dan (Jos 19, 46). Von hier suchte Jona seine Flucht zu bewerkstelligen (Jon 1, 3). Es ist das heutige Jaffa. Es liegt an der Küste, besitzt aber keinen eigentlichen Hafen. Die Seeschiffe ankern draußen; Frachten und Passagiere werden mit Booten an Land gebracht.

[223] Diese Wortbildung kommt im NT nur an dieser Stelle vor.

[224] So und nicht „Tabea" ist zu lesen. Der hebr Name wird eigentlich auf der letzten Silbe mit einem langen a betont.

40 **kas gemacht hatte, als sie noch bei ihnen war".** Er weist alle hinaus, auch wenn das Weinen der Witwen etwas völlig anderes war als das Getümmel der Klageweiber im Hause des Jairus (Mk 5, 38. 39). Er muß mit Gott allein sein und im Gebet die Gewißheit gewinnen, ob Gott hier etwas so Großes tun will. Das Gebet geschah auf den Knien. Dann wendet er sich mit einem ganz kurzen und schlichten Wort an die Tote: **„Tabitha, steh auf!"**[225] Wie ist das so völlig anders als alles Zauber- und Wunderwesen okkulter Art. Hier werden keine Zauberformeln gemurmelt, keine geheimnisvollen Namen genannt, keine seltsamen Bräuche geübt. Ein herzlicher Befehl wird erteilt, und es wird im Glauben erwartet, daß dieser an sich unmögliche Befehl durch Gottes Tat befolgt werden wird[226]. Darum schildert Lukas auch hier wieder das Geschehen selbst mit seiner ganzen Zurückhaltung und Nüchternheit: **„Sie aber öffnete ihre Augen, und Petrus erblickend setzte sie sich auf."** Nicht ein Wort von irgendwelchen wunderbaren Erlebnissen in der Zeit des Totseins wird gesprochen. Es ist eigentlich nur wie ein Erwachen aus dem Schlaf. Petrus **„aber gab ihr die Hand und richtete sie auf; dann rief er die Heiligen und die Witwen"** zur Mitfreude herein. Er **„stellte sie als lebendig dar"**, so wie einst bei seiner Parusie der Herr Jesus uns alle „darstellen" wird vor seinem Angesicht und vor dem Vater (Kol 1, 22; 2 Ko 4, 14).

Solch ein Geschehen kann nicht verborgen bleiben. Die **„Heiligen"** hatten auch vorher schon in Joppe von Jesus nicht geschwiegen. Nun ist seine Heilandsmacht unter ihnen in ihrer eigenen Stadt sichtbar geworden. **„Und es kamen zum Glauben viele an den Herrn."** Viele, nicht alle. Aber Petrus hat Anlaß, längere Zeit in Joppe zu bleiben und die Bewegung weiter zu führen, die durch die Erweckung der Tabitha in Gang gekommen ist. So groß die Freude der Christen, besonders der Witwen war, ihre „Gazelle" wieder zu haben, das wichtige war nicht diese leibliche, sondern die anschließende geistliche Erweckung. Tabitha mußte doch wieder sterben. Aber wer jetzt zum

[225] Dies Wort des Petrus ist nur in einem Buchstaben verschieden von dem Wort des Herrn im Hause des Jairus. Dort heißt es: „Talithá kumi!"; hier: „Tabithá kumi!". Die Kritik ist geneigt, sofort zu sagen: also eine bloße Nachahmung. Aber wie froh wird Petrus gewesen sein, gerade hier so mit dem Wort seines Herrn sprechen zu können, wo er von seinem Herrn und nicht von sich eine so mächtige Tat erwartet.

[226] Dabei zeigt der Vergleich mit Eph 5, 14, daß eine Erweckung aus dem leiblichen Tod grundmäßig nichts „Größeres" oder „Wunderbareres" ist als das Auferstehen eines Menschen aus dem „Totsein in Sünden und Übertretungen" Eph 2, 1. Beides ist dem Menschen von Natur unmöglich, es kann nur von Gott gewirkt werden. Eine Totenerweckung wie die der Tabithá ist darum ein Zeichen, sowohl für diese geistliche erweckende Macht Gottes wie für die Auferstehung der Glaubenden bei der Parusie des Herrn.

Glauben kam, gewann das ewige Leben. Petrus wohnte während dieser Zeit **„bei einem Gerber Simon"**. Die Gerber waren damals verachtete Leute und wohnten außerhalb der eigentlichen Stadt. Petrus, „der hohe Apostel", scheute nicht das übelriechende Gewerbe seines Glaubensbruders und nahm gerade seine Gastfreundschaft an. So war er dann leicht zu finden, als die Boten des Kornelius ihn suchten.

Von Jerusalem bis nach Samaria und bis an den Küstenstreifen von Asdod hinauf nach Caesarea reicht nun die Wirksamkeit des Evangeliums! Ein gutes Stück des „Planes" Jesu nach Apg 1, 8 ist in erstaunlicher Weise bereits erfüllt. Werden wir jetzt hören, wie Paulus das Evangelium vollends in die Weite der Welt hinausträgt? Nein, Lukas schildert eingehend und nachdrücklich zuvor etwas anderes. Paulus selbst ist sich später, schon auf einer ersten Höhe seiner Wirksamkeit, bewußt gewesen, daß er „vergeblich lief oder gelaufen wäre", wenn die Apostel in Jerusalem seinem Werk unter den Nationen nicht ihre Zustimmung gaben (Gal 2, 2). Wir dürfen hier nicht naiv von unsern modernen Verhältnissen her denken. Wir sind es gewohnt, daß jeder frei sein eigenes Werk aufbauen kann, wenn er nur die Kraft und die Fähigkeit hat, es durchzuführen. Die maßgebenden Männer damals aber — einschließlich des Paulus selbst — standen ernsthaft und völlig unter Gott. Gottes Volk und Werk in der Welt aber war Israel. Ihm gehörte Jesus als der Messias, ihm die Gabe des Heiligen Geistes (vgl. Apg 2, 39). Kein Mensch konnte einfach von sich aus daran gehen, aus den Heiden eine Gemeinde des Messias Jesus zu sammeln. Paulus hat noch in Rö 11 im Bild vom edlen Ölbaum, in dessen Stamm wilde Zweige eingepfropft werden, das Unerhörte und gleichsam „Widernatürliche" der Heidenbekehrung geschildert. Hier mußte Gott selbst handeln! Niemand anderes als Gott konnte der Heidenmission den Weg öffnen. Wie Gott es getan hat, das erzählt uns darum Lukas, ehe er uns Paulus auf seinen Missionsreisen begleiten läßt[227].

[227] Die Einwände der Kritik gegen den Bericht des Lukas sind darum unverständlich. Man könnte und müßte die Ereignisse geradezu so ähnlich rekonstruieren, wenn sie Lukas nicht erzählt hätte. Paulus selbst hält sein Wirken unter den Heiden für unmöglich, wenn Petrus ihm nicht zustimmt. Wie aber sollte Petrus, der treue Israelit, zustimmen, wenn Gott ihn nicht handgreiflich davon überzeugte, daß er, der Gott Israels, selbst die Heidenmission will?

DIE BEKEHRUNG UND TAUFE DER ERSTEN HEIDEN IM HAUSE DES CORNELIUS

Apostelgeschichte 10, 1–48

zu Vers 1: Mt 8, 5; Apg 27, 1
zu Vers 2: Lk 7, 5
zu Vers 3: Lk 1, 11; Apg 10, 30
zu Vers 6: Apg 9, 43; 11, 13 f
zu Vers 9: Dan 6, 10; Apg 3, 1
zu Vers 10: Apg 22, 17
zu Vers 14: 3 Mo 11; Hes 4, 14
zu Vers 15: Mt 15, 11; Rö 14, 14. 19 f; 1 Tim 4, 4
zu Vers 17: Apg 12, 9
zu Vers 19: Apg 11, 28; 13, 2. 4
zu Vers 20: Apg 15, 7

1 Ein Mann aber in Caesarea mit Namen Kornelius, Centurio der
2 sogenannten Italischen Kohorte, * fromm und Gott fürchtend mit
seinem ganzen Hause, viel Wohltaten dem Volk erweisend und
3 beständig zu Gott betend, * sah in einem Gesicht deutlich –
etwa um die neunte Stunde des Tages – einen Engel Gottes zu
4 ihm hereinkommen und zu ihm sagen: „Kornelius!“ * Er aber, ihn
gespannt anblickend und in Furcht geraten, sagte: „Was ist,
Herr?“ Er aber sprach zu ihm: „Deine Gebete und deine Wohl-
5 taten sind hinaufgekommen zum Gedächtnis vor Gott. * Und
jetzt schicke Männer nach Joppe und laß holen einen Simon, der
6 Petrus zubenannt wird; * er ist zu Gast bei einem Gerber Simon,
7 dessen Haus am Meer liegt.“ * Als aber der Engel fortgegangen
war, der mit ihm geredet hatte, rief er zwei der Diener und einen
8 frommen Soldaten von denen, die ständig um ihn waren, * und
nachdem er ihnen alles erzählt hatte, sandte er sie nach Joppe.

9 Am folgenden Tage aber, während jene unterwegs waren und
sich der Stadt näherten, stieg Petrus auf das Dach, um zu beten,
10 gegen die sechste Stunde. * Er wurde aber hungrig und wollte
essen. Während sie aber bei der Zubereitung waren, kam eine
11 Verzückung über ihn, * und er sieht den Himmel geöffnet und
herabkommen ein Gefäß wie ein großes Leinentuch, an vier Zip-
12 feln herabgelassen auf die Erde; * in ihm waren alle die vierfüßi-
gen und kriechenden Tiere der Erde und Vögel des Himmels.
13 * Und es kam eine Stimme zu ihm: „Steh auf, Petrus, schlachte
14 und iß!“ * Aber Petrus sprach: „Keinesfalls, Herr; denn niemals
15 aß ich etwas Gemeines oder Unreines.“ * Und die Stimme wieder
zum zweiten Mal zu ihm: „Was Gott gereinigt hat, erkläre du
16 nicht für gemein.“ * Das geschah aber dreimal, und sogleich
wurde hinaufgenommen das Gefäß in den Himmel.

17 Während aber Petrus bei sich selbst ratlos war, was das Gesicht
bedeuten möge, das er gesehen hatte, siehe, da standen die Män-
ner, die abgesandt waren von Kornelius und sich nach dem Hause
18 des Simon durchgefragt hatten, am Tor * und riefen und fragten,
19 ob Simon, der Petrus zubenannt werde, hier zu Gast sei? * Wäh-
rend aber Petrus über das Gesicht nachsann, sprach der Geist:
20 „Sieh, zwei Männer, die dich suchen! * Aber steh auf, geh hinab

und geh mit ihnen, ohne Bedenken, denn ich selbst habe sie ge-
21 sandt." * Petrus aber stieg herab und sprach zu den Männern:
„Siehe, ich bin der, den ihr sucht, was ist die Ursache, derent-
22 wegen ihr hier seid?" * Sie aber sprachen: „Der Centurio Korne-
lius, ein gerechter und gottfürchtender Mann, in gutem Ruf ste-
hend bei dem ganzen Volk der Juden, wurde von einem heiligen
Engel angewiesen, dich holen zu lassen in sein Haus und Worte
23 von dir zu hören." * Nun rief er sie herein und nahm sie gastlich
auf. Am folgenden Tage aber stand er auf und zog mit ihnen
24 aus, und einige der Brüder aus Joppe kamen mit ihm. * Am
nächsten Tage aber kam er herein nach Caesarea. Kornelius aber
erwartete sie und hatte seine Verwandten und seine nächsten
25 Freunde zusammengerufen. * Als es aber geschah, daß Petrus
hereinkam, ging ihm Kornelius entgegen, fiel zu seinen Füßen
26 nieder und erwies ihm seine Huldigung. * Aber Petrus hob ihn
27 auf und sagte: „Stehe auf! Auch ich bin (nur) ein Mensch!" * Und
indem er sich mit ihm unterhielt, ging er hinein und findet viele
28 zusammengekommen * und sprach zu ihnen: „Ihr selbst wißt,
wie unerlaubt es ist für einen jüdischen Mann, sich einem Anders-
stämmigen anzuschließen oder bei ihm einzukehren. Und mir
zeigte Gott, keinen Menschen gemein oder unrein zu nennen.
29 * Darum bin ich auch ohne Widerspruch gekommen, als ich geholt
wurde. Ich frage nun, aus welchem Grunde ließet ihr mich holen?"
30 * Und Kornelius sprach: „Vor vier Tagen um diese Stunde war
ich um die neunte Stunde im Gebet in meinem Hause, und siehe,
31 ein Mann stand vor mir in leuchtendem Gewand * und sagte:
‚Kornelius, erhört wurde dein Gebet, und deiner Wohltaten wur-
32 de gedacht vor Gott. * Schicke nun nach Joppe und schicke her
Simon, der zubenannt wird Petrus; er ist zu Gast im Hause Si-
33 mons des Gerbers am Meer.' * Sofort nun habe ich zu dir ge-
schickt, und du hast recht getan, daß du gekommen bist. Jetzt nun
sind wir alle hier vor Gott, zu hören alles, was dir aufgetragen
ist von dem Herrn."
34 Da öffnete Petrus seinen Mund und sprach: „In Wahrheit * erfasse
35 ich, daß Gott keine parteiische Bevorzugung kennt, * sondern in
jedem Volk, wer ihn fürchtet und Gerechtigkeit wirkt, ist ihm
36 willkommen. * (Hört) das Wort (oder: Ihr wißt von dem Wort)[228],
das er den Söhnen Israels sandte, verkündigend Frieden durch
37 Jesus Christus; dieser ist aller Herr. * Ihr kennt das Wort, das
durch ganz Judäa geschehen ist, das seinen Anfang nahm von

zu Vers 23:
Apg 11, 12
zu Vers 25:
Lk 5, 8
zu Vers 26:
Apg 14, 15
Offb 19, 10
zu Vers 30:
Apg 1, 10
zu Vers 31:
Lk 1, 13
zu Vers 33:
Mt 18, 20
Lk 10, 16
Jo 4, 22
Jo 8, 35
zu Vers 34:
5 Mo 10, 17
1 Sam 16, 2
Rö 2, 11
Rö 10, 12
Jo 9, 31
zu Vers 36/37:
Ps 107, 20
Jes 52, 7
Mt 28, 18
Apg 1, 22
Rö 10, 12
Rö 14, 9
Eph 2, 17
Eph 6, 15
Phil 2, 11

[228] Die Verbindung der Sätze ist im jetzigen grie Wortlaut undeutlich; es scheint im Text eine kleine Lücke entstanden zu sein.

zu Vers 38:
Mt 4, 12-17
Lk 4, 18
Lk 13, 16 f
Lk 16, 16
zu Vers 39:
5 Mo 21, 22
Apg 2, 23
Gal 3, 13
zu Vers 40:
Apg 13, 31
1 Ko 15, 4-7
zu Vers 41:
Jo 14, 19. 22
Jo 15, 27
Jo 21, 13 f
Apg 1, 4. 22
zu Vers 42:
Jo 5, 22
Apg 17, 31
2 Tim 4, 1
1 Pt 4, 5
zu Vers 43:
Jes 33, 24
Jes 40, 1. 2
Jes 53, 5. 6. 11
Apg 3, 24
5, 31
zu Vers 44:
Jer 31, 34
Dan 9, 24
zu Vers 45:
Apg 2, 17. 30
zu Vers 46:
Mk 16, 17
Apg 2, 4
19, 6
1 Ko 12, 10
zu Vers 47:
Mt 3, 11
Apg 8, 36
11, 17
zu Vers 48:
Apg 2, 41

38 Galiläa aus nach der Taufe, die Johannes verkündigte, * Jesus
von Nazareth, wie ihn Gott gesalbt mit Heiligem Geist und Kraft,
der hindurchzog, wohltuend und heilend alle vom Teufel Ver-
39 gewaltigten, denn Gott war mit ihm; * und wir sind Zeugen
alles dessen, was er getan hat im Land der Juden und in Jerusa-
40 lem. Ihn haben sie umgebracht, ihn ans Holz hängend. * Diesen
hat Gott auferweckt am dritten Tage und gegeben, daß er sicht-
41 bar werde, * nicht dem ganzen Volk, sondern den von Gott vor-
her ausgewählten Zeugen, uns, die wir mit ihm zusammen ge-
gessen und getrunken haben nach seinem Auferstehen aus den
42 Toten. * Und er gebot uns zu verkündigen dem Volk und zu be-
zeugen, daß er der von Gott bestimmte Richter der Lebendigen
43 und Toten ist. * Ihm bezeugen alle Propheten: Vergebung der
Sünden empfängt durch seinen Namen jeder, der an ihn glaubt."
44 Während Petrus noch diese Worte sprach, fiel der Heilige Geist
45 auf alle, die das Wort hörten. * Und außer sich gerieten die Gläu-
bigen aus der Beschneidung, die mit Petrus zusammen gekom-
men waren, daß auch auf Heiden die Gabe des Heiligen Geistes
46 ausgegossen war. * Denn sie hörten sie mit Zungen reden und
47 Gott preisen. Da antwortete Petrus: * „Es kann doch nicht je-
mand das Wasser verwehren, daß nicht getauft werden diese,
48 welche den Heiligen Geist bekamen wie auch wir?" * Er ordnete
an, daß sie in dem Namen Jesu Christi getauft wurden. Da baten
sie ihn, einige Tage zu bleiben.

„Ein Mann aber in Caesarea"; das mächtige Geschehen, in welchem Gott selbst der Völkermission das Tor aufstößt, beginnt so schlicht. Den Namen Caesarea haben wir schon am Abschluß von Kap. 8 gehört. Hier hatte früher eine kleine sidonische Siedlung namens „Stratons Turm" gelegen. Herodes der Große hatte sie etwa 25 n. Chr. zu einer prächtigen Stadt ausgebaut, die er Kaiser Augustus zu Ehren „Caesarea = Kaiserstadt" nannte. In dem trefflichen, von Molen geschützten Hafen landen die römischen Statthalter und haben in Caesarea ihre eigentliche Residenz (vgl. Kap. 23—26). Darum hat die Stadt eine römische Garnison. Es liegt dort die **„Italische Kohorte"**[229]. Und der **„Mann in Caesarea"** ist Kornelius[230], ein „Centurio"

[229] Eine römische Legion bestand aus 10 Kohorten, die je wieder 6 Hundertschaften umfaßten. An der Spitze jeder Hundertschaft stand ein „Hundertschaftsführer", lat „Centurio". Das war ein aus dem Mannschaftsstand hervorgegangener Offizier. Unser Wort „Hauptmann" entspricht den Verhältnissen nicht ganz. Die Kohorten konnten besondere Namen tragen. Die „Italische Kohorte" wird zunächst in Italien aufgestellt worden sein, aus Freigelassenen, denen das römische Bürgerrecht verliehen war und die nun freiwillig dienten. Sie wurde später in die Provinz Syrien verlegt. Dort werden auch Syrer und Landeskinder in sie aufgenommen worden sein.

in dieser **„Italischen Kohorte".** Er ist persönlich fromm und gottesfürchtig, also wieder einer jener Männer, die vom Heidentum wie von der Philosophie ihrer Zeit unbefriedigt auf den Gottesglauben und die Ethik Israels stießen und davon angefaßt waren. Ein eigentlicher „Proselyt" (vgl. o. S. 171) konnte er in seiner Stellung nicht werden. Aber er war innerlich für Gott erschlossen. Es war ihm voller Ernst damit. Darum gestaltete er sein Leben nach den Regeln jüdischer Frömmigkeit, mit „Beten" unter Einhaltung bestimmter Gebetszeiten und mit „Almosen", die dem jüdischen Volke zugute kamen[231]. Die Schilderung unterstreicht: **„Er erwies dem Volk viele Wohltaten."** Dankbar nimmt er sich der Juden an, durch die er soviel empfangen hatte, und half ihnen mit seiner militärischen (und damit zugleich polizeilichen!) Stellung. **„Und er betete beständig zu Gott."** Daß dies **„beständige"** Beten hier nicht quantitativ gemeint ist, versteht sich bei ihm, dem diensttuenden Offizier, von selbst. Aber durch Beachtung der drei wichtigsten Gebetszeiten (vgl. Dan 6, 11; Ps 55, 18) durchzog er jeden Tag mit dem goldenen Band des Gespräches mit Gott[232]. 2

Sehr zu beachten ist die Hinzufügung **„mit seinem ganzen Hause".** Anders als in unserer heutigen individualistischen Welt war damals ein **„Haus"** (zu dem die Sklaven ebenso gehörten wie die Familie in unserem Sinn) eine äußere und innere Einheit, die völlig von dem Hausherrn bestimmt wurde. Darum konnte damals das **„ganze Haus"** sofort mitgetauft werden, wenn der Hausherr gläubig wurde. Vgl. Apg 16, 33–34[233]. So zog auch Kornelius **„sein ganzes Haus"** mit in die Frömmigkeit hinein, die ihn selbst erfüllte und seinem Leben einen neuen Inhalt gab. Eine innerliche, persönliche Beeinflussung der Hausgenossen war damit verbunden; V. 7 und 22 lassen uns etwas von der Gemeinschaft des Hauptmannes mit seinen Leuten sehen.

Kornelius erinnert uns lebhaft an den „Hauptmann von Kapernaum" (Lk 7, 1–10). Das NT zeigt uns überhaupt eine Reihe von Soldaten (Lk 7, 1–10; 23, 47; Apg 23, 18 ff; 27, 1. 3. 43) in einem guten Licht. Natürlich nicht aus „Militarismus"! Aber im Wesen des

[230] Er trägt einen römischen Namen, muß aber nicht selbst aus der Familie der Kornelier stammen. Freigelassene einer Familie konnten deren Namen annehmen. Es gab seit Lucius Kornelius Sulla (138–78 v. Chr.) viele Familien der Freigelassenen mit dem Namen Kornelius in Rom.

[231] Codex D nennt in Apg 10, 30 auch das dritte Stück, das „Fasten". Vgl. diese Dreiheit auch in Mt 6.

[232] Wie wichtig ist solche feste Ordnung für uns, auch wenn das echte Beten als solches die freie Wirkung des Sohnesgeistes in uns bleibt. Rö 8, 15; Gal 4, 6.

[233] Darum war auch die etwaige Taufe kleiner Kinder des Hauses damals ein Vorgang, der nicht einfach zu einer biblischen Rechtfertigung der Kindertaufe bei uns verwendet werden darf.

rechten Soldaten liegt eine Geradheit, Sachlichkeit, Gehorsamsbereitschaft und Entschlossenheit, die der biblischen Botschaft entgegenkommt. Darum versteht der Hauptmann von Kapernaum das Evangelium so viel einfacher und sachgemäßer als die frommen Israeliten, und darum mag es auch wiederum ein Hauptmann sein, in dessen Hause die erste durchgreifende Heidenbekehrung stattfindet.

3—8 So nimmt er auch an diesem Tage die übliche jüdische Gebetszeit um drei Uhr nachmittags (Apg 3, 1) wahr. Da tritt ein Engel zu ihm und ruft seinen Namen. Der Offizier **„blickt ihn gespannt an"**, empfindet aber doch die **„Furcht"**, die jedes irdische Geschöpf bei der Begegnung mit einem Boten aus der ewigen Welt überkommt. Aber er darf eine gute Botschaft hören: **„Dein Gebet und deine Wohltaten sind hinaufgekommen zum Gedächtnis vor Gott"**[234]. Es mag ihm das als Heiden immer wieder fraglich gewesen sein: Mußte er nicht erst durch die Beschneidung und durch die Übernahme des ganzen Gesetzes voll zum Gottesvolk gehören, ehe Gott auf ihn achten konnte? Nun erfährt er es anders und lernt auf seine Weise die selige Wahrheit, die im Lauf dieser Geschichte auch dem Petrus aufgehen wird (V. 34 f). Aber nicht dazu sendet Gott seinen Engel, um einem Menschen eine gute Zensur zu überbringen. Er hat einen Auftrag an Kornelius. Sinn und Bedeutung dieses Auftrages werden Kornelius nicht gesagt[235]. Aber er weiß als Soldat, wie es mit „Befehlen" steht, und gehorcht, ohne zu fragen. Er ruft **„zwei der Diener und einen frommen Soldaten von denen, die ständig um ihn waren, und nachdem er ihnen alles erzählt hatte, sandte er sie nach Joppe"**. Also auch in seiner Truppe hat er von seiner Gotteserkenntnis gesprochen und von seinen Leuten einige dafür gewonnen, mit denen er nun oft zusammen ist.

9—16 Gott hat seinen Plan; mit seiner Durchführung hat er bei Kornelius eingesetzt. Jetzt, während dessen Boten schon unterwegs sind und sich Joppe nähern[236], wendet sich Gott an Petrus. Um ungestört

[234] Jede „Verdienstlehre", etwa auch die römische, wird sich gern auf einen solchen Satz berufen. Unsere berechtigte Abneigung gegen den Verdienstgedanken darf uns aber umgekehrt nicht hindern, zu wissen und zu sagen, daß „Gebet und Wohltaten" nicht umsonst sind, sondern von Gott beachtet werden. Jak 4, 8 bleibt gültig, auch wenn dieses „zu Gott Nahen" selbst schon wieder Wirkung der erweckenden und ziehenden Gnade Gottes ist. Es ist Gott nicht gleichgültig, ob wir beten oder vor ihm stumm bleiben, den Menschen wohltun oder wehe tun.

[235] Spätere Handschriften haben hier zu ergänzen versucht und damit Ernst und Schönheit des Berichtes gerade gestört.

[236] Von Caesarea nach Joppe sind es reichlich 50 km. Rund 9 Stunden waren die Boten unterwegs. Wenn sie am Nachmittag noch ein Stück gewandert waren und am nächsten Tag früh aufbrachen, konnten sie um die Mittagszeit eintreffen. Doch mag Kornelius auch Reittiere zur Verfügung gestellt haben, um einen Gottesmann abzuholen.

beten zu können, ist Petrus — nach Apg 9, 43 noch in Joppe bei dem Gerber Simon wohnend — gegen Mittag auf das Dach des Hauses gestiegen[237]. Nun **„wurde er hungrig und wollte essen. Während sie aber bei der Zubereitung waren, kam eine Verzückung über ihn"**. Ihm sendet Gott nicht einen Engel. Gott ist nicht eintönig. Petrus wird mit einer visionären Schau beschenkt. Im grie Text steht hier das Wort „Ekstase", das, in dem Bericht Kap. 11, 5 wiederholt, in diesem Sinne nur Kap. 22, 17 noch einmal vorkommt. Aber diese „Ekstase" ist zugleich sehr nüchtern und zeigt dem Petrus etwas, was zu seiner augenblicklichen Lage Beziehung hat: Aus dem geöffneten Himmel[237a] wird ein Leinentuch an den vier Zipfeln herabgelassen, voll von allen[238] möglichen Tieren. Dabei erfolgte die Aufforderung: **„Steh auf, Petrus, schlachte und iß!"** Petrus lehnt heftig ab. In den Ausdrücken **„gemein"** und **„unrein"** liegt für ihn ein tiefer Schauer. Wir alle kennen solche Empfindungen, die durch Erziehung und jahrelange Gewöhnung so tief in uns liegen, daß sie ohne jede Überlegungen instinktiv hervortreten, sobald daran gerührt wird. Bei Petrus kommt zu der Abscheu dem **„Unreinen"** gegenüber der ebenso gefühlsmäßige Stolz des gesetzestreuen Juden: **„. . . denn niemals aß ich etwas Gemeines oder Unreines."** Die Stimme antwortete Petrus mit dem rätselhaften Wort: **„Was Gott gereinigt hat, erkläre du nicht für gemein."** Was meint der Herr? Ist die ganze Speiseordnung des Gesetzes aufgehoben? Seit wann ist sie das? Oder will Jesus noch viel mehr sagen und stellt seinem Jünger ein schaubares Gleichnis vor Augen? Dann ist es in der Gleichzeitigkeit von Offenbarung und Verhüllung ein echtes Gleichnis nach den Worten Jesu in Mk 4, 10–12. 25; nur wenn Petrus „hat", wird es ihm im Geschehen des Reiches Gottes selbst „gegeben" werden, das Gleichnis und darin dieses Geschehen zu verstehen. Eine dreimalige Wiederholung des Vorganges mahnt Petrus an die Wichtigkeit dessen, was

237 Die palästinensischen Häuser haben flache Dächer, die der Stille und der frischen Luft wegen ein beliebter Aufenthaltsort waren. Nach 5 Mo 22, 8 mußten sie mit einem Geländer zum Schutz vor Unfällen versehen werden.

237a Der „geöffnete Himmel" ist hier etwas wesenhaft anderes als bei der Taufe des Herrn oder im Schauen des Stephanus und des Sehers Johannes. Im wirklichen Himmel befindet sich natürlich nicht ein Leinentuch mit vielen Tieren! Es wird in der Schau des Petrus mit dem „geöffneten Himmel" eben nur verdeutlicht, daß das ganze Gesicht nicht eigene Phantasie des Apostels ist, sondern echtes Geschenk von Gott selbst her.

238 Wieder ist das Wort „alle" nicht pedantisch zu nehmen; in dem Tuch war selbstverständlich nicht der gesamte Inhalt von Brehms Tierleben! Ebenso töricht ist der Hinweis, es hätten sich da auch reine Tiere in dem Tuch befunden, die Petrus hätte ruhig nehmen und schlachten können. Nein, Petrus sieht ein Tiergewimmel, und die Aufforderung, da hineinzugreifen und zu schlachten und zu essen, erschreckt ihn.

ihm gezeigt wird[239]. Dann wird das Tuch wieder in den Himmel hinaufgenommen. Das Herabkommen des Tuches aus dem Himmel und sein Zurücknehmen in ihn hinein wollte dem Petrus sagen, daß er hier eine Weisung von oben, von Gott her empfangen hat.

17–27 Nun führt Gott die beiden begonnenen Geschichten zusammen und macht eine durch die andere wirksam und klar[240]. Petrus steht noch im tiefen Sinnen, was dieses Gesicht ihm sagen soll, da kommen die Männer von Kornelius ans Tor des Grundstückes. Keiner hört ihr Rufen, auch Petrus nicht, der völlig von seinen Gedanken hingenommen ist. Aber die Leitung des Geistes Gottes läßt ihn vom Dach herunterkommen: **„Siehe, ich bin der, den ihr sucht."** Er erfährt, was Kornelius von ihm will, und nimmt die Boten gastlich auf; selbstverständlich ist er und nicht der Gerber Simon dabei der Handelnde und Verantwortliche.

In feiner schriftstellerischer Kunst redet Lukas nicht davon, wie Petrus der Sinn des geschauten Gesichtes aufgeht; im Tun des Petrus erleben wir es mit. Petrus hält einer Offenbarung stand, die ihm aus einem langen jüdischen Leben heraus ganz „unmöglich" vorkommen mußte. Er nimmt die heidnischen Männer eines Offiziers der Besatzungsmacht in das Haus auf; er geht mit ihnen dem Hause dieses Heiden entgegen und ist willig, dort einzukehren. Er wird dort Heiden die Botschaft sagen und wird dann, von Gottes Handeln bezwungen, auch den letzten unerhörten Schritt tun und Heiden ohne Beschneidung in die Gemeinde des Messias Israels durch die Taufe aufnehmen. Auf diesem ganzen Wege begleiten ihn einige Christen aus Joppe, die dann bei den Verhandlungen im Apostelkreis über das Geschehene als Zeugen wichtig werden. Kornelius konnte sich ausrechnen, wann etwa mit dem Eintreffen seines Gastes zu rechnen war. Er weiß nicht, was eigentlich durch diesen Simon Petrus geschehen soll. Der Engel hat darüber nichts gesagt, so wie auch Petrus selbst seinen Weg geht, ohne schon einen näheren Auftrag von Gott zu haben. Gott behält alles völlig in seiner Hand. Aber ein Mann, auf den ihn ein Engel hingewiesen hat, ist auch für einen frommen Heiden etwas ganz Großes. So hat Kornelius seine Verwandten und seine engsten Freunde herbeigeholt, damit sie diese bedeutungsvolle

[239] Vgl. aber auch die Bedeutung der Zahl 3 in der Bibel: 2 Mo 23, 14; 34, 23; Jes 6, 3; Dan 6, 11; Mt 26, 34; 26, 61; 27, 63; Lk 2, 46; 13, 7; 1 Jo 5, 7. Das dreimalige Geschehen oder Tun ist das Ganze und Abgeschlossene.

[240] Wer immer im Ernst ein Leben unter Gott führte, hat sicher ähnliches erlebt, wie Gott in zunächst ganz unverständlicher Weise hier und da Geschichten mit Menschen beginnt, um sie dann überraschend miteinander zu verbinden und zu einem Ziel zu bringen, das nun erst klar hervortritt. Wer das aus der eigenen Erfahrung kennt, wird unser Kapitel mit anbetender Freude lesen und nicht nur Regeln der „Formgeschichte" darin sehen.

Stunde mit ihm durchleben. Und er begrüßt den eintreffenden Gast mit dem Niederfallen und mit einer „Huldigung“[241], die ihm als Heiden und als Mann des damaligen Kaiserreiches ganz anders nahe lag als uns. Für ihn ist Petrus ein göttliches Wesen, wie das damalige Heidentum sie vielfältig kannte[242]. Petrus schiebt dieses Denken kurz beiseite: **„Stehe auf! Auch ich bin nur ein Mensch!“** In freundlicher Unterhaltung werden die Zeremonien der Aufnahme eines Gastes
(vgl. Lk 7, 44—46) erledigt. Dann steht Petrus vor der erwartungs- 28—33
vollen Versammlung. Wie eigen war das Leben des Petrus geworden: der Fischer vom See Genezareth — der Redner vor großen Volksscharen — der Verhaftete und Ausgepeitschte vor dem Hohen Rat — und nun der ehrfurchtsvoll aufgenommene Große in einem heidnischen Offiziershaus, auf den alle mit Spannung blicken.

Petrus schildert die seltsame Lage, in der er sich befindet: **„Ihr selbst wißt, wie unerlaubt es ist für einen jüdischen Mann, sich einem andersstämmigen Mann anzuschließen oder bei ihm einzukehren. Und mir zeigte Gott, keinen Menschen gemein oder unrein zu nennen. Darum bin ich auch ohne Widerspruch gekommen, als ich geholt wurde.“** So weit reicht bei ihm die Führung Gottes, so weit hat er jetzt das Gesicht verstanden: Es handelt nicht von Speisegesetzen und von reinen oder unreinen Tieren; das war alles nur Bild. Es handelte von Menschen[243]. Hier war die Frage „rein“ oder „unrein“ noch viel ernster und tiefer. Gab es nicht doch die vielen „unreinen“ Menschen, mit denen man als Jude nichts zu tun haben konnte, die darum auch in der Gemeinde der Messias-Jesus-Gläubigen Juden unmöglich waren? Darüber entscheidest nicht du, Petrus; darüber entscheidet Gott. Was Gott reinigt, kannst du nicht für unrein erklären. Das hat Petrus verstanden[244]. Aber worauf Gott mit dem allen hinauswill, das weiß er immer noch nicht. Er hat das Tabu durchbrochen, er ist im heidnischen Haus wider alles jüdische Denken und Empfinden. Aber nun möchte er von Kornelius hören, was er hier

[241] Codex D hat hier den Bericht ausgeschmückt: „Als sich aber Petrus Caesarea näherte, lief ihm der Sklave voraus und sagte, daß er gekommen sei. Kornelius sprang heraus und, ihm begegnend, fiel er ihm zu Füßen . . .“

[242] Die Menschen der großen Reiche des Ostens kannten das Sichniederwerfen vor dem (göttlichen) Herrscher von jeher. Die freien, westlich empfindenden Griechen nannten es zunächst verächtlich „proskynein = anhündeln“. Dann aber wurde es auch im römischen Kaiserreich mit seinen als „göttlich“ verehrten Kaisern die Form der Huldigung vor Menschen, denen man göttliche Würde zuschrieb. Wir haben es mit „er erwies ihm seine Huldigung“ übersetzt.

[243] Freilich, es mußte dies auch seine Auswirkung auf die Speisegebote haben und zu jenem Grundsatz führen, der 1 Tim 4, 4—5 ausgesprochen ist.

[244] Und das war für ihn so neu und so umstürzend, wie wir uns das heute kaum vorstellen können.

überhaupt soll? **„Ich frage nun, aus welchem Grunde ließet ihr mich holen?"** Aber Kornelius kann nur noch einmal kurz die Tatsachen[245] schildern, den Gast herzlich willkommen heißen und dann ganz ihm zuschieben, was in dieser Stunde nun eigentlich geschehen soll: **„Und du hast recht getan, daß du gekommen bist. Jetzt nun sind wir alle hier vor Gott, zu hören alles, was dir aufgetragen ist von dem Herrn."**[246] Wie sollte er, der Heide, über Gottes Absichten bei diesem ganzen merkwürdigen Geschehen etwas wissen, wenn es der Gottesmann selbst nicht weiß? Und doch hat er mit diesem seinem Wort ohne sein Wissen dem Petrus den Auftrag Gottes ins Herz gerufen: Sage hier die ganze Botschaft! Sie wollen und sollen sie hören.

34/35 Da geht Petrus die Bedeutung und die Größe dieser Stunde auf. Das also will Gott, dazu hat Gott selbst das alles herbeigeführt: Er soll Heiden das Evangelium von Jesus ebenso bezeugen, wie er es bisher Israel verkündigte, und Heiden zu Jesus und in die Gemeinde des Messias Jesus hineinrufen, ohne daß sie erst durch die Beschneidung Angehörige Israels werden. **„Da öffnete Petrus seinen Mund und sprach."** Petrus ist sich bewußt, welche Bedeutung sein Reden hat. Und wir heutigen Christen aus den Nationen sollten es mit ermessen, daß unser Christseindürfen in dieser Rede des Petrus seine Wurzel hat. **„In Wahrheit erfasse ich, daß Gott keine parteiische Bevorzugung kennt, sondern in jedem Volk, wer ihn fürchtet und Gerechtigkeit wirkt, ist ihm willkommen."** Er erfaßt jetzt in der ganzen vollen Wirklichkeit, was ihm bereits mehr und mehr aufgegangen war. So hatte schon die Schrift in 5 Mo 10, 17; 1 Sam 16, 7 gesprochen, Petrus wußte es. Aber in der Sonderstellung Israel schien doch eine „parteiische Bevorzugung" bei Gott vorzuliegen, die der Jude genoß und leidenschaftlich behauptete. Nun aber erfüllt sich die Schriftwahrheit in voller Größe; Petrus darf auch in dieser Stunde unerhörter Geschichtswende auf dem Boden der Schrift stehen. Ob er zugleich daran dachte, daß nun durch ihn auch die Ausführung des letzten Befehls Jesu am Himmelfahrtstag in ungeahnter Größe begann: „. . . und bis an die Enden der Erde"?

Der Grieche blickte voll Verachtung auf die „Barbaren". Sie waren

[245] Dabei ist der Ausdruck im grie Text jetzt ungeschickt und mißverständlich. Wörtlich heißt es: „Vom vierten Tage an bis zu dieser Stunde war ich um die neunte Stunde anbetend in meinem Hause." Codex D hat die Schwierigkeit empfunden und durch einen Einschub zu bessern gesucht: „Vom dritten Tage an bis zu dieser Stunde habe ich gefastet, und als ich um diese Stunde betete ..." Es sind ja in der Tat nur drei Tage seit der Engelerscheinung und der Absendung der Boten vergangen. Aber solche „Ungenauigkeiten" gehören zum lebendigen Leben.

[246] Codex D hat das „vor Gott", das ihm bei einem Heiden wohl zu weit zu gehen schien, durch ein „vor dir" ersetzt.

für ihn nicht eigentlich Menschen. Der Jude sah in der „Heidenwelt" lauter Finsternis, Gottlosigkeit und Schmutz. Auch wir sind immer wieder geneigt, außerhalb unseres nationalen, rassischen, sozialen, weltanschaulichen, religiösen, kirchlichen, theologischen Kreises alles als minderwertig und verdorben anzusehen. Und gerade als ernsthaft fromme Menschen sind wir in der Gefahr, diese unsere Einstellung auch Gott zuzuschreiben oder sie gar von Gott abzuleiten. Aber Gott ist anders! **„Wer ihn fürchtet und Gerechtigkeit wirkt, ist ihm willkommen"**[247]. Hat nicht aber Gott selber Israel ausgesondert, den strengen Zaun des Gesetzes um Israel aufgerichtet und ihm jede Vermischung mit den Nationen verboten? Das war eine notwendige pädagogische Maßnahme Gottes, die unvermeidlich war, wenn Israel das werden sollte, was Gott mit ihm vorhatte. Aber diese pädagogische Maßnahme war eine vorläufige, und das eigentliche Ziel dabei war von Anfang an die ganze Welt: „In dir sollen gesegnet werden alle Geschlechter auf Erden" (1 Mo 12, 3). Nun ist die Stunde für dieses Ziel gekommen.

Aber was ist dieses Ziel? Ist es mit dieser Erkenntnis: **„Wer ihn fürchtet und Gerechtigkeit wirkt, ist ihm willkommen"** unmittelbar schon erreicht? Liegt hier bereits der Gedanke vor, der dann später die Zeit der Aufklärung beherrschte: Alle positiven Religionen sind überflüssig, einschließlich des kirchlichen Christentums; Gottesglaube und Tugend, darauf allein kommt es an? Das ist eine unmittelbar wichtige Frage auch für uns heute. Was ist es mit den vielen feinen und ernsten Menschen, die Gott fürchten, Gutes tun, beten, die aber auch selber damit zufrieden sind und die ganze Botschaft des Evangeliums nicht begreifen können und für überflüssig halten? Petrus sagt: Sie sind Gott willkommen. Also verlangt auch Gott nicht mehr vom Menschen und ist mit solcher Frömmigkeit zufrieden? Glaube an den Gekreuzigten und Auferstandenen, Errettung, Vergebung der Sünden, Wiedergeburt im Heiligen Geist ist nicht erforderlich?

Petrus weiß es vollständig anders. Menschen dieser Art sind Gott 36—43
willkommen — gerade für die Christusbotschaft. Darum fährt Petrus hier unbeirrbar fort: **„Hört das Wort, das er den Söhnen Israels sandte, verkündigend Frieden durch Jesus Christus; dieser ist aller Herr."** Auch Israel, das Bundesvolk, das noch ganz anders Gott kannte, betete, um die Erfüllung der Gebote Gottes rang, brauchte die Verkündigung des **„Friedens durch Jesus Christus"** und die An-

[247] U. Smidt a. a. O. S. 81 hat es verdeutlicht: „Gott ist kein Sektierer." Freilich, hier ist noch ein Stück „jüdisch" gedacht: „Wer Gott fürchtet und Gerechtigkeit wirkt." Paulus hat die Schrift noch kühner herangezogen: Rö 10, 20. Die rettende Liebe Gottes in Jesus kennt überhaupt keine Grenzen und Schranken mehr. Aber es mußten nicht alle Schritte auf einmal getan werden; der Schritt des Petrus hier war groß genug.

nahme dieses Friedens in Umkehr und Glauben. Wie sollte ein Mann wie Kornelius dieses alles nicht nötig haben! Aber dieser Jesus ist „aller Herr", wie Petrus hier mit Betonung sagt. Darum ist er auch für einen Kornelius da und legt seine Hand auf ihn. Völlig unbekannt ist Jesus in Caesarea nicht. **„Ihr kennt das Wort[248], das durch ganz Judäa geschehen ist, das seinen Anfang nahm von Galiläa aus nach der Taufe, die Johannes verkündigte."**

Und nun folgt ein kurzer Bericht über Jesus von Nazareth. In einfacher und doch mächtiger Weise wird den Heiden, die vom „Messias" Israels, dem „Gesalbten" nichts wissen können, erklärt: **„Jesus von Nazareth, wie ihn Gott gesalbt mit Heiligem Geist und Kraft."[249]** Der Inhalt des Evangeliums wird kurz zusammengefaßt: **„. . . der hindurchzog, wohltuend und heilend alle vom Teufel Vergewaltigten, denn Gott war mit ihm"[250].** Wie wird hier deutlich, warum die Heilungen, Befreiungen und Wunder einen so großen Raum in den Evangelien einnehmen. Wenn der Bericht über Jesus gelautet hätte: „Der hindurchzog, feine und tiefe Gedanken über Gott und das menschliche Leben lehrend", was hätte das für Kornelius bedeutet und was könnte es uns sagen? Nicht „Gedanken" und „Lehren" braucht der Mensch; die hat er genügend und in reicher Auswahl. Hilfe braucht er, Heilung, Befreiung, Erneuerung seines Lebens, und darum brauchte er den, der in Gottes Vollmacht Taten tut! „Jesus ist kommen, nun springen die Bande, Stricke des Todes, die reißen entzwei", das müssen wir singen können. Darum hören wir begierig in den Evangelien die **„Zeugen alles dessen, was er getan hat".** Und dann kommt das Rätsel des Kreuzes. Ihn, diesen Wohltäter und Befreier, **„haben sie umgebracht, ihn ans Holz hängend".** Gott aber hat mächtig eingegriffen: **„Diesen hat Gott auferweckt am dritten Tage und gegeben, daß er sichtbar werde, nicht dem ganzen Volk, sondern den von Gott vorher ausgewählten Zeugen, uns, die wir mit ihm zusammen gegessen und getrunken haben nach seinem Auferstehen aus den Toten."** Den Heiden gegenüber kann und will Petrus keinen Schriftbeweis führen. Darum verläuft

[248] Der hier gebrauchte Ausdruck „rhema" bezeichnet ebensowohl das Wort wie auch seinen Inhalt. Darum kann Petrus von dem „Wort" sprechen, das „durch ganz Galiläa geschehen" ist. Wir haben in der deutschen Sprache etwas Ähnliches in dem Wort „Geschichte", das sowohl etwas Geschehenes als solches wie die Erzählung davon benennen kann.

[249] Unwillkürlich wird hier mit innerer Notwendigkeit der trinitarische Charakter aller christlichen Gotteserkenntnis sichtbar. Das NT hat keine „Trinitätslehre". Aber selbst wenn ein Petrus zum ersten Mal vor Heiden steht, kann er den lebendigen Gott nur als den zeigen, der in seinem Sohn Jesus Christus durch den Heiligen Geist wirksam ist.

[250] Es ist der wahre „Immanuel" (Jes 7, 14), in ihm ist das „Gott mit uns" herrliche Wirklichkeit.

seine Ansprache hier ganz anders als seine Rede am Pfingsttag oder vor seinen jüdischen Volksgenossen im Tempel. Hier bringt er einfach die Tatsachen selbst[251]. Und er faßt ihre Bedeutung nicht wie am Pfingsttage in die Worte „Kyrios und Messias" zusammen, sondern stellt es Kornelius und den Seinen (wie später Paulus den Athenern und einem Felix) vor Augen: **„Er ist der von Gott bestimmte Richter der Lebendigen und Toten."** Hier muß sich Petrus nicht mit verhärteten, selbstgerechten Juden auseinandersetzen. Hier kann er damit rechnen, daß ein ernster und innerlich aufgeschlossener Mann weiß, was dieses Gericht trotz aller **„Wohltaten"** und aller Gottesverehrung für ihn bedeutet, und daß er sich darum nach dem **„Frieden"**, nach der Vergebung der Sünden sehnt. So endet das Wort des Petrus mit dem vollen Evangelium: **„Ihm bezeugen alle Propheten: Vergebung der Sünden empfängt durch seinen Namen jeder, der an ihn glaubt."**[252]

„Während Petrus noch diese Worte sprach . . ." Natürlich hat sich Petrus nicht damit begnügt, dies Wichtigste und Wunderbarste nur eben mit einem kurzen Satz auszusprechen. Lukas gibt nur das Thema der Evangelisation an[253]. Und unter dieser Evangelisation geschieht es: **„Während Petrus noch diese Worte sprach, fiel der Heilige Geist auf alle, die das Wort hörten."** Jetzt hören sie nicht nur das Wort als Schilderung einer objektiven Wirklichkeit, jetzt verklärt ihnen der Heilige Geist Jesus (Jo 16, 14) und schenkt ihnen das Erfassen der ganz persönlichen Gewißheit: „Auch mich, auch mich erlöst er da", Jesus, „mein Herr, der mich verlorenen und verdammten Menschen erlöst hat". Und das erfaßt diese Menschen so mächtig und tief, daß das Danken und Loben die gewöhnliche Sprache sprengt und sie **„mit Zungen reden und Gott preisen"**. 44—46

Gott macht die Wirkung des Heiligen Geistes hier so unüberhörbar deutlich, damit auch **„die Gläubigen aus der Beschneidung, die mit Petrus zusammen gekommen waren"**, erkennen müssen, **„daß auch auf Heiden die Gabe des Heiligen Geistes ausgegossen ist"**. Das ist für ihr ganzes bisheriges Denken so unerhört, daß sie **„au-**

[251] Das „Essen und Trinken mit den Jüngern" wird dabei besonders hervorgehoben; aber nicht nur als Beweis für die ganze Tatsächlichkeit der leibhaftigen Auferstehung. Es ist die „Mahlgemeinschaft", die für das Evangelium von besonderer Bedeutung ist: vom Zöllnergastmahl über das Abendmahl bis hin zum Hochzeitsmahl der neuen Welt. Über jeder Mahlzeit von Christen darf seit Ostern etwas von diesem Glanz liegen. Das ist der eigentliche Sinn des Tischgebetes: „Komm, Herr Jesus, sei du unser Gast."

[252] Das ist auch bei Paulus der Kern des Evangeliums: „Kraft Gottes zur Errettung für jeden Glaubenden" (Rö 1, 16). „Gottes Gerechtigkeit durch den Glauben an Jesus Christus für alle Glaubenden" (Rö 3, 22).

[253] Das ist hier genauso, wie wir es bei der Rede des Paulus auf dem Areopag finden werden. Vgl. überhaupt das zu den „Reden" in der Apg Gesagte S. 42

ßer sich geraten" vor Staunen. Heiden erhalten ohne Beschneidung, ohne Eingliederung in Israel den Heiligen Geist. Dieser Heilige Geist aber ist doch nicht irgendeine „religiöse Kraft", die selbstverständlich auch Heiden haben können. Es ist die endzeitliche Gabe (Kap. 2, 16—18), die Gott seinem Bundesvolk verheißen hatte (Kap. 2, 39). Und diesen endzeitlichen Anteil an Gottes eigenem Leben erhalten unbeschnittene Heiden bedingungslos, sogar vor der Taufe, durch das „Hören des Glaubens", wie Paulus es später den Galatern (3, 2) und den Ephesern (1, 13) bezeugt.

47 Petrus aber zieht nun die klare Folgerung: **„Da antwortete Petrus: ‚Es kann doch nicht jemand das Wasser verwehren, daß nicht getauft werden diese, welche den Heiligen Geist bekamen wie auch wir?'"** Auf die typisch „moderne" und ichhafte Frage, ob denn die Taufe noch „nötig" sei, wo diese Heiden bereits die Gabe des Geistes empfangen haben, kommt weder er noch Kornelius mit den Seinen. Die Taufe ist doch nicht Last, sondern Geschenk! Sie ist freilich auch keine magische Handlung, die durch ihren bloßen Vollzug den Geist verleiht; dann wäre sie in diesem Falle tatsächlich überflüssig gewesen[254]. Taufe ist das Siegel auf die Zugehörigkeit zu der Gemeinde des Christus Jesus. Nach dieser klaren, öffentlichen Versiegelung verlangten sie dort im Hause des Kornelius von ganzem Herzen. Die Taufe ist zugleich das Handeln Jesu selbst, mit dem er Menschen zu seinem Eigentum annimmt und ihnen den Anteil an seinem Tod und seiner Auferstehung verbrieft. Nun, wo ihre Herzen für Jesus brennen, wo sie seine Herrlichkeit im Heiligen Geist erkennen, nun ist es ihr inniger Wunsch, daß Jesus es ihnen in der Taufe zusagt: Ja, ihr gehört mir, und ich gehöre euch ganz und gar!

48 So ordnet Petrus die Taufe an. Aber er vollzieht sie nicht selbst, so wie auch Paulus möglichst nicht selber getauft hat (1 Ko 1, 14. 17). Es war wohl bei Petrus die gleiche Sorge, die auch bei Paulus sichtbar wird: „Daß nicht jemand sage, ihr wäret auf meinen Namen getauft worden." Gerade in der „hellenistischen" Umwelt konnte ein solches Mißverständnis leicht entstehen. Es liegt darin keine Geringschätzung der Taufe als solcher, wohl aber eine Verweisung auf den Platz, der ihr zukommt. „Gezeugt in Christus Jesus durch das Evangelium" hat Paulus die korinthischen Christen durch seine Evangelisation; aus Heiden zu geisterfüllten Menschen Gottes hat die Verkündigung des Petrus die Hörer im Hause des Kornelius gemacht. Das ist und bleibt das Entscheidende. Taufen mögen nun andere.

[254] Hier wird die Verfehltheit des oft gebrauchten Bildes vom „Sparkassenbuch" deutlich, das das Kind mit seiner Taufe empfange, um dann später von ihm Gebrauch zu machen. Das „Sparkassenbuch" wäre gegenstandslos gewesen, nachdem diese Menschen die Geldsumme bereits auf den Tisch gelegt bekommen hatten!

Anschließend folgt Petrus der Bitte, noch einige Tage dazubleiben. Fast möchten wir die Kargheit und Zurückhaltung des Lukas bedauern, der nicht mehr als diese wenigen Worte darüber sagt. Was mögen das für Tage gewesen sein. Welche „Bibelstunden", welche Gebetsgemeinschaften, welches Singen! Zum ersten Mal war eine Gemeinde Jesu aus Juden und Heiden im Loben Gottes einmütig beieinander.

Auf eines müssen wir beim Blick auf diesen Bericht noch achten: welche Freiheit im Handeln Gottes ist hier sichtbar und von der ersten Christenheit willig respektiert worden[255]! In den Pfingsttagen führte Bekehrung und Taufe unmittelbar zum Geistesempfang, ohne daß dort „Zungenbeten" sichtbar wird. In Samaria bringt Bekehrung und Taufe den Heiligen Geist noch nicht; erst durch Gebet und Handauflegung wird er geschenkt. Und hier im Hause des Kornelius gibt Gott den Geist unter mächtigen Erscheinungen bereits vor der Taufe und ohne eine ausdrücklich vollzogene „Bekehrung"! Wie haben wir dieses souveräne Handeln Gottes durch ein festes theologisches System ersetzt, das so oder so an sich selbst funktionieren soll und ja nicht anders funktionieren darf.

PETRUS RECHTFERTIGT DIE AUFNAHME VON HEIDEN IN DIE GEMEINDE DES MESSIAS JESUS

Apostelgeschichte 11, 1–18

1 Es hörten aber die Apostel und die Brüder, die in Judäa waren,
2 daß auch die Heiden das Wort Gottes angenommen hatten. * Als
aber Petrus hinaufkam nach Jerusalem, stritten gegen ihn die aus
3 der Beschneidung und sagten: * „Du bist bei unbeschnittenen
4 Männern eingekehrt und hast mit ihnen gegessen!" * Da hob
Petrus an und setzte es ihnen der Reihe nach auseinander
5 und sagte: * „Ich war in der Stadt Joppe im Gebet, und ich sah
in Verzückung ein Gesicht: herabkommend ein Gefäß wie ein
großes Leinentuch, an vier Enden herabgelassen aus dem Him-
6 mel, und es kam bis zu mir hin. * Gespannt darauf blickend be-
trachtete ich es, und da sah ich die Vierfüßler der Erde und die
wilden Tiere und die Kriechtiere und die Vögel des Himmels.
7 * Ich hörte aber auch eine Stimme zu mir sagen: ‚Stehe auf, Petrus,
8 schlachte und iß!' * Ich aber sprach: ‚Keinesfalls, Herr! Denn Ge-

zu Vers 1: Apg 8, 14; 11, 22; 1 Th 2, 13
zu Vers 2: Apg 10, 45; 15, 5
zu Vers 3: Gal 2, 12; Eph 2, 11 f
zu Vers 5: Apg 10, 9-48
zu Vers 8: Mt 15, 11

[255] Wenn nach Ansicht der Kritiker der Verfasser der Apostelgeschichte ein Mann aus dem Anfang des 2. Jahrhunderts war, konnte er diese Freiheit noch so unbefangen schildern?

zu Vers 9:
Apg 15, 9
zu Vers 14:
Apg 16, 30 f
zu Vers 16:
Apg 1, 5
2, 4
15, 8
Jo 14, 16
Gal 3, 2
2 Pt 1, 1
zu Vers 18:
Lk 2, 20
Apg 13, 48
14, 27
15, 12

meines oder Unreines ist noch nie in meinen Mund gekommen.'
9 *** Es antwortete aber zum zweiten Mal eine Stimme aus dem Him-**
10 **mel: ‚Was Gott gereinigt hat, erkläre du nicht für gemein.' * Dies**
aber geschah dreimal, und hinaufgezogen wurde wieder alles in
11 **den Himmel. * Und siehe, gleich darauf standen drei Männer bei**
dem Hause, in dem wir waren, abgesandt von Caesarea an mich.
12 *** Es sagte aber der Geist mir, ich solle mit ihnen gehen ohne**
jedes Bedenken. Es kamen aber auch mit mir diese sechs Brüder,
13 **und wir kamen hinein in das Haus des Mannes. * Er berichtete**
uns aber, wie er gesehen hatte den Engel in seinem Hause stehen
und sagen: ‚Sende nach Joppe und laß holen Simon, der zube-
14 **nannt wird Petrus, * der Worte zu dir sprechen wird, durch die**
15 **du gerettet werden wirst und dein ganzes Haus.' * Indem ich aber**
zu sprechen begann, fiel der Heilige Geist auf sie wie auch auf
16 **uns am Anfang. * Ich gedachte aber des Wortes des Herrn, wie er**
sagte: ‚Johannes taufte mit Wasser, ihr aber werdet getauft wer-
17 **den mit dem Heiligen Geist.' * Wenn nun Gott ihnen die gleiche**
Gabe gegeben hat wie auch uns, die gläubig waren geworden an
den Herrn Jesus Christus, ich, wer war ich, daß ich Gott hätte
18 **hindern können?" * Als sie dieses hörten, wurden sie still und**
priesen Gott und sagten: „Also auch den Heiden hat Gott die
Umkehr zum Leben gegeben!"

Was in einer Stadt wie Caesarea geschah, blieb in Jerusalem nicht verborgen[256]. Bis in die judäischen Gemeinden hinein dringt die er-
1 staunliche Kunde: **„Auch die Heiden haben das Wort Gottes ange-**
nommen." Es handelt sich also auch für die Jerusalemer nicht einfach um die Bekehrung eines einzelnen Mannes und seiner persönlichen Freunde. Hier ist etwas grundsätzlich Neues geschehen. Das unterscheidet das Ereignis in Caesarea von der Bekehrung des Äthiopiers. Dort zieht ein einzelner Mann als Christ in sein fernes Heimatland. Das läßt aufhorchen, aber das kann eine Ausnahme sein. Jetzt war im jüdischen Land selber eine ganze Schar von Heiden zu Jesus gekommen und in die Gemeinde Jesu aufgenommen worden und lebte dort unter den Augen des Apostels zusammen mit den Christen aus Israel. Wie sollte man sich dazu stellen? Wie sollte es werden, wenn es weiterging und in großem Maße „Heiden das Wort Gottes annahmen"? Das Grundproblem der jungen Kirche meldet sich an:

[256] Vgl. 8, 14. Codex D hat hier den Text wieder erweitert. Nicht einige Tage blieb Petrus in Caesarea, sondern „geraume Zeit"; dann nimmt er feierlich Abschied, benutzt die Rückwanderung zu weiterer Lehrtätigkeit und berichtet in Jerusalem selber von dem Geschehen. Der vorliegende Bericht war D zu nüchtern und zu knapp; der Schreiber wollte sicherstellen, daß man in Jerusalem auch wirklich alles erfahren konnte.

Was wird aus „Israel", was ist es mit dem „Alten Bund" und mit dem „Gesetz", wenn Heiden ohne Beschneidung gleichberechtigte Glieder der Messiasgemeinde werden können?

Es ist verständlich, daß diese tiefgreifenden Fragen nicht sofort eine umfassende und bleibende Lösung erfuhren, sondern noch lange in immer neuen Auseinandersetzungen und Kämpfen die junge Christenheit bewegten und zu einer recht unterschiedlichen Stellungnahme führten[257].

Wir müssen darauf achten, wie bezeichnend in unserem Abschnitt 2/3
der Streit beginnt. Daß auch Heiden **„das Wort Gottes annehmen"**, dagegen läßt sich nicht gut etwas sagen. Die jüdischen Christen werfen Petrus auch nicht vor: Wie konntest du Heiden das Evangelium verkündigen! Nicht einmal: Wie konntest du Heiden einfach taufen! Sie fassen die ganze Frage überhaupt noch nicht theologisch-grundsätzlich an. Sie sehen zunächst nur das für ihr gewohntes Tun und Empfinden unmittelbar Anstößige: **„Du bist bei unbeschnittenen Männern eingekehrt und hast mit ihnen gegessen!"** Das ist genau die Frage, die dann später in Antiochia erneut zur Debatte stehen wird (Gal 2, 11). Die Heiden mögen Christen werden, aber dürfen darum gläubige Israeliten mit ihnen volle Tischgemeinschaft haben? Durfte Petrus in das Haus des Kornelius gehen und tagelang dort mit den unbeschnittenen Männern zusammen leben?

Dabei ist beachtlich: Auch ein Apostel, auch ein Petrus hat nicht einfach „apostolische Autorität". Die Gemeinde hat das Recht, ihn zur Rede zu stellen. Und Petrus selbst bestreitet ihr dieses Recht nicht. Er stellt sich den Fragen und Vorwürfen der Gemeinde. Und umgekehrt: Die Gemeinde nimmt Taten und Entscheidungen auch des führenden Apostels nicht einfach unmündig hin, sondern weiß sich zum eigenen Anteil an den Ereignissen verpflichtet und zum eigenen Urteil aufgerufen. Denn um Glieder der Gemeinde handelt es sich bei **„denen aus der Beschneidung"**. Es beginnt sich jene Gruppe gesetzestreuer Christen zu bilden, die später Paulus leidenschaftlich bekämpft (vgl. Gal 2, 4; 2, 12; Apg 15, 1). Wir müssen diese Gruppe in ihrer Weise verstehen: Wie zäh hängen auch wir oft am Alten, lange Gewohnten. Und hier ging es für ihren Blick doch um Gottes eigenes Wort und Gesetz! Petrus antwortet auf die Fra- 14–16
gen und Vorwürfe nicht mit grundsätzlicher Theologie. Er berichtet

[257] Wer die Schilderung unseres Kapitels für unhistorisch hält, weil sonst die späteren Nöte und Schwierigkeiten nicht mehr hätten auftreten können, denkt ungeschichtlich und lebensfremd. Wie lange hat es gedauert, bis die reformatorischen Grunderkenntnisse sich wirklich durchsetzten. Welche Probleme ergaben sich auch in der Reformationszeit, immer neu im Fortgang der Geschichte; wie viele Konferenzen wurden nötig, wie viele „Lösungen" lösten doch nicht, welche Kämpfe entbrannten!

noch einmal seine Erlebnisse und zeigt, wie völlig alles allein von Gott geleitet worden ist. Es geht gar nicht um „Theologie", um „Ansichten" und „Meinungen", über die man theologisch streiten kann. Petrus will auch gar nicht „recht haben" mit seiner Theorie und Praxis. Es geht vielmehr um Gottes eigenes Handeln und daher um Tatsachen, die Gott selber geschaffen hat. Die Rechtfertigung des Petrus besteht darum einfach in einem Tatsachenbericht, nicht in einer Diskussion.

In der Gestaltung des Berichtes herrscht wieder die ganze sorglose Freiheit, die wir in der biblischen Zeit überall wahrnehmen. Während in Apg 10, 20 nur von zwei Männern gesprochen war, werden hier in V. 11 — entsprechend Apg 10, 7 — drei Männer genannt. Der begleitende Soldat ist das eine Mal beiseite gelassen, das andere Mal mit beachtet. Die Zahl der begleitenden Bürger aus Joppe wird in V. 12 angegeben. Lukas läßt jetzt zur Verkürzung des wiederholenden Berichtes den Engel bereits dem Kornelius sagen, was sich in Wirklichkeit erst im Lauf des spannungsreichen Geschehens ergab. Petrus wird **„Worte[258] zu dir sprechen, durch die du gerettet werden wirst und dein ganzes Haus"**. Um besonders hervorzuheben, daß nicht etwa er mit seiner eindringlichen Rede den Kornelius zum Glauben gebracht und so ein eigenmächtiges Werk getan habe, formuliert Petrus **„indem ich aber zu sprechen begann, fiel der Heilige Geist auf sie wie auch auf uns am Anfang"**. Das ist keine Verfälschung. Gerade im Rückblick auf das Geschehen steht es Petrus selbst noch einmal vor Augen, wie überraschend das Handeln Gottes hier hereinbrach: Er hatte eigentlich gerade erst „angefangen", das Evangelium den fremden Hörern darzulegen, da tat schon der Geist sein Werk. Wir erfahren nun auch, was durch das Herz des Petrus ging, als er die von Gottes Geist ergriffene Schar vor sich sah. Er mußte an das Wort des Herrn vom Himmelfahrtstage denken (Apg 1, 5). Damals hatten sie es nur auf sich selbst bezogen und konnten es auch nicht anders hören. Jetzt aber steht Petrus vor der überwältigenden Größe des göttlichen Handelns: Diese Geistestaufe empfangen genauso wie die Apostel auch fremde Heiden.

17 Es ist freilich unerhört, aber es ist nun einmal Tatsache: **„Gott hat ihnen die gleiche Gabe gegeben wie auch uns, die gläubig geworden waren an den Herrn Jesus Christus."** Petrus erinnert mit dieser Formulierung seine jüdischen Glaubensgenossen unwillkürlich an eine Wahrheit, die für die ganze Frage, die jetzt zur Erörterung stand, von großer Wichtigkeit war: Auch sie, die Apostel und die anderen aus der Beschneidung, hatten den Heiligen Geist doch eben nicht auf

[258] Vgl. Anmerkung 248 S. 204

Grund ihres Beschnittenseins empfangen, sondern auf Grund ihres Glaubens. Man kann allerdings im grie Text den Relativsatz **„... die gläubig geworden waren an den Herrn Jesus Christus"** ebenso auf das „ihnen", also auf die Heiden zurückbeziehen wie auf das unmittelbar vorangehende „uns". Eine sichere Entscheidung, wie Lukas es gemeint hat, ist nicht möglich. Auf jeden Fall aber bestand der Sache nach die volle Gleichheit zwischen den Aposteln aus Israel und jenen Heiden: Auf gleicher Grundlage empfingen sie das gleiche freie Geschenk Gottes! Dieser Tatsache gegenüber betont Petrus: **„Ich, wer war ich, daß ich Gott hätte hindern können?"** Petrus läßt es inhaltlich ganz offen, woran er Gott nicht „hindern konnte". Er nennt dabei nicht die Taufe, weil sie ja auch von den andern nicht genannt war. Er faßt das ganze Geschehen zusammen. Er betont ganz besonders das **„gleich wie wir"**. Gott hat hier eine große Gleichheit ans Licht gestellt: gleiche Verlorenheit, gleiche Bekehrung, gleicher Glaube, gleiche Sündenvergebung, gleicher Geistesempfang. Konnte Petrus in diese Gleichheit hinein seinerseits Unterschiede machen und denen die Tischgemeinschaft verweigern, die Gott selbst in die volle Gemeinsamkeit des gleichen Erfahrens hineingestellt hatte?

Petrus **„konnte Gott nicht hindern"**. Verläßt Lukas mit seiner ganzen Darstellung „die Wirklichkeit, in der die echten Glaubensentscheidungen fallen" und macht, „anstatt uns Gottes Handeln spüren zu lassen", „daraus eine Reihe von Mirakeln?"[259] Der moderne Christ mag in eigener Freiheit „Glaubensentscheidungen" vollziehen und darum genug daran haben, Gottes Handeln zu spüren. Was aber hätten wohl seine Mitapostel und seine judenchristlichen Freunde gesagt, wenn Petrus ihnen erklärt hätte: „Ich habe mich glaubend zu diesem Schritt entschlossen, Heiden ohne Beschneidung voll in die Gemeinde des Messias Jesus aufzunehmen, und habe dabei Gottes Handeln gespürt"? Er hatte es mit Männern zu tun, die in ihrem AT auch nicht nur in unbestimmter Weise „Gottes Handeln spürten", sondern es im Leben Abrahams und der Väter, in der Geschichte Moses wie der Propheten „in einer Reihe von Mirakeln" eindeutig vor sich hatten. Und ein solcher Mann des AT war auch Petrus selbst. Mögen wir Heutigen es „weiter gebracht" haben, Petrus war froh, daß er bei diesem ungeheuren Schritt, der Israels ganze bisherige Geschichte geradezu aufzuheben schien, Gottes eigenes Führen und Handeln so handgreiflich vor sich hatte und seinerseits nur das eine zu tun brauchte: Gott nicht zu hindern!

Der Ausgang der Sache entspricht der Lage. Die Fragenden beken- 18

[259] So Haenchen a. a. O. S. 308.

nen nicht, für ihre Einwände eine überzeugende theologische Lösung erhalten zu haben und nun überzeugte Freunde der gesetzesfreien Heidenmission geworden zu sein. Aber sie werden angesichts der Tatsachen still. Das ist schon viel. Und sie blicken von ihren Fragen und Problemen weg auf die Größe und Herrlichkeit dieser göttlichen Tatsache: **„Also auch den Heiden hat Gott die Umkehr zum Leben gegeben!"** Auch das ist etwas Großes, wenn wir uns neidlos und herzlich der Barmherzigkeit mitfreuen, die andern widerfährt. Zu dieser Mitfreude hatte Jesus die jüdischen Frommen eingeladen (Lk 15, 31–32) – vergeblich. Die an Jesus Gläubiggewordenen aus der Beschneidung sind zu solcher lobpreisenden Mitfreude fähig geworden. Aber ihre Fragen waren damit noch nicht gelöst, gerade die Frage der vollen Lebensgemeinschaft zwischen Juden-Christen und Heiden-Christen, von denen die Erörterung mit Petrus ausgegangen war. Petrus selbst hatte hier noch keine umfassende Klarheit. Er hatte nicht mehr als die ganz praktische Erklärung: Ich mußte das alles tun, ich konnte doch **„Gott nicht hindern"**.

DIE ANFÄNGE EINER HEIDENCHRISTLICHEN KIRCHE IN DER WELTSTADT ANTIOCHIA

Apostelgeschichte 11, 19–26

zu Vers 19: Apg 8, 1–4
zu Vers 20: Apg 10, 36
zu Vers 21: Lk 1, 66 Apg 2, 47
zu Vers 22: Apg 8, 14
zu Vers 23: Apg 13, 43 14, 22
zu Vers 24: Apg 2, 47 5, 14
zu Vers 25: Apg 9, 11. 27. 30
zu Vers 26: Mt 28, 19 f 1 Pt 4, 16

19 Die nun verstreut waren von der Drangsal her, die wegen Stepha-
nus entstanden war, kamen durch bis nach Phönikien und Cypern
20 und Antiochia, keinem das Wort sagend als nur Juden. * Es waren
aber einige aus ihnen, Männer aus Cypern und Kyrene, die, als sie
nach Antiochia kamen, auch zu den Griechen sprachen, verkündi-
21 gend den Herrn Jesus. * Und es war die Hand des Herrn mit ih-
nen, und eine große Zahl, gläubig geworden, bekehrte sich zum
22 Herrn. * Gehört aber wurde die Kunde in die Ohren der Ge-
meinde in Jerusalem über sie, und sie entsandten Barnabas nach
23 Antiochia. * Als er hinkam und sah die Gnade Gottes, freute er
sich, und er ermahnte alle, dem Vorsatz des Herzens gemäß zu
24 bleiben bei dem Herrn. * Denn er war ein guter Mann und
voll von Heiligem Geist und Glauben. Und es wurde hinzugetan
25 eine große Schar zum Herrn. * Er zog aber aus nach Tarsus, um
26 nach Saulus zu suchen, * und als er ihn gefunden hatte, brachte
er ihn nach Antiochia. Es geschah ihnen aber, daß sie sich sogar
ein ganzes Jahr vereinten in der Gemeinde und eine große Schar
lehrten, und daß zuerst in Antiochia die Jünger den Namen
„Christianer" erhielten.

Lukas „blendet zurück". Wörtlich knüpft er an Apg 8, 4 an. Und nun müssen wir uns an eine Eigenart des Schriftstellers Lukas gewöhnen: Das mächtige Ereignis, das für alles Weitere bis zur Reise des Paulus nach Rom schlechthin entscheidend ist, den Anfang einer heidenchristlichen Kirche in der Weltstadt Antiochia, berichtet er in wenigen knappen Zeilen, während er die Bekehrung des Kornelius in großer Ausführlichkeit mit mancher Wiederholung erzählt hat. Wir würden gerade umgekehrt verfahren sein. Und doch gibt uns Lukas damit ganz das richtige Bild. In Kap. 10, 1 und 11, 18 ging es nicht nur um die Bekehrung eines römischen Hauptmanns als solchen, sondern um die Gewinnung des maßgebenden Apostels für die Heidenmission ohne Beschneidung überhaupt. Auch der neue Anfang in Antiochia hätte niemals diesen großen Fortgang haben können, wenn nicht Petrus inzwischen durch Gottes besondere Führungen und Taten dazu gebracht worden wäre, unbeschnittene Heiden nur auf Grund ihrer Bekehrung zu Jesus voll als Brüder in der Christusgemeinde anzusehen. So urteilt Paulus selbst noch viele Jahre später in Gal 2, 2. Darum mußte hier bis in alle Einzelheiten hinein ein umfassendes Bild gegeben werden. Die Gründung der heidenchristlichen Gemeinde in Antiochia geschah ganz unscheinbar von unbekannten Männern. Und dann erst erweist sich die Bedeutsamkeit dieses Geschehens. Dem entspricht die knappe und stille Art, mit der Lukas berichtet.

**„Die nun verstreut waren von der Drangsal her, die wegen Ste- 19
phanus entstanden war . . .";** es gab also immer noch „Verstreute" von damals her. Und nun erfahren wir, daß sie auf ihrer Flucht nicht nur nach Samarien, sondern sogar bis **„nach Phönikien und Cypern und Antiochia gekommen sind**[260]. **„Phönikien"** ist der lange schmale Küstenstreifen Palästinas vom Karmel bis zum Libanon mit den bedeutenden Küstenstädten Ptolemais, Tyrus, Sarepta, Sidon; Cypern die umfangreiche Insel in dem Winkel des Mittelmeeres, der von Syrien und Kilikien gebildet wird. Vor allem wichtig aber ist Antiochia. Es ist eine verhältnismäßig junge Stadt, eine Gründung der Diadochen, der Nachfolger Alexanders des Großen, zwischen Libanon und Taurusgebirge im fruchtbaren Weideland am Orontes gelegen, 300 km nördlich von Damaskus. „Es war rasch zu einer

[260] Mißtrauisch hat man hier einen „Widerspruch" zu Apg 9, 26 gesehen. Als ob alle Flüchtlinge nach dem Aufhören der Verfolgung notwendig wieder hätten zurückkommen müssen. Gerade die am weitesten Weggelangten werden am ehesten dort eine neue Heimat gefunden haben, so daß sie nun dort bleiben. Man bedenke dabei, wie sehr die Juden damals überhaupt in weiter Verstreuung zu leben gewohnt waren. Die jetzt aus Jerusalem Geflüchteten finden überall Volksgenossenschaft und Synagoge und waren darum verhältnismäßig schnell „zu Hause".

Weltstadt emporgeblüht, zur drittgrößten Stadt des Reiches nach Rom und Alexandrien, zu einem Schmelztiegel der Kulturen und der Religionen, freilich auch zu einer ähnlich verrufenen Stadt wie Korinth. Von seiner einstigen Größe zeugen noch heute die antike Stadtmauer, die sich, viel zu weit geworden, um das zu einer mittleren Provinzstadt zusammengeschrumpfte moderne Antiochia (Antakiye) zieht, und vor allem das Museum mit seinen herrlichen Mosaiken u. a. aus jener Glanzzeit" (Stählin a. a. O. S. 161). In Antiochia lebte eine große und missionarisch kraftvolle Judenschaft, der sich viele Proselyten anschlossen. Unter den „Sieben" Kap. 6, 1–6 war uns Nikolaus als ein solcher „Proselyt aus Antiochia" genannt worden.

Wir hörten es schon in Kap. 8, 4, daß die Versprengten trotz der Not, aus der sie kamen, von ihrem Glauben nicht schwiegen. Aber es war ihnen zunächst ganz selbstverständlich, daß sie **„keinem das Wort sagten als nur den Juden"**. Da ergab sich die „Anknüpfung" für die Verkündigung zwangsläufig: Die Flüchtlinge mußten von ihrem Schicksal erzählen und dabei auch den Grund ihrer Flucht nennen; damit waren sie unvermeidlich bei der Botschaft von Jesus. Dann aber geschieht ohne irgendwelche Planung und zunächst sicher
20 ganz nebenbei ein Schritt von großer Bedeutung: **„Einige"** der Flüchtlinge – es handelt sich um **„Männer aus Cypern und Kyrene"**, die den Umgang mit Griechen gewöhnt waren – redeten **„auch zu den Griechen"**[261], **„verkündigend den Herrn Jesus"**. Sie mochten persönliche oder geschäftliche Beziehung zu griechischen Einwohnern von Antiochia haben oder jetzt finden und benützten diese Beziehung, um „den Herrn Jesus zu evangelisieren". Es kommt auch hier wieder zu der „Evangelisation von Mann zu Mann". Der Inhalt der Evangelisation und damit das Thema jeder Evangelisation wird hier bei einer völlig voraussetzungslosen heidnischen Hörerschaft auf die knappste und einfachste Formel gebracht, die noch in 1 Ko 12, 3 als das Urbekenntnis eines Christen nachklingt: „Kyrios Jesous = Herr ist Jesus." Atst Schriftbeweis konnte hier nicht gebracht, an Gesetz oder Opferkult nicht angeknüpft werden. Aber was ein „Kyrios", ein **„Herr"** ist, das wußte in Antiochia jedermann. Es gab viele „Herren" weltlicher und religiöser Art. Nun bezeugen jene Flüchtlinge: „Wir haben einen Herrn Jesus Christus, durch welchen alle Dinge sind und wir durch ihn" (1 Ko 8, 6). Er ist wirklich und ernstlich der **„Herr"**, der unser ganzes Leben für sich beansprucht, dem

[261] Eine nicht unerhebliche Handschriftenreihe liest statt „Hellenen = Griechen" vielmehr „Hellenisten". Aber „Hellenisten" waren kein Gegensatz zu den „Juden", da auch strenge Juden sprachlich-kulturell „Hellenisten" sein konnten (vgl. Apg 6, 1). „Hellenisten" muß trotz alter Bezeugung ein Schreibfehler sein.

wir aber auch unser ganzes Leben für Zeit und Ewigkeit anvertrauen dürfen. Dabei werden die Flüchtlinge von diesem **„Herrn Jesus“** ähnlich erzählt haben, wie Petrus es vor dem heidnischen Offizier tat. Diese Evangelisation wurde erleichtert durch das aufgelockerte Geistesleben dieser Großstadt, die reich war an berühmten Schulen für Philosophie, Medizin und Rhetorik und über eine großartige Bibliothek, über Theater, Sportstadien und Bäder verfügte; sie war erschwert durch die sprichwörtliche sittliche Laxheit der Bevölkerung 21
mit ihrem entarteten Heidentum. Zum eigenen Staunen derer, die dieses Gespräch über Jesus mit Heiden wagten, fand die Botschaft in erheblichem Maße Eingang: **„Eine große Zahl, gläubig geworden, bekehrte sich zum Herrn.“** Waren jene Männer aus Kyrene und Cypern so geschickte Missionare, so überzeugende, so vollmächtige Geistesmenschen? Lukas sagt uns darüber nichts, denn er sieht den Grund des Erfolges ganz woanders: **„Es war die Hand des Herrn mit ihnen.“** Das ist zuletzt immer und überall der eigentliche Grund wirksamer Verkündigung. So wurden diese namenlosen Männer aus dem Volk, ohne Ausbildung, ohne Ordination, ohne Missionsgesellschaft, ohne Plan ganz entscheidende Pioniere der Heidenmission. Die Stunde Gottes war da; sie wagten das Zeugnis, und **„die Hand des Herrn war mit ihnen“.**

Aber wie gut und notwendig, daß das Geschehen in Caesarea 22
vorangegangen ist. Als jetzt **„die Kunde über sie in die Ohren der Gemeinde in Jerusalem kommt“**, daß in Antiochia große Scharen von Heiden ohne Beschneidung, nur auf Grund ihrer Bekehrung zu Jesus und ihres Glaubens an ihn, in die Gemeinde aufgenommen worden seien, war es nicht mehr das erschreckend Neue; zugleich war es auch nicht so unmittelbar herausfordernd, weil hier nicht der erste Mann der Urgemeinde als alter Israelit mit unbeschnittenen Männern Tischgemeinschaft gehalten hatte; es war alles sehr viel weiter entfernt geschehen. Immerhin, es bewegt nicht nur die Apostel, sondern die ganze Jerusalemer Gemeinde. Sie weiß sich verantwortlich für alles, was sich irgendwo um Jesus Christus sammelt. **„Und sie entsandten Barnabas nach Antiochia.“** Diesmal können die Apostel nicht selbst kommen, dazu liegt Antiochia zu fern. Barnabas, von Cypern stammend, ist den Menschen dort in Antiochia innerlich näher. Mit ihm, dem „Sohn des Trostes“, kommt ein Mann in die neuentstandene Gemeinde, der seiner ganzen Art nach ein Mann offenen Vertrauens ist[262]. Darum kommt er auch nach Antiochia

[262] Er hat Saulus den Weg zu den Aposteln in Jerusalem vermittelt (Kap. 9, 27), und selbst bei seinem Zusammenstoß mit Paulus (Kap. 15, 37—39) steht diese seine Art dahinter: Er will Johannes-Markus trotz seines Versagens nicht fallen lassen.

23 nicht als kritischer Beobachter, sondern **„als er hinkam und sah die Gnade Gottes, freute er sich"**. Im Grie wird dieser kurze Satz durch den Anklang der Worte „Gnade = cháris" und „er freute sich = echáre" noch sprechender. Barnabas sieht nicht gleich „Bedenkliches" und „Probleme"; er sieht, wie herrlich die freie Gnade Gottes auch Heiden in die Gemeinde holt; wie konnte er etwas anderes tun als sich freuen, daß Gottes Gnade so weit reicht und so Unerwartetes tut! Das ist noch mehr als das Wort des Petrus: „Ich konnte Gott nicht hindern." Barnabas „hinderte" nicht nur nicht[263], sondern er **„freute"** sich. Er sah freilich auch die Gefahr, daß diese geistig beweglichen Griechen leicht wieder erlahmen konnten. Darum **„ermahnte er alle, dem Vorsatz des Herzens gemäß zu bleiben bei dem Herrn"**. Wieviel solcher Mahnungen zum „Bleiben" gehen durch das ganze NT[264]. Es ist durchaus nicht selbstverständlich, daß alle Bekehrten und zum Glauben Gekommenen nun auch „bleiben"! „Heilsgewißheit" ist nicht „Sorglosigkeit"! Heilsgewißheit sieht auf die Macht und Treue des Herrn; rechte Seelsorge sieht auch mit nüchternem Blick auf die ganze äußere und innere Bedrohtheit des Menschen und mahnt darum mit Ernst und immer neu zum „Bleiben"!

24 Lukas ist in seiner Schilderung sehr zurückhaltend mit einem persönlichen Lob einzelner Männer. Hier aber fügt er doch an: **„Denn er war ein guter Mann und voll von Heiligem Geist und Glauben."** Dabei hat für den Griechen das Wort „gut" nicht den von uns leicht hineingehörten Klang von „Gutmütigkeit", sondern mehr die Bedeutung von „tüchtig". Seine Freude an der jungen Gemeinde ebenso wie sein herzliches Mahnen geschieht im „Glauben" und ist geleitet und bevollmächtigt vom Heiligen Geist. Sonst hätte es wenig genutzt, wenn er ein „guter Mann" war. Nun aber ist es nicht verwunderlich, daß in seiner Anwesenheit das Wachstum der Gemeinde weitergeht: **„Und es wurde hinzugetan eine große Schar zum Herrn."**

25/26 Aber Barnabas leistet für den ganzen weiteren Gang der Kirchengeschichte nicht nur den guten Dienst, daß er sich an der gesetzesfreien Heidengemeinde einfach „freut", er fördert nicht nur das Wachstum dieser Gemeinde nach innen und außen, sondern er tut noch einen weiteren Schritt von großer Tragweite: Er holt Paulus in die Arbeit nach Antiochia und legt damit den Grund für das ganze Lebenswerk des Paulus. Er erkennt die besondere Bedeutung dieser Gemeinde in diesem Zentrum des Ostens. Er sucht zu ihrem Aufbau

[263] Das ist bei allen Kirchen und Kirchenleitungen oft schon das Beste, was sie neuen Aufbrüchen gegenüber tun können.

[264] Vgl. Jo 15, 4. 5. 9; Apg 2, 42; 13, 43; 14, 22; 1 Ko 13, 13; Kol 1, 23; 1 Tim 6, 2; 1 Jo 2, 24. 28; 4, 16; Mt 10, 22; Offb 2, 10. 13. 25; 3, 10 f.

einen Mitarbeiter von besonderer Fähigkeit und denkt an Saul von Tarsus. Er kennt seine Tatkraft als Verfolger wie als Christ und Zeuge Jesu; er hat ihn selber in Jerusalem bei den Aposteln eingeführt (Apg 9, 27). Er sah auch wohl, wie nötig die Gemeinde dieser Weltstadt einen durchgebildeten Theologen und gründlichen Denker brauchte. Er wußte, wie Saulus damals in seine Heimatstadt Tarsus geschickt worden ist. Ist er noch dort? **„Er zog aber aus nach Tarsus, um nach Saulus zu suchen; und als er ihn gefunden hatte, brachte er ihn nach Antiochia."** Und nun folgt ein ganzes Jahr fruchtbarer gemeinsamer Arbeit dort. Es ist vor allem Lehrarbeit. Eine Gemeinde Jesu entsteht und wächst nach außen nur durch „Evangelisation", durch die erweckliche Verkündigung der rettenden Botschaft. Ist sie aber entstanden, so bedarf sie der Festigung und des inneren Wachstums durch „Lehre". Sie waren in Jerusalem „beharrlich in der Lehre der Apostel geblieben" (Apg 2, 42), und so lehrten Barnabas und Saulus nun auch in Antiochia **„eine große Schar"**. Lukas sagt: **„Es geschah ihnen dies."** Es war bei der Entsendung des Barnabas nicht so geplant gewesen, und an Saulus hatte niemand gedacht. Nun „begab es sich" so. Es war ihnen und der Gemeinde ein Geschenk. Wieviel wird Saulus bei diesem langen, gründlichen „Lehren" selber gelernt haben. Eines lernte er dabei ganz neu kennen: die Arbeitsgemeinschaft mit einem Bruder, den Dienst in der „Mannschaft". Die großen Lehrer Israels waren im Grunde einsame Leute, die je für sich eine „Schule" bildeten, andern aber kritisch gegenüberstanden. Jetzt darf Paulus kosten, wie das ist, wenn man in der Gemeinschaft mit einem Bruder seinen Dienst tut. Paulus hat das nicht wieder missen mögen, auch nicht, als es zu dem schmerzlichen Bruch mit Barnabas kam. Welche reichen Bilder herzlicher Arbeitsgemeinschaft zeigen uns seine Briefe, vor allem auch die Grußliste in Rö 16.

Und noch etwas Bedeutsames geschah in Antiochia: Die **„Jünger"** 26
erhielten dort einen eigenen Namen! Sie waren zunächst einfach „Juden" gewesen und wollten es auch selber sein. Ihnen hatte sich in Jesus Israels große Hoffnung erfüllt. Sie fühlten sich darum gerade als die eigentlichen Juden und hofften, ganz Israel zu Jesus führen zu können. Für die leitenden Kreise ihres Volkes waren sie eine bedenkliche jüdische Absplitterung, „die Sekte der Nazarener", wie der Rechtsanwalt des Hohen Rates zornig und verächtlich vor Felix sagt (Apg 24, 5). Auch von der Heidenwelt wurden sie einfach als „Juden" betrachtet. Nun aber war gerade in Antiochia eine große Zahl „Griechen" zur Gemeinde gestoßen. Als „Juden" konnten sie sich weder selber betrachten, noch von ihren grie Mitbürgern betrachtet werden. Was waren sie? „Nazarener", wie die Juden sie

schalten? Aber diese Bezeichnung war den Leuten von Antiochia völlig unverständlich; von „Nazareth" hatten sie nie etwas gehört. Oder „Jünger, Schüler"? Aber dieser Ausdruck war in dieser Stadt mit den vielen Unterrichtsstätten viel zu formal. Was gab es da alles für „Schüler"! Da greifen die Antiochener den Namen auf, der in allen Gesprächen mit ihnen immer wieder erklang und die entscheidende Rolle spielte, und nannten sie nach Jesus Christus die „Christianer", die „Christusleute". Dieser Name war brauchbar und bürgerte sich rasch ein. In 1 Pt 4, 16 ist er schon ganz selbstverständlich verwendet. Freilich, gerade diese Stelle läßt auch schon etwas von den Schwierigkeiten ahnen, die mit ihm über die Gemeinde Jesu heraufzogen. Das Judentum war im römischen Reich „Religio licita", öffentlich anerkannte Religion. Als „Juden" waren die Jünger zugleich „legale" Leute. Wie stand es aber mit den „Christianern"? Schon sehr bald, unter Nero, wird das Wort „Christ" ein Wort des Verdachtes und Hasses. Und in dem Briefwechsel zwischen Kaiser Trajan und seinem Statthalter Plinius im Jahre 111–13 wird bereits die Frage erörtert, ob der Christenname als solcher strafwürdig sei. Tertullian (geboren um 150 n. Chr.) kennt den furchtbaren Ruf, der sich bei jedem öffentlichen Unglück erhob: „Christianos ad leonem!", – „Vor die Löwen mit den Christianern!" Das konnten die nicht ahnen, die sich an dem neuen, klaren Namen in Antiochia freuten[265].

EINE ERSTE HEIDENCHRISTLICHE SAMMLUNG FÜR JERUSALEM

Apostelgeschichte 11, 27–30

zu Vers 27: Apg 13, 1; 15, 32; Eph 4, 11

27 In diesen Tagen kamen herab von Jerusalem Propheten nach
28 Antiochia. * Es stand aber auf[266] einer von ihnen mit Namen
Agabus und sagte durch den Geist voraus, daß eine große Hun-

[265] Wenn der Verfasser der Apostelgeschichte nach der Meinung der historischen Kritik sein Buch erst am Anfang des 2. Jahrhunderts schrieb, konnte er dann noch so unbefangen und fröhlich von der Entstehung des damals bereits so gefährlichen Namens berichten?

[266] Codex D bringt wieder eine abweichende Gestaltung des Textes: „Es war aber großes Frohlocken. Als wir uns aber zusammenscharten, sprach einer von ihnen mit Namen Agabus, andeutend durch den Geist, daß ..." Damit erscheint hier zum ersten Mal die „Wir"-Quelle des Lukas. Hat D etwa den richtigen Text? War Lukas damals selbst mit in Antiochia? Da wir den Schreiber aber mehrfach dabei getroffen haben, wie er den ihm vorliegenden Text erbaulich erweitert und ausgeschmückt hat, werden wir von vornherein bedenklich sein. Dazu fehlt gerade in der Schilderung dieses antiochenischen Jahres jeder anschauliche Zug, so daß auch von daher nicht wahrscheinlich ist, daß Lukas dieses Jahr miterlebte.

gersnot kommen werde über die ganze Erde; sie trat (auch wirk-
29 lich) **ein unter Klaudius. * Von den Jüngern aber, entsprechend**
wie einer die Mittel hatte, beschlossen sie, ein jeder von ihnen,
(etwas) **zum Dienst** (zur Unterstützung) **zu schicken den in Judäa**
30 **wohnenden Brüdern. * Das taten sie auch und sandten** (es) **an**
die Ältesten durch die Hand des Barnabas und Saulus.

zu Vers 28: Apg 21, 10
zu Vers 29: 2 Ko 8, 9. 12 Gal 2, 10
zu Vers 30: Rö 15, 25-28 1 Ko 16, 1

Unter den Männern, die Gott mit besonderen Gaben den Gemeinden schenkt, werden Eph 4, 11 ebenso wie 1 Ko 12, 28 auch die „Propheten" genannt. Die Schilderung der Gemeindeversammlung in Korinth zeigt, daß dabei mit einer ganzen Schar von „Propheten" in einer Gemeinde gerechnet wird, die einander in ihrem Reden ablösen (1 Ko 14, 29—32). So ist es nicht verwunderlich, daß auch aus der Jerusalemer Gemeinde eine Gruppe von Propheten nach Antiochia kommt. Warum sie diese weite Reise zu einer Gemeinde machten, in der bereits die Prophetengabe lebendig war (Apg 13, 1), wissen wir nicht. Aber müssen wir denn alles wissen? Die Darstellung des Lukas ist an vielen Stellen kurz und summarisch[267]. Einer aus der Prophetenschar, Agabus, dem wir dann Apg 21, 10 f noch einmal in Caesarea begegnen werden, **„sagte durch den Geist voraus, daß eine große Hungersnot kommen werde über die ganze Erde".** Sicherlich war es weder beim atst noch beim ntst Propheten die einzige oder auch nur hauptsächlichste Aufgabe, künftige Ereignisse vorauszusehen (vgl. 1 Ko 14, 24 f)[268]. Aber daß wiederum der Blick in die Zukunft zum Wesen des Prophetentums gehört, ist nicht gut zu bestreiten. Einen solchen Vorausblick schildert unser Abschnitt. Er bezieht sich auf eine große Hungersnot, die **„über die ganze Erde"** kommen soll. Lukas verwendet hier das Wort, das wir heute als „Ökumene" in einem andern Sinn kennen. Damals bezeichnete es die „bewohnte", die „kultivierte", vor allem auch die vom römischen Reich beherrschte und verwaltete Erde. Lokale Hungersnöte gab es

[267] Den Bericht kritisch anzuzweifeln, weil wir über die Gründe des berichteten Vorganges nichts wissen, ist unberechtigt. Ist es nicht ein Zeichen unserer Armut und Kälte, daß wir überhaupt nach besonderen „Gründen" fragen, während doch einfach das lebendige Verlangen nach Bruderschaft die „Propheten" von Jerusalem nach dieser neu geschenkten Gemeinde im fernen Antiochia ziehen konnte? Wie sehr hat sich Paulus danach gesehnt, nicht nur Fürbitte zu tun, sondern „das Angesicht der Brüder zu sehen" (1 Th 2, 17). Da nimmt man auch eine beschwerliche Reise von 500 km auf sich!

[268] Es ist aber ernsthaft zu fragen, ob nicht das „prophetische Reden" als allgemeine Geistesgabe der Gemeinde noch etwas anderes ist als die spezielle Gabe, die einige Männer für die Dauer oder wenigstens für längere Zeit zu „Propheten" macht. Paulus kann doch nicht im Gegensatz zu 1 Ko 12, 29 jetzt auf einmal die Vorstellung haben, daß nun doch „alle" Gemeindeglieder (1 Ko 14, 24, 31) zu „Propheten" werden.

damals oft. Jetzt sieht Agabus eine Notzeit kommen, die das ganze römische Reich erfaßt.

29 Solche allgemeinen Nöte treffen die Kinder Gottes genauso wie die gottfernen Menschen. Auch die antiochenischen Christen meinen nicht, daß die Gläubigen vom Hunger wunderbar verschont würden. Darum wissen sie sich aufgerufen zum Helfen. Und nun geschieht wirklich etwas „Wunderbares": Diese Christen denken nicht zuerst an sich selbst und treffen nicht Vorkehrungen, wie sie sich in Antiochia auf die schwere Zeit vorbereiten können; sie denken an die Urgemeinde im jüdischen Lande. Sie wissen durch Barnabas und nun auch durch die Jerusalemer Propheten, wie schwer die Urgemeinde jetzt schon mit ihren vielen Armen durchkommt (vgl. o. S. 75). Wie wird es erst werden, wenn die allgemeine Not die Preise hinaufschnellen läßt? So beschließen sie sofort eine Geldsammlung, bei der jeder so viel zeichnet, wie seine Mittel es erlauben, um dann das Geld **„zum Dienst[269] zu schicken den in Judäa wohnenden Brüdern"**. Sie führen die Sammlung auch tatsächlich durch. Wie groß ist diese Hilfsbereitschaft in einem Augenblick, in dem das drohende Gespenst der Hungersnot vor ihnen allen stand und die menschliche Vernunft ihnen sagte, daß sie ausgerechnet jetzt doch nichts abgeben könnten.

30 Und sie **„sandten** (es) **an die Ältesten durch die Hand des Barnabas und Saulus"**. Auf einmal erscheinen hier **„Älteste"** in Jerusalem. Warum wird die Kollekte nicht an die Apostel gesandt? Wir müssen uns erinnern, daß sie schon in Kapitel 6 den ganzen Unterstützungsdienst in andere Hände abgegeben haben. Und wir müssen darauf achten, daß die Sammlung nicht ausschließlich für Jerusalem selbst bestimmt war, sondern umfassender **„den in Judäa wohnenden Brüdern"** galt. Daß die Gemeinden in dem Lande nach dem Vorbild Israels „Älteste" hatten, ist nicht erstaunlich. Lukas hat auch hier wieder nicht ausdrücklich berichtet, was ihm in dem begrenzten Umfang seines Werkes nicht unbedingt erzählenswert erschien. Aber auch in der großen Gemeinde der Stadt Jerusalem selbst kann sich rasch die Notwendigkeit ergeben haben, so wie zunächst die „Sieben" zum „Tischdienst", dann auch „Älteste" für die vielen praktischen Aufgaben der Gemeindeleitung einzusetzen. Diese Aufgaben konnten von den Aposteln nicht auch noch wahrgenommen werden, wenn der Grundsatz des Petrus Kap. 6, 4 aufrecht erhalten werden sollte.

Barnabas und Saulus gehen nach Jerusalem. Kann das stimmen? Paulus selbst hat im Galaterbrief auf seinen ersten Besuch in Jerusalem (Gal 1, 18) nur noch den zum Apostelkonzil folgen lassen

[269] Das hier verwendete, allgemeine Wort „Dienst" gewinnt auch in Aussagen des Paulus 1 Ko 16, 15; 2 Ko 8, 4; 9, 13; Rö 15, 31 den Sinn von „Unterstützung".

(Gal 2, 1). Ist damit nicht die Angabe des Lukas in unserem Abschnitt widerlegt? Aber war es wirklich die Absicht des Paulus im Galaterbrief, alle Aufenthalte in Jerusalem zu registrieren? War das für den Zweck seiner Darstellung den Galatern gegenüber erforderlich? Von juden-christlicher Seite war den Galatern gesagt worden, ihr Paulus sei gar kein wirklicher Apostel mit eigener Vollmacht; er sei erst später in den Dienst getreten und von den eigentlichen und wirklichen Aposteln, den Zwölf in Jerusalem, abhängig. Nun beweist Paulus den Galatern seine volle Unabhängigkeit. Daß er nach seiner unmittelbar von Jesus selbst gewirkten Bekehrung drei Jahre in der Arbeit stand, ohne erst ein Schüler der Apostel zu werden, daß er dann bei seinem ersten Besuch nur kurz in Jerusalem weilte und außer Petrus und dem Herrenbruder Jakobus keinen der Apostel sah, und daß seine Teilnahme am Apostelkonzil so verlief, wie er es in Galater 2 schildert, das alles war für diesen Nachweis von entscheidender Bedeutung. Aber war seine Selbständigkeit und apostolische Vollmacht dadurch widerlegt, daß er einmal von Antiochia aus eine Kollekte nach Jerusalem brachte und sie nicht einmal den Aposteln, sondern den **„Ältesten"** übergab? Das war wohl kaum von seinen Gegnern als „Beweis" gegen ihn verwertet worden. So hatte auch Paulus keinen Grund, in seinem Brief darauf einzugehen.

Eine genaue Zeitangabe für das Eintreten der Hungersnot hat Agabus nicht gemacht. Lukas fügt noch hinzu, sie sei unter Kaiser Klaudius tatsächlich gekommen[270]. Klaudius regierte von 41—54. Aus Angaben des jüdischen Geschichtsschreibers Josephus wissen wir, daß Palästina unter der Regierung von Titus Alexander, dem 2. Statthalter nach König Agrippas Tod (im Jahre 44), schwere Hungersjahre durchmachte. Das kann nicht vor dem Jahre 46 gewesen sein. Die Sammlung und Hilfesendung aus Antiochia denkt sich Lukas bereits im Jahre 44, da er anschließend den Tod des Königs Herodes Agrippa berichtet. Aber seine Schilderung behauptet auch gar nicht, daß die Unterstützung für die judäischen Gemeinden erst bei Ausbruch der Not erfolgt sei. Seine Hinzufügung: **„Sie trat** (auch wirklich) **ein unter Klaudius"** will zeigen, daß er selber das Eintreten des Hungers zeitlich von seiner Voraussage trennt. Die Gemeinde aber ließ sich sofort zum Handeln bewegen, gerade weil die prophetische

[270] Aus dem Geschichtswerk des Sueton hören wir von einer Hungersnot, die in Rom zu öffentlichen Beschimpfungen des Kaisers Klaudius durch die leidende Bevölkerung führte. Kritische Forscher haben dagegen eingewandt, daß damit noch nicht eine Katastrophe in allen Provinzen des Reiches bewiesen sei. Nun, eine prophetische Schau kann nicht statistisch gepreßt werden. Auch allgemeine Notzeiten wirken sich nie hundertprozentig aus. Wenn ein Prophet unserer Tage die Zerstörung der Städte in ganz Deutschland von der Luft aus geweissagt hätte, so wäre sein Spruch dadurch noch nicht „widerlegt", daß statistisch eine ganze Anzahl deutscher Städte unversehrt blieb.

Schau nicht erkennen ließ, wie nah die Katastrophe etwa schon war.

Wichtig ist für uns die Übereinstimmung dieser ersten Sammlung einer heidenchristlichen Gemeinde für Jerusalem mit der späteren Sammeltätigkeit des Paulus. Wenn auch die Hungersnot **„über die ganze Erde"** geht, wird doch nur Jerusalem und Judäa Gegenstand helfender Fürsorge. Die Urgemeinde besaß eine Wichtigkeit und Würde, die gerade von den Gemeinden aus den Nationen — und genauso von Paulus — willig anerkannt und mit solcher Sammlung bestätigt wurde. Die Tempelsteuer, die von jedem Diaspora-Juden gezahlt wurde, mag hier unwillkürlich mitgewirkt haben. Die Kollekte bleibt aber im Unterschied von der festgelegten Tempelsteuer völlig freiwillig. Das hat Paulus auch später stets festgehalten (2 Ko 8). Antiochia ist also auch in dieser wichtigen Sache vorangegangen und hat die Grundlinie der späteren Entwicklung vorgezeichnet. Indem Paulus mit in den Dienst der Sammlung gestellt wird, hat er auch hier für sein ganzes weiteres Werk Grundlegendes gelernt.

WUNDERBARE BEFREIUNG DES PETRUS AUS DEM GEFÄNGNIS

Apostelgeschichte 12, 1—19

zu Vers 1: Lk 21, 12
zu Vers 2: Mt 20, 20-23
zu Vers 3: Apg 24, 27; 25, 9
zu Vers 5: Jak 5, 16 b
zu Vers 6: Lk 8, 23; Ps 4, 9
zu Vers 7: Apg 5, 19; Hbr 1, 14
zu Vers 9: Ps 91, 11. 12; Ps 126, 1 ff
zu Vers 11: Ps 34, 8; Dan 6, 23; Apg 16, 24

1 **In jener Zeit aber legte der König Herodes Hand an, um einigen**
2 **von der Gemeinde Böses anzutun. * Er tötete aber Jakobus, den**
3 **Bruder des Johannes, mit dem Schwert. * Da er aber sah, daß es**
wohlgefällig ist den Juden, ließ er weiterhin auch Petrus ver-
4 **haften — es waren aber die Tage der ungesäuerten Brote —, * den**
er nach der Festnahme ins Gefängnis warf, indem er ihn vier
Viererschaften von Soldaten übergab, ihn zu bewachen, mit der
5 **Absicht, ihn nach dem Passah dem Volke vorzuführen. * Petrus**
nun wurde bewacht in dem Gefängnis; Gebet aber wurde ange-
6 **spannt gehalten von der Gemeinde zu Gott für ihn. * Als aber**
Herodes im Begriff war ihn vorzuführen, in jener Nacht schlief
Petrus zwischen zwei Soldaten gebunden mit zwei Ketten; Wächter
7 **aber vor der Tür hielten die Wache. * Und siehe, ein Engel des**
Herrn trat heran, und ein Licht leuchtete auf in dem Raum. Pe-
trus einen Stoß in die Seite gebend, weckte er ihn auf mit dem
Worte: „Stehe rasch auf!" Und es fielen ab seine Ketten von den
8 **Händen. * Es sprach aber der Engel zu ihm: „Gürte dich und zieh**
deine Sandalen an!" Er machte es so. Und er spricht zu ihm:
9 **„Wirf deinen Mantel um und folge mir!" * Und hinausgehend**

folgte er ihm und wußte nicht, daß es wahr ist, was durch den
Engel geschieht; er meinte aber ein Traumgesicht zu sehen.
10 * Durchschreitend aber die erste Wache und die zweite kamen sie
an das eiserne Tor, das in die Stadt führt; es öffnete sich von
selbst für sie, und hinaustretend gingen sie eine Straße weiter
11 vorwärts, und alsbald schied der Engel von ihm. * Und Petrus
kam zu sich und sprach: „Nun weiß ich wirklich, daß der Herr
seinen Engel gesandt und mich aus der Hand des Herodes errettet
12 hat und aus aller Erwartung des Volkes der Juden." * Als er sich
darüber klar geworden war, ging er zu dem Hause der Maria,
der Mutter des Johannes mit dem Beinamen Markus, wo viele
13 versammelt waren und beteten. * Als er aber an der Tür des Tor-
gebäudes klopfte, kam eine Magd, um nachzusehen, mit Namen
14 Rhode, * und als sie die Stimme des Petrus erkannte, öffnete sie
vor Freude das Torgebäude nicht, sondern lief hinein und berich-
15 tete, es stehe Petrus vor dem Torgebäude. * Sie aber sagten zu
ihr: „Du bist von Sinnen." Sie aber behauptete steif und fest, es
16 verhielte sich so. Da meinten sie: „Es ist sein Engel." * Petrus
aber klopfte weiter. Als sie aber öffneten, sahen sie ihn und ge-
17 rieten außer sich. * Er aber winkte ihnen mit der Hand zu schwei-
gen und erzählte ihnen, wie der Herr ihn herausgeführt habe aus
dem Gefängnis, und sagte: „Berichtet Jakobus und den Brüdern
18 dies!" Er aber ging fort und zog an einen andern Ort. * Als es
aber Tag wurde, gab es eine nicht geringe Bestürzung unter den
19 Soldaten, was nur aus Petrus geworden war? * Als aber Herodes
nach ihm sandte und ihn nicht mehr vorfand, verhörte er die
Soldaten und befahl sie abzuführen; und er ging von Judäa nach
Caesarea hinab und hielt sich dort auf.

zu Vers 12: Apg 12, 25; 15, 37; 2 Tim 4, 11
zu Vers 14: Lk 24, 41
zu Vers 15: Mt 18, 10
zu Vers 17: Gal 1, 19
zu Vers 18: Apg 5, 21—24
zu Vers 19: Apg 16, 27

In der Lage der Gemeinde hat sich eine ernste Wende vollzogen. 1
Kaiser Klaudius hatte im Jahre 41 Herodes Agrippa aus Dank für politische Verdienste — er hatte zwischen dem Senat und dem vor den Truppen ausgerufenen neuen Kaiser vermittelt — zum König von Jerusalem ernannt. Damit beherrschte Agrippa das gesamte Reich seines Großvaters, Herodes des Großen. Nun lebte die Urgemeinde nicht mehr unter einem römischen Statthalter, von dem immer noch ein gewisser Rechtsschutz erhofft werden konnte, sondern unter einem orientalischen Despoten, dessen Willkür sie ausgeliefert war. Die weltliche Geschichte ist nicht belanglos für die Gemeinde Jesu! Zugleich hat sich aber auch die Einstellung der Judenschaft gegen die Gemeinde gewandelt. Am Anfang hatte Lukas sagen können: „Sie hatten Gunst bei dem ganzen Volk" (Apg 2, 47). Auch in der Folgezeit mußte der Hohe Rat noch mit der Stimmung des Vol-

kes rechnen, das für die Apostel eingenommen war (Kap. 4, 21; 5, 26). Aber schon bei dem Tumult um Stephanus war das anders geworden. Jetzt stößt der König bei den Juden sogar auf lebhafte Sympathie, als er gegen die Apostel vorgeht. Verwundert uns das? Volksstimmungen sind zu allen Zeiten sehr unbeständig. Und die ernste, geheiligte Haltung der Christenheit konnte auf die Dauer schwerlich der breiten Masse gefallen. Jedenfalls **„in jener Zeit aber legte der König Herodes Hand an, um einigen von der Gemeinde Böses anzutun"**. Die Zeitangabe bleibt unbestimmt wie vielfach bei Lukas. Waren Paulus und Barnabas schon in Jerusalem? War das Ganze ein Gegenschlag Satans gegen die wirkungsmächtigen Ereignisse, die in Antiochia für die weltweite Ausbreitung der Christusbotschaft ihren Anfang genommen hatten? Eindrucksvoll ist die Gegenüberstellung jedenfalls: Dort Antiochia mit seiner wachsenden Gemeinde, hier Jerusalem mit erneuter Verfolgung, die diesmal gerade den Apostelkreis trifft. In der Gemeinde Jesu sind die Geschicke von Anfang an nicht gleichmäßig. Antiochia darf eine Zeit fröhlichen Gedeihens haben, Jerusalem geht durch Angst und Leiden. Petrus wird wunderbar aus dem Gefängnis befreit und dem Leben und der Wirksamkeit zurückgegeben, Jakobus muß ohne jeden helfenden Eingriff von oben her sterben. Der Herr aber teilt alles nach seinem Willen zu. Das macht still in Erfolgen wie in Nöten.

2 **„Er tötete aber Jakobus, den Bruder des Johannes, mit dem Schwert."** Bei einem orientalischen Herrscher ist ein solcher Befehl rasch gegeben und ausgeführt. Jakobus erlebt, was Jesus ihm einst vorausgesagt (Mk 10, 39): nun trinkt er den Leidenskelch und empfängt die Bluttaufe. Es ist aber bezeichnend, daß von irgendeiner Verherrlichung des Märtyrers nichts zu spüren ist. Wie knapp und nüchtern ist auch hier wieder der Bericht des Lukas[271]. Was Herodes überhaupt zu diesem ganzen Vorgehen veranlaßte, warum er gerade zuerst Jakobus verhaften und hinrichten ließ, wird uns nicht mitgeteilt.

3/4 Als Herodes merkt, daß ihm sein Vorgehen gegen die Christen Beliebtheit verschafft, wie sie gerade ein selbstherrlicher Tyrann immer wieder haben muß, **„ließ er weiterhin auch Petrus verhaften"**. Es geht nicht um eine Verfolgung der ganzen großen Gemeinde. Herodes hat ihre anerkannten Führer im Auge. So werden auch die Kreise des Hohen Rates gedacht haben: Nehmen wir dieser widerwärtigen Bewegung die Führer, so wird sie von selbst zerfallen.

[271] Später weiß man sehr viel von dem Prozeß und dem Todesgang des Jakobus zu erzählen. Einen Bericht darüber bei Clemens von Alexandrien (um 200) hat uns die Kirchengeschichte des Eusebius aufbewahrt. Weist nicht die so ganz andere Art der Apostelgeschichte auf eine frühe Zeit ihrer Abfassung hin?

Es sind **„die Tage der ungesäuerten Brote"**. Die Verhaftung des Jüngers erfolgt also zeitlich genauso wie die seines Meisters. Aber während bei Jesus der Hohe Rat noch eben vor Festbeginn den Prozeß in aller Eile durchführt, denkt Herodes offenbar an einen großen Schauprozeß, der in aller Ruhe nach dem Fest vonstatten gehen soll. Petrus wird im Gefängnis streng bewacht. **„Vier Viererschaften"** wechseln sich mit dreistündiger Wachablösung nach römischem Muster ab. Der Hohe Rat mochte Herodes in Erinnerung an die peinlichen Vorgänge von Apg 5, 17–26 gewarnt haben.

Das ist nun die Lage, die Lukas mit jenem knappen Satz be- 5
schreibt, der seitdem in der Geschichte der Gemeinde Jesu durch die Jahrhunderte wieder und wieder lebendige Wirklichkeit geworden ist: **„Petrus nun wurde bewacht in dem Gefängnis; Gebet aber wurde angespannt gehalten von der Gemeinde zu Gott für ihn."** Die brutale Welt kämpft mit ihren Machtmitteln gegen die schwache Gemeinde Jesu: sie verhaftet, bewacht, tötet und hüllt das alles in blendende Propaganda ein. Die Gemeinde kann und darf keine gleichartigen Waffen suchen. „Stecke dein Schwert in die Scheide" ist ihr durch Petrus hindurch ein für allemal von ihrem Herrn gesagt. Aber sie besitzt eine mächtige Waffe, von der Welt verachtet und verlacht, und doch stärker als alle Gewalt eines Herodes: das anhaltende, ernste Gebet[272]. Von dieser ihrer Waffe macht sie nun Gebrauch. Natürlich konnte dazu nicht die ganze große Gemeinde zusammentreten. Aber im Hause der Maria, der Mutter des Johannes-Markus, waren **„viele versammelt und beteten"**, anhaltend, auch die Nacht hindurch (V. 12)[273]. Auch in der menschlich sehr aussichtslosen Lage beteten sie **„angespannt"**, ebenso anhaltend wie inbrünstig. Haben sie dabei nach Vers 14 f doch nicht wirklich mit der Erhörung ihrer Gebete gerechnet? So kennen wir es auch von uns: wenn wir um Großes und „Unmögliches" gefleht haben, können wir es nicht fassen, wenn die Erfüllung plötzlich vor uns steht. A. Schlatter macht zugleich mit Recht darauf aufmerksam, daß sich hier auch die demütige und nüchterne Art des Betens dieser Gemeinde gezeigt habe. Wohl bewegt gläubiges Bitten den Arm der Allmacht. Aber es

[272] Es ist der Segen aller Leidenszeiten für die Gemeinde, daß das Gebet, oft in der eigenen Mitte so vernachlässigt und gering geschätzt, nun wieder in seiner Notwendigkeit erkannt und neu geübt wird. Die Katastrophen, aus denen wir kommen, die Leiden großer Teile der Christenheit, von denen wir wissen, haben das stellvertretende Gebet um den ganzen Erdball hin neu erweckt — ein wunderbares Geschenk in dieser endgeschichtlichen Zeit.

[273] Das „nächtliche" Gebet ist auch von Paulus besonders empfohlen worden: Eph 6, 18; Kol 4, 2. Die Nacht konnte für Sklaven die einzige ungestörte Gebetszeit sein. Aber auch für andere Gemeindeglieder zeigte sich darin der Ernst und das „Anhalten" ihres Flehens.

bleibt eben ein „Bitten", und der Arm der Allmacht bleibt Gottes eigener Arm, der Gottes eigene Pläne durchführt, die alle unsere heißesten und redlichsten Wünsche durchkreuzen können. Schon bei der ersten Bedrohung war es den Betern nicht die Hauptsache gewesen: Herr, schütze deine Boten! Sondern: „Gib deinen Knechten mit allem Freimut zu reden dein Wort" (Apg 4, 29). Warum sollte das nicht auch jetzt im Mittelpunkt der Gebete gestanden haben?

6 In dieser Richtung wird auch das Beten der Gemeinde zuerst erhört. Welche Lage muß es für Petrus gewesen sein, als er aus seinem Wirken herausgerissen dem gewaltsamen Sterben entgegen ging! „Und wenn ich mit dir sterben müßte . . .", jetzt ist es ernst damit. Und hatte nicht der Herr selbst an jenem unvergeßlichen Morgen der Osterzeit Petrus angedeutet, „mit welchem Tode er Gott preisen würde" (Joh 21, 18—19)? War es nun soweit? Die letzte Nacht vor der Hinrichtung ist gekommen. Durchwachte sie Petrus bewegten Herzens, von mancher Angst angefochten, in heißem Beten? Nein. Die Gemeinde wacht und betet für ihren Apostel; dieser aber darf in tiefem Frieden ruhn. **„In jener Nacht schlief Petrus zwischen zwei Soldaten gebunden mit zwei Ketten."** Er schläft so tief und fest, daß der Engel ihn mit einem Stoß in die Seite wecken muß! „Ich liege und schlafe ganz mit Frieden; denn allein du, Herr, hilfst mir, daß ich sicher wohne." In Jesus gilt dies Wort des 4. Psalms selbst für einen Mann, der zwischen zwei Soldaten gekettet seine letzte Nacht auf Erden zubringt, während die Schritte der Wache vor seiner Tür zu hören sind[274].

7—11 Und nun schildert Lukas in wunderbarer Anschaulichkeit die Befreiung des Petrus durch den Engel. Petrus ist so völlig benommen, daß der Engel ihm alles einzelne befehlen muß: **„Stehe rasch auf! Gürte dich! Zieh deine Sandalen an! Wirf deinen Mantel um! Folge mir!"** Petrus **„wußte nicht, daß es wahr ist, was durch den Engel geschieht;**

[274] Das ist nicht „legendäre Ausschmückung". Landesbischof Dr. Hanns Lilje berichtet in seinem Buch „Im finstern Tal" (68. Tsd Nürnberg 1962) folgendes: 1944 wurde er ins Gefängnis eingeliefert, nicht wissend, was mit ihm werden würde. Dort erlebt er in der ersten Nacht: „Da wird mir eine köstliche Gabe zuteil, die mir schon unzählige Male in meinem Leben geholfen hat: der Schlaf. Ich lege mich auf der Pritsche schlafen. Und da ich mit dieser köstlichen Gabe, obwohl sie mir in jeder Minute zur Verfügung steht, sehr im Rückstand bin, da ich einen langen, früh begonnenen und immerhin ereignisreichen Tag hinter mir habe, schlafe ich trotz der harten Lagerstatt und des unaufhörlichen nächtlichen Lärmes, selbst trotz der schauderhaft grellen Lampe, die uns die Nacht unmittelbar aufs Lager scheint, wunderbar fest und tief, so daß ich am andern Morgen völlig erfrischt und gestärkt aufwache und die Welt anders sehe." . . . „Ich selber habe geschlafen und sehe ein, daß ich eines Tages eine theologische Abhandlung werde schreiben müssen über den Schlaf als eine Form Gott zu loben."
Andere Zeugnisse von zum Tode verurteilten Christen treten ihm zur Seite.

er meinte aber ein Traumgesicht zu sehen"[275]. Es ist auch alles „traumhaft" genug: die Ketten fallen von seinen Händen, die Türen öffnen und schließen sich von selbst, die Wachsoldaten sehen und merken nichts.

Auf der Straße[276] scheidet der Engel von Petrus. Die himmlischen Boten Jesu sind in ihrem Dienst von strenger Sachlichkeit. Sie führen ihren Auftrag aus und verschwinden sofort nach seiner Beendigung. Kein persönliches Interesse an Menschen oder Dingen darf sie aufhalten[277]. Aufs lebendigste aber schildert Lukas, wie Petrus sich aus dem traumhaften Geschehen mit seinen Wundern zurückfindet in die ganze Wirklichkeit: **„Und Petrus kam zu sich und sprach: ‚Nun weiß ich wirklich, daß der Herr seinen Engel gesandt und mich aus der Hand des Herodes errettet hat und aus aller Erwartung des Volkes der Juden.'"** Ja, auch ein „frommes" Volk kann sich mit grausamer „Erwartung" auf das Schauspiel einer Hinrichtung freuen.

Als sich Petrus über seine Lage **„klargeworden war, ging er zu dem Hause der Maria, der Mutter des Johannes mit dem Beinamen Markus."** Diese Maria wird im Unterschied zu anderen nicht nach ihrem Vater oder ihrem Mann, sondern nach ihrem Sohn bezeichnet. Lukas darf offenbar annehmen, daß seine Leser Johannes-Markus als einen bedeutenden Christen kennen[278]. Petrus hat wunderbare Befreiung durch Engelshand erfahren; nun hat er wieder selber zu handeln und tut das Nächstliegende: Er will dorthin, wo er auch jetzt in der tiefen Nacht Brüder versammelt wissen kann[279]. 12–17

Wie malt Lukas die Szene, die sich jetzt abspielt: Wie die Magd („Rhode", also etwa „Röschen" mit Namen) zum Nachsehen auf sein Klopfen hin kommt – das stattliche Haus hat ein Torgebäude an der Straße – und beim Erkennen der Stimme des Petrus vor freudigem Schreck das Aufschließen vergißt, wie sie bei ihrer Meldung

[275] „Wenn der Herr die Gefangenen Zions erlösen wird, werden wir sein wie die Träumenden" Ps 126, 1.

[276] Codex D hat den Zusatz: „Und hinaustretend gingen sie die sieben Stufen hinab und gingen eine Straße weit." Liegt hier eine alte Erinnerung an die Lage des Gefängnisses vor?

[277] Übrigens zeigt uns das Kommen und Gehen dieses Engels, daß Lukas ihn keineswegs „vom Himmel herabfliegend" und „zum Himmel emporeilend" denkt. Er tritt jäh aus einem echten Jenseits der gesamten sichtbaren Wirklichkeit, einschließlich des „Himmels", in diese Welt ein und aus ihr in das Jenseits zurück. Die Menschen der Bibel waren in ihrem Weltbild offenbar nicht so naiv, wie ihre Kritiker es ihnen zuschreiben.

[278] Es ist der Neffe des Barnabas und wird uns in Apg 13, 5. 13; 15, 36–40 wieder begegnen. Erwähnt wird er weiter in Kol 4, 10; Phlm 24; 2 Th 4, 11 und 1 Pt 5, 13. Die kirchliche Überlieferung sieht in ihm den Verfasser des Markus-Evangeliums.

[279] Dieses ruhige Ineinander von „Wunder" und nüchternem Alltag kennzeichnet überhaupt die biblische Welt. Vgl. z. B. Mk 1, 31; 5, 41–43; Jo 11, 44.

an die versammelten Beter für unklug gehalten wird und doch steif und fest behauptet, Petrus stehe wirklich da draußen, und wie dann Petrus alle lauten Bezeugungen der Freude abwehrt, kurz von seiner Befreiung erzählt, um Nachricht an Jakobus und die Brüder bittet und dann fortgeht **„an einen andern Ort"**. Noch einmal: Wirkliche Beter sind nicht so, wie fromme Theorie sie sich ausdenken mag; sie beten mit gründlichem Ernst und können es doch nicht fassen, wenn die Erhörung „über Bitten und Verstehen" plötzlich vor ihnen steht. Das Überirdische, das Erscheinen eines Engels, der als Schutzengel Gestalt und Stimme des Petrus angenommen hat, gilt ihnen noch für wahrscheinlicher als die tatsächliche Errettung des Apostels aus solchem Gefängnis. Petrus weiß, es darf jetzt keinen Aufsehen erregenden Lärm vor dem bekannten Hause der Christen geben. Er handelt jetzt überhaupt mit voller Nüchternheit. Er meint weder ein besonderes Heldentum zeigen zu müssen, noch auf Gottes weitere Wunder spekulieren zu dürfen. Hat Gott ihn so errettet, weil er ihn noch braucht; dann ist es jetzt seine Pflicht, sich vor Herodes in Sicherheit zu bringen. Indem Lukas auch dem Leser den Ort nicht nennt, an den Petrus sich begibt, läßt er uns anschaulich miterleben, wie auch diese betende Schar den wiedergeschenkten Apostel sogleich ins Unbekannte ziehen lassen muß.

Petrus gibt die Anweisung, **„Jakobus und den Brüdern"** sofort von dem Geschehen Bericht zu erstatten. Ist Jakobus bereits damals zu einer führenden Stellung neben den Aposteln aufgestiegen? Warum und wodurch?[280] Oder bringt ihn Petrus jetzt erst selber in diese Stellung, indem er bei seinem Weggang gerade ihm die Leitung an seiner Stelle übergibt? Tut Petrus das, weil Jakobus der einzige bedeutende Mann der Gemeinde ist, der als besonders gesetzestreuer Jude in relativer Sicherheit vor einem Zugriff gedacht werden kann? Wie wenig wissen wir, was wir aus der Geschichte der ersten Christenheit gern wissen möchten. Lukas hat es nicht für nötig gehalten, uns darüber zu unterrichten. In Gal 2 finden wir Jakobus auch nach der Rückkehr des Petrus nach Jerusalem vor diesem an der Spitze genannt.

18/19 **„Was ist nur aus Petrus geworden?"** fragen ratlos die Soldaten am nächsten Tage. Herodes läßt sich von diesem rätselhaften Entkommen seines Gefangenen ebensowenig beeindrucken wie die Hohenpriester damals von der Befreiung der Apostel (Apg 5, 19–24). Ein Wunder, ein unmittelbares Eingreifen Gottes darf es nicht geben; davor müßte man ja erschrecken und sich beugen. Also werden die

280 Es ist dabei nicht zu übersehen, daß Jesus selbst seinem Bruder Jakobus dadurch eine besondere Stellung neben den Aposteln gegeben hat, daß er ihm nach seiner Auferstehung eigens eine Begegnung schenkte 1 Ko 15, 7.

Soldaten haftbar gemacht, verhört und zur Hinrichtung abgeführt. Dem König aber ist Jerusalem verleidet; er geht nach Caesarea und hält sich dort auf.

DER TOD DES HERODES

Apostelgeschichte 12, 20–25

20 **Er war aber heftig erzürnt auf die Tyrer und Sidonier. Gemein-**
sam aber kamen sie zu ihm, überredeten Blastus, den Kämmerer
des Königs, und suchten um Frieden nach, weil ihr Land von
21 **königlichem Land her die Lebensmittel bekam. * Am festgesetzten**
Tag aber zog Herodes ein königliches Gewand an, ließ sich auf der
22 **Rednertribüne nieder und hielt eine Ansprache an sie. * Das Volk**
aber rief ihm zu: „Eines Gottes Stimme und nicht eines Men-
23 **schen!“ * Sofort aber schlug ihn ein Engel des Herrn, dafür, daß**
er die Ehre nicht Gott gegeben hatte, und er wurde von Würmern
24 **zerfressen und gab den Geist auf. * Aber das Wort des Herrn**
25 **wuchs und mehrte sich. * Barnabas und Saulus aber kehrten aus**
Jerusalem zurück, nachdem sie den Dienst erfüllt hatten, und nah-
men mit Johannes, der zubenannt wird Markus.

zu Vers 20: Hes 27, 17
zu Vers 22: Hes 28, 2. 6-10
zu Vers 23: Dan 5, 20 Offb 7, 12
zu Vers 24: Jes 55, 1 Apg 2, 47 6, 7 19, 20
zu Vers 25: Apg 4, 36 11, 29

Nun berichtet uns Lukas das Ende des Mannes, der mit solcher 20
Willkür gegen die Apostel vorgegangen war. Die Darstellung des Lukas wird gestützt durch das, was uns der jüdische Geschichtsschreiber Josephus von dem Tod des Herodes Agrippa erzählt. In der Hafenstadt Caesarea wird Herodes besonders an die großen, selbständigen Hafenorte Tyrus und Sidon erinnert, gegen die er einen heftigen Zorn hat. Den Grund dafür teilt uns Lukas nicht mit. Eine kriegerische Unternehmung gegen sie ist ausgeschlossen. Solche Dinge hätte sich Rom in einer seiner Provinzen nicht gefallen lassen. Aber Herodes kann einen kalten Krieg führen. Die Städte auf dem schmalen Küstenstreifen vor dem Libanon sind auf die Lebensmitteleinfuhr aus dem Herrschaftsgebiet des Herodes angewiesen. So kommt es zu einer Gesandtschaft beider Städte[281], die den Kämmerer Blastus zu gewinnen weiß; das Geld der reichen Handelsstädte wird dabei seine Rolle gespielt haben. Es gelingt die Beendigung des kalten Krieges. Herodes läßt dieses Ereignis gebührend feiern. **„Am festgesetzten Tag aber zog Herodes ein königliches Gewand an, ließ sich auf der Rednertribüne nieder und hielt eine Ansprache an sie.“** Hat

[281] Codex D hat den Text hier wieder (verdeutlichend) erweitert: „Sie aber kamen gemeinsam aus den beiden Städten zu dem König ...“

Herodes seinen „heftigen Zorn“ unter dem Zureden seines Kämmerers aufgegeben, so will er nun wenigstens in der Öffentlichkeit glänzen. Seine Ansprache wird sich auf diese politischen Ereignisse und das eigene Verdienst des Königs bei der Herstellung des Friedens bezogen haben. Das alles mochte gern geschehen; Gott läßt der Welt und ihren Machthabern in solchen Dingen ruhig ihren Lauf. Aber nun ereignet sich etwas, das Gottes Ehre antastet: **„Das Volk aber rief ihm zu: ‚Eines Gottes Stimme und nicht eines Menschen!'“** Auch Josephus weiß von dem silberdurchwirkten Prachtgewand des Königs zu berichten, das in der Morgensonne schimmerte und blitzte und den König wie eine himmlische Lichtgestalt erscheinen ließ. Das gleiche Volk, das nach dem jähen Tod wenige Tage später den König beschimpft, bricht in begeisterte Ovationen aus:
23 **„Eines Gottes Stimme!“** Göttliche Verehrung der Herrscher hatte vom Orient her die ganze Welt verseucht. Herodes aber ist ein jüdischer König, der eben noch vorgegeben hatte, den „alten Glauben“ gegen die christlichen Revolutionäre schützen zu müssen. Seine Verantwortung ist eine ganz andere als die heidnischer Fürsten. Läßt er sich die Vergötterung seiner Person gefallen, dann ist das der Bruch des ersten Gebotes, der Gottes Gericht herausfordert. Nicht bei der Hinrichtung des Jakobus, nicht bei der Verhaftung des Petrus, sondern jetzt, da ein König aus Israel **„die Ehre nicht Gott gegeben hatte“, „schlug ein Engel des Herrn“** zu. Auch Josephus weiß, daß Herodes unmittelbar als ein jählings Sterbender den glanzvollen Festtag verlassen hat. **„Und er wurde von Würmern zerfressen und gab den Geist auf“**[282].

24 Mit wirksamem Kontrast fügt Lukas die letzten Sätze des Kapitels an diesen Bericht an: **„Aber das Wort des Herrn wuchs und mehrte sich.“** Er heißt uns damit auf das ganze Kapitel zurückschauen. An seinem Beginn meint ein König alle Gewalt in seiner Hand zu haben und willkürlich gegen Menschen der Gemeinde vorgehen zu können, die ihm irgendwie im Wege sind. An seinem Abschluß sehen wir diesen König plötzlich zugrunde gehen, und kein strahlendes Silbergewand kann das Elend des schmerzgequälten, eiternden Leibes mehr verhüllen. **„Aber das Wort Gottes wächst und mehrt sich.“** Ein Machthaber versucht unter dem Beifall des Volkes das Christentum durch Vorgehen gegen die Apostel zu zerstören. Der Gemeinde geschieht schweres Leid. **„Aber das Wort Gottes wächst und mehrt sich.“** Ganz verschieden ist das Schicksal der Boten: Der Zebedaide Jakobus muß sterben, und kein Engel bewahrt ihn vor dem Richterschwert. Es wird

[282] Codex D hat wieder erweitert und vergröbert: „Herabschreitend von der Rednertribüne wurde er von Würmern zerfressen bei lebendigem Leibe, und so gab er seinen Geist auf.“

kein Wesens daraus gemacht. Petrus wird gerettet und darf weiter wirken — bis auch seine Stunde des Zeugentodes kommt. Aber wenn auch Lukas durch die Schilderung der wunderbaren Befreiung des Petrus die Gemeinde seiner Zeit und aller Zeiten in der Gewißheit stärken will, daß keine noch so totale Weltmacht die wehrlosen Boten Gottes antasten kann, solange sie Gott für seinen Dienst braucht, die Hauptsache sind dennoch nicht solche Wunder. Die Hauptsache ist, daß durch Siege oder Niederlagen, durch göttliche Wunderhilfen oder durch williges Leiden und Bluten **„das Wort des Herrn wächst und sich mehrt"**. Es ist wie eine selbständige Größe von eigener Lebens- und Wirkungsmacht, freilich nur von menschlichen Boten unter Einsatz ihres Lebens weitergetragen, und doch zugleich unabhängig von den Schicksalen derer, die es sagen. Lukas begründet mit diesem kurzen Satz, warum seine „Apostelgeschichte" gerade nicht eine genaue Geschichte aller Apostel und ihrer Erlebnisse und Taten ist, wie wir modernen Menschen sie gern von ihm gehabt hätten. Es kommt in der Geschichte, die er beschreibt, nur auf das eine an, daß **„das Wort des Herrn wächst und sich mehrt"**.

Lukas hat die Feststellung über das „Wachsen des Wortes" in seiner eigenen Lebensmacht und Herrlichkeit gerade an diesem Punkt seines Geschichtswerkes ausgesprochen, weil dieser Punkt — noch mehr als Apg 6, 5 — ein Wendepunkt ist. Denn hier beendet Lukas die Schilderung vom Werden der Jerusalemer Gemeinde und von dem Wirken des Petrus. Wenn wir in Kapitel 15 noch einmal nach Jerusalem geführt werden, geschieht es im Rahmen der Geschichte der paulinischen Mission, die mit Kapitel 13 beginnt. Großes haben wir in diesen 12 Kapiteln miterlebt. Vom stillen, verborgenen Warten des Jüngerkreises ging es hinein in das mächtige Geschehen des Pfingsttages (Kap. 1 u. 2). Durch Wort und Wunder, in Freude und Gericht, durch Angriffe und Errettungen wuchs die Gemeinde der Stadt (Kap. 3—5). Das erste Märtyrerblut fließt, die erste eigentliche Verfolgung bricht aus, aber gerade dadurch wird das Evangelium in die Weite geführt, nach Samaria, an die Küste bis Caesarea; ein Hinweis auf die Berufung auch ferner Heiden zum Heil leuchtet auf (Kap. 6—8). Der leidenschaftliche Leiter der Verfolgung, Saul von Tarsus, wird bekehrt und zum Werkzeug großer kommender Pläne des Herrn berufen. Eine Atempause gibt Petrus Gelegenheit, unter Gottes ausdrücklicher Führung den Schritt zur Eingliederung unbeschnittener Heiden in die Gemeinde des Messias Jesus zu tun. Durch die Flüchtlinge kommt das Evangelium bis nach dem fernen Antiochia, erfaßt dort auch Griechen und schafft in einer lebendigen Gemeinde der bedeutungsvollen Großstadt die Basis für die große Heidenmission des Paulus (Kap. 9—11). Antiochia aber bleibt mit Jerusalem

verbunden durch die Entsendung des Barnabas und durch die antiochenische Hilfeleistung, die Barnabas und Saulus nach Jerusalem bringen. Die bedrohte Lage der Christenheit im feindlichen Jerusalem, aber auch Gottes schützende Hand über ihr wird in anschaulichen Bildern dargestellt (Kap. 11–12).

25 Dann lenkt Lukas mit der erneuten Erwähnung von Barnabas und Saulus zu dem hin, was in Kapitel 11 begann und was er nun im zweiten Hauptteil seines Buches zu erzählen hat. **„Barnabas und Saulus aber kehrten aus Jerusalem zurück, nachdem sie den Dienst erfüllt hatten."** Es hat Bedenken erregt, daß Barnabas und Saulus ausgerechnet in der Verfolgungszeit in Jerusalem gewesen sein sollten. Aber man darf nicht vergessen, um eine eigentliche „Verfolgung" der Gemeinde handelte es sich damals nicht. Bedroht waren diesmal nur die Apostel. Aber auch sonst wären Männer wie Barnabas und Saulus schwerlich mit ihrer Geldgabe umgekehrt, die gerade in einer Notzeit umso mehr willkommen sein mußte.

„Sie nahmen mit Johannes, der zubenannt wird Markus." Petrus hatte offenbar besondere Beziehung zu diesem jungen Mann. In das Haus seiner Mutter geht er nach seiner Befreiung. Später nennt er brieflich Markus „seinen Sohn" (1 Pt 5, 13). Die Überlieferung der alten Kirche weiß, daß dies der Markus ist, der uns das Markus-Evangelium schrieb, und zwar nach den Lehrvorträgen, die er aus dem Mund des Petrus gehört hatte. Er war ein Vetter des Barnabas. Mit ihm tritt wieder ein Jerusalemer Christ in die Arbeit der weiten Heidenmission mit ein.

Hat Johannes-Markus auch für die Abfassung der Apostelgeschichte Bedeutung? A. Schlatter macht darauf aufmerksam, daß Lukas nach Kol 4, 10. 14 mit Markus zusammen bei Paulus war. War Markus mit ein Gewährsmann für diesen ersten Teil der Apostelgeschichte? Hat Lukas die für ihn wesentlichen Mitteilungen von Markus erhalten? Bricht er auch deshalb den Bericht über Jerusalem und Palästina in diesem Augenblick ab, in dem Markus Jerusalem verläßt und in die paulinische Mission hinüberwechselt? Für die Geschichte des Stephanus kam Paulus selbst, für die Wahl der „Sieben" und der Evangelisation in Samaria außerdem Philippus als Zeuge in Betracht; Lukas war mit Philippus in Caesarea zusammen (Apg 21, 8). Wie wir auch über die Erwägungen Schlatters urteilen, wir müssen uns jedenfalls klarmachen, in wie enger Beziehung viele der bekannten Männer dieser Zeit miteinander standen und wieviel Austausch von Nachrichten und Berichten dadurch möglich war. Wir haben ein völlig ungeschichtliches Bild der ersten Christenheit, wenn wir einen großen Paulus einsam durch die Lande ziehen lassen, einen großen Petrus einsam irgendwelche Taten tun sehen, einen Lukas einsam schriftliche

Quellen für sein Werk suchen lassen, vereinzelte Ereignisse hier und da für sich geschehen denken.

DIE ERSTE MISSIONSREISE

1. Die Aussendung von Barnabas und Saulus
Die Arbeit auf Cypern

Apostelgeschichte 13, 1—12

1 Es waren aber in Antiochia in der dort bestehenden Gemeinde
Propheten und Lehrer: Barnabas und Symeon mit dem Beinamen
Niger und Lucius von Kyrene und Manaën, der „Milchbruder"
2 des Vierfürsten Herodes, und Saulus. * Als sie aber dem Herrn
dienten und fasteten, sprach der Heilige Geist: „Sondert mir aus
den Barnabas und Saulus für das Werk, zu dem ich sie berufen
3 habe." * Da fasteten und beteten sie, legten ihnen die Hände auf
und entließen sie.
4 Sie nun, ausgesandt vom Heiligen Geist, zogen nach Seleukia hin-
5 ab, und von dort segelten sie nach Cypern. * Und angelangt in
Salamis, verkündigten sie das Wort Gottes in den Synagogen der
6 Juden. Sie hatten aber auch Johannes als Gehilfen. * Nachdem sie
aber die ganze Insel bis Paphos durchwandert hatten, fanden sie
einen Mann, einen Magier, einen jüdischen Lügenpropheten, der
7 den Namen Bar-Jesus hatte. * Er war bei dem Prokonsul Sergius
Paulus, einem verständigen Manne. Dieser ließ Barnabas und
Saulus zu sich rufen und wünschte das Wort Gottes zu hören.
8 * Es widerstand ihnen aber Elymas, der Magier — so wird näm-
lich sein Name übersetzt —, indem er den Prokonsul abzubringen
9 suchte vom Glauben. * Saulus aber, der auch Paulus (heißt), **erfüllt**
10 vom Heiligen Geist, faßte ihn scharf ins Auge * und sprach: „O
du, voll von aller Tücke und allem Betrug, Sohn des Teufels,
Feind aller Gerechtigkeit, wirst du nicht aufhören, zu verkehren
11 die geraden Wege des Herrn? * Und jetzt, siehe die Hand des
Herrn ist auf dir, und du wirst blind sein, nicht sehend die Sonne
bis zur bestimmten Frist." Sofort aber fiel auf ihn Dunkel und
Finsternis, und umhergehend suchte er solche, die ihn an der Hand
12 führten. * Da kam der Prokonsul, als er das Geschehen sah, zum
Glauben, überwältigt von der Lehre des Herrn.

Schon durch den letzten Satz des 12. Kapitels von der Rückkehr des Barnabas und Saulus sind wir wieder nach Antiochia geführt worden. Auch Barnabas, zunächst doch der Jerusalemer Visitator in

zu Vers 1: Mt 23, 34 Apg 11, 27 1 Ko 12, 28 Eph 4, 11
zu Vers 2: Apg 9, 15 14, 26 Rö 1, 1 Gal 1, 15 f
zu Vers 3: Apg 6, 6 14, 23 1 Tim 4, 14
zu Vers 5: Apg 12, 12. 25
zu Vers 6: Mt 24, 24 Apg 8, 9
zu Vers 7: Apg 18, 12 ff
zu Vers 8: 2 Tim 3, 8
zu Vers 9: Apg 2, 4 9, 17
zu Vers 10: Hos 14, 10 Mich 3, 9 Jo 8, 44 Apg 8, 21
zu Vers 11: Ps 32, 4 Jo 9, 39 Apg 9, 8 22, 11
zu Vers 12: Mt 7, 28 Mk 1, 22. 27

Antiochia, sieht jetzt nicht mehr in Jerusalem, sondern in Antiochia den Platz, an den er hingehört. Er hat aber nicht etwa allein mit Saulus zusammen die Führung der Gemeinde in der Hand. „Bischöflich" ging es damals nicht zu! In der Leitung stehen **„Propheten und Lehrer"**. Hier sollen nicht „Ämter" mit bestimmten „Befugnissen" voneinander abgegrenzt werden; dann hätten wir erfahren müssen, wer von den fünf mit Namen Genannten denn nun „Prophet" und wer „Lehrer" war. Hier wird vielmehr gesagt, die Gemeinde besaß in ihren leitenden Männern die beiden wichtigsten Gestalten des „Wortes": die unmittelbar vom Geist gewirkte Verkündigung mit dem Durchblick durch die Herzen und mit der Vorschau in die Zukunft, und die lehrhafte, auf bestimmtes Wissen gestützte Darlegung mit der Entscheidung in praktischen und seelsorgerlichen Fragen. „Charisma" und „Amt" liegen noch ganz ineinander, denn es ist alles noch von Gott geschenktes und geleitetes Leben. Geistesmächtige Männer wirken; organisatorische Fragen, Abgrenzungen von Zuständigkeiten, Probleme der Kirchenverfassung sind ganz unwichtig und werden darum auch nicht sichtbar. Aber Barnabas ist tatsächlich der erste in der Reihe, und Saulus steht als der Jüngste am Schluß. Es gehört zum rechten Lesen der Apostelgeschichte, daß wir „geschichtlich" sehen lernen: Der „große Paulus" war auch einmal ein junger Anfänger, der als letzter unter anderen führenden Persönlichkeiten stand. Wir werden in diesem 13. Kapitel ein ganzes Stück verfolgen können, wie Paulus „wurde". Die Leitung wird von den Fünf „bruderrätlich" ausgeübt worden sein. Es befindet sich übrigens unter ihnen kein neu zum Glauben gekommener Antiochener. **„Symeon"** führt einen jüdischen Namen; warum er den Beinamen „Niger = der Schwarze" führt, wird nicht erkennbar. Symeon gehört offenbar zu den in Apg 11, 20 erwähnten Männern aus der Kyreneika. Manaën ist entweder tatsächlich Sohn der Amme des Herodes Antipas[283] oder er hat die Bezeichnung **„Milchbruder"** als einen Titel bekommen, der an griechischen Höfen auch ohne solche naturhaften Beziehungen verliehen werden konnte. Jedenfalls ist er damit als Palästinenser und als älterer und auch menschlich bedeutender Mann gekennzeichnet. Die junge Gemeinde in Antiochia brauchte erfahrene Männer, die durch ihre Beziehung zur Urgemeinde ausreichende Kenntnis von Jesus, seiner Geschichte und seinem Wort besaßen. Wie gern wüßten wir mehr von ihnen! Wie ist ein Mann aus der Umgebung eines Herodes Antipas zum Glauben an Jesus gekommen? Welche Ge-

[283] Das ist der Herodes, der Johannes den Täufer hinrichten ließ und zu dem Pilatus nach Lk 23, 7 Jesus sandte, weil er sein Landesherr war. „Vierfürst" müßte eigentlich „Viertelfürst" heißen, da das Wort einen Herrscher über den vierten Teil eines Landes meint; aber „Vierfürst" ist höflicher.

schichte Gottes hat sich da abgespielt? Aber das konnte Lukas in seinem kurzen Buch nicht alles erzählen.

Und nun geschieht etwas wesentlich Neues in der Geschichte der 2
urchristlichen Mission. Wir hatten schon darauf geachtet, daß die Apostel keinen Plan entwarfen, wie sie den Auftrag Jesu erfüllen sollten. Die Ausbreitung der Botschaft „ergab sich" von Gelegenheit zu Gelegenheit, bis hin nach dem fernen Antiochia[284]. Nun aber erfolgt die ausdrückliche Sendung von „Missionaren", die hauptamtlich den Auftrag zur Verkündigung des Evangeliums in die Welt hinaus erhalten. Freilich nicht nach Überlegungen und Beratungen der Gemeindeleitung, nicht nach den Erfordernissen einer „Missions-Strategie". Es ist der Geist Gottes selbst, der diese ganz neue Art der Evangelisation anordnet. Es geschieht dies, **„als sie dem Herrn dienten und fasteten".** Es steht dabei nicht eindeutig fest, ob dies „sie" nur die fünf genannten Männer oder eine gottesdienstliche Zusammenkunft der Gemeinde meint. Sicher ist dieser „Gottesdienst"[285] vor allem Gebetsdienst. Dazu gehört das „Fasten" nun nicht mehr als verdienstliche Leistung, sondern als ein wesentliches Mittel, um in Freiheit und Sammlung für unser Reden mit Gott und Gottes Reden mit uns bereit zu sein[286]. In solcher Gebetsversammlung **„spricht der Heilige Geist: Sondert mir aus den Barnabas und den Saulus für das Werk, zu dem ich sie berufen habe."** Der Geist spricht. Aber der Geist Gottes spricht und handelt durch Menschen. So werden wir uns auch hier zu denken haben, daß **„Propheten"** in der Gemeinde mit der Gewißheit über diesen Auftrag Gottes erfüllt wurden und ihn nun klar aussprechen. Alles an dieser Weisung des Geistes ist zu beachten. **„Sondert mir aus",** die Erwählten gehören damit nicht mehr der Gemeinde und nicht eigenen oder gemeindlichen Wünschen und Plänen, sondern unmittelbar dem Heiligen Geist selbst. Es wird nicht ein einzelner „großer Mann" in Anspruch genommen, sondern zwei Männer werden zum Reisedienst bestimmt, wie auch Jesus seine Jünger „zu zweit" ausgesandt hat (Mk 6, 7; Lk 10, 1). Wer je selber in solchem Dienst stand, der weiß,

[284] Unsere Ungeistlichkeit und Vollmachts- und Führungslosigkeit verrät sich in der Übernahme des schrecklichen Wortes „aufziehen" in den kirchlichen Sprachgebrauch. Die erste Missionsreise ist Gott sei Lob und Dank nicht von Antiochia „aufgezogen" worden.

[285] Im AT wird dieses Wort „dem Herrn dienen" ausschließlich vom priesterlichen Dienst gebraucht. Aber die Überzeugung, die in 1 Pt 2, 5 zum Ausdruck kommt, wird früh die junge Christenheit durchdrungen haben: Wir sind die rechten „Priester" und „dienen" im Gebet dem Herrn.

[286] So ist es schon ein Schaden, daß wir das Fasten ganz verloren haben. Gossner hat mit seiner Randbemerkung recht: „Der Heilige Geist kommt nicht in einen vollen Bauch und in ein zerstreutes Gemüt."

welch eine Hilfe es ist, nicht einsam und allein in den Nöten und Freuden, Kämpfen und Schwierigkeiten stehen zu müssen, sondern den Bruder zur Gemeinschaft des Gebetes, der Wortverkündigung, der Beratung und Beurteilung zur Seite zu haben. Es werden dabei nicht etwa Barnabas und Symeon genommen, die in der Liste nebeneinander stehen, sondern der erste und der letzte in der Liste werden herausgegriffen. Der Geist Gottes nimmt auf die von Gott geführte Geschichte Rücksicht, die **„Barnabas und Saulus"** in besonderer Weise schon bisher verbunden hatte (Apg 9, 27; 11, 25). Und wie bei der Berufung Abrahams wird über das Ziel der Berufung nichts Näheres gesagt. **„Für das Werk, zu dem ich sie berufen habe"**, das genügt. Wahrscheinlich haben in jener Stunde weder die Gemeinde noch Barnabas und Saulus selbst geahnt, wie ungeheuer dieses **„Werk"** sein wird. „Diener" brauchen nicht vorher zu wissen, was ihr Herr mit ihnen vorhat. Und es gehört mit zur Barmherzigkeit des Herrn, die Größe und Schwere dessen, was vor uns liegt, verhüllt zu lassen, bis es sich Tag um Tag und Jahr um Jahr im Tun und Leiden, in Siegen und Bedrängnissen zeigt. Für Saulus aber stimmte der neue Auftrag mit dem überein, was ihm Jesus durch Ananias schon grundlegend für sein Leben nach seiner Bekehrung gesagt hatte. Er hatte ohne Eigenmächtigkeit – wenn auch nicht untätig vgl. o. S. 183 ff – gewartet, zuletzt in seiner Vaterstadt Tarsus. Dann begann die Erfüllung. Es kam der Ruf nach Antiochia in eine bedeutende Tätigkeit dort im Kreise der Brüder. Wie wird Saulus aufgehorcht haben, als nun sein Name fiel bei der Berufung zu dem **„Werk"** des Heiligen Geistes, das wie eine ferne Bergkette vor seinem Blick aufzutauchen begann.
3 Das Geschehen von Kapitel 9 fängt an, seine eigentliche Fortsetzung zu finden. Die Vorbereitung der Aussendung ist gründlich; freilich nicht wie bei uns in Beratungen und Planungen, sondern im ernsthaften, wieder durch Fasten unterstützten Beten. **„Sie legten ihnen die Hände auf"**, dadurch wird den beiden die Gewißheit ihrer Sendung versiegelt und die Bevollmächtigung zuerteilt (zur Handauflegung vgl. o. S. 133)[287].

4/5 Nun beginnt die „erste Missionsreise" des Paulus. So sind wir gewohnt zu sagen. Aber es handelt sich nicht um bloße „Reisen", sondern um ganze Missionsperioden mit zum Teil langen Arbeits-

[287] Hier ist echte Ordination! Von solcher Ordination kann Luther mit Recht sagen: „Sie tut dem Teufel sehr weh." Denn nun gibt es die stete Ausführung des Dienstes im Glauben, unabhängig von allen Gefühlen und Stimmungen des Herzens und von allen Schwierigkeiten der äußeren Lage. Es gilt dann Otto Stockmayers schönes Wort: „Wer glaubt, sieht ab von seinen Stimmungen und Erfahrungen. Er kümmert sich weder um seinen Gemütszustand, noch um die Schwierigkeiten des Weges; mit einem Worte Gottes in der Hand geht er vorwärts, ohne etwas zu fühlen oder zu sehen, ohne Vertrauen oder Glauben in sich zu suchen."

zeiten an bedeutenden Orten. Dabei tritt Antiochia als „Ausgangspunkt" von „Reisen" immer mehr zurück. Es erwächst eine ganze selbständige Welt des Evangeliums mit einer Kette von Gemeinden, für die lediglich Jerusalem nach wie vor ein Ort einzigartiger Bedeutung bleibt. Dementsprechend wandelt sich auch die Erzählungsweise des Lukas. Wohl werden uns auch jetzt noch Einzelgeschichten beispielhaft berichtet; aber diese sind nun ganz eingefügt in umfassende Schilderungen der großen Missionsperioden, bis hin zu dem Weg des Paulus nach Rom.

„Sie nun, ausgesandt vom Heiligen Geist, zogen nach Seleukia hinab." Seleukia ist die Hafenstadt des 25 km landeinwärts gelegenen Antiochia, nach dem Gründer beider Städte, Seleukus I Nikator (300 v. Chr.), benannt. Sie gehen diesen ersten Weg einer großen Reise in der Gewißheit ihrer „Ordination" (s. o. Anm. 287). Dann geht es zu Schiff nach Cypern[288]. Diese Insel ist die Heimat des Barnabas; vielleicht ist darum der Weg dorthin gewählt worden. Vielleicht liegt aber in der ausdrücklichen Hervorhebung **„ausgesandt vom Heiligen Geist"** auch ein Hinweis darauf, daß diese Reiseroute ebenfalls vom Geist Gottes selbst angegeben war. Sie landen in der Hafenstadt Salamis am östlichen Rand der Insel und benutzen die Möglichkeit, in den Synagogen[289] das Wort Gottes zu verkündigen. Von einer positiven oder negativen Auswirkung wird nichts gesagt. **„Sie hatten aber auch Johannes als Gehilfen."** Das hier gebrauchte Wort „Diener, Gehilfe" bezeichnet etwa das, was wir einen „Assistenten" nennen. Johannes hatte gewiß auch allerlei äußere Dienste zu leisten, aber doch
nicht nur das[290]. Von Salamis aus **„durchwandern sie die ganze Insel** 6
bis Paphos", dem Hafen an der entgegengesetzten Südwest-Küste. Von dieser Wanderung über eine Strecke von 160 km gibt uns Lukas keinen Bericht, nur daß der Ausdruck „durchziehen, **durchwandern"** in der Apostelgeschichte überall ein geprägtes Wort für die evangelistische Tätigkeit ist (vgl. o. S. 157). Ob es von der Evangelisation durch die Flüchtlinge (wie Apg 11, 19) her Gemeinden oder wenigstens einzelne Gruppen von Christen gab, mit denen Barnabas und Saulus in Verbindung kommen konnten, erfahren wir nicht. Es ist

[288] Die uns vertraute Namensform haben wir übernommen; im grie Text heißt die Insel „Kypros". Das Wort „Kupfer" ist davon abgeleitet.

[289] Die Judenschaft der Insel war so stark, daß sie in der Kriegszeit unter Trajan die ganze Insel in ihre Gewalt zu bringen vermochte. Darum gibt es in Salamis eine Reihe von Synagogen.

[290] „Biblische" Züge wiederholen sich sachgemäß dort, wo „biblisch" gearbeitet wird: Solche „Gehilfen" gab es sofort wieder in der „Zeltmission" und in aller „Mannschaftsarbeit". Es sind dort allerlei äußere Arbeiten zu leisten; bei ihrer treuen Erfüllung zeigt sich, wen der Herr auch zu geistlichen Diensten hinzuziehen kann.

jedenfalls nicht zum Aufbau eigentlicher Gemeinden durch die Sendboten gekommen. Auch wo Gott selbst durch den Heiligen Geist sendet und wo die Botschaft klar gesagt wird, müssen nicht gleich „Erfolge" zu sehen sein.

7 Dagegen läßt uns Lukas an einer Einzelgeschichte Not und Verheißung der Missionsarbeit in heidnischer Umgebung miterleben. Paphos ist Sitz eines römischen Prokonsuls[291] und die Hauptstadt der Insel. Ein wesentlicher Zug in der ganzen Arbeit des Paulus beginnt hier sichtbar zu werden. Man hat aus der Schilderung des Lukas den Eindruck, daß die beiden in Booten auf den Hauptort, auf das maßgebende Zentrum der Insel zustreben, wobei Paulus der Treibende gewesen sein wird. So hat Paulus erst recht in den späteren Jahren missioniert. War in den Hauptorten der „Leuchter" mit der Flamme des Evangeliums da, zog sich eine „Leuchterkette" von Gemeinden in den bedeutenden Städten durchs Land, dann war „alles mit dem Evangelium Christi erfüllt" (Rö 15, 19). Darum war auch jetzt Paphos mit dem Sitz des Prokonsuls das Ziel des Paulus. Der gegenwärtige Inhaber des Amtes, Sergius-Paulus, war ein „verständiger Mann", als Römer zu nüchternem und klarem Denken geneigt. Das hinderte aber im ganzen Religionsgemisch und in der ganzen inneren Unsicherheit der damaligen Zeit nicht, daß er einen **„Magier"**, also so etwas wie einen „Hoftheologen" und Hofastrologen in seiner Umgebung hatte[292]. In irgendeinem Maße „abergläubisch" ist alles Heidentum, auch das römische. Gerade der aufgeklärte Kulturmensch des römischen Westens war beeindruckt von der „geheimnisvollen Weisheit" des Orients. War dieser Bar-Jesus ein Jude, ein „jüdischer Pseudoprophet", wie es wörtlich heißt, umso besser; man weiß ja die Juden im Besitz uralter heiliger Überlieferungen. Dämonische Wahrsagung und Zauberei ist auch nicht einfach „Unsinn". Auch Bar-Jesus mochte manches richtig vorausgesagt und dem hohen Beamten manche wirksame Hilfe gegeben haben.

Nun kommen Barnabas und Saulus nach Paphos. Von ihrer Wirksamkeit hört auch der Prokonsul. Er ist — wie der Äthiopier oder Kornelius — einer der vielen suchenden Männer jener Zeit. So **„ließ er Barnabas und Saulus zu sich rufen und wünschte das Wort Gottes zu hören".**

[291] Provinzen, die dem römischen Senat gehörten, wurden von Beamten verwaltet, die den Titel „Prokonsul" trugen.

[292] Man vergleiche, wie auch Felix den Gefangenen Paulus in diese Rolle zu drängen sucht, Apg 24, 24. Zugleich werden wir darauf aufmerksam, daß wir uns diese hohen römischen Würdenträger nicht als schlichte „Beamte" im modernen Sinn denken dürfen. Sie hatten tatsächlich eine „Hofhaltung" und sollten darin den von Rom unterworfenen Fürsten gleich sein oder sie an Macht und Glanz noch übertreffen.

Das sind die großen Möglichkeiten der Mission, daß sie auf solche 8
Heiden trifft. Aber ähnlich wie in Samaria (Kap. 8)[293] und doch wieder ganz anders tritt sofort die Gegenmacht in Aktion. **„Es widerstand ihnen aber Elymas der Magier – so wird nämlich sein Name[294] übersetzt –, indem er den Prokonsul abzubringen suchte vom Glauben."** Dieser „Jesussohn" ist nicht ein bloßer Schwindler und Scharlatan, sonst hätte er sich bei einem Sergius Paulus nicht lange halten können. Paulus kennzeichnet ihn mit tiefem Ernst. Den „Sohn Jesu" nennt er **„Sohn des Teufels", „Feind aller Gerechtigkeit".** Er sieht ihn **„voll von aller Tücke und allem Betrug".** Und gerade weil dieser Mann nicht ein Scharlatan ist, weil er biblisches, prophetisches Gedankengut verwendet und den Namen des lebendigen Gottes gebraucht, **„verkehrt er die geraden Wege des Herrn".** Das ist immer wieder die Gefahr des Okkultismus gerade in seinen „höheren" Formen, daß er so „tief religiös", ja „christlich" aussehen kann und doch in der schlimmsten Weise das einfache klare Evangelium von Buße und Glauben entstellt und die Menschen rettungslos verwirrt. Dahinter steht raffiniert getarnt die Macht des Satans. Nun sieht der Mann in der Verkündigung des Barnabas und Saulus das Licht göttlicher Wahrheit und Freiheit hereinbrechen und den suchenden Römer dadurch beeindruckt und erfaßt werden. Seine ganze Stellung am Hof ist bedroht; aller Okkultismus ist ja gierig nach Ansehen, Einfluß, Stellung und meist auch nach Geld. „Der Glaube", der rettende, alle satanische Finsternis durchbrechende Glaube, darf nicht Herr über Sergius Paulus werden. Anders als Simon in Samaria „widersteht" Elymas den Boten des Evangeliums und kämpft um seine Position, **„indem er den Prokonsul abzubringen suchte vom Glauben".** Biblischer Glaube ist das Ende aller okkulten Bezauberung.

Was hier geschieht, kann freilich kein Ausleger recht erfassen, der 9/10
nicht selber im Kampf mit Finsternismächten gestanden hat und die Dinge aus eigenen Erfahrungen kennt. Andernfalls wird ihm der Bericht des Lukas seltsam, vielleicht sogar abstoßend vorkommen, und

[293] Die Kritik hat in solchen Zügen des lukanischen Berichtes eine absichtliche Parallelisierung der Paulus- und Petrusgeschichten gesehen. Damit ist notwendig eine Herabsetzung des geschichtlichen Wertes dieser Schilderungen verbunden. Aber die Gleichartigkeit in den Erlebnissen des Petrus und des Paulus entsteht sachlich aus der Einheit des Herrn und seines Auftrages und aus der Gleichartigkeit der Welt, in die sie beide mit ihrem Auftrag vorstoßen. Gestalten wie einen „Magier Simon" und einen „Magier Jesussohn" gab es damals an vielen Orten.

[294] Der vorhergenannte Name des jüdischen Mannes „Bar-Jesus" heißt „Sohn des Jesus"; dabei ist „Jesus" ein damals gebräuchlicher Name, der erst für uns seine Einzigartigkeit bekommen hat. Elymas kann schwerlich Übersetzung von „Bar-Jesus" sein wollen. Vielmehr scheint hier das Wort „Magier" mit einem aus dem Orient stammenden Wort erklärt zu werden, das den geheimnisvoll Wissenden bezeichnet.

er wird geneigt sein, ihn sofort für eine „Legende" zu halten. Aber der Bericht ist in Wirklichkeit treffend. Der Macht der Finsternis gegenüber gibt es keinen Kompromiß; hier ist mit Diskussion oder Aufklärung nichts getan. Hier muß gehandelt werden. Barnabas wird seinem ganzen Wesen nach dazu nicht der gegebene Mann gewesen sein. Darum tritt jetzt Saulus hervor, von diesem Augenblick an mit seinem weltbekannten Namen „Paulus" bezeichnet. Freilich auch seine „natürliche" Art könnte als solche hier nichts ausrichten! Aber sein energisches, einsatzbereites Wesen wird jetzt vom Heiligen Geist durchdrungen und in Anspruch genommen und reißt dem Hofastrologen die Maske herunter: **„Saulus, der auch Paulus** (heißt), **erfüllt vom Heiligen Geist, faßte ihn scharf ins Auge und sprach: ‚O du, voll von aller Tücke und allem Betrug, Sohn des Teufels, Feind aller Gerechtigkeit, wirst du nicht aufhören zu verkehren die geraden Wege des Herrn?'"** Das ist nicht „geschimpft". Wie vornehm, wie eindrucksvoll, wie religiös wissen sich Okkultisten zu geben, damals „jüdisch", heute „christlich"! Darum müssen sie in aller Rücksichtslosigkeit ent-
11 larvt werden, heute wie damals. Aber die Entlarvung allein genügt noch nicht. Hier geht es tatsächlich um „Macht"! Sergius Paulus hat es sehr richtig verstanden, wenn er dann **„überwältigt"** ist von der **„Lehre des Herrn"**, genauso wie die Menschen in der Synagoge zu Kapernaum nach der Befreiung des Besessenen die „neue Lehre" bei Jesus bestaunen (Mk 1, 27). In der Botschaft von Jesus geht es von vornherein um eine **„Lehre"**, die rettende und befreiende Gewalt hat und sich darum auch allen Mächten der Finsternis gegenüber sieghaft erweist. „Die Hand des Herrn" ist es, die zur Heilung ausgestreckt ist (Apg 4, 30), „die Hand des Herrn" wirkt in der Verkündigung in Antiochia die Bekehrung der Griechen (Kap. 11, 21). Und von dieser mächtigen „Hand" gilt es nun auch richtend und zerschlagend: **„Und jetzt, siehe die Hand des Herrn ist auf dir, und du wirst blind sein, nicht sehend die Sonne bis zur bestimmten Frist."** Auch hier ist der Raum zur Umkehr offengelassen, das Gericht ist zeitlich begrenzt. Aber es tritt augenblicklich ein: **„Sofort aber fiel auf ihn Dunkel und Finsternis, und umhergehend suchte er solche, die ihn an der Hand führten."** Geschlagen muß der Bote der Finsternis das Feld räumen. Dunkel und Finsternis ist sein Teil. Die bezaubernde Macht ist der ganzen Hilflosigkeit gewichen. Das Gericht, das sich an ihm vollzieht, ist nicht willkürlich, sondern von tiefer Gerechtigkeit.

12 Über die Auswirkung der göttlichen Strafe an dem Magier hören wir nichts. Dagegen **„der Prokonsul kam zum Glauben, als er das Geschehene sah."** Freilich, wir hören nichts von seiner Taufe. Da der klare bestimmte Schritt zu Jesus, wie er in der Taufe geschieht, von dem Äthiopier wie von Kornelius ausdrücklich berichtet wird — auch

nachher wieder von dem Kerkermeister in Philippi —, ist nicht damit zu rechnen, daß Lukas die Taufe hier als „selbstverständlich" unerwähnt gelassen hat. Es ist eher zu schließen, daß der hohe römische Beamte zwar von dem Erlebten tief beeindruckt ist und sein Herz der Botschaft von Jesus ein ganzes Stück öffnet, den letzten entscheidenden Schritt mit allen Konsequenzen aber doch nicht zu tun vermag. Gerade von einem Mann in dieser Stellung würde Lukas den offiziellen Übertritt zum Christentum nicht verschwiegen haben. Das gibt es bis heute immer wieder, daß Menschen schon an Jesus „glauben" und bewegt vor seiner Macht und Gnade stehen, und doch kommt es nicht zu einer wirklichen Bekehrung und nicht zum verantwortlichen Eintritt in eine Gemeinde Jesu. Wie schmerzlich ein solcher Abschluß der Dinge ist, sehen wir gerade hier. Was hätte aus einem Sergius Paulus werden können, wenn er den letzten Schritt zu Jesus getan hätte. So aber entschwindet er völlig unserem Blick.

DIE ERSTE MISSIONSREISE

2. Beginn der Mission im Hochland von Kleinasien
Das Evangelium im Pisidischen Antiochia

Apostelgeschichte 13, 13—52

13 **Abgefahren aber von Paphos kamen Paulus und seine Gefährten**
nach Perge in Pamphylien. Johannes aber trennte sich von ihnen
14 **und kehrte nach Jerusalem zurück. * Sie selbst aber zogen durch**
von Perge aus und kamen nach dem Pisidischen Antiochia und
gingen in die Synagoge am Tag des Sabbats und setzten sich.
15 *** Nach der Verlesung des Gesetzes und der Propheten sandten die**
Synagogenvorsteher zu ihnen und ließen sagen: „Männer und
Brüder, wenn ihr ein Wort des Zuspruchs an das Volk habt, so
16 **sprecht!" * Da stand Paulus auf, winkte mit der Hand und sprach:**
17 **„Ihr israelitischen Männer und ihr Gottesfürchtigen, hört! * Der**
Gott dieses Volkes Israel erwählte unsere Väter, und das Volk er-
höhte er in seiner Fremdlingschaft im Lande Ägypten, und mit
18 **einem hohen Arm führte er sie heraus aus ihm. * Und in einer**
19 **etwa vierzigjährigen Zeit ertrug er sie in der Wüste. * Und nach-**
dem er vernichtet hatte sieben Völker im Lande Kanaan, teilte er
20 **ihr Land** (unter sie) **als Erbteil * für etwa vierhundertundfünfzig**
Jahre. Und danach gab er[295] Richter bis zum Propheten Samuel.

zu Vers 13:
Mt 21, 29 f
Apg 12, 12
15, 38
zu Vers 14/15:
Apg 15, 21. 32
16, 13
17, 2
18, 4
19, 8
zu Vers 16:
Apg 21, 40
zu Vers 17:
2 Mo 6, 1. 6
2 Mo 12, 37
2 Mo 14, 8
2 Mo 16, 35
4 Mo 14, 34
Jes 1, 2
zu Vers 18:
5 Mo 1, 31

[295] Der Koine-Text (besonders auch D) gibt hier eine andere Folge der Worte: „Und danach gab er ihnen für etwa vierhundertundfünfzig Jahre Richter bis zum Propheten Samuel."

21 * Und danach erbaten sie sich einen König, und es gab ihnen Gott
den Saul, den Sohn des Kis, einen Mann aus dem Stamm Benja-
22 min, vierzig Jahre lang. * Und als er ihn abgesetzt hatte, erweckte
er den David ihnen zum König, dem er auch Zeugnis gab und
sprach: ‚Ich fand David, den Sohn Jesse (Isais), einen Mann nach
meinem Herzen, der tun wird alle meine Willenskundgebungen.‘
23 * Von dessen Samen gemäß der Verheißung führte Gott Israel
24 den Retter zu: Jesus, * nachdem Johannes vorausverkündigt hatte
vor seinem Auftreten eine Taufe der Umkehr für das ganze Volk
25 Israel. * Als aber Johannes seinen Lauf vollendete, sagte er: ‚Was
ihr von mir vermutet, das bin ich nicht; aber siehe, es kommt
nach mir der, dem ich nicht würdig bin, die Sandalen der Füße
26 loszubinden.‘ * Männer und Brüder, Söhne des Geschlechts Abra-
hams und die Gottesfürchtigen unter euch, uns wurde das Wort
27 dieses Heiles gesandt. * Denn die Bewohner Israels und ihre
Oberen hatten diesen (oder: dieses, nämlich ‚Wort‘) nicht erkannt
und die Stimmen der Propheten, die an jedem Sabbat vorgelesen
werden, (und sie eben dadurch) mit ihrem Gerichtsurteil (über
28 Jesus) erfüllt. * Und obwohl sie keine todeswürdige Schuld fan-
29 den, baten sie Pilatus, daß er hingerichtet werde. * Als sie aber
erfüllt hatten alles, was von ihm geschrieben steht, nahmen sie
30 ihn herab vom Holz und legten ihn in ein Grab. * Aber Gott er-
31 weckte ihn aus den Toten. * Er erschien während vieler Tage de-
nen, die mit ihm hinaufgezogen waren von Galiläa nach Jerusa-
32 lem, welche jetzt seine Zeugen sind an das Volk. * Und auch wir
33 verkündigen euch die an die Väter ergangene Verheißung, * daß
sie Gott erfüllt hat für die Kinder, für uns, indem er Jesus auf-
erstehen ließ, wie auch in dem zweiten Psalm geschrieben steht:
34 ‚Mein Sohn bist du, ich habe dich heute gezeugt.‘ * Daß er ihn
aber auferstehen ließ aus den Toten als einen, der nicht mehr zu-
rückkehren sollte zur Verwesung, hat er so ausgesprochen: ‚Geben
will ich euch die Heilsverheißungen Davids, die zuverlässigen.‘
35 * Deshalb sagt er auch an anderer Stelle: ‚Du wirst nicht zugeben,
36 daß dein Heiliger die Verwesung sehe.‘ * David, nachdem er für
seine eigene Generation gedient hatte dem Willen Gottes, ent-
schlief und wurde versammelt zu seinen Vätern und sah die Ver-
37 wesung. * Er aber, den Gott auferweckt hat, sah die Verwesung
38 nicht! * Kund sei euch also, Männer und Brüder, daß durch diesen
euch Vergebung der Sünden verkündigt wird; und von allem,
wovon ihr im Gesetz des Mose nicht gerechtfertigt werden konntet,
39/40 * wird in diesem jeder Glaubende gerechtfertigt. * Sehet nun
41 zu, daß ja nicht eintreffe das bei den Propheten Gesagte: * ‚Sehet,
ihr Verächter, und wundert euch und werdet zunichte; denn ein

zu Vers 19: 5 Mo 7, 1; Jos 14, 2
zu Vers 20: Ri 2, 16; 1 Sam 3, 20
zu Vers 21: 1 Sam 8, 5
zu Vers 22: 1 Sam 16, 12 f; Ps 89, 21; Jes 44, 28
zu Vers 23: 2 Sam 7, 12; Jes 11, 1
zu Vers 24: Lk 3, 3; Lk 16, 16
zu Vers 25: Mk 1, 7; Jo 1, 20. 27
zu Vers 26: Ps 107, 20; Apg 13, 40
zu Vers 27: Jes 29, 10-12; Jes 53; Jo 16, 3; 1 Ko 2, 8
zu Vers 28: Mt 27, 22. 23; Lk 18, 31
zu Vers 29: Mt 27, 59. 60
zu Vers 30: Apg 3, 15; 26, 8
zu Vers 31: Apg 1, 3; 1 Ko 15, 5f; 1 Jo 1, 1 ff
zu Vers 33: Ps 2, 7; Rö 1, 4; Hbr 1, 5
zu Vers 34: Jes 55, 3
zu Vers 35: Ps 16, 10; Apg 2, 27

Werk wirke ich in euren Tagen, ein Werk, das ihr einfach nicht
glauben werdet, wenn es einer euch erzählt.'"
42 **Als sie aber hinausgingen, baten sie, es möchten am nächsten**
43 **Sabbat ihnen diese Dinge** (nochmals) **gesagt werden. * Als sich**
aber die Synagogenversammlung aufgelöst hatte, folgten viele
der Juden und der gottesfürchtigen Proselyten Paulus und Barna-
bas, die mit ihnen redeten und sie zu bestimmen suchten, bei der
44 **Gnade Gottes zu bleiben. * Am folgenden Sabbat versammelte**
45 **sich bald die ganze Stadt, zu hören das Wort Gottes. * Als aber**
die Juden die Scharen sahen, wurden sie voll Eifersucht und
widersprachen dem von Paulus Gesagten und lästerten dabei.
46 *** Mit freimütigem Ernst sprachen Paulus und Barnabas: „Euch**
mußte notwendig zuerst gesagt werden das Wort Gottes. Da ihr
es aber wegstoßt und euch selbst nicht würdig erachtet des ewigen
47 **Lebens, siehe, so wenden wir uns zu den Heiden. * Denn so hat**
uns der Herr den Auftrag gegeben: ‚Ich habe dich gesetzt zum Licht
der Heiden, auf daß du seiest zur Rettung bis an das Ende der
48 **Erde.'" * Als die Heiden das hörten, freuten sie sich und priesen**
das Wort des Herrn. Und es kamen zum Glauben alle, die be-
49 **stimmt waren für das ewige Leben. * Es wurde aber das Wort des**
50 **Herrn durch das ganze Land getragen. * Aber die Juden hetzten**
die gottesfürchtigen, vornehmen Frauen auf und die Ersten der
Stadt und erregten eine Verfolgung gegen Paulus und Barnabas
51 **und trieben sie aus ihrem Gebiet fort. * Sie aber schüttelten den**
52 **Staub von ihren Füßen wider sie und kamen nach Ikonion! * die**
(zurückbleibenden) **Jünger aber wurden erfüllt mit Freude und**
Heiligem Geist.

„Abgefahren aber von Paphos" — wieviel kann in einem kurzen Wort liegen! Es werden uns zwar die „Erfolge" auf Cypern nicht geschildert, und bei Sergius Paulus ist es zum letzten Entschluß nicht gekommen. Trotzdem und vielleicht sogar gerade deshalb hätte es nahe gelegen, daß Barnabas und Paulus die Arbeit auf der Insel fortsetzten oder zunächst nach Antiochia zurückkehrten. Aber nun hat Paulus die Leitung ergriffen. **„Paulus und seine Gefährten"** heißt es jetzt. Und in ihm ist offenbar die Klarheit durchgebrochen, die dann sein ganzes weiteres Wirken bestimmt: Nicht die eingehende Durcharbeitung eines ganzen Gebietes ist Aufgabe der Pioniermissionare, sondern das Hinaustragen der Botschaft in immer neue Länder und Städte, „bis an die Enden der Erde". Er, der am Himmelfahrtstage nicht mit dabei war, hat doch diesen Befehl seines Herrn mächtig und eindeutig gehört. So drängt es ihn — Barnabas und vor allem Johannes Markus mögen ihre Bedenken gehabt haben — von der Insel

zu Vers 36:
Ri 2, 10
1 Kö 2, 10
Apg 2, 29
zu Vers 38:
Apg 10, 43
2 Ko 3, 6 ff
Gal 3, 21
Hbr 10, 1
zu Vers 39:
Rö 3, 28
Rö 5, 1
Rö 10, 4
zu Vers 40:
Mt 13, 14
zu Vers 41:
Hab 1, 5
zu Vers 42:
Apg 13, 14 f
zu Vers 43:
Apg 11, 23
17, 4
zu Vers 45:
Lk 15, 28
Apg 5, 17
14, 2
17, 5
19, 9
Rö 10, 21
Apg 13, 46-52
zu Vers 46:
Mt 10, 6
Lk 7, 30
Apg 3, 26
18, 6
22, 8
zu Vers 47:
Jes 49, 6
Mt 5, 14
Lk 2, 32
Jo 8, 12
zu Vers 48:
Apg 11, 18
Rö 8, 29 f
zu Vers 50:
Apg 14, 2
17, 5
2 Tim 3, 11
zu Vers 51:
Mt 10, 14 f
Apg 18, 6
zu Vers 52:
Lk 10, 10 f

vorwärts aus der engeren Heimat des Barnabas hinüber zu seiner eigenen Heimat Kleinasien mit ihrer ganzen Weite und Größe. Er gewinnt die beiden andern für seinen Plan. So besteigen sie ein Schiff[296], das nach Norden auf die kleinasiatische Küste zusteuert. Welch großen und schweren Dingen fahren sie entgegen!

„Perge in Pamphylien" wird als erster Ort genannt. Es ist nicht selbst Hafenstadt, sondern liegt am Kestros, 12 km oberhalb seiner Mündung ins Mittelmeer. Für große Schiffe war der Fluß nicht befahrbar; Schiffsreisende mußten in Attália an Land gehen. Eine eigene Arbeit wird hier nicht begonnen; nach Apg 14, 25 wird erst auf dem Rückweg auch in Perge das Evangelium verkündigt. Es drängt Paulus weiter ins Innere des Landes. Jetzt macht Johannes Markus nicht mehr mit: **„Johannes aber trennte sich von ihnen und kehrte nach Jerusalem zurück."** Lukas nennt uns seine Gründe nicht. Aber der Ausdruck, den Paulus Apg 15, 38 für seine „Trennung" gebraucht, enthält den Klang von „Abfall" in sich, und der hinzugefügte Vorwurf, er sei „nicht mit ihnen gekommen zu dem Werk", zeigt, daß Markus dieses Werk gescheut hat. Es mag ihm — vielleicht aus seinem „Jerusalemer Denken" heraus — überspannt und allzu kühn erschienen sein. Bei seiner Rückkehr und bei seinen Berichten in Jerusalem wird es auch Kopfschütteln genug gegeben haben.

14 **„Sie aber zogen durch von Perge aus und kamen nach dem Pisidischen Antiochia."** Wie einfach dieses kurze Sätzchen klingt. Es waren aber 160 km einer mühsamen und gefahrvollen Gebirgswanderung, die bestenfalls in acht Tagen zurückgelegt werden konnte. Räuberische Stämme hausten in den Bergen. Die Aufzählung von 2 Ko 11, 26: „Auf Wanderungen oft, in Gefahren durch Flüsse, in Gefahren durch Räuber", wird auch an diesen ersten harten Weg im ganz fremden Land denken. Wie mag es dabei mit der Unterkunft für die Nächte und mit der Verpflegung gewesen sein![297]

Dann sind sie im pisidischen Antiochia[298]. Auch das war eine Gründung des Seleukus I Nikator, zu Ehren Antiochus des Großen „Antiochusstadt" genannt. Die Seleukiden hatten hier — wie in ganz Pamphylien und Lykaonien — viele Juden angesiedelt, um für ihre Herrschaft eine zuverlässige Bevölkerungsgruppe in diesem Grenzland zu besitzen. Seit 25 n. Chr. war diese Stadt römische Kolonie, so daß sie nach römischem Recht verwaltet wurde. Sie lag landschaftlich noch in Phrygien, aber an der Grenze von Pisidien, gehörte jedoch amtlich

[296] Der hier verwendete Ausdruck für „abfahren" gilt immer der Seereise; so auch Apg 16, 11; 18, 21; 27, 21; 28, 11.

[297] Man muß einmal eine Schilderung wie die von Schneller lesen, der den Wegen des Paulus selber nachgewandert ist. Vgl. L. Schneller, Paulus, Leipzig 1926, S. 90 ff.

[298] Vgl. dazu im „Lexikon zur Bibel" Sp 85/86.

zur römischen Provinz Galatien[299]. Antiochia ist ein lebhaftes Handelszentrum an der großen Straße von Ephesus zur Kilikischen Pforte, Sitz der zivilen und militärischen Verwaltung für den Süden der Provinz. Wenn Paulus hierher strebt und hier die Arbeit beginnt, so zeigt sich wieder seine Erkenntnis: „Leuchter", die weithin ins Land strahlen, konnten nur die größeren Städte sein; darum hat Paulus sie gesucht; die Evangelisation des weiten Landes mußte dann Sache solcher zentralen Stadtgemeinden sein.

Naturgemäß suchen die beiden Israeliten am Sabbat die Synagoge 15
auf, „sitzen" in ihr und feiern den Gottesdienst mit, der vor allem in der **„Verlesung des Gesetzes und der Propheten"** besteht. Dann folgt jene Stelle, an der der Synagogenleiter[300] jeden dazu fähigen Juden zu einer Ansprache auffordern kann. So werden auch hier die beiden fremden Männer, die den Eindruck von Lehrern (Rabbinen) machen, gefragt, ob sie **„ein Wort des Zuspruches an das Volk haben".** Paulus nimmt das Wort. Barnabas versteht die feine Kunst des Zurücktretens. Lukas hat uns diese eine Rede des Paulus vor einer Synagogengemeinde ausführlich überliefert, damit wir wissen, so hat Paulus evangelisiert, wenn er vor jüdischen Hörern stand. An diese Rede werden wir immer wieder denken müssen, wenn wir Paulus an irgendeinem Ort seinen Dienst bei seinen jüdischen Volksgenossen[301] beginnen sehen.

Wenn wir die Rede als ganze überblicken, dann fällt uns ein we- 16
sentlicher Grundzug auf, der im Gegensatz zu unserer gewohnten Art der Vorträge, Predigten und Ansprachen steht. Wir lieben die grundsätzlichen Erörterungen, die „weltanschaulichen" Darlegungen, die systematischen Beweise. Paulus aber erzählt Geschichte und berichtet Gottes Taten und die daraus sich ergebenden Tatsachen, und fordert am Schluß seine Hörer auf, diesen Tatsachen zu „glauben", das heißt, sie für ihr eigenes Leben und ihren eigenen Stand vor Gott gültig sein zu lassen und in Anspruch zu nehmen. Damit ist die Rede des Paulus

[299] Darauf fußt die Ansicht, daß Paulus sich auch in dem Galaterbrief an den römischen Provinznamen gehalten habe, wie er es auch sonst tut, und daß so der Galaterbrief den Gemeinden Antiochia, Ikonion, Lystra und Derbe gelte. Die „Galater" im volkstumsmäßigen Sinn wohnen weiter nördlich. Von Gemeindegründungen bei ihnen hören wir in der Apostelgeschichte nichts, aber die Notiz Apg 16, 6 läßt Gemeindegründungen möglich erscheinen, und die Mitteilung in Kap. 18, 23 macht sie wahrscheinlich. Zu dieser ganzen Frage vergleiche die Auslegung des Galaterbriefes in unserer Wuppertaler Studienbibel S. 17 ff.

[300] Es gab an sich nur einen „Synagogenvorsteher". Wenn hier wie Mk 5, 22 eine Mehrzahl genannt wird, mag dabei an die Mitglieder des Synagogenvorstandes gedacht sein.

[301] Paulus redet hier die „Gottesfürchtigen" neben den „Israeliten" besonders an. Sie werden dort zahlreich gewesen sein, und für Paulus waren sie wichtig als Menschen aus den Nationen, die von Gott bereits berührt worden waren.

„biblisch"; denn auch die Bibel ist — zum Befremden und zur Enttäuschung vieler, die nach „Weisheit" fragen (1 Ko 1, 22) — wesentlich ein Geschichtsbuch, das in reiner Tatsächlichkeit erzählt, was Gott getan hat. Es gehört darum für uns eine Umstellung unseres ganzen Denkens dazu, wenn wir die Bibel richtig lesen und im biblischen Sinn „Glaubende" werden wollen[302].

17 Wir folgen unserer eigenen theologischen Denkweise und verkennen die geschichtliche Wirklichkeit, wenn wir in den Reden der ntst Zeugen von einem „Schriftbeweis" sprechen. Es geht Paulus nicht darum, für bestimmte dogmatische Gedanken einen „Beweis" aus dem AT zu holen. Er hat gar keine „dogmatischen Gedanken". Er will seine Volksgenossen in die Gottesgeschichte hineinstellen, die im alten Bund begonnen hat und nun in Jesus ihre Fortsetzung und ihre Vollendung findet. Mit innerer Notwendigkeit setzt er darum bei **„unseren Vätern"** ein, die „Gott erwählt hat". Das ist das grundlegende Handeln Gottes, auf dem sich alles weitere aufbaut. Paulus unterstreicht damit — wie Stephanus es getan hat und wie es Paulus selbst in Rö 9—11 mit erschreckender Klarheit tun wird —, daß nicht „Verdienst" und „Leistung", sondern frei erwählende Gnade die ganze Geschichte Israels bestimmt. Auf Gottes wunderbares Handeln
18—22 lenkt er den Blick: **„Das Volk erhöhte er in seiner Fremdlingschaft im Lande Ägypten, und mit einem hohen Arm führte er sie heraus aus ihm. Und in einer etwa vierzigjährigen Zeit ertrug**[303] **er sie in der Wüste. Und nachdem er vernichtet hatte sieben Völker im Land Kanaan, teilte er ihr Land** (unter sie) **als Erbteil für etwa vierhundertundfünfzig Jahre."** Richter schenkte er ihm[304], auf ihren Wunsch auch den ersten König, Saul, und nach Sauls Verwerfung David. In allem ist Gott der Handelnde und Gebende. Paulus hat eine „theozentrische Theologie", weil die Schrift die Gottheit Gottes so vor uns hinstellt.

So steht Gottes Geschichte mit Israel vor den Augen der Hörer. Wie anders noch als wir hörten das alle **„Söhne des Geschlechtes Abrahams"** (V. 26). Wie anders sagte es ein Mann, der selber ein
23 **„Saul aus dem Stamm Benjamin"** war! Aber nun stand man mit David an der kritischen Stelle der Geschichte Israels. Wohl war David **„ein Mann nach Gottes Herzen, der tun wird alle Willenskundgebungen Gottes"**. Wohl gelten ihm und seinem Samen große Verheißungen. Aber — was war daraus geworden? Wo blieb ihre Erfüllung? Wo blieb der „Sohn David"? Wo blieb der „ewige Bund", den Jesaja

302 Vgl. dazu die Auslegung der „Pfingstpredigt" des Petrus o. S. 58 ff.

303 Das grie Wort kann sowohl als „ertragen" wie als „ernähren" verstanden werden; 5 Mo 1, 31 spricht vom „Tragen".

304 Vgl. die Anmerkung zu Vers 20 im Text.

(55, 3) verkündigt hatte, da Gott Israel „die gewissen Gnaden Davids geben" wollte? Das waren Fragen, die jeden Israeliten bewegen mußten und die in der messianischen Erwartung brannten. Darum setzt hier Paulus unmittelbar mit der Verkündigung der Erfüllung ein: **„Von dessen Samen gemäß der Verheißung führte Gott Israel den Retter zu: Jesus."** Wieder hat Gott gehandelt wie in den Tagen der Väter, und Israel, das von den Gottestaten in seiner alten Geschichte lebt, kann und darf sich dieser neuen Tat Gottes nicht entziehen.

Paulus hat offenbar gemerkt, daß Nachrichten über die Täuferbe- 23—25
wegung auch in die Judenschaften Kleinasiens gekommen sind und dort die Herzen bewegen. Er stellt falsche Auffassungen darüber mit der Aussage des Johannes richtig. Das ausdrückliche „Ich bin es nicht"
entspricht dem gewaltigen Selbstzeugnis Jesu: „Ich bin"! Und dann 26—30
setzt er mit einer neuen, besonders herzlichen Anrede ein, weil er nun von dem zu sprechen hat, was seine Botschaft so schwer macht. Die Proselyten werden dabei wieder genannt: Gerade für sie, die als Sucher göttlicher Wahrheit zu Israel gekommen waren, kam alles darauf an, daß sie jetzt nicht getäuscht wurden, sondern die eigentliche Enthüllung der Wahrheit und Gnade Gottes in Jesus fanden. Die Führer Israels in Jerusalem hatten Jesus verurteilt und durch die Römer hinrichten lassen.

Freilich, gerade dadurch ist es gekommen, daß nun **„uns das Wort dieses Heils gesandt wurde"**. Paulus stellt dieses positive und für seine Hörer so heilvolle Ergebnis voran, ehe er auf die Ereignisse in Jerusalem selber eingeht. Aber dennoch, welch ein dunkles Rätsel für jüdische Ohren: Den **„Retter für Israel"** haben sie in Jerusalem nicht erkannt, sondern, **„obwohl sie keine todeswürdige Schuld fanden, baten sie Pilatus, daß er hingerichtet werde"**. Und dann **„nahmen sie ihn herab vom Holz und legten ihn in ein Grab"**. Paulus löst hier das Rätsel noch nicht durch eine „Kreuzeslehre". Er entlastet Jerusalem, soweit er es von seinen eigensten Erfahrungen her[305] kann: Sie **„hatten diesen** (oder: dieses, nämlich ‚Wort') **nicht erkannt und die Stimmen der Propheten, die an jedem Sabbat vorgelesen werden"**. Die „Decke" hing vor ihren Herzen, wird Paulus später sagen (2 Ko 3, 14). Aber wie wunderbar führt Gott seine Sache zum Ziel! Gerade dadurch haben sie **„die Stimmen der Propheten mit ihrem Gerichtsurteil erfüllt"**. Sie haben an Jesus **„erfüllt alles, was von ihm**
geschrieben steht". Das könnte freilich alles nicht so gesagt werden, 31—37

[305] Vgl. sein Wort 1 Tim 1, 13, das ihn wohl von der unvergebbaren Sünde des wissentlichen und willentlichen Widerstrebens gegen Gott entlastet, aber dennoch keine „Entschuldigung" ist. Solches „Nichterkennen" ist immer ein tief schuldhafter Vorgang, weshalb sich Paulus gerade in diesem Zusammenhang als den „größten Sünder" bezeichnet.

wenn Gott nicht seinerseits die entscheidende Tat[306] getan hätte! **„Aber Gott erweckte ihn aus den Toten. Er erschien während vieler Tage denen, die mit ihm hinaufgezogen waren von Galiläa nach Jerusalem, welche jetzt seine Zeugen sind an das Volk"**[307]. Und nun kommt die ganze Frohe Botschaft: **„Die an die Väter ergangene Verheißung hat Gott erfüllt für die Kinder, für uns."** Auf Ps 2, 7 weist Paulus hin und — wie schon Petrus in der Pfingstpredigt — auf Ps 16, 10. Von David selbst kann dies Wort nicht gelten: denn **„David, nachdem er für seine eigene Generation gedient hatte dem Willen Gottes, entschlief und wurde versammelt zu seinen Vätern und sah die Verwesung"**[308]. Davids Bedeutung ist eine begrenzte; er blieb dem allgemeinen Menschenlos verhaftet und **„sah die Verwesung". „Er aber, den Gott auferweckt hat, sah die Verwesung nicht!"** In diesem Ausdruck liegt die Erkenntnis, daß es sich Ostern nicht nur um die Wiederbelebung eines Toten handelt, sondern um die Tat Gottes, mit der er Jesus eine völlig neue, „unverwesliche", von aller Todverfallenheit freie Daseinsweise gab (vgl. Rö 6, 9).

38/39 Das sind die Tatsachen, die nur als solche bezeugt werden können. Aber diese Tatsachen haben eine Bedeutung, weil Gott in ihnen handelt. Gerade aus diesem Höhepunkt menschlicher Blindheit und Sünde macht Gott durch die Auferweckung Jesu das Angebot der Vergebung! **„Kund sei euch also, Männer und Brüder, daß durch diesen euch Vergebung der Sünden verkündigt wird."** Und nun kommen die Formulierungen, die ganz „paulinisch" sind. Wie werde ich vor Gott gerecht? Das ist die Frage, die jeden Menschen erschüttert, der überhaupt vor die Wirklichkeit des heiligen, lebendigen Gottes gestellt ist. Darum war jeder Jude von ihr bewegt. Die ernsten Frommen in Jerusalem mühten sich, diese „Gerechtigkeit" durch peinlich genaue

[306] An solchen Stellen kann auch uns erneut deutlich werden, wie entscheidend die Auferstehung Jesu für uns ist und wie das Kreuzesgeschehen wirklich erst von Ostern her als das allgenugsame Werk der Versöhnung sichtbar wird.

[307] Es muß uns auffallen, daß Paulus hier — anders als in 1 Ko 15 — seine eigene Begegnung mit dem Auferstandenen nicht zum Zeugnis mit heranzieht. Mit dem „und auch wir..." in V. 32 hebt er sich ausdrücklich von den Uraposteln ab. Das ist aber kein „Widerspruch" und keine Verzeichnung des Paulusbildes durch Lukas. Daß Paulus den auferstandenen Herrn selber sah, das hat Lukas wahrlich genug betont. Dreimal bringt er in seinem Werk die Schilderung jenes Geschehens vor Damaskus. Hier aber ist nur besonders stark betont, was Paulus auch 1 Ko 15, 8 mit dem Wort „Fehlgeburt" sagen will. Zu den ursprünglichen Aposteln gehört er nun einmal nicht. Paulus schneidet damit in einer fremden Synagoge von vornherein alle Einwände ab, die ihm entgegenhalten konnten: „Was weißt du denn schon? Du warst ja nicht von Anfang an dabei!"

[308] Man kann diesen Satz auch so konstruieren: „David, nachdem er seiner eigenen Generation gedient hatte, entschlief nach dem Willen Gottes." Am wesentlichen Sinn ändert sich dadurch nichts.

Erfüllung des Gesetzes Mose zu erlangen. Können wir sie so finden? Indem Paulus seinen Hörern zuruft: **„Ihr konntet nicht gerechtfertigt werden im Gesetz des Mose"**, rechnete er damit, daß in vielen von ihnen das Gewissen diesem seinem Satz recht geben muß. Dann ist es freilich eine Frohe Botschaft: **„In Jesus wird jeder Glaubende gerechtfertigt."**

Freilich, Paulus rechnet auch mit Widerspruch und sieht diesen 40/41
sehr kennzeichnend begründet. Unser Wissen von Gott kann mit unaufhaltsamer Wucht die letzte Frage in uns wecken, die nur in der Botschaft von dem für uns gekreuzigten und auferstandenen Jesus die wirkliche Antwort bekommt. Aber unser Wissen von Gott kann uns auch in die Sicherheit einer gewohnten und uns angenehmen Frömmigkeit hineinbringen, aus der wir uns nicht aufschrecken lassen wollen. Darum greift Paulus in diesem Augenblick zu dem Wort aus Hab 1, 5. Auch damals hatte Israel Gott in ein System eingesponnen, das Gott „ungefährlich" machte. Gott aber wird dies Gespinst zerreißen und **„ein Werk wirken in ihren Tagen, ein Werk, daß sie einfach nicht glauben werden, wenn es einer ihnen erzählt"**. Damals war dieses aufschreckende Neue, das aller Sicherheit und Behaglichkeit ein Ende machte, die Erhebung der Chaldäer zur Weltmacht und ihr Erscheinen in Palästina. Jetzt zerschlägt der lebendige Gott alle eigene Sicherheit des frommen Menschen, alle eigenmächtige und halbe Frömmigkeit, indem er den Retter für Israel durch Israels Führer verwerfen und hinrichten läßt und dann durch das ungeheure Ereignis seiner Auferstehung aus den Toten ihn aufs neue den Glaubenden zum Retter schenkt. Jetzt steht vor jedem die große Entscheidung: **„Verächter"** zu sein oder ein **„Glaubender"** zu werden[309].

Beim Hinausgehen aus der Synagoge wird an die Boten die Bitte 42/43
gerichtet, **„es möchten am nächsten Sabbat ihnen diese Dinge** (nochmals) **gesagt werden"**. Es steht hier wieder jener Ausdruck, der dem Hbr entsprechend sowohl „Wort" wie „Sache" meinen kann[310]. Es ist verständlich, daß sie über dieses gewaltige Thema noch mehr hören wollen und es jetzt noch gar nicht gleich fassen können. Aber als dann alles aus der Synagoge strömt, **„folgten viele der Juden und der gottesfürchtigen Proselyten Paulus und Barnabas, die mit ihnen redeten und sie zu bestimmen suchten, bei der Gnade Gottes zu bleiben"**. Es kommt — auch sicher weiter in die nächsten Tage hinein — zu vielen seelsorgerlichen Aussprachen, bei denen Paulus und Barnabas

[309] Angesichts der ganzen Tatsächlichkeit des Handelns Gottes bleibt auch bis heute jedem Menschen nur die Wahl: „Verächter" oder „Glaubender" zu sein.

[310] Es ist der Ausdruck „rhema", der mit dem „Wort" zugleich das im Wort bezeichnete „Ding" meint. Vgl. Anm. 246 S. 204

die Fragenden und Suchenden zu einem festen und bleibenden Anschluß an die in Jesus erschienene Gnade zu bestimmen suchten. Ja, der Ausdruck **„bleiben"** kann sogar darauf hinweisen, daß eine Reihe von Menschen zum Glauben an Jesus und zur Übergabe an Ihn gekommen waren und nun schon in der bewahrenden und weiterführenden Seelsorge der Boten standen. Manche Handschriften sprechen darum ausdrücklich von der Taufe solcher Menschen und von der Verbreitung der Botschaft durch die ganze Stadt hindurch — sachlich sicher richtig, aber gerade darum wohl unwillkürliche oder willentliche „Verbesserung" des ursprünglichen Textes.

44/45 **„Am folgenden Sabbat versammelte sich bald die ganze Stadt, zu hören das Wort Gottes."** Wieder ist diese Angabe nicht „statistisch" zu nehmen. Auch wir würden von einer Evangelisation, die einen ganzen Ort in Bewegung bringt, so reden können, auch wenn rein zahlenmäßig nur ein Bruchteil der gesamten Bevölkerung tatsächlich der Einladung gefolgt ist. So war auch die Evangelisation des Paulus in Antiochia Stadtgespräch. Scharen von Menschen machten sich überall zur Synagoge auf. Diese **„Scharen"** aber waren zum großen Teil „Heiden". Das weckt die Eifersucht der Juden. Jetzt ist es ihnen klar, daß die Botschaft des Paulus Schwärmerei ist, die die alte ehrwürdige Ruhe stört und Israels Vorzug bedroht. Jetzt widersprechen sie laut den herabwürdigenden Behauptungen, Israel habe seinen Messias verkannt und ans Kreuz gebracht, und den phantastischen Berichten von der Auferstehung Jesu aus den Toten. Es kommt in der Erregung zu „Lästerungen". Diese galten nicht den beiden Boten. Menschen kann man verleumden oder beschimpfen, aber nicht eigentlich **„lästern"**. Gelästert wird Jesus. Das „anathema Jesous = verflucht ist Jesus" (1 Ko 12, 3) hallt durch die Synagoge, wie es Saulus einst selbst gerufen, zu dem er die von ihm verhafteten Christen zu zwingen gesucht hatte (Apg 26, 11).

46 Paulus und Barnabas sahen, daß ihre Arbeit in der Synagoge zu Ende ist. Zum Streiten sind sie nicht da. Über das Evangelium kann man nicht diskutieren. Man kann es nur annehmen oder ablehnen. Aber sie räumen nicht stillschweigend das Feld. **„Mit freimütigem Ernst sprachen Paulus und Barnabas: ‚Euch mußte notwendig zuerst gesagt werden das Wort Gottes. Da ihr es aber wegstoßt und euch selbst nicht würdig erachtet des ewigen Lebens, siehe, so wenden wir uns zu den Heiden.'"** Das war und blieb die Überzeugung des Völkerapostels bis in den Römerbrief hinein: „Den Juden zuerst" (Rö 1, 16). Davon war seine Arbeit grundsätzlich bestimmt, wie es uns Lukas auch überall auf den Missionsreisen des Paulus zeigt. Aber freilich, gezwungen werden kann durch die Verkündigung niemand. Jeder behält die Freiheit, das Wort „wegzustoßen". Er tut freilich damit

etwas Schreckliches: Er spricht sich selber damit das Urteil[311], und dieses Urteil lautet: **„Nicht würdig erachtet des ewigen Lebens."** Er bringt sich selbst um das Leben. Das ist der tiefe Ernst der uns verliehenen Freiheit dem Wort der Botschaft gegenüber.

Achten wir auf das Verhalten der Boten! Sie versuchen nicht, den Ablehnenden immer weiter nachzugehen und mit Bitten und Beschwörungen in sie zu dringen. Sie fragen sich aber auch nicht erschrocken, was sie bei ihrer Verkündigung falsch gemacht haben und mit welchen besseren Methoden sie vielleicht doch noch an die vielen Ablehnenden herankommen könnten. Paulus war sich vielmehr bewußt, daß die Verkündigung „Geruch des Lebens zum Leben und Geruch des Todes zum Tode" ist (2 Ko 2, 16). Darum sind die Boten auch nicht verzagt, sondern stehen voll „Freimut" da. Will Israel nicht hören, so sind **„Heiden"** da, zu denen sie sich nun wenden
dürfen. Das ist der Auftrag, der schon bei Jesaja (49, 6) dem „Knecht 47
Gottes" gegeben ist: **„Ich habe dich gesetzt zum Licht der Heiden, auf daß Du seiest zur Rettung bis an das Ende der Erde"!** In kühner Weise bezieht Paulus dieses dem „Gottesknecht" gesagte Wort auf seinen eigenen Botendienst. Er kann das tun, weil in dem Boten der Herr selbst auf dem Plan ist. Der eigentliche Evangelist in jeder Evangelisation ist Jesus selber. Ist er das **„Licht der Heiden"**, so sind es auch seine Boten, durch die er **„Rettung bis an das Ende der Erde"** wirkt.

**„Als die Heiden das hörten, freuten sie sich und priesen das Wort 48
des Herrn."** Ja, das ist auch das „Neue" und Unglaubliche, was Gott tut: Israeliten schmähen das Wort Gottes und lästern, Heiden nehmen es mit Freude auf und preisen! **„Und es kamen zum Glauben . . ."** – es ist nicht Zufall und nicht etwa nur Sache einer bestimmten Redeweise, wenn in der Apostelgeschichte, wie im ganzen NT, das Christ-werden immer wieder „gläubig werden", „zum Glauben kommen", heißt. So wie zum „Gesetz" notwendig das „Werk" gehört, so zum „Evangelium" notwendig das **„Glauben"**. Die Botschaft von dem, was Gott in Jesus für uns getan hat und tut, verlangt nur das eine, dieses eine aber auch unabdingbar: daß wir „glauben". Der Ausdruck **„zum Glauben kommen"** zeigt dabei, daß solches **„Glauben"** nicht ein Verhalten ist, das zu unserem übrigen Leben nun auch noch hinzutritt, sondern daß es eine umfassende, unser ganzes Sein bestimmende Richtung und Gestaltung unseres gesamten Lebens ist. **„Zum Glauben kommen"** ist eine grundlegende Wendung unseres Lebens. Darum ist es nicht verwunderlich, wenn

[311] Das Wort, das die Übersetzungen mit „würdig erachten" oder „für würdig halten" wiedergeben, heißt eigentlich „als würdig beurteilen" oder „richten". Mit der Ablehnung des Wortes „richtet" der Mensch sich selbst. Vgl. die Warnung Jesu Jo 12, 48.

zwar die Heiden ganz allgemein sich der Botschaft freuen und das Wort des Herrn preisen, aber dann doch nicht einfach „alle" zum Glauben kommen, sondern nur **„alle, die bestimmt waren für das ewige Leben"**. Lukas will mit dieser Formulierung keine Prädestinationslehre entwickeln. Erst recht liegen ihm alle die Folgerungen fern, die wir theoretisch sofort daraus ziehen möchten: Also können die andern, die sich nicht zum Glauben entschlossen, gar nichts dafür; sie waren eben nicht „für das ewige Leben bestimmt". Und also kann auch ich nichts für meinen Unglauben, Gott ist dafür verantwortlich, wenn er mich nicht „erwählte". Lukas will auch hier nur „Geschichte" darstellen, Geschichte mit dem wunderbaren Geheimnis göttlichen Handelns. Er meint es ganz positiv, so wie es jeder von uns sagt, der selber „zum Glauben kam": Keiner von uns rühmt dabei sich selber, daß er so tüchtig und fromm gewesen wäre, sich zu bekehren und im Glauben das Heil zu ergreifen (das wäre ja schon wieder „Werk" und nicht „Glaube"), jeder von uns rühmt notwendig Gottes unbegreifliche Liebe, die ihn zum Leben bestimmt und darum zum lebendigen Glauben wiedergeboren hat. Aber jeder von uns weiß auch, daß die Verweigerung des Glaubens seine eigene, zum Tode führende Schuld gewesen wäre.

49 Paulus hat recht getan, als er die Stadt Antiochia zum Ansatzpunkt seiner Arbeit wählte: **„Es wurde aber das Wort des Herrn durch das ganze Land getragen."** Was in Antiochia geschah, blieb nicht verborgen; es wurde überall in den Dörfern der Umgegend von der neuen Botschaft gesprochen und der Name des Retters Jesus genannt. Noch mehr: die zum Glauben Gekommenen konnten und wollten nicht schweigen; sie trugen selber als junge „Evangelisten" die Botschaft weiter ins Land.

50—52 Die Trennung der Boten von der Synagoge führte nicht zum Frieden. Im Gegenteil, den Juden war die mächtige Wirksamkeit des Paulus und Barnabas jetzt erst recht unerträglich. Durch vornehme fromme Damen, die sich zur Synagoge hielten und die neue Botschaft als eine Erschütterung ihres ganzen bisherigen Lebens ablehnten, gewannen sie Einfluß auf die **„Ersten der Stadt"**. Diesen Männern an der Spitze der Verwaltung war es leicht klarzumachen, daß die Aufregung, die durch die ganze Stadt ging und bis in das Land hinein ausstrahlte, eine bedenkliche, den Frieden störende Sache sei. So kommt es zum Ausweisungsbefehl gegen Paulus und Barnabas. Da Paulus 2 Ko 11, 25 von einem dreimaligen Erleiden der Stockschläge spricht, wie sie gerade von den „römischen" Magistraten verabfolgt wurden, während die Apostelgeschichte nur von dem einen Fall in Philippi (Kap. 16, 22) erzählt, kann auch hier in Antiochia die Ausweisung ebenfalls in dieser harten und schmerzhaften Weise ge-

schehen sein. Darauf kann auch die Formulierung bei Lukas **„sie erregten eine Verfolgung gegen Paulus und Barnabas"** hindeuten. Umso wunderbarer ist es, daß die zum Glauben Gekommenen durch dieses Geschehen nicht aus der Bahn geworfen werden: **„Die** (zurückbleibenden) **Jünger aber wurden erfüllt mit Freude und Heiligem Geist"**[312]. Das entspricht der Erfahrung in Thessalonich: Sie „nahmen das Wort an in viel Bedrängnis mit Freuden des Heiligen Geistes" (1 Th 1, 6). So etwas vermag Gott!

Paulus und Barnabas müssen Antiochia verlassen. Sie tun es nach der Weisung Jesu, sie **„schüttelten den Staub von ihren Füßen wider sie"**. Erklärt die Stadt durch diese Ausweisung, daß sie mit den Boten Jesu nichts zu tun haben will, so antworten die Boten mit einer Geste, mit der sie auch ihrerseits bestätigen, daß sie nicht einmal den Straßenstaub an ihren Füßen aus der Stadt mitnehmen wollen und die Stadt dem Urteil Gottes überlassen. Und wohin nun? Wenn Paulus und Barnabas nicht schon umkehren wollen, stehen ihnen drei Wege offen: der Weg nach Norden zum Schwarzen Meer hin, auf dem aber keine größeren Orte locken; die Handelsstraße im Westen nach Ephesos hin oder die Handelsstraße nach Osten auf Ikonion zu. Den Vorstoß weiter nach Westen hin unternehmen sie jetzt noch nicht. Aber sie müssen von Antiochia weit fort und wählen so Ikonion als nächstes Ziel.

DIE ERSTE MISSIONSREISE

3. Paulus und Barnabas in Ikonion

Apostelgeschichte 14, 1—7

1 **Es geschah aber in Ikonion auf dieselbe Weise, daß sie in die**
Synagoge der Juden kamen und so sprachen, daß von den Juden
2 **und den Griechen eine große Menge gläubig wurden. * Aber die**
Juden, die nicht gehorchen wollten, erregten und machten böse die
3 **Seelen der Heiden gegen die Brüder. * Geraume Zeit immerhin**
verweilten sie (dort) in freimütigem Vertrauen auf den Herrn, der
Zeugnis gab für das Wort seiner Gnade, indem er schenkte, daß
4 **Zeichen und Wunder geschahen durch ihre Hände. * Es spaltete sich**
aber die Menge der Stadt, und die einen hielten es mit den Juden,

zu Vers 1: Apg 13, 14; 11, 20. 21
zu Vers 2: Apg 13, 45
zu Vers 3: Apg 19, 11; 5, 12; 20, 32; Mk 16, 20; Hbr 2, 4

[312] Von der Taufe dieser Jünger berichtet Lukas nichts. Die war ihm gewiß selbstverständlich, aber doch auch dem „Zum-Glauben-Kommen" gegenüber so unwichtig, daß sie ihrer ausdrücklichen Erwähnung nicht bedarf. Sie ist in der Urchristenheit nicht ein „Sakrament" für sich mit eigener Wirkungsmacht, sondern ein selbstverständlicher Vorgang innerhalb der Geschichte Gottes mit einem Menschen.

zu Vers 5:
Apg 19, 2
2 Tim 3, 11
zu Vers 6:
Mt 10, 23
zu Vers 7:
Apg 11, 19. 20

5 **die andern aber mit den Aposteln. * Als aber ein Drang entstand**
der Heiden und der Juden samt ihren Oberen, sie zu mißhandeln
6 **und zu steinigen, * merkten sie es und flüchteten in die Städte**
7 **Lykaoniens, Lystra und Derbe und die Umgegend. * Und dort wa-**
ren sie, die Botschaft verkündigend.

1 In Ikonion[313] geht es **„nach derselben Weise"** wie in Antiochia: Paulus und Barnabas gehen nicht nur aus praktischen Gründen in die Synagoge, sondern aus dem grundsätzlichen Wissen: „den Juden zuerst", wie Paulus im Römerbrief (1, 16) schreibt. Die Verkündigung wirkt Glauben bei vielen, **„Juden"** und **„Griechen"**. Lukas erzählt hier so knapp, daß nicht zu erkennen ist, ob diese Griechen als Proselyten oder „Gottesfürchtige" von vornherein mit in der Synagoge sitzen, oder ob Lukas daran denkt, daß durch die Verkündigung auch eigentliche „Heiden" angezogen wurden und zum Glauben kamen. Dies letztere ist aber jedenfalls geschehen, wenn es zu einer **„Spaltung der Menge der Stadt"** kommt. Das treibende Element dabei waren wieder die Juden[314].

2 Lukas nennt sie **„die Juden, die nicht gehorchen wollten"**. Weil der Glaube sich Gottes großen Taten unterstellt, ist der Un„glaube" immer auch Un„gehorsam", Auflehnung gegen Gottes eigenes Handeln. Das gilt in besonderem Maße für die, die als Angehörige des Bundesvolkes vor allem zum Hören und Gehorchen verpflichtet waren. Aber hier macht der Stolz auf die „eigene Gerechtigkeit" vor Gott die willige Unterwerfung unter Gottes Urteil und die Öffnung des Herzens für Gottes freie Gnade besonders schwer. Die grie Wortform macht dabei deutlich, daß auch der „Unglaube" als „Ungehorsam" eine aktive, willentliche Haltung ist. Wir verkennen das oft vor lauter „Problematik", mit der wir den „Unglauben" als eine Art Schicksal rechtfertigen und damit den Ungläubigen gerade keinen guten Dienst erweisen! Es ist uns auch heilsam, hier zu sehen: Selbst unter der Arbeit der großen und bevollmächtigten Boten Jesu kommt

313 Ikonion liegt gut 100 km östlich von Antiochia. Dort waren römische Veteranen angesiedelt; hellenisierte Galater, römische Beamte und Juden bewohnten die Stadt, die in einer fruchtbaren Senke, der sonst trockenen lykaonischen Hochebene lag und ein wichtiger Handelsplatz mit bedeutender Wollweberei war (vgl. Lexikon zur Bibel Sp 640). Ikonion — jetzt „Konia" heißend — ist heute noch der bedeutendste von den Orten, die Paulus und Barnabas auf ihrer Reise berührten.

314 In kritischen Kommentaren klingt es manchmal so, als sei dies nur eine schematische Anschauung des Verfassers der Apg. Aber die Darstellung des Lukas wird durch das eigene Zeugnis des Paulus in 1 Th 2, 16 voll bestätigt. Da der 1. Thessalonicher-Brief früh geschrieben ist und es in Philippi gerade nicht die Juden waren, die den Anlaß zur Verfolgung gaben, muß Paulus bei seiner Äußerung besonders auf die Erfahrungen der 1. Missionsreise zurückblicken.

es zur „Spaltung" in der Stadt. „Spaltung" ist also nicht das Ergebnis von Ungeschick und Versagen in der Verkündigung, sondern ein ebenso schmerzliches wie unvermeidliches Ereignis unter der Botschaft, die Entscheidung fordert und allerlei Scheidung wirkt[315].

Die Wühlereien der Judenschaft lassen zuerst noch Raum für ein 3
längeres Verweilen der beiden Brüder[316]. Sie spüren freilich, was sich da zusammenbraut. Aber sie bleiben zunächst in der Stadt und setzen ihre Arbeit fort **„in dem freimütigen Vertrauen auf den Herrn, der Zeugnis gab für das Wort seiner Gnade[317], indem er schenkte, daß Zeichen und Wunder geschahen durch ihre Hände".** Jesus erfüllt seine Zusage, die er bei der Aussendung seiner Jünger in die Welt gegeben hatte (Mk 16, 17–20). Er schenkt **„Zeichen und Wunder",** aber sie geschehen dann **„durch die Hände"** der Boten. Immer wieder stoßen wir auf den Grundzug in der Bibel, daß Gott sein eigenes Reden und Handeln an Ohr und Mund, Herz und Hand von Menschen bindet. Solche Wunder sind **„Zeichen",** Hinweise auf den Herrn, nicht „Beweise"; sie überzeugen die Gegner nicht, erwecken aber doch eine gewisse Scheu, solche Männer anzugreifen, die nicht nur Worte ma-
chen. Gleichgültig läßt die Verkündigung niemanden. Man nimmt 4
überall in der Stadt Partei für die Synagoge oder für die Apostel.
Solche Spannungen steigern sich leicht in sich selbst. Die Gegner 5
drängen zum gewaltsamen Vorgehen mit Mißhandlungen und Steinigung[318]. Als die Apostel das merken, weichen sie der Entladung der Leidenschaften aus und fliehen. Es geht im Dienst Jesu weder um Lebensrettung um jeden Preis noch aber auch um menschliches „Heldentum". Die Frage kann immer nur sein, was der Herr jetzt will. Paulus und Barnabas sind gewiß, daß eine Herausforderung des letzten Konfliktes und ein Opfer des Lebens in Ikonion weder der gesammelten Gemeinde noch überhaupt der Sache des Herrn dient.

[315] Luther wußte noch, daß das Evangelium „Rumor macht"; seine Kirche jammerte oft darüber, wenn es geschah.

[316] Sie werden hier ganz schlicht als „Brüder" bezeichnet wie in V. 4 als „Apostel", obwohl Lukas sonst diesen Namen für die Zwölf spart. Es herrscht im NT wirklich Freiheit.

[317] Es lohnt sich zu sehen, wie dieser Ausdruck „Wort seiner Gnade" im NT viele ähnliche Wortbildungen zur Seite hat: „Wort des Lebens" Apg 5, 20; „Wort dieses Heils" Apg 13, 26; „Wort des Evangeliums" Apg 15, 7. Dazu „Wort vom Reich" Mt 17, 19; „Worte ewigen Lebens" Jo 6, 68; „Wort vom Glauben" Rö 10, 8; „Wort vom Kreuz" 1 Ko 1, 18; „Wort von der Versöhnung" 2 Ko 5, 19; „Wort der Wahrheit" 2 Ko 6, 7; „Wort Christi" Kol 3, 16; das „heilsame Wort" 1 Tim 6, 3. In solch unsystematischer Freiheit und Mannigfaltigkeit kann das NT formulieren. An vielen Stellen heißt es dann einfach „das Wort ..." Dabei ist wichtig: Alle diese genannten großen Güter sind jetzt im „Wort" uns vorgelegt und werden nur durch das „Wort" und im „Wort" erlangt! So schlechterdings entscheidend ist das „Wort"!

[318] An dem Drängen auf diese typisch jüdische Strafe für Gotteslästerung sieht man, wie sehr die Juden die Treiber bei der ganzen Sache sind.

6 Sie **„flüchteten in die Städte Lykaoniens, Lystra und Derbe und die**
7 **Umgegend".** Dort aber setzten sie trotz der schweren Erfahrungen in Antiochia und Ikonion ihren Evangelisationsdienst fort. Wieder bestätigt Paulus in seinem frühesten Brief die Schilderung des Lukas: „Obwohl wir vorher gelitten haben und mißhandelt worden sind, gewannen wir freien Mut in unserem Gott, zu reden zu euch das Evangelium Gottes unter vielem Kampf." (1 Th 2, 2) Wenn sich diese Äußerung auch auf andere Orte bezieht, zeigt sie doch die gleiche grundsätzliche Haltung des Paulus.

Lukas hat uns so ein erstes Bild der Paulinischen Heidenmission mit ihrer herrlichen Frucht und ihren ernsten Kämpfen und Nöten gegeben. Mission, Evangelisation ist „Geschichte", von Gott mit seinen Boten durchgeführt, nie vorweg zu konstruieren oder hinterher in ein System zu bringen, nie ohne Gefahren und Leiden, aber auch nie ohne Siege und Freuden.

DIE ERSTE MISSIONSREISE

4. Evangelisation in Lystra

Apostelgeschichte 14, 8—20

zu Vers 8: Apg 3, 2; Jo 9, 1
zu Vers 9: Apg 3, 4; Mt 9, 28
zu Vers 10: Jo 5, 9; Hes 2, 1
zu Vers 11: Apg 28, 6; Gal 4, 14
zu Vers 14: Apg 22, 23; Mt 26, 65
zu Vers 15: Apg 10, 26; Jak 5, 17; 1 Th 1, 9; 2 Mo 20, 11

8 **Und ein Mann in Lystra, kraftlos an seinen Füßen, saß da, lahm**
9 **von Mutterleib, der noch nie hatte gehen können. * Dieser hörte**
den Paulus reden. Der blickte ihn fest an, und als er sah, daß er
10 **den Glauben hatte, geholfen zu bekommen, * sprach er mit lau-**
ter Stimme: „Stelle dich auf deine Füße aufrecht!" Und er sprang
11 **auf und konnte gehen**[319]**. * Als aber die Menge sah, was Paulus**
getan hatte, erhoben sie ihre Stimme, indem sie auf lykaonisch
sagten: „Die Götter sind Menschen gleich geworden und zu uns
12 **herabgekommen!" * Und sie nannten Barnabas „Zeus", den Pau-**
13 **lus aber „Hermes", weil er es war, der das Wort führte. * Und**
der Priester des Zeus vor der Stadt brachte Stiere und Blumen-
gewinde an die Tore und wollte zusammen mit den Volksscharen
14 **opfern. * Als das aber die Apostel Barnabas und Paulus hörten,**
zerrissen sie ihre Kleider und sprangen heraus zu der Menge,
15 **rufend und sprechend: * „Ihr Männer, was macht ihr da! Auch wir**
sind Menschen gleich wie ihr; wir verkündigen die Botschaft, daß
ihr euch von diesen Nichtsen bekehren sollt zu dem lebendigen
Gott, der gemacht hat den Himmel und die Erde und alles in ihnen.

[319] Genau steht nur da „Er ging" wie auch in V. 8 „Er war noch nie gegangen". Im Deutschen berücksichtigen wir in solchem Fall nicht die bloße Tatsache, sondern sehen dabei auf das Können oder Nichtkönnen.

16 *** Er ließ in den vergangenen Geschlechtern alle Nationen auf**
17 **ihren eigenen Wegen gehen. * Und doch ließ er sich nicht unbe-**
zeugt durch Wohltun, indem er vom Himmel her auch Regen gab
und fruchtbare Zeiten, erfüllend mit Speise und Frohsinn eure
18 **Herzen." * Und dieses sagend, brachten sie mit Mühe die Volks-**
19 **scharen davon ab, ihnen zu opfern. * Es kamen aber von Antiochia**
und Ikonion Juden herbei; und sie überredeten die Massen, stei-
nigten Paulus und schleiften ihn zur Stadt hinaus, meinend, er
20 **sei tot. * Als aber die Jünger ihn umringten, stand er auf und ging**
in die Stadt. Und am folgenden Tag ging er zusammen mit Bar-
nabas fort nach Derbe.

zu Vers 16: Apg 17, 30; Rö 1, 24-32
zu Vers 17: Apg 17, 23; Rö 1, 19 f; Ps 145, 16; Ps 147, 8; Jer 5, 24
zu Vers 19: 2 Ko 11, 25; 2 Tim 3, 11; Apg 17, 13; 2 Ko 6, 9

Den kurzen, zusammenfassenden Schlußsatz in Apg 14, 7 illustriert Lukas nach seiner Weise mit einer anschaulichen Geschichte, die sich in Lystra ereignet. Lystra liegt 30 km südwestlich von Ikonion. Sein Name ist uns auch in einer römischen Inschrift als „Col (onia) Lustra" genannt. Es ist offenbar eine rein heidnische Stadt; von Juden ist nicht die Rede, eine Synagoge wird nicht sichtbar. Die Bevölkerung — gefühlsmäßig leicht erregbar und bestimmbar — versteht soweit die Weltsprache des hell Grie, daß Paulus zu ihr zu reden vermag, spricht aber sonst ihr heimatliches „Lykaonisch". 8

Unter der zuhörenden Menge sitzt ein Mann, **„kraftlos an seinen Füßen, lahm von Mutterleib, der noch nie hatte gehen können"**. Paulus blickt auf ihn und sieht auf seinem Gesicht die erwartungsvolle Bereitschaft, von diesem Verkünder eines wunderbaren „Heiles" eine Hilfe in seinem Elend zu bekommen. Was kann alles in dem Herzen eines Menschen vorgehen, der zum ersten Mal das Evangelium hört! Da sagt ihm Paulus **„mit lauter Stimme: ‚Stelle dich auf deine Füße aufrecht!'"**[320] **„Und er sprang auf und konnte gehen."**[321] 9/10

Die Wirkung des Wunders ist auf diesem heidnischen Boden ganz anders als an der Tür des Jerusalemer Tempels. Die leicht erregbare Bevölkerung versteht das Geschehen sofort „heidnisch". „Der qualitative Unterschied von Gott und Mensch" (Kierkegaard) ist dem 11/12

[320] Paulus wiederholt hier Gottes Ruf an Hesekiel (2, 1). Damit wird unterstrichen, daß Gott selbst in dem Ruf des Paulus handelt. Darum geschieht, was der Ruf sagt, durch den gehorchenden Glauben des Kranken hindurch.

[321] Es ist auffallend, wie ähnlich diese Heilung durch Paulus der in Kapitel 3 erzählten Heilung des Lahmen durch Petrus ist. Es kann durchaus die Absicht des Lukas gewesen sein, uns das von Paulus betonte: „. . . es sei Paulus oder Apollos oder Kephas" (1 Ko 3, 22; 15, 11) auf solche Weise anschaulich zu machen. Es ist derselbe eine Herr, der in Petrus wie in Paulus „wirksam gewesen ist" (Gal 2, 8) und darum auch ähnliche Zeichen vollbringt. Allerdings ein einfacher „Abklatsch" ist weder diese Heilung noch die Befreiung aus dem Gefängnis (Apg 12, 7—11 u. Kap. 16, 25—28) noch die Totenauferwekkung (Apg 9, 36—42 u. Kap. 20, 7—10).

Heidentum völlig unbekannt. Es erhebt mit Leichtigkeit große Menschen zu „Göttern" und läßt mit der gleichen Leichtigkeit Götter in Menschengestalt erscheinen. Was für die Bibel mit ihrem Wissen um den lebendigen Gott das ungeheure Geschehen der Heilsgeschichte ist: Gott wird Mensch, ist für Heiden eine einfache Sache. Warum sollen „Zeus" und „Hermes"[322] nicht einmal nach Lystra kommen und dort ein schönes Wunder tun? Sie **„erhoben ihre Stimme, indem sie auf lykaonisch sagten: ‚Die Götter sind Menschen gleich geworden und zu uns herabgekommen!'"**[323] Es wird kein Zufall sein, daß gerade in jener Gegend die Sage von „Philemon und Baucis" spielt[324], dem frommen alten Paar, das von Göttern in Menschengestalt besucht
13 wird. Sie **„nannten Barnabas ‚Zeus', den Paulus aber ‚Hermes', weil er es war, der das Wort führte".** Diese Verteilung der bekannten Götternamen auf die beiden Boten Jesu gibt uns ungewollt ein gutes Bild der beiden Männer: Barnabas ist sichtlich der ältere, ruhige und würdigere, eine „väterliche" Gestalt, darum mit dem Götternamen Zeus zu identifizieren; Paulus ist der lebhafte, beweglichere Wortführer, der „Götterbote" Hermes. Welch gute, gegenseitige Ergänzung waren sie dadurch in ihrem Dienst.

Was hinter dem Tun des Priesters steht, der den Zeustempel vor der Stadt bedient, sagt uns Lukas nicht. Vielleicht war er einfach von der allgemeinen Erregung mit fortgerissen; vielleicht wollte er diese Erregung für sich und seinen Tempel nutzbar machen. Jedenfalls erscheint er mit **„Stieren"** und **„Blumengewinden"** am Stadttor[325] und will **„zusammen mit den Volksscharen opfern".** Gern **„opfert"** man solchen **„Göttern"**, die mit erstaunlicher Wunderhilfe erscheinen und von denen sich noch viele Vorteile erhoffen lassen. Es wird an solchem Vorgang deutlich, wie alle derartige „Religion" samt ihren „Opfern" und ihrer Begeisterung nur „Fleisch" ist.

322 Das werden nicht die lykaonischen Götternamen gewesen sein. Aber die Religionsmischung der Zeit ließ die alten heidnischen Götter leicht im Bild der klassischen Göttergestalten des Reiches sehen und sie mit deren Namen benennen. Das gilt auch für den „Zeus"-Tempel vor der Stadt, von dem noch Reste erhalten sind.

323 Die Kritik erhebt den Einwand, das sei doch nach der Ansprache des Paulus nicht mehr möglich gewesen. Wenn Paulus und Barnabas hernach durch ihr Wort die Männer vom Opfern abhalten, dann hätte die klare Verkündigung vorher es gar nicht erst zu solchem Tun kommen lassen können. Das ist weltfremdes Denken! Wie sollte uraltes, eingewurzeltes Heidentum von einer einzigen Predigt beseitigt worden sein! Auch nachher bringen sie die Menge „nur mit Mühe davon ab, ihnen zu opfern". Damit soll nicht die Größe des Wunders (so Haenchen), sondern die Zähigkeit des heidnischen Empfindens unterstrichen werden.

324 Der römische Dichter Ovid hat sie uns literarisch überliefert.

325 Der Text spricht von „Toren" in der Mehrzahl. Sind die Eingangstore des Zeustempels gemeint? Haben Paulus und Barnabas draußen vor der Stadt in der Nähe des Zeustempels gepredigt? Dann würde die ganze Szene noch verständlicher.

Herodes hatte es sich gern gefallen lassen, als das Volk rief: „Eines Gottes Stimme, nicht eines Menschen“ (Apg 12, 21—23). Die Apostel, die das lykaonische Reden nicht verstanden und sich die Bewegung des Volkes zunächst nicht zu deuten wußten, springen jetzt mit dem jüdischen Zeichen des Entsetzens über eine Gotteslästerung, dem **„Zerreißen der Kleider“** (Mt 26, 65) unter die Menge: **„Ihr Männer, was macht ihr da! Auch wir sind Menschen gleich wie ihr.“** Es ist die gleiche völlige Abwehr jeder falschen Einschätzung wie in Apg 3, 12; 10, 26[326]. Aber sie sind nicht nur **„Menschen“**, sondern auch „Evangelisten“. Es geht ihnen gerade darum, daß die Menschen sich **„von diesen Nichtsen bekehren sollen zu dem lebendigen Gott“**. Genauso hat Paulus auch die Bekehrung der Thessalonicher gesehen: „wie ihr euch bekehrt habt zu Gott fort von den Götzen, leibeigen zu sein dem lebendigen und wahren Gott“ (1 Th 1, 9)[327]. 14/15

Nun erhalten wir nach der großen Predigt vor Juden und Proselyten in Antiochia den Abriß einer ersten „Predigt“ vor Heiden. Freilich, es ist eben gerade keine „Predigt“; dazu war in diesem Augenblick nicht die Zeit. Darum ist hier auch jeder Vergleich mit der Areopagrede und jede theologische Kritik fehl am Platz! Einer erregten Volksmenge voll heidnisch-religiöser Begeisterung kann jetzt nur in einfachen, klaren Linien das Allernötigste gesagt werden. Kein Schriftzitat ist hier angebracht, auch wenn Paulus unwillkürlich mit den Worten von 2 Mo 20, 11 spricht. Auch von Sünde und Erlösung kann jetzt noch nicht die Rede sein; darum fällt auch der Name „Jesus“ nicht. Nur das Zeugnis von dem wahren lebendigen Gott kann den **„Nichtsen“** und der nichtigen Religion entgegengestellt werden. 16—18

Paulus empfindet es in diesem Augenblick tief: er spricht zu den Menschen aus den „Nationen“, die als solche nicht wie Israel eine Geschichte mit Gott haben und in keinem geschichtlichen Verhältnis zu Gott stehen, an das er anknüpfen könnte. Gott ließ ja **„alle Nationen auf ihren eigenen Wegen gehen“**. Und doch bestand eine feste und erkennbare Beziehung Gottes auch zu diesen Menschen, die dort

[326] Zwar nicht in dieser groben Verzerrung, aber in gefährlicher feiner Form finden wir diese falsche Einschätzung immer wieder auch im „christlichen“ Bereich, sobald Wort und Tat eines Verkünders machtvoll wird. U. Smidt hat a. a. O. S. 107 zu dieser Stelle das Wort Riegers gebracht: „Die jetzige Welt kann ihre Ehrenbezeigungen feiner anbringen als diese Leute mit ihren Ochsen und Kränzen; aber ihr Rauchwerk des Lobes ist desto giftiger, wenn sie einen damit abfangen will. Wer nicht auf seiner Hut ist, dem kann es wohl geschehen, daß er sich in Achtung und Kredit setzt, aber für den Herrn Jesus doch nichts ausrichtet.“

[327] Das ist überhaupt das Wesen der „Bekehrung“, in der es nicht zuerst um moralische Dinge, sondern um das 1. Gebot geht, um das Verhältnis zu Gott allen groben oder feinen „Göttern“ gegenüber.

vor ihm standen. **„Gott ließ sich nicht unbezeugt durch Wohltun."** Gott wird zunächst am Wohltun erkannt! Die Verkündigung des Paulus ist auch jetzt vor diesen heidnischen Männern ganz „evangelistisch", nicht „gesetzlich". Er spricht nicht von Gottes Forderungen und Geboten. Er schildert Gott in seinem Geben und in seinen Wohltaten. Denn erst von da aus kann der Anspruch Gottes auf Dank und Verehrung, und Verweigerung dieses Dankes als Schuld erkannt werden (Rö 1, 21).

Das **„Wohltun Gottes"** war hier freilich nicht Erwählung und Errettung aus Ägypten und Bundesschluß. Aber es war dennoch für das Leben auch der Leute in Lystra von grundlegender Bedeutung: **„. . . indem er vom Himmel her auch Regen gab und fruchtbare Zeiten, erfüllend mit Speise und Frohsinn eure Herzen."**

Kehrt euch von den Nichtsen zu diesem Gott, der euch so wohlgetan hat! Das ist der Ruf dieser Stunde. Sicher, von da aus mußte dann auch der Vorwurf von Römer 1, 21 erhoben und die Sündenerkenntnis geweckt werden: Warum habt ihr den großen Wohltäter nicht geehrt und ihm nicht gedankt? Es mußte die Botschaft vom Zorn und Gericht folgen, damit dann das eigentliche Evangelium gesagt und von Jesus und seinem Opfer gesprochen werden konnte. Und das ist auch in Lystra alles noch geschehen. Die Tatsache, daß **„Jünger"** in der Stadt den gesteinigten Paulus umringen konnten und daß Timotheus aus Lystra kam (Apg 16, 1), zeigt deutlich, daß auch in Lystra eine echte Gemeinde Jesu zustande kam. In dem von Lukas geschilderten Augenblick aber ging es um das eine Bemühen der beiden Boten: **„Und dieses sagend, brachten sie mit Mühe die Volksscharen davon ab, ihnen zu opfern."**

Wie es um die Bevölkerung von Lystra stand, zeigte sich bald[328].
19 **„Es kamen aber von Antiochia und Ikonion Juden herbei; und sie überredeten die Massen."** Das ist eine alte Erfahrung: Geht man auf die Begeisterung von Menschen nicht willig ein, dann kann diese durch die Enttäuschung in Feindschaft und Haß umschlagen. So finden die Juden in Lystra den bereiteten Boden für ihre Propaganda gegen Paulus und Barnabas. Hier gelingt, was in Ikonion nicht mehr glückte. Es kommt unversehens zum erregten Angriff der Bevölkerung. Dabei gilt hier schon der jüdische Haß zielbewußt dem Paulus. Barnabas tritt ganz zurück. Die überragende Bedeutung des Paulus ist Feind und Freund bereits klar. Um irgend etwas wie ein „Ver-

[328] Wie lange es dauerte, bis man in Ikonion und Antiochia von dem Aufenthalt der beiden in Lystra hörte und einzuschreiten beschloß, sagt Lukas uns nicht. Ebensowenig erzählt er uns im einzelnen, wie Paulus und Barnabas die Zeit bis dahin mit weiterer Evangelisation und Seelsorge ausnutzten. Jedenfalls kommt es zur Bildung einer Gemeinde, die den nun einsetzenden Sturm zu überstehen vermochte.

fahren" gegen Paulus handelt es sich nicht; es bestand in Lystra keine
jüdische Gemeinde, die ein Verfahren hätte durchführen können. Ju-
den werden in der Menge mit dem Ruf „Gotteslästerer"! Steine auf
Paulus geschleudert haben, und die durch Verleumdung erregte Men-
ge folgt dem Beispiel; Paulus bricht blutend zusammen. Ob er in die-
sen Momenten an Stephanus gedacht hat, dessen Steinigung er mit
Wohlgefallen ansah? Paulus wird für tot gehalten und zur Stadt
hinausgeschleift. Paulus hat auch später an diese schweren Erlebnisse
zurückdenken müssen (2 Ko 6, 9; 11, 25; 2 Tim 3, 11). Aber als die — 20
vielleicht nur kleine — Schar der Jünger ihn umringt[329], **„stand er auf
und ging in die Stadt".** Was für ein Mann ist dieser Paulus! Wie
würden wir in solcher Lage einen vorsichtigen Krankentransport und
eine gründliche ärztliche Betreuung selbstverständlich in Anspruch
nehmen, um in einer langen Schonzeit wieder zu Kräften zu kommen.
Paulus aber steht auf und geht in die Stadt, als wäre nichts gesche-
hen. Es scheint ihm auch jede Sorge ferngelegen zu haben, er könne
erkannt und von neuem angegriffen werden. Welche Stärkung im
Glauben, welches Vorbild selbstvergessener Tapferkeit war das für
die jungen Christen! Aber Paulus und Barnabas können nicht länger
bleiben. Am **„folgenden Tag ging er zusammen mit Barnabas fort
nach Derbe".**

DIE ERSTE MISSIONSREISE

5. Rückweg durch die entstandenen Gemeinden
Einsetzung von Ältesten
Rückkehr nach Antiochia mit dem Bericht vor der Gemeinde

Apostelgeschichte 14, 21—28

**21 Sie evangelisierten in jener Stadt und machten viele zu Jüngern;
dann kehrten sie nach Lystra und nach Ikonion und Antiochia zu-
22 rück, * indem sie die Seelen der Jünger stärkten, sie mahnten im
Glauben zu bleiben und „daß wir durch viele Drangsale in das
23 Reich Gottes eingehen müssen". * Nachdem sie ihnen aber ge-
meindeweise Älteste ausgewählt hatten, beteten sie mit Fasten
und befahlen sie dem Herrn, an den sie gläubig geworden waren.
24 * Und durch Pisidien ziehend kamen sie nach Pamphylien;
25 * und nachdem sie in Perge das Wort gesagt hatten, gingen sie**

zu Vers 22:
Apg 11, 23
Mt 7, 14
Eph 3, 13
1 Th 3, 2 f
2 Th 1, 5 f
2 Th 3, 12
Offb 7, 14
zu Vers 23:
Apg 13, 3
20, 32
Tit 1, 5

[329] Die kritische Auslegung wundert sich, warum diese Jünger Paulus nicht „geschützt" haben. Diese eben aus dem Heidentum gewonnenen Neulinge sollen sich im Gewühl einer fanatischen Volksmenge als Helden vor Paulus stellen! Es ist schon viel, daß sie jetzt bei ihm sind.

zu Vers 26:
Apg 13, 1—3
15, 40
1 Ko 15, 10
zu Vers 27:
Apg 3, 8
11, 18
15, 3 f
1 Ko 16, 9
2 Ko 2, 12
Kol 4, 3

26 **hinab nach Attália. * Und von dort segelten sie fort nach Anti-**
ochia, von wo sie waren übergeben worden der Gnade Gottes zu-
27 **dem Werk, das sie vollbracht hatten. * Als sie angekommen waren**
und die Gemeinde versammelt hatten, berichteten sie alles, was
Gott mit ihnen getan hatte, und daß er den Heiden die Tür des
28 **Glaubens geöffnet habe. * Sie verweilten aber eine nicht geringe**
Zeit bei den Jüngern.

Paulus und Barnabas sind noch einmal ein Stück nach Osten ge-
21 gangen, nach Derbe. Sie **„evangelisierten in jener Stadt"** und **„machten"** dadurch auch dort **„viele zu Jüngern"**[330]. Lukas gebraucht hier wie an vielen Stellen, wo im Text ein „groß" oder „viel" oder „lange Zeit" vorkommt, ein Wort, das ursprünglich „genug", „ausreichend" bedeutet. Damit wird der relative Charakter der Angabe unterstrichen. **„Viele"** Jünger, das müssen statistisch keine große Zahl gewesen sein; aber im Blick auf die Größe des Ortes und die Fülle der Schwierigkeiten einer solchen ersten Evangelisation waren es „genug", waren es **„viele"**[331]. Wir werden uns die paulinischen Gemeinden rein zahlenmäßig überhaupt nicht allzu groß zu denken haben. Selbst in Korinth z. B. erschien es denkbar, die ganze Gemeinde an einem Ort zu versammeln (1 Ko 14, 23) und dies ohne „Kirche" oder „Gemeindehaus".

Nach der Gemeindegründung in Derbe kehren Paulus und Barnabas um. Wie wenig entspricht das Werk des Lukas den Wünschen moderner Geschichtsschreibung! Wir würden an dieser Stelle die Gründe eingehend erörtern, die zu diesem Entschluß führten, hier das Missionswerk abzubrechen, aber auch nicht durch die Kilikische Pforte über Tarsos nach Antiochia zurückzukehren, sondern noch einmal den Weg durch die Städte zu wagen, aus denen sie mit Gewalt vertrieben worden waren. Lukas sagt darüber nicht ein Wort. Wir können Vermutungen anstellen. Nahe genug lag freilich die Erwägung, wie sehr diese jungen Gemeinden in der feindseligen Umwelt eine Stärkung ihres Glaubens und eine Ordnung ihres Lebens brauchten. Jeder Evangelist, jeder Missionar kennt das dringende Verlangen, nach seiner ersten Arbeit recht bald wieder nach dem Stand derer zu sehen, die er zu Jesus führen durfte. Wenn Paulus den Thessalonichern schildert (1 Th 2, 17; 3, 13), wie er sich um sie sorgt, wie heiß sein Wünschen und Beten ist, sie bald wieder zu sehen, dann ist das bei der ersten Missionsreise nicht weniger die Haltung seines Herzens

330 Hier ist das gleiche Wort „zu Jüngern machen" verwendet, das wir aus dem Missionsbefehl Mt 28, 19 kennen.

331 Das Bestehen der Gemeinde wird uns in Apg 20, 4 deutlich, wo ein „Derbäer" Gajus als Begleiter des Paulus zur Überbringung der Kollekte nach Jerusalem genannt wird.

gewesen. So besuchen sie Lystra, Ikonion und Antiochia, nicht mehr zu öffentlicher evangelistischer Wirksamkeit, sondern nur für seelsorgerliche Arbeit an schon Gewonnenen[332]: **„Sie stärkten die Seelen** 22
der Jünger, sie mahnten im Glauben zu bleiben." Auch die entschiedenste und klarste Bekehrung ist nur ein Anfang! Es ist eine gefährliche Täuschung, wenn man meint, nun gehe alles „von selber" weiter. Jetzt gerade kommen die Kämpfe, die Anfechtungen, die Fragen. Ein Christenleben ist nicht ein erbaulicher Spaziergang auf Rosenpfaden, sondern ein gefahrvoller Weg durch Feindesland! Darum bedürfen die Seelen der Jünger der Stärkung und des Zuspruchs! Wie ernst hat ein Paulus diese Aufgabe genommen, jeden einzelnen „wie ein Vater seine eigenen Kinder" zu ermahnen, ja zu „beschwören", Gottes und seines Rufes würdig zu wandeln (1 Th 2, 11; Apg 20, 31)! Im NT ist immer beides zugleich als lebendige Wahrheit da, was logisch sich zu widersprechen scheint: die selige Gewißheit, daß niemand und nichts uns aus der Hand des guten Hirten reißen kann, und die ernste Notwendigkeit, daß wir mit allem Einsatz **„im Glauben bleiben"**. Wer das eine vom andern in falscher Konsequenz löst, gerät entweder in gefährliche Sicherheit oder in ebenso gefährlichen unruhigen Eifer.

Die beiden Missionare sagen den Gemeinden, was wir lange Zeit viel zu wenig gesagt haben: **„... daß wir durch viele Drangsale in das Reich Gottes eingehen müssen."** Wieder bestätigt der 1. Thessalonicherbrief (3, 3 f) diese Angabe des Lukas. Hier sind nicht die Leiden gemeint, die, ganz abgesehen von der Glaubensstellung, jede Kreatur in dieser Welt des Todes treffen. Durch sie kommt man ja doch nicht in das Reich Gottes! Sondern es sind die **„Drangsale"** gemeint, die eben durch unsern Glauben an Jesus über uns kommen. Solche **„Drangsale"** sind nicht ein unangenehmes Mißgeschick, das man eigentlich vermeiden kann und das nur selten und vorübergehend einmal Christen trifft. Nein, mit Notwendigkeit führt der Weg in das Reich Gottes durch sie hindurch. Wir müssen uns fragen, ob wir überhaupt auf dem richtigen Wege in das Reich Gottes sind, wenn wir solchen Drangsalen nicht begegnen. Darum aber stärkt uns umgekehrt das Ziel dieses Weges auch für das Ertragen dessen, was zur Erreichung des Zieles durchlitten werden muß. Denn dieses Ziel ist von einzigartiger Größe und Herrlichkeit: „die Königsherrschaft

[332] Es ist die sogenannte „Nacharbeit" nach der Evangelisation. Welch ein Problem ist sie leider geworden. Wie unfähig dazu erweisen sich oft die Gemeinden und ihre Hirten. Versäumen nicht aber auch die Evangelisten eine wesentliche Aufgabe? Es waren hier doch Paulus und Barnabas selbst, die die „Nacharbeit" taten! Vergleiche auch Finneys Arbeitsweise. Bleibt nicht bei uns viel Evangelisation fruchtlos, weil solche Nacharbeit fehlt oder nach der Anstrengung der Evangelisation nur müde und lau getan wird?

Gottes". **„In das Reich Gottes eingehen"** ist nicht „in den Himmel kommen". Wohl ist uns Gutes auch für den „Zwischenzustand" nach dem leiblichen Sterben verheißen (Lk 23, 43; Rö 14, 7 f; 2 Ko 5, 8; Phil 1, 23; Jo 14, 3), aber für den Blick der ntst Männer war das wirklich nur „Zwischenzustand", auf den das Auge nicht eigentlich gerichtet war. „Reich Gottes", das sind die mächtigen Ereignisse, in denen Gott durch Jesus seinen weltweiten Plan vollendet. Und dieser Herrlichkeit[333] gegenüber wiegen die Leiden des gegenwärtigen Äons nichts (Rö 8, 18; 2 Ko 4, 17).

23 Die beiden Boten füllen ihre Tage aber nicht nur mit Seelsorge; sie wählen **„ihnen gemeindeweise Älteste aus".** In den paulinischen Briefen werden erst und nur in 1 Tim 5, 17 und in Tit 1, 5 **„Älteste"** genannt. Der 1. Thessalonicherbrief spricht von „denen, die vorstehen im Herrn und ermahnen" (1 Th 5, 12), der Philipperbrief nennt „Aufseher und Diener" (Phil 1, 1). Trotzdem können sich Barnabas und Paulus zunächst an die ihnen vertraute Ordnung jüdischer Gemeinden angeschlossen und „Älteste" eingesetzt haben, zumal es eine so naheliegende Regelung war. Die Gemeinden, die nun auf längere Zeit leben und bestehen mußten, brauchen eine klar geordnete Leitung. Die Wortverkündigung muß weitergehen, das stete „Ermahnen", also Seelsorge treulich geübt werden, alle Zusammenkünfte bedürfen äußerlich und innerlich der Ordnung. Das alles geht nicht „von selbst". Hier müssen diejenigen da sein, die „vorstehen im Herrn und ermahnen" (1 Th 5, 12). Auf den Titel kommt es dabei nicht viel an; eine „Kirchenordnung" mit Paragraphen wurde ihnen nicht in die Hand gegeben. Aber die Apostel suchen Männer aus, denen sie zutrauen konnten, daß sie die Gemeinde zusammenhalten und für alle ihre Bedürfnisse sorgen würden.

Der Schluß des Satzes kann verschieden aufgefaßt werden. Das **„sie befahlen sie dem Herrn"** würde sich zunächst speziell auf diese **„Ältesten"** beziehen und ihre „Amtseinführung" beschreiben. Aber dann wäre doch der Zusatz **„an den sie gläubig geworden waren"** merkwürdig. Dies war ja keine Besonderheit, die nur diesen Männern galt. Das **„sie"** kann aber ebensogut auch das **„ihnen"** aus dem Anfang des Satzes Vers 23 wieder aufnehmen. Dann bezieht es sich auf alle Jünger und schildert nicht die Amtseinführung der Ältesten, sondern den Abschied von den Gemeinden als ganzen. Und nun gewinnt es seinen vollen Sinn: Paulus und Barnabas **„beteten mit Fasten und befahlen sie dem Herrn, an den sie gläubig geworden**

[333] Teilnahme an der Entrückung und Einholung des kommenden Königs, Teilnahme am Sturz des Antichristen, Teilnahme an der Segensherrschaft im Tausendjährigen Reich, Teilnahme am Weltgericht, Wohnen im Innersten der Gottesstadt auf der neuen Erde — all dies ist „Herrlichkeit".

waren". Sie müssen fort und diese jungen Gemeinden verlassen. Aber Jesus ist da und bleibt in Derbe und Lystra und Ikonion und Antiochia. Und die Glieder der Gemeinden sind an diesen Herrn gläubig geworden, sie haben die persönliche Lebensverbindung mit ihm. So können die Apostel sie diesem Herrn anvertraut sein lassen, wie jeder Missionar und jeder Evangelist in dieser Gewißheit seine Ruhe findet.

Das wilde pisidische Bergland, in dem man kein Grie sprach, werden die beiden wirklich **„durchzogen"** haben, wenn freilich auch hier 24/25
das Wort **„durchziehen"** darauf hinweisen kann, daß sie auf ihrem Wege jede Möglichkeit ausnutzen, zu Menschen von Jesus zu sprechen (vgl. S. 157). Aber in Perge wird jetzt **„das Wort gesagt"**, ohne daß von dem Erfolg und von einer Gemeindegründung berichtet wird.
Dann geht es hinab nach „Attália", dem eigentlichen Hafen, von dem 26
aus die direkte Fahrt mit dem Schiff sie nach Antiochia (bzw. zunächst Seleukia) bringt.

„Von wo sie waren übergeben worden der Gnade Gottes zu dem Werk, das sie vollbracht hatten", setzt Lukas bedeutungsvoll hinzu. Ja, was geht durch unser Herz, wenn wir zum Ausgangspunkt einer Missionsreise, einer Evangelisationsfahrt zurückkehren, und nun ist lebendige, reiche Geschichte geworden, was damals nur als „Plan" oder gar als völlig unbekannte Zukunft vor uns lag. Sie waren **„der Gnade Gottes übergeben worden"**, und diese Gnade hatte sich herrlich erwiesen, nicht in leichten und mühelosen Erfolgen, nicht im Bewahrtbleiben vor Schmerzen und Nöten, aber in reicher Frucht gefahrvoller, mühsamer Monate, im Durchbringen durch tödliche Bedrohung und schwerste Leiden. Sie hatten wirklich **„das Werk vollbringen"** dürfen, zu dem sie ausgesandt waren. Hatte der Heilige Geist bei ihrer Aussendung dieses **„Werk"** so verhüllt gelassen wie einst bei Abraham das verheißene Land, jetzt stand dieses **„Werk"** als ein vollendetes in seiner ganzen Größe vor ihnen. Wie ein Wunder mußte es ihnen selbst erscheinen, daß sie so weit in die Völkerwelt hinausgelangt waren und daß dort nun wirklich eine erste Leuchterkette von Gemeinden Jesu stand.

Das alles aber geht nicht nur sie selbst, sondern ebenso die Ge- 27
meinde an, von der sie mit Handauflegung unter Fasten und Beten abgeordnet worden waren. Darum ist es ihnen ganz selbstverständlich, daß sie, **„als sie angekommen waren, die Gemeinde versammelten"** und ihr **„alles berichteten, was Gott mit ihnen getan hatte"**. So kommt es zum ersten „Missionsfest" einer Gemeinde mit dem ersten „Missionsbericht" ihrer Missionare. Die großen, so beglaubigten Gottesmänner sind nicht einsame, für sich selbst lebende Gestalten, sondern gehören ganz in die Gemeinde hinein und wissen sich ihr

verantwortlich. Die Gemeinde ist freilich auch nicht ihre Herrin, die sie ihrerseits zur Rechenschaft zieht. Die beiden Boten selber laden die Gemeinde ein, um ihr den Anteil an dem Geschehenen zu geben, an dem sie in all diesen Monaten durch ihre Fürbitte bereits teilgenommen haben wird. Sie reden weder von ihren Leistungen noch von ihren Leiden. Wieder fehlt dem Bericht des Lukas jede leiseste Spur von „christlicher Heldenverehrung". Nein, ihr Rechenschaftsbericht vor der Gemeinde handelt von dem, **„was Gott mit ihnen getan hatte"**. Und das ist das eigentliche Thema ihres Redens, weil es die entscheidende Summe ihrer Erlebnisse und Erfahrungen ist: **„Gott hat den Heiden die Tür des Glaubens geöffnet."** Das hier geprägte Wort von der **„Tür des Glaubens"** hat einen doppelten Sinn: Es weist zunächst darauf hin, daß diese bisher ganz unbekannten, im üblichen Heidentum lebenden Menschen den Zugang zum Glauben fanden, zu dem gleichen Glauben, in dem die Gemeinde Antiochia und ihre Boten leben. Welch ein Wunder! Es ist das Wunder der Mission aller Zeiten. Aber diese **„Tür des Glaubens"** ist zugleich der freie Zugang zu Gott selbst (Rö 5, 2). Durch Jahrhunderte hatte in Israel die Beschneidung als **„Tür"** gegolten, die rechtmäßig und wirksam zum Volk Gottes und zum Bundesgott Israels selbst führte. Nun ist in ganz großem Maßstab durch Gottes eigenes Handeln erwiesen: Es gibt für Heiden den freien Zugang zu Gott, nicht auf den Umwegen über Beschneidung und Eingliederung in Israel, sondern unmittelbar durch den **„Glauben"**. Der Glaube an Jesus, dieser Glaube allein ohne jede eigene Leistung, ist die **„Tür"**, die Gott selbst zu sich hin für die Völker aufgetan hat. Das entspricht der begrenzten, wenn auch ersten und grundlegenden Erfahrung, die Petrus im Hause des Kornelius machte
28 (Ap 11, 18). Anschließend an diese Berichterstattung — Lukas verzichtet in seiner zurückhaltenden Art darauf, auch nur ein Wort von dem Staunen, der Freude, dem Lobe Gottes von seiten der Gemeinde zu sagen — **„verweilten"** Paulus und Barnabas **„eine nicht geringe Zeit bei den Jüngern"**. Dem Reisedienst mit seinem ganzen Einsatz folgt eine Zeit größerer Ruhe, der Einsamkeit draußen die Geborgenheit in einer ganzen Jüngerschar, dem steten Ausgeben in unablässiger Verkündigung folgt die Stille des eigenen Aufnehmens im Hören auf das Wort der Brüder. Später wird Paulus das nur noch in der Form haben, daß er längere Zeit hindurch in einer der von ihm selbst ins Leben gerufenen Gemeinde bleibt.

DAS APOSTELKONZIL

Apostelgeschichte 15, 1—35

1 Und einige, herabkommend von Judäa, suchten die Brüder zu
lehren: Wenn ihr euch nicht beschneiden laßt nach der Sitte Moses,
2 könnt ihr nicht errettet werden. * Als aber eine nicht geringe Un-
ruhe und Auseinandersetzung entstand für Paulus und Barnabas
gegen sie, ordneten sie an, hinaufgehen sollten Paulus und Barna-
bas und einige andere von ihnen zu den Aposteln und Ältesten
3 nach Jerusalem wegen dieser Streitfrage. * Sie nun, auf den Weg
gebracht von der Gemeinde, durchzogen Phönikien und Samaria,
die Bekehrung der Heiden erzählend, und bereiteten große Freude
4 allen Brüdern. * Angekommen aber in Jerusalem, wurden sie emp-
fangen von der Gemeinde und den Aposteln und den Ältesten
5 und berichteten alles, was Gott mit ihnen getan hatte. * Es stan-
den aber einige von denen auf, die zur Partei der Pharisäer ge-
hörten und gläubig geworden waren, und sagten, man müsse sie
beschneiden und ihnen gebieten, zu halten das Gesetz Moses.
6 Es versammelten sich aber die Apostel und die Ältesten, um zu-
7 zusehen wegen dieses Wortes. * Als aber eine lange Auseinander-
setzung erfolgte, stand Petrus auf und sprach zu ihnen: „Männer
und Brüder, ihr wißt, daß von alten (oder: den ersten) Tagen her
unter euch Gott erwählt hat, daß durch meinen Mund hören
sollten die Heiden das Wort des Evangeliums und zum Glauben
8 kommen. * Und der Herzenskündiger Gott gab für sie Zeugnis,
9 indem er ihnen den Heiligen Geist gab ebenso wie uns, * und er
machte keinen Unterschied zwischen uns und ihnen, nachdem er
10 durch den Glauben gereinigt hatte ihre Herzen. * Jetzt nun, was
versucht ihr Gott, daß ihr ein Joch legt auf den Nacken der Jünger,
welches weder unsere Väter noch wir die Kraft hatten zu tragen?
11 * Vielmehr durch die Gnade des Herrn Jesus glauben wir errettet
zu werden, ganz ebenso wie auch jene".
12 Da wurde die ganze Menge still, und sie hörten Barnabas und
Paulus erzählen, welche großen Zeichen und Wunder Gott unter
den Heiden durch sie getan hatte.
13 Als sie aber schwiegen, antwortete Jakobus und sprach: „Ihr
14 Männer und Brüder, höret mich! * Simon hat dargelegt, auf
welche Weise Gott zuerst darauf gesehen hat, zu gewinnen aus
15 den Heiden ein Volk für seinen Namen. * Und damit stimmen
16 zusammen die Worte der Propheten, wie geschrieben steht: * ‚Da-

zu Vers 1:
1 Mo 17, 10-14
3 Mo 12, 3
Apg 15, 24
Gal 5, 1. 2
Kol 2, 11

zu Vers 2:
Apg 11, 30
Gal 2, 1

zu Vers 3:
Apg 8, 14. 25
11, 19
13, 4

zu Vers 4:
Apg 14, 27

zu Vers 5:
Apg 11, 2

zu Vers 7:
Apg 10, 20. 34. 35. 44
11, 15

zu Vers 8:
Apg 1, 24
11, 17
2 Pt 1, 1

zu Vers 9:
Apg 10, 34
Rö 2, 29
Rö 10, 5. 12

zu Vers 10:
Mt 11, 30
Mt 23, 4
Gal 3, 10
Gal 5, 1

zu Vers 11:
Gal 2, 16
Eph 2, 4—10
1 Pt 1, 13

zu Vers 12:
Apg 11, 18
14, 3
21, 19
Rö 15, 19

nach werde ich mich wenden und werde wieder aufbauen die Hütte
Davids, die zerfallene. Und ihre Trümmer werde ich wieder auf-
17 bauen und werde sie wieder aufrichten, * auf daß suchen die übri-
gen der Menschen den Herrn, und alle Heiden, über welche ge-
18 nannt ist mein Name über sie, * spricht der Herr, der dieses tut,
19 was (ihm) bekannt (ist) von Ewigkeit.' * Darum urteile ich für
meine Person, nicht Schwierigkeiten zu machen denen, die sich
20 aus den Heiden zu Gott bekehren, * wohl aber ihnen vorzuschrei-
ben, daß sie sich enthalten von den Befleckungen der Götzen und
21 von Unzucht und Ersticktem und Blut. * Denn Mose hat seit alten
Zeiten in jeder Stadt die, die ihn verkündigen, da er ja in den
Synagogen an jedem Sabbat vorgelesen wird."
22 Da beschlossen die Apostel und die Ältesten samt der ganzen
Gemeinde, auszuwählen Männer aus ihrer Mitte und sie zu sen-
den nach Antiochia zusammen mit Paulus und Barnabas, nämlich
Judas, genannt Barsabas, und Silas, Männer, führend unter den
23 Brüdern, * indem sie durch ihre Hand schrieben: „Die Apostel und
Ältesten Brüder den in Antiochia und Syrien und Kilikien (woh-
24 nenden) Brüdern aus den Heiden Freude! * Nachdem wir gehört
haben, daß einige aus unserer Mitte euch in Unruhe gebracht ha-
ben, mit Worten verwirrend eure Seelen, denen wir gar keinen
25 Auftrag gegeben hatten, * beschlossen wir in voller Einmütigkeit,
Männer auszuwählen und zu euch zu senden, zusammen mit
26 unseren Geliebten Barnabas und Paulus, * Menschen, die dahin-
gegeben haben ihre Seele für den Namen unseres Herrn Jesus
27 Christus. * Abgesandt haben wir nun Judas und Silas, und sie
28 sollen mündlich dasselbe verkündigen. * Denn es gefiel dem Heili-
gen Geist und uns, nichts mehr euch als Last aufzulegen außer
29 diesen Dingen notwendigerweise: * sich zu enthalten von Göt-
zenopfern und Blut und Ersticktem und Unzucht. Wenn ihr euch
davor bewahrt, werdet ihr wohltun (oder: euch wohlbefinden).
Lebt wohl!"
30 Sie nun wurden verabschiedet und kamen hinab nach Antiochia;
und als sie die Menge versammelt hatten, übergaben sie den Brief.
31 * Als sie ihn aber gelesen hatten, wurden sie froh über den Zu-
32 spruch. * Und Judas und Silas — die selber Propheten waren — er-
33 (34) munterten mit vielem Wort die Brüder und stärkten sie. * Als
sie eine Zeit verweilt hatten, wurden sie verabschiedet mit Frieden
35 von den Brüdern zu denen, die sie gesandt hatten. * Paulus aber
und Barnabas blieben in Antiochia, lehrend und verkündigend
mit noch vielen anderen das Wort des Herrn.

zu Vers 13: Apg 21, 8
zu Vers 14: Lk 1, 68
zu Vers 16: Am 9, 11 f; Jer 12, 15
zu Vers 18: Jes 45, 21
zu Vers 19: Apg 16, 4; 21, 25; 1 Ko 10, 1
zu Vers 20: 1 Mo 9, 4; 3 Mo 17, 10-16
zu Vers 21: Apg 13,15.27; 2 Ko 3, 15
zu Vers 22: Hbr 13, 7
zu Vers 24: Gal 1, 7
zu Vers 26: Apg 20, 24; 21, 13; Rö 16, 4
zu Vers 29: 1 Ko 8, 1
zu Vers 32: Apg 11, 27; 13, 1. 15; Hbr 13, 22

Während Paulus und Barnabas nach den mächtigen Freuden und Leiden der ersten Missionsreise stillere Tage in der Gemeinde in Antiochia hatten, geschieht etwas, was wir uns sofort in seiner grundlegenden Bedeutung klarmachen müssen, weil es wieder und wieder die Geschichte der Gemeinde Jesu notvoll beeinflußt. **„Und einige, herabkommend von Judäa, suchten die Brüder zu lehren."** Der Verkehr zwischen der Urgemeinde und Antiochia war lebhaft, das haben wir schon gemerkt. Es mag oft Besucher aus Judäa in Antiochia gegeben haben. Aber nun kommen **„einige"**, deren Namen wir hier so wenig erfahren wie im Galaterbrief, die aber zu **„lehren"** suchten, d. h. also ihre Überzeugung nicht nur in persönlichen Gesprächen hier und da äußern, sondern ausdrücklich und öffentlich als die rechte Anschauung vertreten. Diese Überzeugung lautet: **„Wenn ihr euch nicht beschneiden laßt nach der Sitte Moses, könnt ihr nicht errettet werden."** Die Männer, die so lehren, sind Christen und wollen Christen sein! Sie glauben an Jesus als den Messias Israels und Bringer des Gottesreiches. Aber, so sagen sie, damit ist doch die Gottesforderung nicht aufgehoben, daß alle, die zu Gottes Volk gehören und am Heil der Endzeit teilhaben wollen, beschnitten werden müssen. Sie bestreiten gar nicht die Heidenmission als solche, sie begrüßen die Heiden, die sich zu Jesus bekehrt haben. Nur, das genüge noch nicht, so seien sie noch nicht wirklich errettet. Erst die Beschneidung mache sie zu vollen, sicher erretteten Gliedern der Heilsgemeinde. „Jesus *und* Beschneidung", das ist ihr Grundsatz. Aber es wird dabei sofort sichtbar, daß der zweite Faktor unwillkürlich den Vorrang bekommt. Jesus allein kann nicht erretten; wie wichtig ist also die Beschneidung! 1

In der Kirchengeschichte hat sich dieser Vorgang bis heute immer neu wiederholt. Das Christentum wird nicht nur von außen bestritten und angegriffen, sondern auch in der Gemeinde selbst erheben sich die Männer, die mit Nachdruck und aller Bestimmtheit lehren: Wenn ihr nicht dies tut und das tut, was doch als Gottes Gebot biblisch zu belegen ist, dann könnt ihr nicht errettet sein. „Jesus und . . .", das ist immer wieder die Formel. Jesus allein und der Glaube an ihn allein reicht nicht aus. Erst wenn noch dieses oder jenes an Tun oder Leistung hinzukommt, erhalten wir das ganze und eigentliche Christenleben. In naiver Form lebt diese Ansicht weithin in vielen Christen: „An Jesus glauben *und* die Gebote halten", das heißt ein Christ sein.

Wir spüren alle die verfängliche Kraft solcher „Lehre". Wir wollen doch rechte und ganze Christen sein. Und vor allem, wir wollen doch klar und gewiß errettet sein! Das macht alle Fragen im Raum der Kirche so schwer und so brennend, daß es dabei immer um der Seelen

Seligkeit geht. Zugleich ist das so schwierig, daß diese neuen Lehrer die mächtige Autorität hinter sich haben: **„Nach der Sitte Moses"**, sagen sie. War Mose nicht der große Mann Gottes? Gründete sich nicht auf ihn das ganze AT? Konnte, mußte es nicht neben Jesus und
2 mit ihm zusammen gelten? So können wir uns nicht wundern, daß die jungen Christen Antiochias tief beunruhigt werden. Sind sie noch keine wahren Christen? Waren sie noch nicht wirklich errettet? Haben die Männer recht, die doch aus Judäa, der eigentlichen Heimat des Christentums, und aus der Umgebung der Apostel kommen? Was sie sagen, klingt so ernst. Es geht ihnen um unser volles Heil. Paulus und Barnabas widersprechen den neuen Lehrern. Es wird für Paulus eine große Hilfe bedeutet haben, daß auch der von Jerusalem gekommene Levit Barnabas ihm hier zur Seite tritt. Die Auseinandersetzung wird heftig. Lukas gebraucht dabei das Wort „stasis = Aufruhr" wie in Lk 23, 19. 25; Apg 19, 40. Es zeigt sich wieder etwas, das durch die ganze Geschichte der Kirche bis heute geht. Ein solcher Streit läßt sich nicht einfach „biblisch" entscheiden. Auf die Bibel berufen sich beide Teile; gerade dadurch wird die Auseinandersetzung so bitter, weil jeder das klare biblische Wort für sich zu haben meint. So muß die Entscheidung derer angerufen werden, die ein unbestrittenes Ansehen haben. **„Sie ordneten an, hinaufgehen sollten Paulus und Barnabas und einige andere von ihnen zu den Aposteln und Ältesten nach Jerusalem wegen dieser Streitfrage."**

3 Wie die Abgesandten, die ganz feierlich **„von der Gemeinde auf den Weg gebracht werden"**, ihre Reise durchführen, ob von Seleukia ein Stück zu Schiff oder ganz auf dem Landwege, wird nicht gesagt. Aber dann geht es jedenfalls durch Phönikien[334] und Samaria. Es liegt Paulus und Barnabas daran, die verschiedenen Christengemeinden zu besuchen und überall von ihren Erfahrungen in der Heidenmission zu berichten. Sie **„bereiteten damit große Freude allen Brüdern"**. „Dieser von Gemeinde zu Gemeinde übergreifende Zusammenhang war damals noch nicht in Einrichtungen und Ämtern ausgeprägt; er gewann vielmehr Gestalt durch die zahlreichen persönlichen Berührungen, die namentlich die Reisen der Apostel von Gemeinde zu
4 Gemeinde herstellten", bemerkt Schlatter dazu. In Jerusalem werden sie **„empfangen von der Gemeinde und den Aposteln und den Älte-**

[334] Daß es auch in Phönikien Christengemeinden gab, erfahren wir nur zufällig durch diese Bemerkung. Wir sehen wieder, wie vieles Lukas nicht erzählt. Ein Schweigen des Lukas über etwas bedeutet also nie, daß er es nicht gewußt hätte. Diese phönikischen Gemeinden werden ebenfalls durch die Auswirkung der Flucht bei der Verfolgung durch Saulus entstanden sein. Wie eigen wird es Paulus berührt haben, wenn er jetzt auf Menschen stieß, die einst vor ihm geflohen waren und gerade dadurch den Jesusnamen weitergetragen hatten, den er mit seiner Verfolgung zu vernichten gesucht hatte.

sten". Auch in Jerusalem spürt man, daß dies etwas anderes ist als der Besuch von Brüdern, wie man ihn häufig hatte. Zum ersten Mal wird hier in einer grundlegenden Frage des Heils die Entscheidung der Gesamtkirche angerufen, die **„von der Gemeinde und den Aposteln und den Ältesten"** in Jerusalem in besonderer Weise vertreten wird. Es ist aber nun ganz kostbar, wie es gar nicht gleich zu förmlichen „Verhandlungen" mit theologischen Grundsätzen und Streitsätzen kommt, sondern daß auch hier Paulus und Barnabas einfach erst einmal berichten dürfen **„alles, was Gott mit ihnen getan hatte".** Paulus und Barnabas sind nicht erfüllt und bewegt von dem Streit in Antiochia und von ihren theologischen Erkenntnissen und deren Recht. Von sich selbst weg ist ihr Blick auf Gottes große Taten gerichtet. Das unterscheidet dieses sogenannte Apostelkonzil überhaupt von den Synoden und Konzilien der späteren Zeit, daß nicht die „Theologen", sondern die „Zeugen" das gewichtige Wort haben, und nicht dogmatische Grundsätze, sondern von Gott geschenkte Tatsachen den eigentlichen Ausschlag geben. Nur daß es freilich eben diese Tatsachen sind, die Paulus' und Barnabas' Stellungnahme in dem aufgebrochenen Konflikt nötig und unaufgebbar machen: für die freie Gnade Gottes in Jesus als dem einzigen Grund des Heils, für die völlige Freiheit vom Gesetz, für die schrankenlose Weite der Mission.

Auf diesen Bericht hin melden sich **„einige"** zum Wort und sagen, 5
„man müsse sie beschneiden und ihnen gebieten, zu halten das Gesetz Moses". Wir erfahren von diesen **„einigen"** jetzt Näheres, was sie uns besser verstehen läßt. Es waren Christen, **„die zur Partei der Pharisäer gehörten und gläubig geworden waren".** Diese Männer waren nicht wie Paulus durch die Begegnung mit Jesus bis auf den Grund ihres Lebens zerbrochen worden (vgl. Apg 9, 3 ff). Ihnen war alle eigene Gerechtigkeit noch nicht zerschlagen. Sie blieben **„Pharisäer"**, strenge, an das Gesetz gebundene Fromme, die nur insofern **„gläubig geworden waren"**, als sie in Jesus den verheißenen Messias Israels anerkannten. Nun war es ihnen ganz undenkbar, daß Heiden zu diesem Messias Jesus kommen und errettet werden könnten, ohne durch die Beschneidung und die Übernahme des Gesetzes zu dem erwählten Gottesvolk zu gehören. Wie sehr kommt es bis heute darauf an, daß Menschen vor Gott den Zerbruch ihres ganzen Lebens erfahren und dadurch von sich selber und allem eigenen Tun radikal gelöst werden. Nur von „tief erschrockenen Gewissen", wie die Reformatoren sagten, kann das Evangelium wirklich verstanden werden.

Es ist ein schönes Zeichen für die Freiheit und Aufrichtigkeit in der 6
ersten Christenheit, daß sowohl Paulus und Barnabas ungehemmt berichten, wie auch diese gesetzlich denkenden Gemeindeglieder ihre Ansichten öffentlich frei aussprechen können. Es wird auch weiterhin

alles offen zum Austrag gebracht[335]. **„Es versammelten sich aber die Apostel und die Ältesten, um zuzusehen wegen dieses Wortes." „Dieses Wort"**, die erhobene Forderung, den Heidenchristen die Beschneidung zur Pflicht zu machen, war von vielfacher Bedeutung. Es war grundsätzlich wichtig, klar zu wissen, ob Dinge wie die Beschneidung zum Heil notwendig sind oder nicht. Dahinter stand – was aber noch nicht zur Erörterung kommt – die Frage nach Sinn und Bedeutung des Gesetzes überhaupt. Aber die Entscheidung dieser grundsätzlichen Fragen hatte größte Auswirkungen auf das Schicksal der Gemeinde Jesu in Jerusalem! Wurde tatsächlich so entschieden, daß der Zugang zu Jesus nur durch das Gesetz hindurch möglich war, dann brachte das den Christen in Judäa eine enorme Erleichterung. Sie waren damit als rechte Israeliten vor allen rehabilitiert. Blieben sie dagegen mit Scharen unbeschnittener Heiden brüderlich verbunden, erkannten sie solche „unreinen" Menschen als volle Glieder der Messiasgemeinde an, dann war die Kluft zu ihrer jüdischen Umgebung hin unüberbrückbar tief, auch wenn sie persönlich gesetzestreu lebten. Zugleich ging es aber auch um die Einheit der jungen Kirche! Es konnte damals schon geschehen, was dann in der Kirchengeschichte oft genug erfolgt ist: Es konnte zur Spaltung kommen. Eine paulinische Heidenkirche und eine petrinische Judenkirche, ein antiochenisches gesetzesfreies Christentum und ein Jerusalemer gesetzgebundenes Christentum hätten dann nebeneinander und gegeneinander gelebt. So ist es eine bedeutungsvolle Stunde, als sich jetzt **„die Apostel und die Ältesten** – doch wohl nach Vers 12 und 22 in Anwesenheit der Gemeinde –[336] **versammeln"**. Lukas hat das in seinem Werk dadurch großartig zum Ausdruck gebracht, daß Kapitel 15 genau in der Mitte seines Buches steht[337]. Eine Entscheidung von letztem Ernst

[335] Die seit der Erfindung des Buchdrucks übliche Art der Auseinandersetzung durch Bücher, Broschüren und Zeitschriften hat ihre großen Gefahren. Wieviel kühler und schärfer wird nun alles. Ein Mann wie Zinzendorf hat darum immer wieder die unmittelbare Begegnung auch mit seinen Gegnern und Feinden gesucht. Beachtlich der Satz eines Seelsorgers: „Willst du mit Menschen auseinanderkommen, dann mußt du einen Brief schreiben; willst du mit Menschen zusammenfinden, dann mußt du hingehen und mit ihnen sprechen."

[336] Man kann Vers 6 aber auch so verstehen, daß nach der Gemeindeversammlung, in der Paulus und Barnabas berichtet hatten und in der die Forderung nach der Beschneidung der Heidenchristen erhoben wurde, zunächst eine Besprechung im engeren Kreise der „Apostel und Ältesten" stattfand. Erst später wurde die Gemeinde als ganze von dem Ergebnis mit dem abschließenden Wort des Petrus unterrichtet, hörte aufs neue einen Bericht von Paulus und Barnabas und dann den Antrag des Jakobus, der nun von allen zum Beschluß erhoben wird. Eine eindeutige Entscheidung, wie sich Lukas den Ablauf der Dinge vorgestellt hat, läßt sich nicht geben.

[337] Von den 94 Seiten des gedruckten grie Textes der Apg sind es genau 47 Seiten bis zu Kapitel 15.

für das Heil und von größten praktischen Folgen muß getroffen werden.

Was geschieht jetzt? Wie schwer und verantwortungsvoll ist das Übersetzen! Heißt der Anfang des nächsten Satzes: „Als sich aber viel Streit erhob" (Haenchen) oder „Als aber eine lange Erörterung stattgefunden hatte" (Schlatter)? Haben wir auch im Kreise der **„Apostel und Ältesten"** an eine heftige **„Auseinandersetzung"** zu denken? Sind von der anwesenden Gemeinde her erregte Äußerungen laut geworden? Oder ist nach der bekannten Methode schriftgelehrter „Untersuchungen" (das ist die Grundbedeutung des hier im Text stehenden Wortes) die Streitfrage als solche genau bestimmt und das Für und Wider der entgegengesetzten Lösungen erörtert worden? Wir können es nicht eindeutig entscheiden. Jedenfalls aber ergreift nun nach einer Debatte Petrus das Wort. Hören wir jetzt ein „Theologisches Grundsatzreferat"? Führt Petrus wenigstens einen „Schriftbeweis"? Nein, Petrus läßt sich auf nichts ein, was die bisherige „Erörterung" nur weiter verlängern, den bisherigen „Streit" nur weiter vertiefen könnte. Er stellt, genau entsprechend der Schilderung in Kapitel 10 und 11, die von Gott selbst geschaffenen Tatsachen vor die Versammlung hin. Nicht „Meinungen" können entscheiden, auch nicht „biblisch begründete" Meinungen. Entscheiden können nur Tatsachen, in denen Gott selber seine Entscheidung vollzogen hat. Es sind drei solcher Tatsachen, die Petrus hervorhebt. *Gott selbst* hat ausgerechnet Petrus dazu ersehen, daß **„durch seinen Mund hören sollten die Heiden das Wort des Evangeliums und zum Glauben kamen"**. Und dieser Entschluß Gottes stand **„von alten** (oder: von ersten) **Tagen her"** fest; er ist kein spätes Anhängsel. *Gott selbst* hat solchen unbeschnittenen Heiden im Hause des Kornelius den Heiligen Geist geschenkt, die höchste messianische Gabe; dadurch hat Gott selbst **„für sie Zeugnis gegeben"**. Gott aber ist **„Herzenskündiger"**, darum gilt sein **„Zeugnis"** wie kein anderes. Und *Gott selbst* hat sie **„gereinigt"**. Die Männer, die die Beschneidung der Heiden fordern, haben darin recht: Heiden sind „unrein" vor Gott, sie müssen darum „gereinigt" werden. Aber bei diesen Heiden in Caesarea hat Gott selbst diese Reinigung vollbracht, und dies nun wirklich so, wie es Beschneidung und Speisegebote nie tun konnten, als eine **„Reinigung des Herzens"**. Petrus hat von dem Unterricht Jesu nach Mk 7, 14–23 über die eigentliche „Unreinheit" doch einiges verstanden! 7–10

So hat Gott selber bereits die Frage entschieden, um die es geht. Die Vertreter der Beschneidung sagten mit innerem Schaudern: Ihr könnt doch nicht wider das Gesetz „unterschiedslos" unbeschnittene, unreine Heiden und beschnittene, gesetzestreue Israeliten in einer Gemeinde zusammenfassen wollen! Petrus entgegnet: Gott selbst

„machte keinen Unterschied"! Dieses „unterschiedslose Aufnehmen" hat Gott selbst vollzogen. Nun wird es überwältigend klar: Wer jetzt doch wieder „Unterschiede" macht und die Beschneidung der Heiden fordert, der kämpft nicht gegen Paulus und Barnabas und die Antiochener, der **„versucht Gott"**, der führt den Kampf gegen Gott selbst! Wie kraftvoll und tief hat Petrus alles zum entscheidenden Punkt geführt.

10/11 Darum schließt er nun mit einem Wort, daß dieses **„keinen Unterschied"** auch noch nach der andern Seite, nach der jüdischen hin, deutlich macht. Sie wollen das Gesetz wie ein **„Joch auf den Nacken der Jünger legen"**. Aber – haben sie denn als Israeliten dieses Joch tragen können? Petrus mag hier an den mächtigen Ruf seines Herrn denken, den er mit eigenen Ohren gehört hatte: „Nehmt auf euch mein Joch . . . so werdet ihr Ruhe finden für eure Seelen" (Mt 11, 29). Das Joch des Gesetzes hatte ihnen keine „Ruhe" gebracht, sondern sie zu jenen „Sich-Abarbeitenden und Lasten-Tragenden" (wörtlich für: „Mühselige und Beladene") gemacht, die Jesus zu sich ruft. Darum gilt für sie als Juden der eine, einfache, gleiche Grundsatz des Heils genauso wie für Heiden: **„Vielmehr durch die Gnade des Herrn Jesus glauben wir errettet zu werden, ganz ebenso wie auch jene"**[338]. Es liegt darin zugleich etwas wie eine Frage an jene zum Glauben gekommenen Pharisäer: Warum kamt ihr denn überhaupt zu Jesus? Was suchtet ihr bei ihm? Der Anschluß an Jesus wird nur dann tief und unverbrüchlich sein, wenn wir bei Jesus allein die Rettung aus unserer totalen Verlorenheit finden!

12 Die Rede des Petrus hat jetzt die gleiche Wirkung wie einst sein Wort nach den Vorgängen um Kornelius. Damals „wurden sie ruhig" (Apg 11, 18), jetzt **„wurde die ganze Menge still"**. Das heißt noch lange nicht, daß sie alle schon überzeugt waren. Aber der Widerspruch „verstummte"; es ließ sich gegen das, was Petrus ausgeführt hatte, nichts einwenden. Und nun erhalten Barnabas und Paulus erneut das Wort. Es ist bedeutsam, wenn jetzt auch Paulus nicht etwa an das Schlußwort des Petrus anknüpft und theologische Gedankengänge

[338] Man hat eingewendet, so könne Petrus in Wirklichkeit nie gesprochen haben; für einen Israeliten sei das Gesetz nicht Last und Not, sondern Freude und Ehre gewesen. Damit traut man Petrus zu, daß er drei Jahre lang umsonst mit Jesus gegangen ist und Jesu Wort völlig verständnislos gehört hat. Paulus jedenfalls hat eine andere Überzeugung von Petrus gehabt. Er hat ihm bei dem Zusammenstoß in Antiochia zugetraut, daß er dem Satz: „Doch weil wir wissen, daß der Mensch durch des Gesetzes Werke nicht gerecht wird, sondern durch den Glauben an Christus Jesus, sind auch wir gläubig geworden an Christus Jesus, damit wir gerecht werden durch den Glauben an Christus und nicht durch des Gesetzes Werke; denn durch des Gesetzes Werke wird kein Fleisch gerecht" (Gal 2, 16) seine volle Zustimmung gebe. Das ist aber nichts anderes, als was Petrus nach dem Bericht des Lukas hier jetzt sagt.

entwickelt[339], sondern auf der Grundlinie des Petrus bleibt. Zu den „Tatsachen", die Petrus vor die Versammlung hinstellte, fügen Barnabas und Paulus – der Levit Barnabas, das alte angesehene Glied der Urgemeinde ist hier wieder vorangestellt, Paulus hat ihm gern in diesem Augenblick das erste Wort überlassen – die „Tatsachen" vom Heidenmissionsfeld hinzu. Nun werden sie auch wirklich angehört: **„Und sie hörten Barnabas und Paulus erzählen, welche großen Zeichen und Wunder Gott unter den Heiden durch sie getan hatte."** Die **„Wunder"** sind auch hier wieder **„Zeichen"**: Gott hat die gesetzesfreie Heidenmission eines Paulus und Barnabas nicht verworfen, sondern mit seinem vielfachen, wunderbaren Eingreifen ausdrücklich bestätigt[340].

Erneut wird die führende Rolle des Jakobus sichtbar (vgl. o. S. 228). 13–19
Er sagt nicht nur auch sein Wort zu dem Ganzen, sondern er sagt das abschließende, zum Beschluß führende Wort, das nun freilich auch nötig war. Mit dem **„Höret mich"** stellt er selbst die Wichtigkeit dessen fest, was er jetzt zu sagen hat. Er stellt zu den göttlichen Tatsachen nun das göttliche Wort in der Schrift[341]. Denn **„was Gott tut"**, das ist **„ihm bekannt von Ewigkeit"**. Darum konnte nie als „Gottes Handeln" bezeichnet werden, was seinem Wort in der Schrift widerspricht. Aber mit dem, was **„Simon dargelegt hat . . ."**[342], **„damit stim-**

[339] Man hat darüber den Kopf geschüttelt und die Darstellung des Lukas kritisiert, damit aber nur gezeigt, wie wenig man die Größe des ganzen Vorganges verstanden hat.

[340] Waren frühere Zeiten in falscher Weise „wundersüchtig", so sind wir heute in der Kirche in falscher Weise „wunderscheu". Gottes Botschaft bedarf der mitfolgenden und bestätigenden Zeichen.

[341] Das Schriftwort stammt aus Amos 9, 11. 12 in Verbindung mit Jes 45, 21. Freilich, wenn wir in unserer Lutherbibel oder auch in einer modernen Übersetzung die Stelle bei Amos nachschlagen, finden wir in Vers 12 auf den ersten Blick einen anderen, einen „nationalen" Sinn: Das wieder hergestellte Davidische Israel sollte „besitzen die übrigen zu Edom und alle Heiden, über welche mein Name genannt ist, spricht der Herr, der solches tut". Wir wissen nicht, in welcher Form Jakobus den Text des Amos gekannt hat. Aber es ist doch bedeutsam, wenn auch ein heutiger Ausleger feststellt: „So hat auch diese Heilshoffnung trotz ihrer politischen Farben ein durchaus theozentrisches Gepräge: Alle Völker, auch das wiederaufgerichtete Gottesvolk, werden am Ende der göttlichen Herrschaft unterstehen" (A. Weiser in ATD B. 24, S. 178). Ebenso sagt es H. Frey (Die Botschaft des AT B. 23/1, S. 190): „Dieses neue Reich soll den im Gericht begnadigten Rest der Menschheit vereinigen; voran den Rest Edoms, dessen Abtrennung einst besonders schmerzlich und dessen Feindschaft von der Gemeinde als bittere Unnatur, als Bruderzwist empfunden wurde. Aber nicht nur die abgefallenen Brüder, sondern alle Völker, auf die Gott Besitzanspruch erhebt, soll dieses Reich verbinden." So hat Jakobus den Amos auch im hbr Urtext ganz richtig verstanden! Ihm war das Entscheidende darin der Satz: „Alle Heiden, über die mein Name genannt ist."

[342] Daß ein Jakobus sich jetzt lieber auf das Wort des Petrus beruft, das zur Streitfrage selbst gesprochen war, als auf die Missionsberichte des Paulus und Silas, sollte man ihm nicht verdenken. Wenn man sich aber schon darüber verwundert, dann ist es doch

men zusammen die Worte der Propheten". Das ist für die bibeltreuen Juden und für Jakobus selbst sehr wichtig. Sicherlich hat Jakobus nicht umsonst ein Prophetenwort gewählt, das zunächst von der **„Zuwendung Gottes"** zu Israel und dem **„Wiederaufbau der zerfallenen Hütte Davids"** spricht und das Gottsuchen der **„übrigen der Menschen"** und **„der Heiden"** mehr als eine Vervollständigung oder Umrahmung des wiederhergestellten Bundesvolkes ansieht. Wir unserseits aber müssen uns freimachen von einer unbiblischen Geringschätzung Israels und einer Überbetonung der Heiden und müssen daran denken, daß auch ein Paulus die Wurzel der gesamten Kirche in Israel und in den Heidenchristen aufgepfropfte Reiser am Stamm des Wurzelstockes Israel gesehen hat (Rö 11, 13—15). Welches Bild der Dinge Jakobus nun auch auf Grund der Schrift in sich trug, er sah die Selbständigkeit der **„übrigen der Menschen"** und der **„Heiden"**, die zu Gott kommen, ohne erst in die **„Hütte Davids"** mit eingebaut zu werden. So stellt sein Antrag erst einmal fest: **„Darum urteile ich, nicht Schwierigkeiten zu machen denen, die sich aus den Heiden zu Gott bekehren."** Auch Jakobus stimmt damit der gesetzesfreien Heidenmission zu. So hat es auch Paulus den Galatern geschrieben: „Mir haben auch die Angesehenen nichts auferlegt" (2, 6), wobei er dann in V. 9 Jakobus an erster Stelle nennt.

Aber stimmt das noch zu dem Fortgang des Antrages: **„Wohl aber**
20 **ihnen vorzuschreiben, daß sie sich enthalten von den Befleckungen**
der Götzen und von Unzucht und Ersticktem und Blut"? Was soll
das? Ist es ein „Kompromiß"? Will Jakobus nun doch ein Stückchen „Gesetz" in Geltung lassen zur Beruhigung der Gegenseite? Nun, Jakobus dürfte klug genug gewesen sein, um zu wissen, daß „Kompromisse" gewöhnlich beide Seiten enttäuschen. Aber wenn man die Freiheit vom Gesetz aussprach, erhob sich notwendig eine Frage, die Paulus selbst genug zu schaffen machte: Bedeutet diese „Freiheit" absolute Ungebundenheit und Willkür? Das hat auch ein Paulus klar bestritten. Auch er konnte die Thessalonicher erinnern an „die Gebote, die wir euch gegeben haben durch den Herrn Jesus (1 Th 4, 2)". Wenn Jakobus verlangte **„Enthaltung von den Befleckungen der Götzen"**, so stimmte Paulus zu: „Ihr könnt nicht zugleich trinken des Herrn Kelch und der Teufel Kelch; ihr könnt nicht zugleich teilhaftig sein des Tisches des Herrn und des Tisches der Teufel" (1 Ko 10, 21). Wenn Jakobus forderte **„Enthaltung von Unzucht"**, schrieb auch Paulus den Korinthern: „Fliehet die Hurerei" (1 Ko 6, 18). Paulus konnte dem Antrag des Jakobus bis dahin vorbehaltlos zu-

ein Beweis für die Echtheit der lukanischen Darstellung. Wer hier frei erfand, hätte doch Jakobus so reden lassen, wie es besonders schön und erbaulich gewesen wäre.

stimmen und sah darin nichts „Auferlegtes". Doch Enthaltung von **„Ersticktem"** und **„Blut"?** Jakobus ist nach seinem Brief der Mann mit dem scharfen Blick für das praktische Leben. Darum erkannte er, daß gerade bei der grundsätzlichen Anerkennung gesetzesfreier Heidenchristen neben gesetzestreuen Judenchristen das Miteinander beider Teile, z. B. einfach schon bei der Tischgemeinschaft, eine selbstlose Rücksicht der „Freieren" auf die „Gebundeneren" verlangte. Den Juden waren bestimmte Dinge unerträglich, die nun auch für die Christen aus den Nationen ausdrücklich ausgeschlossen sein müssen. Neben der Berührung mit dem Götzendienst und mit der Dirne gehört dazu vor allem der Genuß **„von Ersticktem und Blut"**. Auch hier mußte Paulus nicht widersprechen! Jene hochmütige „Freiheit", die sich selbst gefällt und auf das Gewissen des Bruders keine Rücksicht nimmt, hat er selber entschlossen bekämpft (vgl. Rö 14, 13—21; 15, 1). Auch hier lag für ihn in dem Antrag des Jakobus nicht gesetzlich „Auferlegtes", das er um des Evangeliums willen ablehnen mußte[343].

Schwierig für unser Verständnis ist der Satz, den Jakobus noch
hinzufügt: **„Denn Mose hat seit alten Zeiten in jeder Stadt die, die** 21
ihn verkündigen, da er ja in den Synagogen an jedem Sabbat vorgelesen wird." In welchem Sinn sagte er das? Es kann ein Wort zu den Gesetzestreuen hin sein. Er mochte auf ihren Gesichtern die Frage lesen: Und was wird bei dem allen aus Mose? Gilt er denn nun gar nichts mehr? Jakobus antwortet ihnen: Habt keine Sorge, daß mit diesem Beschluß und mit der Entstehung einer gesetzesfreien Christenheit aus den Nationen Mose Abbruch geschieht. Mose wird nicht vergessen. In allen Städten wird an jedem Sabbat sein Wort und Gesetz verlesen. Jeder Christ aus Israel kann Mose dort weiter hören.

Zu erwägen ist aber noch ein anderes Verständnis. Man hat darauf hingewiesen, daß gerade diese vier Forderungen der Enthaltung von Götzenopfer (3 Mo 17, 7—9), von **„Unzucht"** im Sinn verbotener Verwandtenehen (3 Mo 18, 6 ff; 26), von **„Ersticktem und Blut"** (3 Mo 17, 10—12 und 13—15), ausdrücklich nicht nur Israel selbst, sondern auch dem „Fremdling, der unter euch ist" gelten. Hat Jakobus das vor Augen gehabt und mit seinem Antrag gesagt: Das Gesetz als solches gilt nur Israel, es solle darum Christen aus den Nationen

[343] Als die Judenschaft durch die Katastrophe von 70 (Titus zerstört Jerusalem) immer mehr aus Palästina verschwand und die Kirche fast ausschließlich eine „heidenchristliche" wurde, verloren die letzten beiden Forderungen des Jakobus den praktischen Bezug und damit den verständlichen Sinn. Man konnte sie nur „moralisch" auffassen, legte „Blut" als „Mord" aus, fand so in dem Ganzen die drei schlimmsten Todsünden: Götzendienst, Ehebruch und Mord verboten; und schon Codex D fügte die „goldene Regel" hinzu: „und alles, was sie nicht wollen, daß ihnen geschehe, sollen sie auch andern nicht tun". Der ursprüngliche Sinn des „Aposteldekrets" ist das aber nicht.

nicht auferlegt werden; aber es gibt im Gesetz selber vier Vorschriften, die auch dort schon den Fremden mitgelten; die Einhaltung dieser Vorschriften muß allerdings auch vom Heidenchristen verlangt werden, wenn wir Gemeinschaft mit ihm haben sollen? Dann konnte sein letzter Satz darauf hinweisen, daß durch die Verkündigung des Mose in allen Städten eben auch diese vier Forderungen mit ihrer Geltung für die „Fremden" bekannt sind. So würde es mit Recht Anstoß unter den Juden geben, wenn sie in der Christenheit nicht beachtet würden. Freilich — sollte Jakobus in jener Stunde wirklich so verwickelte Gedankengänge gehabt haben?

22—29 Nun kommt es zur Beschlußfassung. Die Versammelten haben es nachher in der schriftlichen Formulierung nur mit dem wundervollen Ausdruck sagen können: **„Denn es gefiel dem Heiligen Geist und uns."** So hat man auch später gern geredet. Hier aber ist es nicht kirchliche Formel, hier ist es Wahrheit. Denn die Versammlung geht nicht so aus, weil Jakobus etwa als eine Art Diktator gesprochen hat und sich alles seinem Spruch schweigend fügt. Es findet aber auch keine „Abstimmung" statt, bei der der „Antrag Jakobus" mit großer Mehrheit angenommen wird. Beide „weltlichen" Weisen einer Beschlußfassung sind einer echten Versammlung von Gläubigen fremd. Was in der Versammlung gesagt worden ist, das wurde im Licht des Geistes Gottes allen, Aposteln, Ältesten und Gemeinde, so einleuchtend klar, daß ihnen der gemeinsame Beschluß einfach geschenkt war. Das ist das Wirken des Heiligen Geistes in ihnen allen. Es ist ein Beschluß im Heiligen Geist.

Bei der Wichtigkeit der Frage und angesichts der notvollen Verwirrung in Antiochia sollten nicht nur Barnabas und Paulus und die mitgekommenen Antiochener das Ergebnis der Beratung und die Stellungnahme der Apostel überbringen. Es könnte ihnen bei anders Eingestellten doch das Mißtrauen begegnen, sie hätten einseitig und zu ihren Gunsten gehört und berichtet. Der Beschluß wird vielmehr schriftlich festgehalten, und mit den Abgesandten aus Antiochia sollen zwei **„Männer, führend unter den Brüdern", „Judas, genannt Barsabas, und Silas"** nach Antiochia gehen und **„mündlich"** (eigentlich „durch Wort") alles bestätigen und etwaige Fragen beantworten.

23 Das Schreiben hat die Form, die uns in der wörtlichen Übersetzung etwas seltsam erscheint, aber genau dem Briefstil der Zeit entspricht: Der Nennung des Absenders[344] folgt die Nennung des Empfängers

[344] Schwierig ist dabei die Wendung die „Ältesten Brüder". Ist hier ein „und" ausgelassen, so daß die Zufügung der „Brüder" die Beteiligung der ganzen Gemeinde deutlich machen will? Ein Teil der Texte liest darum auch ausdrücklich die „Ältesten und die Brüder". Oder bezieht sich der Ausdruck „Brüder" auf Apostel und Älteste zurück, so daß wir verdeutschen müssen „die Apostel und Ältesten, eure Brüder"?

und der knappe Gruß mit dem einen einzigen Wort **„Freude"!** (Das gleiche finden wir bei dem Brief des Oberst Claudius Lysias an den Statthalter Apg 23, 25.) Der Brief geht dann auf die Lage in Antiochia ein, hat aber schon im Gruß die Christen Syriens und Kilikiens eingeschlossen. Was in Antiochia geschah, hatte sofort seine Auswirkungen nach Syrien und bis nach Kilikien hinein. Die Gemeinden Südgalatiens (bzw. Lykaoniens: Ikonion, Lystra, Derbe) dagegen lagen weit abseits, es war nicht nötig und nicht einmal gut, sie mit Fragen zu beschäftigen, die bei ihnen gar nicht akut waren. Die Abgesandten aus Jerusalem konnten sie auch gar nicht erreichen, während Vertreter syrischer und kilikischer Gemeinden in Antiochia gewiß zu finden waren. So wird Südgalatien in dem Schreiben nicht genannt.

Die Apostel und Ältesten bedauern die Unruhe und Verwirrung, 24
die durch **„einige aus unserer Mitte"** entstanden ist und distanzieren sich ausdrücklich von diesen **„einigen"**, ohne sie freilich wie Paulus „falsche Brüder" zu nennen. Irgendeinen amtlichen **„Auftrag"**, auf den sie sich berufen haben mögen, haben sie jedenfalls nicht gehabt.
Diese Stellungnahme erfolgt in **„voller Einmütigkeit"**. Sodann wird in 25/26
die Mitteilung über den Entschluß, besondere Vertrauensleute nach Antiochia zu senden, in feiner Weise die klare Anerkennung des Barnabas und Paulus eingefügt: Sie, die Angegriffenen und Gescholtenen, sind für die Leitenden in Jerusalem **„unsere Geliebten"**, und es wird ihnen das Zeugnis ausgestellt, daß sie **„Menschen sind, die dahingegeben haben ihre Seele für den Namen unseres Herrn Jesus Christus"**. Wie wichtig ist es bei allen – oft unvermeidlich tiefgehenden – Meinungsverschiedenheiten in der Christenheit, daß der Einsatz für Jesus anerkannt bleibt und für wesentlich gehalten wird[345]. **„Die Seele dahingeben"**, das war die Tat Jesu, an der wir „die Liebe erkannt haben". „Die Seele für die Brüder einsetzen" ist das daraus folgende Gebot an uns (1 Jo 3, 16). Es gibt aber auch „ein Dahingeben der Seele" für den Namen dessen, der uns zuerst mit seiner Hingabe geliebt hat. Es ist groß, wenn auch ein Jakobus mit den Jerusalemer Christen aus Israel das an Paulus und Barnabas sieht und vor der Öffentlichkeit der Urgemeinde mit tiefer Achtung ausspricht. Auf die brüderliche Anerkennung durch die führenden Männer Jerusalems hat auch Paulus als Ergebnis der Verhandlungen besonders Gewicht gelegt (Gal 2, 9).

Die gewählten Vertrauensleute werden brieflich vorgestellt und 27
ihr Auftrag, **„sie sollen mündlich dasselbe verkündigen"**, bestätigt.

[345] Wie schwer hat sich auch hier die evangelische Christenheit versündigt. Wie gering gilt ihr oft der Einsatz für Jesus gegenüber theologischen Lehrabweichungen. Wie ist sie oft mit Männern umgangen, die „ihre Seele für den Namen unseres Herrn Jesus Christus hingegeben haben"!

28/29 Nun erst kommt die Mitteilung des eigentlichen Beschlusses. Die vier Punkte, in denen auch von den Heidenchristen eine bestimmte Haltung erwartet wird, werden nicht näher begründet, sondern einfach als notwendig bezeichnet. Die Formulierung vermeidet sorgfältig jeden Eindruck, als handle es sich doch wieder um ein „Gesetz". Das würde besonders deutlich, wenn wir hier mit dem üblichen Sprachgebrauch die Worte des Schlußsatzes als ein „so werdet ihr euch wohlbefinden, so wird es euch gutgehen" fassen. Aber auch bei der Übersetzung: **„So werdet ihr wohl tun"** wird unterstrichen, daß eine freie Einfügung in notwendige Gegebenheiten und nicht strikte Erfüllung eines Gesetzes erwartet wird. Der kurze Schlußgruß **„Lebt wohl"** ist wieder der ganz übliche.

30–32 In einer Gemeindeversammlung in Antiochia wird der Brief übergeben und gelesen. Lukas hält sich und uns nicht damit auf, genau mitzuteilen, wem der Brief ausgehändigt und von wem er vorgelesen wird. Viel wichtiger ist, daß er seinen Zweck erreicht: **„Sie wurden froh über den Zuspruch."** Offenbar sehen auch die Antiochener in den vier Punkten keine „Auflage", die ihre Freude trüben könnte. Die Jerusalemer Vertrauensleute benutzen ihren Besuch, **„mit vielem Wort die Brüder zu ermuntern und zu stärken". „Mit vielem Wort"** bedeutet „in vielen Ansprachen". Lebendige Gemeinden können und wollen viel hören, wenn schon einmal Brüder bei ihnen zu Besuch sind. Und Lukas kann von diesen Brüdern noch hinzufügen: **„die selber Propheten waren".** Sie haben also etwas zu sagen, was aus dem Geist Gottes stammte und darum quellfrisch und lebendig war. Das lohnte sich zu hören. Lukas zeigt hier zugleich das in Apg 11, 27 von manchen vermißte rechte Verständnis der „Prophetie": Sie ist nicht in erster Linie Vorhersage für die Zukunft, sondern vom Geist Gottes geleitete Rede, die Herzen und Gewissen trifft. Dann werden
34 die Brüder **„verabschiedet mit Frieden von den Brüdern zu denen, die sie gesandt hatten"**[346].

35 Paulus und Barnabas nahmen ihre Lehr- und Verkündigungsarbeit in Antiochia wieder auf. Das „Lehren" und das „Evangelisieren" wird dabei sachlich unterschieden. Wir sollen aber nicht den falschen Eindruck gewinnen, als hätten nur Paulus und Barnabas in einsamer Größe in Antiochia gewirkt; nein, **„viele andere"** sind sowohl an der

[346] Codex D u. a. fügen hier einen Vers 34 ein: „Es gefiel aber Silas, bei ihnen zu bleiben; Judas allein trat die Reise an." Das ist deutlich spätere Korrektur eines Schreibers, der auf Vers 40 vorausblickt: Paulus wählt Silas als Mitarbeiter auf seiner zweiten Missionsreise, also muß Silas in Antiochia geblieben sein. Aber dann wird der Widerspruch zu der unmittelbar vorhergehenden Mitteilung des Vers 33 hart. Wie Silas erneut nach Antiochia gekommen ist, um mit Paulus gemeinsam die Reise anzutreten, sagt uns Lukas nicht, wie er uns vieles nicht mitteilt, was wir unserseits gern wüßten.

Lehrarbeit wie an der Evangelisation beteiligt. Eine Gemeinde wie Antiochia war reich an aktiven Kräften, und das Bild vom „Leib" mit den vielen tätigen Gliedern war dort nicht dogmatische Formel, sondern Beschreibung einer lebendigen Wirklichkeit.

Mit dem „Apostelkonzil" und „Aposteldekret" waren die Fragen und Nöte um das „Gesetz" nicht einfach zu Ende. Nur für die Gläubigen aus den Nationen war die Entscheidung getroffen, nicht für die Christen aus Israel. Auch bei Einhaltung der vier Punkte durch die Heidenchristen bleibt die volle Lebensgemeinschaft gesetzestreuer Juden mit ihnen voller Schwierigkeiten. Gal 2, 11—13 gibt uns sofort ein Bild davon. Aber auch jene Kreise arbeiteten weiter, die die Eingliederung der Heiden in Israel durch Beschneidung und Gesetzeserfüllung für notwendig hielten. Doch so ist es ja immer wieder in der Geschichte. Mit der „Barmer Erklärung" war der Weg der Bekennenden Kirche keineswegs schon gerade und spannungslos gesichert. Es wäre naiver Rationalismus, der die tiefen Triebkräfte des Menschen verkennt, wenn man folgern wollte: „Wenn doch ‚Barmen' alles so klar ausgesprochen hatte und einmütig angenommen war, dann konnte doch nicht . . ." Darum ist aber auch der Einwand hinfällig, der gegen die ganze Darstellung des Lukas sagt: Wenn Apg 10 wirklich so geschehen ist, dann „konnte" doch im Blick auf die Antiochenische Heidenmission gar keine Frage und Not mehr entstehen; Apg 10 macht Apg 15 überflüssig, bzw. der geschichtliche Hintergrund von Apg 15 erweist Apg 10 als völlig unhistorisch. Genauso könnte und müßte man dann schließen, daß die späteren heißen Kämpfe des Paulus mit den Judaisten die Darstellung von Gal 2, 1—10 als „unhistorisch" erweisen. Die Geschichte in ihrer Wirklichkeit ist viel „bunter", als der verständige Geschichtsforscher denkt.

Gerade in unserem Kapitel finden sich mannigfache Abweichungen in den Handschriften. Gleich in V. 1 bezeichnen manche Handschriften: „die aus Jerusalem Herabgekommenen" als „Gläubiggewordene aus der Partei der Pharisäer" und identifizieren sie dadurch mit den Sprechern von V. 5. In V. 2 schildert Codex D den Widerstand des Paulus und läßt die Aufforderung zum Hinaufziehen nach Jerusalem von den Gegnern ausgehen. In V. 5 werden die, die sich jetzt zum Wort melden, ausdrücklich als die gleichen Männer bezeichnet, die vorher in Antiochia erschienen waren und das Erscheinen von Paulus und Barnabas in Jerusalem gefordert hatten. In V. 12 fügt D mit einem öfter von ihm verwendeten Ausdruck bei: „Während die Ältesten dem von Petrus Gesagten zustimmten." Auch der schwierige V. 18 hat mannigfache Verbesserungen erfahren: „bekannt ist von Ewigkeit her dem Herrn sein Werk", schreibt D; „bekannt sind von Ewigkeit her Gott alle Dinge", sagt der Koine-Text. Auf die Hin-

zufügung der „goldenen Regel" zu dem Aposteldekret durch D wiesen wir schon hin. Ebenso auf die Bemerkung, die als V. 34 von D gebracht wird.

Von allen diesen Textabweichungen werden wir sagen müssen, daß sie „Ergänzungen" oder „Verbesserungen" sind, deren spätere Hinzufügung durch einen Abschreiber wir gut verstehen können, während ihre Weglassung aus einem ursprünglichen Text unverständlich erscheint. Von irgendwelchem Gewicht für das Ganze sind sie nicht. Nur für das Verständnis des Aposteldekrets tragen sie etwas aus; aber gerade hier erweisen sie sich als ein Mißverständnis einer späteren Zeit, die die ursprüngliche Lage nicht mehr kannte.

Exkurs. Das Verhältnis von Apg 15 zu Gal 2, 1—10

Das „Apostelkonzil" ist von Paulus in Gal 2, 1—10 auch seinerseits behandelt worden[347]. Wir haben schon in der Auslegung selbst immer wieder auf diese Aussagen des Paulus geblickt und die wesentlichen sachlichen Übereinstimmungen mit dem von Lukas Berichteten hervorgehoben. Es sei jetzt rückblickend nur noch einmal auf die entscheidende und grundlegende Einheit hingewiesen: In den aufgebrochenen Fragen um die Heidenmission muß Jerusalem als maßgebende Instanz angerufen werden, und Jerusalem hat das gesetzesfreie Heidenchristentum anerkannt. Auch Paulus weiß, daß der Grund dieser Stellungnahme nicht theologische Erörterungen waren, sondern die Beugung vor den von Gott selbst gewirkten Tatsachen (Gal 2, 8). Trotzdem geht es uns auch hier so wie bei der Vergleichung von Apg 9, 26—30 mit Gal 1, 18—23: Wer beide Darstellungen, Apg 15 und Gal 2, 1—10, unbefangen liest, spürt ohne weiteres den starken Unterschied, weniger in den tatsächlichen Einzelheiten als vielmehr im gesamten Bild der Dinge. Aber wir müssen gerade bei Gal 2 beden-

[347] Es ist — auch im „Lexikon zur Bibel" Sp 103 — vorgeschlagen worden, die Aussagen in Gal 2, 1—10 vielmehr auf den in Apg 11, 30 erwähnten Besuch des Barnabas und Paulus in Jerusalem zu beziehen (Gal 2, 1 = Apg 11, 30; vgl. Gal 2, 2 mit Apg 11, 28). „Dabei erkannten die Apostel die in Antiochia bereits bestehende selbständige Heidenmission an (Gal 2, 6—9). Titus wurde nicht gezwungen, sich beschneiden zu lassen (V. 3), von einer allgemein bindenden Entscheidung in dieser Frage ist aber noch nicht die Rede. Vorbereitet war die Haltung der Apostel durch die Bekehrung des Kornelius und seine Taufe durch Petrus (Apg 10, 1—11. 18). Die Entstehung weiterer heidenchristlicher Gemeinden führte aber erneut zu Auseinandersetzungen mit Judenchristen, sowohl in Kleinasien (Anlaß des Galaterbriefes; vgl. auch die Erwähnung der Christen in Syrien und Kilikien Apg 15, 23) wie in Antiochia (Apg 15, 1; Gal 2, ff.). In dieser Situation, noch vor dem Apostelkonzil, wäre dann der Galaterbrief geschrieben. Diese Darstellung versucht, beiden Berichten ohne Abstriche gerecht zu werden, und vermeidet, einen durch den anderen in Frage zu stellen."

ken, auch Paulus wollte jetzt nicht einen ruhigen, historischen Bericht über das ganze Geschehen geben. In spürbarer Erregung – seine Sätze brechen mehrfach ab, um dann neu wieder aufgenommen zu werden, so wie man in der Erregung spricht – hebt er das heraus, was ihm im Blick auf die jetzigen Nöte in den Galatischen Gemeinden das Entscheidendste ist[348]. Es geht ihm vor allem um die Anerkennung seines selbständigen Apostolats. So muß ja bei ihm ein anderes Gesamtbild entstehen als bei Lukas, der uns ohne Beeinflussung durch bestimmte einzelne Nöte die entscheidende Stunde in der „Mitte" der Geschichte der ersten Christenheit schildern will, in der die Einheit der Kirche bewahrt und die Anerkennung der gesetzesfreien Heidenmission durch Jerusalem gewonnen wurde. Für Paulus war es wesentlich, daß „Titus nicht gezwungen wurde, sich beschneiden zu lassen"; es war auch für die Galater wichtig, aus deren Reihen Titus stammt. Für Lukas war es eine unwichtige Einzelheit, die er in seinem Geschichtswerk nicht bringen mußte. Lukas sah auf die Gesamtlage der Heidenchristen und nannte die vier von ihnen erwarteten „Enthaltungen". Paulus sah auf das, was ihm selbst als Verpflichtung auferlegt wurde, die Sammlung für die Armen Judäas; es wäre sehr wenig zart gewesen, wenn man diese Sammlung als Jerusalemer „Anspruch" an die Heidenchristen in das „Aposteldekret" mit aufgenommen hätte. Paulus bezieht sich auf eine „Offenbarung", die ihn zur Reise nach Jerusalem veranlaßte. Es war gerade bei dem Thema „Mein völlig selbständiges Apostolat" schwer genug, den Galatern gegenüber zuzugeben, daß er den Jerusalemern dennoch sein Evangelium vorlegen mußte, wenn er „nicht vergeblich laufen oder gelaufen sein wollte". Da ist es ihm wichtig, daß ein ausdrücklicher Wink seines Herrn hinter dieser Reise stand. Er sagte aber selbst, daß er „mit Barnabas" nach Jerusalem ging, den er aber nicht so „mitnehmen" konnte wie den Titus! So muß schon ein gemeinsamer Beschluß zur Reise vorgelegen haben. Warum sollte er nicht in der von Lukas erzählten Entsendung durch die Gemeinde Antiochia begründet gewesen sein? Paulus konnte seiner ganzen Art nach zunächst erhebliche Bedenken haben: Wir fechten diese Fragen allein aus, wir brauchen die Jerusalemer nicht; wir sind selbständige Apostel Jesu. Aber sein Herr sagte ihm in einer Offenbarung: Doch, Paulus, geh! Du brauchst die brüderliche Zustimmung der Jerusalemer, wenn du nicht deine Missionsarbeit vergeblich machen willst. So ist Apg 15 und Gal 2, 1–10 miteinander vereinbar. Wir dürfen dabei nicht vergessen, wie verschiedenartig und spannungsreich zu allen Zeiten die Darstellung selbst miterlebter Ereignisse ausfällt, je nach der persönlichen Eigenart des Verfassers und

[348] Auch Haenchen hat in seinem Kommentar diese Seite an Gal 2 sehr ernst genommen.

nach dem Zweck seines Berichtes. Es ist etwas sehr anderes, ob ein Schriftsteller in einem Buch eine zusammenfassende Schilderung bietet, oder ob sich ein Mann mitten im Kampf in einem Brief auf sein Erleben beruft.

DIE ZWEITE MISSIONSREISE

1. Der neue Aufbruch

Apostelgeschichte 15, 36—41

zu Vers 36:
1 Th 3, 5
zu Vers 37:
Apg 12, 12. 25
zu Vers 38:
Apg 13, 13
zu Vers 39:
Apg 4, 36
13, 4
17, 16
1 Ko 9, 6
Kol 4, 10
Phlm 24
2 Tim 4, 11
zu Vers 40:
Apg 9, 27
11, 25. 26
15, 22. 32
14, 26
20, 32
zu Vers 41:
Apg 14, 22
15, 23

36 **Nach einigen Tagen aber sagte zu Barnabas Paulus: „Wir wollen**
uns doch wieder auf den Weg machen und nach den Brüdern
sehen in allen Städten, in denen wir verkündigt haben das Wort
37 **des Herrn, wie es ihnen geht." * Barnabas aber wollte mitnehmen**
38 **auch den Johannes, genannt Markus. * Paulus aber bestand dar-**
auf, ihn, der sich getrennt hatte von ihnen von Pamphylien aus
und nicht mit ihnen gekommen war zum Werk, diesen nicht wie-
39 **der mitzunehmen. * Es kam aber zur Erbitterung, so daß sie sich**
voneinander trennten und Barnabas, mitnehmend den Markus,
40 **fortsegelte nach Cypern. * Paulus aber wählte sich Silas und zog**
41 **aus, übergeben der Gnade des Herrn von den Brüdern. * Er durch-**
wanderte aber Syrien und Kilikien, die Gemeinden stärkend.

Nun kommt die große zweite Missionsreise in Sicht! Wie frei und unsystematisch bleiben die Dinge im NT. Es muß nicht jedesmal der Geist Gottes unter Gebet und Fasten seine Aufträge geben. Unsere eigenen Überlegungen haben auch ihr gutes Recht vor Gott. Diese Reise, die dann nach Europa hinüberführen wird, beginnt sehr schlicht in dem Wunsch des Paulus, die neugegründeten Gemeinden in Südgalatien wieder zu besuchen. Freilich, es wird dann gerade auf dieser Reise der Geist Gottes viel zu korrigieren haben; er wird „hindern" und zu ungeahnten Zielen leiten! Wir wissen aus 1 Th 2, 1 f und 3, 8, wie Paulus selber zu einer in seinem Dienst geborenen Gemeinde stand: Sie war ein Stück seines eigenen Lebens (vgl. auch das schöne Wort 2 Ko 7, 3b). Dazu war Paulus ein von der Schrift erfüllter Mann: das bloße „Im-Herzen-Tragen" genügte ihm nicht, so sehr er es auch übte (Phil 1, 7); ihn verlangte brennend nach der leibhaftigen
36 realen Gemeinschaft. So drängt es ihn zu einem Besuch in den Südgalatischen Städten. Selbstverständlich wendet er sich mit seinem Plan an Barnabas: **„Wir wollen uns doch wieder auf den Weg machen und nach den Brüdern sehen in allen Städten, in denen wir verkündigt haben das Wort des Herrn, wie es ihnen geht."** Von einer Ausdehnung der Reise auf neue Missionsgebiete wird nicht gesprochen.

Der Besuch und die Stärkung bestehender Gemeinden ist ohne Frage der Wille Jesu; hier können Pläne gemacht werden. Der Vorstoß in missionarisches Neuland ist des Herrn eigene Sache, der nicht mit „Planen" vorgegriffen werden kann. Lukas wird uns das noch sehr deutlich vor Augen führen.

Barnabas ist zur Reise bereit, will aber Johannes Markus wieder 37—39
mitnehmen. Paulus verweigert das. In dem „Sich-Trennen", das er Markus vorwirft, klingt das „Im-Stich-Lassen", die Fahnenflucht mit[349]. Das Wort des Barnabas vom **„mitnehmen"** spricht Paulus seinerseits im Grie so aus, daß ein „Ihn-immer-um-uns-haben" darin mitschwingt[350]. Wie soll er einen Mann in jenen Städten neben sich mitreden lassen, der sich damals geweigert hat, missionarisch in diese Städte mitzukommen? Es kommt zur erbitterten Auseinandersetzung. Die beiden Gefährten trennen sich. Wie müssen wir dankbar sein, daß die Apg so etwas offen berichtet[351]! Auch die großen Männer der ersten Christenheit sind nicht fehlerlose Leute und können „erbittert" werden und sich trennen. An eine gemeinsame Arbeit ist jedenfalls nicht mehr zu denken. Barnabas geht mit Markus in seine Heimat Cypern. Wir hören in der Apg nichts mehr von ihm[352]. Aber der Herr macht selbst aus diesem Streit für seine Sache noch etwas Gutes: Nun ziehen zwei Mannschaften statt einer einzigen zu seinem Dienst aus, und ein Mann wie Silas wird neu für die Mitarbeit in der Mission gewonnen.

Paulus nimmt Silas mit. Er legt auf das „Zu Zweit" im Zeugen- 40
dienst weiter Gewicht und ist froh, auch wieder einen Mann aus Jerusalem an seiner Seite zu haben, der zugleich in den grundlegenden Erkenntnissen nach Apg 15, 22. 27 ihm nahestand[353]. Doch ist

[349] Ob nicht Paulus auch an das Wort des Herrn Lk 9, 62 gedacht hat?

[350] Für Leser des Grie: Barnabas hat das Wort im Aorist verwendet, Paulus gebraucht es im Präsens.

[351] Es wird freilich Lukas der Vorwurf gemacht, er habe die in Gal 2, 1—18, besonders V. 13 erzählten Ereignisse, die den eigentlichen Grund des Zerwürfnisses und der Trennung von Paulus und Barnabas gebildet haben, verschwiegen und durch einen „harmloseren" Streit um Johannes Markus ersetzt. Aber wäre eine Trennung um grundlegender Fragen willen nicht verständlicher und „edler" gewesen als ein Zusammenstoß und eine Trennung dieser Art? Lukas hat bei dem knappen Raum seines Buches eine Einzelheit wie den Besuch des Petrus in Antiochia mit seinen Nöten verständlicherweise nicht bringen können. Es könnte aber wohl sein, daß die Enttäuschung über Barnabas bei Paulus noch mitwirkte, als er sich weigerte, nun auch noch Markus, den Vetter des Barnabas, mitzunehmen. So etwas kennen wir auch aus eigenen Erfahrungen.

[352] Wohl aber nennt ihn Paulus in 1 Ko 9, 6 so, daß man sieht: Die „Erbitterung" ist überwunden. Auch Markus ist nach Kol 4, 10; Phlm 24 (auch 2 Tim 4, 11) wieder fest mit Paulus verbunden. Auch im NT kann es zur „Erbitterung" kommen; aber „die Liebe, die sich nicht erbittern läßt" (1 Ko 13, 5) gewinnt die Oberhand.

[353] Daß Silas ebenfalls römisches Bürgerrecht besaß (Apg 16, 37), wird sich im Laufe der

nun seine Stellung auf dieser zweiten Reise von Anfang an eine andere: Er ist jetzt der eigentlich Leitende und Maßgebende, der in Freiheit sein Werk tut, es aber freilich auch versteht, Mitarbeiter zu gewinnen und an der Arbeit zu beteiligen (vgl. 2 Ko 1, 19; Phil 2, 19. 20). Wohl wird er von Antiochia noch ausdrücklich **„der Gnade des Herrn übergeben".** Er kehrt auch noch wieder nach Antiochia zurück (Apg 18, 22. 23). Aber er ist nicht mehr der von Antiochia ausgesandte und der Gemeinde dort verantwortliche Missionar, er ist von nun an der „Paulus", den wir bei der Nennung seines Namens unwillkürlich vor Augen haben. Er geht freilich damit auch jener Einsamkeit entgegen, die in dem 2. Timotheusbrief erschütternd zum Ausdruck kommt (2. Tim 1, 15; 4, 9. 11. 16).

41 Paulus wählt diesmal den Landweg durch die kilikische Pforte. **„Er durchwanderte aber Syrien und Kilikien, die Gemeinden stärkend."** Er besucht dabei Gemeinden, die er in den ersten Jahren seiner Arbeit von Damaskus und Tarsus aus (Apg 9, 27. 30; Gal 1, 17–21) gegründet haben wird. Wie bedürfen sie der Stärkung! Werden es doch zahlenmäßig kleine Häuflein in fremder und feindseliger Umgebung gewesen sein. Wieder hätten wir gern ein anschauliches Bild der mühsamen Wanderungen, der gefährlichen Wege, der schweren und lieblichen Erfahrungen bei den Brüdern; aber Lukas gibt es uns nicht. Wieder faßt er reiches, vielgestaltiges Leben in einem summarischen Satz zusammen.

DIE ZWEITE MISSIONSREISE

2. Bei den alten Gemeinden. Berufung des Timotheus

Apostelgeschichte 16, 1–5

zu Vers 1:
Apg 17, 14
19, 22
Phil 2, 19-22
1 Th 3, 2
2 Tim 1, 5
2 Tim 3, 15
Rö 16, 21
1 Ko 4, 17
Hbr 13, 23

1 **Er gelangte aber auch nach Derbe und Lystra. Und siehe, ein Jünger**
war dort namens Timotheus, Sohn einer gläubigen jüdischen Frau,
2 **aber eines griechischen Vaters, * der ein** (gutes) **Zeugnis hatte von**
3 **den Brüdern in Lystra und Ikonion. * Von diesem wollte Paulus,**
daß er mit ihm ausziehe, und er nahm und beschnitt ihn der Juden
wegen, die an jenen Orten waren; sie wußten ja alle, daß sein Vater
4 **ein Grieche war. * Als sie aber die Städte durchzogen, übergaben sie**
ihnen zur Befolgung die Verordnungen, die beschlossen waren von

Reise als wertvoll erweisen. Silas (mit der latinisierten Namensform „Silvanus") verantwortet die beiden Thessalonicher-Briefe mit und ist in Korinth ein wertvoller Mitarbeiter in der Evangelisation (Apg 18, 5; 2 Ko 1, 19). Später finden wir Silvanus als Sekretär bei Petrus (1 Pt 5, 12), auch dies ein Zeichen für die freie Bewegung der Männer des NT.

5 **den Aposteln und Ältesten in Jerusalem. * Die Gemeinden nun wurden gestärkt im Glauben und wuchsen an Zahl täglich.**

Diesmal kommt Paulus von Osten her zunächst nach Derbe und von da nach Lystra. Welche Erinnerungen standen lebendig vor ihm. Jetzt schenkt ihm gerade Lystra denjenigen Mitarbeiter[354], von dem er noch im Alter im Brief an die Philipper bezeugt: „Denn keinen habe ich von gleicher Gesinnung, der so echt für eure Anliegen besorgt sein wird" (Phil 2, 20). Ähnlich urteilt er über ihn in 1 Ko 4, 17: „Aus derselben Ursache habe ich Timotheus zu euch gesandt, welcher ist mein lieber und getreuer Sohn in dem Herrn, daß er euch erinnere an meine Wege, die in Christus Jesus sind, wie ich sie überall in jeder Gemeinde lehre." Er sagt damit, daß Timotheus einst selbst von ihm für Jesus gewonnen worden ist. Das Urteil des Paulus nach vielen
Jahren der Bewährung bestätigt das **„Zeugnis"**, das damals schon 2
die **„Brüder in Lystra und auch in Ikonion"** dem jungen Mann ausstellten. Daß ihn auch die Christen in Ikonion so gut kannten, zeigt, daß er damals bereits in lebhaftem Dienst stand und unter vielen andern auffiel.

Timotheus ist ohne seine Schuld in einer ganz schwierigen Lage. 3
Er stammt aus einer Mischehe, die nach jüdischem Recht nicht als wirkliche Ehe anerkannt war. Der Sohn einer solchen Verbindung galt einerseits als Israelit, der beschnitten werden mußte, andererseits war er als Bastard verachtet. Timotheus war aber nicht beschnitten worden. Wenn ihn Paulus so als Mitarbeiter aufnahm, dann war nicht nur Timotheus selbst bei jedem Dienst an jüdischen Menschen schwer gehemmt, es fiel auch auf das ganze Missionswerk selbst ein Schatten, den jüdische Propaganda nur zu gut ausnützen konnte: Seht euch nur diesen Mitarbeiter des Paulus an, diesen unbeschnittenen jüdischen Bastard, dann wißt ihr, was ihr von diesem „Christentum" zu halten habt! So entschloß sich Paulus, Timotheus zu beschneiden. Wir dürfen das nicht als eine „Ängstlichkeit" ansehen, als ein billiges Mittel zur Erleichterung der Arbeit oder als eine unwürdige Rücksicht auf Menschen, die unvereinbar wäre mit des Paulus klarer Art. Eher haben wir darin ein lebendiges Beispiel für das, was Paulus in 1 Ko 19–22 mit seinem Wort „den Juden ein Jude werden, um die Juden zu gewinnen" praktisch gemeint hat. Paulus hat den Galatern geschrieben: „Ich bezeuge noch einmal einem jeden, der sich beschneiden läßt, daß er das ganze Gesetz zu tun schuldig ist" (Gal 5, 3). Mit

zu Vers 2:
Apg 6, 3
22, 12

zu Vers 3:
Apg 21, 28 f
Gal 2, 3
1 Ko 9, 19 f

zu Vers 4:
Apg 15, 23-29
21, 25

zu Vers 5:
Apg 4, 4
14, 22
18, 23
Kol 2, 5
1 Pt 5, 9

[354] In den Briefen des Paulus ist Timotheus genannt: 1 Ko 4, 17; 2 Ko 1, 1. 19; Kol 1, 1; 1 Th 1, 1; 3, 1. 2; 2 Th 1, 1; 1 Tim 1, 3. 18; 4, 12. 14; 2 Tim 1, 5 f.; 3, 15; 4, 9. 5. 21; Phil 2, 19.
In der Apg: 16, 1. 3. 10; 17, 4; 18, 5. 22; 20, 4; 27, 2.

der Beschneidung hat er daher auch Timotheus zugemutet, sich nunmehr ganz als „Israelit", als Glied des Bundesvolkes zu wissen und alle Folgerungen daraus zu ziehen. Aber eben dies wollte Paulus: Timotheus sollte nicht halb Grieche und halb Jude sein, sondern eins von beiden ganz, auch wenn in Christus Jesus „weder Beschneidung noch Unbeschnittensein irgendeine Bedeutung hat, sondern der Glaube, der durch die Liebe wirksam ist" (Gal 5, 6). Die Beschneidung des Timotheus steht darum auch nicht im geringsten im Gegensatz zu der eben erkämpften Gesetzesfreiheit der Heidenchristen. Hier wird ja nicht ein Heide beschnitten, weil eben doch die Beschneidung zum Heil nötig ist, sondern der Sohn einer jüdischen Mutter erhält die Beschneidung, damit er klar und ganz das sein kann, wozu ihn seine Geburt schon gemacht hat.

4 Das „Aposteldekret" war nur an „die Brüder in Antiochia und
Syrien und Kilikien" adressiert. Aber mit Recht urteilt Paulus, daß
es grundsätzlich allen Christen aus den Nationen galt. Darum wartet
er nicht, bis von anderer Seite her dieser Jerusalemer Entscheid be-
kannt wird. In Silas kam nun auch der Mann nach Südgalatien, den
die Gemeinde Jerusalems selbst als ihren Vertrauensmann in dieser
Sache gewählt hatte. So **„übergaben sie ihnen zur Befolgung die Ver-
ordnungen, die beschlossen waren von den Aposteln und Ältesten in**
5 **Jerusalem".** Die Reise erreicht ihren zunächst geplanten Zweck: **„Die
Gemeinden nun wurden gestärkt im Glauben und wuchsen an Zahl
täglich."** Paulus hat auch später in dem „Begießen" nach dem „Pflan-
zen", in dem „Aufbauen" auf dem gelegten Grund (1 Ko 3, 6. 11–15)
ein wesentliches, unentbehrliches und höchst verantwortliches Werk
gesehen[355].

Lukas berichtet uns nichts von Nöten und neuen Verfolgungen. Aber es ist oft so: Der Sturm von Entrüstung und Gegnerschaft, den man einmal in der ersten Erregung entfachen konnte, läßt sich nicht wiederholen. Hier war er auch tatsächlich eine rein jüdische Sache gewesen. Die Bevölkerung als ganze und die Behörden hatten inzwischen längst andere Dinge, die sie bewegten. An das Bestehen der (kleinen) Christengemeinden hatte man sich gewöhnt. Aber auch sonst verzichtet Lukas hier wieder darauf, uns all das Viele miterleben zu lassen, was wir in einer modernen Missionserzählung mit inniger Teilnahme von solchem Wiedersehen der Boten mit ihren Gemeinden lesen würden.

[355] Wir kennen es nicht mehr in echter Weise, weil wir das „Grundlegen", „Pflanzen", „Durch-das-Evangelium-Zeugen" nicht mehr üben! Unsere Gemeindearbeit ist darum merkwürdig zwiespältig. Einerseits muten wir unseren Gemeinden ohne weiteres das apostolische Wort zu, das an wiedergeborene Menschen gerichtet ist; andererseits suchen wir ständig „neue Wege der Volksmission", um auf weitesten Umwegen die Gemeindeglieder überhaupt noch mit der Botschaft zu erreichen.

DIE ZWEITE MISSIONSREISE

3. Die rätselhafte Führung nach Troas

Apostelgeschichte 16, 6—10

6 **Sie durchzogen aber Phrygien und das galatische Land, gehindert**
7 **vom Geist Gottes, zu reden das Wort in der Asia. * Als sie aber**
an Mysien herangekommen waren, versuchten sie, nach Bithy-
8 **nien zu reisen, und nicht ließ sie der Geist Jesu. * So durchzogen**
9 **sie Mysien und kamen hinab nach Troas. * Und ein Gesicht wurde**
nachts von Paulus gesehen: Ein makedonischer Mann stand da
und bat ihn und sprach: „Komm herüber nach Makedonien und
10 **hilf uns!" * Als er aber das Gesicht gesehen hatte, sofort suchten**
wir fortzukommen nach Makedonien, indem wir den Schluß zo-
gen (oder: in der festen Gewißheit), **daß uns Gott berufen hatte,**
ihnen das Evangelium zu verkündigen.

zu Vers 6: Apg 10, 19; 18, 23; Rö 15, 22; Gal 4, 13
zu Vers 7: Apg 8, 5
zu Vers 8: Apg 20, 5
zu Vers 9: Apg 9, 10. 12; 11, 5; 18, 9

Der Vorsatz des Paulus Apg 15, 36 ist durchgeführt. Was nun? Wir 6
würden heute sorgfältig Überlegungen anstellen, Erkundigungen einziehen, einen verantwortlich erwogenen Plan ausarbeiten und dann den Herrn um seinen Segen zu unserem Vorhaben bitten. Auch einen Paulus dürfen wir uns nicht so denken, daß er gedankenlos in den Tag hineinlebte und auf Orakel und jähe Einfälle wartete. Aber er war wirklich ein Beter. Und er sah in Jesus wirklich und in allem Ernst seinen Herrn, dessen „Sklave" (Phil 1, 1) er war. Er erwog darum seine Pläne von vornherein und sofort in ihrem Entstehen nicht mit sich selbst allein, auch nicht nur mit seinen Gefährten, sondern zuerst mit seinem Herrn. So wird er jetzt gewiß geworden sein, daß Gottes Wille nicht „Rückkehr nach Antiochia" hieß, sondern „weitere Mission".

Wo aber sollte diese erfolgen? Schon auf der ersten Reise war Paulus im pisidischen Antiochia auf der großen Reichsstraße gewesen, die in westlicher Richtung in die „Asia" führte, in die römische Provinz „Asien", die vor allem das Küstengebiet Kleinasiens mit Ephesos als Hauptstadt umfaßte. Hier lagen viele Städte mit grie Sprache, mit lebendigem Leben und starker Ausstrahlung in das umliegende Land. Hier fand Paulus die Missionsgelegenheiten, wie er sie suchte, zumal auch Judenschaften und Synagogen den guten Anknüpfungspunkt boten. Damals aber mochte die Aufgabe dort dem Anfänger Paulus noch zu groß erschienen sein. Vielleicht ließ auch die Art der Ausweisung aus Antiochia keine andere Wahl. Der Missionsweg hatte damals jedenfalls nach Osten geführt: nach Ikonion, Lystra,

Derbe. Was aber lag jetzt näher, als vom Osten kommend den Vorstoß nach Westen zu wagen in die „Asia" hinein! Aber Paulus und Silas sind nicht „Herren" ihrer Entschlüsse. Sie werden **„gehindert vom Geist Gottes, zu reden das Wort in der Asia".** So wenden sie sich nordwärts bzw. nordostwärts und **„durchzogen Phrygien und das galatische Land."** Von seiten des Herrn her hatten sie nur das Nein in bezug auf die Asia, aber keine positive andere Weisung. Ja, so sehr ist Jesus wirklich „Herr", so kann er uns warten lassen, auch da, wo wir meinen, wir müssen dringend wissen, was nun geschehen soll.

Das **„galatische Land"** meint deutlich die Landschaft, die wirklich von ehemaligen Kelten besiedelt ist und von daher ihren Namen hat, nicht die römische Provinz „Galatien", deren südlichen Teil sie auf der ersten Reise bereits missioniert hatten. Das **„Durchziehen"** kennen wir schon als einen Ausdruck für evangelistische Reisetätigkeit. Wie schweigsam ist Lukas! Nicht ein Wort sagt er über den Erfolg dieses „Durchziehens", über die Geburt von Gemeinden. Und doch muß dort etwas geschehen sein. Denn nach Apg 18, 23 und 19, 1 hat Paulus auf seiner „dritten Missionsreise" nach Ephesus nicht den einfacheren Seeweg gewählt, sondern die langwierige und beschwerliche Fußwanderung „durch das galatische Land und Phrygien" auf sich genommen. Das wird er nur getan haben, weil dort Gemeinden lagen, die seinen Besuch nötig hatten. Es werden die Gemeinden gewesen sein, an die der Galaterbrief gerichtet ist. Namhafte Städte[356] gab es dort nicht; eben darum nennt auch der Galaterbrief keine Ortsnamen.

7 Jetzt nähern sich die Boten „Mysien", das den nördlichen Teil der „Asia" bildete. Aber dorthin sollen sie ja nicht. Also wenden sie sich erneut nordöstlich und **„versuchen nach Bithynien zu reisen".** Dort im Küstengebiet des Schwarzen Meeres locken Städte wie Nicäa und Nikomedien, Chalzedon und Byzanz. Wie anders wäre die Kirchengeschichte verlaufen, wenn dieser Plan durchgeführt worden wäre. Aber — wieder versagt die göttliche Führung ihre Zustimmung: **„und nicht ließ sie der Geist Jesu".** Wie ratlos, wie dringlich fragend werden sie nun wieder vor ihrem Herrn gestanden haben: „Herr, was willst du denn eigentlich? Wo sollen wir nach deinem Willen hin?"

[356] Man könnte freilich an Ankyra, das bekannte Angora, denken. Aber erstens wäre es dann hier und gewiß auch im Galaterbrief genannt worden, wenn Paulus und Silas damals in diese Stadt gelangt wären. Und zweitens finden wir die beiden Boten im nächsten Satz an der Grenze von Mysien. So weit nordöstlich nach der Hauptstadt Galatiens sind sie demnach nicht gekommen. Die Schilderung in Apg 18, 23 ebenso wie die Adresse des Galaterbriefes paßt auch viel besser auf eine Anzahl von Gemeinden in ländlichen Gegenden.

Sie können jetzt nur **„Mysien durchziehen"**, ohne dort eine Arbeit 8
zu versuchen. Dann stehen sie in Troas – dem alten sagenumwobenen Troja – am Meer und am Ende jedes möglichen Weges. So hat Gott im Laufe der Kirchen- und Missionsgeschichte manches Mal gerade seine erwählten Werkzeuge ans „Ende" geführt, dahin, wo ihnen jede eigene Möglichkeit abgeschnitten war und nur noch eine überraschende Lösung durch Gott selbst übrigblieb[357].

Diese Lösung kommt auch hier: **„Und ein Gesicht wurde nachts von** 9
Paulus gesehen: ein makedonischer Mann stand da und bat ihn und sprach: ‚Komm herüber nach Makedonien und hilf uns!'" Gott läßt uns manchmal mit seiner Führung bis zum Äußersten, fast unerträglich lange, warten; aber dann im letzten Augenblick kommt die Führung mit wunderbarer Bestimmtheit. Woran Paulus den **„Mann aus Makedonien"** erkannte, sagt Lukas nicht. Aber in Träumen und Gesichten „wissen" wir stets sehr genau, was dort vor uns steht, ohne einen einleuchtenden Grund für dieses Wissen angeben zu können.
Als Paulus am Morgen seinen Gefährten das nächtliche Gesicht er- 10
zählt, da **„ziehen sie[358] den Schluß, daß Gott sie berufen hatte, ihnen das Evangelium zu verkündigen"**. Denn dieser unerwartete, unerhörte Ruf Gottes läßt jetzt all sein hinderndes Nein auf einmal verständlich erscheinen. Um des viel Größeren willen ist das Kleinere und Naheliegende versagt worden. Menschliches Planen hätte erwogen: Evangelisation in der Asia und in Ephesos – wer weiß, ob sich dann nicht sogar Verbindungen nach Griechenland knüpfen. Gott wirft seine Boten kühn nach Europa hinüber und will die feste Basis in Makedonien, ehe das schwierige Griechenland in Angriff genommen wird. Ephesos, Kolossä, Laodikea und die andern Gemeinden in der Asia (vgl. Offb 1, 4 und 2–3) finden dann schon ihre Stunde.

Nun folgt „sofort" ihr praktisches Bemühen: **„sofort suchten wir fortzukommen nach Makedonien."** Es wird jetzt nicht erst ein Gremium von Europaexperten zusammengerufen, nicht erst sorgfältig

[357] Paulus hat immer unter Gebet und der Leitung Gottes gestanden, vgl. Rö 15, 30–32; 1, 10. Es ist das Vorrecht aller Kinder Gottes, durch Führung von oben von aller gefährlichen Eigenmächtigkeit und von den noch gefährlicheren okkulten Mitteln zur Regelung des Lebens in der Zukunft befreit zu sein. Aber wie schwer ist es, in dieser Führung gehorsam auszuharren, wenn sie so rätselhaft alles versagt und jeden Weg versperrt! Der Gehorsam gegen Gottes „Nein" ist härter als der gegen eine unwillkommene positive Weisung. Wie leicht überhören wir ein solches „Nein". – Übrigens berichtet Codex D noch an drei Stellen (Apg 17, 15; 19, 1; 20, 3) von solchen besonderen „Führungen" oder „Hinderungen". Das dürfte wieder spätere Ausmalung und Systematisierung sein. Das NT ist viel freier.

[358] Welch ein Geschenk, Brüder bei sich zu haben, mit denen man solch ein nächtliches „Gesicht" besprechen kann, um unter gemeinsamem Gebet zur „festen Gewißheit" zu gelangen.

geprüft, welche Verhältnisse man „drüben“ vorfinden werde und wie man mit der Botschaft an Europäer herankommen könne. Es wird gehorcht und gehandelt. Dem Evangelium eine „Tür des Wortes aufzutun“ (Apg 14, 28) auch drüben im unbekannten Erdteil, das ist allein Gottes Sache. Sache der Boten ist es, dieses eine, einzige, unveränderliche Evangelium zu bezeugen.

An dieser Stelle erscheint in der Apg zum ersten Mal das „Wir“, das uns von jetzt an vielfach begegnen wird (Apg 16, 10—17; 20, 5; 21, 18; 27, 1 — 28, 16). Sicherlich, es „wirkt hier als ein Stilmittel von gewaltiger Kraft“[359]. Gerade an diesem entscheidenden Wendepunkt der Mission stehen wir plötzlich gleichsam selber mitten in dem Geschehen darin und erleben es unmittelbar mit. Aber als bloßes Stilmittel würde es sich abbrauchen, wenn es nun immer wieder verwendet wird. Nein, der Leser der Apg wird hier nicht ein „Stilmittel“ sehen, das ihn lebendiger in die Ereignisse hineinholen soll, er kann gar nicht anders als den Eindruck haben: Hier war der Verfasser des Buches mit dabei, hier schließt er vor allem sich selbst in das Geschehen und Erleben unmittelbar mit ein. Hätte der Verfasser lediglich eine fremde „Wir-Quelle“ benutzt, so hätte er sich ausdrücklich gegen diesen selbstverständlichen Eindruck verwahren und irgendwie zum Ausdruck bringen müssen, daß er persönlich gerade nicht zu diesem „Wir“ gehöre, sondern den Erlebnisbericht eines andern benutze. Der „Wir“-Bericht beginnt in Troas, führt aber nur bis Philippi, bricht dort ab und setzt erst Apg 20, 6 erneut ein — wieder in Philippi. Man darf daraus wohl schließen, daß Lukas sich erst in Troas der Missionsmannschaft des Paulus anschloß und dann in Philippi zur Weiterführung der dortigen Arbeit zurückgelassen wurde. Lukas macht es wie Johannes in seinem Evangelium. Er deutet seine persönliche Augenzeugenschaft wohl an, schweigt aber über sich selbst völlig. Wie gutes Zutrauen dürfen wir zu ihm haben.

DIE ZWEITE MISSIONSREISE

4. Der Anfang in Philippi

Apostelgeschichte 16, 11—15

zu Vers 13:
Lk 4, 20
Apg 13, 14

11 Abgefahren aber von Troas, gelangten wir geradeswegs nach
12 Samothrake, am folgenden Tag aber nach Neapolis * und von dort
nach Philippi, das die erste Stadt dieses Teiles von Makedonien
ist, eine „Kolonie“. Wir verweilten aber in dieser Stadt einige
13 Tage. * Und am Tage des Sabbat gingen wir zum Tor hinaus an

[359] Haenchen a. a. O. S. 431.

den Fluß, wo wir meinten, daß eine Gebetsstätte sei, und setzten
uns und redeten zu den Frauen, die zusammengekommen waren.
14 *** Und eine Frau mit Namen Lydia, eine Purpurhändlerin aus der**
Stadt Thyatira, eine Gottesfürchtige, hörte zu, der der Herr das
15 **Herz öffnete, achtzugeben auf das von Paulus Gesagte. * Als sie**
aber getauft wurde und ihr Haus, bat sie und sagte: „Wenn ihr
geurteilt habt, daß ich gläubig an den Herrn Jesus sei, dann
kommt in mein Haus und bleibt." Und sie nötigte uns.

zu Vers 14:
Lk 8, 18
Apg 8, 6
Jo 6, 44
1 Th 2, 13
Offb 1, 11
Offb 2, 18. 24
Offb 10, 35
zu Vers 15:
Jo 4, 53
Mt 10, 40
Lk 24, 29

Sie hatten „sofort gesucht fortzukommen nach Makedonien". Sie finden ein Schiff hinüber nach Europa und „fuhren ab". Die damalige Seefahrt mit den kleinen Schiffen war oft eine mühselige Sache; die Boten Jesu sind dankbar und spüren darin die Hand ihres Herrn, daß diesmal die Fahrt ohne Schwierigkeiten mit günstigem Wind **„geradeswegs nach Samothrake"** geht, einer Insel, deren hohes Gebirge schon lange aus dem Meer vor ihnen aufgetaucht war. Über Nacht blieb das Schiff dort vor Anker und gelangte **„am folgenden Tag nach Neapolis"**[360]. Warum hier in dieser schönen Stadt mit dem vortrefflichen Hafen nicht einmal der Versuch einer Evangelisation gemacht wird, wissen wir nicht. Wahrscheinlich wollte Paulus seinem Wunsch folgen, sofort in der Metropole der Landschaft mit der Arbeit einzusetzen. Ohne Aufenthalt ziehen die Boten Jesu sogleich weiter **„nach Philippi, das die erste Stadt des Teiles von Makedonien ist, eine ‚Kolonie'"**. 11

Als 167 v. Chr. Makedonien römische Provinz wird, wird es in vier gesonderte Teile gegliedert, um Erhebungen gegen die römische Herrschaft zu erschweren. Die **„erste Stadt"** in jenem Teil der Provinz ist Philippi. Es ist in der römischen Geschichte berühmt geworden. Hier schlugen Oktavian und Antonius die Mörder Cäsars; und der junge Oktavian tat damit den entscheidenden Schritt auf dem Weg, der ihn zum Kaiser Augustus werden ließ. Zur Erinnerung und zum Dank erhob er Philippi zur „Kolonie". Damit besaß die Stadt Selbstverwaltung, Befreiung von allen Abgaben und Tributen und italisches Recht. Römische Soldaten wurden in ihr angesiedelt, die unmittelbar in Rom ihre Zuständigkeit hatten und von der Provinzialverwaltung in Amphipolis unabhängig waren.

Im Hafenort Neapolis (Neustadt) hat Paulus sich nicht aufgehalten. 12/13
Aber in Philippi bleibt er. Nun ist er bei den Makedoniern, denen er nach Gottes Auftrag helfen soll. Stürzt er sich nun in die Arbeit hinein? Organisiert er Versammlungen? Nein, in aller Ruhe **„verweil-**

[360] Nach Apg 20, 6 brauchten die Reisenden später in der umgekehrten Fahrtrichtung für die gleiche Strecke fünf Tage.

ten wir in dieser Stadt einige Tage". Paulus bleibt auch hier in der ersten Stadt Europas bei seiner Weise, den Anknüpfungspunkt für seinen Dienst in Israel zu suchen. Die Judenschaft in dieser römischen Kolonie ist so klein, daß Paulus sie zunächst gar nicht findet. In der Stadt gibt es keine Synagoge. Paulus scheint bei seinen Gängen durch die Stadt nicht einmal Juden getroffen zu haben. Denn **„am Tage des Sabbat gingen wir zum Tor hinaus an den Fluß, wo wir meinten, daß eine Gebetsstätte sei".** Dieser Fluß, der Gangitis, strömt nicht durch Philippi selbst, sondern ist 2 km von der Stadt entfernt. Eine Synagoge wird dort schwerlich gestanden haben. Man kam zum Gebet am Flußufer zusammen, weil man das Wasser zu den vorgeschriebenen Waschungen brauchte (vgl. Ps 137, 1). Paulus hat sich nicht getäuscht. Die jüdische Gebetsstätte ist da. Einige Frauen sammeln sich. Männer scheinen, zunächst wenigstens, nicht dagewesen zu sein. Und nun ist es ein lehrreicher Anblick für uns. Gott hat in den großen Landschaften Kleinasiens alle Wirksamkeit unmöglich gemacht. Gott hat den Weg nach Ephesos und den aussichtsreichen Orten der Asia versperrt. Gott hat seine Boten hierher nach Makedonien, nach Europa geführt. Welch ein Aufwand Gottes! Muß nun nicht Großes geschehen? Müssen nun nicht die Makedonier, die „Europäer" erreicht werden? Was sollen ein paar fromme Frauen draußen vor der Stadt? Aber diesen Frauen wird die Botschaft gesagt; für diese Frauen ist Paulus jetzt ganz da. Eben dies heißt unter Gottes Führung stehen, daß man auf alle großen Pläne verzichten und sich mit gesammelter Hingabe für das Kleine und Unbedeutende einsetzen kann. Es ist Gottes Sache, aus so kleinen Anfängen Großes erwachsen zu lassen. Das Reich Gottes ist gleich einem Senfkorn, das ein Mensch nahm und säte es auf seinen Acker" (Mt 13, 31).

14 Unter den Frauen ist eine Nicht-Jüdin, eine **„Gottesfürchtige".** Sie stammt aus **„Thyatira"** (Offb 2, 18), einer Stadt in der Asia, in die Gott seine Boten jetzt nicht gehen ließ. Das Handeln mit Purpurstoffen hatte diese Frau nach Philippi geführt. Purpurstoffe sind Luxusware. **„Lydia"**[361] ist offensichtlich eine tüchtige und energische Frau (vgl. V. 15), die es in ihrem Beruf zu etwas gebracht hat und nun ein großes Haus in der Stadt besitzt. Aber sie gehört zu den Menschen, die an Geschäft und Gewinn und reichem Leben nicht genug haben. Ihr inneres Suchen hat sie zur Judenschaft geführt, deren wunderbarer Gott sie anzieht. Sie schämt sich nicht, unter den paar Frauen am Sabbat draußen am Fluß zu sein. Sie **„hörte zu".** Die Form des Wortes kann darauf hinweisen, daß dies nicht nur an jenem ersten

[361] Vielleicht hieß sie einfach: „die Lydierin"; Lydien war berühmt wegen seiner Purpurfärberei und seiner Färbergilden. Thyatira lag in Lydien.

Sabbat, sondern öfter geschah. Damit jedenfalls fängt es immer an, daß ein Mensch „hört". Und nun erfolgt jener geheimnisvolle Vorgang, den man nur so beschreiben kann, wie Lukas es hier tut: **„. . . der der Herr das Herz öffnete[362], achtzugeben auf das von Paulus Gesagte."** Wieviel können wir hören, ohne zu „hören", ohne „achtzugeben", ohne zu fassen, was das Gesagte ist, was es für uns bedeutet. Echtes, erfassendes Hören ist schon Geschenk der Gnade. Es ist das Gegenteil jenes Gerichtes, das Mt 13, 10–15 schildert. Dem gleichen Wort „achtgeben auf" oder „sich halten an" begegneten wir schon Apg 8, 10–11. Es besagt mehr als unser deutsches „achtgeben". Es wird gerade an unserer Stelle ein verhaltener Ausdruck für den glaubenden Anschluß an das Wort sein. Jedenfalls erwuchs aus ihm das unmittelbare „Zum-Glauben-kommen", von dem Lukas hier nicht ausdrücklich spricht.

Wieder ist Lukas von äußerster Kürze. Wann es zum Gläubigwerden und zur Taufe kam, ob Lydia die einzige blieb oder ob auch andere Frauen gewonnen wurden, das alles erfahren wir nicht. Wie hätte es uns gefreut, diesen bewegenden Tauftag dieses Erstlings in Europa mitzuerleben! Lukas ist etwas anderes wichtig. Paulus hat mit Entschlossenheit an dem Grundsatz festgehalten, für sich und seine Mitarbeiter keinerlei Unterstützungen aus den Gemeinden anzunehmen (vgl. 1 Ko 9, 15–18). Es lag ihm mit Ernst daran, nicht nur sein Werk vor jedem Verdacht des Eigennutzes freizuhalten, sondern auch in der grie Umwelt mit ihrer Verachtung der Arbeit den eigenen Erwerb des Brotes und die Unabhängigkeit von den anderen zu Ehren zu bringen (vgl. 1 Th 2, 9; 4, 11; 2 Th 3, 7–12). Nur in Philippi hat er es ausnahmsweise anders gehalten: Phil 4, 10. 15 f. Lukas schildert
uns, wie das auf die Lydia zurückgeht. An ihrem Tauftag **„bat sie und** 15
sagte: ‚Wenn ihr geurteilt habt, daß ich gläubig an den Herrn Jesus sei, dann kommt in mein Haus und bleibt'". Sie schließt einen Ring des Vertrauens: Sie hat sich mit allem, was sie ist und hat, dem Herrn anvertraut; die Boten Jesu vertrauen ihr, daß es wirklich so in ihrem Leben steht; nun dürfen und sollen die Boten sich auch ihr anvertrauen und ganz zu ihr in ihr Haus ziehen. Paulus zögert von seinem wohldurchdachten Grundsatz aus. Aber **„sie nötigte uns".** Wie schön, daß ein so mächtiger Mann wie Paulus beides kann: mit harter Folgerichtigkeit einen als notwendig erkannten Weg durchzusetzen, aber auch sich von dem Glauben und der Liebe einer Frau überreden lassen und von da aus einer ganzen Gemeinde erlauben, für ihn zu sorgen.

[362] Hier liegt wieder das Bild von der „Tür" vor, das wir Apg 14, 27 schon fanden. Dies „Öffnen der Tür" liegt völlig außerhalb unserer Macht. Mit keiner alten oder neuen „Methode" ist es zu erreichen. Es ist das reine Geschenk des Herrn: Offb 3, 8. 9; 2 Ko 2, 12.

Getauft wurde Lydia **„und ihr Haus"**. Das **„Haus"** meint dabei nicht nur die persönliche Familie. Lydia wird unverheiratet gewesen sein. Es sind vor allem die vielleicht zahlreichen Sklaven, die das „Haus" bilden. Sind sie alle persönlich zum Glauben an Jesus gekommen? Wir müssen es wohl als Tatsache hinnehmen, daß Paulus die Verbundenheit eines „Hauses" so eng und so lebendig sah, daß er mit der Hausherrin auch ihr ganzes Gesinde der Herrschaft Jesu unterstellte (vgl. Anm. 376) [363].

So beginnt die große Christenheit Europas mit dieser einen entschlossenen Frau! Nicht ein Mann ist der „Erstling" Europas, nicht einmal eine echte „Europäerin". Aber im Hause der Lydia entsteht nun das erste Missions- und Gemeindezentrum Europas. Lydia ist als Jüngerin Jesu so tüchtig und energisch, wie sie es als Weltkind in ihrem Beruf war. Gott kann sehr wohl auch die Tüchtigen und Wohlhabenden in seiner großen Sache brauchen.

DIE ZWEITE MISSIONSREISE

5. Der Kerkermeister von Philippi

Apostelgeschichte 16, 16—40

zu Vers 16: Apg 12, 13; 19, 24
zu Vers 17: Mk 1, 24. 34; Lk 4, 41
zu Vers 18: Mk 16, 17; Apg 4, 2; 2 Ko 2, 11
zu Vers 19: Apg 15, 40; 19, 25

16 **Es geschah aber, als wir zur Gebetsstätte gingen, daß eine Sklavin,**
die einen Wahrsagergeist hatte, uns begegnete, die viel Gewinn
17 **einbrachte ihren Herren, indem sie wahrsagte. * Diese folgte dem**
Paulus und uns und rief: „Diese Menschen sind Knechte des
höchsten Gottes, die euch den Weg der Rettung verkündigen!"
18 *** Das aber tat sie an vielen Tagen. Paulus aber wurde unwillig**
darüber und wandte sich um und sprach zu dem Geist: „Ich be-
fehle dir im Namen Jesu Christi auszufahren aus ihr!" Und er
19 **fuhr aus zur selben Stunde. * Als aber ihre Herren sahen, daß aus-**
gefahren war die Hoffnung ihres Gewinns, ergriffen sie Paulus
20 **und Silas und schleiften sie auf den Markt zu den Behörden * und**
brachten sie zu den Prätoren und sagten: „Diese Menschen brin-

[363] Ähnliches berichtet Graf Korff aus der Erweckungszeit unter dem russischen Hochadel. Die junge Fürstin Lieven vom kaiserlichen Hof bekehrte sich. Nachdem Jesus ihr Herr geworden war, öffnete sie ihm auch ihr Palais. Als sie einmal den Besuch von Graf Korff hatte und mit ihm in ihrem wundervoll ausgestatteten großen Saal war, konnte dieser sich nicht enthalten zu sagen: „Wie merkwürdig ist es, daß es hier so stark nach dem Stalle riecht." — „Das ist durchaus nicht merkwürdig", antwortete die Fürstin, „hier war vor kurzem eine Gebetsversammlung, an der alle unsere Kutscher teilnahmen. Mein Haus gehört meinem Heiland, ich bin nur seine Hausverwalterin." (Aus Karl Weber: Dr. F. W. Baedeker)

21 gen unsere Stadt in Unruhe; Juden sind sie, * und sie verkündigen
Sitten, die uns nicht erlaubt sind anzunehmen und zu tun, da
22 wir Römer sind." * Und es erhob sich die Menge gegen sie, und
die Prätoren ließen ihnen die Kleider herunterreißen und befahlen,
23 sie mit Ruten zu schlagen. * Nachdem sie ihnen viele Schläge ge-
geben hatten, warfen sie sie ins Gefängnis, indem sie dem Ge-
24 fängniswärter befahlen, sie sicher zu verwahren. * Der warf sie,
als er solchen Befehl bekommen hatte, in das innere Gefängnis
und legte ihre Füße zur Sicherheit in den Block.
25 Um die Mitternacht aber beteten Paulus und Silas und priesen Gott
26 mit einem Lied; es hörten ihnen aber die Gefangenen zu.* Plötzlich
aber geschah ein großes Erdbeben, so daß erschüttert wurden die
Grundmauern des Gefängnisses. Es öffneten sich aber sofort alle
27 Türen, und aller Fesseln wurden gelöst. * Als aber der Gefängnis-
wärter jäh aufwachte und die Türen offen sah, zog er das
Schwert und wollte sich töten, da er meinte, entflohen seien die
28 Gefangenen. * Es rief aber Paulus mit lauter Stimme: „Tue dir kein
29 Leid an, denn alle sind wir hier!" * Da forderte er Licht, lief hinein,
30 und zitternd fiel er vor Paulus und Silas nieder. * Und als er sie
nach draußen geführt hatte, sprach er: „Ihr Herren, was muß ich
31 tun, daß ich gerettet werde?" * Sie aber sprachen: „Glaube an den
Herrn Jesus Christus, und gerettet werden wirst du und dein
32 Haus." * Und sie sagten ihm das Wort Gottes samt allen, die in
33 seinem Hause waren. * Und er nahm sie in jener Stunde der Nacht
mit sich und wusch sie von den Schlägen, und getauft wurde er
34 selbst und die Seinen alle sogleich. * Und er führte sie hinauf in
sein Haus und setzte ihnen eine Mahlzeit (wörtlich: einen Tisch)
vor und jubelte mit seinem ganzen Hause, daß er an Gott gläubig
geworden war.
35 Als es aber Tag geworden war, sandten die Prätoren die Liktoren
36 mit der Weisung: „Laß diese Menschen frei". * Es meldete aber
der Gefängnisvorsteher diese Worte dem Paulus: Die Prätoren
haben hergesandt, damit ihr freigelassen würdet. Nun geht hinaus
37 und zieht in Frieden! * Aber Paulus sprach zu ihnen: „Geschla-
gen haben sie uns öffentlich ohne Verhör, die wir Römer sind,
und ins Gefängnis geworfen; und jetzt schicken sie uns heimlich
fort? O nein, sondern sie sollen selbst kommen und uns fort-
38 geleiten!" * Es meldeten aber den Prätoren die Liktoren diese
Worte. Sie bekamen es aber mit der Angst, als sie hörten, daß es
39 Römer sind, * und kamen und redeten ihnen zu und führten sie
(aus dem Gefängnis) hinaus und baten sie, fortzugehen aus der
40 Stadt. * Da verließen sie das Gefängnis und gingen zu Lydia; sie
sahen die Brüder und sprachen ihnen zu und zogen davon.

zu Vers 20:
Apg 17, 6
1 Kö 18, 17
Am 7, 10

zu Vers 22:
2 Ko 11, 25
Phil 1, 30
1 Th 2, 2

zu Vers 24:
Apg 12, 6. 10

zu Vers 25:
Apg 5, 41
Kol 3, 16
Jak 5, 13

zu Vers 26:
Apg 4, 31
5, 19
12, 7. 10

zu Vers 27:
Apg 12, 19

zu Vers 30:
Lk 3, 10
Apg 2, 37
22, 10

zu Vers 31:
Mk 16, 16
Lk 10, 25
Jo 4, 53
Jo 6, 29
Apg 3, 16
11, 14
17, 36

zu Vers 34:
Ps 23, 5
Jo 14, 6
Apg 8, 39
1 Th 1, 9

zu Vers 36:
Mk 5, 34

zu Vers 38:
Apg 22, 29

zu Vers 39:
Mt 8, 34
Apg 5, 26

Am Schluß unseres Abschnittes sind **„Brüder"** da, von denen Paulus Abschied nimmt. Lukas hat bei dem beschränkten Raum für sein weitgespanntes Geschichtswerk nicht erzählt, wie die Arbeit der Boten Jesu in Philippi weiterging und wie hier eine Gemeinde Jesu entstand, die im Hause der Lydia ihren Sammelpunkt besaß. Wir müssen aber jedenfalls an eine längere Zeit der Wirksamkeit in Philippi denken und nicht die Vorstellung haben, als sei mit der Bekehrung der Lydia und der des Gefängnisaufsehers schon alles Wichtige in Philippi geschehen. Lukas schildert nur Beginn und Ende der paulinischen Arbeit in Philippi.

16—18 Wieder stoßen die Boten Jesu mit der okkulten Welt des Heidentums zusammen. Eine Sklavin hat einen **„Wahrsagergeist"**[364]. Sie gehört einem ganzen Konsortium von „Herren", die durch ihre Wahrsagerei gute Einnahmen haben. Es ist das bis heute eine eigenartige Tatsache, daß gerade okkult behaftete Menschen von Jesu Jüngern angezogen werden. So läuft auch dieses Mädchen **„Paulus und uns nach"**[365], und man hört ihr lautes, erregtes Rufen: **„Diese Menschen sind Knechte des höchsten Gottes, die euch den Weg der Rettung verkündigen."** Ist das nicht Wahrheit und damit zugleich eine wirksame Unterstützung für Paulus und seine Sache? Muß Paulus nicht erfreut sein, wenn selbst eine Wahrsagerin auf ihn hinweist? **„Paulus aber wurde unwillig darüber."** Er ist weder geschmeichelt noch interessiert. Er weiß, wer hinter diesem Rufen steht. Er duldet keine Reklame des Teufels für die Sache Jesu. Auch wenn sich Finsternismächte „religiös" oder sogar „christlich" tarnen, bleiben sie verderbliche Mächte des Feindes. Wir brauchen uns nur auszudenken, zu welchen Mißverständnissen[366] in der heidnischen Bevölkerung es kommen muß, wenn die Boten Jesu auf eine Linie mit diesem Okkultis-

[364] Wörtlich heißt es: Einen Geist „Python". Der „Python" ist der Drache, der als Wächter des berühmten Delphischen Orakels am Fuß des Parnaß hauste. Wenn das Wort später auch ganz allgemein einen „Wahrsagergeist" bezeichnet, wird in dem Wort doch noch die Beziehung zum Delphischen Orakel mitgehört worden sein. In der Sklavin hatte man so etwas wie eine „Pythia" im Kleinformat.

[365] Lukas erzählt wieder im Imperfekt und drückt damit die Dauer des Geschehens aus. Jenem ersten Auffinden der Gebetsstätte folgen also viele sabbatliche Gänge dahin. Wir dürfen uns eine längere Wirksamkeit der Boten in Philippi ausmalen. Und — wie dann Vers 18 es ausdrücklich sagt — auch das besessene Mädchen sucht immer wieder den Paulus und folgt ihm aufgeregt nach.

[366] Ein solches Mißverständnis lag sofort in der Gottesbezeichnung vor. Auch in Mk 5, 7 konnte Jesus „Sohn des höchsten Gottes" genannt werden. Aber im Raum Israels war dieser Ausdruck die Ehrung des einen lebendigen Gottes; im Heidentum die relative Hervorhebung eines einzelnen Götterwesens in der Vielheit der andern. Es zeigt sich hier den Boten Jesu gegenüber genau die gleiche Haltung der dämonischen Welt, wie sie in den Evangelien dem Herrn selbst entgegentritt: Sie muß die Wahrheit anerkennen und hüllt sich doch in Unwahrheit und Auflehnung ein.

mus gestellt werden. Darum **„wendet sich Paulus um"** und spricht das Machtwort: **„‚Ich befehle dir im Namen Jesu Christi auszufahren aus ihr!' Und er fuhr aus zur selben Stunde".** Den Mächten der Finsternis gegenüber gibt es keine Schonung, aber auch keine Scheu. Mit ihnen kann der Jünger Jesu nur im Befehlston reden, wie sein Herr es getan hat (z. B. Mk 1, 25; 5, 8). Während aber Jesus selbst das einfache „Ich gebiete dir" sprechen konnte, hat der Jünger nur dann die Vollmacht, wenn er es **„im Namen Jesu Christi"**, im glaubenden Blick auf den Kreuzessieg und die Macht des lebendigen, gegenwärtigen Herrn tut, damals wie heute[367].

Das Mädchen ist frei, aber der mühelose Gewinn ist ebenso **„ausgefahren"** wie der Wahrsagergeist. Als die Besitzer der Sklavin merken, daß sie nicht mehr „wahrsagen" kann und darum nichts mehr einbringt, und als sie hören, was geschehen ist, sind sie empört. Was gilt ihnen die Gesundheit und Freiheit einer Sklavin! Was kümmern sie sich um Fragen göttlicher Wahrheit. Ihr Gewinn, ihr Geld ist angetastet, unerhört! Wenn es ans Geld geht, dann wird der Mensch ungemütlich. Wer ist denn dieser Paulus und dieser Silas? Natürlich **„Juden"**! Der Antisemitismus wird wach, den es damals im römischen Reich schon lebhaft gab. Man hört ordentlich die moralische Entrüstung der geschäftstüchtigen Herren. Durch diese **„Juden"** hat es schon allerlei Unruhen in der Stadt gegeben. Den Burschen wollen wir das Handwerk legen! So lauern sie Paulus und Silas in einer Straße auf **„und schleiften sie auf den Markt zu den Behörden und brachten sie zu den Prätoren"**[368]. Natürlich beschweren sie sich nicht über die Heilung der Sklavin. Man hat zu allen Zeiten gewußt, wie man an die „Ordnung" und an das nationale Gefühl apellieren muß, wenn es in Wirklichkeit um das eigene Geld geht! **„Diese Menschen bringen unsere Stadt in Unruhe; Juden sind sie, und sie verkündigen Sitten, die uns nicht erlaubt sind anzunehmen und zu tun, da wir Römer sind."** Welche **„Sitten"** das sind, die Paulus und Silas verkünden, wird im einzelnen nicht gesagt[369]. Es kommt auch gar nicht 19—24

[367] Wem entsprechende eigene Erfahrungen fehlen, wird hier psychologische Erklärungen suchen, die Tiefenpsychologie bemühen oder das Ganze für eine „Wunderlegende" halten. Dabei bestätigt die „Therapie" die „Diagnose": Krankhafte Seelenzustände weichen nicht einem kurzen Machtwort! Wer sich näher über den wahren Sachverhalt unterrichten will, sei auf das grundlegende Werk von Kurt E. Koch „Seelsorge und Okkultismus", 7. Auflage, Berghausen, hingewiesen; aber auch auf Ernst Seitz „Mächte der Finsternis", Stuttgart.

[368] Der hier von Lukas verwendete Titel „Strategoi" ist nicht ganz korrekt, wird aber auch so auf Inschriften gebraucht. Eine Stadt unter italischem Recht wird von zwei Prätoren regiert, die lateinisch „duumviri", die „Zweimänner", hießen.

[369] Die Ankläger hatten sogar das formale Recht auf ihrer Seite, wie das in solchen Situationen oft der Fall ist. Die Werbung für fremde Kulte unter römischen Bürgern war

darauf an. Es gilt ja nur, Behörde und Bevölkerung gegen diese hergelaufenen jüdischen Unruhestifter aufzubringen[870]. Das gelingt. Es kommt zu keiner Untersuchung, bei der Paulus sein römisches Bürgerrecht hätte in die Waagschale werfen können. Hier stehen die stadtbekannten, reichen Herren, dort diese unscheinbaren, fremden Juden. Das Volk, zum großen Teil aus römischen Kolonisten bestehend, nimmt im Hochgefühl seines römischen Stolzes gegen Paulus und Silas Stellung. Die Prätoren winken den Liktoren[871], und schon werden den beiden auf offenem Markt die Kleider heruntergerissen, die Rutenhiebe sausen, bis der Rücken blutig ist. Dann führt man Paulus und Silas ab ins Gefängnis. In einem finsteren Raum im Inneren des Gebäudes werden ihnen die Füße in den Holzblock eingespannt, so daß sie mit dem wunden Rücken in unbequemster Lage bewegungslos Stunde um Stunde zubringen müssen.

25 Wie kann Gott das zulassen! Wie schön war das Missionswerk in Gang gekommen, zu dem Gott sie doch eigens hierher gerufen hatte. Und nun ist alles jäh zu Ende. Um „einer Wohltat willen"! (vgl. Apg 4, 9) Ist es nicht zum Verzweifeln? **„Um die Mitternacht aber beteten Paulus und Silas und priesen Gott mit einem Lied."** Hier ist erfüllt, was Hiob von den Lobgesängen sagt, die Gott in der Nacht gibt, auch in der Nacht solcher Leiden und Rätsel (Hio 35, 10; auch Ps 42, 9; 119, 55). Die Männer und Frauen sind nicht zu zählen, die in allen Jahrhunderten der Kirchengeschichte durch diesen Bericht getröstet und ermutigt worden sind. Was mögen die andern Gefangenen gedacht haben, die sonst nur Stöhnen und Schimpfen und Fluchen kannten und die nun dem Beten und dem Loblied des Paulus und Silas zuhören?

26—28 Da bricht Gottes Hilfe mit einem Erdbeben herein. Solche jähen Katastrophen machen das Herz der Menschen offenbar. Der Gefängnisaufseher — vermutlich ein alter römischer Offizier — aus dem Schlaf aufgeschreckt sieht nur das eine: „Die Gefängnistüren sind auf", denkt nur das eine: „Die Gefangenen sind entflohen", kennt nur den einen Ausweg: „Diese Schande kann ich als verantwortlicher

verboten! Die christliche Mission unter Römern war von vornherein illegal, wo das „Christentum" etwas anderes sein wollte als eine „Richtung" innerhalb des Judentums. Aber wie verlogen war dieses Pochen auf das „Recht". Diese selben stolzen Römer scheuten nicht das Geschäft mit finsterer Wahrsagerei. Die ganze Szene zeigt aber, wie sehr wir uns in Philippi in einer „römischen" Stadt befinden.

870 Wie oft hat es seitdem diese Empörung gegen die „neuen Moden", gegen die „Beunruhigung" des Volkes oder der Kirche gegeben. Und wie oft standen dabei die egoistischen Interessen im Hintergrund.

871 Die „Liktoren" sind die Gerichtsdiener des Prätorius. Sie tragen in Rom das Rutenbündel mit dem Beil darin, in der Provinzstadt nur das Rutenbündel. Sie sind die Vollstrecker der von den Prätoren verhängten Strafen.

Offizier nicht überleben!"[372] **„Er zog das Schwert und wollte sich töten."** Da trifft ihn der Ruf des Paulus: **„Tue dir kein Leid an, denn alle sind wir hier!"** Mit einer schnell entzündeten Fackel stürzt er in den Raum – da sind seine Gefangenen! Was sind das für Menschen! Mächtig ist eine göttliche Hilfe für sie gekommen – und sie sind dageblieben und haben ihn so herzlich angerufen und vor der raschen Tat bewahrt. **„Da forderte er Licht, lief hinein, und zitternd fiel** 29–31
er vor Paulus und Silas nieder. Und als er sie nach draußen geführt hatte, sprach er: ‚Ihr Herren, was muß ich tun, daß ich gerettet werde?'" Auch hier ist eine Geschichte Gottes vorhergegangen, die wir nicht kennen. Wieviel dieser Mann von der Wirksamkeit des Paulus in den Wochen vorher gehört hatte, wissen wir nicht; Lukas ist sehr schweigsam. Aber die Frage nach dem Heil wird nicht in wenigen Minuten äußerer Erschütterung in einem toten Herzen geboren; wohl aber kommt sie in solchen Minuten zu sich selbst und bricht endlich heraus, wenn sie ein aufgewachtes Herz schon lange im Verborgenen beunruhigt hat. Das aber ist das Kostbare am Evangelium, daß es auf diese Frage die einfache, eindeutige Antwort hat: **„Glaube an den Herrn[373] Jesus Christus, und gerettet werden wirst du und dein Haus."** Das unterscheidet das Evangelium von allen andern Religionen und Weltanschauungen, daß es nicht irgendwelche Leistungen vom Menschen fordert, nicht neue religiöse Methoden empfiehlt, nicht geheimnisvolle Erkenntnisse vermittelt, sondern zu dem einen, kindlich leichten Schritt aufruft: Hier ist Jesus – vertrau dich ihm an! Darin liegt die ganze Errettung. Wie aber haben wir den Zusatz zu verstehen: **„Du und dein Haus"**? Liegt hier eine spezielle Zusage für diesen einen Fall, weil Paulus und Silas hier die Gewißheit hatten, daß alle Hausgenossen ebenfalls zu dem rettenden Glauben durchdringen würden? Oder darf jedermann, der zu Jesus kommt, sich die Zusage aneignen: auch meine Frau, auch meine Kinder werden gläubig werden? Wir werden die Eigenart eines Hauses der alten Welt mit berücksichtigen müssen. Es umfaßte nicht nur Frau und Kinder, sondern vor allem auch die Schar der dem „Hause" zugehörigen Sklaven. Es ist in unserem Text offensichtlich an eine Gruppe erwach-

[372] Es kommt hinzu, daß er mit seinem Kopf für die Gefangenen haftet! Vgl. Apg 12, 18.

[373] Damit weisen die Boten zugleich die Anrede „Ihr Herren" zurück. Diese Anrede hatte im Mund und in den Ohren eines Menschen der damaligen Zeit einen ganz anderen Klang als für uns. Wir hören darin nur eine gewisse achtungsvolle Höflichkeit. („Was bekommen die Herren?" fragt der Kellner.) Damals aber lag in dem Wort „Kyrios = Herr" sofort ein Ton religiöser Scheu vor einer jenseitigen Macht. Darum betonen die beiden: Nein, sie sind in gar keiner Weise „Herren", in keiner Weise geheimnisvolle und religiös wichtige Gestalten, was der heidnische Offizier bei dem wunderbaren Geschehen fast zwangsläufig angenommen haben wird. „Herr" ist nur Jesus! Alle Boten Jesu können immer nur leidenschaftlich von sich selbst wegweisen auf Jesus allein.

sener Menschen gedacht, denen „das Wort Gottes gesagt" wird. Diese Menschen haben die Ereignisse der Nacht miterlebt, sie standen nun mit unter der Verkündigung und jetzt wird auch ihnen wie dem Hausherrn zugesichert: die Rettung ist für euch da, wenn ihr den Schritt zu Jesus wagt. Das Wort der Boten Jesu will nicht behaupten, daß das Gläubigwerden des Hausherrn mechanisch die Rettung aller Hausbewohner in sich schließt. An Onesimus, der dem „Hause" des Philemon zugehörte, wird sehr deutlich, daß es ohne die persönliche Entscheidung für Jesus nicht ging. Gerettet war Onesimus nicht schon, als Philemon Christ wurde, sondern erst als er selber bei Paulus in Rom zum Glauben kommt. Aber das dürfen wir allerdings tröstlich wissen, daß Gott uns als diesen, mit unserem Hause fest verbundenen Menschen sieht und darum seine rettende Gnade herzlich für die Unsern bereithält und unser Gebet für sie erhört. Andererseits dürfen wir nicht vergessen, was der Herr selbst über den Riß gesagt hat, der um seines Namens willen gerade auch durch Häuser[374] und Familien gehen wird.

32/33 Weil das Evangelium diese eine, einfache Antwort auf die Lebensfrage unseres Herzens ist, darum kann nun auch alles so schnell gehen. Nicht ein wochenlanger Unterricht ist nötig, sondern in einer Nachtstunde **„sagten sie ihm das Wort Gottes samt allen, die in seinem Hause waren"**. Die Herrlichkeit Jesu ist in einem ganzen Leben des Bibellesens, Nachsinnens und Betens nicht annähernd auszuschöpfen und kann doch in *einer* Stunde[375] so vor Menschen hingestellt werden, daß deren Herzen alles Wesentliche erfassen und zur ganzen Übergabe an Jesus bereit sind. Darum kann der Kerkermeister **„getauft werden und die Seinen alle sogleich"**[376]. Aber es ist fein erzählt,

[374] Vgl. dazu auch die Ausführungen Anm. 376

[375] Unendlich mannigfaltig und immer original verlaufen die echten, von Gott gewirkten Bekehrungen. Es gibt hier kein Schema und keine Methode. Aber immer ist beides da: die durchdringende Erkenntnis der „Verlorenheit", der Schrei nach der Errettung und das ganze Ergreifen des Retters Jesus im Heilsglauben. Darum kann man in diesen eigentlichen Heilsglauben niemals „hineinwachsen". Darum ist jede Bekehrung zuletzt eine „plötzliche", so intensiv ihre „Vorgeschichte" gewesen sein mag und ihre „Nachgeschichte" sicherlich sein wird. Und darum gibt es auch dort das klare „Einst" und „Jetzt", wo ein Mensch das Datum seiner Bekehrung nicht nennen kann.

[376] Die „Seinen," die „Familie" umfaßte nicht nur Frau und Kinder, sondern vor allem auch die Schar der dem „Hause" zugehörigen Sklaven. Es ist im Text offensichtlich an eine Gruppe erwachsener Menschen gedacht, denen „das Wort Gottes gesagt" worden war. Freilich ist damals ein „Haus" eine solche Einheit gewesen und der „Familienvater" eines Hauses eine so bestimmende Größe, daß die Übergabe des Hausherrn an Jesus beinah selbstverständlich sein ganzes Haus in die Zugehörigkeit zu Jesus als dem Herrn mit hineinzog. Daß ein solches Geschehen hier echt und lebendig war, zeigt die eigens hervorgehobene Mitfreude des ganzen Hauses. Es ist möglich, daß bei der Taufe eines „Hauses" auch kleine Kinder mitgetauft wurden. Das rechtfertigt aber noch nicht die Taufe von Säuglingen unter den völlig andern Verhältnissen moderner

daß er die Taufe nicht vollziehen läßt, ohne zuvor den Boten Jesu seinen Dienst getan und ihre wunden Rücken abgewaschen zu haben. Sie aber hatten den liebevollen, lebendigen Verkündigungsdienst durchgeführt, ohne an ihren Hunger, ihre Schmerzen, überhaupt an sich selbst zu denken.

Es ist schön zu sehen, wie das Verhältnis des Gefängnisaufsehers 34
zu den Boten immer herzlicher und freier wird: zuerst stürzt er im Gefängnis ihnen zu Füßen, dann führt er sie hinaus auf den Hof, um ungestört seine drängende Frage zu stellen; dann nimmt „er sie zu sich" in sein Haus und wäscht sie; und jetzt nach vollzogener Taufe **„führt er sie hinauf in sein Haus und setzte ihnen eine Mahlzeit** (einen Tisch) **vor"**. Aber es ist doch nicht nur eine wachsende persönliche Verbundenheit. Wir werden nicht fehlgehen mit der Annahme, daß dieses Mahl die Feier des Herrenmahles mit einschließt, die alle mit Jesus und darin erst ganz miteinander vereint. Bei dem alten Soldaten bricht die Freude in lautem Jubel[377] durch, und sein ganzes Haus freut sich mit ihm.

Und solcher Rettungsjubel ist der beglückende Lohn der Boten Jesu damals und heute. Gott kann einer Lydia in der Stille unter dem Wort das Herz öffnen; Gott kann durch das Leiden seiner Boten und durch „Erdbeben" ein Herz aufbrechen lassen. Es ist seine Sache. Wir können nur bereit sein und auf sein Tun eingehen, sei es im schlichten Wortdienst im „kirchlichen Ghetto", sei es in einer nächtlichen Evangelisation unter Schmerzen am ungewöhnlichen Ort eines Zuchthaushofes.

„Als es aber Tag geworden war, sandten die Prätoren die Liktoren 35
mit der Weisung: ‚Laß diese Menschen frei.'" Den römischen Beamten mochte ihr stürmisches Vorgehen selbst nicht mehr ganz lieb sein. Sie mochten auch die Ausprügelung und die Nacht im Gefängnis als ausreichende Strafe ansehen für Leute, denen keine bestimmten Taten vorzuwerfen waren. Voll Freude berichtet der Gefängnisaufseher seinen Brüdern diese glückliche Lösung. Wieviel bange Gedanken, die er sich bei aller Freude mehr und mehr über sein weiteres Verhältnis zu diesen seinen Gefangenen hatte machen müssen, waren nun mit einem Schlage durch Gottes wunderbare Güte erledigt. Es gab keinen Konflikt mehr zwischen seiner Pflicht als römischer Beamter und als christlicher Bruder. Aber jetzt lernt er Paulus von einer ganz neuen Seite kennen. Wohl trug Paulus das in

Familien. Zum wenigsten aber setzt die Taufe von Kleinkindern den lebendigen Glauben der Eltern voraus, der bei den heutigen „Kindertaufen" offenkundig fehlt.

377 Es ist der gleiche Jubel, der in der Urgemeinde die gemeinsamen Mahlzeiten mit dem Herrenmahl erfüllt Apg 2, 46. 47. Und es ist die Freude des Zöllnermahles Jesu Lk 5, 29; 15, 23. 24.

seinem Herzen, was er später seinem Timotheus als „Willigkeit zum Leiden" ans Herz legte (2 Tim 4, 5). Aber darum nennt er Unrecht doch Unrecht, zumal wenn es von denen begangen wird, die in hohen staatlichen Ämtern für das Recht zu sorgen haben. Es sollte auch auf die junge Gemeinde, die es in dieser römischen Kolonie schon schwer genug haben würde, nicht der Makel fallen, daß ihre Begründer froh gewesen sein mußten, nach öffentlicher Züchtigung und Gefängnishaft heimlich aus der Stadt zu entkommen. Darum geht Paulus mit dem Gefangenenaufseher zu den Liktoren hinaus: **„Geschlagen haben sie uns öffentlich ohne Verhör, die wir Römer sind, und ins Gefängnis geworfen; und jetzt schicken sie uns heimlich fort? O nein, sondern sie sollen selbst kommen und uns fortgeleiten!"** Er besteht nicht auf dem Bleiben, nachdem die „Ausweisung" jetzt zur „Bitte" wird **„fortzugehen aus der Stadt"**. Er sieht in dem Geschehen das Ende seiner Wirksamkeit von Gott hier ebenso gesetzt wie einst im Pisidischen Antiochia oder in Ikonion[378]. Die Gemeinde Jesu in Philippi ist da, der erste Leuchter in Makedonien steht und strahlt das Licht der Kunde von Jesus in die Umgegend. Paulus darf und soll weitergehen. Er darf es dann den Thessalonichern sagen: „Obwohl wir vorher gelitten hatten und mißhandelt worden waren, wie ihr wißt, in Philippi, gewannen wir freien Mut in unserem Gott, zu reden zu euch das Evangelium Gottes unter viel Kampf (2 Th 2, 2). Er scheint aber Lukas in Philippi zurückgelassen zu haben. Denn das „Wir" in der Erzählung bricht mit Apg 16, 17 ab und wird erst Kap. 20, 6 wieder erscheinen und auch dort wieder in Philippi. So hat wohl Lukas die Arbeit in Philippi weitergeführt und ist dann mit
40 Paulus auf die Reise nach Jerusalem gegangen. Paulus sieht noch einmal die junge Gemeinde im Hause der Lydia, spricht den Brüdern zu und wandert weiter nach Westen, tiefer nach Makedonien und Europa hinein.

DIE ZWEITE MISSIONSREISE

6. Evangelisation in Thessalonike und Beröa

Apostelgeschichte 17, 1—15

zu Vers 1: 1 Th 2, 1. 2

1 Sie reisten aber durch Amphipolis und Apollonia und kamen nach
2 Thessalonike, wo eine Synagoge der Juden war. * Nach seiner

378 Wenn Codex D die Beamten ihrerseits die Bitte um das Verlassen der Stadt damit begründen läßt: „Damit nicht etwa Leute sich gegen uns zusammenrotten und drohendes Geschrei erheben gegen euch", so wird er sachlich wieder Richtiges getroffen haben. Hier wird ein Beweggrund auch für Paulus und Silas liegen, daß sie trotz ihrer völligen Rehabilitierung und trotz der Anerkennung ihres römischen Bürgerrechtes aus der Stadt weichen.

Gewohnheit ging Paulus zu ihnen hinein, und an drei Sabbaten
3 besprach er sich mit ihnen von den Schriften aus, * indem er aus-
legte und dartat, daß der Messias leiden und von den Toten auf-
erstehen müsse, und daß dieser der Messias ist, Jesus, „den ich
4 euch verkündige". * Und einige von ihnen ließen sich überzeugen
und schlossen sich Paulus und Silas an, und von den gottesfürch-
tigen Griechen eine große Menge sowie von den Frauen der Vor-
5 nehmen nicht wenige. * Die Juden aber wurden eifersüchtig und
holten sich vom Marktgesindel einige üble Männer, erregten einen
Volksauflauf und brachten die Stadt in Aufruhr. Und sie zogen
vor das Haus Jasons und suchten sie vor die Volksmenge zu brin-
6 gen. * Als sie sie aber nicht fanden, schleiften sie Jason und einige
Brüder zu den Stadtpräfekten und schrien: „Die die ganze Welt in
7 Aufruhr brachten, sind jetzt auch hier, * die beherbergt Jason.
Und diese alle handeln den Geboten des Kaisers zuwider, indem
8 sie sagen, ein anderer sei König, Jesus." * Sie brachten aber die
Menge und die Stadtpräfekten in Aufregung, als sie dies hörten.
9 * Und als sie einen hinreichenden Betrag (als Bürgschaft) **erhalten**
10 hatten von Jason und den übrigen, ließen sie sie frei. * Aber die
Brüder schickten sofort während der Nacht Paulus und Silas nach
Beröa. Als sie dort angekommen waren, gingen sie in die Syn-
11 agoge der Juden. * Diese aber waren edler als die in Thessalonike:
Sie nahmen das Wort mit aller Bereitwilligkeit auf, indem sie
täglich die Schriften durchforschten, ob sich dies so verhielte.
12 * Viele nun aus ihnen kamen zum Glauben, und von den grie-
13 chischen vornehmen Frauen und Männern nicht wenige. * Als
aber die Juden von Thessalonike erfuhren, daß auch in Beröa ver-
kündigt würde von Paulus das Wort Gottes, kamen sie und brach-
14 ten auch dort die Masse in Unruhe und Verwirrung. * Sofort
aber sandten da die Brüder Paulus fort, zu reisen bis an das Meer.
15 Und es blieben Silas und Timotheus dort. * Die aber Paulus gelei-
teten, brachten ihn bis Athen, und als sie Auftrag empfangen hat-
ten an Silas und Timotheus, daß sie so schnell wie möglich zu ihm
kommen sollten, reisten sie ab.

zu Vers 2:
Lk 4, 16
zu Vers 3:
Lk 24, 26 f
Jo 20, 9
Apg 4, 2
18, 5
26, 13
zu Vers 4:
Apg 13, 43
28, 24
Eph 1, 11
zu Vers 5:
Apg 13, 45
1 Th 2, 16
zu Vers 6:
Apg 16, 20
24, 5
Rö 16, 21
zu Vers 7:
Lk 2, 1
Lk 23, 2
Jo 19, 12
zu Vers 10:
Apg 9, 25
13, 14
20, 4
23, 23. 31
zu Vers 11:
Jo 5, 39
Apg 8, 28
zu Vers 13:
Apg 14, 19
1 Th 2, 14-16
zu Vers 14:
Apg 16, 1
1 Th 3, 1—5
zu Vers 16:
Jo 2, 17
Apg 15, 39

„Sie reisten aber durch Amphipolis und Apollonia." Sie benutzen 1
auch hier eine große Reichsstraße, die „Via Egnatia", die von Byzanz quer durch Thrakien, Makedonien und Illyrien nach Dyrrhachium am Adriatischen Meer führte. Amphipolis ist eine alte Stadt, 436 v. Chr. von den Athenern an der Strymonmündung angelegt, rund 50 km südwestlich von Philippi. Es ist die amtliche Provinzialhauptstadt. Apollonia liegt auf der Halbinsel Chalkidike, wieder knapp 50 km südwestlich von Amphipolis. Von einer Missionsarbeit dort hören wir

nichts; später auch nichts von Gemeinden dieser Städte, denen Briefe oder Besuche hätten gelten müssen. Warum Paulus und Silas hier eine Arbeit nicht versuchen und jedenfalls keine Gemeinden gründen können, wird nicht erörtert. Ausgeschlossen aber ist dadurch eine Tätigkeit und die Gewinnung einzelner für Jesus nicht. Wenn Paulus es schon im ersten Brief an die Thessalonicher lobt, daß ihre Bruderliebe „an allen Brüdern, die in ganz Makedonien sind", Gutes tue, so wird schwerlich nur an Philippi und Beröa gedacht sein. Es ist die Art des Lukas, vieles Wichtige zu übergehen, um an den Brennpunkten der Ereignisse uns den Gang der Geschichte anschaulich vor Augen zu stellen. So führt er uns auch jetzt sogleich nach Thessalonike[379]. Das ist die Hauptstadt des zweiten Bezirkes der Provinz, an der Via Egnatia und zugleich am Meer gelegen, eine bedeutende Stadt mit einer großen Judenschaft[380]. Thessalonike ist Sitz eines römischen Prokonsuls, ist aber „freie Stadt" mit Selbstverwaltung. An der Spitze stehen 5 bis 6 „Politarchen". Wieder haben die Boten Jesu von Apollonia aus fast 50 km in westlicher Richtung zurückzulegen gehabt, um Thessalonike zu erreichen.

2 Hier findet Paulus wieder eine Synagoge[381]. **„Nach seiner Gewohnheit ging Paulus zu ihnen hinein, und an drei Sabbaten besprach er sich mit ihnen von den Schriften aus."** Das grie Wort „dialegesthai = sich unterreden", von dem unser Fremdwort „Dialog" stammt, geht im Lauf der Zeit in den Sinn „zu jemand sprechen", „predigen" über. Lukas wird hier aber doch wohl meinen, daß es mindestens im Anschluß an die Verkündigung zu Aussprachen gekommen ist. Das Thema, um das es geht, wird hier besonders klar herausgestellt. Es ist ein innerlich zusammenhängendes Doppelthema. Verkündigt die Bibel einen leidenden, sterbenden und auferstandenen Messias? Ist gerade darum der von der jüdischen Obrigkeit verworfene, durch die Römer gekreuzigte und nach dem Zeugnis der Jünger auferstandene Jesus
3 der erwartete Messias? Dabei mußte **„von den Schriften"**[382] ausgegangen und auf Grund der Schriften **„ausgelegt und dargetan"** werden. Die „Auslegung" der Schriften führt zum „Dartun" der großen Botschaft von Jesus (so auch in den Reden Apg 3—13), wo umge-

379 Es ist das heutige Saloniki, eine im ersten Weltkrieg viel genannte Stadt von über 200 000 Einwohnern.

380 Vgl. die Auslegung der Thessalonicher-Briefe in unserer Wuppertaler Studienbibel S. 14.

381 Der Koine-Text liest: „die" Synagoge; das klingt so, als habe die Judenschaft des ganzen Distrikts hier ihren einzigen Versammlungsraum besessen.

382 Das Judentum sagte im Blick auf die Sammlung der vielen Bücher der Bibel nicht „Die heilige Schrift", sondern „Die heiligen Schriften". Hatte man sie doch in der Fülle der Buchrollen ganz anders in ihrer Vielzahl vor Augen als wir, die wir alles in einem handlichen Band besitzen.

kehrt diese Kunde von den großen Taten Gottes in Jesus die Schriften erst richtig verstehen und auslegen läßt. Aber zu dem „objektiven" Schriftbeweis tritt das persönliche Zeugnis, das uns Lukas an dieser Stelle dadurch anschaulich macht, daß er seinen Bericht in die erste Person der direkten Rede übergehen läßt: **„. . . den ich euch verkündige"**. Über Jesus gab es noch keine „Schriften", auf die man sich berufen konnte, sondern nur die mündliche Verkündigung.

Paulus hat im Blick auf seine Wirksamkeit später von den „Etlichen" gesprochen, die er errettet, indem er mit ganzer Kraft „allen 4/5
alles zu werden" sich müht (1 Ko 9, 22b). So sind es auch hier **„einige"** aus der Judenschaft, die **„sich überzeugen lassen"** und sich Paulus und Silas anschließen[383]. Weit stärker ist der Widerhall bei den **„gottesfürchtigen Griechen"**, die offenbar zahlreich der Synagoge angehören und von denen **„eine große Menge"** gewonnen wird[384]. Lukas unterstreicht, daß **„nicht wenige von den Frauen der Vornehmen"** dabei waren. Denn dies erregt nun in besonderem Maße die Eifersucht der Juden. Man muß das menschlich verstehen. Es war für eine Judenschaft nicht einfach, wenn fremde Wanderredner in das bisher ruhige und geschlossene Leben der Synagoge, das viele Griechen angelockt hatte, nun einen Zwiespalt hineintrugen. Dazu taten sie dies mit einer Lehre, die das gewohnte Denken über den Messias zerschlug und die von den maßgebenden Stellen in Jerusalem entschieden abgelehnt wurde[385]. Und nun wenden sich gar einflußreiche und wohlhabende Damen diesem Neueren zu, während sie bisher Geld und Einfluß der Synagoge zukommen ließen. Man kann die „Irrlehre" der fremden Boten und die Spaltung in der bisherigen Besucherschaft der Synagoge nicht zum Grund irgendeines Vorgehens machen. Das Judentum kannte den Begriff der „Irrlehre" nicht, weil es am „Gesetz" und also am „Tun" orientiert war. Es mußte schon zu „Lästerungen" kommen, ehe man strafend eingreifen konnte. Darum fängt man es hier anders an. In einer Großstadt wie Thessalonike gibt es Herumtreiber, an die man im Marktgewühl herankommen kann. Mit ihrer Hilfe trägt man mit den nötigen Parolen eine Erregung in die Stadt

[383] Das Wort heißt eigentlich „hinzugelost werden"; es besagt also einen festen und dauernden Anschluß ihrer ganzen Person, nicht nur eine gedankliche Zustimmung.

[384] Paulus selbst hat in 1 Th 1, 4–6 die Durchschlagskraft der Botschaft in Thessalonike geschildert. Es ist gut, die ganze anschauliche, herzliche und lebendige Darstellung der drei ersten Kapitel dieses Briefes neben den kurzen und summarischen Sätzen des Lukas zu lesen. Man sieht dann: Lukas sagt eher zu wenig als zu viel!

[385] Da dies im Gedächtnisjahr von A. H. Franckes 200. Geburtstag geschrieben wird, sei nur daran erinnert, welcher Widerstand und Haß gegen Francke aufbrach, als er — sogar in vollem Einklang mit den Grundlehren der Kirche — neues Glaubensleben zu wecken suchte.

hinein, der man auch hier eine politische und nationale Wendung gibt. Das für ruhige Bürger so bedenkliche Wort „Unruhe", „Aufruhr" wird ausgespielt.

6 Man weiß um Zusammenkünfte in Jasons Haus[386], bringt vor dem Haus einen Volksauflauf zustande und durchsucht das Haus, um Paulus und Silas **„vor die Volksmenge[387] zu bringen". „Als sie sie aber nicht fanden, schleiften sie Jason und einige Brüder zu den Stadtpräfekten".**[388] Und nun wird hier das gleiche Spiel gespielt wie in Jerusalem bei dem Prozeß Jesu. Die Juden, die doch selber auf das Kommen des Messias warten, der alle heidnischen Staatsmächte vernichten soll, legen die Botschaft von dem „König Jesus" als Hochverrat gegen den Kaiser aus. Sie schreien: **„Die die ganze Welt in Aufruhr brachten, sind jetzt auch hier."** „Weltrevolutionäre" sind also die Boten Jesu. — Die tobende Menge ahnt gar nicht, in welch
7 tiefem Sinn sie recht hat!.[389] **„Und diese alle handeln den Geboten des Kaisers zuwider, indem sie sagen, ein anderer sei König, Jesus."** Dabei muß man wissen, daß das Wort **„König"** damals nicht wie bei uns einen geringeren Herrscherrang anzeigte, sondern auch ganz offiziell vom Kaiser in Rom gebraucht wurde (1 Pt 2, 13). Als Pilatus sich gegen die ungerechte Verurteilung Jesu wandte, genügte der Satz „Läßt du diesen los, so bist du des Kaisers Freund nicht; denn wer sich zum König macht, der ist wider den Kaiser" (Jo 19, 12), um Pila-
8 tus weich werden zu lassen. So geht auch jetzt eine ängstliche Aufregung durch **„die Menge und die Stadtpräfekten, als sie dies hörten".** Auflehnung gegen den römischen Kaiser — damit ist gerade für eine freie Stadt und ihre Leitung nicht zu spaßen. Zum Glück sind Paulus und Silas nicht zur Stelle; mit ihnen hätte man kurzen Prozeß gemacht. Aber Jason ist offenbar ein angesehener und wohlhabender Mann in der Stadt, der sich dafür verbürgt, daß an dem ganzen Geschrei kein wahres Wort ist. Wahrscheinlich hat er sich zugleich dafür verbürgen müssen, daß die bösen Männer schleunigst sein Haus und die Stadt überhaupt verlassen. Das war auch den jüdischen Drahtziehern genug. Jedenfalls kommt der ganze Sturm zu

386 Von Jason erfahren wir nichts weiter. Vielleicht ist er mit dem Jason identisch, der im Brief an die Römer 16, 21 Grüße bestellt. Wenn der im gleichen Vers mit ihm zusammen genannte „Sosipater" der Beröer Sopatros ist, der Apg 20, 4 zu den Gliedern der Kollektenkommission gehört, ist er es wohl.

387 Der hier gewählte Ausdruck „demos" kann eine reguläre „Volksversammlung" bezeichnen. Aber so, wie das Ganze angelegt war, ist an eine solche „Volksversammlung" nicht zu denken. Man will nur die verhaßten Männer zu den Demonstranten herausbringen.

388 Das sind die „Politarchen", von denen schon die Rede war. Lukas schreibt sachkundig mit der richtigen Titulatur.

389 Wäre nur die Christenheit „weltrevolutionär" geblieben, anstatt einseitig eine Macht des Konservativismus zu werden!

dem überraschenden Schluß: **„Und als sie einen hinreichenden Betrag** (als Bürgschaft) **erhalten hatten von Jason und den übrigen, ließen sie sie frei."** 9

Die Arbeit in Thessalonike ist für Paulus und Silas zu Ende. Hat sie nur wenig über drei Wochen gedauert? Man hat das oft aus der Erwähnung der „drei Sabbate" geschlossen. Aber dabei würde man die Eigenart in der Darstellungsweise des Lukas verkennen, der uns immer nur einzelne Bilder malt und gern nur Anfang und Ende in der Wirksamkeit des Paulus (in Philippi z. B. nur „Lydia" und den „Gefängnisaufseher") schildert. Paulus erwähnt dankbar, daß die Philipper mehrfach etwas zu seiner Unterstützung nach Thessalonike geschickt haben (Phil 4, 16). Die Entfernung Philippi-Thessalonike betrug 150 km; ein mit Gaben beladener Bote — auch wenn es nur Geld, aber eben doch Metallgeld war — mußte hin und zurück mindestens acht Tage unterwegs sein; und vor ihrer ersten Hilfeleistung müssen zunächst Nachrichten über den Gang der Dinge von Thessalonike nach Philippi gelangt sein. Auch eine Sammlung braucht ihre Zeit. Schon das macht einen längeren Zeitraum als drei bis vier Wochen für eine mehrmalige Unterstützung nötig. Vor allem aber haben wir ja das Bild, das uns Paulus selbst im 1. Thessalonicher-Brief von seiner Arbeit sehen läßt. Die Gemeinde wird daran erinnert, wie er mit Silas und Timotheus „Tag und Nacht werkend, um keinem von euch zur Last zu fallen, das Evangelium Gottes bei ihnen heroldete" (1 Th 2, 9). Das konnte die Gemeinde überhaupt erst sehen, nachdem sie sich gebildet hatte (frühestens am Ende der drei Sabbate), indem sie nun in einer längeren engen Gemeinschaft mit den drei Boten an ihrem ganzen Leben teilnahm. Auch die von Paulus betonte Einzelseelsorge an den Gläubigen (1 Th 2, 12) muß einen längeren Zeitraum nach der Gemeindegründung gefüllt haben. Diesen ganzen Alltag der Mission mit seiner Arbeit und Mühe schildert Lukas im begrenzten Raum seines Buches nicht, obwohl er nach Apg 18, 3; 20, 31. 34 davon weiß.

Nun wird auch verständlich, warum Paulus die Gemeinde so genau über die Eschatologie bis in ihre Einzelheiten hinein (1 Th 5, 1. 2; 2 Th 2, 5. 6) unterrichten konnte. Eben diese eschatologische Unterweisung wird es gewesen sein, die den Juden den Stoff für ihre Aufputschung der Bevölkerung bot[390]. Die Befriedigung „religiöser Bedürfnisse" ist Privatsache. Jesus als ein „Herr und Heiland" in irgend-

[390] Darum wird gerade Thessalonike der Ort gewesen sein, an dem das große Thema „Christus und die Cäsaren" (vgl. das schöne Buch von E. Stauffer) zuerst aufbrach, das dann die Jahrhunderte beherrschte bis in die großen Kämpfe zwischen „Kaiser und Papst" hinein und das in der Zeit des Antichristen erneut zum „staatsgefährlichen Thema" werden wird.

welchen himmlischen Gefilden stört die Kreise der irdischen Mächte noch nicht. Aber wenn es ernst damit wird, daß Jesus der „Weltherr" und der „Weltvollender" ist, der wiederkommt und nach dem Sturz des Antichristen diese Erde besitzen und beherrschen wird, dann wird es „staatsgefährlich"[391].

10 **„Aber die Brüder schickten sofort während der Nacht Paulus und Silas nach Beröa."** Das ist eine kleine Stadt an den Ausläufern des berühmten Olymp, rund 70 km westlich von Thessalonike. Hier, abseits der großen Verkehrsstraße an einem stillen Ort, hält man die Boten für sicher. Aber es geht Paulus nicht um Sicherheit, es geht ihm um die Botschaft, selbst in dieser Kleinstadt, die er sich sonst nicht zur Verkündigung ausgesucht hätte. Darum führt sein Weg trotz der eben gemachten Erfahrungen sofort wieder in die Synagoge. „Sie sind Israeliten, denen die Sohnesannahme und die Herrlichkeit und die Bundesschließungen und die Gesetzgebung und der Gottesdienst und die Verheißungen gehören" (Rö 9, 4). Darum muß ihnen die Botschaft von ihrem Messias gebracht werden. Nun erleben die Bo-
11 ten eine frohe Überraschung. **„Diese aber waren edler als die in Thessalonike: Sie nahmen das Wort mit aller Bereitwilligkeit auf, indem sie täglich die Schriften durchforschten, ob sich dies so verhielte."** Das ist es, was jeder Verkünder biblischer Wahrheit gern möchte: nicht „begeisterte", seelische Aufnahme, sondern gründliche Prüfung an dem Wort der Schrift, die dann zu einer gegründeten und
12 klaren Entscheidung für Jesus führt. **„Viele nun aus ihnen kamen zum Glauben, und von den griechischen vornehmen Frauen und Männern nicht wenige."** Es entsteht wieder eine aus Juden und Griechen gemischte Gemeinde der an Jesus Glaubenden.

13 Bei dem engen Zusammenhang der Judenschaft untereinander und dem regen Verkehr der damaligen Zeit kann es nicht ausbleiben, daß **„die Juden von Thessalonike erfuhren, daß auch in Beröa verkündigt würde von Paulus das Wort Gottes"**. Wie von Antiochia und Ikonion nach Lystra, **„kamen sie"** nun von Thessalonike nach Beröa **„und brachten auch dort die Masse in Unruhe und Verwirrung"**[392]. Wieder muß Paulus eine hoffnungsvolle Arbeit abbrechen. Welch eine Kette von

[391] Es ist kein Wunder, daß die Bedrängnisse für die Gemeinde auch nach dem Fortgang der Boten hart weitergingen. Die Juden sind die Anstifter im Hintergrund. Die Leiden selbst widerfahren den Thessalonikern von ihren eigenen Volksgenossen (1 Th 2, 14). Sie sind so ernst, daß Paulus mit großer Sorge an die Gemeinden denkt (1 Th 3, 1—4). Bis zum 2. Thessalonicher-Brief haben sie sich noch gesteigert (2 Th 1, 4), was zu der erregten Überspannung der eschatologischen Erwartung mit beigetragen haben wird.

[392] Paulus schreibt später von seinen jüdischen Volksgenossen: „Ich gebe ihnen das Zeugnis, daß sie eifern um Gott, aber mit Unverstand" (Rö 10, 2). Welch ein Einsatz der Juden in Kleinasien und hier! Und wie lassen wir alles teilnahmslos laufen, die wir die wahre große Sache Gottes in Jesus, die rettende Wahrheit, anvertraut bekamen!

Leiden ist sein Leben und sein Dienst! Diesmal wartet die Gemeinde nicht ab, bis es zu einem Vorgehen gegen Paulus kommt, sondern: **„Sofort aber sandten da die Brüder Paulus fort, zu reisen bis an das** 14/15
Meer." Bis zum Meer sind es über 40 km. Ein eigentlicher Hafen liegt dort nicht. Aber ein Segelboot werden sie wohl auftreiben, das Paulus nach Athen fährt. Silas und Timotheus, der erst jetzt wieder erwähnt wird, bleiben in Beröa, erhalten aber durch die Gemeindeglieder, die Paulus bis nach Athen geleitet haben, die Weisung, **„sie sollten so schnell wie möglich zu Paulus kommen"**. Nach Apg 18, 5 haben Silas und Timotheus Paulus erst wieder in Korinth erreicht. Nach 1 Th 3, 1–2 war Timotheus – allerdings offenbar auch nur er – zunächst bei Paulus in Athen und wurde von dort nach Thessalonike gesandt, um die Gemeinde in ihrer Not zu stärken und Paulus Bericht zu bringen, während Silas die Arbeit in Beröa weiter tat. Wir wissen zu wenig über alle Einzelheiten, um sagen zu können, wie sich diese verschiedenen Nachrichten miteinander verbinden lassen. Es kommt auch wenig darauf an. Der wesentliche Zug, mit dem der nächste Abschnitt einsetzt: „Paulus allein in Athen", wird jedenfalls von Paulus selbst in 1 Th 3, 1 bestätigt.

DIE ZWEITE MISSIONSREISE
7. Paulus in Athen

Apostelgeschichte 17, 16–34

16 Während aber in Athen Paulus auf sie wartete, geriet sein Geist
in ihm in Erregung, als er sah, daß die Stadt voll von Götzen-
17 bildern war. * Er besprach sich nun in der Synagoge mit den Juden zu Vers 17: Apg 13, 14
und den Gottesfürchtigen und auf dem Markt an jedem Tag mit den
18 gerade Anwesenden. * Einige von den epikuräischen und stoischen zu Vers 18: 1 Ko 1, 22 f 1 Ko 4, 12 f
Philosophen ließen sich in ein Gespräch mit ihm ein, und einige
sagten: „Was will denn eigentlich dieser Körnerpicker sagen?",
andere aber: „Er scheint ein Verkünder fremder Gottheiten zu zu Vers 19: Apg 28, 22
sein", denn er verkündigte Jesus und die Anastasis (Auferste-
19 hung). *** Sie nahmen ihn aber und führten ihn zum Areopag und**
sagten: „Können wir erfahren, was diese neue von dir verkündigte
20 Lehre ist? * Denn einige befremdliche Dinge bringst du zu unsern
Ohren. Wir möchten gern erkennen, was dies eigentlich sein
21 will." * Die Athener aber alle und die dort wohnenden Fremden
benutzten ihre Zeit für nichts anderes, als etwas möglichst Neues
22 zu sagen oder zu hören. * Paulus aber stand mitten auf dem
Areopag und sprach: „Ihr Männer von Athen, in jeder Beziehung

zu Vers 23:
Apg 14, 17
zu Vers 24:
1 Kö 8, 27
Jes 42, 5
Mt 11, 25
Apg 7, 48
zu Vers 25:
Ps 50, 8-12
Jak 1, 17
zu Vers 26:
1 Mo 10
5 Mo 32, 8
Ps 74, 17
Apg 1, 7
zu Vers 27:
5 Mo 4, 28 f
Jes 55, 6
Ps 145, 18
Jer 23, 23 f
Lk 24, 39
Rö 1, 19
1 Jo 1, 1
zu Vers 29:
1 Mo 1, 27
Jes 40, 18
Apg 19, 26
Rö 1, 23
1 Ko 12, 2
zu Vers 30:
Lk 24, 47
Apg 3, 1
14, 16
zu Vers 31:
Ps 9, 9
Ps 96, 13
Ps 98, 9
Jo 5, 22. 27
Apg 10, 42. 45
Rö 10, 14
2 Ko 5, 10
1 Th 1, 10
zu Vers 32:
Apg 24, 25
1 Ko 1, 23
zu Vers 34:
Apg 16, 14
1 Ko 15, 12

23 **sehe ich euch als höchst religiöse Leute. * Denn als ich durch**
(die Stadt) ging und mir ansah eure Heiligtümer, fand ich auch
einen Altar, auf dem die Inschrift stand ‚Einem unbekannten Gott'.
24 **Was ihr nun unwissend verehrt, das verkündige ich euch. * Gott,**
der gemacht hat die Welt und alles das in ihr, er, der Herr Him-
mels und der Erde ist, wohnt nicht in Tempeln von Menschen-
25 **hand, * und er läßt sich auch nicht von Menschenhänden bedienen,**
als ob er etwas (oder: jemand) **brauchte, er, der allen gibt selber**
26 **Leben und Odem und alles. * Er machte aus einem das ganze**
Menschengeschlecht, zu wohnen auf dem ganzen Angesicht der
Erde, indem er festgesetzte Zeiten bestimmte und die festen
27 **Grenzen ihres Wohnens, * zu suchen Gott, ob sie wohl ihn er-**
tasten und finden möchten; und er ist ja auch wirklich nicht fern
28 **von einem jeden von uns. * Denn in ihm leben wir und bewegen**
uns und sind wir; wie auch einige von euren Dichtern gesagt ha-
29 **ben: ‚Denn wir sind auch seines Geschlechts.' * Da wir nun von**
Gottes Geschlecht sind, dürfen wir nicht meinen, Gold oder Silber
oder Stein, dem Gebilde menschlicher Kunstfertigkeit und Über-
30 **legung sei das Göttliche gleich. * Die Zeiten der Unwissenheit hat**
Gott übersehen, verkündet jetzt aber den Menschen, alle überall
31 **sollen umkehren, * weil er festgesetzt hat einen Tag, an dem er**
will richten den Erdkreis mit Gerechtigkeit, durch einen Mann,
den er bestimmt hat, indem er allen den Glauben anbietet (oder:
indem er allen den Beweis erbracht hat) **dadurch, daß er ihn aus**
32 **den Toten auferstehen ließ." * Als sie aber „Auferstehung der**
Toten" hörten (oder: von einer Auferstehung Toter), **begannen**
die einen zu spotten, die andern aber sagten: „Wir wollen dich
33 **darüber auch nochmals hören." * So ging Paulus aus ihrer Mitte.**
34 *** Einige Männer aber schlossen sich an ihn an und wurden gläubig,**
unter ihnen der Areopagit Dionysius und eine Frau namens Da-
maris und andere mit ihnen.

„Während aber in Athen Paulus auf sie wartete . . ." Nun ist Paulus in Athen! Nicht sein eigener Plan war es, der ihn bis in dieses geistige Zentrum der Zeit geführt hatte. Es war Gottes Plan. Von Stadt zu Stadt war er vorwärts getrieben worden, wirklich „getrieben" von den immer neuen Widerständen und Verfolgungen, die ihn nirgends länger bleiben ließen. Timotheus ist in den ersten Tagen bei ihm, bis er ihn voller Sorgen nach Thessalonike schickt (1 Th 3, 1 f). Es war ihm schwer, in dieser fremden Welt ohne die Gefährten und Beter zu sein. Was er in Athen sieht, **„erregt seinen Geist"**, erfüllt
16 sein Herz mit Kummer und Zorn. Er kann die vielen Tempel und Götterstatuen nicht mit dem Baedeker in der Hand in verständnis-

vollem Kunstgenuß betrachten[393]. Er sieht als der, der den heiligen, lebendigen Gott kennt, hier die ganze Verirrung der Menschheit. Wenn Athen auch damals nicht mehr das große klassische Athen war, sondern eine verhältnismäßig kleine Stadt, es war doch „die Universitätsstadt" der Zeit, der Ort, an dem viele ihre geistige Bildung suchten. Und die Menschen eines solchen Ortes gingen an Gott vorbei, in der Fülle ihrer „Religionen" ebenso wie in ihren „Weltanschauungen". Darum **„geriet sein Geist in ihm in Erregung, als er sah, daß die Stadt voll von Götzenbildern war".**

Paulus bringt seine Tage nicht mit müßigem Warten und innerer 17
Entrüstung zu. Er sucht die Menschen und das Gespräch mit ihnen. Er ist und bleibt der Missionar. Auch Athen hat eine Judenschaft und eine Synagoge. Paulus geht, wie überall, so auch hier zuerst dorthin und **„besprach sich in der Synagoge mit den Juden und den Gottesfürchtigen".** Von einem Erfolg wie in Thessalonike oder Beröa hören wir hier nichts. Aber auch das Treiben auf dem Markt gibt ihm Gelegenheit zu sprechen **„an jedem Tag mit den gerade Anwesenden"[394].** Ob Theophilus beim Lesen dieser Stelle des ihm gewidmeten Buches an Sokrates denken mußte, der einst auch so in Athen mit den Menschen sprach? Freilich, wie arm war ein Sokrates neben dem, was Paulus in seiner Botschaft für die Menschen besaß.

Bei solchen Gesprächen trifft er bald auf „Philosophen". Philoso- 18
phie, „Liebe zur Weisheit", ist an und für sich eine große Sache. Es gehört zum Adel des Menschen, daß er fragen muß, fragen nach dem Grund und Wesen der Welt, fragen nach seinem eigenen Menschsein, nach dem Ziel und dem Sinn seines Lebens. Und es ist schon etwas, wenn dieses Fragen wie bei Sokrates endet in dem Eingeständnis „Ich weiß, daß ich nichts weiß". Gefährlich aber wird jede Philosophie und Weltanschauung, wenn sie dem Menschen ein Gehäuse für seine angstvolle oder hochmütige Ich-Sicherung verschafft, in der er sich den bedrängenden Fragen seiner Existenz gerade entzieht. Es ist dabei freilich ein Unterschied, ob der Mensch mit den „Epikuräern" in einem feinen Lebensgenuß die Sinnerfüllung seines Daseins sucht und zu allem, was darüber hinausgeht, nur die Achsel zuckt, oder ob er mit den „Stoikern" eine Weltvernunft über den Dingen anerkennt und den Menschen durch seinen Einsatz für die Tugend von dem Zwang der

[393] Offb 2, 13 hat den berühmten Pergamon-Altar, dieses erlesene Kunstwerk, dennoch einfach als „Thron des Satans" bezeichnet. Wie ferne sind wir der biblischen Klarheit und dem biblischen Ernst! Gottes Gottheit, Gottes Ehre, das, was das erste Gebot meint ist uns gleichgültig geworden. Der Mensch mit seinen relativen Werten gilt uns mehr als Gott.

[394] Auch hier wird er „allen alles, um überhaupt einige zu retten". Zugleich ist hier das Wort „dialegesthai" deutlich ein „Sich-besprechen", nicht ein „Predigen". Vgl. dazu o. S. 306.

äußeren Schicksale und von der Herrschaft seiner Triebe und Leidenschaften frei zu machen sucht. Aber die wesentliche Wahrheit verfehlen beide, auch wenn Stoiker wie Seneca oder der Kaiser Marc Aurel menschlich unsere aufrichtige Bewunderung gewinnen mögen. Denn beide Philosophien kennen nur den von Gott gelösten, auf sich selbst gestellten Menschen, der seine eigentliche Wahrheit niemals finden kann, da sie – wie Paulus nachher zeigen wird – gerade in seiner Beziehung zu dem lebendigen Gott liegt.

In Athen gab es zudem damals keinen wirklich bedeutenden Lehrer der Philosophie. Es war alles epigonenhaft und kümmerlich und gerade darum vom Hochmut der Ahnungslosigkeit erfüllt. Das zeigt sich sofort bei den Auseinandersetzungen mit Paulus[395]. Die einen sind schnell mit dem Urteil fertig: **„Was will denn eigentlich dieser Körnerpicker sagen?"** Das spottende Scheltwort „Körnerpicker" ist vom Bild des Vogels entnommen, der hier und da seine Körner aufliest. Ein „Körnerpicker" ist also ein Mann, der ohne eigenes Denken und ohne systematische Klarheit sich vom Hören und Lesen allerlei angeeignet hat, was er nun wahllos als seine Weisheit weitergibt. So sehen diese Leute ausgerechnet einen Paulus! Andere hören nur ganz oben hin, was Paulus von Jesus und von der „Anastasis" (von der „Auferstehung") sagt. Sie hatten ja gehört, daß drüben vom Orient her immer neue Götter und Göttinnen auftauchen, für deren geheimnisvollen Kult in einem müden und enttäuschten Geschlecht geworben wurde. So wird auch dieser „Jesus" und diese „Anastasis" solch ein neues Götterpaar sein. In diesem Urteil kann eine versteckte Drohung liegen: War das auch eine „religio licita", eine staatlich erlaubte Religion, die dieser Jude brachte? Der römische Staat war den Religionen anderer Völker gegenüber sehr konzessionsfreudig; immerhin, eine Konzession mußte man schon haben, wenn man „neuen Göttern"[396] das Wort reden wollte.

19/20 Hat sich daran so etwas wie ein amtliches Verfahren angeknüpft? Man hat den folgenden Satz gern so verstanden: **„Sie nahmen ihn aber und führten ihn zum Areopag und sagten: ‚Können wir erfahren, was diese neue von dir verkündigte Lehre ist? Denn einige befremdliche Dinge bringst du zu unsern Ohren.'"** In dem **„Nehmen"** und **„Führen"** des Paulus – solche Ausdrücke werden tatsächlich auch in

[395] Das hier im Text verwendete Wort kann zu einem bloßen „sich in ein Gespräch einlassen" abgeschwächt sein, kann aber noch den ursprünglichen Sinn des „Zusammenstoßens" mitklingen lassen.

[396] Wenn Lukas hier die Philosophen für die neuen „Götter" das Wort „daimonia" brauchen läßt, konnte darin eine Anspielung auf Sokrates liegen. Auch Sokrates wurde wegen der Verkündigung neuer Gottheiten zum Tode verurteilt, weil er von dem „daimonion" in seiner Brust, der inneren göttlichen Stimme in seinem Herzen gesprochen hatte. In dieser Anspielung lag dann zugleich eine versteckte Drohung.

der Gerichtssprache gebraucht — läge eine Art von „Verhaftung“ und in den **„befremdlichen Dingen“** eine Anklage. Dann wäre mit dem **„Areopag“** weniger der Ort, der „Areshügel“ nordwestlich der „Akropolis“, der berühmten Burg Athens, gemeint als vielmehr eine Behörde, die in römischer Zeit eine gewisse Aufsicht über die Religionen, die Schulen und die guten Sitten geführt zu haben scheint. Die Angaben darüber sind aber unsicher und umstritten. Und vor allem: Die Darstellung des Lukas zeichnet die Situation ganz anders. Nach Schluß seiner Rede **„ging Paulus aus ihrer Mitte“** fort; das paßt nicht zu einer noch so milden „Vernehmung“. Und dem **„Können wir erfahren, was diese neue von dir verkündigte Lehre ist?“** folgt als Begründung nicht eine Verweisung auf irgendwelche amtliche Bestimmungen, sondern eine Schilderung der beweglichen Neugier der
Athener Bevölkerung. **„Die Athener aber alle und die dort wohnen-** 21
den Fremden benutzten ihre Zeit für nichts anderes, als etwas möglichst Neues zu sagen oder zu hören.“ Durch seine Gespräche ist Paulus allerlei Leuten aufgefallen, man wird aus seinen Äußerungen nicht recht klug, man möchte einmal im Zusammenhang und grundsätzlich hören, **„was dies eigentlich sein will“**, was er mit dem allen eigentlich meint. Und nun wählt man dafür einen vornehmen und etwas offiziellen Versammlungsraum, den Areopag. Es ist eine denkwürdige Stunde, als Paulus auf diesem Platz in Athen seine Botschaft darzulegen hat! Jetzt ist er wirklich in „Europa“. Freilich, es ist ein entartetes Europa. Hier ist nicht das ernste und aufrichtige Fragen nach Wahrheit. Hier regiert die Sucht nach dem Neuen und Allerneuesten. Hier kann das Evangelium bestenfalls als aufsehenerregende Neuigkeit für einige Tage „interessant“ sein, um dann rasch wieder einer anderen Sensation Platz zu machen. Der „Mißerfolg“ in Athen ist von vornherein zu erwarten. Das Auftreten eines Paulus in dieser Stadt bringt nicht eine entscheidende Wendung, sondern bleibt eine Episode ohne große Auswirkung. Und doch hat Lukas unter der Leitung des Heiligen Geistes gestanden, als er diese „Episode“ so eingehend und mit aller schriftstellerischen Kraft schilderte. Denn auch der „Mißerfolg“ ist in Gottes Sache von tiefer Bedeutung. Das Evangelium ist stets auch „Geruch des Todes zum Tode“. Auch das Nein des Menschen gilt vor Gott wie sein Ja. In „Athen“ hat Gott für alle Zeiten anschaulich gemacht, was Paulus dann den Korinthern in 1, 26 ff sagt: „Das, was nichts ist, hat Gott erwählt, um zuschanden zu machen, was etwas ist.“ Es erfüllt sich Jesu jubelndes Dankgebet, daß Gott es „den Weisen und Klugen verborgen hat und hat es den Unmündigen offenbart“. Wir möchten immer wieder gerade „Athen“ gewinnen und verachten die „Frauen von Philippi“. Gott aber bringt einen Paulus wohl auch nach Athen und läßt ihn mit allem Einsatz

um Athen werben. Aber ein „Athenerbrief" des Paulus wird nicht geschrieben werden, während sein Philipperbrief noch heute hell leuchtet.

Wir werden gut tun, nicht sofort rein gedanklich auf die Rede des Paulus einzugehen. Wir könnten sie dann zu abstrakt und darum zu unlebendig hören und nicht als das Zeugnis eines echten Redners, der sein Wort mitformen läßt von dem Ort, an dem er steht, und von dem, was er von diesem seinem Platz aus vor Augen hat. Wir lassen uns von einem Christen, der selbst auf dem Areopag gestanden hat, den Eindruck schildern, den er dort oben empfing. „Eine Welt von unbeschreiblicher Schönheit liegt einem da zu Füßen. In reizender Mannigfaltigkeit wechseln Berg und Ebene, Land und Meer. Drunten die Stadt, von der unser Bild besonders den Theseustempel mit seinem rotgolden schimmernden Marmor sehen läßt, und die Ebene von Attika mit ihren Gärten und Olivenwaldungen und den beiden Flüßchen Kephisor und Ilisos. Im weiten Kranze lagern sich ringsumher die in farbigen Duft gekleideten Gebirge, der Hymettos, der Pentelikon, der kühn und jäh aufragende Kegel des Lykabettos und im Norden den Kreis abschließend der Parnaß. Im Westen aber glänzt das Meer, der weite, herrliche saronische Golf.

Auf diese Höhe hinaus trat Paulus, von einer Anzahl von Athenern umgeben. Etwa hundert Mann haben da droben Platz. Paulus sah hier nicht nur die Schönheit der Natur. Vor seinen Augen erhob sich auch in bezauberndem Glanze das Schönste und Herrlichste, was jemals menschliche Kunst auf Erden gebaut und gebildet hat.

Auch Paulus hatte für alles offene Augen. Und es ist, als ob er seine berühmte Areopagrede nur sozusagen abgelesen hätte von dieser Natur, dieser Kunst, diesem Volke, das ihn hier von allen Seiten anschaute" (D. L. Schneller „Paulus", Leipzig 1926, S. 210).

Und nun die Areopagrede selbst, mit der Lukas freilich nicht nur eine historische Stunde schildern, sondern zugleich zeigen will, wie ein Paulus überhaupt in der grie Welt evangelisiert hat[397].

22 Anknüpfung und Einsatz der Evangelisation war ebenso liebevoll wie geschickt. Hat ihn zunächst die Verkehrung und die Verfinsterung

[397] Es ist bestimmt ein Mißverständnis, wenn man unter Hinweis auf den „Mißerfolg" in Athen und unter Verwendung von 1 Ko 1,23 konstruiert hat: In Athen habe Paulus sich viel zu sehr seinen Hörern angepaßt und das Kreuz Jesu zurückgestellt; gerade dadurch habe er einen Mißerfolg erlebt, komme darum so beklommen nach Korinth und habe beschlossen, hier nun nichts anderes mehr zu wissen als Jesus Christus den Gekreuzigten. Als ob Lukas bei dem so beschränkten Raum seines Buches zwei Seiten geopfert hätte, um uns zu zeigen, wie Paulus es auch einmal falsch gemacht habe. Und darf man das überhaupt ohne weiteres einen „Mißerfolg" nennen, wenn eine einzige Evangelisationsansprache in fremder Umgebung zwei namhafte Persönlichkeiten und andere mit ihnen gewinnt?

erregt, mit der hier auf der Höhe der Bildung Menschen „die Herrlich-
keit des unvergänglichen Gottes gegen das Abbild des vergänglichen
Menschen vertauschen“ (Rö 1, 23 vgl. dazu die Auslegung dieser
Stelle in unserer Wuppertaler Studienbibel), so sieht er jetzt beim
Werben um diese Menschen einen „religiösen“ Zug darin[398]. Athen
galt in der Tat im Altertum als „fromme Stadt“. Alle „Religion“ ist in
sich selbst zwiespältig. Sie meint irgendwie „Gott“ und ist doch zu-
gleich blind für Gott. Dieser Zwiespalt scheint für Paulus im Heiden- 23
tum selbst gespürt worden zu sein, wenn es „unbekannten Göttern“
Altäre errichtet. Es gab damit selber zu, daß es mit all seinen Tem-
peln und Bildern und Opfern doch nicht zu einer frohen, ruhigen
Zuversicht kam, die Gottes klar bewußt war[399]. An diese Ungewiß-
heit und an die in ihr unbewußt liegende Sehnsucht knüpft Paulus an:
„Was ihr nun unwissend verehrt, das verkündige ich euch.“ Auch
heute kann die Evangelisation unter „religiösen“ Menschen nicht an-
ders verfahren. Es fällt hier aber sogleich das ernste Wort von der
„Unwissenheit“, das dann am Schluß der Rede noch einmal klar her-
vortritt (V. 30). Ein herbes Wort. Alle „Philosophie“ und „Wissen-
schaft“, auf die Athen (und die ganze gebildete Welt des römischen
Reiches!) so stolz war, ist doch „unwissend“ in bezug auf das Höchste
und Notwendigste, was es zu wissen gilt, worüber man volle Gewiß-
heit haben muß! Das religiöse „Sehnen und Suchen“ ist nicht Aus-
zeichnung, sondern Elend und Schuld! Der Bote Jesu aber macht die-
ser „Unwissenheit“ nicht dadurch ein Ende, daß er nun seinerseits
das wahre „Wissen“, die überlegene „Religionsphilosophie“ bringt,
sondern indem er „verkündigt“. Er kann hier auf dem Areopag vor
Philosophen nichts anderes tun als das, was er auch in der Synagoge
von Thessalonike oder von Antiochia tat: die Botschaft verkündigen
(Apg 13, 32; 17, 3). Denn auch Israel ist „unwissend“ wie Athen und
hat darum im Unverständnis der Prophetenworte sie gerade erfüllen
müssen (Apg 13, 27). Überall also in der Menschheit wird der Evan-
gelist sagen müssen: **„Was ihr nur unwissend verehrt, das verkün-
dige ich euch.“**

[398] Das hier stehende Wort ist zwar doppeldeutig, darf aber hier nicht negativ als „abergläubisch“ und der Komparativ auch nicht als ein „allzu sehr“ gefaßt werden. Kein Redner, der das Ohr seiner Hörer haben will, beginnt sofort mit Kritik. Und es würde dadurch auch der nächste, mit einem begründenden „denn“ beginnende Satz unverständlich.

[399] Einen Altar mit einer solchen Inschrift „Einem unbekannten Gott“ hat man bisher nicht gefunden. Die kritische Forschung hat daraus geschlossen, daß er der freien Phantasie des Lukas entsprungen sei. Aber sollte Lukas, der sein Buch einem gebildeten Mann seiner Zeit widmete, darin etwas geschildert haben, von dem ihm sein Gönner sofort gesagt hätte: „Lieber Lukas, das gibt es ja gar nicht!“? Wollen wir es heute besser wissen als Lukas, der selbst im Altertum lebte?!

24 Und nun gewinnt die Rede sofort ihren entscheidenden Grundzug. Wohl war auch die grie Philosophie und Weltanschauung weithin „religiös" und redete von „Gott". Aber immer erscheint in solcher religiösen Weltanschauung der Mensch und die Welt als das Gewisse und Klare, von dem aus dann das „Göttliche" als das Unsichere und Fragliche am äußersten Horizont des Denkens auftaucht. Dem wirft sich das Zeugnis des Boten Gottes entgegen. Er hat nicht Meinungen, Schlüsse, Gedankengänge, die sich mit dem großen Unbekannten beschäftigen, sondern er stellt es mit völliger, jubelnder und ehrfürchtiger Gewißheit vor seine Hörer hin: „Gott!" Gott ist das einzig Gewisse und Feste und Klare. Und Welt und Menschheit und Einzelmensch gewinnen erst von ihm her Halt und Sinn. **„Gott, der gemacht hat die Welt und alles, das in ihr"** — die Welt in all ihrer strahlenden Schönheit, die dort vom Areopag aus zu sehen ist, hat ihren Bestand doch nur im Schöpfungswort Gottes. **„Er, der der Herr Himmels und der Erde ist"** — aus einer sinnlos und ziellos sich in sich selbst drehenden Riesenmaschine wird die Welt nur darum ein sinn-
25 volles Gebilde, weil sie diesen Herrn hat. Sinnlos ist dann freilich alle „Religion", die Gott bedienen, Gott schöne Häuser bauen und Gott Gefälligkeiten erweisen möchte[400], **„als ob er etwas bedürfe"**, während er doch selber ganz und gar nicht der Bedürfende, sondern der Gebende ist und sein Wesen als Gott gerade im Schaffen und Schenken hat. Hier wird alle „Religion", die grobe und die feine, im Grund entwurzelt, und es wird Raum gemacht für das Evangelium, für das gebende und schenkende Wort Gottes.

26 Und nun wendet sich der Blick zum Menschen und zur menschlichen Geschichte. Wie verächtlich sah man von Athen mit all seinen kulturellen Herrlichkeiten, die jedem auf dem Areopag vor Augen lagen, auf die „barbarischen" Völker herab; wie geneigt waren die grie Männer, die Paulus jetzt zuhörten, diese andern gar nicht voll als Menschen anzusehen. Aber vor Paulus steht die Menschheit als eine einzige große Einheit[401]: **„Er machte aus einem das ganze Menschen-**

[400] „Kultus" heißt eigentlich „Pflege", Gottes-„dienst" will Gott „bedienen". Die Götter werden natürlich deshalb „gepflegt" und „bedient", damit sie ihrerseits die Wünsche und Bedürfnisse des Menschen erfüllen. Wie sehr trägt auch die „christliche Religion" und sehr viel „christlicher Gottesdienst" diesen Charakter! Wie tief steckt der Wahn, „als ob Gott etwas bedürfe", als ob wir mit unserer Frömmigkeit ihm einen Gefallen täten, in unsern Herzen. Das Evangelium, die Botschaft von der freien Gnade des ewig reichen Gottes ist das Ende aller „Religion", alles Gottes-„dienstes" im alten Sinn. In „Martha" und „Maria" sind der Mensch, der den Herrn bedienen will, und der Mensch, der nur noch den freien liebenden Dienst des Herrn annehmen kann, einander gegenübergestellt (Lk 10, 38—42).

[401] Man könnte statt „das ganze Menschengeschlecht" auch übersetzen „jedes Volk der Menschen". Aber das Altertum hat nicht völkisch gedacht. Und der Israelit Paulus sah

geschlecht, zu wohnen auf dem ganzen Angesicht der Erde." Freilich, damit ist die Menschheit nicht eine unterschiedslose Masse. Der Missionar Paulus hat schon viele Völkerschaften kennengelernt und von ihrer Geschichte gehört und steht hier auf dem Areshügel auf eminent geschichtlichem Boden. Aber auch diese Geschichte ist nichts in sich selbst. Wieder ist auch in dem unabsehbaren Wogen und Treiben der Menschheitsgeschichte Gott der feste, klare Grund: **„Er bestimmte festgesetzte Zeiten und die festen Grenzen ihres Wohnens."** Und der „Sinn" aller Geschichte aller Völker und Rassen und Menschen ist
nur der eine: **„Zu suchen Gott, ob sie wohl ihn ertasten und finden** 27
möchten"[402]. Aber ist denn Gott zu finden? Was für Probleme wir immer dabei haben mögen, Paulus ist davon überzeugt gewesen. Rö 1, 19 f hat er es selbst niedergeschrieben: „Denn das Erkennbare Gottes ist offenbar unter ihnen, denn Gott hat es ihnen offenbart. Denn das Unschaubare an ihm wird seit der Schöpfung der Welt an seinen Werken, wenn es recht bedacht wird, erschaut"[403]. Ebenso, nur ganz einfach für ungebildete Menschen, hat er es in Lystra (Apg 14, 15—17) gesagt. Hier drückt er den gleichen Tatbestand anders aus[404]:
„Er ist ja auch wirklich nicht fern von einem jedem von uns. Denn in 28
ihm leben wir und bewegen uns und sind wir." Das ist eigentlich noch schärfer gesagt als im Römerbrief. Es gibt tatsächlich gar keine eigentliche „Gottlosigkeit"! Jeder Mensch ist von Gott umfangen und

zunächst „die Nationen" als das eine große Völkermeer. Vielleicht ist sogar die Einheit des ganzen Menschengeschlechtes so stark gesehen, daß nicht einmal die „festgesetzten Zeiten" und die „festen Grenzen" auf die geschichtlichen Zeiten und Räume der einzelnen Völker gehen, sondern für das gesamte Menschendasein auf den geordneten Wechsel der Jahreszeiten und auf die Grenzen der „Ökumene", der bewohnbaren Erde, gegen Meer und Wüste.

402 Darum verfehlt jedes Leben sein Ziel und wird leer und sinnlos, das nicht Gott sucht und findet. Eine letzte Leere und Sinnlosigkeit jedes gottgelösten Lebens ist der sehr praktische und schmerzvolle „Gottesbeweis", den gerade der gottleugnende Mensch gegen seinen Willen führen muß. Die tiefen Zusammenhänge dieses „Suchens" mit der Schöpfung des Menschen zum Bilde Gottes und mit dem Sündenfall hat Paulus hier nicht aufgezeigt. Dafür war diese Stunde auf dem Areopag nicht da.

403 In beiden Stellen sagt Paulus zugleich weniger und mehr, als wir gewohnt sind. Es geht nicht um ein „Erkennen" Gottes, mit dem wir eine volle systematische Theorie über ihn besitzen, die alle Probleme löst. Das möchte der stolze Mensch freilich gern haben. Aber nur „das Erkennbare Gottes" ist ihm zugänglich und nur ein „Ertasten" ist sein „Finden Gottes". Zugleich aber liegt in den Ausdrücken des Paulus der ganze Realismus gegenüber unserer bloßen Gedankenhaftigkeit: „ertastet" wird Gott und „erschaut", wie man eben eine reale Wirklichkeit wahrnimmt. Nicht Theorien über Gott, nicht Gespinste der Religionsphilosophie sollen wir haben, sondern wir sollen auf die Wirklichkeit Gottes stoßen, wir dürfen Gott „begegnen". Das „Mehr" und das „Weniger" bei Paulus gehören wesentlich zusammen.

404 Darf er das eigentlich nicht? Ist die Sache sofort „unhistorisch", wenn Paulus nicht die Sätze seines — damals noch gar nicht geschriebenen — Römerbriefes wiederholt?

hat Gottes ewige Kraft und Gottheit nicht nur in den Werken vor sich, sondern kann jeden Pulsschlag seines Lebens, jede Regung eines Muskels, jede Sekunde seines Daseins nur „in Gott" und durch Gott haben! Das sieht Paulus in dem Vers des grie Dichters Aratus ausgesprochen: **„Denn wir sind auch seines Geschlechts."** Denn gerade auch das innere Leben, Bewegen und Sein des Menschen ist Gottes Gabe. Das Zitat ist kühn! Gemeint ist es vom Dichter selbst im Sinne jener natürlichen und naturhaften Gottesverwandtschaft, jenes „Gott in uns", welches das strikte Gegenteil der biblischen Botschaft ist. Darum gerade kann auch der moderne religiöse Mensch das Evangelium nicht hören, weil er sich sofort dahinein verschanzt: Ich gehöre sowieso zu Gott, ich finde Gott in der Natur, ich trage Gott in mir selbst! Paulus aber sieht den gleichen Tatbestand in völlig anderem Licht. Die Gotteserkenntnis in der Natur wird zur unentrinnbaren Anklage gegen den Menschen und macht ihn unentschuldbar (Rö 1, 20), und die tatsächliche Gottebenbildlichkeit des Menschen (1 Mo 1, 27) kann immer nur das ganze Elend und die ganze Verirrung und Verfinsterung des gegenwärtigen „heidnischen" Menschen
29 aufdecken. Welche Verirrung und Verzerrung, wenn nun gemeint wird, **„Gold oder Silber oder Stein, dem Gebilde menschlicher Kunstfertigkeit und Überlegung sei das Göttliche gleich"**. Das gilt auch da, wo die Gottesbilder nicht mehr aus Gold, Silber und Stein, sondern aus Gedanken und Meinungen gemacht werden. Auch der edelste „Gott der Philosophen" ist ein **„Gebilde menschlicher Kunstfertigkeit und Überlegung"**. Auch hier wieder ist jene „Verkehrung" am Werk, die aller Religion eignet: Das **„Gebilde"** Mensch wird zum „Bildner" Gottes in Stein oder in Gedanken; aus dem lebendigen Gott wird das „Gottesbild", das der Mensch sich zurechtmacht[405]. Aus dem Einen, der ganz und gar nur „Subjekt" ist, wird ein „Objekt" des Menschen, seiner Religionsphilosophie, seiner Theologie, seines Gottesdienstes.

30 Und nun eilt die Evangelisation auf ihr eigentliches Ziel zu: auf den Ruf zur Umkehr, der hier genauso ernst vor den gebildeten Griechen erhoben wird wie am Pfingsttage vor Israel. Wenn der Ruf damals Israel ein „verkehrtes Geschlecht" und seine angebliche Gerechtigkeit Sünde nannte, so heißt er hier die stolze Kultur und Weisheit der Griechen und alle ihre „Religion" mit allen Tempeln und Gottesdiensten **„Unwissenheit"**[406]. Gott **„hat die Zeiten der Un-**

[405] Hier liegt das Recht der marxistischen Kritik aller Religionen. Wir sollten das sehr ernst nehmen. Nur das lebendig im Heiligen Geist bezeugte und lebendig im Heiligen Geist gelebte Evangelium ist dieser Kritik überlegen.

[406] Römer 1 und 1. Korinther 1 verlaufen in einer höchst beachtlichen Parallelität und Unterschiedenheit. In Rom geht es „jüdisch" um die „Gerechtigkeit"; in Korinth „grie-

wissenheit übersehen". Sagt der Römerbrief es anders? Sicherlich, er spricht vom „Dahingegebensein" der Nationenwelt in die moralische Zersetzung um der Verkehrung Gottes willen. Das sagt Paulus jetzt auf dem Areopag nicht. Aber muß er überall alles sagen? Hat ein Evangelist nicht das gute Recht, jetzt in einer bestimmten Situation bestimmte Wahrheiten einmal nicht auszusprechen? Anderseits weiß auch der Römerbrief von dem „Ansichhalten Gottes", das Sünden vorläufig „übergeht" (Rö 3, 25) und erst „jetzt" alles zum Austrag bringt. Dieses entscheidungsvolle „Jetzt" verkündigt Paulus auch
auf dem Areopag! Es hat sein ganzes Gewicht, weil Gott **„festgesetzt** 31
hat einen Tag, an dem er will richten den Erdkreis mit Gerechtigkeit". Diese Botschaft vom Gericht ist wirklich eine Wahrheit, die sich „beweist an aller Menschen Gewissen vor Gott" (2 Ko 4, 2)[407]. Paulus rechnet damit, daß auch in der Brust der Athener, die ihm aus Neugier zuhören, der Zeuge für diese mächtige Wahrheit seine Stimme erheben kann. Hier auf dem Areshügel wurde in alten Zeiten das Blutgericht gehalten; alles menschliche Gericht ist aber nur eine Vorschattung des fehllosen Gerichtes, das Gott selbst halten wird. Dort in der dunklen Felsspalte des Areopag wurde den „Erynnien" geopfert, jenen schrecklichen Rachegöttinnen, die unversöhnlich jeden Frevler verfolgen[408]. Auch darin lag das Ahnen von „dem Tag des Zornes und des gerechten Gerichtes Gottes" (Rö 2, 5). Diese Wahrheit ist freilich keine künstlerische oder philosophische „Neuigkeit", über die es sich interessant diskutieren läßt! Er unterstreicht die ganze Realität und die Nähe dieses Gerichtes durch die Tatsache, daß der Richter bereits ernannt und beauftragt ist. Wieder steht Gott als der Handelnde in der Mitte. Darum kann diesem Gericht niemand entgehen. Gott richtet den ganzen **„Erdkreis".** Und er tut es **„mit Gerechtigkeit".** Da gilt kein Ansehen der Person, kein literarischer Ruhm, keine einflußreiche Beziehung, kein eleganter Scherz. Sie alle, die Paulus jetzt vor sich sieht, werden vor diesem Gericht und seiner

chisch" um die „Weisheit", die Erkenntnis. Das ist ein erheblicher Unterschied. Aber doch ist die grundsätzliche Lage des Menschen in beiden Fällen gleich. Der Mensch findet mit allen seinen eigenen Bemühungen ebensowenig die „Gerechtigkeit", die vor Gott gilt, wie die „Weisheit", die Gott wirklich erreicht. Darum wird er hier wie dort zur Umkehr gerufen, um in der „törichten Botschaft" von Jesus die Rettung zu finden. Dahingegeben an die sittliche Zerstörung trotz aller moralischen Bemühungen, dahingegeben an die Unwissenheit über Gott trotz aller Religion und Philosophie — es ist in beiden Fällen der gleiche Stoß des evangelistischen Angriffs, wenn auch mit verschiedenem Inhalt von der jeweiligen Lage her.

407 Friedrich Schiller hat das gerade in seinem Revolutionsdrama, in den „Räubern", in der Sterbeszene des Franz Moor mit Wucht geschildert.

408 Schiller hat sie uns in den „Kranichen des Ibykus" anschaulich geschildert.

unbestechlichen Gerechtigkeit ihr Leben zu verantworten haben[409].

Jetzt erlaubt der Text zwei verschiedene Auslegungen. Wörtlich steht da: **„Glauben anbietend allen."** Das kann die Bedeutung von „glaubwürdig machend allen", „einen Beweis erbringend allen" haben. Dann hat Paulus sagen wollen: daß Gott wirklich diesen Mann und keinen andern zum Richter des Weltgerichts bevollmächtigt hat, das hat er dadurch bewiesen, daß er ihn aus den Toten auferstehen ließ. Wie später bei Felix hätte Paulus bei dem so gefaßten Schluß seiner Rede den Ernst der Verantwortung vor Gott hervorgehoben und von da aus zur Umkehr gerufen, ohne jetzt schon den Weg des Heils näher zu zeigen. Das konnte und sollte erst dann geschehen, wenn auch hier unter der Verkündigung die Frage aufbrach: Was sollen wir tun, um gerettet zu werden? Die Areopagrede wäre damit genau parallel der Pfingstpredigt des Petrus. Es läßt sich aber auch das alte Verständnis rechtfertigen: **„allen bietet Gott den rettenden Glauben an."** Dann hat Paulus am Schluß seiner Rede im eigentlichen Sinn das Evangelium verkündigt und seinen Hörern gezeigt, wie der von Gott eingesetzte Weltrichter jetzt noch der vom Tode erweckte lebendige Heiland ist, zu dem alle kommen dürfen, um Vergebung und Rettung zu empfangen. Dieses Verständnis liegt darum nahe, weil anders als bei der Pfingstpredigt des Petrus der Ruf zur Umkehr die eigentliche Spitze der Areopagrede bildet. Am Pfingsttag ist das „Kehrt um" erst die Antwort auf das bange Fragen der Hörer. Hier ist es mit der ganzen Betonung, **„alle überall"** sollen umkehren, der Inhalt der Verkündigung selbst. Dann mußte aber gesagt werden, wohin denn diese „Umkehr" führen soll. Sonst blieb sie ein eigenmächtiges, moralisches Manöver, das niemand helfen kann. Ruf zur Umkehr ohne Nennung des Retters, zu dem man kommen darf, wäre wieder „Gesetz" und nicht „Evangelium". Darum steht auch am Pfingsttag neben dem „kehrt um" sofort das andere „laßt euch taufen auf den Namen Jesu zur Vergebung der Sünden". Vor Heiden aber war es vollends nötig, den konkret zu nennen, in welchem sie den „unbekannten Gott" wirklich finden konnten. Hier war die „Auferweckung" dieses **„einen Mannes"** von entscheidender Bedeutung. Nur zu einer lebendigen und gegenwärtigen Person kann man „kommen" und „umkehren"; andernfalls wird aus dem Ruf zur Umkehr eine fromme Phrase und aus seiner Befolgung eine bloße innerseelische Gemütsbewegung ohne Wahrheit und Kraft.

Die Rede des Paulus auf dem Areopag hat natürlich nicht nur die wenigen Minuten gedauert, die zur Verlesung unseres Textes heute

[409] So und nicht anders hat der Bote des Evangeliums immer wieder ganz konkret seine Hörer zu sehen.

nötig sind. Wir erinnern uns an das, was wir uns bereits S. 42 über die Wiedergabe der Reden in der Apostelgeschichte durch Lukas klarmachten. Ganz besonders im entscheidenden Schlußteil hat Paulus nicht nur einen einzigen Satz gesagt, der so, wie er da steht, seinen Hörern völlig unverständlich bleiben mußte. Lukas gibt uns nur den „Leitsatz" dieses Teils. Dessen Inhalt stand den Lesern der Apg sowieso klar vor Augen. Ausführlich aber gab uns Lukas die „Einleitung" und den ersten Teil der Rede wieder, weil er uns daran zeigen wollte: So sprach Paulus vor „Heiden", so bahnte er sich den Weg, so nahm er seine Hörer mit bis zu der Stelle, an der er ihnen seine eigentliche Botschaft bringen konnte. Daß Paulus auch in Athen mit seinen „Philosophen" diese eigentliche Botschaft nicht etwa an den Rand geschoben hat, zeigt der Bericht über seine Gespräche auf dem Markt: „Jesus" und „die Auferstehung" stand dort offensichtlich im Mittelpunkt (vgl. V. 18). Sollte er nun auf einmal bei der näheren Erörterung seiner Lehre, zu der er ausdrücklich aufgefordert war, diese „befremdlichen Dinge" weggelassen haben, um die man ihn gerade fragte?!

Paulus hat in herzlicher Weise an den Stand seiner Hörer ange- 32
knüpft, aber er hat ihnen dann nichts erspart: statt interessanter Diskussionen der Ruf zur Umkehr; statt sinniger Gedanken die harte Tatsache des Weltgerichts; statt eigener Moral und Religion die Auferstehung eines Retters, an den es zu glauben gilt. Es ist kein Wunder, daß die Athener in der Mehrzahl verständnislos blieben und das Wort von der Auferstehung Toter zum offenen Spotten benutzten. Aber andere sind doch nachdenklich geworden und erklären: **„Wir wollen dich darüber auch nochmals hören."** Freilich, das kann genauso ein höfliches Ausweichen sein wie später bei Felix (Apg 24, 25). Das **„Nochmals"** kam nicht zustande, das Heute war versäumt. Kein Evangelist, nicht einmal ein vollmächtiger wie Paulus, kann das verhindern. **„So ging Paulus aus ihrer Mitte"** hinweg. Es kommt nicht 33
zu weiteren Gesprächen wie am Pfingsttag oder wie im pisidischen Antiochia. Paulus hat aber auch nicht versucht, solche Gespräche um jeden Preis von sich aus zustande zu bringen. **„Er geht aus ihrer Mitte"** weg. Wieder finden wir jene „apostolische" Haltung, auf die wir schon in Apg 13, 46 stießen. Die Boten Jesu kennen das heiße Ringen um die Errettung verlorener Menschen, bis zum Einsatz des Lebens (1 Th 2, 8), aber sie kennen nicht ein „Nachlaufen", ein „Anbringenwollen" des Evangeliums um jeden Preis. Sie wissen um die ganze Größe der Gabe, die sie bringen; wer sie nicht haben will, der soll und muß in den Tod laufen. „Das Wort vom Kreuz ist eine Torheit denen, die verloren werden", schrieb Paulus den Korinthern (1 Ko 1, 8). Darum kennen die Boten Jesu das „Weggehen" wie ihr Herr Jesus selbst, das dann ein Todesurteil bedeutet (Jo 8, 21).

34 Aber nun kommt das Erstaunliche, das uns verbietet, von einem „Mißerfolg" des Paulus in Athen zu sprechen: **„Einige Männer aber schlossen sich an ihn an und wurden gläubig, unter ihnen der Areopagit Dionysius und eine Frau namens Damaris und andere mit ihnen."** Ein Mitglied des hohen Gerichtshofes ist von der Ankündigung des letzten Gerichtes getroffen und bewegt und mit ihm eine namhafte Frau und einige andere[410]. Zur Bildung einer ganzen Gemeinde ist es nicht gekommen; einen „Athener-Brief" des Paulus kennen wir nicht. Aber wenn Paulus im 1. Brief an die Korinther auch diejenigen Christen Griechenlands grüßt, die „an ihren Orten den Namen des Herrn Jesus anrufen" (1 Ko 1, 2), dann hat er auch an die gedacht, die in Athen im Glauben an Jesus lebten.

DIE ZWEITE MISSIONSREISE

8. Paulus in Korinth

Apostelgeschichte 18, 1—17

zu Vers 1:
1 Ko 1, 2
zu Vers 2:
Apg 18, 26
11, 28
Rö 16, 3-5
1 Ko 16, 19
2 Tim 4, 19
zu Vers 3:
Apg 20, 34
Rö 16, 3 f
1 Ko 4, 12
1 Ko 9, 12
2 Ko 11, 8
zu Vers 4:
Apg 13, 14
zu Vers 5:
Apg 17, 14 f
1 Ko 1, 6
1 Th 3, 6
zu Vers 6:
Mt 10, 14
Mt 27, 25
Apg 13, 46. 51
20, 26
28, 28
Rö 1, 16

1/2 Danach schied Paulus von Athen und kam nach Korinth. * Und
er fand einen Juden namens Aquila, seiner Herkunft nach aus
Pontus, der kürzlich aus Italien gekommen war, und sein Weib
Priskilla, weil Klaudius angeordnet hatte, es müßten alle Juden
Rom verlassen, und er ging zu ihnen; und weil sie das gleiche
3 Handwerk hatten, blieb er bei ihnen, * und sie arbeiteten; sie wa-
4 ren nämlich Zeltmacher von Beruf. * Er besprach sich (oder: er
predigte) **aber in der Synagoge an jedem Sabbat und suchte Juden**
5 und Griechen zu überzeugen. * Als aber zurückkamen von Make-
donien Silas und Timotheus, wurde Paulus ganz hingenommen
vom Wort, indem er den Juden bezeugte, es sei wirklich Jesus der
6 Messias. * Da sie sich aber widersetzten und lästerten, schüttelte
er seine Kleider aus und sprach zu ihnen: „Euer Blut komme über
euer Haupt! Rein werde ich von jetzt ab zu den Heiden gehen."
7 * Und er ging von dort weg und kam in das Haus eines Gottes-
fürchtigen namens Titius Justus, dessen Haus an die Synagoge
8 angrenzte. * Krispus aber, der Synagogenvorsteher, wurde gläubig
an den Herrn mit seinem ganzen Hause, und viele Korinther, die
9 (Paulus) **hörten, glaubten und ließen sich taufen. * Es sprach aber**
der Herr eines Nachts durch ein Gesicht zu Paulus: „Fürchte dich
10 nicht, sondern rede und schweige nicht. * Denn ich bin mit dir,
und niemand wird Hand an dich legen, dir Böses anzutun, denn

[410] Wenn bei uns eine einzige Evangelisationsrede solchen „Erfolg" hätte, wie dankerfüllt (und wohl auch „stolz") würden wir sein!

11 **ich habe ein zahlreiches Volk in dieser Stadt." * Er ließ sich aber**
ein Jahr und sechs Monate nieder, lehrend unter ihnen das Wort
12 **Gottes. * Als aber Gallio Prokonsul von Achaja war, erhoben**
sich die Juden einmütig gegen Paulus und führten ihn zum Rich-
13 **terstuhl, * indem sie sagten: „Dieser verführt die Menschen, Gott**
14 **gegen das Gesetz zu verehren." * Als aber Paulus den Mund öff-**
nen wollte, sagte Gallio zu den Juden: „Wenn ein Unrecht vor-
läge oder ein schlimmes Bubenstück, ihr Juden, würde ich eure
15 **Klage mit Recht annehmen. * Wenn es sich aber um Streitfragen**
über Lehre und Namen und das bei euch geltende Gesetz handelt,
müßt ihr selbst zusehen. Richter darüber will ich nicht sein."
16/17 *** Und er trieb sie fort von dem Richterstuhl. * Da ergriffen**
alle Sosthenes, den Synagogenvorsteher, und verprügelten ihn
vor dem Richterstuhl, und Gallio kümmerte sich nicht im ge-
ringsten darum.

zu Vers 8: Jos 24, 15 Apg 9, 10 1 Ko 1, 14
zu Vers 9: Jer 1, 8 Apg 4, 29 1 Ko 2, 3
zu Vers 10: Jos 1, 5. 9 Jes 41, 10 Jes 43, 5 Hos 2, 25 Mt 28, 28 Jo 10, 16
zu Vers 11: Jer 1, 8 Apg 19, 10
zu Vers 12: Apg 13, 7 19, 38 2 Ko 1, 1
zu Vers 14: Apg 23, 29 25, 18-20
zu Vers 15: Jo 18, 31
zu Vers 17: 4 Mo 6, 2. 5

„Danach schied Paulus von Athen und kam nach Korinth." Was schließt dieser sehr knappe Satz in sich! Wann und wie hat Paulus den Entschluß gefunden, die Ankunft seiner Gefährten nicht, wie er ursprünglich wollte (Apg 17, 16), in Athen abzuwarten, sondern schon vorher Athen zu verlassen? Wie gewann er die Überzeugung, nach Korinth gehen zu sollen? Gewiß war Korinth die nächste große Stadt von Athen aus. Aber war es für eine christliche Mission ein verheißungsvoller Platz? Die alte Stadt Korinth mit den berühmten „Isthmischen Spielen" war 146 v. Chr. bei ihrer Eroberung durch die römischen Legionen vollständig zerstört worden und hatte ein Jahrhundert lang in Trümmern gelegen. Julius Cäsar hatte für den Wiederaufbau gesorgt, und so war eine ganz moderne Stadt entstanden, die seit 27 v. Chr. Hauptstadt der Provinz „Achaja" und Sitz des Prokonsuls war. Es war eine bedeutende Handelsstadt mit zwei Häfen, die sich nach Westen zum Ionischen und nach Osten zum Ägäischen Meer öffneten. So wurde Korinth zum Umschlagplatz des Handels im Ostteil und Westteil des Mittelmeerraumes, der in jener Zeit „die Welt" („Ökumene") darstellte! In aller Kraßheit traten die sozialen Gegensätze hervor: neben den reichen Handelsherren und Schiffsreedern stand die große Masse der Sklaven, die die Ruderarbeit auf den Schiffen und die vielfältige Arbeit in den Häfen und Faktoreien, in den Werften und Geschäften taten. Völker und Rassen aus Ost und West mischten sich an diesem Ort ohne bodenständige Bevölkerung. Sprichwörtlich war die Unsittlichkeit und das lockere Leben in Korinth. „Korinthisieren" war die Bezeichnung für skrupelloses Ausleben. Daran änderte die Fülle der Religionen und Kulte nichts. Im Gegenteil, im östlichen Heidentum war das Geschlechts-

leben mit seinem Rausch als etwas „Religiöses" empfunden und deshalb in den Kultus einbezogen worden. Im Tempel pflegte man die Prostitution zu Ehren der Gottheit, im Tempel fand man die zur Hingabe bereiten „Hierodulen"[411]. Und ein solcher Tempel der „Artemis" — hier war eine alte grie Göttergestalt mit der „Astarte" des Orients vermischt worden — mit einer Fülle von „Priesterinnen" stand in Korinth! Kein Wunder, wenn die Frage der „Reinheit" gerade in 1 Ko 5. 6 eine solche Rolle spielt. War es wirklich so naheliegend für Paulus, dorthin zu gehen? Hatte es Zweck, in solcher Stadt die Botschaft von Jesus zu verkündigen? In 1 Ko 2, 3 hat uns Paulus selbst geschildert, wie zaghaft er nach Korinth kam[412]. Wahrlich nur „der Erweis von Geist und Kraft" von Gott her konnte in dieser Stadt einen Durchbruch zum Glauben schenken. Und wenn Jesus seinen Boten gerade in Korinth in besonderer Weise zum Ausharren und Reden stärkte (V. 9), so hat das seinen guten Grund. Vieles in den Korintherbriefen wird uns nur von diesem dunklen Hintergrund her verständlich.

Aber nun ist Paulus auf der Fahrt nach Korinth über das Ägäische Meer zum Hafen Kenchreä[413]. Schon lange sieht er vor sich den 600 m hohen Burgberg „Akro-Korinth" über der Stadt aufragen. Dann geht es nach der Landung in Kenchreä hinein in die fremde, laute und unheimliche Stadt. Lukas läßt uns hier einmal einen Blick in die Art tun, wie Paulus es überhaupt in solcher Stadt anfing. Wir nehmen es sonst ohne viel Nachdenken hin: Paulus kam eben in die und die Stadt. Aber wo fand er da Unterkunft? Wovon lebte er? Er war doch nicht ein reicher Mann, der sich Hotelzimmer nehmen und im Gasthaus essen konnte? Hier erleben wir es einmal mit: Paulus „grüßt das Handwerk". Er ist gelernter Lederarbeiter („Zelt-

[411] Vgl. dazu heute das Rettungswerk der Amy Carmichael an indischen Tempelkindern. F. Houghton, Amy Carmichael, Wuppertal 1961.

[412] Die oft gehörte Auslegung, Paulus sei nach dem „Mißerfolg" in Athen so ängstlich nach Korinth gekommen, sollte endlich erledigt sein! Als ob ein Paulus nach dem nötigen „Erfolg" stolz und kühn einherkommt, nach einem „Mißerfolg" aber entmutigt und scheu. Vor allem: 1 Ko 2, 1—5 steht doch im festen Zusammenhang eines ganzen Beweisganges! Paulus will gerade nicht eine „Ausnahme" seiner Haltung schildern, die er in Korinth einmal gemacht habe. Sondern so wie Gott immer und grundsätzlich das Schwache und Verachtete erwählt, so kann der Bote Gottes immer nur „in Schwachheit und Furcht und mit vielem Zittern" in seinen Dienst gehen. Das entspricht der „Torheit" und der „Schwachheit Gottes" in dem Wort vom Kreuz. Und gerade nur so wird die Kraft des Heiligen Geistes wirksam. Nur so ruht der Glaube von Menschen nicht auf menschlichen und seelischen Überredungskünsten, sondern auf Gottes Kraft.

[413] Möglich ist aber auch, daß Paulus den Landweg über Eleusis und Megara genommen hat (wie einst Ibykus vgl. Schiller „Die Kraniche des Ibykus"). Ja, diese Annahme wird sogar unterstützt dadurch, daß die in Kap. 18, 1 gewählten Ausdrücke nicht die üblichen einer Seereise sind.

macher")[414] und suchte einen Meister seines Handwerks, möglichst
unter den Juden, um bei ihm Arbeit und „Kost und Logie" zu finden. 2
So wird er auch durch die Straßen von Korinth fragend gegangen sein und **„fand[415] einen Juden namens Aquila, seiner Herkunft nach aus Pontus, der kürzlich aus Italien gekommen war, und sein Weib Priskilla". „Und weil sie das gleiche Handwerk hatten, blieb er bei ihnen."**

Um des Ehepaares Aquila und Priskilla willen hat Lukas uns das berichtet. Sie sind bekannte Persönlichkeiten der Urchristenheit. „Aquila (ein Mann namens Adler) ist das Musterbeispiel eines internationalen Juden, den das Leben fast durch die ganze damalige Welt hin- und herwirbelte; nur in Palästina selbst hat er nie gelebt" (G. Stählin S. 243). Er stammt aus Pontus, einer Landschaft am Südufer des Schwarzen Meeres, lebt dann aber in der Reichshauptstadt Rom, kommt als Vertriebener nach Korinth, geht mit Paulus nach Ephesus, ist zur Zeit des Römerbriefes wieder in Rom (Kap. 16, 3) und nach 2 Tim 4, 19 beim Lebensende des Paulus wieder in Ephesus. Paulus stellt dem Ehepaar im Römerbrief das schöne Zeugnis aus: „Grüßt Priska und Aquila, meine Mitarbeiter in Christus Jesus, die für mein Leben ihren eigenen Hals dargeboten haben, denen nicht ich allein danke, sondern auch alle die Gemeinden der Nationen" (Rö 16, 3—4). Auch in Rom, wo sie nun wieder leben, haben sie eine Hausgemeinde gebildet (Rö 16, 5). Seine Frau Priskilla — Paulus braucht in seinen Briefen nicht diese Verkleinerungsform, sondern den eigentlichen Namen „Priska" — mag Römerin sein. Das Ehepaar ist so miteinander verwachsen, daß immer nur beide zusammen genannt werden. In vier von sechs Fällen steht aber der Name der Frau
voran. Sie wird die geistig und geistlich Bedeutendere gewesen sein. 3
Das Ehepaar hat zunächst in Rom gelebt. Aber dann hatte sie das auch von dem römischen Geschichtsschreiber Sueton erwähnte Edikt des Kaisers Klaudius[416] mit andern Juden von dort vertrieben.

[414] So versteht man heute das Wort „Zeltmacher". Zwar wurden auch die dunklen Haare der kilikischen Ziegen zu einem festen Stoff verarbeitet, und es lag nahe, bei Saulus aus Tarsus in Kilikien an das Erlernen solcher Herstellung von „kilikischem Tuch" zu denken. Aber es wurde keineswegs ausschließlich als Zelttuch verwendet, während umgekehrt Zelte gern aus Leder gefertigt wurden.

[415] Ein Mann wie Paulus wird nicht anders als betend diesen suchenden Gang getan haben. Darum „fand" er nun auch. Er fand in Aquila und Priskilla vermutlich bereits an Jesus gläubige Juden. Ihr Gläubigwerden durch Paulus wäre von Lukas sicher berichtet worden. Die Notiz von D in Vers 7, daß Paulus „von Aquila wegging" ist wieder eine Texterweiterung des auf Genauigkeit bedachten Abschreibers, der in Aquila und Priskilla noch unbekehrte Juden sieht.

[416] Der Satz bei Sueton lautet: „Die Juden vertrieb Klaudius aus Rom, weil sie auf Betreiben eines gewissen Chrestus ständig Tumulte machten." Da im damaligen Latein

Nun waren sie **„kürzlich aus Italien gekommen"**. Welche Freude für Paulus, einen solchen Arbeitgeber und Quartierwirt in der fremden Stadt zu finden.

4 An die Verkündigungsarbeit geht Paulus auf die gewohnte Weise: **„Er besprach sich** (oder: er predigte) **aber in der Synagoge an jedem Sabbat und suchte Juden und Griechen zu überzeugen."** Das grie Wort, „dialegomai" heißt ursprünglich „sich unterreden", bezeichnet dann aber auch allgemeiner das „Sprechen" und wird bei religiösen Themen zum „Predigen". Paulus wird schwerlich nur Unterredungen sondern auch zusammenhängende Verkündigung gehabt haben, wobei dann diese Verkündigung wieder zu Fragen, Auseinandersetzungen und Gesprächen führte. In dieser Arbeit gibt es einen deutlichen Abschnitt, **„als Silas und Timotheus von Makedonien zurückkamen"**. Nun **„wurde Paulus ganz hingenommen vom Wort"**. Man könnte auch übersetzen: „Paulus ging völlig in der Wortverkündigung auf." Dahinter steht mancherlei. Paulus ist es ernst um die Bruderschaft. Erst in der Gemeinschaft mit den Brüdern entfaltet sich seine volle Kraft. So sieht er auch im Rückblick die grundlegende Arbeit in Korinth als „Mannschaftsarbeit" (2 Ko 1, 19). Aber wir werden an dieser Stelle auch alles das berücksichtigen müssen, was er in 1 Th 3, 1—8 gerade von Korinth aus schrieb: „Nun leben wir, da ihr steht in dem Herrn." Befreit von den quälenden Sorgen um Thessalonike durch die guten Nachrichten der Brüder, kann er sich ganz anders mit freiem Herzen dem Verkündigungsdienst widmen. Aber auch das werden wir ganz nüchtern hinter dem Satz des Lukas sehen müssen, woran Paulus selbst in 2 Ko 11, 9 die Korinther erinnert: „Als ich bei euch anwesend war und Mangel hatte, war ich niemand beschwerlich. Denn meinen Mangel füllten die Brüder aus, die aus Makedonien kamen." Silas und Timotheus haben eine so reiche Spende mitgebracht, daß Paulus eine Zeitlang nichts zu verdienen braucht, sondern seine ganze Zeit und Kraft seiner Missionsarbeit widmen kann. Diese gilt weiter besonders der Judenschaft: Er **„bezeugte den Juden, es sei wirklich Jesus der Messias"**. Aber gerade über der verstärkten Wirksamkeit des Paulus und seiner Gefährten bricht auch der Widerstand heftiger hervor und steigert sich wieder bis zu „Lästerungen". Es ist

„e" und „i" in der Aussprache ineinander übergehen konnten, ist es von großer Wahrscheinlichkeit, daß die Unruhen in der Judenschaft Roms in einem leidenschaftlichen Streit um die „Christusfrage" bestanden. Dann wäre schon damals die Botschaft von Jesus als dem Christus zu der großen Judenschaft Roms gekommen und hätte dort zu einem ähnlichen Sturm geführt wie in Antiochia, Thessalonike und Korinth. Sueton aber konnte den eigentlichen Grund nicht verstehen und gab nur wieder, was er gehört hatte: daß ein gewisser Christus oder Chrestos die Ursache der Unruhen war. Aquila und Priskilla gehörten dann zu jenem Teil der Judenschaft Roms, die zum Glauben an Jesus als den nunmehr gekommenen Messias Israels gelangt waren.

das geradezu eine notwendige Entwicklung. Wer sich nicht Jesus als dem wahren Messias Israels von Herzen unterwirft, muß ihn als falschen Messias, als Gotteslästerer, als Verfluchten verwerfen[417]. 6

Wieder sehen wir Paulus nicht sich bestürzt fragen, inwiefern er durch seine Fehler an solchem Mißerfolg schuld sei und welche besseren Methoden man anwenden müsse, um die Juden doch noch zu gewinnen. Er macht vielmehr die Ablehnenden selber für ihre Entscheidung verantwortlich: **„Er schüttelte seine Kleider aus und sprach zu ihnen: ‚Euer Blut komme über euer Haupt!'"**[418] Und er zieht die
missionarische Folgerung: **„Rein werde ich von jetzt ab zu den Hei- 7
den gehen."**[419] Natürlich kann er nun nicht mehr in der Synagoge bleiben. Er findet Raum für sein Wirken[420] in dem **„Hause eines Gottesfürchtigen namens Titius Justus, dessen Haus an die Synagoge angrenzte"**. Paulus scheute die Herausforderung nicht, die in diesem „christlichen Gemeindehaus" unmittelbar neben der Synagoge lag. Für seine Arbeit bot es den besonderen Vorteil, daß die zur Synagoge eilenden „gottesfürchtigen Griechen" ständig auf die Christus-Botschaft des Paulus aufmerksam wurden und leicht den Weg zu ihr
fanden. Erfolglos blieb der Dienst nicht: **„Krispus aber, der Synago- 8
genvorsteher, wurde gläubig an den Herrn mit seinem ganzen Hause."** Paulus nennt ihn 1 Ko 1, 14 als einen der wenigen, die er eigenhändig in Korinth getauft hat. Heißt nun das nächste Sätzchen: **„Viele Korinther, die ‚es' hörten, glaubten und ließen sich taufen"**? War die Bekehrung des Synagogenvorstehers so eindrucksvoll, daß viele dadurch zum Glauben kamen? Wäre das einem Paulus lieb gewesen? Man kann auch übersetzen: **„Viele korinthische Hörer glaub-**

[417] Die Hochschätzung Jesu bei vielen heutigen Juden ist darum zwar erfreulich, aber auch zugleich für Juden und Christen bedenklich. Nachdem man Jesus Thron und Krone genommen, führt man mit ihm unverbindliche religiöse Gespräche.

[418] Es ist etwas Bedeutsames um das „Blut". In ihm ist das Leben 3 Mo 17, 11. Darum schreit Abels Blut zu Gott. Darum ist im Bunde Gottes mit Noah nachdrücklich vom „Blut" die Rede 1 Mo 9, 4—6. Darum hat das Blut aber auch die besondere sühnende Kraft, von 3 Mo 17, 11 bis hin zu dem Blut Christi Hbr 9, 14; Offb 7, 14. Wie schwerwiegend ist es dann, wenn ich mich mit dem „Blut" eines Menschen schuldhaft belade. Selbst einem Mann wie Pilatus ist es wichtig festzustellen, daß er „unschuldig ist an dem Blut dieses Gerechten" (Mt 27, 24) und der Hohe Rat wehrt sich dagegen, daß die Apostel dieses Menschen „Blut über ihn führen wollen" (Apg 5, 28). Paulus aber weiß sich „rein von dem Blut" derer, die seine Botschaft ablehnen, vgl. Apg 20, 26. Die Hörer, die die rettende Gnade Gottes nicht annehmen wollen, bringen selber „ihr Blut über ihr Haupt", führen also selber ihren ewigen Untergang herbei.

[419] Manche Ausleger sehen darin ein von Lukas eingetragenes Schema. Der „Heidenapostel" Paulus sei doch nicht grundsätzlich erst dann zu den Heiden gegangen, wenn Israel sein Wort ablehnte! Aber die Darstellung des Lukas wird durch grundlegende Äußerungen von der eigenen Hand des Paulus bestätigt: Rö 1, 16; 11, 11. 19. 20. 25.

[420] Darum handelt es sich, und nicht um sein persönliches Wohnen, wie D irrtümlich meint.

ten und ließen sich taufen." Es geht ganz allgemein um Einwohner der Stadt, die die Verkündigung des Paulus in der ganzen Zeit gehört hatten und nun die Entscheidung für Jesus vollzogen.

9/10 War damit nicht die Arbeit in Korinth getan? Konnte, ja mußte Paulus nicht weiter? Oder sollte er wieder den Sturm abwarten, der ihn mit Gewalt vertrieb? Paulus mag mit solchen Fragen betend vor seinem Herrn gestanden haben und bekommt nun die Antwort: **„Es sprach aber der Herr eines Nachts durch ein Gesicht zu Paulus: ‚Fürchte dich nicht, sondern rede und schweige nicht! Denn ich bin mit dir und niemand wird Hand an dich legen, dir Böses anzutun, denn ich habe ein zahlreiches Volk in dieser Stadt.'"** Dieses Wort gibt Paulus wie allen, die im Evangelisationsdienst stehen, den wahren und tiefen Blick in das eigentliche Wesen ihres Tuns. Nicht sie gewinnen durch ihren Einsatz dem Herrn Jesus ein Volk; so denken wir es uns gern in der angeborenen Ichhaftigkeit unseres Herzens. In Wirklichkeit aber ist Jesus gleichsam schon längst vor Paulus in Korinth gewesen und hat sich dort ein großes Volk erwählt[421].

Noch ahnt dieses Volk selber nichts davon, aber der Blick Jesu ist schon auf es gerichtet[422]. Darum hat Jesus überhaupt Paulus nach Korinth geführt, um dieses sein Volk dort durch das Evangelium herauszurufen. Noch aber hat Paulus nicht alle erreicht, die Jesus dort zu seinem Eigentum haben will. Darum fordert ihn der Herr zum getrosten Bleiben und Reden auf. Er versteht das Bangen im Herzen auch eines Paulus nach der ganzen Kette schwerster Erlebnisse: Antiochia, Ikonion, Lystra, Philippi, Thessalonike, Beröa. Auch die großen Boten im alten Bund haben sich gefürchtet vor der Größe und Härte ihres Auftrages und vor dem drohenden Haß der gottlosen oder der frommen Welt. Wie oft erklingt darum das „Fürchte dich nicht!" und das „Ich bin mit dir!" aus Gottes Mund (vgl. 2 Mo 3, 11 f; Jos 1, 6. 7. 9; Jes 41, 20; 43, 5; Jer 1, 8). Nun redet Jesus, der erhöhte Herr, die Sprache Gottes und sagt seinem Paulus das gleiche zu: „Ich bin mit dir." Er gibt ihm die Zusicherung seines Schutzes, so daß es in Korinth anders gehen wird als in jenen Städten.
11 Paulus wird aus Korinth nicht vertrieben werden. In der Tat wagte die Judenschaft in Korinth nach der Trennung der Gemeinde von ihr keinen Angriff. Ungestört **„ließ sich Paulus dort ein Jahr und sechs Monate nieder, lehrend unter ihnen das Wort Gottes".** Endlich darf er einen Gemeindeaufbau selber gründlich durchführen. Und die Ge-

[421] So hat es Paulus auch für die Thessaloniker gesehen: 1 Th 1, 4.

[422] In dieser Zuversicht dürfen und in dieser Zuversicht allein können auch wir bei der Evangelisation vor den unbekannten Menschenscharen stehen. Jesus „hat" längst sein Volk unter ihnen. Sie wissen es nicht, aber unter unserer Verkündigung werden sie es erfahren, daß sie „Erwählte Gottes", „berufene Heilige" sind.

meinde in Korinth ist auch nach den beiden an sie geschriebenen Briefen ohne ernste Nöte und Verfolgungen geblieben. Sie hat darum freilich auch Paulus in seinem ständigen Leiden nicht verstehen können (s. b. 1 Ko 4, 8 ff; 2 Ko 4, 7–12).

Die Zusage Jesu erfüllt sich auch dann, als die Juden endlich doch 12
versuchen, die Wirksamkeit des Paulus lahm zu legen. Sie benutzen dazu den Amtsantritt[423] des neuen Prokonsuls Gallio[424] [425].

Das Vorgehen ist sehr viel gemäßigter, als wir es aus den andern 13
Städten kennen. Es wird keine Aufwiegelung der Massen versucht. Immerhin **„erhoben sie sich einmütig gegen Paulus"** und veranlassen oder zwingen ihn, mit ihnen zum **„Richterstuhl"**[426] des Prokonsuls zu kommen, wo sie Anklage gegen ihn erheben. Aber diese Anklage vor Gallio lautet nicht wie in Thessalonike auf hochverräterisches Treiben gegen den Kaiser, sondern sucht Paulus nur den Schutz der staatlichen Religionserlaubnis zu entziehen. Das Judentum ist „Religio lecita", vom römischen Staat anerkannte Religion. Wenn aber Paulus **„die Menschen verführt, Gott gegen das Gesetz zu verehren"**, hat er sich selbst außerhalb dieser „erlaubten Religion" gestellt; so soll ihm der Prokonsul zum mindesten eine weitere Predigttätigkeit untersagen. In späterer Zeit haben solche Anklagen bei den staatlichen
Stellen vollen Erfolg gehabt. Gallio aber läßt in offenkundigem Anti- 14
semitismus den Angeklagten Paulus gar nicht erst zu Wort kommen, sondern weist die ganze Klage rundweg ab. Es handelt sich hier

[423] Lukas schreibt zwar nur: „Als aber Gallio Prokonsul von Achaja war." Doch wird die Einreichung einer Klage gegen Paulus gerade in diesem Zeitpunkt damit zusammenhängen, daß man die Gelegenheit eines neuen römischen Beamten zu einem Vorgehen gegen Paulus ausnützen will.

[424] Gallio wird der Bruder des bekannten römischen Staatsmannes Seneca sein. Welches Schicksal erlitt dieser Mann, den wir hier so großartig in seinem hohen Amt sehen! Nach dem gewaltsamen Ende seines Bruders wurde auch er von Nero zum Selbstmord gezwungen. Als Paulus und Gallio sich hier in Korinth begegneten, konnten sie nicht ahnen, daß sie einmal beide durch denselben römischen Kaiser ihr Leben verlieren würden.

[425] Die Erwähnung des Gallio erlaubt uns, wichtige Daten im Leben des Paulus festzulegen. Wohl hatten wir immer schon die Angaben des Paulus, die aber nur Zeitabstände nennen: „nach drei Jahren", „nach vierzehn Jahren" (Gal 1, 18; 2, 1) und keine Jahreszahlen geben. Durch den glücklichen Fund einer Inschrift können wir jetzt wissen, daß Gallio 51/52 Prokonsul von Achaja war. Paulus ist demnach im Jahr 50 bis hinein in das Jahr 51 in Korinth gewesen. Das paßt auch zu der Bemerkung, daß Aquila und Priskilla erst „kürzlich" aus Italien nach Rom gekommen waren. Das Edikt des Klaudius, das die Juden aus Rom vertrieb, fällt in das Jahr 49.

[426] „Als Sinnbild der römischen Macht stand (und steht bis heute) mitten auf dem geräumigen Marktplatz das ‚Bema', eine seine Umgebung um reichlich 2 m überragende geräumige Tribüne aus mächtigen Quadern, auf der der römische Statthalter bei seinen Amtshandlungen zu sitzen pflegte (S. V. 12. 16 f)" (Stählin S. 242).

offensichtlich nicht um ein bürgerliches Verbrechen, sonst **„würde ich eure Klage mit Recht annehmen"**. Aber diese Zänkereien **„über**
15 **Lehre und Namen und das bei euch geltende Gesetz"** macht bitte
unter euch ab! **„Richter darüber will ich nicht sein."** Schroff weist Gallio die Juden von seinem Richterstuhl fort und sieht es ruhig mit an, wie antisemitische Zuschauer oder auch die enttäuschten Juden selbst[427] den neuen Synagogenvorsteher Sosthenes[428] vor seinen Augen verprügeln.

DAS ENDE DER ZWEITEN UND DER BEGINN DER DRITTEN MISSIONSREISE

Apostelgeschichte 18, 18—23

zu Vers 18:
4 Mo 6, 9. 18
Apg 21, 24
Rö 16, 1
zu Vers 19:
Apg 13, 14
zu Vers 20:
Jo 4, 40
Apg 19, 9 f
20, 16
zu Vers 21:
Apg 21, 15
Rö 1, 10
Rö 15, 32
1 Ko 4, 19
1 Ko 16, 7
Jak 4, 15
zu Vers 22:
Apg 21, 15
zu Vers 23:
Apg 16, 6

18 **Nachdem aber Paulus noch hinreichende Tage geblieben war,**
nahm er Abschied von den Brüdern und segelte nach Syrien und
mit ihm Priskilla und Aquila. Er ließ in Kenchreä das Haupt sche-
19 **ren, denn er hatte ein Gelübde. * Sie gelangten aber nach Ephesus,**
und jene ließ er dort; er selbst aber ging in die Synagoge und be-
20 **sprach sich mit den Juden. * Als sie ihn aber baten, längere Zeit**
21 **zu bleiben, willigte er nicht ein, * sondern verabschiedete sich und**
sprach: „Ich werde wieder zurückkehren zu euch, wenn Gott will",
22 **und fuhr ab von Ephesus. * Und er landete in Caesarea, zog hin-**
auf und begrüßte die Gemeinde und zog hinab nach Antiochia.
23 *** Und als er einige Zeit zugebracht hatte, brach er auf und durch-**
zog nacheinander das galatische Land und Phrygien, stärkend alle
Jünger.

Paulus blieb nach dem Vorfall bei Gallio noch **„hinreichende Tage"** (vgl. Anmerkung 256) in Korinth, dann **„nahm er Abschied von den Brüdern und segelte fort nach Syrien"**. Auch Aquila und Priskilla verlassen mit ihm die Stadt[429]. Wie beweglich, wie wenig irdisch gebunden waren damals solche Christen! Dabei waren Aquila und Priskilla offensichtlich begüterte Menschen, die einen größeren selbständigen Handwerksbetrieb hatten. Es war nicht so ein-

[427] Der ursprüngliche Text hat nur das Wort „alle", wobei es offen bleibt, ob der Reichstext mit seinem Zusatz „alle Griechen" die Meinung des Lukas richtig wiedergibt.

[428] Ob er mit Sosthenes identisch ist, der den 1 Korintherbrief mit verantwortet (1 Ko 1, 1)? Das ist keineswegs sicher, dazu waren solche Namen zu häufig.

[429] Vielleicht bleibt Silas zur Fortführung der Arbeit in Korinth, da er Kap. 18, 5 zum letzten Mal in der Apostelgeschichte erwähnt wird und sich nicht in der Reisebegleitung des Paulus befindet.

fach, schon wieder alles abzubrechen und in einer andern Stadt neu anzufangen. Es müssen auch bestimmte Pläne der Mission dahinter gestanden haben, Weisungen des Herrn, dem man die Sicherheit der irdischen Existenz gern zum Opfer brachte.

Welches waren diese Pläne? Unser Abschnitt ist gerade in seiner Kürze gar nicht leicht zu verstehen. Es wäre alles klar, wenn es nach Vers 18 sogleich mit Vers 23 weiterginge unter Nennung von Antiochia. So aber hören wir von den **„nach Syrien"** Abgefahrenen im nächsten Vers mit Erstaunen, **„sie gelangten nach Ephesus"**. Nun müssen wir allerdings daran denken, daß es damals keine bestimmten festen Schiffahrtslinien mit regelmäßigem Passagierverkehr gab. Paulus konnte nicht einfach in Kenchreä eine Fahrkarte nach Syrien lösen. Man fuhr möglichst an der Küste entlang und so kurz wie möglich über das offene Meer. So wird – wir betrachten es uns auf der Karte – der Weg über Ephesus geradezu der normale gewesen sein. Wahrscheinlich bekam Paulus in Kenchreä zunächst einfach nur ein Schiff nach Ephesus und mußte von dort wieder eine Fahrgelegenheit nach Syrien suchen. Zugleich aber wird Ephesus bereits ganz in seinem fragenden und betenden Blick gelegen haben[430]. Aquila und Priskilla wollen nicht mit ihm nach Syrien gehen, sondern wollen nach Ephesus übersiedeln. Dorthin finden wir dann auch am Schluß des Abschnittes Paulus wieder unterwegs, und das ganze nächste Kapitel wird der großen Arbeit in Ephesus gewidmet sein.

Vor der Ausreise **„ließ er sich in Kenchreä das Haupt scheren, denn er hatte ein Gelübde"**. Der Wortstellung nach läßt sich dieser Satz zunächst mit Aquila verbinden. Man könnte auch denken, daß hier Aquila nach Priskilla genannt ist, weil sich das Scheren des Hauptes am eindeutigsten auf Aquila bezieht. Aber sollte uns der so sparsame Lukas eine solche Sache von einer Nebenperson seines Buches erzählen? So werden wir bei dem Gelübde und der feierlichen Handlung in Kenchreä doch an Paulus selbst zu denken haben. Freilich, der ganze Vorgang bleibt uns dunkel genug[431]. Es kann sich um ein „Nasiräat" nach 4 Mo 6, 1–21; Ri 23, 4–7 gehandelt haben. Dabei mußte das abgeschnittene Haar unter bestimmten Verrichtungen eines Priesters im Tempel in Jerusalem geopfert werden. V. 22 spricht auch von einem Besuch des Paulus in Jerusalem, bei dem diese Zere-

[430] Wir erinnern uns, daß Paulus bereits am Anfang der zweiten Missionsreise nach der „Asia" strebte, deren Hauptort Ephesus war (Kap. 16, 6).

[431] Eben darum ist der Gedanke der kritischen Auslegung, Lukas habe diesen Zug erfunden, um uns Paulus als gesetzestreuen Juden vorzustellen, recht abwegig. Ein Schriftsteller von der Fähigkeit eines Lukas hätte das wesentlich geschickter und eindrucksvoller getan als mit einer kurz hingeworfenen Bemerkung, aus der eine eigentliche „Gesetzestreue" gerade nicht zu ersehen war.

monie erfolgen konnte. Vielleicht hat sich Paulus aber auch nur — bei der Reise nach Korinth? bei besonderen Schwierigkeiten und Gefahren dort? nach der nächtlichen Erscheinung des Herrn? — durch ein Gelübde mit dem Wachsenlassen seines Haares besonders als einen Gott zum Dienst geweihten Mann kennzeichnen wollen, bis er sein Arbeitsfeld nach wohldurchgeführter Arbeit wieder verlassen könne. Das Schneiden des Haares in Kenchreä sagte dann in einem „Zeichen": „Herr ich habe wirklich diesen ganzen schweren und fruchtbaren Dienst ausrichten dürfen!" War der gesetzesfreie Paulus zu einem solchen „Gelübde" fähig? Eben in dieser seiner Freiheit konnte er freiwillig und ohne den alten „Verdienstgedanken" Gesetzesbestimmungen und Gelübde als Anhaltspunkte und Markierungen seines Weges übernehmen. Wir werden jedenfalls gut tun, nicht allzu schnell wissen zu wollen, was ein Paulus „konnte" oder „nicht konnte". Nach einer „Erfindung" des Lukas sieht gerade eine solche hingeworfene Notiz nicht aus. Lukas hat das Gelübde des Paulus nebenbei berichtet, einfach weil es Tatsache war.

19 **„Sie gelangten aber nach Ephesus, und jene ließ er dort, er selbst aber ging in die Synagoge."** Wir dürfen das grie „aber" nicht überbewerten. Es ist ein kleines, ganz unbetont zwischengeschobenes Wort, das wir in vielen Fällen gar nicht mit übersetzen sollten, weil unser deutsches „aber" viel zu gewichtig ist. Daß Paulus Aquila und Priskilla in Ephesus ließ und selber in die Synagoge ging, bildet natürlich keinen Gegensatz. Es ist eine bemerkenswerte Tatsache, die wir zur Kenntnis nehmen sollen, daß Aquila und Priskilla sich für längere Zeit in Ephesus niederließen. Das heißt „aber" nicht, daß Paulus sich seinerseits nicht um Ephesus kümmerte. Nein, er nimmt sich auch hier die Zeit, die Synagoge aufzusuchen[432] und Gespräche mit den Juden anzuknüpfen bzw. ihnen zu predigen. Und
20 hier findet er sogar weit besseren Eingang als je bisher. Sie **„baten ihn, längere Zeit zu bleiben"**.

Wieder ist unser Abschnitt verwunderlich. Zum ersten Mal ist eine Judenschaft wirklich hörbereit, und doch, trotz der ausdrück-
21 lichen Bitte um längeres Bleiben, **„willigte er nicht ein, sondern verabschiedete sich und sprach: ‚Ich werde wieder zurückkehren zu euch, wenn Gott will', und fuhr ab von Ephesus"**. Die Schwierigkeit ist früh empfunden worden. Der „Koine" Text hat darum hinzugefügt: „Ich muß unter allen Umständen das kommende Fest in Jerusalem begehen." In der Tat muß Paulus davon überzeugt gewesen sein, daß eine neue lange Arbeit jetzt nicht seine Aufgabe sei, sondern daß er erst wieder die Verbindung mit der Urgemeinde in Jerusalem

432 Nach D nur an einem einzigen Sabbat. Aber das ist wohl wieder nur der Abschreiber, der aus V. 20 einen solchen allzu genauen Schluß zog.

sowohl wie mit der Gemeinde Antiochias aufnehmen und festigen müsse. Was war doch alles geschehen, seit er zum Apostelkonzil in Jerusalem gewesen war und dann Antiochia zur zweiten Missionsreise verlassen hatte! Philippi, Thessalonike, Beröa, Korinth, dieses ganze große Stück Europa war zur Gemeinde Jesu hinzugekommen. Wie lag nun Paulus daran, daß hier gerade nicht eine eigene „paulinische" Kirche entstand, sondern daß alles der eine Leib Christi, das eine Volk des Herrn blieb und so auch von Jerusalem und Antiochia gesehen wurde. Aber sein Blick bleibt auf die Asia gerichtet, auf das fehlende Zwischenstück zwischen den Gemeinden des Ostens und der neuen Gemeindekette in Europa. So verspricht er das Wiederkommen, wenn seine Hoffnungen den Willen Gottes recht verstanden hatten. Dieser „Vorbehalt des Jakobus" (Jak 4, 15) stand auch sonst über allem Denken und Planen eines Paulus.

Seine Fahrt geht nicht nach Seleukia, sondern nach Caesarea. Das 22
konnte einfach an den Windverhältnissen liegen, von denen die damalige Schiffahrt ganz anders abhängig war als die heutige. Aber die Aussage des Verses 22: **„Er zog hinauf und begrüßte die Gemeinde"**, kann schwerlich das kleine Wegstück vom Hafen Caesareas hinauf in die Stadt zur Begrüßung der dortigen Gemeinde meinen. Welchen Grund sollte Paulus gehabt haben, gerade dieser Gemeinde einen so feierlichen Besuch abzustatten? Nein, das „Hinaufgehen" bezeichnet traditionell den Weg nach Jerusalem (vgl. Lk 18, 31). Dort begrüßte er die Urgemeinde. Aber wenn er später mit so ernsten Befürchtungen an den Besuch dort denkt (Rö 15, 25. 30—32) und ihn nur unternimmt, weil er die große Gabe seiner Gemeinden dorthin zu bringen hat, war jetzt seine Reise weniger gefährlich? Einmal wissen wir tatsächlich nicht, wie es damals stand; und zum andern kann es sich wirklich um ein so kurzes und nur im Schoß der Gemeinde selbst sich vollziehendes „Grüßen" handeln, daß daraus noch nicht eine ernste Gefahr für ihn erwachsen mußte. Zudem: wann hätte ein Paulus eine Gefahr gescheut, wenn er einen Weg vor Gott für notwendig und geboten hielt?

Von Jerusalem geht er **„hinab nach Antiochia"**. Auch dieser Aus- 23
druck paßt nur, wenn sein Weg von Jerusalem und nicht von Caesarea nach Antiochia führte. Paulus bleibt nur **„einige Zeit"**[433] dort. Wieder müssen wir hinter der kurzen, nüchternen Notiz des Lukas eine reiche, lebendige Geschichte sehen. Was hätte ein moderner christlicher Schriftsteller wohl alles aus diesen Tagen in Antiochia zu erzählen gehabt. Was hatte Paulus zu berichten! Was hörte er vom Fortgang in Antiochia, von der Missionsreise des Barnabas und

[433] Hier steht nicht das von Lukas sonst so gern gebrauchte Wort: „genügende Zeit"; der Aufenthalt war also nicht lang.

Markus. Welchen Austausch hatte man miteinander über der Bibel, welche Gemeinschaft im Gebet. Dann geht Paulus erneut auf Reisen. Er beginnt die sogenannte „dritte Missionsreise". Paulus fährt nicht über See rasch nach der Asia, sondern wählt den beschwerlichen Landweg durch die Kilikische Pforte und **„durchzog nacheinander das galatische Land und Phrygien, stärkend alle Jünger"**. Wie flüchtig kann man dies Sätzchen lesen, um dann rasch nach Ephesus weiterzueilen. Aber was bedeutet diese Wanderung an wochenlangen Strapazen! Paulus scheint dabei Derbe, Lystra, Ikonion, das pisidische Antiochia nicht wieder berührt, sondern seinen Weg von vornherein weiter nördlich durch Galatien nach Phrygien genommen zu haben. Da er dabei nicht „evangelisierte", sondern die **„Jünger stärkte"**, müssen „Galatische Gemeinden" dagewesen sein. Wir denken an Kap. 16, 6 zurück. Es bestätigt sich, was wir dort von der Gründung kleiner galatischer Gemeinden auf dem Lande vermuteten. Auch Gal 4, 13 hebt seine „erste" Evangelisation in Galatien von einem späteren zweiten Besuch ab. Paulus hat offensichtlich den durch ihn gegründeten Gemeinden gern eine „zweite Gnade" (2 Ko 1, 15) zugewendet. Dann führt sein Weg auf der großen Handelsstraße über das pisidische Antiochia nach Ephesus.

DIE DRITTE MISSIONSREISE

1. Apollos in Ephesus und Korinth

Apostelgeschichte 18, 24—28

zu Vers 24:
Apg 19, 1
1 Ko 1, 12
1 Ko 3, 4. 5 f
1 Ko 4, 6
1 Ko 16, 12
Tit 3, 13
zu Vers 25:
Apg 3, 15
19, 3
Rö 12, 11
Offb 3, 15
zu Vers 27:
Rö 16, 1
2 Ko 3, 1
Kol 4, 10
zu Vers 28:
Lk 23, 10
Apg 9, 22
17, 3

24 **Ein Jude aber namens Apollos, Alexandriner von Geschlecht, ein**
beredter (oder: gelehrter) **Mann, kam nach Ephesus, mächtig in**
25 **den Schriften. * Dieser war unterrichtet über den Weg des Herrn,**
und brennend im Geist sprach er und lehrte genau die Dinge von
26 **Jesus, obwohl er nur die Taufe des Johannes kannte. * Dieser be-**
gann freimütig zu reden in der Synagoge. Als ihn Priskilla und
Aquila hörten, nahmen sie ihn zu sich und setzten ihm noch ge-
27 **nauer den Weg Gottes auseinander. * Als er aber weiterreisen**
wollte nach Achaja, schrieben die Brüder ermunternd den Jüngern,
ihn aufzunehmen. Als er ankam, half er viel den Gläubiggewor-
28 **denen durch die Gnade. * Denn kraftvoll widerlegte er die Juden,**
öffentlich erweisend durch die Schriften, daß Jesus der Messias ist.

Es ist ein kurzer, aber für unsere Kenntnis des Urchristentums sehr bedeutsamer Abschnitt, den wir vor uns haben und den wir keinesfalls schnell überlesen dürfen. Etwas sehr Wichtiges und sehr Schwieriges geschieht: Ein neuer Mann erscheint auf dem paulinischen Mis-

sionsgebiet. Nicht ein von Paulus selbst berufener und ihm von vornherein unterstellter Mitarbeiter, sondern ein eigenständiger „Freier Missionar" eigener Prägung, ein Mann von Format und ein von Gott selbst ausgerüsteter Bote. Für Paulus und die paulinischen Gemeinden ergab sich daraus die Aufgabe, die sich im Lauf der Kirchengeschichte wieder und wieder stellte: die Verschiedenheit der Gaben mit Freude anzuerkennen, die Arbeit recht zu teilen und dabei in der ganzen Einheit zu bleiben. Paulus hat diese Aufgabe vorbildlich gemeistert (1 Ko 3, 5–10; 4, 6 f; 16, 12), die Gemeinde Korinth hat weitgehend versagt (1 Ko 1, 11 f; 3, 4. 21).

Von Apollos[434] erfahren wir wichtige und interessante Dinge. Er ist Alexandriner von Geschlecht. Damit wird unser Blick auf Alexandria gerichtet, die zweitgrößte Stadt des römischen Reiches und anders und tiefer als Athen ein Mittelpunkt kulturellen und wissenschaftlichen Lebens. Berühmt war ihre Bibliothek, und Juden und Griechen hatten hier ihre bedeutenden Bildungsstätten. Auch die junge Christenheit bekam später in Alexandria einige ihrer großen Lehrer geschenkt: Klemens, Origenes, Athanasius, Cyrill. In Alexandria lehrte der jüdische Denker Philo (* 45 n. Chr.), der das AT als Inbegriff einer tiefsinnigen Weisheit auszulegen suchte, die der griechischen Philosophie noch überlegen war, aber ihren Fragestellungen entsprach. Ob Apollos selber Philo gehört und von ihm für sein Bibelverständnis **(„mächtig in den Schriften")** entscheidende Wegweisung empfangen hatte? Seiner ganzen Art nach war Apollos jedenfalls auch später ein „Alexandriner". Das ihm hier beigelegte Kernwort „logios" kann sowohl seine Beredsamkeit wie seine Gelehrsamkeit hervorheben.

Er war **„unterrichtet über den Weg des Herrn, und brennend im** 25a
Geist sprach er und lehrte genau die Dinge von Jesus". Das sind große Aussagen über ihn. Er kannte die Lehre Jesu und notwendig auch Jesu Weg zum Kreuz und seine Auferstehung. Er konnte über dieses alles **„genau"** lehren. Es waren nicht nur undeutliche Nachrichten, die er über Jesus besaß. Von seiner tiefgründigen Kenntnis des AT aus sah er in Jesus den verheißenen Messias. Dieses Bewußtsein, daß in Jesus die Erfüllung des AT gekommen sei, entzündete ihn innerlich und machte ihn auch bei seiner Verkündigung **„brennend im Geist".**

Wann ist Apollos Christ geworden? Noch in Alexandria? Kam er direkt von dort nach Ephesus? Oder war er vorher in Jerusalem und gehörte dort zur Synagoge der Alexandriner? (Vgl. Kap. 6, 6. 9). Kam er dort zum Glauben? Aber dann würde er schwerlich bei der „Taufe des Johannes" stehen geblieben sein. Auch diese Stelle zeigt: Biogra-

[434] Der Name ist Kurzform von „Apollonius".

phisches Interesse war in der Urchristenheit gering; Lukas sagt uns nichts von Dingen, die wir für wesentlich halten.

25b Aber wie sollen wir es nun verstehen, daß diesem Mann noch etwas, ja Entscheidendes fehlt? Wenn er **„genau die Dinge von Jesus lehrte"**, warum mußte er dann **„noch genauer den Weg Gottes"** auseinandergesetzt bekommen? Lukas sagt: **„Er kannte nur die Taufe des Johannes."** Was heißt das? Wir sind am Verständnis solcher Stellen gehindert durch die langgewohnte akademische Art unserer christlichen und kirchlichen Dogmatik. Wir meinen darum, es müßte jemand entweder dies ganze, zusammenhängende Lehrsystem kennen, oder er habe überhaupt keine „genaue Kenntnis". Aber gerade in jener ersten Zeit konnte es einen brennenden Messias-Jesus-Glauben geben, der sich dennoch ganz im Rahmen des Judentums hielt. Jesus ist der Messias, Jesus wird kommen und das Reich aufrichten. Darauf kann man sich wenigstens jetzt vorbereiten, wie es der Täufer mit seiner Vorbereitungstaufe gelehrt hatte. Wieviel konnte dabei genau und brennend über Jesus gelehrt werden. Aber das wußte Apollos noch nicht, was die Jünger selber erst staunend am Himmelfahrtstage gehört und dann Schritt für Schritt in seiner Verwirklichung erlebt haben: daß der Wiederkunft Jesu die Ausgießung des Geistes vorangeht und in der Kraft dieses Geistes der Zeugendienst in aller Welt, der durch eine Taufe ganz anderer und neuer Art Menschen der neuen Gemeinde eingliedert und sie in der Wiedergeburt schon jetzt mit ewigem Leben im Heiligen Geist beschenkt hat. (Vgl. zu 1, 5)

Wie wir am Anfang von Kap. 19 sehen werden, war diese innere Einstellung nicht nur die Privatsache des Apollos. Es muß damals ganze Gruppen — vielleicht sogar „Gemeinden" — gegeben haben, die, aus der Täuferbewegung hervorgegangen, zwar das Lehren und Heilen, Sterben und Auferstehen Jesu kannten, Jesus für den Messias Israels hielten, aber doch in besonderer Weise an Johannes dem Täufer hingen und seine Bußtaufe für wesentlich ansahen. Gerade in der Entfernung von Palästina, etwa in Ägypten oder in der Asia, konnte eine solche Art des Christentums vorkommen und sich halten.

26 Apollos lehrt dieser seiner Einstellung nach bewußt in der Synagoge. Aquila und Priskilla hören dort seine Verkündigung. Und nun vollzieht sich etwas Seltenes und Schönes. Die „Laien" Aquila und Priskilla freuen sich über das, was der gelehrte Theologe aus Alexandrien sagt; aber sie spüren schnell, daß hier etwas „fehlt". Aber sie kritisieren den Redenden nicht hinter seinem Rücken und reden nicht mit bedauerndem Achselzucken über ihn mit andern, sondern sie **„nahmen ihn zu sich und setzten ihm noch genauer den Weg Gottes**

auseinander". Und Apollos läßt sich einladen und scheut sich nicht, in dem einfachen Handwerkerhaus zu sitzen und sich von dem Zeltmacher und noch mehr von seiner Frau tiefer in den lebendigen Glauben an Jesus hineinführen zu lassen. Wohl einer Gemeinde, die solche „Laien" und solch eine „Mutter in Christus" hat, die auch den beredten und bibelkundigen Prediger auf das hin anzureden wagen, was ihm fehlt. Und wohl einem Theologen, der nicht zu stolz ist, sich von solchen Gemeindegliedern sagen und weiterhelfen zu lassen[435].

Apollos hält es nicht lange in Ephesus, er will weiter nach 27
Achaja. Die Brüder in Ephesus geben ihm ein Empfehlungsschreiben an die Christen in Korinth mit[436]. Wir sehen daraus, daß es in Ephesus, vielleicht schon durch die ganze Wirksamkeit des Paulus, vielleicht durch die Weiterarbeit von Aquila und Priskilla, eine Schar von Christen gibt. In Achaja, das heißt praktisch in Korinth, angekommen, entfaltet Apollos eine zweifache Wirksamkeit: Einerseits **„half er viel den Gläubiggewordenen durch die Gnade".** Man könnte den Ausdruck **„durch die Gnade"** zu dem Wort **„die Gläubiggewordenen"** ziehen. Aber viel wahrscheinlicher haben wir diese Gnade in Apollos Wirksamkeit zu sehen, so daß er dadurch den Gläubigen viel helfen kann. Dann bedeutet **„Gnade"** hier des Apollos besondere „Gnadengabe". Die ganze Art des Apollos und besonders seine originelle und tiefe Auslegung des AT konnte Menschen ansprechen und fördern, die bei Paulus noch nicht alles empfingen, was sie brauchten. Es mochten gerade die „Gebildeten" jener Zeit sein, die durch die Lehrtätigkeit des Apollos entscheidend weiterkamen. Paulus selbst hat das ohne Neid gesehen. Auf der andern Seite hilft Apollos der jungen Gemeinde kraftvoll in ihrer steten Auseinandersetzung mit der zahlreichen Judenschaft der Stadt: **„Denn kraftvoll widerlegte er die Juden, öffentlich erweisend durch die Schriften, daß Jesus der Messias ist."** Ob das noch in der Synagoge selbst geschah, die ihm als Juden offenstand und die nach den Erfahrungen bei ihrer vergeblichen Klage gegen Paulus duldsamer geworden sein mochte, ist zweifelhaft. Aber da das Versammlungshaus der Christen weiter neben der Synagoge lag, konnten umgekehrt nach der Abreise des Paulus jüdi-

[435] Als ein Beispiel unter den vielen sei das Gespräch zwischen dem alten Schuster Rahlenbeck in Herdecke und seinem Pastor in „Der Finenpastor von Herdecke" genannt. F. Bahn, Schwerin 1929. S. 43 ff; 84 ff.

[436] D hat hier den Text wieder erweitert, um die knappen Angaben des Lukas verständlicher zu machen: „In Ephesus weilten einige Korinther, und als sie ihn gehört hatten, baten sie ihn, mit ihnen zusammen in ihre Vaterstadt zu reisen. Es stimmten ihm aber die Epheser zu und schrieben den Jüngern in Korinth, daß sie den Mann aufnehmen sollten." Sachlich kann das wieder zutreffen, im ursprünglichen Text hat es aber schwerlich gestanden.

sche Lehrer kommen und jüdische Gemeindeglieder zurückzugewinnen suchen. Nun bekam die Gemeinde in Apollos einen hervorragenden Kämpfer gegen sie, der manchen Juden für den Messias Jesus gewann. Aus 1 Ko 1, 12 wissen wir, daß Apollos in Korinth wirksam gearbeitet hat, so daß sich eine ganze von ihm zu Jesus geführte Gruppe ausdrücklich auf ihn als auf ihren geistlichen Vater berief.

DIE DRITTE MISSIONSREISE

2. Paulus und die Johannesjünger in Ephesus

Apostelgeschichte 19, 1–7

zu Vers 1: Apg 18,24. 27; 1 Ko 16, 8
zu Vers 2: Jo 7, 39; Apg 2, 38; 8, 15 f
zu Vers 3: Lk 3, 3. 7; Apg 18, 25
zu Vers 4: Mt 3, 11; Lk 3, 16; Apg 13, 24
zu Vers 5: Apg 2, 38
zu Vers 6: Mk 16, 17; Apg 2, 4; 6, 6; 8, 17; 10, 44. 46; 1 Ko 14

1 **Es geschah aber, während Apollos in Korinth war, daß Paulus,**
nachdem er die oberen Gegenden durchzogen hatte, nach Ephesus
2 **kam und einige Jünger fand. * Und er sprach zu ihnen: „Habt ihr**
Heiligen Geist empfangen, als ihr zum Glauben kamt?" Sie aber
zu ihm: „Nein, wir haben nicht einmal gehört, daß es Heiligen
3 **Geist gibt"** (oder: daß der Heilige Geist schon da ist). *** Und er**
sprach: „Worauf wurdet ihr denn getauft?" Sie aber sprachen:
4 **„Auf die Taufe des Johannes." * Es sprach aber Paulus: „Johannes**
hat mit einer Bußtaufe getauft, indem er dem Volk sagte, sie soll-
ten an den nach ihm Kommenden glauben, das heißt an Jesus."
5 *** Als sie es gehört hatten, ließen sie sich auf den Namen des Herren**
6 **Jesus taufen. * Und als ihnen Paulus die Hände auflegte, kam der**
Heilige Geist auf sie, und sie redeten mit Zungen und weissagten.
7 *** Es waren aber insgesamt etwa zwölf Männer.**

Während Apollos schon in Korinth arbeitet, hat Paulus seine Wanderung durch **„die oberen Gegenden"**[437] beendet und trifft in Ephesus ein[438]. Nun ist Paulus wirklich in der Asia! Ob er damals bereits auf seiner Wanderung einige der Gemeinden gründete, die dann in Offb 2 u. 3 oder in den Briefen des Märtyrers Ignatius vor uns stehen, oder ob alle diese Gemeinden vielmehr in der Auswirkung der Ephesischen Arbeit entstanden sind, wissen wir nicht. Das letztere ist

[437] Der Ausdruck „die oberen Gegenden" kann das Hochland von Kleinasien meinen, kann aber auch einfach mit „Binnenland" übersetzt werden. Auf jeden Fall ist an die Kap. 18, 23 kurz skizzierte Reise des Paulus gedacht.

[438] D erzählt hier mit einer eigenartigen Erweiterung, von der schwer zu sagen ist, wie er auf sie kommt: „Als Paulus nach seinem eigenen Plan nach Jerusalem reisen wollte, sprach zu ihm der Heilige Geist, er solle sich umwenden zu der Asia hin." Vielleicht dachte der Schreiber von D an Kap. 16, 6 und wollte betonen, daß diesmal der Heilige Geist ausdrücklich selber Paulus nach der Asia schickte, während Paulus schon wieder an eine Reise nach Jerusalem dachte.

aber wahrscheinlich, wenn selbst die Gemeinde in dem so nahen Kolossä dem Paulusschüler Epaphras ihr Dasein verdankt (Kol 1, 7; 2, 1; 4, 12). Die Ausbreitung des Christentums geschah weit lebendiger und vielseitiger, als wir es nach unserem Schema über die „großen Männer" meinen.

Jedenfalls aber nach seiner Missions-Methode ist das Ziel des Paulus Ephesus, die Hauptstadt der Provinz. Ephesus besaß damals noch einen – heute längst versandeten – Hafen. Handelsstraßen liefen von der Stadt nach Kleinasien und weit in den Orient hinein. Größe und Bedeutung von Ephesus hatte die Römer veranlaßt, dieser Stadt eine gewisse politische Selbständigkeit mit einem eigenen Senat und einer eigenen Volksversammlung zu geben. Darum greift beim Aufstand der Silberschmiede auch nicht der römische Prokonsul, sondern der eigene städtische Kanzler ein. Er respektiert in seiner Weise die Rechte der „Volksversammlung". Durch seine Lage und seinen Handel war Ephesus ein besonderer Ort pulsierenden Lebens und vielfältiger Mischung westlich-griechischer Einflüsse mit starken orientalischen Elementen. Kein Wunder, daß hier Paulus nicht nur auf eine stärkere Judenschaft, sondern auch auf besonders ausgeprägtes Zauberwesen stieß und mit einem ganzen Gewerbe in Konflikt kam, das von dem weltberühmten „Artemis" (eigentlich: Kybele-) Tempel lebte. Verständlich aber auch, wie Paulus gerade hier eine lange und intensive Wirksamkeit entfalten konnte[439].

In Ephesus findet er **„einige Jünger"**, also einige „Christen". Wieder erfahren wir vieles nicht, was wir gern wissen würden: Wer hat diese Männer zu „Jüngern" gemacht? Es waren nicht die einzigen Christen, die es nach der Wirksamkeit von Aquila und Priskilla und Apollos und nach der ersten Arbeit des Paulus (Kap. 18, 19–20) überhaupt in Ephesus gab. Es muß sich um eine besondere Gruppe abseits von der Synagoge und abseits von der eigentlichen Gemeinde handeln. Wo kam sie her? Und wie „fand" Paulus sie? Davon hören wir nichts. Doch wir sind das ja bei Lukas gewohnt und müssen uns damit begnügen, Tatsachen zur Kenntnis zu nehmen, die wir nicht näher erklärt bekommen. Das gilt auch für den überraschenden Einblick, den wir in die innere Lage dieser Männer bekommen. Sie sind „Christen", aber Paulus merkt rasch, daß es mit ihrem Christentum nicht stimmt. Es fehlen ihnen die Merkmale geistlichen Lebens[440].

439 D. Ludwig Schneller „Paulus – Das Leben des Apostels" (Verlag Wallmann Leipzig 1926) gibt eine anschauliche Schilderung der Stadt.

440 Der kritische Gelehrte stellt auch hier wieder fest: das „könne" es doch bei „Christen", noch dazu in der Nähe von Aquila und Priskilla, gar nicht gegeben haben. Lukas habe sich das nur so ausgedacht, um die Wirksamkeit des Paulus hervorzuheben. Aber wer in wirklicher seelsorgerlicher Arbeit steht, merkt auch heute noch oft genug im Ge-

2 Paulus stellt ihnen die klare Frage: **„Habt ihr den Heiligen Geist empfangen, als ihr zum Glauben kamt?"** Noch einmal wird klar, es handelt sich um „Christen". Diese Männer sind **„zum Glauben gekommen"**, das heißt im NT eindeutig „zum Glauben an Jesus als den Messias". Aber noch ganz anders als bei Apollos wird der tiefe Mangel dieses Glaubens an Jesus deutlich. Diese Männer kennen die Geschichte Jesu allenfalls bis zur Auferstehung. Sie waren ganz von der Verkündigung des Täufers gefangen, bei dem sie offenbar während der großen Erweckungsbewegung selber zur Taufe waren. Jesus blieb ihnen persönlich der kommende Messias, der sein eigentliches Werk als der „Mann mit der Wurfschaufel", als der Mann mit der „Feuer- und Geistestaufe" erst noch tun wird. Von dem eigentlichen Evangelium, von dem errettenden Leiden des Messias Jesus, von der bereits geschenkten Erfüllung des messianischen Heiles in der Ausgießung des Heiligen Geistes hatten sie nichts gehört, sondern sich mit ihrer Johannestaufe und ihrer endzeitlichen Erwartung begnügt. Das liegt in ihrer Antwort auf die bestimmte Frage des Paulus[441]: **„Nein, wir haben nicht einmal gehört, daß es Heiligen Geist gibt** (oder: daß der Heilige Geist schon da ist)." Natürlich wußten sie aus der Schrift vom Heiligen Geist. Erst recht hatten sie gerade von Johannes dem Täufer gehört, daß der kommende Messias „mit dem Heiligen Geist taufen wird". Aber das wußten sie nicht, daß es jetzt und hier schon Heiligen Geist für uns „gibt", daß der Heilige Geist bereits ausgegossen und da ist und daß für uns durch den Heiligen Geist ein neues göttliches Leben und ein neues Dienen mit den Gaben des Geistes möglich ist[442].

Und nun stellt sich auf eine weitere Frage des Paulus heraus, daß sie nur **„auf die Taufe des Johannes"** getauft und somit von der ganzen eigentlichen Geschichte Jesu noch gar nicht berührt worden

spräch und im gemeinsamen Beten diesen ganz eigentümlichen Mangel und muß die gleiche Frage stellen wie Paulus damals: „Habt ihr Heiligen Geist empfangen, als ihr zum Glauben kamt?" Es gibt eben doch in der Wirklichkeit vieles, was es nach unserer Meinung nicht geben „kann".

441 Wir sollten auch unserseits Christen, auf die wir treffen und bei denen wir Mängel spüren, viel klarer und entschiedener fragen. Welche Hilfe könnte ihnen daraus erwachsen! Daß man solches Fragen für „hochmütig" hält, darf uns nicht abschrecken. Es gibt auch heute viel „Glauben an Jesus", der als „Glaube" anerkannt werden muß und der doch ein ganz unzureichender Glaube ist, weil er den noch gar nicht in seiner Größe und in dem Vollmaß seiner Gaben sieht, an den er glaubt. Hier müssen wir, wie Paulus es bei diesen Männern tat, zeigen, wieviel mehr Jesus für uns bereit hat.

442 Wie ist dies tatsächlich der Stand vieler heutiger „Christen". Man lernt zwar den dritten Artikel und im lutherischen Raum auch Luthers Erklärung dazu; aber daß dies nicht nur ein Lehrstück für den Kopf, sondern mächtige Wirklichkeit für das Leben ist, das ahnt man nicht einmal!

sind[443]. Darum zeigt ihnen Paulus den bloßen Vorbereitungscharakter der Johannes-Taufe und das eigentliche Wesen des „Glaubens an Jesus". Eine neue Welt geht ihnen auf. Sie „hören" wirklich. Mit Staunen und mit Freude sehen sie, wie Gott durch Jesus schon so viel von dem erfüllt hat, was sie erst für die Zukunft erwarteten. Sie greifen im Glauben zu und **„ließen sich auf den Namen des Herrn Jesus taufen"**. Und nun, **„als ihnen Paulus die Hände auflegte, kam** 6
der Heilige Geist auf sie, und sie redeten mit Zungen und weissagten". Es wird deutlich sichtbar und hörbar, daß ein neues inneres Leben in sie eingezogen ist. Die beiden Geistesgaben, die Paulus in seiner Darlegung 1 Ko 14 unterscheidet und in ihrem Wert für das Gemeindeleben abwägt, sind ihnen zuteil geworden.

Es waren nur **„etwa zwölf Männer"**, an denen dies geschieht. Und doch hat uns Lukas von ihnen erzählt. Vielleicht hat ihn dazu die Tatsache veranlaßt, daß es solche „Johannes-Christen" zu seiner Zeit noch vielfach gab, die er mit diesem seinem Bericht ansprechen wollte. Der Heilige Geist aber hat gewußt, was er tat, als er Lukas diesen Abschnitt schreiben ließ. Es ist etwas Großes, wenn Menschen aus einem armen und engen „Christentum" herauskommen zu der eigentlichen Wahrheit und Fülle des Lebens in Christus. Es ist für alle Zeiten und auch gerade für unsere Gegenwart entscheidend wichtig zu wissen: Eigentliches Christsein ist Geistesempfang und Leben im Heiligen Geist. Wie vielen „Getauften" muß die Frage ins Herz gebohrt werden: „Habt ihr (den) Heiligen Geist empfangen?"

Wir werden auf die große Freiheit zu achten haben, die in jener ersten Zeit im Handeln der Boten Gottes geherrscht hat, weil man damals noch nicht meinte, das Handeln des lebendigen Gottes in kirchlichen Sätzen und Ordnungen fest eingefangen zu haben. Lukas hat sich nicht gescheut, so dicht nebeneinander von Apollos zu berichten, der auch „nur die Taufe des Johannes kannte" und doch bereits „brennend im Geist sprach und genau von Jesus lehrte" und nicht neu auf den Namen Jesu getauft wurde, und von diesen zwölf Männern, die die Taufe auf den Namen des Herrn Jesu nachholen mußten und dann erst durch die Handauflegung des Paulus den Geist empfingen. Er hat uns in Kap. 10 Heiden vor Augen geführt, die den Geist erhalten, ohne noch getauft zu sein; er hat uns in Kap. 8 Menschen in Samaria geschildert, die das volle Evangelium hören, zum Glauben kommen, auf den Namen Jesu getauft werden und denen dann doch erst durch die Apostel unter Handauflegung das Leben aus Gott geschenkt wird. Uns ist das sehr unbequem; wir haben so gern

443 In einer Großstadt wie Ephesus war es durchaus möglich, daß solch eine kleine Sondergruppe nur streng unter sich zusammenkam und von der Gemeinde und ihrer Verkündigung noch nichts erfahren hatte.

klare Ordnungen und dogmatische Sauberkeit. Aber wir müssen zur Kenntnis nehmen, daß Gott seine Freiheit liebt. Es wird aber eine von Lukas absichtlich unterstrichene Parallele zu Kap. 8 sein, wenn auch hier bei Paulus erst die apostolische Handauflegung und nicht schon die Taufe als solche den Geist verleiht.

DIE DRITTE MISSIONSREISE

3. Das Wirken des Paulus in Ephesus

Apostelgeschichte 19, 8—12

8 **Hineingehend in die Synagoge aber unterredete sich** (oder: pre-
digte) Paulus drei Monate lang mit Freimut und suchte vom Rei-
9 **che Gottes zu überzeugen. * Als aber einige sich verhärteten und**
den Glaubensgehorsam verweigerten, indem sie den Weg vor der
Menge schmähten, trennte er sich von ihnen und sonderte die
Jünger ab, indem er täglich sich unterredete (predigte) **in dem**
10 **Lehrsaal des Tyrannus. * Dies geschah aber zwei Jahre lang, so**
daß alle Bewohner der Asia das Wort des Herrn hörten, Juden wie
11 **Griechen. * Und Machterweisungen nicht gewöhnlicher Art tat**
12 **Gott durch die Hände des Paulus, * so daß sie auch zu den Kran-**
ken brachten von seiner Haut Schweißtücher oder Schurze und
daß von ihnen die Krankheiten wichen und die bösen Geister
ausfuhren.

zu Vers 8:
Apg 13, 14
18, 19. 26
28, 23. 31
zu Vers 9:
Apg 9, 2
13, 45
18, 6. 7
Rö 16, 17
1 Ko 5, 11
2 Ko 6, 17
2 Th 3, 6
2 Tim 1, 15
Tit 3, 10
2 Jo 10
zu Vers 10:
Apg 18, 11
20, 31
1 Ko 16, 8
zu Vers 11:
Apg 14, 3
zu Vers 12:
Lk 8, 44
Mk 6, 56
Apg 5, 15

Nun nimmt Paulus die Verkündigung in der Synagoge wieder auf[444]. Das Thema, um das sich alles bewegt, ist die Königsherrschaft Gottes. Ein im damaligen Judentum bekanntes und beliebtes Thema! Es ist aber ein großer Unterschied, ob ich mir über eine mögliche und ersehnte Herrschaft Gottes von der Schrift her Gedanken mache, oder ob ich bezeuge, daß sie in einem bestimmten Mann mit einem ganz bestimmten Ablauf des Geschehens gekommen sei und verlangt, daß ich mich dieser Herrschaft unterstelle. Man war zwar in einer Weltstadt wie Ephesus auch in der Synagoge beweglicher und aufgeschlossener als anderwärts. Paulus kann drei Monate lang seine Verkündigung in der Synagoge durchführen. Aber vor der Bestimmtheit der Botschaft kann es nicht bei allgemeinen Fragen und Diskussionen bleiben. Es müssen Entscheidungen fallen. Wieder wie in Ikonion (s. dazu S. 254) spricht Lukas von Gehorsam bzw. Ungehorsam. Entweder hat Gott so gehandelt und durch das Kreuz und die Auferste-

[444] Zu dem Wort „sich unterreden" oder „predigen" vgl. die Auslegung zu Kap. 18, 4.

hung Jesu seine Herrschaft verwirklicht, wie es die Botschaft sagt, dann muß ich „gehorchen" und mich mit der Hingabe meines ganzen Lebens dem Herrn Jesus unterstellen[445]. Und das gilt nicht nur dem einzelnen Israeliten, sondern der Synagogengemeinde als ganzer. Oder ich muß bei aller allgemeinen Toleranz in Lehrfragen dennoch diese herausfordernde Botschaft als „Lüge" und Anmaßung abweisen und **„schmähen"**. Bei **„einigen"** beginnt es mit der klaren Verweigerung des Glaubensgehorsams und mit der Schmähung des **„Weges"**[446]. **„Die Menge"** aber hört die Schmähungen mit an, ohne gegen sie Stellung zu nehmen. Sie stellt sich damit schon auf die Seite der Ablehnung. Es gilt, was Jesus selbst bereits gesagt hat: „Wer nicht für mich ist, der ist wider mich; und wer nicht mit mir sammelt, der zerstreut."

Das sieht Paulus. Noch wird er nicht aus der Synagoge getrieben; es sind ja erst „einige", die ihm laut und heftig widersprechen. Aber er wartet nun solche Vorgänge wie in Thessalonike oder Korinth nicht erst ab. Die Entscheidung ist klar, das Angebot an Israel ist erfolgt und abgelehnt. So **„trennte er sich von ihnen und sonderte die Jünger ab"**[447]. Er mietet sich einen Hörsaal und hält dort täglich **„zwei Jahre lang"**[448] seine Vorträge und Unterredungen[449]. Die Trennung von der Synagoge bringt sofort einen großen Vorteil: nun hat Paulus einen

[445] Wie völlig hat unsere Evangelisation diesen klaren und festen Klang verloren! Wer die „Heilstatsachen" in lauter „Religion" oder in lauter Existentialismus auflöst, kann nicht mehr sachlich und bestimmt verkündigen und nicht mehr Entscheidungen wirken. Unter den Evangelisten ist Finney vorbildlich in seiner sachlichen und mannhaften Verkündigung. Kein Wunder, daß er die Männer hatte!

[446] Zu diesem Ausdruck siehe Anmerkung 207.

[447] Paulus hat auch hier wieder nicht diskutiert und problematisiert, sondern die Trennung und Absonderung als notwendig gewagt. Wer zu solchen Scheidungen nicht Mut hat, erreicht nichts und gefährdet alle Schwankenden und Schwachen.

[448] Paulus spricht in Kap. 20, 31 von einem Zeitraum von „drei Jahren". Die ersten drei Monate in der Synagoge und die Zeit nach den zwei Jahren bis zur wirklichen Abreise sind mitgerechnet. Das Altertum zählt überhaupt so, daß Anfang und Abschluß eines Zeitraumes in diesen mit eingerechnet wurde. Wenn jemand von Herbst des Jahres 1 bis zum Beginn des Jahres 3 irgendwo weilte, so galt das als „drei Jahre".

[449] D will wissen, daß er das von der fünften bis zur zehnten Stunde, also von 11—16 Uhr tat. Dann hätte Paulus damit gerechnet, daß die arbeitende Bevölkerung, die in diesen heißesten Stunden frei hatte, trotz der Hitze zu seinen Vorträgen kam. Auch Paulus selbst konnte sich in diesen Stunden am besten von seiner Handarbeit freimachen. Wie Paulus überhaupt seinen Verkündigungsdienst und seine Seelsorge mit dem Erwerb des Lebensunterhaltes als Handwerker und mit seiner unaufhörlichen Fürbitte verband, darüber sagen uns weder seine eigenen Briefe etwas, noch die Schilderung der Apostelgeschichte, so gern wir es wüßten. Nur das ist klar, daß es mit der Ausfüllung der Tag- und Nachtzeit ernst war und daß das von ihm empfohlene „Wachen im Gebet" seiner eigenen Erfahrung entsprach.

Raum, in dem er nicht nur wöchentlich einmal am Sabbat, sondern täglich sprechen kann[450].

10 Paulus hat Ephesus eine besonders lange Zeit seines Wirkens gegönnt. Er wird es getan haben, weil von Ephesus aus ganz anders noch als von den makedonischen Städten und selbst von Korinth her die Botschaft in die andern Städte der Asia hinausdrang, **„so daß alle Bewohner der Asia das Wort des Herrn hörten, Juden wie Griechen".** Lukas will gewiß nicht behaupten, daß im statistischen Sinne ausnahmslos jeder Bewohner der Asia das Wort des Herrn gehört habe, so wenig wie Paulus selbst in Kol 1, 28 gemeint haben kann, „jeden Menschen" der damaligen Welt gelehrt zu haben[451]. Aber die Verkündigung dringt weiter in die Provinz hinein und erreichte „alle", die Juden wie die Griechen. Alle Bewohner der Provinz standen im Einflußraum des Wortes Gottes (Kol 1, 28). Wie weit Paulus selbst von Ephesus in die Umgegend gekommen ist und dort evangelisiert hat, wissen wir nicht. Daß Philemon in Kolossä von Paulus selbst zum Glauben an Jesus geführt worden ist, könnte dafür sprechen; daß aber die Gemeinde in Kolossä als ganze ein Werk des Epaphras ist, spricht dagegen. Jedenfalls aber verbreiten hier noch mehr als im pisidischen Antiochia (s. S. 252) von Jesus ergriffene Menschen die Botschaft in die ganze Umgegend hinein. Und umgekehrt besuchte mancher, der aus der Asia in die Hauptstadt kam, Vorträge dieses merkwürdigen Mannes, von dem man so viel sprach; und er nahm mit sich zurück in seine Heimat, was er bei Paulus gehört hatte[452]. Juden gingen dabei zu Juden; Griechen suchten ihre grie Freunde und Verwandten auf. Die Missionsmethode des Paulus bewährte sich von neuem.

11 Die Verkündigung ist begleitet von besonderen „Machterweisungen Gottes". Das liegt im Wesen des Evangeliums. Das Evangelium will nicht theologische Belehrung über Gottes Wesen und Eigen-

450 In allen geistlich lebendigen Zeiten, vor allem in eigentlichen Erweckungen, hat man sich ganz selbstverständlich nicht mit einem Sonntagsgottesdienst und einer wöchentlichen Bibelstunde begnügt, sondern täglich Versammlungen gehalten (vgl. z. B. E. Modersohn „Er führet mich auf rechter Straße", Wuppertal 1961). Es zeugt von dem ganzen Todeszustand vieler „Gemeinden", daß ihnen selbst das regelmäßige, wöchentliche Zusammenkommen schon zu viel ist.

451 Die Beobachtung dieses Sprachgebrauchs ist wichtig im Blick auf die „Allversöhnung", die diesen Sprachgebrauch übersieht und aus dem „alle" falsche „statistische" Folgerungen zieht.

452 So ist es heute noch vorbildlich auf dem Missionsfeld. Ihren Impulsen folgend, können schwarze oder braune Menschen gar nicht anders, als ihren Stammesgenossen weiterzusagen, was ihr eigenes Herz erfaßt hat. Ja, sie gehen zu fremden und feindlichen Stämmen (vgl. „K. Studd, ein Bote Jesu" von Norman P. Grubb, Basel o. J.). Wir aber schieben es kühl auf die ab, die es „studiert" haben und die amtlich dazu verpflichtet sind.

schaften, sondern Siegeskunde sein von dem rettenden Eingreifen Gottes, das dem ganzen Menschen gilt und darum auch die Befreiung von leiblichen Zerstörungen und dämonischen Bindungen einschließt. Darum rechnet Paulus selber in 2 Ko 12, 12 „Zeichen und Wunder und Taten“ zu seiner Beglaubigung als Apostel. Gott selbst bleibt dabei klar der Handelnde, der **„durch die Hände des Paulus“** wirkt. Aber er erweist nun auch wirklich seine „Macht“ heilend und befreiend. Die „Königsherrschaft Gottes“, von der Paulus sprach (V. 8), steht nicht in Worten, sondern in Kraft (1 Ko 4, 20). Jetzt bricht sie in Satans Reich mit Macht herein.

Dabei kommt es in Ephesus zu **„Machterweisungen nicht gewöhnlicher Art“.** Wie einst Petrus (Kap. 5, 15) dem Andrang der Kranken einfach nicht mehr gerecht werden konnte, so war es auch Paulus unmöglich, selbst zu allen Kranken zu gehen. Und wie man sich damals bei Petrus half, indem man die Kranken so hinlegte, daß bereits der Schatten des vorbeigehenden Apostels auf sie fiel, so **„brachten sie hier zu den Kranken von des Paulus Haut Schweißtücher und Schurze“**[453] mit dem Erfolg, **„daß von ihnen die Krankheiten wichen und die bösen Geister ausfuhren“.** Sind wir verwundert, daß Paulus diesem „abergläubischen Treiben“ nicht wehrte? Finden wir, daß Lukas wenigstens ein tadelndes Wort dazu hätte sagen müssen? Halten wir mit modernen Auslegern das Ganze für die Erfindung einer späten, wundersüchtigen Zeit, die Glaube und Aberglaube nicht mehr klar unterscheiden konnte? Aber wir sind nicht die Herzenskündiger, die erkennen können, wo auch in solchem Tun ein echtes Glauben nach Gottes Hilfe ausschaut. Jenem blutflüssigen Weib, das nur die Quaste von Jesu Mantel anrühren wollte, hat der Herr Jesus nicht „Aberglauben“ vorgeworfen, sondern zugesichert: „Dein Glaube hat dir geholfen.“ Lukas berichtet Tatsachen, ohne nach unserer theologischen Kritik zu fragen. Es hat Gott gefallen, in Ephesus dem suchenden Sehnen nach Hilfe und Befreiung mit tatsächlichen Heilungen und Errettungen zu antworten. Er hat dadurch der Verkündigung des Paulus Wege gebahnt. Man hörte auf die Botschaft von Jesus, der sich in seinem Boten so mächtig erwies. Aber es blieb auch bei diesen Heilungen durch Schweißtücher und Schurze des Paulus dabei: **„Gottes Machterweisungen durch die Hände des Paulus.“** Es geschah gerade hier in Ephesus der Durchbruch durch das ganze Zauberwesen. Die Epheser hatten also verstanden, daß in Paulus nicht ein neuer Zauber zu dem vielen alten hinzukam, an den man gerade in Ephesus

[453] Welche Kleidungsstücke gemeint sind, können wir nicht mit Sicherheit sagen. Der zweite Ausdruck bezeichnet zunächst den Arbeitsschurz. Manche sehen aber auch darin ein Tuch, das der Arbeiter zum Abwischen des Schweißes benutzte. Nur würden dann die beiden verschiedenen Worte die gleiche Sache meinen.

gewohnt war, sondern daß in Paulus ein lebendiger Heiland wirksam war, der das Vertrauen zu seinem Erbarmen und seiner Hilfe nicht unbelohnt ließ, auch wenn man von seinem Knecht Paulus jetzt nur das Schweißtuch oder den Arbeitsschurz haben konnte. Wie wenig hier an „Magie" zu denken ist, zeigt uns Lukas[454] sogleich im nächsten Abschnitt.

DIE DRITTE MISSIONSREISE

4. Der Sieg über die Zauberei in Ephesus

Apostelgeschichte 19, 13—20

zu Vers 13: Mk 9, 38 Lk 9, 49 Lk 11, 19 Apg 16, 18
zu Vers 15: Mk 1, 34 Lk 4, 41
zu Vers 17: Apg 5, 5. 11 9, 42
zu Vers 18: Mt 3, 6
zu Vers 19: 5 Mo 18, 10-14 3 Mo 19, 31 Apg 8, 9
zu Vers 20: Apg 6, 7 12, 24

13 Es unternahmen aber auch einige der herumziehenden jüdischen
Exorzisten, zu nennen über denen, die böse Geister hatten, den
Namen des Herrn Jesu, indem sie sagten: „Ich beschwöre euch bei
14 dem Jesus, den Paulus verkündigt." * Es waren das aber eines ge-
wissen Skeuas, eines jüdischen Hohenpriesters, sieben Söhne, die
15 dieses taten. * Es antwortete aber der böse Geist und sprach zu
ihnen: „Jesus kenne ich, und von Paulus weiß ich; ihr aber — wer
16 seid ihr?" * Und der Mensch sprang auf sie los, in dem der böse
Geist war, wurde ihrer beider Herr und ließ seine Kraft an ihnen
aus, so daß sie nackt und verwundet aus jenem Hause fliehen
17 mußten. * Das aber wurde kund allen Juden und Griechen, die in
Ephesus wohnten, und es fiel Furcht auf sie alle, und groß wurde
18 der Name des Herrn Jesus. * Viele aber von denen, die gläubig
geworden waren, kamen bekennend und mitteilend ihre Prakti-
19 ken. * Zahlreiche aber von denen, die Zauberei getrieben hatten,
trugen die (Zauber-)Bücher zusammen und verbrannten sie vor
allen. Und man berechnete ihren Wert und fand fünfzigtausend
20 Silberdrachmen. * So wuchs nach der Kraft des Herrn das Wort
und erwies seine Stärke.

13 „Magie" liegt immer dann vor, wenn heilige Dinge, heilige Bräuche, heilige Namen in sich selbst wunderbare Wirkungen ausüben sollen. Unendlich weit verbreitet ist dieses „magische" Denken, das dem alten Menschen entgegenkommt, weil es ohne Buße und Glauben Anteil an jenseitigen Kräften und Hilfen zu geben verspricht. So versteht auch eine Gruppe jüdischer Exorzisten die Wunder in der Wirksamkeit des Paulus magisch. Tun es schon „die Schweißtücher und

[454] Es ist bemerkenswert, daß es der Arzt Lukas ist, der uns diese Vorgänge erzählt. Er hat bei all seinem ärztlichen Wissen keinen Anstoß daran genommen.

Schurze" des Paulus, so tut es gewiß erst recht der Name „Jesus" und die Berufung auf „Paulus".

„Exorzisten", das heißt Austreiber dämonischer Mächte und damit Bringer von Hilfe und Gesundheit, gab es im Altertum so zahlreich wie noch heute offen in allem Heidentum und verborgener in weiten „christlichen" Gebieten. Angesehen waren in der alten Welt besonders die jüdischen Beschwörer; stand doch die älteste Religion der Welt hinter ihnen, und war doch Salomons „Weisheit" immer mehr als eine geheimnisvolle, in die Geisterwelt hineinwirkende Kunst verstanden worden. Der „Name" Salomo galt als mächtig im zauberischen Sinn. Kein Wunder, daß gerade solche Männer meinen konnten, in dem Namen „Jesus" in Verbindung mit diesem einzigartigen Paulus eine neue, noch viel wirksamere Beschwörungsformel gefunden zu haben. Denn über aller Zauberei liegt bis heute diese eigentümliche Unruhe: Man ist stolz auf sein „Können", man erlebt erstaunliche Wirkungen, und man ist doch ständig auf der Suche nach neuen, noch größeren Wirkungsweisen und horcht auf, wenn irgendwoher neue magische Methoden und Erfahrungen auftauchen. Daß in dieser Weise auch das junge Christentum betrachtet worden ist, beweist ein aufgefundener Zauberpapyrus: „Ich beschwöre dich bei Jesus, dem Gott der Hebräer."

So versuchen es nun auch die **„Skeuassöhne"**[455]**: „Ich beschwöre** 14
euch[456] **bei dem Namen Jesu, den Paulus verkündigt."** Sie wollen ganz „orthodox" sein; sie kennen selber Jesus nicht, aber es soll der Jesus sein, den Paulus verkündigt und durch dessen Namen Paulus seine Wunder tut. Alle „Magie" lebt von der Genauigkeit in der Wiederholung der Formeln[457]. Aber nun zeigt es sich, daß es im Evan-

[455] Einen Hohenpriester Skeuas kennen wir nicht. Aber es ist auch sehr unwahrscheinlich, daß Lukas gemeint haben sollte, Söhne eines Jerusalemer Hohenpriesters hätten sich in Ephesus als Beschwörer betätigt. Mit schönen Titeln war man in der Welt, auch und gerade in der religiösen Welt, nie sparsam. Lukas schreibt dementsprechend auch nicht „des Hohenpriesters Skeuas", wie er Apg 4, 6 „Hannas, der Hohepriester" sagt, sondern formuliert ganz locker: „eines gewissen Skeuas, eines Juden, eines Hohenpriesters Söhne." Warum diese sieben Söhne gemeinsam das Beschwören ausüben, wissen wir nicht. Sie empfinden sich aber so als handelnde Einheit — vielleicht mit einem „Sprecher" — daß sie nicht sagen: „Wir beschwören euch", sondern: „Ich beschwöre euch."

[456] D erweitert hier wieder den Text. Er hebt dabei hervor, daß die Skeuassöhne nur eine Gruppe unter den vielen in V. 13 genannten jüdischen Exorzisten sind. Das beschwörende Wort rückt er so zurecht, wie es in den Zusammenhang besser paßt: „Wir beschwören dich ..." Die Beschwörer sind in der Mehrzahl; der antwortende böse Geist ist V. 15 nur einer. Eben darum wird es spätere Korrektur eines genauen Abschreibers sein.

[457] Vergleiche Goethes Gedicht vom „Zauberlehrling" und die gesamte Praxis der Zauberei auf Grund des 6. u. 7. Buches Mose. Aber auch die christlichen Sakramente drohen

gelium nicht um „Namen" und „Formeln" geht. Die Dämonen äußern sich selbst zur Sache[458]. **„Jesus kenne ich, und von Paulus weiß ich; ihr aber — wer seid ihr?"** Nur „Namen" fürchten die Mächte der Finsternis nicht, sie kennen und fürchten Personen, die Person Jesus (vgl. Mk 1, 24!), aber auch die Person eines Paulus, der so oft in ihr Recht eingegriffen hat! Darum fragen sie auch diese Sieben, die ihnen entgegentreten, nach ihrem eigenen Personsein: **„Ihr aber — wer seid ihr?"**

Wer ohne Erfahrung auf dem Gebiet der Zauberei ist, mag diesen Bericht rasch beiseite legen, weil er in ihm nur eine unwahrscheinliche und befremdliche Erzählung aus dem abergläubischen Altertum zu sehen vermag, die Lukas hier eingefügt hat[459]. Wer aber um die Mächte der Finsternis weiß und um die auch heute noch unabweisbare seelsorgerliche Aufgabe[460], ihnen entgegenzutreten und gebundene Menschen aus ihren Schlingen zu befreien, der wird aufmerksam bei unserem Bericht verweilen. Ist nicht auch für uns der „Name Jesu" die einzige und einzigartige Waffe in dem uns verordneten Kampf? Gebieten nicht auch wir im Namen Jesu in die Dämonenwelt hinein? Können wir dabei dann ähnliches erleben wie hier die Skeuassöhne? Kommt es doch irgendwie auf uns selbst, auf unsere Person und unsern persönlichen Zustand an?[461] Wer kann sich dann noch in solchen Dienst hineinwagen? Aber Jesus selbst hat beim Fehlen der Vollmacht bei seinen Jüngern nicht auf ihre Person und ihren persönlichen „sittlich-religiösen" Zustand verwiesen, sondern ihnen gesagt: „Um eures Unglaubens willen konntet ihr den bösen Geist nicht austreiben" (Mt 17, 26). So meint auch in unserem Bericht die Frage der Dämonen nicht die allgemeine moralische Qualifi-

„magisch" verstanden zu werden, wenn man die „Wirksamkeit" der Taufen von der genauen Rezitierung der richtigen Taufformel abhängig macht oder die Einsetzungsworte des Abendmahls halblaut wie eine Beschwörungsformel murmelt und die Gegenwart des Herrn bei seinem Mahl nur dann eintreten läßt, wenn nicht nur ein „Laie", sondern ein „geweihter Mann" die vorgeschriebenen Worte spricht. Kein Wunder, daß unser Ausdruck „Hokuspokus" eben von diesem Gemurmel „Hoc est corpus = das ist mein Leib" abgeleitet ist.

[458] Das haben sie auch bei Blumhardt getan (vgl. Zündel Joh. Christ. Blumhardt, 17. A. Gießen 1962)

[459] Erschreckenderweise finden selbst ernste Ausleger diesen Bericht „humoristisch"!

[460] Zur Orientierung für den Leser sei hier auf das grundlegende Buch von Dr. K. Koch „Seelsorge und Okkultismus" hingewiesen, aber auch auf die wertvolle Schrift „Mächte der Finsternis" von E. Seitz, Stuttgart. Lesenswert bleibt auch nach wie vor Zündel „Johann Christoph Blumhardt", Gießen.

[461] Unsere reformatorischen Väter haben gesagt, der Seelsorger habe seine Vollmacht „non propter personam, sed propter mandatum", „nicht wegen der Person, sondern wegen des Auftrages". Ist dieser entscheidende Grundsatz durch den Bericht des Lukas widerlegt? Eine wichtige Frage!

kation der Skeuassöhne, sondern ihre Beziehung zu Jesus, ihren persönlichen „Glauben". Der Name Jesu ist wahrhaft sein „Name", das heißt seine wirksame Gegenwart, sein geschehender Sieg nur im Ereignis des Glaubens. „Dies ist der Sieg, der die Welt überwunden hat, unser Glaube" (1 Jo 5, 4). Und diesen „Glauben" kann man nur haben, indem man an Jesus persönlich gläubig wurde und Jesus Herz und Leben übergab. Keiner, der redlich im Dienst Jesu steht, braucht sich vor den Dämonen und ihrer Frage zu fürchten. Er darf ihnen getrost antworten: „Wenn ihr so fragt – ich bin ein Eigentum Jesu, meines Herrn." Und er darf und soll dann kühn und ohne Furcht nach dem vollbrachten Sieg Jesu greifen und im Namen Jesu der Macht der Finsternis gebieten. Er wird erfahren, daß Jesus wirklich der Sieger ist, heute wie einst. Die Skeuassöhne aber haben keine Antwort auf die erschreckende Frage nach ihrem eigenen Stand. Darum erleben sie
es, daß **„der Mensch auf sie lossprang, in dem der böse Geist war,** 16
ihrer beider[462] **Herr wurde und seine Kraft an ihnen ausließ, so daß sie nackt und verwundet aus jenem Hause fliehen mußten"**[463].

Dieser Vorgang wird bekannt, und nun fällt auch hier in Ephesus 17
wie einst in Jerusalem **„Furcht auf sie alle".** Die Echtheit aber des ganzen Geschehens kommt darin zum Ausdruck, daß jetzt nicht der Name des Paulus als des überlegenen Magiers in aller Mund ist, son-
dern **„groß wurde der Name des Herrn Jesu".** Und nun setzt gerade 18
unter denen, **„die gläubig geworden waren"**, eine neue Bußbewegung ein. Viele von ihnen kamen **„bekennend und mitteilend ihre Praktiken".** Man braucht dabei gar nicht nur an Zaubereidinge zu denken, die erst im nächsten Satz eigens hervorgehoben werden. Gerade die gläubige Gemeinde bedarf immer neuer „Erweckungen", die durch solche besonderen Ereignisse ausgelöst werden können und dann zu vertiefter Buße führen. Ephesus kannte jenes „Heidentum", von dem Paulus in seinem Brief an die Epheser spricht: „Wie auch die Heiden wandeln in der Nichtigkeit ihres Sinnes, weil sie in ihrem Urteilsvermögen verfinstert sind, entfremdet dem Leben Gottes, wegen der Unwissenheit, die in ihnen ist, wegen ihrer Herzensverstocktheit" (Eph 4, 17–19). Es ist falscher Rationalismus, wenn wir meinen,

[462] Das grie Wort für „beide" kann auch den Sinn von „alle" annehmen, ohne daß auf die genaue Zahl geachtet wird. Ein Beispiel dafür ist Apg 23, 8. So wird das Wort auch hier tatsächlich die sieben Söhne des Skeuas meinen.

[463] Da alle christliche Verkündigung stets auch ein Eingriff in das Reich des „Fürsten dieser Welt" ist, gilt unsere Geschichte im weiteren Sinn allen Dienern und Dienerinnen am Wort. Keine „Orthodoxie" („der Jesus, den Paulus verkündigt") reicht aus. Gefragt ist jeder Verkündiger, wer er selber ist. Die Luth. Bekenntnisschriften haben dem Ausdruck gegeben mit ihrer Unterscheidung der „periti" (der „Erfahrenen") und der „otiosi" (der „Müßigen"). Vollmacht in Verkündigung und Seelsorge hat nur der, der selbst durch Buße zum Glauben durchdrang und Jesus gehört.

das sei durch eine Bekehrung zu Jesus einfach alles weggeblasen. Dann hätte Paulus in seinem Brief nicht so ernst zu warnen gehabt. Auch bei einer echten Bekehrung bleibt noch viel alte Sünde verborgen. Es bleiben Sündenwurzeln im Herzen. Darum haben auch altgewordene Gotteskinder oft noch viel zu beichten, auch an Schuld der Vergangenheit, die jetzt erst wirklich ans Licht kommt. An dem vollen Heilsstand, an der ganzen Heilsgewißheit wird dadurch nichts abgebrochen. Für alle, die ihr verlorenes Leben Jesus übergeben, gilt es: „Ihr seid abgewaschen, ihr seid geheiligt, ihr seid gerecht geworden durch den Namen des Herrn Jesus Christus und durch den Geist unseres Gottes" (1 Ko 6, 11). Aber gerade weil sie „Auserwählte Gottes, Heilige und Geliebte" sind, arbeitet Gott an ihnen, deckt tiefer und tiefer auf und stellt ihr Leben in sein Licht. Und nun muß heimliche Sünde, heimliche Gebundenheit in offenem Bekenntnis vor dem Seelsorger ans Licht gebracht werden.[464]

Unabdingbar nötig ist das Beichten bei Zaubereisünden. Der erfahrene Seelsorger wird es gar nicht „eigenartig" finden, daß die Gläubigen in Ephesus sich erst jetzt zu diesem Bekenntnis entschließen[465]. Er weiß, wie Satan gerade auch bei den Gläubigen diese Dinge in Vergessenheit bringt, so daß erst nach Jahren unter dem Wort Gottes bei bestimmter Gelegenheit die Erinnerung an alte Zaubereisünden jäh erwacht und zum Bekenntnis treibt. So geschieht es nun auch in
19 Ephesus. **„Zahlreiche aber von denen, die Zauberei getrieben hatten, trugen die** (Zauber-)**Bücher zusammen und verbrannten sie vor allen."** „Zauberpapyri" gab es im Altertum in großen Mengen, und gerade die „Ephesinischen Zauberschriften" waren berühmt. Kein Wunder, daß hier ein ganzer Berg zusammen kommt. Die Loslösung von diesem ganzen unheimlichen Gebiet wird im öffentlichen Verbrennen dokumentiert. **„Man berechnete ihren Wert und fand fünfzigtausend Silberdrachmen."** Selbstverständlich hat man nicht mit dem Preiskatalog in der Hand eine statistisch genaue Aufstellung gemacht! Aber alle „Zauberei" ist teuer! Fünfzigtausend Silberdrachmen ist eine ganz erhebliche Summe, wenn man bedenkt, daß eine Silberdrachme damals der übliche Tageslohn für einen Arbeiter war (vgl. Mt 20, 2). Aber man frage nur einmal, was auch heute noch selbst arme Leute zu den Besprechern und Wahrsagern tragen.

20 Durch all dies „wächst" nicht der Ruhm des Paulus oder der Christen, auch nicht einfach die Zahl der Gemeindeglieder, aber **„das**

[464] Die Bemühungen um eine Erneuerung der persönlichen Beichte auch im evangelischen Raum sind darum sehr zu begrüßen. Nur daß sie leider oft nicht geistlich von innen her einsetzen, sondern in der Schaffung von Institutionen und in Formfragen steckenbleiben.

[465] So Haenchen a. a. O. S. 502.

Wort". „Nach der Kraft des Herrn" gewinnt es immer weiteren Einfluß auch auf die, die noch gar nicht zum persönlichen Glauben durchbrachen. Man vergleiche dazu das, was uns aus allen Erweckungsbewegungen berichtet wird; auch wenn nur ein Teil des Dorfes sich wirklich bekehrt, bekommt doch das ganze Leben des Dorfes ein anderes Gesicht[466]. So müssen wir uns auch in Ephesus eine weitausstrahlende Wirkung des Wortes Gottes vorstellen. Nur dadurch ist erklärlich, daß die Goldschmiede der Stadt den Rückgang in ihrem Geschäft mit den Bildern des Dianatempels empfindlich merken.

DIE DRITTE MISSIONSREISE

5. Reisepläne des Apostels

Apostelgeschichte 19, 21–22

21 **Als sich aber dieses erfüllt hatte, nahm sich Paulus im Geiste vor,**
durchwandernd Makedonien und Achaja zu reisen nach Jerusalem,
indem er sprach: „Nachdem ich dort gewesen bin, muß ich auch
22 **Rom sehen." * Nachdem er aber nach Makedonien zwei von denen,**
die ihm dienten, Timotheus und Erastus, gesandt hatte, blieb er
selbst (noch) **eine Zeitlang in der Asia.**

zu Vers 21:
Apg 23, 11
Rö 1, 10. 13. 15
1 Ko 4, 17
1 Ko 16, 5
2 Ko 10, 16
zu Vers 22:
Apg 17, 14
Rö 16, 21. 23
2 Tim 4, 20

„Als sich dieses erfüllt hatte", damit wird Lukas auf die gesamte Wirksamkeit des Paulus in Ephesus zurückblicken. Hier war wirklich der Auftrag „erfüllt": Das Wort von Jesus war so wirksam gesagt, 21
daß es in die ganze Provinz hinein bekannt geworden war; Juden und Griechen hatten die Botschaft gehört. Eine große Gemeinde war entstanden und eben jetzt durch eine neue, vertiefte Buße gereinigt und gefestigt worden; der alles verseuchenden Zauberei war Jesu helle Kraft entgegengetreten. Jesu Name war in Ephesus groß geworden. Paulus denkt an den Abschied. Er **„nahm sich im Geist vor, durchwandernd Makedonien und Achaja zu reisen nach Jerusalem".** Das Reiseziel **„Jerusalem"** war gegeben, wenn die Einheit der Kirche bewahrt werden sollte. Und den von ihm gegründeten Gemeinden einen zweiten Besuch abzustatten, war eine weise und notwendige Regel. Hier durfte Paulus selber „sich etwas vornehmen". Aber er tat es **„im Geist",** unter der inneren Leitung seines Herrn. So ist es für den Christen das Normale. Der Heilige Geist macht uns nicht zu Maschinen, sondern rechnet mit unserer eigenen Lebendigkeit, und wiederum unser eigenes Denken und Planen bedarf des darin regie-

[466] Vgl. dazu „Gustav Knak" v. Dr. Wangemann, Basel 1881, S. 194/95; und auch „Wenn Gottes Winde wehen" von J. W. van Zeijl, Wuppertal, S. 56–61.

renden Heiligen Geistes. Diese Geistesleitung ist besonders am Werk, wenn nun des Paulus Blick über das ganze bisherige Arbeitsfeld hinaus in die Ferne geht und zum ersten Mal der Name **„Rom"** genannt wird. Hier treffen wir auf die eigentümliche Gewißheit des Paulus, nach Rom kommen zu „müssen". Sicherlich war es innerlich gegeben, daß der Völkerapostel die Hauptstadt der Völkerwelt sah und die dortige Gemeinde kennenlernte. Paulus verlangte es danach: Rö 1, 8–15. Aber hier liegt für ihn offenbar ein göttlicher Auftrag, der in diesem biblischen **„ich muß"** wiederklingt (vgl. Apg 23, 11).

Von diesem seinem Plan, über Makedonien nach Achaja (Korinth) zu kommen, spricht Paulus auch in dem in Ephesus geschriebenen ersten Brief an die Korinther (16, 5–9). Der Plan hat dann Änderungen erfahren (2 Ko 1, 15); Paulus bleibt beweglich. Tatsächlich ist Paulus, nachdem er inzwischen einmal ohne endgültige Beseitigung der Schwierigkeiten in der Gemeinde in Korinth gewesen war, doch über Makedonien nach Korinth gekommen und wieder über Makedonien nach Jerusalem gegangen: 2 Ko 2, 12 ff; Apg 20, 1 ff. Titus, der erstaunlicherweise in der Apg nirgends erwähnt wird, hat inzwischen die verfahrene Lage in Korinth weitgehend in Ordnung bringen können (2 Ko 2, 12 ff; 7, 6; 8, 16 ff; 22, 18), was dem vorher entsandten Timotheus (1 Ko 16, 10) nicht gelungen war. Wir haben ja überhaupt daran zu denken, daß die schmerzlichen Ereignisse in Korinth durch die Leute der Chloe (1 Ko 1, 11 f) in Ephesus dem Paulus bekannt geworden sind. Das ganze Ringen um diese geliebte Gemeinde hat sich in Ephesus und von Ephesus aus abgespielt! Welch eine schwere innere Last hat Paulus damit während der großen, aufreibenden Arbeit in Ephesus getragen! Lukas sagt davon kein Wort. Wir merken erneut, wieviel Wichtiges nicht in der Apg steht und wie lückenhaft überhaupt unsere Kenntnis von der Geschichte der ersten Christenheit[467] bleibt.

22 Auch die ganze, für Paulus so wichtige Sammlung für Jerusalem, von der Lukas sehr wohl weiß, wie Apg 24, 17 zeigt, berichtet er uns nicht. Sogar bei der Voraussendung des Timotheus und Erastus erwähnt er sie nicht. Wenn diese beiden Männer hier als solche bezeichnet werden, die „ihm dienten", dann ist natürlich nicht an eine persönliche Bedienung des Paulus zu denken. Es muß vielmehr so gefaßt werden, wie es Paulus von Timotheus in Phil 2, 22 in einer kostbaren Feinheit formuliert, daß „er wie einem Vater ein Kind mit mir gedient hat für das Evangelium". 1 Ko 3, 5 bezeichnet Paulus sich selbst und Apollos als „Diener, durch welche ihr seid gläubig gewor-

[467] Es sei bei dieser Gelegenheit an A. Schlatters gleichnamiges Buch (Gütersloh 1926) erinnert, das auch von theologischen „Laien" gut gelesen werden kann und bis heute nicht überholt ist.

den". Timotheus und Erastus sind also als Mitarbeiter bei Paulus in Ephesus gewesen. Im nächsten Abschnitt werden uns auch noch Gajus und Aristarchus als solche Begleiter des Paulus genannt. Wir haben uns Paulus nicht als „einsamen Großen" zu denken, sondern in einer ganzen Schar von Mitarbeitern gibt uns die Grußliste in Rö 16 ein eindrucksvolles Bild davon. Von Timotheus haben wir schon oben gesprochen (vgl. S. 287 f). Erastus wird schwerlich derselbe sein, der in Rö 16, 23 von Korinth aus mit grüßt und als „Schatzmeister der Stadt (Korinth)" bezeichnet wird. Ein Mann dieser Stellung konnte nicht als Mitarbeiter des Apostels Monate oder Jahre hindurch von Korinth und seiner Arbeit abwesend sein. Ebenso wird die Mitteilung in 2 Tim 4, 20, Erastus sei in Korinth „geblieben", nicht auf den dort ansässigen Schatzmeister, sondern auf den gleichen (jüngeren) „Diener" des Paulus gehen, der auch an unserer Stelle genannt ist.

Paulus hat unter Geistesleitung seinen Plan gefaßt und die Vorbereitungen zur Reise getroffen. Aber nun eilt er nicht. Er, der energische, rastlos tätige Mann vermag zu warten und noch **„eine Zeitlang in der Asia"** zu verweilen. Er bestimmt nicht selbständig den endgültigen Termin des Aufbruches. Es zeigt sich dann bald der Sinn dieses Zögerns. Nach menschlichem Urteil blieb Paulus „zu lange"; von seinem Herrn her war ihm eine Erfahrung zugedacht, der er sich nicht entziehen sollte.

DIE DRITTE MISSIONSREISE

6. Aufruhr gegen das Evangelium in Ephesus

Apostelgeschichte 19, 23–40

23 Es entstand aber um jene Zeit ein nicht geringer Aufruhr wegen
24 des „Weges". * Denn ein Demetrius mit Namen, ein Silber-
schmied, der silberne Tempel der Artemis herstellte, verschaffte
25 den Handwerkern nicht geringe Beschäftigung. * Sie versammelte
er und die mit dergleichen beschäftigten Arbeiter und sprach:
„Männer, ihr wißt, aus dieser Arbeit kommt uns der Wohlstand,
26 * und ihr seht und hört, daß nicht nur von Ephesus, sondern fast
von der ganzen Asia dieser Paulus durch Überredung viel Volk
abwendig gemacht hat, indem er sagt, es seien keine (wirklichen)
27 Götter, die durch Hände entstehen. * Aber nicht nur dieser unser
Geschäftszweig läuft Gefahr, in Miskredit zu kommen, sondern
auch das Heiligtum der großen Göttin Artemis für nichts geachtet
zu werden, und sie droht ihre Majestät einzubüßen, welche die
28 ganze Asia und die Welt verehrt." * Als sie es aber hörten, wurden

zu Vers 23:
Apg 19, 9
2 Ko 1, 8. 9
zu Vers 24:
Apg 16, 16
zu Vers 25:
Apg 16, 19
zu Vers 26:
Ps 115, 4
Apg 17, 29

sie voll Zorn und schrien: „Groß ist die Artemis der Epheser!"
29 *** Und die Stadt wurde voll Aufregung, und sie stürmten einmütig**
ins Theater, indem sie die Makedonier Gajus und Aristarchus mit-
30 **schleppten, die Reisegefährten des Paulus. * Als aber Paulus in die**
Volksversammlung gehen wollte, ließen ihn die Jünger nicht.
31 *** Aber auch einige von den Asiarchen, die ihm gewogen waren,**
schickten zu ihm und vermahnten ihn, sich nicht in das Theater zu
32 **wagen. * Die einen nun schrien dies, die andern das; denn die**
(Volks-**)Versammlung war in völliger Verwirrung, und die mei-**
sten wußten gar nicht, weswegen sie zusammengekommen waren.
33 *** Aus der Menge aber schoben sie den Alexander in den Vorder-**
grund, da die Juden ihn vorstießen. Alexander aber winkte mit
der Hand und wollte eine Verteidigungsrede vor dem Volk hal-
34 **ten. * Als sie aber erkannten, es ist ein Jude, da kam ein einziger**
Ruf von allen, die ungefähr zwei Stunden lang schrien: „Groß ist
35 **die Artemis der Epheser!" * Es brachte aber der Stadtsekretär die**
Menge zur Ruhe und sagte: „Ihr Männer von Ephesus, welchen
Menschen gibt es denn, der nicht weiß, daß die Stadt der Epheser
die Tempelschirmerin der großen Artemis ist und ihres vom Him-
36 **mel gefallenen Bildes! * Da dies nun unwidersprechlich ist, müßt**
37 **ihr euch ruhig verhalten und nichts Übereiltes tun. * Ihr habt ja**
diese Männer hierher gebracht, (obwohl sie) **weder Tempelräuber**
38 **noch Lästerer unserer Göttin** (sind). *** Wenn nun Demetrius und**
die mit ihm verbundenen Handwerker gegen jemand eine Klage
haben, so werden ja Gerichtstage gehalten und es gibt Prokonsule;
39 **da mögen sie gegen einander Klagen erheben. * Wenn ihr aber**
etwas Weitergehendes verlangt, wird es in der gesetzmäßigen
40 (Volks-)**Versammlung entschieden werden. * Denn wir stehen in**
der Gefahr, verklagt zu werden wegen des heutigen Aufruhres,
da kein Grund vorhanden ist, mit dem wir uns verantworten
könnten wegen dieser Zusammenrottung." Und als er dies ge-
sagt hatte, löste er die Versammlung auf.

zu Vers 29: Mt 2, 3; Apg 20, 4; 21, 30; Rö 16, 23; Kol 1, 14; Kol 4, 10; Phlm 24; 3 Jo 1
zu Vers 32: Apg 21, 34
zu Vers 38: Apg 13, 7; 18, 12
zu Vers 40: Apg 25, 27; Lk 16, 2

23 Nach der Abreise der beiden Boten „blieb er selbst eine Zeitlang in der Asia". Paulus mußte auch in Ephesus noch einen Sturm erleben, der ihm (und uns) zeigt, wie die Gemeinde Jesu auch da, wo „das Wort nach der Kraft des Herrn wächst und seine Stärke erweist", von den Mächten der Welt und dem hinter ihnen stehenden Satan bedroht bleibt. **„Es entstand aber um jene Zeit ein nicht geringer Aufruhr wegen des ‚Weges'"**[467a]. Er entstand wieder — wie in Philippi — an jener Stelle, die schon von Jesus selbst mit großem Ernst als eine

[467a] Zu dem Ausdruck „Weg" vgl. Anm. 207.

der gefährlichsten für unser Verhältnis zu Gott bezeichnet worden ist: am „Mammon", am Geld[468]. In Ephesus stand der weltberühmte Tempel der „Artemis", das „Artemision"[469]. Sein erster Bau war in der Geburtsnacht Alexanders d. Großen abgebrannt. Danach war er größer und prächtiger wieder aufgebaut worden und galt mit seinen 128 Säulen von 19 m Höhe und seinem reichen künstlerischen Bildschmuck als eines der sieben Weltwunder des Altertums. In einer Nische stand das angeblich vom Himmel gefallene Bild der Göttin aus schwarzem Holz. Wer nach Ephesus kam — der Verkehr zur
See und auf der großen Handelsstraße nach Osten brachte viele 24
Menschen in die lebhafte Stadt — nahm sich gern als „Reiseandenken" ein kleines Abbild des Tempels mit. Solche Abbilder aus Terrakotta sind gefunden worden. Lukas berichtet, daß sie auch aus Silber in großer Zahl hergestellt wurden. Eine ganze einheimische Industrie unter Leitung des Demetrius[470] lebte davon. Die Auswirkung der Verkündigung des Paulus ist so stark, daß es hier im Geschäft zu merken
ist, und dies ist ein sehr empfindlicher Punkt bei den Menschen. 25
Demetrius beruft eine Zunftversammlung ein und wendet sich an seine Kollegen. Bei ihnen kann die Frage des „Geschäftes" und des Geldes offen hervorgehoben werden. Aber Demetrius weiß — wie die Herren der wahrsagenden Sklavin in Philippi, daß man für den Kampf nach draußen andere Parolen braucht. Dort in der römischen Kolonie schob man das römische Nationalgefühl vor und brachte das echt römische Herz in Wallung. Hier spielt Demetrius die Sache geschickt vom Geldbeutel auf das religiöse Gefühl und auf den ephesini-
schen Lokalpatriotismus hinüber. Von der Verkündigung des Paulus 26
sieht er nur die negative Seite, die unvermeidliche Ablehnung von **„Göttern, die durch Hände entstehen"**, und die spürbare Abwendung vom Heidentum bis weit in die Provinz hinein. Nun zeigt er seinen Kollegen, wie **„nicht allein dieser unser Geschäftszweig Gefahr läuft**

[468] Es ist ein sehr bedenkliches Zeichen für den Weg der Kirche, daß sie diese Gefahrenstelle trotz der mächtigen Worte ihres Herrn und seiner Boten so leicht genommen und in Predigt und Seelsorge so wenig ernstlich berücksichtigt hat.

[469] Das war nicht mehr die ursprüngliche grie „Artemis", lat „Diana", die keusche Göttin der Jagd, sondern die asiatische Fruchtbarkeitsgöttin „Kybele", die vielbrüstig dargestellt wurde und deren Kult ekstatische und orgiastische Züge aufwies.

[470] Aus dem 1. Jahrhundert ist uns ein Demetrius in Ephesus bekannt geworden, der aber nicht als Silberschmied, sondern als „neopoios" = Tempelvorsteher bezeichnet wird. Zwölf solcher „Tempelvorsteher" wurden jährlich von der Stadt ernannt und hatten die Aufsicht über die im Tempel eingehenden Weihgeschenke und die notwendigen Reparaturen. So wie die Tempel im Altertum oft zugleich die Stätte festlicher Einladungen und „Gesellschaften" waren, so stellten sie auch kapitalkräftige „Banken" dar. Der Silberschmied Demetrius könnte zugleich auch ein solcher „Tempelvorsteher" gewesen sein und als solcher die Anfertigung und den Verkauf der Tempelbilder und der silbernen Abbilder der Göttin organisiert haben.

**in Mißkredit zu kommen, sondern auch das Heiligtum der großen
Göttin Artemis, für nichts geachtet zu werden, und sie droht ihre
Majestät einzubüßen, welche die ganze Asia und die Welt verehrt".**
Selbstverständlich hat Demetrius nicht nur diese drei Sätze gespro-
chen. Lukas gibt uns wieder nur eine knappe Inhaltsangabe. Die leicht
erregbaren Orientalen sehen es vor sich, wie Ephesus sein „Welt-
wunder" verliert, seine große Göttin einbüßt, und vor allem wie sie
28 selbst in ihrem guten Verdienst geschädigt werden. Sie **„wurden voll
Zorn"**, und nun erklingt in der Zunftversammlung der Ruf, den man
bei den wilden Umzügen auf der großen Prozessionsstraße vom Tem-
pel zum Hafen hinab oft genug gehört haben wird: **„Groß ist die
Artemis der Epheser!"** Die aufgeregte Handwerkerschar verbreitet
ihre Empörung gegen Paulus in der ganzen Stadt[471]. **„Und die Stadt
wurde voll Aufregung, und sie stürmten einmütig ins Theater, indem
sie die Makedonier Gajus und Aristarchus mitschleppten, die Reise-
gefährten des Paulus."** Das Theater der damaligen Zeit und Welt
war nicht ein geschlossenes Haus, wie wir es in unserem nordischen
Klima kennen, sondern eine Art „Stadion" mit aufsteigenden Sitz-
reihen, auf denen in Ephesus fast 26 000 Menschen Platz fanden,
also der gegebene Ort für eine große Volksversammlung. Die vor-
handenen Reste geben uns heute noch einen Eindruck von der Größe
dieses Baues. Paulus ist von der Menge nicht gefunden worden. Aber
seine Reisebegleiter Gajus und Aristarchus schleppte man mit[472]. All-
30 zu sanft wird es dabei nicht zugegangen sein. Paulus selbst will zu
der Volksversammlung[473] in das Theater gehen. Er wird nicht dar-

[471] D fügt in V. 28 ausdrücklich hinzu, „sie liefen auf die Straße".

[472] Ein Gajus wird gleich nachher in Apg 20, 4 als Begleiter des Paulus genannt, dort aber als „Derbeer", also nicht als Makedonier bezeichnet. Eine vereinzelte Lesart von D schreibt stattdessen zwar „Douberios", also ein Mann aus „Douberos" in Ost-Makedonien, so daß er dann mit dem „Makedonischen Gajus" in unserer Stelle identisch sein könnte. Aber ist das nicht wieder eine Verbesserung des sehr aufmerksamen und verbesserungsfreudigen Schreibers von D? Wir finden gelegentlich auch statt „Die Makedonier" die Einzahl: „Gajus und den makedonischen Aristarchus." Doch auch das wird Verbeserung sein, weil man den Gajus aus Derbe Kap. 20, 4 mit dem Gajus unserer Stelle in eins setzen wollte. Allerdings finden wir den hier mit ihm genannten Aristarchus ebenfalls in Apg 20, 4 wieder. Aristarchus hat nach Apg 27, 2 Paulus auf seiner Reise als Gefangenen nach Rom begleitet und ist nach Philemon 24 dort bei Paulus. In Kol 4, 10 nennt Paulus ihn als seinen Mitgefangenen.

[473] Hier steht ebenso wie in Apg 17, 5 das Wort „demos", das wir alle von der „Demokratie" her kennen. Es hat hier aber anders als Apg 17, 5 die Bedeutung einer „Volksversammlung", wenn auch nicht einer gesetzlichen (vgl. V. 39). In V. 32. 39. 40 wird für „(Volks-)Versammlung" das gleiche Wort „ekklesia" verwendet, das im NT fort und fort zur Bezeichnung der Gemeinde, der „Kirche" gebraucht wird. Eine „Gemeinde" wird also im NT immer als eine „sich versammelnde" gesehen! Was sich nicht unter dem Wort und in der Bruderliebe „versammelt", gehört gar nicht wirklich zur „Gemeinde".

über nachgedacht haben, ob es ihm gelingen könnte, durch sein Wort die Menschen zu erreichen und zu bewegen. Er war Menschenkenner genug, um sich über die Hörfähigkeit einer erregten Menge keine Illusionen zu machen. Ihm wird es einfach untragbar gewesen sein, verborgen in Sicherheit zu sitzen, während seine Gefährten in äußerster Gefahr schwebten. Paulus war doch ganz einfach auch ein Mann und dazu ein Christ! Aber die Gemeindeglieder lassen ihn nicht los; sie wollen mit Recht ein nutzloses Opfer vermeiden. Vielleicht hätten sie hier so wenig erreicht wie Apg 21, 12—14, wenn nicht **„einige von den Asiarchen[474], die ihm gewogen waren, zu ihm geschickt und ihn ermahnt hätten, sich nicht in das Theater zu wagen"**. Auch wenn diese „Asiarchen" vor allem die Aufgabe hatten, den Kult des regierenden Kaisers und der Göttin Roma zu fördern und so das Reich religiös-politisch zusammenzuhalten, konnten einige von ihnen[475] Paulus persönlich schätzen und jedenfalls seine tumultuarische Ermordung durch eine aufgeregte Menge nicht wünschen. Sie konnten auch mit Recht befürchten, daß die Masse bei seinem Erscheinen im Theater jede Besinnung verlieren würde.

Lukas beschreibt treffend die zusammengelaufene Menge im gro- 32
ßen Theater: **„Die einen nun schrien dies, die andern das; denn die** (Volks-)**Versammlung war in völliger Verwirrung, und die meisten wußten gar nicht, weswegen sie zusammengekommen waren."** Demetrius getraut sich offenbar hier nicht mehr hervor. Da der **„Stadtsekretär"** ihn und sein Anliegen nachher kennt, läßt Lukas in seiner kurzen Art den Leser selbst die Folgerung ziehen, daß Demetrius als der Anstifter der ganzen Aktion vor den Stadtschreiber zitiert worden war und von ihm das hören mußte, was dieser dann auch öffentlich ausspricht. Einer Anklage wegen Landfriedensbruches möchte sich Demetrius nicht gern aussetzen; so verschwindet er von der Bildfläche. Aber dafür werden andere jetzt tätig: die Juden. Sie sind auch 33
in Ephesus die erbitterten Gegner des Paulus und der jungen Christengemeinde. Sie **„stießen den Alexander in den Vordergrund"**. In

[474] „Die Städte der römischen Provinz Asia waren in einem Bund zusammengeschlossen, der im wesentlichen religiöse Aufgaben hatte: den Kult des regierenden Kaisers und der Göttin Roma zu fördern. Der erste Bundestempel wurde in Pergamon erbaut, weitere in Smyrna und Ephesos, das später noch einen zweiten und dritten Kaisertempel errichtete. Jedes Jahr wurde ein Asiarch für das ganze Bundesgebiet und je ein weiterer für jede Bundesstadt mit einem Bundestempel gewählt; Wiederwahl war möglich. Zur Zeit des Paulus wird es jedes Jahr 3—4 Asiarchen gegeben haben, die jeweils aus den vornehmsten und reichsten Familien stammten." Haenchen a. a. O. S. 508 Anm. 4.

[475] Die Inhaber dieses jährlich wechselnden Amtes mochten ihre Titel auch nach ihrer Amtsabgabe weiterführen; Lukas muß das „Asiarch a. D." hier so wenig hinzugefügt haben, wie wir es bei Titeln auch nicht immer tun.

welchem Sinn taten sie das? Wer war der Alexander? War er Jude und sollte jetzt die Judenschaft „verteidigen" und die Volkswut ganz auf die „Christen" lenken? War er im Gegenteil ein führender Judenchrist? Wollen die Juden durch sein „Hervorstoßen" die ziellos aufgeregte Menge zu einem Vorgehen gegen die Christen veranlassen? Wir wissen es umso weniger, als der erste Teil des Satzes vieldeutig ist. Das hier im Text stehende Wort würde zunächst heißen: „Einige aus der Menge belehrten den Alexander", oder: „klärten den Alexander auf". Aber kann man sich das in jener Situation vorstellen, daß Menschen in dieser Masse zu ruhiger „Aufklärung" eines einzelnen, von den Juden hervorgestoßenen Mannes Zeit und Lust hatten? Die „westlichen" Handschriften bieten daher durch Änderung der Vorsilbe ein Wort, das „in den Vordergrund schieben" bedeutet. Das ließe sich schon denken, daß eine ratlose Volksmasse einen Mann, der ihr auffällt, weil er irgendwo hervorgestoßen wird, weiter nach vorn
34 befördert und von ihm ein Wort erwartet. Aber Alexander kommt gar nicht erst zu Wort, so daß wir auch dadurch nicht erfahren, in welchem Sinn er **„eine Verteidigungsrede vor dem Volk halten wollte"**. Kaum merkt man in dem überfüllten Theater **„es ist ein Jude"**, da spürt man aufs neue die Bedrohung der ephesinischen Göttin durch diese widerwärtigen Leute mit ihrer Verachtung der „Heiden" und ihrer „Bilder". Und nun brandet aus den Sitzreihen ein einziger Schrei auf: **„Groß ist die Artemis der Epheser!"** Und zwei Stunden lang erschallt es immer wieder in Sprechchören und Massengeschrei aus der großen Versammlung: **„Groß ist die Artemis der Epheser!"**

35 In der Versammlung ist auch der **„Stadtsekretär"**. Luthers Übersetzung mit „Kanzler" trifft die Sache gut. Für uns wäre ein „Stadtschreiber" (wie es wörtlich heißt) eine recht unbedeutende Persönlichkeit. Im Altertum wirkt es aber immer noch nach, daß das „Schreiben" einmal eine hohe, geheimnisvolle Kunst war und daß darum der Titel „Schreiber" die höchsten Beamten der Herrscher bezeichnete. Der „Stadtschreiber" von Ephesus war einer der maßgebenden Männer der Stadtverwaltung, war der Leiter der gesetzmäßigen Volksversammlungen und führte die Aufsicht über das Tempelvermögen des weltberühmten Heiligtums. Dieser kluge und in der Versammlungsleitung geübte Mann hat seine Zeit abgewartet. Wenn man über zwei Stunden für nichts und wider nichts auf harten Bänken gesessen und sich müde geschrien hat, dann wird auch die erregteste Volksmenge stiller und ist geradezu dankbar, wenn einer sie endlich
35—39 aus ihrer sinnlosen Lage erlöst. So brachte **„der Stadtsekretär die Menge zur Ruhe"** und stellt dann sehr geschickt drei Dinge fest: Um den Weltruhm von Ephesus, **„die Tempelschirmerin der großen Artemis und ihres vom Himmel gefallenen Bildes"** zu sein, braucht sich

niemand zu sorgen, der ist **„unwidersprechlich"**; gegen die beiden
hergeschleppten Männer liegt keine Anklage wegen eines religiösen
Verbrechens vor; für Privatklagen aber sind die Gerichtstage und die
Prokonsule zuständig; will die Menge noch etwas Weitergehendes,
dann muß das in einer ordnungsmäßigen Versammlung beraten und
entschieden werden. Denn dieses Vorgehen jetzt könnte — damit 40
spielt der Kanzler seinen eigentlichen Trumpf aus — der Stadt beim
Kaiser eine Anklage wegen „Aufruhrs" eintragen. Der römische Staat
legte großen Wert auf Ruhe und Ordnung in der Provinz. Die Städte
gerade der Asia aber wetteiferten ihrerseits miteinander um die Gunst
des Kaisers, der ihnen Vorrechte und Vorteile politischer und finan-
zieller Art gewähren konnte. Das wußten auch die Bürger von Ephe-
sus. Wie, wenn Ephesus eine kaiserliche Ungnade zu spüren bekäme?
So kann der Beamte die Versammlung auflösen, ohne daß Gajus und
Alexander oder gar Paulus etwas geschieht, ohne daß irgendein Be-
schluß zustande kommt.

Paulus selbst hat in 1 Ko 15, 32 geschrieben: „Habe ich nur um menschlicher Dinge willen zu Ephesus mit wilden Tieren gefochten?" Manche Ausleger meinen das wörtlich verstehen zu müssen. Dann würde Paulus doch noch in das Theater von Ephesus gekommen sein, um als Verurteilter dort um sein Leben zu kämpfen. Aber ein solcher Vorgang läßt sich nicht in das Bild einordnen, das uns Lukas von der ephesinischen Arbeit des Paulus gibt. Sollte man nach einem solchen Verlauf der von Demetrius veranlaßten Unruhe Paulus noch einen Prozeß gemacht und ihn den wilden Tieren preisgegeben haben? Vor allem aber: Ein so besonderes Leiden hätte Paulus in seiner Aufzählung 2 Ko 11, 23–33 nicht übergangen! So wird der Ausdruck bildlich gemeint sein. Freilich, auch dann zeigt er uns, daß die Lage für Paulus — gerade auch bei jener stürmischen Volksversammlung — weit ernster war, als die zurückhaltende und jede Verherrlichung von Menschen vermeidende Darstellung des Lukas auf den ersten Blick erkennen läßt. Paulus wird die brüllende, nach ihm suchende Volksmenge gehört haben. Und vor den Augen der erregten Menge im Theater lag die Arena, in der sie oft genug Männer unter den Pranken und Zähnen wilder Tiere hatten verbluten sehen. Sicherlich, erst ein Befehl des Prokonsuls konnte die Käfige öffnen; aber wenn eine ganze Volksversammlung es stürmisch forderte und den Schmäher ihrer großen Artemis in ihrer Gewalt hatte, konnte es ein Prokonsul leicht für gut halten, einen fremden Juden der Gunst des Volkes zu opfern.

Trotzdem werden wir des Paulus Aussagen über „die Bedrängnis in der Asia" (2 Ko 1, 8. 9) nicht auf die von Lukas erzählten Vorgänge beziehen können. Hier muß Paulus vielmehr in unmittelbarer,

ja menschlich ganz auswegloser Bedrohung seines Lebens gestanden haben. Aber er nennt dabei nicht wie 1 Ko 15, 32 die Stadt Ephesus, sondern spricht von „der Asia". An welchem Ort und in welcher Weise diese besondere Todesgefahr über ihn hereinbrach, können wir aus seinen Andeutungen nicht erschließen. Wieder merken wir, wieviel Wichtiges wir aus dem Leben des Paulus nicht wissen, was in einer modernen Paulus-Biographie sicher ein ganzes Kapitel gefüllt hätte. Lukas hat nichts erzählt, was die Männer der ersten Christenheit nur persönlich anging. Sein Blick war auf das Werden der weltweiten Christenheit gerichtet, und dieses Werden macht er in knappen, zusammenfassenden Sätzen und in einzelnen, lebendig ausgeführten Bildern deutlich.

DAS ENDE DER DRITTEN MISSIONSREISE UND DER BEGINN DER REISE NACH JERUSALEM

Apostelgeschichte 20, 1—12

zu Vers 1:
Apg 19, 21
2 Ko 2, 13
2 Ko 7, 5
1 Tim 1, 3
zu Vers 3:
Apg 9, 24
21, 27
23, 16
1 Ko 15, 32
2 Ko 11, 26
zu Vers 4:
Apg 17, 10
19, 29
21, 29
27, 2
Rö 16, 21
Eph 6, 21
2 Tim 4, 12. 20
zu Vers 5:
Apg 16, 8
zu Vers 6:
Apg 21, 4
28, 14
zu Vers 7:
Apg 2, 42. 46
1 Ko 16, 2

**1 Nach dem Aufhören des Tumultes ließ Paulus die Jünger kom-
men und ermahnte sie, verabschiedete sich von ihnen und zog
2 fort, um nach Makedonien zu reisen. * Nachdem er aber jene Ge-
genden durchzogen und sie mit vielem Wort ermahnt hatte, kam
er nach Hellas. Nachdem er dort drei Monate zugebracht hatte,
3 * drohte gegen ihn ein Anschlag von den Juden, als er nach Syrien
absegeln wollte; so faßte er den Entschluß, durch Makedonien
4 zurückzureisen. * Es folgte ihm aber Sopatros, des Pyrrhus Sohn,
aus Beröa, von den Thessalonikern aber Aristarchus und Sekun-
dus, und Gajus aus Derbe und Timotheus, aus der Asia aber
5 Tychikus und Trophimus. * Diese aber reisten voraus und erwar-
6 teten uns in Troas. * Wir aber segelten nach den Tagen der unge-
säuerten Brote von Philippi ab und kamen zu ihnen nach Troas
binnen fünf Tagen, wo wir sieben Tage verweilten.
7 Als wir am ersten Tage der Woche versammelt waren, das Brot zu
brechen, sprach Paulus zu** (oder: mit) **ihnen. Und da er am folgen-
den Morgen fortgehen wollte, dehnte er das Wort bis Mitternacht
8 aus. * Es waren aber viele Lampen in dem Obergemach, wo wir
9 versammelt waren. * Es saß aber ein junger Mann mit Namen
Eutychus auf dem Fensterbrett, der tiefem Schlaf verfiel, als Paulus
noch länger redete. Übermannt vom Schlaf fiel er vom dritten
10 Stock hinab und wurde tot aufgehoben. * Paulus aber eilte hinun-
ter, warf sich über ihn, und indem er ihn umfaßte, sprach er:**

11 **„Beunruhigt euch nicht, denn seine Seele ist in ihm." * Und er
ging hinauf, brach das Brot und aß, sprach lange bis zum Tages-
12 anbruch und ging so davon. * Sie brachten aber den jungen Men-
schen lebend herbei und wurden nicht wenig getröstet.**

zu Vers 10: Mk 5, 39; 1 Kö 17, 21
zu Vers 11: Apg 28, 23

Paulus hat den Sturm in Ephesus noch miterleben müssen. Dieser Sturm war insofern ein bedeutungsvolles und ernstes Zeichen, als er diesmal nicht von den Juden ausging. Also auch das Heidentum kann sich mit wilder Macht gegen die Gemeinde Jesu und ihre Boten erheben, wenn sein Lebensinteresse bedroht ist, das von der heidnischen Religion aus in zäher Verflechtung das wichtige Geld und das ebenso wichtige Ansehen einer ganzen Stadt mit ihrem Tempel umfaßt. Aber nicht dieser Sturm als solcher vertrieb Paulus aus Ephesus. **„Nach dem Aufhören des Tumultes ließ Paulus die Jünger kommen und ermahnte sie, verabschiedete sich von ihnen und zog fort."** Es kam zu einer planmäßigen (Apg 19, 21) Verabschiedung von der versammelten Gemeinde. Das Wort **„parakalein = ermahnen"** ist für uns im Deutschen schwer wiederzugeben. Allein schon die Erinnerung daran, daß das Wort „Paraklet" (Luther: der Tröster) für den Heiligen Geist von diesem Begriff „parakalein" abgeleitet ist, zeigt uns, daß Paulus nicht nur mit „Ermahnungen" vor der Jüngerschar gestanden hat. Es ist einfach die ganze „Abschiedspredigt" gemeint, die Zeugnis, Zuspruch, Mahnung, Trost enthalten haben wird wie seine Ansprache an die Ältesten in Milet (vgl. V. 17—35). Es ist tatsächlich sein Abschied von der Gemeinde. Denn auf dem Rückweg von Griechenland her auf der Reise nach Jerusalem sieht er nur noch einmal ihre Ältesten. 1

Reiseziel des Paulus ist zunächst Makedonien. **„Nachdem er aber jene Gegenden durchzogen und sie mit vielem Wort ermahnt hatte, kam er nach Hellas."** Wir kennen nun schon zur Genüge die Art des Lukas, arbeitsvolle und ereignisreiche Zeiträume in wenigen Sätzen zusammenzufassen. Nach 1 Ko 16, 5—8 will Paulus bis Pfingsten in Ephesus bleiben, über Makedonien nach Korinth kommen, dort überwintern und nach Eröffnung der Schiffahrt im Frühling nach Jerusalem fahren. So ist er im Herbst 55 erneut in Korinth eingetroffen. Wenn er tatsächlich bald nach Pfingsten Ephesus verließ, hatte er bis zum Herbst Monate für die Gemeinden Philippi, Thessalonike, Beröa. Hat er diese ganze Zeit nur für Makedonien verwendet? Ist er von Ephesus aus ohne Aufenthalt nach Philippi gefahren? Das „Durchziehen" kennen wir schon als Ausdruck für eine evangelistische Reisetätigkeit. Aus 2 Ko 2, 12 f erfahren wir, daß er auf seinem Weg nach Makedonien mindestens in Troas eine verheißungsvolle Arbeit begonnen hat, die er aus seiner heißen Sorge für die 2

Korinther vorzeitig abbrach. Nun kam er nach Makedonien. Wir können uns ausmalen, wie das Wiedersehen mit seinen Gemeinden war. Paulus selbst aber zeichnet davon ein ganz anderes Bild: „Da wir nach Makedonien kamen, fanden wir keine Ruhe; sondern allenthalben waren wir in Trübsal, auswendig Streit, inwendig Furcht" (2 Ko 7, 5). Der Dienst an Gemeinden ist kein Kinderspiel und für das „Fleisch" kein Genuß! Er ist entsagungsvoll, enttäuschungsreich, mühsam und schwer und gibt uns ernstlichen Anteil an den „Leiden des Christus" (2 Ko 1, 5; Phil 3, 10). Dann brachte die Ankunft des Titus endlich die große Erleichterung in den Sorgen um Korinth (2 Ko 7, 6). Aber wieviel war auch in den makedonischen Gemeinden zu ordnen, zu helfen, zu kämpfen, zurechtzubringen, zu tragen. Wie gern hätten wir von solchen Wochen im Leben des Paulus ein anschauliches Bild. Es würde jedenfalls die Sorglosigkeit und geistliche Trägheit vieler von uns beschämen. Lukas aber faßt alles nur in den kurzen Ausdruck: **„Nachdem er sie mit vielem Wort ermahnt hatte . . ."**

Nun kam er nach **„Hellas"**. Nur hier ist im NT dieser alte klassische Name für Griechenland zu finden; sonst wird der römische Provinzname „Achaja" verwendet. Wie aber **„kam er"** dorthin? In seinem Brief an die Römer, den er bald darauf in Korinth verfaßte, schrieb er, er habe „von Jerusalem aus in weitem Bogen bis Illyrien" das Evangelium des Christus erfüllt (Rö 15, 19). Nach „Illyrien" aber kann er nur auf dieser Reise jetzt gekommen sein. Dann ist er von Makedonien westwärts auf die Küste der Adria zugewandert und dann an der Westküste Griechenlands entlang durch Epirus auf Korinth zugekommen. Dabei wird die Gemeinde Nikopolis am Golf von Arta gegründet worden sein, die Paulus so vertraut war, daß er dort auf einer späteren Reise überwintern will (Tit 3, 12). Ist vielleicht deshalb hier der umfassende Name **„Hellas"** gebraucht, weil „Achaja" nur den südlichen Teil der Halbinsel bezeichnet?

Endpunkt der Reise ist jedenfalls Korinth. Der Aufenthalt dort ist von Lukas mit „drei Monaten" zu knapp angegeben. Selbst wenn Paulus erst im Spätherbst eintraf, vergingen bis zum Wiederbeginn der Schiffahrt mehr als drei Monate. Was hat diese Monate in der heißumkämpften Gemeinde gefüllt! Und denken wir daran: in dieser Zeit schrieb Paulus den Römerbrief!

3 Wir erleben mit, wie sich Reisepläne des Apostels ohne seine Schuld ändern. Er möchte von Korinth aus zu Schiff nach Syrien. Aber **„es drohte gegen ihn ein Anschlag von den Juden, als er nach Syrien absegeln wollte"**. Sollte die Ermordung des Paulus noch im Gedränge des Hafens oder sollte sie auf dem Schiff erfolgen? Wir wissen es nicht. Jedenfalls greift man nach dem Mißlingen der An-

klage vor Gallio zum Meuchelmord. Für den Fanatismus hat noch
stets der Zweck alle Mittel geheiligt. Der Mordplan wurde Paulus
bekannt. **„So faßte er den Entschluß, durch Makedonien zurückzurei-
sen."** Paulus hatte bei seiner Abreise von Korinth den Ertrag der gro-
ßen Sammlung für Jerusalem bei sich. Auch auf dieses Geld kann
sich der geplante **„Anschlag der Juden"** mit gerichtet haben. Um die- 4
ser Sammlung willen reiste Paulus diesmal mit ganz besonders gro-
ßer Begleitung. Nach 2 Ko 8, 16–24 ist zunächst Titus mit zwei unge-
nannten Brüdern bestimmt gewesen „zum Gefährten unserer Fahrt
in diesem Liebeswerk, welches durch uns ausgerichtet wird". Es wird
aber aus diesem ursprünglichen Plan der Entschluß erwachsen sein,
aus allen an der Sammlung beteiligten Gemeinden jemand mitfah-
ren[476] zu lassen. Nicht nur, damit „es redlich zuginge nicht allein
vor dem Herrn, sondern auch vor den Menschen" (2 Ko 8, 21), viel-
mehr auch als Zeugen des lebendigen Heidenchristentums vor den
Jerusalemer Brüdern. So nennt Lukas hier sieben Männer: **„Sopatros,
des Pyrrhus Sohn, aus Beröa, von den Thessalonikern aber Aristarchus
und Sekundus, und Gajus aus Derbe und Timotheus, aus der Asia
aber Tychikus und Trophimus."** Aus Philippi kam Lukas wieder mit,
was am erneuten Auftauchen des „Wir" in V. 5/6 zu erkennen ist. War-
um keine Vertreter aus Korinth genannt sind, wissen wir nicht. Der
Rückschluß, daß trotz aller Mahnungen in 1 Ko 16, 1–4 und 2 Ko 8. 9
die Sammlung in Korinth nicht durchgeführt worden sei und darum
keine Vertreter der Korinther nötig waren, ist angesichts der aus-
drücklichen Nennung von „Achaja" in Rö 15, 26 unmöglich. Ob die 5
ganze Begleiterschar oder nur die zuletzt genannten aus der Asia,
Tychikus und Trophimus, **„vorausreisten und uns in Troas erwarte-
ten"**, ist nicht sicher festzustellen[477]. Jedenfalls aber gehört Lukas so
sehr zur engsten Umgebung des Paulus, daß er nicht mit voraus-
geschickt wird, sondern bei Paulus bleibt.

[476] Wenn der Koine-Text in V. 4 einfügt: es folgte ihm aber „bis zur Asia ...", so ist das sicher falsch. Das „Mitfahren" dieser Vertreter aus den Gemeinden hat nur dann Sinn, wenn sie bis nach Jerusalem mitkommen, die große Kollekte dort mit übergeben und die Verbundenheit der heidenchristlichen Gemeinden mit der Urgemeinde bekunden. Drei der sieben Männer, die Lukas nennt, finden wir dann auch mit in der Gefangenschaft des Paulus: Aristarchus, Timotheus und Tychikus. Und Trophimus ist Apg 21, 29 ausdrücklich als in Jerusalem mit anwesend genannt.

[477] Ob „Sopatros" mit dem in Rö 16, 21 mit grüßenden „Sosipatros" identisch ist, bleibt ungewiß. Aristarchus war schon Apg 19, 29 genannt. Sekundus ist uns nicht weiter bekannt, ebensowenig Gajus aus Derbe (vgl. aber Anm. 472). Über Timotheus s. o. S. 287. Trophimus spielt bei der Gefangennahme des Paulus in Jerusalem eine Rolle Apg 21, 29; er ist 2 Tim 4, 20 noch einmal erwähnt. Tychikus ist der Überbringer der Briefe an die Epheser und an die Kolosser und, im Zusammenhang damit, wahrscheinlich auch des Philemonbriefes (Eph 6, 21; Kol 4, 7).

6 Nun wird der Bericht wieder sehr genau: **„Wir aber segelten nach den Tagen der ungesäuerten Brote von Philippi ab und kamen zu ihnen nach Troas binnen fünf Tagen, wo wir sieben Tage verweilten." „Nach den Tagen der ungesäuerten Brote"** wird reine Zeitangabe sein; schwerlich hat Paulus in der wesentlich heidenchristlichen Gemeinde von Philippi das jüdische Passah begangen. Die Fahrt dauerte diesmal fünf Tage (vgl. dagegen o. S. 293). In Troas nimmt sich Paulus mit seinen Begleitern noch eine Woche Zeit zum Bleiben. Dort ist von ihm auf der Reise von Ephesus nach Makedonien eine Gemeinde gesammelt worden (2 Ko 2, 12). Und nun erhalten wir einen
7—12 lebendigen Einblick in den Abschiedsgottesdienst. Er findet am **„ersten Tag der Woche"**, also am Sonntag statt. Neben der Bemerkung 1 Ko 16, 1 finden wir hier zum ersten Mal einen Hinweis darauf, daß in den heidenchristlichen Gemeinden der erste Tag der Woche als der Auferstehungsfag des Herren Jesus besonders gefeiert wurde. Die Gemeinde kommt zusammen, um **„das Brot zu brechen"**. Die gemeinsame Mahlzeit mit der Feier des Herrenmahles steht im Mittelpunkt. Aber **„Paulus spricht dabei zu** (oder: mit) **ihnen"**. Paulus mag vor allem selber gesprochen haben, da er sehr viel auf dem Herzen hatte. Und da es das letzte Mal vor ihrer Trennung ist, die Paulus mehr und mehr als eine endgültige zu sehen beginnt (vgl. V. 38), **„dehnte er das Wort bis Mitternacht aus."** Ja, Paulus hat dann nach der späten Mahlfeier noch bis zum Tagesanbruch zu den Versammelten gesprochen (V. 11). Die Wahrheit Gottes in ihren vielen und reichen Beziehungen ist ihm so wichtig, daß er nicht nur selber auf jeden Schlaf vor dem Aufbruch zur Reise verzichtet, sondern auch den Gemeindegliedern zumutet, die Nachtstunden dranzugeben. Wir merken, wie ernst seine Ermahnung, um des Gebetes willen „zu wachen", in Kol 4, 2 gemeint ist.

Wir sehen aber auch recht tröstlich: Sogar bei dem Reden eines Paulus konnte man einschlafen! Es wird das in keiner Weise „moralisch" genommen, sondern als natürliche Tatsache vermerkt. Ein junger Mensch, der den ganzen Tag gearbeitet hat, schläft eben ein, wenn eine Rede bis gegen Mitternacht fortgeht. Man ist in einem stillen **„Obergemach"** versammelt genau wie die erste Jüngerschar in Jerusalem (Apg 1, 13). Es liegt hier in einem offenbar großen Hause sogar im 3. Stock. **„Viele Lampen"**[478] brennen. Der **„junge Mann"** hat sich auf die Fensterbank ans offene Fenster gesetzt. **„Übermannt vom Schlaf, fiel er vom dritten Stock hinab und wurde tot aufgehoben."** Welche schmerzvolle Störung drohte damit diesem letzten Zusammensein. Aber nun darf Paulus tun, was einst Elias und Elisa getan

[478] D macht aus den „Lampen" vielmehr „Hypolampades", das heißt „Fenster". Vielleicht war es ihm so leichter verständlich, warum der junge Mann auf einem Fensterbrett saß.

haben. Es fällt uns aber gerade im Vergleich mit diesen atst Berichten auf, wie verhalten und einfach hier bei Paulus alles verläuft. Von dem Wunder der Erweckung[479] wird keinerlei Aufhebens gemacht, Paulus wird nicht verherrlicht. Mit ganzer Entschiedenheit und doch ohne Aufregung handelt Paulus; mit ruhiger Sammlung kehrt er zur Gemeinde zurück und widmet sich ihr so ganz, als ob nichts geschehen wäre. Wichtig ist nur, daß keine Störung entsteht, sondern Mahlfeier und Predigt in ihrer ganzen Bedeutsamkeit fortgehen. Nur am Schluß wird noch etwas von der Freude über das Wunder gesagt. Vielleicht hat D den Sinn hier richtig getroffen, wenn er den Text erweiternd schreibt: „Als sie sich aber verabschiedeten, brachte er (Paulus) den jungen Menschen lebend herbei, und sie wurden nicht wenig getröstet." Dabei gilt dieser „Trost" nicht den Angehörigen des jungen Mannes, die doch schon seit Stunden wissen, daß ihm nichts passiert ist, sondern der ganzen Gemeinde in dieser Abschiedsstunde. Das erlebte Wunder, der unversehrt in ihrer Mitte stehende junge Mann, ist ihnen ein trostvolles „Zeichen" der Macht und Gnade des Herrn, der ihren geliebten Apostel auf seiner gefährlichen Reise ebenso in der Hand hat wie sie mit ihrem Gemeindeleben, das nun ganz auf sich selbst gestellt sein wird.

AUF DER REISE NACH JERUSALEM

1. Der Reiseweg

Apostelgeschichte 20, 13—16

13 Wir aber gingen voraus zum Schiff und fuhren ab nach Assos,
indem wir von dort Paulus an Bord nehmen wollten; so hatte er
14 es nämlich angeordnet, da er selbst zu Fuß gehen wollte. * Als er
aber mit uns zusammentraf in Assos, nahmen wir ihn an Bord und
15 kamen nach Mitylene. * Und von dort absegelnd langten wir am
folgenden (Tage) gegenüber Chios an; am nächsten (Tage) aber fuhren wir hinüber nach Samos. Am folgenden aber kamen wir nach
16 Milet. * Denn Paulus hatte beschlossen, an Ephesus vorbeizufahren, damit er nicht Zeit verlieren müßte in der Asia. Denn er beeilte sich, um — wenn es möglich wäre — am Tage des Pfingstfestes in Jerusalem zu sein.

zu Vers 15: 2 Tim 4, 20
zu Vers 16: Apg 18, 21

[479] Man hat hier nur ein „Wunder der Bewahrung" sehen wollen. Aber es steht nicht da, daß der Jüngling „wie tot" aufgehoben wurde; und ebenso wenig sagt Paulus, daß seine Seele „noch" in ihm sei. Lukas will eine echte Totenerweckung schildern. Paulus „beugt sich" auch nicht über den Herabgestürzten, etwa um zu horchen, ob das Herz noch schlägt, sondern „warf sich über ihn" und „umfaßt ihn" eben wie es Elia und Elisa mit den toten Knaben getan haben.

13 Wir nehmen die Karte zur Hand und verfolgen den Reiseweg, den wir im Gegensatz zu der sonstigen Art unserer Apostelgeschichte so genau berichtet bekommen. Lukas hat hier ein kurzes Stück seines Reisetagebuches in sein Werk übernommen. Paulus hat **„angeordnet"**, daß seine Begleiter nach Assos, 25 km südlich von Troas, mit dem Schiff vorausfahren und ihn dort erst an Bord nehmen. Er selbst legt den Weg zu Fuß zurück. Lukas nennt den Grund für diese Regelung nicht. Aber wir werden nicht fehlgehen in der Annahme, daß Paulus auf diese Weise einen Tag der ungestörten Stille gewinnen wollte, ohne doch für seine Reise Zeit zu verlieren. Wieviel war zu durchdenken und zu durchbeten: das ganze große Arbeitsfeld, auf dem er nun „fertig" war (Rö 15, 23), und „Jerusalem" und „Rom" und „Spanien", wie sie drohend und lockend vor ihm lagen (Rö 15, 22—32). Die Fahrt geht dann durch die Inselwelt der kleinasiatischen
14—15 Küste an Mitylene und Chios vorbei nach dem Vorgebirge Trogylion, das in der westlichen Textgruppe auch eigens erwähnt wird. Hier mußte sich Paulus entscheiden, ob er das Schiff verlassen und nach Ephesus hinüberfahren oder die Reise auf seinem Schiff fortsetzen
16 wollte. Aber Paulus **„hatte beschlossen, an Ephesus vorbeizufahren, damit er nicht Zeit verlieren müsse in der Asia. Denn er beeilte sich, um — wenn es möglich wäre — am Tage des Pfingstfestes in Jerusalem zu sein"**. Der Hauptanlaß der ganzen Reise, die Überbringung der großen Kollekte für die Jerusalemer Gemeinde mit ihren finanziellen Nöten, wird auch hier wieder nicht erwähnt. Paulus möchte aber an dem nächsten großen Festtag, dem Pfingstfest, in Jerusalem sein, weil er dann besonders viele Gemeindeglieder auch aus der Umgegend von Jerusalem antreffen kann. Vielleicht konnte ihm in dem Gewühl des Festes sein Besuch in der feindseligen Stadt am unauffälligsten erscheinen. Wir sind auf solche Vermutungen angewiesen, da Lukas uns keine Begründung für den dringenden Wunsch des Paulus angibt. Jedenfalls hätte gerade Ephesus mit seiner bedeutenden Gemeinde und seinen Beziehungen in die Asia hinein einen längeren Aufenthalt erfordert. So geht die Reise weiter bis nach Milet.

AUF DER REISE NACH JERUSALEM
2. Der Abschied von den Ältesten in Milet

Apostelgeschichte 20, 17—38

zu Vers 17: Tit 1, 5-9

17 Von Milet aber schickte er nach Ephesus und ließ die Ältesten der
18 Gemeinde zu sich kommen. * Als sie aber bei ihm eingetroffen

waren, sprach er zu ihnen: „Ihr wißt, wie ich mich vom ersten
Tage ab, an dem ich die Asia betrat, unter euch die ganze Zeit
19 verhalten habe, * dienend dem Herrn mit aller Demut und Tränen
und Anfechtungen, die mir durch die Anschläge der Juden wider-
20 fuhren. * Wie ich nichts verschwieg von dem, was heilsam ist, es
euch nicht zu verkündigen und euch zu lehren öffentlich und in
21 den Häusern, * bezeugend Juden und Griechen die Umkehr zu
22 Gott und den Glauben an unsern Herrn Jesus. * Und jetzt, siehe,
gebunden durch den Geist gehe ich nach Jerusalem, das, was mir
23 dort begegnen wird, nicht wissend, * nur daß der Heilige Geist von
Stadt zu Stadt mir bezeugt, daß Bande und Drangsale mich erwar-
24 ten. * Aber keines Wortes wert halte ich mein Leben für mich
selbst, damit ich meinen Lauf vollende und den Dienst, den ich
empfing von dem Herrn Jesus, zu bezeugen das Evangelium der
25 Gnade Gottes. * Und jetzt, siehe, ich weiß, daß ihr nicht mehr
sehen werdet mein Angesicht, ihr alle, bei denen ich durchzog,
26 heroldend das Reich. * Daher bezeuge ich euch am heutigen Tage,
27 daß ich rein bin von dem Blut aller. * Denn ich habe nicht ver-
28 säumt, zu verkündigen den ganzen Rat Gottes an euch. * Habt
acht auf euch selbst und die ganze Herde, in der euch der Heilige
Geist eingesetzt hat zu Aufsehern, zu weiden die Gemeinde Got-
tes, die er sich erworben hat durch sein eigenes Blut (oder: durch
29 das Blut seines eigenen [Sohnes]). * Ich weiß, daß nach meinem
Weggang wilde Wölfe zu euch kommen werden, welche die Herde
30 nicht schonen, * und aus eurer eigenen Mitte werden Männer auf-
stehen, die Verkehrtes reden, um die Jünger hinter sich herzu-
31 ziehen. * Darum wachet, eingedenk dessen, daß ich drei Jahre hin-
durch Nacht und Tag nicht aufgehört habe, mit Tränen zu ermah-
32 nen jeden einzelnen. * Und jetzt übergebe ich euch dem Herrn und
dem Wort seiner Gnade, das mächtig ist aufzubauen und zu geben
33 das Erbe unter den Geheiligten allen. * Silber oder Gold oder Ge-
34 wand habe ich keines begehrt. * Ihr selbst wißt, daß für meine
Bedürfnisse und für die, die mit mir sind, diese Hände gedient
35 haben. * Mit allem habe ich euch gezeigt, daß man so arbeitend
sich der Schwachen annehmen muß und gedenken der Worte des
Herrn Jesus, daß er selbst gesagt hat: ‚Selig ist mehr das Geben
36 als das Nehmen.'" * Und als er das gesagt hatte, beugte er seine
37 Knie und betete mit ihnen allen. * Es geschah aber ein lautes Wei-
38 nen aller, und sie fielen Paulus um den Hals und küßten ihn, * in
Schmerz versetzt am meisten durch das Wort, das er gesagt hatte,
daß sie nicht mehr sein Angesicht sehen würden. Sie geleiteten
ihn aber zum Schiff.

zu Vers 18:
Apg 18, 19
19, 10
2 Ko 11, 28
1 Th 1, 5
1 Th 2, 1
zu Vers 19:
1 Th 2, 6
1 Th 2, 15 f
1 Pt 5, 3
zu Vers 20:
2 Tim 4, 2
zu Vers 21:
Apg 14, 15
16, 31
17, 30
26, 18. 20
zu Vers 22:
Apg 19, 21
zu Vers 23:
Apg 9, 16
10, 19
21, 4. 11. 33
zu Vers 24:
Apg 15, 26
21, 13
2 Ko 5, 18
1 Th 2, 8
2 Tim 4, 7
zu Vers 26:
Hes 3, 18-21
Apg 18, 6
1 Th 2, 10
zu Vers 27:
Jo 15, 15
Eph 1, 4—6
zu Vers 28:
Ps 74, 2
Lk 20, 32
Phil 1, 1
1 Tim 3, 1 f
1 Tim 5, 16
Tit 1, 7
1 Pt 2, 25
1 Pt 5, 2
Offb 5, 9
zu Vers 29:
Mt 7, 15
Mt 10, 16
Jo 10, 12

zu Vers 30: Gal 4, 17 Tit 1, 10 f 1 Jo 2, 18 f
zu Vers 31: Mk 13, 35. 37 2 Ko 2, 4 1 Th 2, 11 2 Tim 4, 2
zu Vers 32: 5 Mo 33, 3 f Apg 14, 3. 23 Rö 16, 25 Eph 1, 18 Kol 1, 12 Hbr 13, 7
zu Vers 33: 1 Sam 12, 3 Mt 10, 8 1 Ko 9, 12 2 Ko 7, 2
zu Vers 34: Apg 18, 2 1 Ko 4, 12 1 Th 2, 9
zu Vers 35: 1 Th 4, 11 3 Jo 7 Hbr 13, 16
zu Vers 36: Apg 21, 5
zu Vers 37: Apg 21, 6 Rö 16, 16 1 Pt 5, 14
zu Vers 38: Kol 2, 1

Milet, etwa 60 km südlich von Ephesus gelegen, war damals mit seinen vier Häfen eine bedeutende Stadt. Paulus muß dort – vielleicht durch den Wechsel des Schiffes – einen längeren Aufenthalt gehabt haben. Bis seine Boten Ephesus erreichten und mit den Ältesten wieder in Milet eintrafen, mußten selbst bei günstigster Schiffsverbindung zwei bis drei Tage vergehen. Und doch kostete das Paulus weniger Zeit, als wenn er nochmals selber nach Ephesus gekommen wäre. So **„schickte er nach Ephesus und ließ die Ältesten der Gemeinde zu sich kommen"**[480]. Von ihrer Einsetzung ist uns nichts erzählt worden. Lukas nahm an, daß wir nach Apg 14, 23 selbstverständlich damit rechneten, daß Paulus alle von ihm gegründeten Gemeinden nach dem jüdischen Vorbild mit „Ältesten" versah und in ihre Hand die Leitung und Verwaltung der Gemeinde legte. Daß die Gemeinden einer festen Ordnung bedurften, wenn sie auch zahlenmäßig nicht allzu groß waren, ist für Paulus klar. Daß er dabei das bewährte Vorbild der jüdischen Gemeinde befolgte, ist nicht verwunderlich. Wenn er die Ältesten in seiner Rede zugleich als „Aufseher" (grie „Episkopos", aus dem unser Wort „Bischof" entstanden ist) bezeichnet, so erinnert uns das daran, daß es auch im Griechentum für mancherlei notwendige Funktionen in Vereinen und weltlichen oder religiösen Gemeinschaften solche „Aufseher = Episkopen" gab[481]. Wie groß die Zahl dieser Ältesten in Ephesus war, erfahren wir nicht; solche Einzelfragen der kirchlichen Ordnung waren damals gar nicht wichtig. Darum ist auch die Rede des Paulus an die Ältesten ein rein geistliches Wort und geht auf „Verfassungsfragen" mit keiner Silbe ein.

Nun gibt uns Lukas ein Beispiel – das einzige in seinem Werk –, wie Paulus vor Christen gesprochen hat. Kein Wunder, daß darum diese Rede besonders viele Anklänge an seine Briefe enthält. **„Ihr wißt, wie ich mich vom ersten Tag ab, an dem ich die Asia betrat, unter euch die ganze Zeit verhalten habe."** Nicht mit Grundsätzen, Regeln oder Weisungen beginnt Paulus, sondern er knüpft an sein eigenes Vorbild an. So hat er auch den Philippern geschrieben: „Fol-

480 Aus V. 18 und besonders aus V. 25 könnte man schließen, daß Paulus damals nicht nur nach Ephesus geschickt, sondern Älteste aus der ganzen Asia zu einer Abschiedsversammlung einberufen hat. Lukas hat diese Art, daß er uns erst nachträglich etwas erfahren läßt, was er vorher gar nicht erzählt hat; so z. B. den Inhalt von V. 23, aber auch die Tatsache der Einsetzung von Ältesten in Ephesus überhaupt.

481 Mit dem späteren „Bischofsamt" hat das noch nichts zu tun, schon weil diese „Episkopen" eben die „Ältesten" sind und – wie auch Phil 1, 2 zeigt – in einer Mehrzahl ihre Dienste wahrnahmen. Erst allmählich im Zusammenhang mit der Ausgestaltung des Kultus und mit den Kämpfen gegen die Irrlehre tritt mehr und mehr einer der Ältesten als der „Bischof" hervor, bis es in der Mitte des 2. Jahrhunderts zum voll ausgebildeten „monarchischen Episkopat" kommt.

get mir, liebe Brüder, und sehet auf die, die so wandeln, wie ihr uns habt zum Vorbilde" (3, 17). Das gehört zum Wesen des Evangeliums im Gegensatz zu allem „Gesetz": An der lebendigen Wirklichkeit ist zu sehen, wie ein Christenleben geführt wird; und nicht die harte Erfüllung von Vorschriften, sondern die lebendige „Nachahmung" eines anziehenden Lebens (vgl. auch 1 Ko 11, 1; Eph 5, 1 f) bringt uns in die rechte Gestaltung unseres eigenen Lebens hinein. So drückt Paulus auch jetzt beim Abschied den Ältesten nicht eine „christliche Ethik" in die Hand, sondern hinterläßt ihnen sein Vorbild.

Dabei steht grundlegend der eine Zug dieses Bildes voran: **„Dienend dem Herrn"**, ein „Sklave des Christus Jesus", wie er es den 19
Philippern (1, 1), aber auch den Galatern (1, 10) gegenüber ausspricht. Einen „Herren" gefunden haben, sein Leben völlig als „Dienst" für diesen Herren leben dürfen, das kennzeichnet die neue Existenz des Christen überhaupt und des „Amtsträgers" insbesondere. Dreierlei hebt Paulus bei diesem „Dienst" hervor: **„Demut, Tränen, Anfechtungen."** Jedes „Amt" in der Gemeinde Jesu ist verdorben, wenn es nicht ganz und entschlossen „Dienst" bleibt; die **„Demut"** ist ja „Dienemut". Mit welchem Recht Paulus auf seine **„Demut"** verweisen konnte, kann jeder gründliche Leser seiner Briefe selbst feststellen. Ferner ist Dienst in der Gemeinde nicht ohne heiße Schmerzen möglich. Er ist durchaus nicht immer „Freude", sondern er kostet **„Tränen"**. Auch davon spricht er in seinen Briefen 2 Ko 2, 4; Phil 3, 18. Und der Dienst führt in Kampf und **„Anfechtungen"**, nicht weil wir den Dienst fehlerhaft und schlecht tun, sondern gerade wenn wir ihn redlich und liebevoll ausrichten. Paulus hat es in 2 Ko 6, 4—10; 11, 23—29; 1 Th 2, 2. 15 selbst geschildert. Aber in solchen **„Anfechtungen"**[482] werden wir gegründete und bewährte Leute. Paulus hat seinen Satz nicht klagend und bedauernd ausgesprochen, sondern mit voller Bejahung dessen, was seine Jahre in Ephesus erfüllte. Er hielt es ja für „vorbildlich".

Anfechtungen und Schwierigkeiten haben ihn nicht dazu gebracht, 20
daß er „etwas" **„verschwieg von dem, was heilsam[483] ist, es euch nicht**

[482] Es verwundert uns, daß Paulus die Anfechtungen auch vor den Ältesten von Ephesus auf die Juden zurückführt, während Lukas uns dort nur von einem rein heidnischen Aufruhr gegen Paulus berichtet. Aber Lukas hat, wie wir schon sahen, aus dem langen Aufenthalt in Ephesus vieles nicht erzählt. Vielleicht kam gerade jene besondere Drangsal von 2 Ko 1, 8—10 durch die Judenschaft über Paulus. Oder Paulus sieht hier die Summe aller seiner Erfahrungen vor sich.

[483] Es gehört zu der ganzen unfeierlichen und „gewöhnlichen" Sprache des NT, daß auch hier ein ganz „weltliches" und nüchternes Wort steht, das eigentlich nur „nützlich" bedeutet. Inhaltlich aber freilich ist das gemeint, was „ewig nützt" und dem ewigen Heil des Menschen dient.

zu verkündigen und euch zu lehren". Die beiden Arten des Dienstes, die immer wieder nötig sind, hat Paulus ausgeübt: das **„Verkündigen"** der Botschaft und das **„Lehren"** in all den Fragen, die aus der Botschaft für das Glauben und Leben des einzelnen und der Gemeinschaft entstehen. Mit ernstem Eifer hat er jede Gelegenheit dazu benutzt
21 **„öffentlich und in den Häusern"**[484]. An **„Juden und Griechen"** hat er sich dabei gewandt; wir könnten modern sagen: an kirchliche und fernstehende, an religiöse und an weltliche Menschen. Dabei waren Inhalt und Ziel seiner Verkündigung einfach, wenn auch gewaltig. Es ging um nicht mehr, aber auch nicht weniger als um **„die Umkehr zu Gott und den Glauben an unsern Herrn Jesus".** Wieder stand nicht eine eingehende Belehrung „über" Gott im Mittelpunkt, sondern die entscheidende persönliche Tat der Wendung zu ihm, „fort von den Abgöttern" (1 Th 1, 9), heraus aus dem „Machtbereich der Finsternis" (Kol 1, 13), zurück zu dem einzig rechtmäßigen Herrn und Schöpfer. Und wieder nicht in dem korrekten theologischen Wissen von Jesus lag die Hauptsache, sondern im **„Glauben"** an Jesus als dem **„Herrn"**, in der vertrauenden und gehorchenden Auslieferung des Lebens an ihn. Und diese **„Umkehr zu Gott"** hat Paulus auch den **„Juden"** (also den religiösen und kirchlichen Leuten) unabdingbar zugemutet, genauso wie Petrus es am Pfingsttage tat (Apg 2, 38). Auch der fromme Jude war „tot für Gott" (Eph 2, 3) und bedurfte „der Errettung aus diesem verkehrten Geschlecht" (Apg 2, 40). Aber auch dem **„Griechen"** (dem Fernstehenden, dem Menschen der weltlichen Welt) ist diese Rettung sofort und ohne Umweg über das „Gesetz" möglich. Das heißt zunächst einfach in Abwehr der Judaisten: Der „Grieche" muß nicht erst ein „Jude" werden, ehe er das Heil erlangen kann. Es heißt aber zugleich auch: „Der Mensch von draußen" muß nicht erst versuchen, durch eigene Erfüllung irgendwelcher Gebote, durch mystische oder asketische Übungen, durch Unterwerfung unter kirchliche Zeremonien „besser" oder „frömmer" zu werden. Die völlige und ganze Errettung liegt auch für ihn allein in dem „Glauben an unsern Herrn Jesus" (Apg 16, 31).

22 Von der Vergangenheit her geht der Blick zum Ernst der Gegenwart. Paulus geht seinen Weg völlig gewiß, unbekannt ist nur das Ende dieses Weges. Er ist **„durch den Geist gebunden"**, er steht dabei unter der Leitung des Geistes Gottes, dem er fraglos gehorcht. Diese feste, ruhige Gewißheit liegt auch über seinen entsprechenden Worten an die Römer (15, 15–28). Seine Reise nach Jerusalem ist nicht ein unsicheres, eigenmächtiges Wagnis. Er weiß im Heiligen Geist, daß er

[484] Zu diesem Dienst „in den Häusern" kommt der überlastete und moderne Pfarrer kaum noch. Umso wichtiger ist es, daß „Stewardship" und „Besuchsdienst" hier zu helfen suchen. Nur — „haben wir die Leute dazu", um mit Luther zu reden?

sie machen *muß*. Darum ist es auch keine Erschütterung seiner Ge-
wißheit, wenn **„der Heilige Geist von Stadt zu Stadt mir bezeugt**[485]**,** 23
daß Bande und Drangsale mich erwarten". Der **„im Geist Gebundene"**
kann auch tatsächlich ein mit eisernen Ketten Gebundener werden.
Das „Kreuz", das „Sterben Jesu" war für einen Paulus nie bloß eine
dogmatische Größe, sondern stets eine sein Leben konkret gestaltende
Macht (2 Ko 4, 10; Phil 3, 10. 18). Gottes Wege sind nicht durch Ge-
lingen und Glück gekennzeichnet. Wieder stellt Paulus dabei „vorbild-
lich" seine innere Haltung vor die Männer, die den Dienst in der Ge-
meinde in Ephesus übernommen haben: **„Keines Wortes wert halte ich** 24
mein Leben für mich selbst, damit ich meinen Lauf vollende und den
Dienst, den ich empfing von dem Herrn Jesus." Im Bild des „Laufs
zum Ziel" hat Paulus die Existenz des Christen vielfach gesehen
(1 Ko 9, 24—27; Phil 3, 13—14; 2 Tim 4, 7); mit tiefem Ernst lag ihm
am **„Vollenden"** des Laufes bis zum Ziel. Und der **„Dienst"** war ihm
nicht lästige Pflicht, sondern der Ausdruck staunenswerter Gnade, die
er von seinem Herrn **„empfangen"** (1 Tim 1, 12 f; 2 Ko 4, 1) hat[486].
Dieser Dienst ist in aller Vielseitigkeit seiner Ausrichtung doch nur
ein einziger: **„zu bezeugen das Evangelium der Gnade Gottes."** Daß
dieser anvertraute Dienst ausgerichtet wird, an dem das ewige Leben
von Menschen hängt, darauf allein kommt es an. Das persönliche
Lebensschicksal ist der Größe und Wichtigkeit dieses Dienstes ge-
genüber **„keines Wortes wert".** Es hat für Paulus keinen Wert in
sich selber erhalten unter Beeinträchtigung seines Dienstes. Hier ist
das Wort Jesu Mk 8, 35 in echter Weise und nicht als „christliche
Moral" erfüllt. Darum kann Paulus es jetzt mit voller Klarheit aus- 25
sprechen: **„Ich weiß, daß ihr nicht mehr sehen werdet mein Ange-**
sicht[487]**, ihr alle, bei denen ich durchzog, heroldend das Reich."** Noch
einmal wird in dieser Ausdrucksweise die weltweite Art der Bot-
schaft deutlich. Die Gemeinde Jesu muß sich nicht erst künstlich um
den „Öffentlichkeitscharakter" ihres Wirkens mühen. Redet sie von
dem „Reich", dann spricht sie von der öffentlichsten Sache, die es
gibt, von dem, was die ganze Schöpfung, die gesamte Menschheit,
Himmel und Erde, Gegenwart und Zukunft umspannt. Darum ist
ihre Verkündigung, wie es Paulus hier sieht, ein „Herolden". Die
Boten Jesu sind nicht mystische Geheimlehrer, sondern „Herolde",

[485] Das ist wieder einer jener „Nachträge" des Lukas: bisher hat er uns davon nichts mitgeteilt und es uns höchstens in einer solchen Abschiedsszene wie in Troas ahnen lassen.

[486] Sehen wir alle, die wir das Glück haben, unser Leben ungeteilt der Verkündigung des Evangeliums widmen zu dürfen, unsern Dienst auch so an?

[487] Würde Lukas das hier berichtet und am Schluß des Abschnittes noch einmal unterstrichen haben (V. 38), wenn er eine nochmalige Wirksamkeit des Paulus im Osten gekannt hätte?

die auf den Markt und in den Gassen so einfach und vernehmlich wie möglich ausrufen, was Gott jedermann zu sagen hat.

Für Paulus als einen Abschiednehmenden ist es wichtig, daß er
26 **„rein ist von dem Blut aller".** Welche Verantwortung liegt auf den Boten Jesu! Denn beides zugleich ist wahr: Zum lebendigen Glauben erweckt Gott allein (1 Ko 3, 7), und dennoch kann der Verkündiger schuldig werden am **„Blut"**[487a], am Verlorengehen derer, die ihn hören. Falsche Freundlichkeit, Menschengefälligkeit, Unentschiedenheit, Trägheit, Scheu vor dem Zeitgeist und anderes mehr können ihn in solche Schuld verstricken. Bei einem letzten Abschied steht die Frage besonders schwer vor uns, wenn wir unser Werk endgültig aus der Hand legen, nichts „nachholen", nichts „gutmachen" können. Paulus weiß sich **„rein von dem Blut aller".** Wenn Menschen verlorengehen, die ihn hörten, ist es ihre eigene Schuld. Paulus hat nichts
27 **„versäumt";** er kann Abschied nehmen. Er hat **„den ganzen Rat Gottes verkündigt".** Vielleicht ist das von Paulus mit Nachdruck so formuliert, weil er jene große Bewegung kommen sah, die dann gerade die kleinasiatischen Gemeinden schwer erschüttert hat: die „Gnosis". Sie meinte göttliche Geheimnisse zu kennen, die man in den Gemeinden „versäumt" oder „verschwiegen" habe. In Korinth war man auch schon unzufrieden gewesen mit Paulus und sah sich nach Lehrern mit größerer „Weisheit" um. Nein, sagt Paulus im Blick auf solche Gedanken, das, was von Gott und seinem umfassenden und herrlichen Erlösungswerk zu sagen ist, von der Schöpfung bis zur Vollendung, habe ich alles ausgesprochen[488]. Auch wir dürfen es darum wissen: In der Verkündigung eines Paulus finden wir alles zum Heil Notwendige und bedürfen nicht anderer Erkenntnisse, von wem immer sie uns angeboten werden.

28—30 Und damit ist Paulus selbst schon bei der Zukunft der Gemeinde: Er täuscht sich über den Ernst dieser Zukunft nicht. Aber jetzt ist es nicht der jüdische Haß, den er fürchtet, nicht Drangsale und Verfolgungen einer feindlichen Welt. Paulus war überzeugt, daß „wir Bedrängnisse haben müssen", die dazu da sind, daß die Gemeinde darin gerade ihren Glauben bewährt (1 Th 3, 3. 4). Aber er sorgt sich um den Einbruch der Irrlehrer, die wie **„wilde Wölfe die Herde nicht schonen werden".** Und er sieht voraus das unheimliche Geschehen, daß aus den eigenen Reihen der Ältesten **„Männer aufstehen wer-**

[487a] Vgl. Anm. 418.

[488] Wir müssen uns freilich ernstlich danach fragen lassen, ob wir wirklich den „ganzen Rat" Gottes im Sinn des Paulus der uns anvertrauten Gemeinde gebracht oder wesentliche Dinge (z. B. biblische Eschatologie) als nicht „zeitgemäß" oder einfach in unserem theologischen Besserwissen unterschlagen haben! Wie eigenmächtig gehen wir mit der biblischen Wahrheit um, die doch *Gottes* Ratschluß entfaltet. Wie schnell wird heute die Verkündigung des „ganzen" Ratschlusses Gottes als „Biblizismus" geschmäht.

den, die Verkehrtes reden, um die Jünger hinter sich herzuziehen". So hat er schon von Korinth aus die Römer gewarnt: Rö 16, 17 f. Diese Befürchtungen bewegen ihn auch jetzt, wenn er an Ephesus und die Asia denkt. Auch in wirklichen Christen kann das Ich wieder die Oberhand gewinnen und mit neuen Lehren und Entdeckungen glänzen und eine führende Rolle gewinnen wollen. Gerade Ehrgeiz und Eitelkeit haben tiefe, zähe Wurzeln in uns allen. Bis jetzt bildete Paulus selbst mit seiner geistlichen und apostolischen Autorität einen mächtigen Schutz. Aber was wird **„nach seinem Weggang"** werden, sei es, daß er bei diesem Wort an seine Wirksamkeit im fernen Italien und Spanien denkt oder an seinen Tod? Da kommt aus seinem Herzen die dringende Mahnung: **„Habt acht auf euch selbst und auf die ganze Herde."** Sorglosigkeit ist in dieser Zeit und Welt nicht angebracht. Auch nicht im Blick auf unser eigenes Leben und Arbeiten. Sind sie „Älteste", dann sind sie nicht weniger, sondern mehr gefährdet als die andern. Der Feind, der eigentliche „Wolf", der hinter den **„Wölfen"** (Joh 10, 12) steht, hat es auf sie besonders abgesehen; wieviel hat er gewonnen, wenn er im Herzen eines Ältesten das ichhafte Wesen zum Aufglühen bringt und dadurch viele in der Gemeinde von dem Weg der klaren Wahrheit wegzieht!

Aber dann gilt die wachsame Sorge auch der Gemeinde. Auch sie entwickelt sich nicht einfach „von selbst" in der rechten Weise. Auch eine echte Bekehrung und Wiedergeburt ist ein Anfang, nicht ein Abschluß, ist das Betreten der Kampfbahn, der Start, aber nicht das Erreichen des Zieles und das Gewinnen des Preises. Durch wieviel Gefahren und Bedrohungen geht auch eine Gemeinde der „Gläubigen" hindurch! Da gerade sind die Ältesten zu **„Aufsehern[489] gesetzt".** Und zwar vom Geist Gottes und nicht von Menschen oder kirchlichen Institutionen. Es galt damals wohl jedem Ältesten, was Paulus seinem Timotheus in 1 Tim 4, 14 schreibt: „Laß nicht außer acht die Gabe in dir, die dir gegeben ist durch Weissagung mit Handauflegung der Ältesten." Unter Geistesleitung haben Paulus und seine Mitarbeiter Apg 14, 23 und auch sonst bei der Einsetzung von Ältesten gehandelt. Wie groß wird durch diesen ihren eigentlichen Auftraggeber ihre Verantwortung, wie gewiß aber auch die nötige Ausrüstung zu ihrer Aufgabe, selbst wenn die **„wilden Wölfe"** einzubrechen suchen oder im eigenen Kreis die Irrlehre sich erhebt. Was ihnen anvertraut ist, das ist nicht weniger als **„die Gemeinde Gottes, die Gott sich erworben hat durch sein eigenes Blut** (oder: durch das Blut seines eigenen Sohnes)". Wie kostbar ist, woran Gott sein eigenes Blut, das Blut seines Sohnes gesetzt hat. Es macht dabei keinen letzten Unterschied,

[489] Luther-Übersetzung „zu Bischöfen", dazu s. Anm. 481.

welcher Lesart wir folgen. Vater und Sohn sind so innig und wesenhaft verbunden, daß das Blut des Sohnes auch das Herzblut des Vaters ist. Und umgekehrt kann Gott sein „Blut" nur in dem Mensch gewordenen Sohn vergießen[490]. Wie ernst, wie sorgfältig muß eine Schar von Menschen geführt werden, die Gott so teuer zu stehen kam! Paulus betont dabei: die **„ganze"** Herde. Auch in seinen Briefen kann man dies dringliche „alle . . . alle . . ." hören (z. B. Phil 1, 1; 4, 21; 1 Th 5, 27). Es gibt in der Gemeinde Gottes auch die „Ungezogenen", die „Kleinmütigen", die „Schwachen" (1 Th 5, 14). Wie so gar nicht imponierend und erfreulich sind viele Kinder Gottes! Und doch, sie gehören zur ganzen Herde dazu und sind teuer erkauft, und unsere ganze Sorgfalt und Liebe muß ihnen darum gelten[491]. Viel kritisches Reden und Jammern über Kinder Gottes ist darum nicht unsere Sache. Woran Gott sein Blut setzte, darüber habe ich mich nicht zu ärgern.

31 Wieder kann Paulus auf sein eigenes Vorbild verweisen. **„Darum wachet, eingedenk dessen, daß ich drei Jahre hindurch Nacht und Tag nicht aufgehört habe, mit Tränen zu ermahnen jeden einzelnen."** Paulus, der Gemeindegründer, der in vielen Orten ganze Scharen zu Jesus brachte, hat sich so um den einzelnen gekümmert (vgl. auch 1 Th 2, 12). Nacht und Tag hat er rückhaltlos Zeit für den einzelnen gehabt. Es war ihm ganzer, sein Herz in Anspruch nehmender Ernst mit jedem[492]. Dem harten, an Leiden gewohnten Mann konnten hier die Tränen kommen. In ihm lebte wirklich Christus, der gute Hirte, der nicht das eine einzelne Schaf leichten Herzens preisgab, weil er ja die neunundneunzig andern hatte, sondern gerade diesem einen unermüdlich nachging, bis er es gefunden.

32 Paulus hat gemahnt und den Ältesten die Größe ihrer Verantwortung gezeigt. Aber nun blickt er beim Abschied nicht auf die Treue und Tüchtigkeit dieser Männer, sondern birgt sie selbst in eine an-

[490] Freilich hat es später in der Christenheit theologische Auseinandersetzungen darüber gegeben, ob der Vater selbst gelitten habe oder nur der Sohn (vgl. Kompendium der Kirchengeschichte von Heussi § 17 u-z). Die Fragen reichen bis in unser Gesangbuch hinein. In dem Lied „O Traurigkeit, o Herzeleid" las man im 2. Vers zeitweilig: „O große Not, Gott selbst liegt tot." Wenn das auch mit Recht geändert worden ist, so bleibt es doch bei der erstaunlichen Tatsache, daß der ewige, heilige Gott leidensfähig ist und in der Hingabe des geliebten Sohnes unter unserer Schuld leidet.

[491] Vgl. die Mahnungen in 1 Th 5, 14.

[492] Hier liegt einer der wesentlichsten Schäden im heutigen Gemeindeleben. In der Vielzahl von Veranstaltungen behalten wir keine Zeit und Kraft mehr für den „einzelnen". Und doch hängt das Leben einer ganzen Gemeinde an dem Leben der „einzelnen". Sich selbst überlassene „einzelne" fahren sich fest, verkümmern, erkranken und werden so ein verborgenes Hindernis und ein geistlicher Krankheitsherd für die Gemeinde. Woran ein Paulus bei jungen lebendigen Gemeinden seine Kraft Nacht und Tag setzte, das können wir nicht für zweitrangig oder überflüssig halten.

dere Hut: **„Und jetzt übergebe ich euch dem Herrn und dem Wort seiner Gnade."** So hatte er es Kap 14, 23 in den Gemeinden der ersten Missionsreise auch getan. Der Herr ist auferstanden und lebt und wirkt, und das Wort selbst hat in sich die Macht, Gemeinde aufzubauen und bis zu jenem letzten Ziel zu führen, wo ehemals verlorene Sünder **„das Erbe unter den Geheiligten allen"** erhalten. Als „Kinder Gottes" sind sie ja auch „Erben", „Gottes Erben und Miterben des Christus" (Rö 8, 17).

Noch einmal blickt Paulus zurück auf seine Wirksamkeit und hebt das hervor, was er auch den Thessalonikern sehr eindringlich vor die Seele stellte (1 Th 2, 9). **„Silber oder Gold oder Gewand[493] habe ich keines begehrt[494]. Ihr selbst wißt, daß für meine Bedürfnisse und für die, die mit mir sind, diese Hände gedient haben."** Gerade in der grie Welt mit ihrer Geringschätzung der körperlichen Arbeit lag es Paulus ernst daran, daß die Glieder der Gemeinde Jesu ihr eigenes Brot essen und daß die helfende Liebe wirklich auf die „Schwachen" beschränkt blieb. Auch hier war wichtiger als alle Lehren und Mahnungen das eigene Beispiel. Und es war ein mächtiges Beispiel, wenn der Leiter der großen, arbeitsreichen Mission keinen Unterhalt von der Gemeinde annahm, sondern mit seinen Gefährten durch Handarbeit selbst das Nötigste erwarb. Wer konnte dann noch die christliche Wohltätigkeit mißbrauchen, ohne sich schämen zu müssen[495]? Wir wollen es vor uns sehen, wie ein Paulus hier seine Hände hochhebt — **„diese meine Hände"** — und sie allen als harte Arbeitshände zeigt. 33–34

„Mit allem habe ich euch gezeigt, daß man so arbeitend sich der Schwachen annehmen muß." Paulus fügt dabei ein Wort des Herrn dazu, das uns sonst nicht überliefert ist[496]: **„Selig ist mehr das Geben** 35

[493] Für den Orientalen besteht sein persönlicher Reichtum gerade auch in kostbaren Kleidern.

[494] Auch schon dem atst Gottesknecht lag daran, daß seine völlige Uneigennützigkeit vor aller Augen lag (1 Sam 12, 2–3).

[495] Paulus hat dabei immer anerkannt, daß grundsätzlich der fleißige Verkünder des Evangeliums seinen Unterhalt von der Gemeinde empfangen darf. „So hat auch der Herr befohlen, daß, die das Evangelium verkündigen, sollen sich vom Evangelium nähren" (1 Ko 9, 14). Es ist ein besonderer „Ruhm", wenn er es anders macht. Es mußte freilich vor seinem Beispiel jeder Verkünder, jeder Älteste von Ephesus sich prüfen, ob er nicht an diesem „Ruhm" selber Anteil haben sollte. Die Lage für den heutigen Boten Jesu unter den modernen Arbeits- und Lebensbedingungen ist eine andere; sie ändert sich vollends, wenn der Bote für eine ganze Familie zu sorgen hat. Und doch kann auch für uns die Zeit kommen, in der das Vorbild des Paulus wieder maßgebend und hilfreich sein wird.

[496] Auch 1 Th 4, 15 zeigt uns, daß Paulus Worte Jesu kannte, die wir in unserem Evangelium nicht finden. Wenn gerade Lukas ein solches Wort hier bringt, sehen wir, wie wenig er meinte in seinem Evangelium alles aufgezeichnet zu haben.

als das Nehmen."[497] Es wird mit diesem Wort nicht geleugnet, daß auch das Nehmen eine selige Sache sein kann. Der Schwache darf sich fröhlich helfen lassen und die Kunst des dankbaren Nehmens üben. Ist doch das Nehmen die Grundhaltung, die wir alle Gott gegenüber einnehmen müssen[498]. Aber der angstvolle Egoist in uns darf es sehen, daß das „Geben" nicht eine abgerungene Pflicht, sondern eine „selige" Sache ist, noch **„seliger als das Empfangen".** Hier dürfen wir „Nachahmer" des gebenden Gottes sein.

Mit einem Wort des Herrn Jesus, nicht mit einem eigenen Wort hat Paulus, der Bote Jesu, geschlossen. Dann kommt das kniende Gebet mit der ganzen Schar. Seelsorge endet im Gebet, und diese „Ältestenrüstzeit" endet in der knienden Gebetsgemeinschaft. Welch ein Anblick, diese Schar von Männern mit Paulus auf den Knien im Gebet! Das war sichtbare Frucht seiner Arbeit. Und nun geschieht der Abschied. **„Es geschah aber ein lautes Weinen aller, und sie fielen Paulus um den Hals und küßten ihn."** Geheiligte Menschen Gottes verwandeln sich nicht in überirdische Gestalten, die hart und kühl durch die Begebenheiten dieses Lebens unberührt hindurchschreiten. Sie durchleben alles mit einem ganz warmen und lebendigen Menschenherzen und kennen darum Freuden und Leiden dieses unseres Daseins auf dieser Erde nicht weniger, sondern eher noch reicher und tiefer als die andern. Daß es so ist und daß es so sein darf und sein soll, zeigt die Schilderung dieses Abschieds. Wir sollten darum vorsichtig sein mit dem raschen Urteil „Menschenhängerei"! Boten Jesu, die andern das Beste brachten, was es gibt, werden wie ein Paulus auch menschlich von ihnen geliebt werden (vgl. auch Gal 4, 13—15). Nur freilich, daß auch solche Liebe von beiden Teilen willig dem zum Opfer gebracht wird, der durch seine unvergleichbare Liebestat am Kreuz den Anspruch auf unser ganzes Herz und Leben erworben hat. So halten die Epheser ihren geliebten Apostel nicht fest, sondern **„geleiten ihn zum Schiff."**

Lukas hat an dieser Stelle seines Buches keinen deutlichen Einschnitt gemacht, wie er überhaupt die 3. Missionsreise ohne weiteres in die letzte Reise nach Jerusalem übergehen läßt. Wir aber werden gut tun, an dieser Stelle des endgültigen Abschieds des Apostels von seinem ganzen bisherigen Arbeitsfeld einen Rückblick auf das Missionswerk des Paulus zu werfen.

[497] Die kritische Forschung meint: „Lukas hat ein grie Sprichwort aufgenommen und Jesus in den Mund gelegt" Haenchen a. a. O. S. 725. Lukas ist ein christlicher Erzähler, der einfach nach seinem Wohlgefallen Jesus „Worte in den Mund legt" — bei solchen Vorstellungen endet die „Wissenschaft"!

[498] Darum wird die sprachlich auch mögliche Übersetzung: „Selig ist das Geben, nicht das Nehmen" doch nicht zu empfehlen sein.

Was ist eigentlich geschehen? Sind hier nur von einem sehr aktiven Mann sehr interessante Reisen gemacht worden, auf denen sich allerlei ereignet hat? Paulus hat in 2 Ko 5, 19–21 das „Aufrichten des Wortes von der Versöhnung" unmittelbar mit zu dem Versöhnungswerk Gottes gerechnet. Gott versöhnte die Welt mit ihm selber am Kreuz; aber diese dort vollzogene Versöhnung gelangt zu den Menschen nur, indem sie von Botschaftern an Christi Statt verkündigt und von Menschen geglaubt wird. Dabei ist dieses „Wort von der Versöhnung" nicht ein frei schwebendes „Kerygma", das sich nun durch das Evangelium in der Welt vorfindet und von Menschen gehört oder auch nicht gehört werden kann. Die Verkündigung dieses Wortes ist vielmehr selber wieder ein Handeln des lebendigen Gottes, das sich in einer ganz bestimmten Geschichte in aller Wirklichkeit vollzieht. Und eben solches „Vermahnen" des lebendigen Gottes, solches „Bitten" des auferstandenen Christus ist im Lebenswerk des Paulus geschehen. Darum wird es von Lukas in den Kap. 13–20 als „Geschichte" in dieser unerfindbaren Konkretheit geschildert, an ganz bestimmten Menschen, in ganz bestimmter Weise geschehen. Aber wiederum ist es nicht bunte, menschliche Geschichte, in deren Verlauf wir einen Mann namens Paulus bewundern lernen, sondern ist als diese Geschichte zugleich „Offenbarung", Tun des lebendigen Gottes selbst, in welchem die am Kreuz vollbrachte Errettung bestimmten Menschen zuteil wird.

Dieses Handeln Gottes gilt „den Juden zuerst". Darum geht Paulus, wenn er nur irgend kann, zuerst in die Synagogen. Das ist nicht ein Darstellungsschema des Lukas, sondern so hat es Paulus selbst grundsätzlich in Rö 1, 16 ausgesprochen.

Dieses Handeln Gottes ist „Verkündigung". Es ist Verkündigung mit einem eindeutig bestimmten Inhalt (vgl. auch 1 Ko 1, 23. 24; 2, 2; Gal 3, 1), und es ist Verkündigung, die ihre Wirksamkeit nicht in irgendeinem rednerischen Können, sondern in der Kraft des Heiligen Geistes hat, daher auch nur unter Leitung des Geistes geschehen kann. Die Darstellung des Lukas wird von den eigenen Aussagen des Paulus bestätigt (1 Ko 2, 1. 3; 2 Ko 2, 14–17).

Weil bereits die errettende Verkündigung als solche ein wunderbares Handeln Gottes ist, ist sie fast „selbstverständlich" auch von Zeichen und Wundern mannigfacher Art begleitet. Vor allem gehören Heilungen und Befreiungen gebundener Menschen zum Dienst des Apostels ebenso wie zum Leben Jesu. Wieder bestätigt das Paulus selbst (2. Ko 12, 12).

Mit der gleichen Notwendigkeit führt die Verkündigung eines leidenden und gekreuzigten Christus zum Anteil an den Christusleiden und macht den Weg des Boten zu einem Weg ständiger Schwierig-

keiten, Nöte und Gefahren. Lukas hat uns das auf allen Missionsreisen des Paulus sehr eindrücklich gezeigt. Paulus selbst hat in der Auseinandersetzung mit den Korinthern fast eifersüchtig darüber gewacht, daß diese Seite seines apostolischen Berufes nicht verkannt werde (1 Ko 4, 9—13; 2 Ko 4, 7—11; 2 Ko 11, 23 ff).

Die unter der Verkündigung erretteten Menschen bilden „Gemeinde", ohne daß sie dazu besonders aufgefordert und angeleitet werden müssen. Und sie leben in der Gemeinde dem Tag entgegen, an dem Gott sein Werk in der neuen Offenbarung Jesu vollendet. Das schließt nicht aus, daß es um diese Gemeinde viel Mühen, Sorgen und Kämpfe gibt, wie es Paulus selbst den Ältesten von Ephesus gesagt hat.

DIE WEITERFAHRT VON MILET: PAULUS IN TYRUS, PTOLEMAIS UND CAESAREA

Apostelgeschichte 21, 1—14

1 Als es aber geschah, daß wir abfuhren, nachdem wir uns von
ihnen losgerissen hatten, kamen wir mit guter Fahrt nach Kos, am
2 folgenden Tag nach Rhodus und von dort nach Patara. * Und als
wir ein Schiff gefunden hatten, das nach Phönikien hinüberfuhr,
3 stiegen wir ein und fuhren ab. * Nachdem wir aber Cypern gesichtet und es zur Linken liegengelassen hatten, segelten wir nach
Syrien und landeten in Tyrus, denn dort sollte das Schiff seine
4 Ladung löschen. * Als wir die Jünger aufgefunden, blieben wir
dort sieben Tage. Sie sagten Paulus durch den Geist, er solle nicht
5 nach Jerusalem gehen. * Als es aber geschah, daß wir die Tage vollendet hatten, machten wir uns zur Reise auf, während uns alle
das Geleit gaben mit Frauen und Kindern bis außerhalb der Stadt.
6 Und nachdem wir am Strand niederkniend gebetet hatten, * nahmen wir voneinander Abschied; und wir bestiegen das Schiff,
7 jene aber kehrten nach Hause zurück. * Wir aber vollendeten die
Fahrt und gelangten von Tyrus nach Ptolemais. Und als wir die
8 Brüder begrüßt hatten, blieben wir einen Tag bei ihnen. * Am
nächsten Morgen aber brachen wir auf und kamen nach Caesarea.
Wir kehrten ein in dem Hause des Philippus, des Evangelisten, der
9 einer der „Sieben" war, und blieben bei ihm. * Er hatte vier Töchter,
10 ter, Jungfrauen, die Prophetinnen waren. * Als wir aber mehrere
Tage verweilten, kam von Judäa ein Prophet herbei namens Aga-
11 bus. * Und er kam zu uns, nahm den Gürtel des Paulus, band sich
selbst Füße und Hände und sprach: „Das sagt der Heilige Geist:

zu Vers 4: Apg 20, 23; 21, 11 f
zu Vers 5: Apg 20, 36
zu Vers 8: Apg 6, 2-5; 8, 5. 40; 2 Tim 4, 5
zu Vers 9: Apg 2, 17
zu Vers 10: Apg 11, 28
zu Vers 11: Jo 21, 18; Apg 20, 23

Den Mann, dem dieser Gürtel gehört, werden so binden in Jerusalem die Juden und ihn ausliefern in die Hand der Heiden."
12 *** Wie wir aber dieses hörten, baten wir und auch die einheimischen**
13 **(Christen), er sollte nicht hinaufgehen nach Jerusalem. * Da antwortete Paulus: „Was macht ihr damit, daß ihr weint und mir das Herz brecht? Denn nicht allein mich binden zu lassen, sondern auch zu sterben in Jerusalem bin ich bereit, für den Namen des Herrn**
14 **Jesu." * Als er sich nicht überzeugen ließ, wurden wir still und sagten: „Der Wille des Herrn geschehe."**

zu Vers 12: Mt 16, 22 Apg 20, 24
zu Vers 13: Apg 20, 24 Rö 15, 31
zu Vers 14: Mt 16, 21 ff Mt 26, 42 Lk 22, 42 Jo 21, 18

Wie sind wir Lukas dankbar, daß er, der eine ganze arbeitsreiche 1
Wanderung des Paulus durch Kleinasien mit einem einzigen Satz abmachen kann (Kap. 18, 23), uns jetzt nach seinem Reisetagebuch so genau an der letzten Reise des Paulus teilnehmen läßt. Er tut es wohl, eben weil es die letzte Reise des freien Apostels ist. Das entspräche dann der Tatsache, daß auch die Evangelien die Leidensgeschichte des Herrn ausführlicher erzählen als alles andere. Für Lukas — und für uns, die wir diese Betrachtung lernen sollen — ist der Leidensweg des Paulus nicht Störung und Abbruch, sondern Höhe seiner Wirksamkeit. Darum liegt auch eine gewiß nicht nur unbewußt hervorgehobene Ähnlichkeit des Jüngers mit seinem Meister über diesem Abschnitt. Paulus hat es Jahre vorher ausgesprochen: „Werdet meine Nachahmer, wie auch ich des Christus" (1 Ko 11, 1). Diese „Nachahmung" hat er schon immer darin gesehen, daß er „das Sterben Jesu an seinem Leibe umhertrug, damit auch das Leben Jesu an seinem Leben offenbar wurde" (2 Ko 4, 10). Nun wird es damit letzter Ernst.

Die Stationen der Reise sind auf der Karte leicht zu verfolgen. Durchgehende Schiffsverbindungen für Passagierverkehr gab es nicht. Man reiste auf Handelsschiffen, deren Reiseziel durch die Bestimmung ihrer Ladung gegeben war. So mußte in **„Patara"**[499] ein neues Schiff gesucht werden. Es wurde eines gefunden, das nicht die übliche, zeitraubende Tour an der Küste entlang machte, sondern 3–4
direkt — an Cypern südlich vorbei — nach Phönikien fuhr und in Tyrus zur Löschung seiner Ladung landete. So kam Paulus noch einmal an Cypern vorbei und sah in der Ferne Paphos liegen. Wie mag er zurückgedacht haben an seine erste Missionsreise und an alles, was sein Herr von da aus hatte erwachsen lassen! Er fuhr mit vertrauten Brüdern und Mitarbeitern zusammen; wieviel hatte er ihnen aus seinen Erlebnissen zu erzählen. In Tyrus ist eine offenbar sehr

[499] Wenn D hier die Fahrt des ersten Schiffes bis Myra verlängert, so erweist er sich auch hier wieder als ein bedachtsamer Abschreiber, der aus seinem Wissen um Myra als dem lebhaftesten Umschlagplatz den ihm vorliegenden Text „berichtigt".

kleine Gemeinde, die man erst **„auffinden"** muß; dann aber bleibt Paulus sieben volle Tage bei ihr. Das bildet einen gewissen Gegensatz zu der Mitteilung von Apg 20, 16, nach der Paulus „an Ephesus vorbeifuhr, denn er beeilte sich, am Tage des Pfingstfestes in Jerusalem zu sein".

Jetzt hat er eine ganze Woche für eine kleine, nicht einmal von ihm selbst gegründete Gemeinde Zeit. Das muß aber nicht auf einem freien Entschluß des Paulus aus innerem Grunde beruhen. Vielleicht wollte er mit dem gleichen Schiff bis Ptolemais weiter und mußte auf die Löschung der Ladung warten; oder sie suchten ein neues Schiff, das aber erst nach sieben Tagen abfuhr. Mit solchen Aufenthalten hatte Paulus gerechnet und gerade darum einen — notwendig langen — Besuch in Ephesus vermieden.

4 Hier in Tyrus sagen die Jünger **„durch den Heiligen Geist, er solle nicht nach Jerusalem gehen"**. Lukas meint nicht eine Geistesweisung, die Paulus den Gang nach Jerusalem untersagt und damit der Geistesgewißheit widersprochen hätte, in der Paulus selber unbeirrbar stand. Lukas schildert uns hier nur anschaulich, was Paulus in seiner Ansprache an die Ältesten von Ephesus allgemein erwähnt hatte: „Nur, daß der Heilige Geist von Stadt zu Stadt mir bezeugt, daß Bande und Drangsale mich erwarten." Dieses Geschehen sehen auch die Christen in Tyrus innerlich vor sich und fassen es ihrerseits als Warnung, Paulus solle nicht nach Jerusalem gehen. Gegen das Leiden erhebt sich in unserem Herzen immer ganz selbstverständlich das Nein. Vom Geist Gottes vorausgezeigtes Leiden wird uns darum sofort zur
5 „Warnung". Paulus aber bricht nach Vollendung der Tage zur Weiterreise auf, so wie sein Herr einst „entschlossen sein Angesicht nach Jerusalem wandte, um nach dorthin aufzubrechen" (Lk 9, 51). Die — auch hier wieder als klein und intim sichtbare — Gemeinde begleitet vollzählig die Reisenden vor die Stadt hinaus mit Frauen und Kindern. Welch ein Bild, als sie nun alle **„am Strand niederknien"** und beten und Abschied nehmen. Wie werden das gerade auch die Kinder
6 ganz miterlebt haben. Dann trennen sich die Wege: **„Wir bestiegen das Schiff, jene aber kehrten nach Hause zurück."** Verschieden sind die Wege und Schicksale auch derer, die als Glieder e i n e s Leibes dem gleichen Herrn gehören und dienen.

7 **„Wir aber vollendeten die Fahrt und gelangten von Tyrus nach Ptolemais."** Ptolemais ist das einstige Akko, das Richter 1, 31 und Micha 1, 10 erwähnt wird. Auch dort besteht eine Gemeinde Jesu, von deren Gründung wir nichts wissen. Aber „die Verstreuten zogen durch das Land und verkündigten dabei das Wort" (Apg 8, 4) und „die nun verstreut waren von der Drangsal her, die wegen Stephanus entstanden war, kamen durch bis Phönikien" (Apg 11, 19); es kann

aber auch von Caesarea aus das Evangelium nach Ptolemais gekom-
men sein. Wir sehen jedenfalls, wie verbreitet damals schon das
Christentum war. Hier, wo nicht auf ein Schiff gewartet werden muß,
bleibt Paulus nur einen Tag und kommt dann nach Caesarea[509]. Diese
Stadt ist schon aus der Geschichte des Philippus (Apg 8, 40) und von 8—9
der wichtigen Begebenheit mit Kornelius her bekannt (Apg 10,
1—11. 18). Hier kehrt Paulus bei demselben Philippus ein, der als
„einer von den Sieben" damals besonders vor dem Verfolger Saulus
fliehen mußte. Nun sind diese beiden Männer als Brüder beieinander,
der Verfolger als Gast bei den Verfolgten! Wir erfahren jetzt, daß
Philippus schon länger verheiratet war und vier nun erwachsene
Töchter besitzt, die auf die Ehe verzichtet haben und die Geistesgabe
der Weissagung besitzen[501]. Was mochte die Frau des Philippus mit
ihren Kindern auf der Flucht durchgemacht haben, bis sich die Familie
in Caesarea eine neue Existenz schuf. Aber von solchen persönlichen
Schicksalen wird gar nicht gesprochen. Die Erwähnung der **„weis-
sagenden Töchter"** zeigt, daß selbst in Palästina die öffentliche Ver-
kündigung durch Frauen in der Gemeinde möglich war. Der Kirchen-
geschichtler Eusebus berichtet uns, daß Philippus später in Hierapolis
gelebt habe, wo auch seine prophetischen Töchter sehr geschätzt wa-
ren; sein Grab dort sei noch lange in Ehren gehalten worden.

Auch hier kommt es zu einem längeren Aufenthalt. Hat Paulus 10—11
seinen Entschluß, zu Pfingsten in Jerusalem zu sein, aufgegeben? Ist
die Reise so schnell und glücklich vonstatten gegangen, daß er sich
jetzt diesen Aufenthalt erlauben kann[502]. Jetzt steht er unmittelbar
vor dem letzten entscheidenden Schritt nach Jerusalem hinauf, und
jetzt erfolgt die letzte und bestimmteste Warnung durch Agabus, der
uns hier noch einmal neu vorgestellt wird, obwohl wir ihn aus
Apg 11, 28 eigentlich schon kennen. Agabus macht in der Weise, die
auch die alten Propheten geübt haben (vgl. Jes 20, 23; Jer 13, 1—11;
19, 10 f), seine Weissagung durch eine sinnbildliche Handlung deut-

500 Caesarea liegt in der Luftlinie bereits 50 km südlich von Ptolemais. Paulus und seine Begleiter müssen schon einen sehr straffen Marsch leisten, wenn sie in einem Tage von Ptolemais nach Caesarea kommen wollten. Oder machten sie auch diesen Weg noch einmal zu Schiff?

501 Dabei sind Weissagungsgaben und Ehelosigkeit im Zusammenhang miteinander gesehen. Es gibt eine Hingabe an den Herrn und seinen Dienst, die zur Aufopferung aller an und für sich natürlichen und schönen Wünsche und Hoffnungen führt (vgl. 1 Ko 7, 32—43). Daß wir auf evangelischem Boden die Ehelosigkeit nur als eine notgedrungene und bedauernswerte Sache kennen, ist ein Zeichen geistlichen Mangels. Wir sollten uns auch hier zum NT zurückfinden und die „Jungfräulichkeit" als einen geistlichen Wert neu sehen.

502 Bei diesem Aufenthalt war Lukas tagelang mit Philippus zusammen. Was konnte er hier über die Geschichte der ersten Christenheit alles erfahren!

lich. Mit seinem **„Gürtel"**, d. h. aber einem langen, um die Lenden als Gürtel geschlagenen Tuch, **„bindet er sich selbst Füße und Hände". „Das sagt der Heilige Geist: Den Mann, dem dieser Gürtel gehört, werden so binden in Jerusalem die Juden und ihn ausliefern in die Hand der Heiden."** Diese Weissagung wird gerade dadurch in ihrer Echtheit bestätigt, daß sie sich ihrem Wortlaut nach gar nicht erfüllt hat. Die Juden haben durchaus nicht Paulus gebunden und an die Römer überliefert; sondern sie hätten Paulus totgeschlagen, wenn die Römer nicht rettend eingegriffen hätten, wie Lukas selber Apg 21, 30–34 erzählen wird. Und doch hat Agabus richtig geschaut: Durch den Haß der Juden kam Paulus in die Hand der Römer und damit zuletzt in die Hand Neros, unter dem er den Tod fand.

Auch hier hat die Linie des Meisters die des Jüngers bestimmt: „Er wird überantwortet werden den Heiden" (Lk 18, 32). „Ihr habt ihn genommen durch die Hände der Gesetzlosen und umgebracht" (Apg 2, 23), heißt es von Jesus. So gilt auch von dem Jünger: **„Sie werden ihn ausliefern in die Hand der Heiden."** Darum kann auch die Stellung des Jüngers zu diesem Geschehen keine andere sein als die des Meisters. Wohl ist Paulus auf seinen Dienstwegen bis hierher mehrfach dem Tode ausgewichen (Apg 9, 25; 13, 51; 14, 6; 14, 20; 16, 40; 17, 10; 17, 14) – genau wie Jesus selbst (Mt 12, 15; 14, 13; 15, 21; vgl. auch Apg 10, 23). Es geht in keiner Weise um menschliches Heldentum, überhaupt nicht um die Haltung des Jüngers als solche. Es geht allein um die Sache Gottes und um die Erfüllung des Auftrages. Darum ist das „Weichen" solange notwendig, wie es der Durchführung des Auftrages dient, und unmöglich, sobald der Auftrag selber das Leiden und das Sterben fordert. Darum bittet Jesus in Gethsemane den Vater nicht um die zwölf Legionen Engel, denn „wie sollen dann aber die Aussprüche der Schrift erfüllt werden, daß es so geschehen muß?" (Mt 26, 54). Darum sieht Jesus in dem wohlmeinenden Petrus, der ihn vor einem so schrecklichen Los bewahrt sehen will, Satan selber auf dem Plan, um Gottes Weg zu durchkreu-
12–13 zen (Mt 16, 23). Und darum kann auch Paulus in Caesarea das herzliche Bitten seiner Reisebegleiter und der einheimischen Christen nur mit dem liebevollen Vorwurf beantworten: **„Was macht ihr damit, daß ihr weint und mir das Herz brecht?"** Er leugnet die Gefahr seines Weges nicht, bezweifelt nicht die Wahrheit der Weissagungen, aber er kann sie nur bitten, ihm den schweren, aber unvermeidlichen Weg nicht noch schwerer zu machen. Und er kann bei sich selber nur bei dem klaren Entschluß bleiben: **„Nicht allein mich binden zu lassen, sondern auch zu sterben in Jerusalem bin ich bereit für den Namen des Herrn Jesus."** Die Wortstellung hebt schön und nachdrücklich hervor, daß dieses Leiden und Sterben ja doch nicht ziellos und ver-

geblich geschieht, sondern **„für den Namen des Herrn Jesus"**. Ist es dieser Name nicht wert, daß man alles für ihn einsetzt? So gibt Paulus seinen Mitarbeitern und Freunden den stärkenden Zuspruch, den er eigentlich seinerseits von ihnen empfangen sollte.

Warum der **„Name Jesu"** diesen gefahrvollen Gang nach Jerusalem notwendig machte, hat Lukas nicht gesagt. Er spricht merkwürdigerweise auch hier nicht von der großartigen Gabe der Christenheit aus den Nationen an die Muttergemeinde in Jerusalem, die doch für Paulus der eigentlich zwingende Grund für seine Reise war (Rö 15, 25–32). Warum er es nicht tut, obwohl Apg 24, 17 erkennen läßt, daß er natürlich von dieser Sammlung weiß, läßt sich nicht sagen (vgl. aber S. 390). Wir haben oft Gelegenheit gehabt festzustellen, daß Lukas von wichtigen Geschehnissen schweigt, deren Kenntnis er in „Nachträgen" verrät. Bei dieser Reise nach Jerusalem will er vielleicht jeden „Grund" ausschließen, der noch „menschlich" aussehen und dementsprechend verschieden beurteilt werden könnte, und begnügt sich deshalb mit jenem „muß", das zunächst auch ohne jede „Begründung" über dem Leidensweg des Herrn und über seinen Leidensweissagungen steht.

Über solche Gewißheit „im Geist" läßt sich nicht diskutieren. Die Vernunft könnte sehr einleuchtend sagen: Paulus, das Geld können auch die Vertreter der Gemeinden abliefern. Du selbst bist doch wirklich unentbehrlich im Dienst. Denke an Rom, denke an Spanien. Nur du kannst dieses große Werk vollbringen! Geh darum hier der Gefahr genauso aus dem Wege, wie du es auch in andern Fällen getan hast! Dazu warnt dich doch Gott in all den Prophetensprüchen! Wem nützt du denn mit deinem Leiden in Jerusalem? Das ist alles richtig
und sehr vernünftig. Aber Paulus **„ließ sich nicht überzeugen"**. Seine 14
Gewißheit ist eine andere und anders gegründete. Da **„wurden"** seine Freunde vor dieser klaren Entschlossenheit **„still"** und sagten: **„Der Wille des Herrn geschehe."**[503]

PAULUS IN JERUSALEM

1. Ein diplomatischer Rettungsversuch

Apostelgeschichte 21, 15–26

15 **Aber nach diesen Tagen rüsteten wir uns und zogen hinauf nach**
16 **Jerusalem. * Es kamen aber auch einige der Jünger von Caesarea**
mit uns; sie führten uns zu einem Cyprier Mnason, bei dem wir

[503] Ein solches Beten ist eine Frucht des Gethsemane-Gebetes Jesu, das aber nicht mit der („eschatologischen"!) dritten Bitte des Vaterunsers verwechselt werden darf.

zu Vers 18:
Apg 12, 17
15, 13
Gal 1, 19
Gal 2, 9
zu Vers 20:
Apg 2, 41
11, 18
15, 1
zu Vers 21:
1 Mo 17, 12
Apg 16, 3
Rö 10, 4
Gal 3, 24 f
zu Vers 23/24:
4 Mo 6, 2. 5. 13. 18
Apg 18, 18
zu Vers 25:
Apg 15, 20. 29
16, 4
zu Vers 26:
4 Mo 6, 9-20
1 Ko 9, 20

17 Herberge finden sollten, einem alten Jünger. * Als wir aber nach
18 Jerusalem kamen, nahmen uns die Brüder freudig auf. * Am fol-
genden Tag aber ging Paulus mit uns zu Jakobus, und alle Älte-
19 sten waren zugegen. * Und als er sie begrüßt hatte, berichtete er
eines nach dem andern, was Gott getan hatte unter den Heiden
20 durch seinen Dienst. * Als sie es aber gehört hatten, priesen sie
Gott, sagten aber zu ihm: „Du siehst, Bruder, wieviel Tausende
von Gläubiggewordenen es unter den Juden gibt, und alle sind sie
21 Eiferer für das Gesetz. * Man hat ihnen aber über dich erzählt,
daß du den Abfall von Mose lehrst alle unter den Heiden (**woh-**
nenden) **Juden, indem du sagst, sie sollen ihre Kinder nicht be-**
schneiden und auch nicht nach den (**jüdischen**) **Sitten wandeln.**
22 * Wie ist es nun? Auf jeden Fall werden sie hören, daß du ge-
23 kommen bist. * Dies nun tue, was wir dir sagen: Wir haben hier
24 vier Männer, die ein Gelübde auf sich haben. * Diese nimm zu
dir und reinige dich mit ihnen und trage die Kosten für sie, damit
sie sich auch das Haupt scheren lassen können: Dann werden alle
erkennen, daß an dem, was man ihnen über dich erzählt hat, nichts
ist, sondern daß auch du festhältst an der Bewahrung des Gesetzes.
25 * Betreffs der gläubig gewordenen Heiden aber haben wir unsere
Stellungnahme mitgeteilt, daß sie sich hüten vor dem Götzen-
26 opfer und Blut und Ersticktem und Hurerei." * Da nahm Paulus
die Männer zu sich, heiligte sich am folgenden Tage mit ihnen und
ging in den Tempel, anzeigend die Erfüllung der Tage der Reini-
gung, bis dargebracht würde für einen jeden von ihnen das Opfer.

15 Der Weg nach Jerusalem wird angetreten. Der Reisebericht sagt
hier ausdrücklich: **„Nach diesen Tagen rüsteten wir uns."** Das dabei
verwendete Wort kann ein Hinweis darauf sein, daß Reittiere für
diese 100 km lange Strecke bereitgestellt wurden. Auch dann war sie
nur in zwei Tagen zu bewältigen, und es mußte übernachtet[504] wer-
16 den. Darum kamen aus Caesarea einige Brüder mit, die die Reisenden
bei einem Cyprier Mnason einführten, bei dem sie übernachten soll-
ten. Es ist ein **„alter Jünger"**. Er wird also von Anfang an zur Ur-
gemeinde gehört haben wie sein Landsmann Barnabas auch. Es war
wichtig, daß ein solcher Mann einen Paulus aufnahm, wenn es dabei
auch der Empfehlung der Christen aus Caesarea bedurfte. Und auch
hier wieder ist zu beachten: Unter den **„wir"**, die dort Herberge fin-
den, ist Lukas selber bei diesem **„alten Jünger"**, wenn auch nur für
eine Nacht. Wieviel konnte er auch in dieser kurzen Zeit von einem

[504] D verdeutlicht hier wieder in seinem Bemühen um Genauigkeit: „Und als wir in ein Dorf gelangt waren, kamen wir zu Mnason." Der ursprüngliche Text dagegen läßt die Möglichkeit offen, daß Mnason der Quartiergeber in Jerusalem selbst war.

Manne wie Mnason hören! Dann ist Paulus mit seinen Begleitern 17
in Jerusalem. **„Freudig nahmen uns die Brüder auf."** Das kann nicht heißen, daß die ganze Urgemeinde Paulus freundlich willkommen hieß. Denn erstens war die Gemeinde nicht sofort bei der Ankunft des Paulus versammelt, und zweitens spricht Jakobus mit großer Sorge von dem tiefen Mißtrauen gegen Paulus in den Reihen der gläubiggewordenen Juden Jerusalems. Hier ist aus dem Reisetagebuch zitiert. Lukas vermerkte darin den freundlichen Empfang bei den Brüdern,
bei denen sie — gewiß auf Grund alter Beziehungen — wohnten. So- 18
gleich am nächsten Tag erfolgt der Besuch bei Jakobus, bei dem **„alle Ältesten zugegen waren"**. Jakobus ist offensichtlich der maßgebende Mann. Zur Urgemeinde in Jerusalem kommen, heißt zu Jakobus kommen. Wenn aber von Petrus, Johannes und den andern Aposteln kein Wort verlautet, dann müssen wir doch wohl daraus schließen, daß sie damals nicht in Jerusalem waren. Paulus erschien sicher mit der ganzen Delegation aus den Gemeinden des Missionsfeldes und
mit der großen Gabe an die Urgemeinde. So findet ein offizieller 19
„Empfang" im Beisein aller Ältesten statt. Paulus mit seinen Mitarbeitern „begrüßt" ausdrücklich die Ältesten, und das heißt doch wohl: Er überbringt die Grüße der weltweiten Christenheit an die Urgemeinde. Dann erkundigt er sich nicht zuerst nach der „Lage", nach dem, was er in Jerusalem zu erwarten hat, nach der Stimmung, die ihm entgegenkommt. Sein Herz ist voll von Gottes großer Sache. So gibt er vor allen einen ausführlichen Bericht über das, was nicht er, was aber Gott durch seinen Dienst in der Völkerwelt getan hat. Philippi, Thessalonike, Beröa, Athen, Korinth, Ephesus, die Asia, Troas — alles das stand nun **„eins nach dem andern"** vor Jakobus und
den Ältesten. **„Als sie es aber gehört hatten, priesen sie Gott."** Dazu 20
sind solche Berichte notwendig, damit Gottes Taten bekannt werden und Gott das Lob dargebracht werden kann[505]. Es ist aber der Darstellung des Lukas richtig abzuspüren, wie es doch nicht zu einer eigentlichen und tiefen Freude bei Jakobus und den Ältesten kommt, sondern wie sofort die großen Sorgen hervorbrechen, die bei aller persönlichen Schätzung des Paulus (die bei Jakobus offensichtlich immer bestanden hat) und bei aller Freude an Gottes Taten da draußen in der weiten Welt Jakobus und die Ältesten hier in Jerusalem erheblich belasten.

Wir Christen von heute müssen uns sehr gründlich in die damalige Lage versetzen, wenn wir unsern ganzen Abschnitt und den Rat des Jakobus verstehen wollen. Die Kirchenleitung in Jerusalem steht in einer großen Schar von **„Gläubiggewordenen unter den Juden"** —

[505] Es ist falsche Bescheidenheit, wenn wir nicht von dem erzählen wollen, was Gott durch unsern Dienst getan hat.

„Myriaden" sagt Jakobus mit einem hingeworfenen starken Wort, das wieder nicht statistisch gemeint ist —, die den Glauben an Jesus als den Messias mit dem **„Eifer für das Gesetz"** verbinden. Wir müssen hier nicht gleich von „Engherzigkeit" und dergleichen reden. Wir müssen daran denken, wie zäh wir selber oft an alten Ordnungen und vertrauten Verhältnissen hängen, gerade in unserer Religion. Und hier ging es doch um das von Gott selbst gegebene Gesetz — sollte nicht seine eifrige Bewahrung für jeden Israeliten Ehre und Freude sein, auch wenn er in Jesus den erwarteten Messias Israels sah? Daran hing zugleich die Möglichkeit der Urgemeinde, sich in Jerusalem überhaupt zu halten und für Jesus als den Messias einzutreten. Wir dürfen nicht vergessen: In Jerusalem gewinnen, je näher es auf die Katastrophe von 70 n. Chr. zugeht, die radikalen Elemente mehr und mehr Einfluß. Wir dürfen nicht vergessen: Wenige Jahre nach diesem Gespräch ist Jakobus selber von Juden gesteinigt worden (62 n. Chr.)! Angesichts solcher Tatsachen vergeht uns der Mut, die Sorgen des Jakobus und der Ältesten im Blick auf den Besuch eines Paulus als falsche Ängstlichkeit und Engherzigkeit abzutun.

21 Nun hat man in den Kreisen der gesetzesfreudigen Christen unerhörte Dinge über Paulus erzählt bekommen. **„Man hat ihnen aber über dich erzählt, daß du den Abfall von Mose lehrst alle unter den Heiden** (wohnenden) **Juden, indem du sagst, sie sollen ihre Kinder nicht beschneiden und nicht nach den** (jüdischen) **Sitten wandeln."** Jakobus und seine Leute glauben den Erzählungen nicht, und doch sehen sie die große Schwierigkeit. Daß Paulus gekommen ist, kann man nicht verheimlichen. **„Auf jeden Fall werden sie hören, daß du gekommen bist."** Was soll nun werden[506]? Natürlich hat Paulus nicht **„den Abfall von Mose gelehrt"** und hat auch den Juden draußen in Korinth oder Ephesus nicht geraten, ihre Kinder nicht mehr zu beschneiden. Aber war nicht die Lehre des Paulus vom Gesetz wahrhaftig schwer zu verstehen? Paulus hatte inzwischen den Galater- und den Römerbrief geschrieben: „Das Gesetz aber kam daneben hinein, damit groß werde die Übertretung. Wo aber groß wurde die Sünde, da strömte über die Gnade" (Rö 5, 20). „Jetzt aber wurden wir gelöst vom Gesetz, da wir dem starben, in dem wir festgehalten wurden, so daß wir dienen in Neuheit des Geistes und nicht in Altheit der Schrift" (Rö 7, 6). „Ihr seid von Christus getrennt, die ihr im Gesetz gerechtgesprochen werdet, ihr seid aus der Gnade herausgefallen" (Gal 5, 4). Wie mußten solche Sätze in den Ohren gesetzestreuer Judenchristen klingen! Der Galaterbrief war in den galatischen

[506] D schiebt ein: „Vor allem muß die Menge zusammenkommen, denn sie werden hören ..." D denkt also an eine allgemeine Gemeindeversammlung wie in Kap. 15. Aber der Vorschlag des Jakobus zeigt, daß er nichts dergleichen plant.

Städten und Dörfern, der Römerbrief in Rom vorgelesen worden. Wie leicht konnten von daher solche schroffen Formulierungen umlaufen. Und wird Paulus nicht immer wieder so auch mündlich verkündigt haben? Wer nicht geistlich tief gegründet war und den Gedankengängen mit Ernst und andringender Mühe nachging, der konnte als Israelit solche Sätze über das Gesetz nur mit bebender Empörung hören, zumal wenn sie ihm aus dem Zusammenhang gerissen mitgeteilt wurden. Und wie leicht geschieht unter uns Menschen gerade das immer wieder. Einfache Gemüter können mit Überzeugung nach Jerusalem berichten: Dieser Paulus hetzt in unglaublicher Weise gegen unser heiliges Gesetz! Es mochte auch mancher gläubig gewordene Jude in den heidenchristlichen Gemeinden des Paulus die Folgerung gezogen haben: Also löse ich mich vom Gesetz, das ja doch keine Heilsbedeutung mehr hat. Hatte doch selbst Petrus in Antiochia zunächst „heidnisch" gelebt (Gal 2, 14), und „**die** (jüdischen) **Sitten**" beiseite gesetzt. So konnten Judenchristen tatsächlich hier und da auch auf die Beschneidung ihrer Kinder verzichtet haben. Wie schnell werden bis heute einzelne Vorkommnisse verallgemeinert und dann einem bestimmten Mann zur Last gelegt.

Wir alle wissen, wie hoffnungslos in solcher Lage allgemeine 23
Diskussionen sind, wie man sich meist nur immer erbitterter auseinander redet. So kommt Jakobus auf einen ganz andern Vorschlag. Paulus soll einfach mit einer öffentlich sichtbaren Tat beweisen, daß er persönlich gesetzestreu ist. Dazu wird gerade ein Stück aus dem Zeremonialgesetz ausgewählt, etwas, was nur für Israeliten gelten konnte. Vier Männer der Urgemeinde haben ein Nasiräatsgelübde nach 4 Mo 6, 1—21 auf sich genommen. Die Zeit ihres Nasiräats war zu Ende, nun müssen sie nach den Vorschriften des Gesetzes die notwendigen Opfer im Tempel bringen. Da solche Opfer kostspielig waren, war es bereits Brauch in Jerusalem, daß bemitteltere
Leute für arme Nasiräer die Kosten übernahmen. Das sollte Paulus 24
jetzt für die vier Männer tun. Damit bekannte er sich in der Öffentlichkeit zum Gesetz, und diese vier Männer waren jederzeit als Zeugen dafür greifbar. Paulus mußte sich dafür auch selber „**reinigen**". Er war nach jahrelangem Aufenthalt unter den Nationen nach Jerusalem gekommen, er hatte mit Heiden Tischgemeinschaft gehalten, er war dadurch in schwerer Form levitisch „unrein". „Er konnte davon nicht nur durch ein Bad mit dem Sonnenuntergang desselben Tages rein werden, sondern mußte nach 4 Mo 19, 12 zweimal, am dritten und am siebenten Tag, vom Priester mit dem Reinigungswasser besprengt werden" (A. Schlatter „Erläuterungen"). Jakobus und die Ältesten hoffen: **„Dann werden alle erkennen, daß an dem, was man ihnen über dich erzählt hat, nichts ist, sondern daß auch du festhältst**

an der Bewahrung des Gesetzes." Die Frage der Christen aus den
25 Nationen wird dadurch nicht berührt, sie ist durch das „Apostel-dekret" entschieden, an das Jakobus hier noch einmal ausdrücklich erinnert. Paulus muß also nicht in Sorge sein, daß er mit der Befolgung des Vorschlages, den Jakobus macht, irgendwie die Gesetzesfreiheit seiner Gemeinden aus den Nationen gefährdet. Diese Klarstellung war umso notwendiger, als ja die Vertreter dieser Gemeinden Paulus umgaben und das ganze Gespräch verfolgten.

War das Ganze ein menschlicher Schachzug, der verdientermaßen mißlingen mußte? War es falsch von Paulus, daß er sich darauf einließ? Warum hören wir auch jetzt kein Wort von der großen Liebesgabe aus den Heidengemeinden und von ihrer Aufnahme bei der Urgemeinde? So dringend das Geld gebraucht wurde, so sehr mußte in der äußerst gespannten Situation jeder Schein vermieden werden, als ließe man sich durch Geld bestechen, dem Abfall vom Gesetz gegenüber ein Auge zuzudrücken. Erst wenn die Gesetzestreue des Paulus über jeden Zweifel erwiesen war, konnte die große Gabe aus seinen Händen überhaupt angenommen werden. Vielleicht hat Lukas alle diese für grie Leser schwer verständlichen Schwierigkeiten in seinem Buch nicht erörtern wollen und darum von der Kollekte, von der er nach Apg 24, 17 weiß, völlig geschwiegen. Es kam aber gerade auch für Paulus alles darauf an, daß diese mit soviel Eifer und Liebe gesammelte Gabe seiner Gemeinden nicht zurückgewiesen wurde. Ein solcher Bruch mit der Urgemeinde und den führenden Männern in Jerusalem hätte eine unabsehbare Erschütterung seines ganzen Werkes bedeutet. Man denke nur an die Vorgänge in Galatien, aber auch in Korinth, wo seine Geltung als echter Apostel mit starker Wirkung in die Gemeinde hinein bestritten wurde. Wenn seine Gegner dort mit Recht melden konnten: Euer „Apostel" Paulus ist in der Urgemeinde völlig abgelehnt worden, nicht einmal unser mühsam erspartes Geld hat man dort aus seiner Hand entgegengenommen, dann konnte sich seine Befürchtung erfüllen, daß er „vergeblich gelaufen war" (Gal 2, 2). Die klare und ganze Zustimmung der Jerusalemer war für ihn und sein Werk lebensnotwendig. Darum wird er dem Vorschlag des Jakobus voll zugestimmt haben. Er war grundmäßig der Überzeugung, daß ein Jude wirklich ein Jude bleiben sollte, wie entsprechend auch ein Heide ganz und gar ein „Heide" (1 Ko 7, 17–24). Er konnte in voller Freiheit den Juden ein Jude sein (1 Ko 9, 20). Er konnte ohne Verleugnung seines Glaubens für Christen eintreten, die freiwillig ein Nasiräat auf sich genommen hatten. Es lag ihm selber daran, daß seine Sätze über Sinn und Wirkung des Gesetzes nicht als Gegnerschaft gegen das Gesetz als solches mißverstanden wurden. Es blieb auch für ihn bei dem, was er selber klar ausgesprochen

hatte: „Das Gesetz ist heilig und gerecht und gut" (Rö 7, 12) und „Beseitigen wir nun das Gesetz durch den Glauben? Ausgeschlossen, sondern wir richten das Gesetz auf" (Rö 3, 31). Es konnte ihm nur lieb sein, wenn das in einer klaren Handlung öffentlich unter Zeugen zum Ausdruck kam. Darum ist er auch dann nach dem Mißlingen dieses Planes seinen schweren Weg offenkundig in ruhiger Gewißheit gegangen, ohne von dem Gedanken gequält zu werden: „Hätte ich mich doch nur nicht auf den Plan des Jakobus eingelassen!" Wie sich Dinge entwickeln, wenn wir bestimmte Schritte nicht getan hätten,
das können wir niemals wissen. Jakobus hatte jedenfalls recht: Ver- 22
borgen bleiben konnte die Anwesenheit des Paulus in Jerusalem nicht. Den Tempel hätte er auch ohne seine Verbindung mit den vier Nasiräern betreten. Er konnte dabei so gut von den Juden aus der Asia erkannt und angegriffen werden, wie ihn Gott auch am siebenten Tag — wie bei der Reinigung am dritten Tage — unerkannt bleiben lassen konnte. Aber auch wenn er den Tempel ganz vermied, würde der fanatische Haß gegen diesen weltbekannten Abtrünnigen die Gelegenheit zu einem Anschlag gefunden haben, bei dem dann die Römer nicht so schnell zu seiner Rettung zur Stelle waren wie im Tempel. Wir dürfen auch bei dieser Geschichte wie die Christen in Caesarea sagen: **„Der Wille des Herrn geschehe!"**

PAULUS IN JERUSALEM

2. Tumult im Tempel und Verhaftung durch die Römer

Apostelgeschichte 21, 27—40

27 **Als aber die sieben Tage im Begriff standen vollendet zu werden,**
sahen die aus der Asia gekommenen Juden ihn im Tempel und
brachten die ganze Menge in Aufruhr und legten die Hände an
28 **ihn, * schreiend: „Ihr Männer von Israel, zu Hilfe! Das ist der**
Mensch, der gegen das Volk und das Gesetz und diese Stätte
alle überall lehrt! Dazu hat er auch noch Griechen in den Tempel
29 **geführt und entweiht diesen heiligen Ort." * Denn sie hatten**
vorher Trophimus, den Epheser, in der Stadt mit ihm zusammen
gesehen; ihn, meinten sie, habe Paulus in den Tempel hinein-
30 **geführt. * Da geriet in Bewegung die ganze Stadt, und es entstand**
ein Auflauf des ganzen Volkes. Und sie griffen Paulus und
schleiften ihn aus dem Tempel heraus; und sofort wurden die
31 **Tore geschlossen. * Während sie ihn zu töten suchten, kam Mel-**
dung zum Tribunen der Kohorte: Ganz Jerusalem ist im Aufruhr!
32 *** Er nahm sofort Soldaten und Centurionen und lief zu ihnen**

zu Vers 27: Hes 44, 7; Apg 6, 13 f; 24, 18 f
zu Vers 28: Apg 24, 6
zu Vers 29: Apg 20, 4; 2 Tim 4, 20
zu Vers 30: Mt 2, 3; Apg 19, 29; 26, 21
zu Vers 31: Apg 23, 15
zu Vers 32: Apg 23, 27

zu Vers 33:
Apg 21, 11
20, 23
zu Vers 34:
Apg 19, 32
22, 24. 30
zu Vers 36:
Lk 23, 18
Jo 19, 15
Apg 22, 22
zu Vers 38:
Apg 5, 36 f
zu Vers 39:
Apg 9, 11
zu Vers 40:
Apg 13, 16
22, 2

hinunter. Als sie aber den Tribunen und die Soldaten sahen,
33 hörten sie auf, Paulus zu schlagen. * Da kam der Tribun heran,
verhaftete ihn und befahl, er sollte mit zwei Ketten gefesselt
werden, und erkundigte sich danach, wer er sei und was er getan
34 habe. * Die einen riefen dies, die andern das in der Menge. Als er
aber nichts Zuverlässiges erfahren konnte wegen des Tumultes,
35 befahl er, ihn in die Kaserne zu führen. * Als er aber zu den Stu-
fen kam, geschah es, daß er getragen werden mußte von den
36 Soldaten wegen der Gewalt der Masse. * Denn es folgte die Menge
des Volkes und schrie: „Hinweg mit ihm!"
37 Als er im Begriff war, in die Kaserne hineingebracht zu werden,
sagt Paulus zum Tribunen: „Darf ich dir etwas sagen?" Er aber
38 sagte: „Du verstehst Griechisch? * Du bist also nicht der Ägypter,
der vor diesen Tagen einen Aufstand machte und hinausführte in
39 die Wüste die viertausend Dolchmänner?" * Paulus aber sprach:
„Ich bin ein jüdischer Mann aus Tarsus in Kilikien, Bürger einer
nicht unbedeutenden Stadt. Ich bitte dich, erlaube mir zu reden
40 zum Volk." * Als er es aber erlaubt hatte, winkte Paulus stehend
auf den Stufen mit der Hand dem Volk zu. Als aber tiefe Stille
eintrat, redete er sie in hebräischer (aramäischer?) **Sprache folgen-**
dermaßen an:

27 Der Plan des Jakobus ist fast durchgeführt. **„Die sieben Tage ste-**
hen im Begriff vollendet zu werden." Paulus war wohl schon wieder
zum inneren Heiligtum zugelassen, da **„sehen die aus der Asia ge-**
kommenen Juden ihn im Tempel". Wir müssen den wilden Zorn
dieser Männer verstehen. Gerade in Ephesus hatte Paulus sich rasch
von der Synagoge getrennt und eine eigene große Gemeinde aufge-
baut. Wenn man nach der Lehre des Paulus zu der Gemeinde des
Messias gehören konnte, ohne durch die Beschneidung Glied Israels
zu werden, ohne das Gesetz zu halten, ohne im Tempel Jerusalems
die Versöhnung mit Gott zu suchen — was bleibt dann überhaupt noch
von **„dem Volk und dem Gesetz und dieser Stätte"** übrig? Paulus hat
sich diese Fragen selber vorgelegt und sie durchdacht und dann den
Römern Antwort darauf gegeben: Rö 3, 1; 3, 9; 9, 1–4. Aber war das
28 leicht zu verstehen? Und was in Ephesus sich vor den Augen treuer
Synagogenglieder abspielte, mußte in ihrem Herzen nur zu leicht den
Eindruck erwecken: Dieser Paulus zerstört alles, was unser uralter,
29 heiliger Besitz ist. Und nun sehen sie diesen Mann im inneren Heilig-
tum! Sie haben ihn schon vorher in der Stadt mit dem Griechen
Trophimus gleichsam Arm in Arm gesehen. Sofort ist ihnen klar: Den
hat er sicher mit in den Tempel gebracht und das Heiligtum entweiht!
Der „Vorhof der Heiden" war vom eigentlichen „inneren Vorhof" des

Tempels streng getrennt. Verbotstafeln warnten jeden Nicht-Israeliten vor dem Betreten dieses inneren Vorhofes: „Wer dabei getroffen wird, ist selber verantwortlich für seinen Tod, der darauf folgt." So stand es mit roten Buchstaben auf einem weißen Kalksteinblock[507]. So verstehen wir, daß diese Juden aus der Asia sofort an Paulus **„die Hände legen"** und **„schreien: ‚Ihr Männer von Israel, zu Hilfe!'"** Freilich, der Sache nach bleibt es grotesk: Paulus ist im Tempel als gehorsamer Sohn Israels, der vier Männern half, nach dem Gesetz ihr Nasiräat zu beenden. Die Diasporajuden aber schreien um Hilfe, als würde das schrecklichste Verbrechen im Tempel vor ihren Augen begangen. „Der Tempel ist entweiht!", das ist ein Ruf, der sofort **„die ganze Menge in Aufruhr bringt"**. „Der Tempel ist entweiht", dieser Schrei dringt auch sofort in die Stadt, die ja von drei Seiten den Tempel umgab. „Der Tempel ist entweiht!", das ließ so-
gleich auch aus der Stadt Menschen herbeistürzen; **„da geriet in Be-** 30
wegung die ganze Stadt, und es entstand ein Auflauf des ganzen Volkes." Im Tempelbezirk darf kein Blut vergossen werden, das sitzt tief in allen jüdischen Herzen[508]. Darum zerrt man Paulus heraus. **„Sofort wurden die Tore geschlossen"**[509]. Und draußen auf dem Tempelvorplatz sucht die Menge Paulus zu lynchen. Man schlägt auf ihn ein. Ob Paulus in diesen Minuten besonders an Stephanus gedacht hat? Auch ihn schleppten einst Diasporajuden so im Tumult zu Tode — und Paulus fand es damals gut! Jedenfalls aber wird er sich fest in der Führung seines Herrn gewußt haben in der Zuversicht: Dies kann nicht das Ende sein, ich „muß" ja nach Rom. Es ist aber bezeichnend, daß die Apg kein Wort von dem inneren Erleben des Paulus sagt, wie es in einer modernen Schilderung sicher nicht fehlen dürfte. Der Bibel liegt nichts an dem, was Menschen „fühlen" oder „denken".

Wie gänzlich anders ist es geworden seit den Tagen, als an der gleichen Stelle eine begeisterte Menge sich um Petrus drängt und die Botschaft aufmerksam hört (Apg 3, 26), als der Tempelhauptmann sich persönlich bemühen muß, die Apostel vor den Hohen Rat zu holen und dabei die Sorge hat, von dem Volk gesteinigt zu werden (Apg 5, 26). Wo bleiben jetzt „die Myriaden gläubig gewordener Juden", von denen Jakobus gesprochen hatte? Kam kein Judenchrist

[507] Vergleiche das „Lexikon zur Bibel" Tafel 84, Sp 1 313.

[508] Vgl. die Athalja-Geschichte in 2 Kö 11, 13—16.

[509] Die Annahme, die Juden aus der Asia hätten im geheimen Einverständnis mit der Tempelpolizei und der jüdischen Obrigkeit gehandelt, ist nach Lage der Dinge ganz unwahrscheinlich und zur Erklärung des Vorgangs nicht nötig. Ein Tumult im Tempel, ein aufgeregtes Hinausdrängen der Massen genügte völlig, um den „Tempelhauptmann" (Apg 4, 1) zu veranlassen, vorsichtshalber die Tempeltüren erst einmal zu schließen. Natürlich verstärkte das bei den aus der Stadt Herbeilaufenden den Eindruck einer tatsächlich geschehenen Tempelentweihung.

seinem Bruder Paulus zu Hilfe? Sie werden es in der Tat damals nicht mehr gewagt haben, für Paulus einzutreten. Und es mag in solchen Augenblicken durch manches judenchristliche Herz der Gedanke gegangen sein (wir kennen das aus dem Kirchenkampf): Dieser Paulus hat es auch wirklich zu weit getrieben; für einen so extremen Mann können wir wirklich nicht den mühsamen Bestand unserer Gemeinde (und unseres eigenen Lebens) einsetzen!

31 So kommt die Hilfe für Paulus von ganz anderer Seite. Es geschieht
kein „Wunder", es erscheint kein Engel. Es geht höchst nüchtern
und „weltlich" zu, und doch bewahrt der Herr wunderbar seinen
Knecht, dessen Aufgabe noch nicht erfüllt ist. Er bewahrt ihn nicht
vor dem Leiden, das er ihm selber verheißen hat (Apg 9, 15 f), aber
er bewahrt sein Leben, das menschlich verloren scheint: **„Sie suchen
ihn zu töten."** Unmittelbar an der Nordwestecke des Tempelbezirkes,
durch eine Treppe mit diesem verbunden, liegt die Burg „Antonia",
Standort der römischen Besatzung in Jerusalem unter dem Befehl des
Tribunen („Chiliarch = Tausendschaftführer", etwa „Oberst") Klau-
dius Lysias. Von dem Wachturm der Burg ist der Tumult auf dem
Tempelplatz und das Hinzueilen von erregten Menschen aus der
Stadt sofort zu sehen und das wilde Geschrei deutlich zu hören. Man
war damals noch mehr als früher in steter, mißtrauischer Sorge dem
unverständlichen und fanatischen Volk der Juden gegenüber. So ge-
langt augenblicklich die Meldung an den Kommandeur: **„Ganz Jeru-**
32 **salem ist in Aufruhr!"** Der Tribun nimmt das sehr ernst, rafft schnell
Soldaten und Offiziere („Centurionen" wie Kornelius einer war) zu-
sammen und eilt zu dem Schauplatz der Unruhe. Beim Nahen des
Militärs lassen die Juden von ihrem Opfer ab. Paulus wird sofort ver-
33–34 haftet und mit zwei Ketten gefesselt. Und nun sucht der Befehlshaber
herauszubekommen, was hier eigentlich los ist. Aus der erregten
Menge hört er aber nur ein Durcheinander von Rufen, aus denen er
sich kein Bild machen kann. So läßt er Paulus von den Soldaten in
35 die Mitte nehmen und zur Burg bringen. Als die Menge sieht, daß der
Gegenstand ihrer Wut ihr entzogen wird, drängt sie mit solcher Ge-
walt nach, daß die Soldaten ihren Gefangenen schließlich forttragen
müssen; vielleicht konnte Paulus, auf den bis zum Erscheinen der
Römer immerhin eine ganze Zeit eingeschlagen worden war, auch
36 gar nicht mehr selber schnell genug gehen. Und hinter ihm brandet
immer wieder der Schrei empor: **„Hinweg mit ihm!"** Wieder geht der
Jünger seinem Meister nach: So war einst auch über Jesus geschrien
worden: „Hinweg mit diesem und gib uns Barabbas los!" (Lk 23, 18)
Und es erfüllt sich noch einmal wieder das schmerzvolle Wort des
Herrn über Jerusalem: „Jerusalem, Jerusalem, die du tötest die Propheten und steinigst, die zu dir gesandt sind!" (Lk 13, 34)

Dem in Leidensgluten gehärteten Paulus trauen wir es zu, daß er 37
auch jetzt nach allen Mißhandlungen sich am Kasernentor mit einer
ruhigen und höflichen Bitte an den Tribunen wendet: **„Darf ich dir
etwas sagen?"** Der Befehlshaber hatte, wie wir es alle tun, sich eine 38
vorläufige Auffassung der Dinge gebildet. Wie wir schon Apg 5, 36. 37 in der Rede des Gamaliel erfuhren, gab es in Jerusalem immer wieder politische und messianische Bewegungen, von denen wir etwas wissen müssen, wenn wir manches in der Geschichte des Täufers und in der Geschichte des Herrn Jesus selbst recht verstehen wollen. Aus der Partei der „Zeloten" waren die „Dolchmänner" hervorgegangen, die im politischen Mord gerade auch an unzuverlässigen Volksgenossen das rechte Mittel der Zurüstung des Volkes auf den großen Befreiungstag Gottes sahen. Und schwärmerische „Propheten" führten erwartungsvolle Scharen in die „Wüste" hinaus, wo der Messias zu ihnen kommen und dann mit ihnen die wunderbare Freiheit für Israel bringen werde (vgl. von da aus die Warnung Jesu Mt 24, 11. 26). Auf die **„Wüste"** als den Ort der Erneuerung des Volkes hatte ja besonders Hosea (Kap. 2, 16) hingewiesen; aber auch Jesaja (Kap. 40, 3; 41, 18) und Jeremia (Kap. 31, 2) hatten davon gesprochen. Auch Johannes der Täufer war in der Wüste aufgetreten. Der jüdische Geschichtsschreiber Josephus berichtet uns von einem „Ägyptischen Pseudopropheten", der mit viertausend Betrogenen zum Ölberg gezogen sei; an anderer Stelle spricht er von jemand, der sich als Prophet ausgibt und der Menge rät, mit ihm auf den Ölberg zu gehen; dort würden sie sehen, wie Jerusalems Mauern einstürzen. Solche „messianischen" Bewegungen und das Treiben der „Dolchmänner" waren an sich ganz verschiedene Dinge; es ist aber zu verstehen, wenn ein römischer Tribun das nicht alles auseinanderhalten kann und darum den Ägypter mit viertausend „Dolchmännern" in die Wüste gezogen sein läßt; beide Kreise haben sich später auch tatsächlich verbündet. Der Befehlshaber meinte, im Mittelpunkt des ganzen Volksauflaufes stehe jener „Ägypter", den er nun glücklich gefunden habe. So ist er völlig überrascht, als Paulus ihn in tadellosem
Griechisch anspricht. Paulus stellt sich ihm vor, wobei er nur sein 39
Bürgerrecht der bedeutenden kilikischen Stadt Tarsus, noch nicht sein römisches Bürgerrecht erwähnt. Er bittet um die Erlaubnis, zum Volk sprechen zu dürfen. Der Offizier bewilligt es ihm. Er erwartet wohl, auf diese Weise etwas Näheres über diesen ganzen Vorgang zu erfahren. Passieren kann ja nichts mehr, da sein Gefangener in sicherem Gewahrsam auf der obersten Treppenstufe vor dem Burgeingang mit den Soldaten steht.

Es kann uns verwundern, daß jetzt, da Paulus mit der Hand winkt 40
und zu sprechen beginnt, sofort **„eine tiefe Stille eintrat"**. Aber Volks-

massen sind unberechenbare Gebilde. Daß der von ihnen halb Totgeschlagene sich jetzt aufrichtet und zu ihnen wendet, mag sie völlig verblüfft haben. Jeder ist begierig zu hören, was dieser Mann zu sagen hat. So kommt es zu jener eigentümlichen Szene, die einen Maler wohl zur Darstellung reizen könnte: Paulus hoch auf einer Treppe, umgeben von Soldaten und Offizieren. Hinter ihm die Burg, vor ihm die große, schweigende Menge und dort der gewaltige Gebäudekomplex des Tempels. Noch einmal, ein letztes Mal, darf er in Jerusalem seinem geliebten Volk Israel (Rö 9, 1—4!) das Evangelium verkündigen und ihm in einem persönlichen Zeugnis sagen, warum er als ein treuer Sohn dieses Volkes dennoch aus einem gesetzestrengen Pharisäer ein Glaubender an Jesus und ein Apostel der Heiden geworden ist.

PAULUS IN JERUSALEM

3. Seine letzte Rede an sein Volk

Apostelgeschichte 22, 1—21

zu Vers 1: Apg 7, 2 13, 26
zu Vers 2: Apg 21, 40
zu Vers 3: Apg 5, 34 9, 1-29 26, 5. 9-20 Gal 1, 14
zu Vers 4: Apg 8, 3
zu Vers 7: Mt 17, 6
zu Vers 10: Apg 16, 30
zu Vers 11: Apg 13, 11
zu Vers 12: Apg 6, 3
zu Vers 14: 2 Ko 5, 21 Gal 1, 15 f Gal 3, 14

1 „Brüder und Väter, hört meine jetzt an euch gerichtete Verteidi-
2 gung." * Als sie aber hörten, daß er in hebräischer Sprache zu
3 ihnen redete, hielten sie noch mehr Ruhe. Und er sagt: * „Ich bin
ein jüdischer Mann, geboren in Tarsus in Kilikien, aufgezogen
aber in dieser Stadt, zu Füßen Gamaliels unterrichtet in der ge-
nauen Erfüllung des väterlichen Gesetzes, ein Eiferer für Gott,
4 wie ihr alle es heute seid. * Als solcher habe ich diesen ‚Weg' ver-
folgt bis zum Tode, bindend und in die Gefängnisse überliefernd
5 Männer und Frauen, * wie auch der Hohepriester es mir bezeugt
und der ganze Ältestenrat. Von ihnen empfing ich auch Briefe an
die Brüder nach Damaskus und zog hin, um auch die dort seienden
(Christen) gebunden nach Jerusalem zu bringen, damit sie be-
6 straft würden. * Es geschah mir aber, als ich dahinzog und mich
Damaskus näherte, daß um die Mittagszeit plötzlich aus dem Him-
7 mel erstrahlte helles Licht um mich her; * ich stürzte zu Boden und
hörte eine Stimme zu mir sagen: ‚Saul, Saul, warum verfolgst du
8 mich?' * Ich aber antwortete: ‚Wer bist du, Herr?' Und er sprach
9 zu mir: ‚Ich bin Jesus, der Nazarener, den du verfolgst.' * Die
aber mit mir waren, sahen zwar das Licht, die Stimme aber dessen,
10 der zu mir redete, hörten sie nicht. * Ich sagte aber: ‚Was soll ich
tun?' Aber der Herr sprach zu mir: „Steh auf, gehe nach Damaskus,
und dort wird man dir Auskunft geben über alles, was dir zu tun
11 aufgetragen ist.' * Wie ich aber nicht sehen konnte vor der Herr-
lichkeit jenes Lichtes, kam ich, an der Hand geführt von meinen

12 Begleitern, nach Damaskus. * Ananias aber, ein Mann fromm
nach dem Gesetz, im guten Ruf stehend bei allen (dort) **wohnen-**
13 den Juden, * kam zu mir und sprach herantretend zu mir: ‚Bruder
Saul, werde sehend!' Und ich konnte zur selben Stunde ihn sehen.
14 * Er aber sprach: ‚Der Gott unserer Väter hat dich erwählt, zu er-
kennen seinen Willen und zu sehen den Gerechten und zu hören
15 die Stimme aus seinem Munde, * daß du wirst ein Zeuge für ihn
sein gegenüber allen Menschen von dem, was du gesehen und ge-
16 hört hast. * Und jetzt, was zögerst du? Steh auf, laß dich taufen
17 und abwaschen deine Sünden, anrufend seinen Namen.' * Es ge-
schah mir aber, als ich nach Jerusalem zurückkehrte und während
18 ich betete im Tempel, daß ich in Verzückung geriet * und sah ihn,
der zu mir sagte: ‚Eile und gehe rasch aus Jerusalem, denn sie wer-
19 den nicht annehmen dein Zeugnis über mich.' * Und ich sprach:
‚Herr, sie selber wissen, daß ich es war, der ins Gefängnis bringen
ließ und mißhandeln von Synagoge zu Synagoge die an dich
20 Glaubenden; * und als vergossen wurde das Blut des Stephanus,
deines Zeugen, da stand ich dabei und war einverstanden und be-
21 wachte die Kleider derer, die ihn töteten.' * Er sprach zu mir:
‚Gehe, denn zu den Heiden weit fort werde ich dich senden.'"

zu Vers 15: Apg 4, 20
zu Vers 16: Apg 2, 21; 2, 38; 1 Ko 1, 2; 1 Ko 6, 11; 2 Tim 2, 22
zu Vers 17: Apg 9, 26; 2 Ko 12, 1-4
zu Vers 19: Apg 8, 3
zu Vers 20: Apg 7, 57 f; 8, 1; Lk 11, 48
zu Vers 21: Apg 9, 15; 13, 2; Gal 2, 7. 9

Die Stille der Menge wird noch tiefer, als nun die ersten Worte in hbr (oder: aramäischer) Sprache[510] über den weiten Platz hallen. **„Brüder und Väter"**, beginnt Paulus. Das ist der Form nach eine „captatio benevolentiae", eine „Gewinnung des Wohlwollens", wie sie die klassische Redekunst für den Anfang einer Ansprache vorschrieb. Aber so wie Paulus die antike Briefform mit neuer Kraft erfüllt hat, so auch hier diese Rederegel. Kraftvoll schiebt er innerlich alles beiseite, was er eben in dieser Masse erlebt hat. Diese haßerfüllten Fanatiker, die ihn fast totgeschlagen hätten, sind als Israeliten dennoch seine **„Brüder und Väter"**. So allein will er sie jetzt sehen und anreden. Das ist die gleiche Haltung, die er auch Rö 9, 1—5 eingenommen hat. 1—2

„Hört meine jetzt an euch gerichtete Verteidigung." Dies Stichwort **„Verteidigung"** werden wir in den nächsten Kapiteln noch mehrfach treffen: Apg 24, 10; 25, 8. 16; 26, 1. 2; 26, 24; inhaltlich auch

[510] Welches von beiden der Fall war, läßt sich nicht mit Bestimmtheit entscheiden. Einerseits wäre eher an eine Rede in Aramäisch zu denken, da das klassische Hbr schon lange nicht mehr Umgangssprache war. Anderseits wäre dabei aber die offensichtliche Verwunderung der Menge verwunderlich. Aramäisch sprach selbstverständlich auch jeder Diaspora-Jude. Aber nun hören sie aus dem Munde dieses angeblichen Feindes Israels die Laute der heiligen Sprache der Schrift, wie sie sie jeden Sabbat bei den Verlesungen in der Synagoge vernahmen. Ist dieser Paulus also doch ein heiliger Mann, bewandert in der alten heiligen Sprache?

28, 17 ff. Es ist gleichsam die Überschrift über diesen Teil der Apostelgeschichte. Aber womit „verteidigt" sich Paulus hier? Auf den Vorwurf der „Entweihung des Tempels" geht er mit keinem Wort ein. Dieser sinnlose Vorwurf konnte nur entstehen und geglaubt werden, weil ein Vorwurf viel tieferer Art den Haß gegen ihn immer mehr gesteigert hatte. Es ist sein Abfall vom Judentum und es ist noch mehr sein Weg zu den Heiden, was die Glut der Empörung gegen ihn erregt. Diese beiden entscheidenden Punkte greift Paulus darum in seiner Rede auf. Er hat auf beide Vorwürfe die eine klare Antwort und „Verteidigung": Beides war nicht sein eigener Entschluß, aus eigenen Wünschen oder Überlegungen geboren, in beidem hat der Herr selber gehandelt, so, daß Paulus nur gehorchen konnte. Die Rede des Paulus hat darum die gleiche Grundstruktur, wie wir sie schon in den Reden des Petrus vor der Menge, vor dem Hohen Rat und vor dem „Apostel-Konzil" feststellten und wie sie einfach „biblisch" ist, d. h. dem Wesen der ganzen Bibel entspricht: Tatsachen werden hingestellt, Tatsachen, die Gott geschaffen hat, und nun muß freilich diesen göttlichen Tatsachen mehr gehorcht werden als allen Gedanken, Wünschen und Forderungen der Menschen. So ist auch diese Rede nicht Darlegung von Gedanken, Erörterung von Fragen und Problemen, Beweis für bestimmte Thesen, sondern persönliches Zeugnis göttlicher Tatsachen.

3 Paulus betont hier – wie in seiner „Verteidigung" vor den Galatern in Gal 1, 13 f – seine leidenschaftlich jüdische Vergangenheit. Wir erfahren dabei, daß er zwar **„in Tarsus in Kilikien geboren"** ist, **„aufgezogen aber in dieser Stadt** (Jerusalem)**"**. Sind also die Eltern mit Sohn und Tochter früh von Tarsus nach Jerusalem verzogen? Ist darum auch die Schwester des Paulus in Jerusalem verheiratet (Apg 23, 16)? Oder ist das **„aufgezogen"** nicht so wörtlich gemeint? Wir wissen zu wenig, um solche Fragen beantworten zu können. Klar ist dagegen die nächste Aussage: **„Zu den Füßen[511] Gamaliels unterrichtet in der genauen Erfüllung des väterlichen Gesetzes."** Von Gamaliel hörten wir schon (s. o. S. 125). Kein Zweifel, daß Paulus die genaueste Schulung im Gesetz erhalten hat, die es damals überhaupt gab. Daraus ist sein „Eifer für Gott" (Phil 3, 6) erwachsen, jener „Eifer für Gott", den er nur zu gut kennt (Rö 10, 2) und der auch hinter dem Fanatismus steht, mit dem sie ihn jetzt zu töten suchen.
4–5 Wie gut kann er sie verstehen! Auch ihn trieb dieser „Eifer" zur

[511] Da die „Lehrer" damals wie heute auf einem erhöhten „Katheder" ihren Platz hatten, saßen die Schüler buchstäblich „zu ihren Füßen". Lk 2, 46 ist darum ein sehr bezeichnender Zug: Der Zwölfjährige sitzt nicht als Schüler schweigend und lernend „zu den Füßen" der Lehrer Jerusalems, sondern „mitten unter ihnen" und fragt sie ebenso, wie er ihnen zuhört.

„Verfolgung dieses Weges[511a] **bis zum Tode."** Für die Radikalität seines Verfolgerwillens ist es bezeichnend, daß er auch die Frauen nicht schont. Und wenn seine schlimmsten Gegner, die Juden aus der Diaspora, diese Ereignisse nicht miterlebt haben und ihm vielleicht nicht ganz glauben, dann haben sie in den Hohenpriestern und im Ältestenrat selber Zeugen dafür. Aus diesem „Eifer" gab es für ihn kein eigenes Freiwerden. Was ihn aus der Bahn warf, war nicht eigener Zweifel, eigener „Abfall", sondern Gottes Eingriff vor Damaskus.

Paulus erzählt nun selber dieses entscheidende Geschehen in seinem Leben, das wir aus Kapitel 9 bereits kennen. Kleine Züge werden deutlicher: Das blendende Licht bricht gerade **„um die Mittagszeit"** herein, es ist heller, es ist ganz anders als mittägliche Sonnenglut. Darum wird von der **„Herrlichkeit"** dieses Lichtes gesprochen und dabei das Wort „doxa" verwendet, das stets den Lichtglanz Gottes meint. Kleine Züge sind abweichend: **„Die aber, die mit mir waren, sahen zwar das Licht, die Stimme aber dessen, der zu mir redete, hörten sie nicht"** heißt es hier, während in Kap. 9, 7 erzählt wurde: „Sie hörten zwar die Stimme, sahen aber niemand." Solche Unterschiede[512] in der Darstellung kommen immer vor, wenn lebendig berichtet wird. Den von der großen Sache Erfüllten kümmern sie wenig. In beiden Berichten aber wird das eine deutlich: Was Paulus widerfuhr, war nicht etwa nur ein Vorgang in seinem Inneren, es war so real, daß auch seine Begleiter es merkten; aber die Erscheinung des erhöhten Herrn selber war für Paulus allein bestimmt; seine Begleiter hörten eine Stimme, sie sahen ein helles Licht, mehr aber empfingen sie nicht. 6–11

Auch das, was Paulus von Ananias sagt, hat den echten Berichtscharakter. Es ist keine bloße Wiederholung, kein Abklatsch von Kap. 9, 10–18! Es ist wie jede echte Erzählung eines Ereignisses in den Grundzügen völlig übereinstimmend, in den hervorgehobenen Einzelheiten aber verschieden. In Kap. 9, 17 hebt Ananias hervor, daß Jesus selbst ihn zu Paulus gesandt habe. Jetzt liegt es Paulus daran, seinen jüdischen Hörern zu zeigen, wie es gerade **„der Gott der Väter"** sei, der Gott, an den auch sie glauben, der Paulus **„erwählt hat, zu erkennen seinen Willen"**[513]. Den Namen Jesus nennt er 12–16

[511a] Zum Ausdruck „Weg" vgl. Anm. 207.

[512] Der Unterschied ist auch wieder nicht so groß. Apg 9, 7 wird das Sehen des Lichtglanzes nicht ausgeschlossen; nur das wird gesagt, daß die Begleiter des Paulus die Person Jesu, den auferstandenen Herrn selbst nicht sehen. Sie wären ja sonst „Zeugen seiner Auferstehung" geworden! Vgl. zum Ganzen o. S. 177

[513] So hat es Paulus auch Gal 1, 15 gesagt. Um den „Willen Gottes" ging es jedem ernsten Juden. Er sah diesen Willen freilich im Gesetz ausgesprochen, während jetzt der neue Wille Gottes, als der Rettungswille seiner Gnade in Jesus offenbar geworden ist und Paulus zu seinem Werkzeug erwählt hat. Aber dennoch: Wille und Erwählung Gottes,

hier nicht, sondern spricht von **„dem Gerechten"**, den Gott ihn vor Damaskus sehen und hören ließ. Darin liegt, wie bei den Petruspredigten, die Anklage gegen Israel, das diesen **„Gerechten"** ausstieß und ans Fluchholz hängte. Nun ist Paulus durch Damaskus zum **„Zeugen"** gemacht, zu dem Mann, der wie die Urapostel berichten kann, was er selber von Jesus **„gesehen und gehört hat"**, der dies aber auch zu tun verpflichtet ist. Noch einmal wird uns klar, daß es im „Christentum" nicht um unsere Gedanken und Ansichten über Gott geht, sondern um unerfindbare, von Gott geschaffene und geschenkte Tatbestände, die man schlechterdings nur „bezeugen" kann, wenn man sie gesehen und gehört hat[514].

Paulus durfte nun dort in Damaskus das tun, was er selber später so oft als das rettende Geschehen genannt hat: Er durfte „den Namen des Herrn anrufen" und in der Taufe die Antwort Jesu und die Abwaschung seiner Sünden, seines ganzen Rebellenlebens empfangen. Seltsamerweise wird weder hier noch an irgendeiner andern Stelle von Paulus der Geistesempfang bei der Taufe, dokumentiert durch Zungenreden, erzählt. Aber es ist bei der Taufe des Sauls von Tarsus offenbar so still und nüchtern zugegangen, wie es Kap. 9, 19 von Lukas beschrieben wird. Ein Unterschied in der Darstellung ist aber besonders auffallend: Während Kap. 9, 15 sogleich klar die „Heiden" als das eigentliche Sendungsziel des Paulus genannt werden, läßt er es hier seinerseits vor dieser Menge noch verborgen in dem allgemeinen Ausdruck **„du wirst ein Zeuge für ihn sein gegenüber allen Menschen"**.

17 Denn von seiner Sendung zu den Heiden, diesem gefährlichsten Punkt, will Paulus nun noch gründlicher sprechen. Paulus hat in 2 Ko 12 von den „Gesichten und Offenbarungen des Herrn" ungern und nur andeutend geschrieben. Sein Leben war auch nach dieser Richtung hin unendlich viel reicher und mächtiger, als wir es wissen können. Eine solche „Offenbarung des Herrn" empfing er bei seinem ersten Besuch in Jerusalem[515] nach seiner Bekehrung und empfing sie beim Gebet im Tempel. Paulus hat solche „Gesichte" klar von der

nicht Eigenwille und Ungehorsam haben Paulus auf den total neuen Weg geführt (vgl. 1 Ko 1, 1; 2 Ko 1, 1; Kol 1, 1; 2 Tim 1, 1).

514 Auch unsere Aufgabe heute ist nicht tiefsinnige Gedankenbildung oder geschickte Diskussion, sondern „Zeugnis", wie es auch der einfachste Christ ohne Ausbildung und Examina ablegen kann und muß.

515 Wieder haben wir es mit einem der typischen Nachträge des Lukas zu tun. In Kap. 9, 29 f führte er die schnelle Abreise des Paulus nur auf einen Mordanschlag gegen ihn und auf den Rat bzw. Befehl der Brüder zurück. Jetzt erfahren wir, was Paulus eigentlich bewegt und getrieben hat. Es ist aber kein „Widerspruch". In dem Mordanschlag verwirklicht sich die Warnung des Herrn, und der Rat der Brüder nimmt das „Eile und geh!" des Herrn auf.

realen Begegnung mit Jesus vor Damaskus unterschieden! Hier konnte es für ihn keine Verwechslungen geben. Es wäre darum umgekehrt eine völlige Entstellung des Damaskus-Geschehens, wenn wir dabei von einer „Christus-Vision" des Paulus sprechen wollten. Auch bei dem, was Paulus jetzt erzählt, weiß er genau, daß er im Tempel **„in Verzückung geriet"**, also in jenen Zustand, von dem er 2 Ko 12, 2 f sagt: „Ob er in dem Leibe oder außer dem Leibe gewesen ist, weiß ich nicht; Gott weiß es." Darum sah und hörte auch jetzt im Tempel keiner etwas außer ihm. Für ihn aber war es eine gültige „Offenba-
rung des Herrn": **„Ich sah ihn, der zu mir sagte: ‚Eile und gehe rasch** 18
aus Jerusalem, denn sie werden nicht annehmen dein Zeugnis über mich.'" Jesus im Tempel, Jesus der Herr auch des Tempels – welche Ungeheuerlichkeit war das wieder für die Hörer des Paulus. Wahrscheinlich vermied er darum auch hier wieder den Jesus-Namen und sprach nur von **„Ihm"**. **„Eile!"** sagt ihm Jesus: Wie hat dann diese **„Eile"**, dieses stürmische Vorwärtsdrängen über der ganzen Arbeit
des Paulus gelegen. Paulus unterstreicht aber zunächst, daß er auch 19
jetzt dem Herrn selbst entgegen noch anders dachte und in Jerusalem bleiben wollte. Seine Hörer sollen es wissen, wie zäh er an Israel und an Jerusalem hing! Er hat es sich in keiner Weise selber ausgesucht,
zum Apostel der Nationen zu werden. Hat er nicht gerade in Jerusa- 20
lem so viel wieder gutzumachen? Und muß es nicht gerade in Jerusalem alle überzeugen, wenn er, der allen bekannte Verfolger, jetzt für das Evangelium eintritt[516]? Aber Jesus weiß es besser. Paulus soll
nicht seine Kraft in vergeblichen Kämpfen in Jerusalem verzehren. 21
Sein Herr hat andere Pläne mit ihm und gebietet ihm jetzt mit aller Bestimmtheit: **„Gehe, denn zu den Heiden weit fort werde ich dich senden."** Paulus mußte gehorchen, auch wenn er gern seine eigene Seligkeit daran gegeben hätte, um sein Israel, und das heißt ohne weiteres: um Jerusalem zu retten.

PAULUS IN JERUSALEM

4. Paulus in Schutzhaft der Römer

Apostelgeschichte 22, 22–29

22 Sie hörten ihn aber an bis zu diesem Wort, und sie erhoben ihre Stimme und sagten: „Hinweg von der Erde mit einem solchen!

[516] So meinen wir es alle. Aber wir müssen es auch alle schmerzlich erfahren: Einem Bekehrten hilft keine Versicherung, daß er früher selber so gedacht habe wie seine jetzigen Gegner und ihre Einwände sehr gut kenne und sich nun doch habe anders überzeugen müssen. Auf weltanschauliche und theologische Gegner macht so etwas nicht den geringsten Eindruck.

zu Vers 22:
Lk 23, 18
Apg 21, 36
25, 24
zu Vers 23:
Mt 26, 65
Apg 14, 14
zu Vers 24:
Apg 21, 34
zu Vers 25:
Apg 16, 37
23, 27
zu Vers 29:
Apg 21, 33

23 Denn er darf nicht leben!" * Und als sie schrien und ihre Kleider
24 abwarfen und Staub in die Luft schleuderten, * befahl der Tribun,
ihn in die Kaserne zu bringen mit der Anweisung, er solle unter
Geißelhieben verhört werden, damit er erfahre, weshalb sie so
25 gegen ihn schrien. * Als sie ihn aber für die Auspeitschung aus-
streckten, sagte Paulus zu dem dabeistehenden Centurio: „Dürft
ihr einen Römer und dazu noch ohne gerichtliches Urteil geißeln?"
26 * Als es der Centurio hörte, ging er zu dem Tribunen, erstattete
Meldung und sagte: „Was willst du tun? Denn dieser Mensch ist
27 ein Römer!" * Da kam der Tribun herzu und sprach zu ihm: „Sage
28 mir, du bist wirklich ein Römer?" Er sprach: „Ja!" * Der Tribun
antwortete: „Ich meinerseits habe das Bürgerrecht für eine hohe
Summe erworben." Paulus aber sagte: „Ich bin auch (darin) **ge-**
29 boren." * Sofort nun traten von ihm weg, die ihn verhören soll-
ten. Und der Tribun war erschrocken, als ihm klar wurde, daß er
ein Römer sei und daß er ihn hatte fesseln lassen.

22 Es ist Paulus gelungen, die erregte Menge still zu bekommen. Auch den Bericht über seine Begegnung mit Jesus vor Damaskus hört sie schweigend an. Eine Schar an Jesus glaubender Juden lebte in ihrer Mitte und wurde geduldet. So mochte auch dieser Paulus an Jesus glauben. Aber als Paulus nun von seiner Sendung spricht: nicht nach Jerusalem, sondern fern unter die Heiden!, da ist der jüdische Stolz aufs neue getroffen. **„Sie hörten ihn aber an bis zu diesem Wort, und sie erhoben ihre Stimme und sagten: ‚Hinweg von der Erde mit einem solchen! Denn er darf nicht leben!'"** Der Tumult bricht los wie vorher.
23 **„Sie schrien und warfen ihre Kleider ab und schleuderten Staub in die Luft."** Ihr rasender Zorn muß einen Ausdruck finden, zumal der Verhaßte hinter dem Wall der Legionäre für sie unerreichbar ist.

24 Der Tribun steht ratlos vor diesem ganzen Geschehen. Überrascht von dem guten Grie seines Gefangenen hatte er die Rede erlaubt und irgendeine Lösung der Situation von ihr erhofft. Verstanden hat er nicht viel von der Rede, selbst wenn Paulus nicht hbr, sondern aramäisch sprach. Aber immerhin, es wurde still; die Leute hörten zu. Und nun brach plötzlich der tolle Sturm wieder los, die Lage wurde bedrohlich. Was war das nur für ein Mann, den er verhaftet hatte? Darüber wollte er endlich Klarheit haben, und so ordnet er an, was damals bei Bewohnern unterworfener Provinzen völlig üblich war: Hinein in die Kaserne mit ihm und Verhör unter Anwendung der Folter!

25 Paulus wird den lateinisch gegebenen Befehl nicht verstanden haben. Erst als die Soldaten ihn in der Kaserne packen und ihn für die Auspeitschung ausstrecken wollen, merkt er, was man vorhat. Er wen-

det sich an den Centurio, der das Verhör leiten sollte, mit der Frage: **„Dürft ihr einen Römer und dazu noch ohne gerichtliches Urteil geißeln?"** Der Offizier **„erstattet"** sofort **„Meldung"** an den Tribunen. 26
Eine höchst fatale Sache! Auf das Schlagen eines römischen Bürgers stand die Todesstrafe! Und selbst das Fesseln eines **„Römers"** war streng verboten. So eilt der Tribun persönlich herbei. Was für eine 27—29
menschliche Zeit war es damals, daß das einfache Wort eines Mannes genügte und man seiner Aussage traute. Denn einen Paß mit „Lichtbild" und Stempel hatte Paulus sicher nicht bei sich. Wohl wundert sich der Tribun. Wie kommt dieser offensichtlich arme Mann zum römischen Bürgerrecht, das er selbst **„für eine hohe Summe erworben hatte"?** Aber Paulus kann es ihm sagen: **„Ich bin auch darin geboren."** Der pflichttreue Offizier erschrickt: Schon mit der Fesselung des Paulus hat er sich strafbar gemacht und hatte mit der Anordnung der Geißelung gegen ihn ein Verbrechen begangen, das ihn den Kopf kosten konnte. Die beteiligten Soldaten ziehen sich sofort zurück. „Civis romanus sum" d. h. „Ich bin römischer Bürger", das war damals wirklich ein Zauberwort. Paulus hat davon Gebrauch gemacht, einst in Philippi (16, 37) und jetzt hier in der römischen Kaserne. Er trug die „Malzeichen Christi" (Gal 6, 17) genug an seinem Leibe. Und jetzt mußte er um Leben und Freiheit kämpfen für den großen Auftrag, den sein Herr ihm gegeben hatte. Lukas hat uns an Paulus beides gezeigt: die völlige Bereitschaft zum Leiden und zum Sterben für den Namen des Herrn Jesus, aber auch die ruhige und sorgfältige Verteidigung seines Lebens und seiner Wirkungsmöglichkeiten, und das ebenfalls für den Namen des Herrn Jesus.

PAULUS IN JERUSALEM
5. Verhandlung vor dem Hohen Rat

Apostelgeschichte 22, 30 — 23, 11

30 **Am andern Tage aber, da er Zuverlässiges erfahren wollte, wes-**
wegen er von den Juden angeklagt werde, löste er ihn (von den
Fesseln) **und befahl, daß der Hohepriester und das ganze Syne-**
drium zusammenkommen sollten, und führte Paulus hinunter
23, 1 **und stellte ihn vor sie. * Paulus aber blickte das Synedrium fest**
an und sprach: „Ihr Männer und Brüder, ich habe mit völlig gu-
tem Gewissen mein Leben mit Gott geführt bis zu diesem Tag!"
2 *** Aber der Hohepriester Ananias befahl dem neben ihm Stehen-**
3 **den, ihn auf seinen Mund zu schlagen. * Da sprach Paulus zu ihm:**
„Schlagen wird dich Gott, du getünchte Wand! Da sitzest du, mich
nach dem Gesetz zu richten, und gegen das Gesetz befiehlst du,

zu Vers 30:
Mt 10, 17 ff
Apg 21, 34
zu Vers 1:
Apg 22, 1. 3 ff
1 Tim 3, 9
Hbr 13, 18
zu Vers 2:
Jer 20, 1 f
Jo 18, 22 f
Apg 24, 1

zu Vers 3:
Hes 13, 10—15
Mt 23, 27
Jo 7, 51
zu Vers 5:
2 Mo 22, 27 f
zu Vers 6:
Mt 10, 16
Apg 22, 3
26, 5
28, 20
Phil 3, 5
zu Vers 8:
Mt 22, 23
zu Vers 9:
Apg 5, 34. 39
25, 25
zu Vers 11:
Ps 124
Apg 18, 9
19, 21
27, 24
28, 23

4 daß ich geschlagen werde?" *Aber die Dabeistehenden sagten:
5 „Den Hohenpriester Gottes schmähst du?" * Und Paulus sprach:
„Ich wußte nicht, Brüder, daß er der Hohepriester ist. Denn es
steht geschrieben: Den Obersten deines Volkes sollst du nicht
6 verwünschen." * Da aber Paulus wußte, daß der eine Teil aus
Sadduzäern besteht, der andere aber aus Pharisäern, rief er in
dem Synedrium: „Brüder, ich bin Pharisäer, ein Sohn von Phari-
säern; wegen der Hoffnung und der Auferstehung der Toten
7 werde ich gerichtet." * Als er aber dies sagte, entstand ein Streit
zwischen den Pharisäern und Sadduzäern, und es spaltete sich die
8 Menge. * Denn die Sadduzäer sagten, es gäbe nicht Auferstehung,
9 nicht Engel, noch Geist. Die Pharisäer aber bekennen beides. * Es
entstand ein lautes Geschrei; und es erhoben sich einige der
Schriftgelehrten von dem pharisäischen Teil, stritten und sagten:
„Nichts Schlimmes finden wir an diesem Mann. Wenn aber ein
10 Geist zu ihm gesprochen hat oder ein Engel —?" * Als aber ein
großer Aufruhr entstand, fürchtete der Tribun, Paulus werde von
ihnen zerrissen werden, und befahl, die Wache solle herkommen,
11 ihn aus ihrer Mitte reißen und in die Kaserne bringen. * In der
folgenden Nacht aber trat zu ihm der Herr und sprach: „Sei gutes
Muts! Denn wie du meine Sache bezeugt hast in Jerusalem, so
mußt du auch in Rom Zeugnis ablegen!"

30 Dieser Abschnitt bietet unserm Verständnis erhebliche Schwierigkeiten. Wenn Klaudius Lysias das Verhör unter der Folter hatte abbrechen müssen, hatte er dann nach allem Erlebten so wenig Vertrauen zu Paulus, daß er ihn nicht selber gründlich nach allem fragte? Es scheint in der Tat, daß Paulus ihm irgendwie „unheimlich" war und er lieber von einer andern Stelle ein „objektives" Bild der Anklage gegen Paulus haben wollte. Konnte aber der Stadtkommandant von Jerusalem dem Hohenpriester und dem Hohen Rat einen „Befehl" geben? Vielleicht wählte Lukas hier unwillkürlich die militärische Sprache, während der Tribun in Wirklichkeit um eine solche Sitzung gebeten haben wird. Die Sadduzäer folgten einer solchen Bitte gern und hofften, Paulus dabei in ihre Hand bekommen zu können. Widerspruchsvoll ist das Verhalten des Tribunen auch darin, daß er einerseits erschrocken war, „weil er Paulus hatte fesseln lassen", (V. 29) und ihn doch erst am folgenden Tage „von den Fesseln löste". Auch hier wird ein Mißtrauen sichtbar, das den Offizier auf jeden Fall vorsichtig sein ließ. Zur Ratssitzung aber ließ er Paulus ungefesselt gehen. Es soll auch daran sichtbar sein, daß Paulus jetzt nicht zur Aburteilung als Verbrecher dort erscheint, sondern daß sich lediglich der Tribun über den Vorwurf gegen Paulus orientieren will. Lysias

mit seinem Adjutanten wohnt der Sitzung persönlich bei. Er **„stellte Paulus vor sie"** und erteilt Paulus damit das Wort.

**„Paulus aber blickte das Synedrium fest an und sprach: ‚Ihr Män- 23,1
ner und Brüder, ich habe mit völlig gutem Gewissen mein Leben mit Gott geführt bis zu diesem Tag!'"** Wir staunen. Kann Paulus, der Verfolger der Gemeinde, der erste aller Sünder (1 Tim 1, 15), so reden? Gibt es in seinem Leben keinen Bruch? Wenn wir diesen Satz des Paulus recht verstehen wollen, müssen wir auf zweierlei achten: einmal auf die Art seiner Bekehrung und zugleich auf die Situation, in die hinein er hier redet. Was er im Römerbrief (10, 2) ganz Israel zubilligt, das konnte er vor diesem Kreis auch sich selbst zuschreiben: ein Leben, das Gott dienen wollte. Es hatte in diesem Augenblick keinen Zweck, dem Hohen Rat auseinanderzusetzen, wie sehr dieser „Dienst Gottes" dennoch unermeßliche Schuld geworden war. Hier war er nicht seines früheren Lebens wegen angeklagt, sondern um all das, was er seit seiner Bekehrung getan hatte. Für die Männer, vor denen er hier stand, sah doch sein Leben so aus, daß er aus einem rechten und frommen Wandel als strenger Jude unbegreiflich in diese gotteslästerliche und schändliche Gesellschaft der Christen geraten war. Dahinter konnten doch nur dunkle und böse Motive stehen. Petrus und Johannes waren: „ungelehrte Leute und Laien" (Kap. 4, 13) und hatten darin eine gewisse Entschuldigung. Aber ein Paulus konnte doch nur mit bösem Gewissen vor denen stehen, mit denen er einst gegen den christlichen „Wahn" gekämpft hatte. Darum sagt Paulus jetzt seinen ersten Satz: „Ich weiß, wie ihr mich anseht, aber
ich stehe frei und **mit völlig gutem Gewissen** vor euch!" Der Hohe- 2
priester bestätigt, daß wir richtig ausgelegt haben. Ihm ist dieser Satz die Frechheit eines verstockten Verbrechers, für die er einen Schlag auf den Mund haben muß.

Wieder sehen wir Paulus wie Kap. 16, 37; 22, 25 fest gegen alles 3
Unrecht gerade amtlicher Stellen auftreten. Er ruft dem Vorsitzenden des Rates zu: **„Da sitzest du, mich nach dem Gesetz zu richten, und gegen das Gesetz befiehlst du, daß ich geschlagen werde?"** Und er verbindet damit ein Wort, das er nicht aus seinem eigenen Herzen hat und das wir nicht als ein heftiges Wort der Erregung auffassen dürfen: **„Schlagen wird dich Gott, du getünchte Wand."** Paulus war nicht der Mann, der aus Ärger fluchte! Er spricht hier eine Weissagung aus, die sich erfüllt hat. Der Vorsitzende, den Paulus nicht kennt und der nicht die hohepriesterliche Tracht trägt[517], ist Ananias. Er war

[517] Auch hier wird sichtbar, wie diese Sitzung zustande gekommen war. Man hatte sich — nicht ungern — dem Wunsch des Römers gefügt; aber man ließ ihn spüren, daß er nicht die Hohenpriester Israels springen lassen könne! Man erschien formlos, ohne Würdezeichen.

im Jahre 48 n. Chr. als Hoherpriester eingesetzt worden. „Das Amt verlor er wegen der blutigen Fehde, die zwischen den Juden und den Samaritern entstanden war; deshalb schickte ihn der Regent von Syrien, Ummidius Quadratus, vor das kaiserliche Gericht nach Rom. Von dort nach Jerusalem zurückgekehrt, wurde er allmählich der reichste und mächtigste unter den Hohenpriestern. Da den Sadduzäern daran lag, daß Paulus ihnen jetzt nicht entwische, ist es nicht auffallend, daß dem gewalttätigsten Mann aus ihrer Schar die Leitung des gerichtlichen Verfahrens gegen Paulus übertragen wurde" (Schlatter, „Erläuterungen"). Paulus nimmt das Verhalten dieses Mannes sehr ernst. Denn er selbst steht ja hier als der Apostel und Zeuge des Messias Jesus! Es geht in dieser Sitzung um die höchsten und entscheidendsten Wahrheiten für Israel. Jetzt ist es unverzeihliche Schuld, wenn der Leiter dieser Verhandlung eine **„getünchte Wand"**[518] ist, ein Mann, der sich dem Ernst der Fragen nicht stellt, sondern unter der Tünche von „Rechtsprechung" den wehrlosen Boten Jesu sofort zum dreisten Verbrecher stempeln möchte. Das läßt Gott[519] nicht ungestraft: **„Schlagen wird dich Gott, du getünchte Wand!"** Das Wort hat sich erfüllt. Ananias ist wenige Jahre später zu Beginn des jüdischen Aufstandes gegen Rom als Römerfreund ermordet worden.

4—5 **„Aber die Dabeistehenden sagten: ‚Den Hohenpriester Gottes schmähst du?'"** Ananias war dem Paulus nicht persönlich bekannt und jetzt ohne Abzeichen erschienen. Paulus entschuldigt sich: **„Ich wußte nicht, Brüder, daß er der Hohepriester ist. Denn es steht geschrieben: Den Obersten deines Volkes sollst du nicht verwünschen."** Nicht daß das Verhalten des Ananias weniger schlimm wurde, wenn er Hoherpriester war. Im Gegenteil. Aber Paulus sah in dem Wort des Gesetzes **„Den Obersten deines Volkes sollst du nicht verwünschen"** eine rechte und ernste Anweisung Gottes, die er auch als Christ willig achtete[520].

518 Vergleiche dazu Jesu Wort vom „übertünchten Grab" Mt 23, 27, vor allem aber Hes 13, 10—12. Das Bild ist für den Morgenländer noch krasser, der seine Häuser vielfach aus Lehm und Asphalt bauen mußte. Die Brüchigkeit solcher Wände war mit der weißen Kalktünche überdeckt.

519 Kein Leser der Apg kann umhin, an dieser Stelle an die eigentümliche Parallele zu dem Prozeß Jesu zu denken: Jo 18, 20—23. In der ruhigen Sachlichkeit („Demut") der Antwort scheint der Meister dem Jünger weit überlegen. Das wäre nicht verwunderlich. Aber wir dürfen doch die Unterschiede der Lage nicht übersehen. Damals schlug ein Gerichtsdiener im eigenen Ärger Jesus; hier befahl der Vorsitzende des Gerichts den Schlag. Hier war die Verantwortung und die Schuld eine weit größere; und eben das stellt Paulus mit seinem Wort fest.

520 Manche Ausleger meinen in dem Wort des Paulus eine Ironie zu hören: „Verzeihung, aber das war ja nun wirklich nicht gerade hohenpriesterlich gehandelt! Dahinter konnte ich beim besten Willen nicht einen Hohenpriester erkennen. Wenn es aber tatsächlich

Und nun wird es wieder überraschend und zunächst befremdend 6
für uns. **„Da aber Paulus wußte, daß der eine Teil aus Sadduzäern besteht, der andere aber aus Pharisäern, rief er in dem Synedrium: ‚Brüder, ich bin ein Pharisäer, ein Sohn von Pharisäern; wegen der Hoffnung und der Auferstehung der Toten werde ich gerichtet.'"** Ist Paulus unter die Diplomaten gegangen? Macht er in dieser Lage einen gerissenen Schachzug? Und fällt eine Körperschaft wie der Hohe Rat sofort darauf herein? Paulus hat sich später bei der offiziellen Verhandlung vor dem Statthalter Felix im Beisein des Ananias und der Ältesten aus Israel auf diesen Satz berufen (Kap. 24, 21). Das hätte er nie tun können, wenn der Satz nur eine List gewesen wäre. Paulus muß ihn ernst gemeint haben. Aber wie kann Paulus das im Ernst gesagt haben?

Wir dürfen solch ein Wort nicht losgelöst von der Situation für sich betrachten. Paulus steht zum ersten und — wie er wohl ahnt — auch zum letzten Mal vor der höchsten Instanz seines geliebten Volkes Israel. Steht er nur als „Christ", als unbeteiligter Fremdling vor ihr? Ist seine Bekehrung die Lösung von Israel? Wir heutigen Christen sehen es immer so an. Aber alles, was Paulus in Rö 9—11 geschrieben hat, widerspricht einer solchen Vorstellung. Israel ist nicht von Gott verstoßen. Israel ist der edle Ölbaum, aus dem nur Zweige ausgebrochen sind, dessen Wurzel aber heilig bleibt. Paulus hat auch als Apostel der Heiden nicht aufgehört Israelit zu sein. Muß er sich denn ohne Gegenwehr aus Israel ausstoßen lassen? Gibt es keine gemeinsame Basis mehr zwischen dem Israeliten Paulus und den Israeliten im Hohen Rat? Zwischen den Sadduzäern und ihm liegt freilich ein Abgrund. Aber sind diese Sadduzäer eigentlich noch „Israel"? Doch da sitzen im Synedrium die Pharisäer — sind hier nicht echte Brücken da? **„Denn die Sadduzäer sagten, es gäbe nicht Auferstehung, nicht Engel, noch Geist. Die Pharisäer aber bekennen beides.**[521]**"** Die Pharisäer kennen eine echte Hoffnung. Sie glauben ernsthaft an die Auferstehung. Sie mögen die Botschaft von Jesus als einen bedenklichen Irrtum verwerfen und ihre Ausbreitung für ein Unglück halten. Aber ein todeswürdiges Verbrechen konnten sie nicht darin sehen, wenn einer an die tatsächlich von Gott gewirkte Auferstehung eines Mannes glaubt und von einer himmlischen Offenbarung überwunden zu sein behauptet. Es kann und darf nicht geschehen, daß Paulus nur von Israel verurteilt wird. So ruft er es in die Versammlung hinein: Mit euch Pharisäern weiß ich mich trotz allem verbunden, auf eurer Seite stehe ich, mit euch teile ich die Hoff-

der Hohepriester war — dann freilich — bitte ich um Entschuldigung." Aber Paulus hat in diesem Augenblick schwerlich Neigung zur Ironie gehabt.

[521] Zu dem Gebrauch des Wortes „beides" im Sinn von „alles" vgl. o. S. 351, Anm. 462.

nung Israels, die die Sadduzäer längst preisgegeben haben. Mit euch gemeinsam rechne ich damit, daß der lebendige Gott wirklich Tote auferweckt, und nur weil ich mit dem, was auch ihr grundsätzlich bekennt, letzten Ernst mache, stehe ich hier vor Gericht.

7–9 Weil Paulus sein Wort nicht als „Schachzug", sondern im letzten Ringen um die Erhaltung eines Bandes mit Israel gesagt hat, darum macht es Eindruck. Wir denken daran, daß eben doch auch ein Gamaliel nicht einer einfachen Verurteilung der Apostel zustimmen konnte, sondern mit der Möglichkeit rechnete, es könne Gottes Handeln hinter dem stehen, was Petrus und Johannes bezeugten. Und die Sache Jesu war tatsächlich nicht „untergegangen" (Apg 5, 38). Wieder müssen sie sich im Hohen Rat mit dieser Sache beschäftigen. Eine ungeheure Verbreitung hat sie gefunden in die weite Welt hinaus. „Ist das Werk aber aus Gott, werdet ihr nicht imstande sein, sie zugrunde zu richten" (Apg 5, 39), hatte der hochangesehene Lehrer Gamaliel damals gesagt. Stand Gott doch hinter all diesem Geschehen? So können die Pharisäer jetzt nach der Erinnerung an die **„Hoffnung"** Israels und an die **„Auferstehung der Toten"** nicht einfach mit den Sadduzäern Paulus verwerfen. Die immer vorhandene Spaltung tritt erneut hervor. Die Gemüter erhitzen sich an den alten Streitfragen, und es wird sehr laut im Saal. Nicht als ob alle Pharisäer geschlossen für Paulus eingetreten wären. Aber immerhin: **„Es erhoben sich einige der Schriftgelehrten von dem pharisäischen Teil, stritten und sagten: ‚Nichts Schlimmes finden wir an diesem Mann. Wenn aber ein Geist zu ihm gesprochen hat oder ein Engel —'?"**

10 Mit welchem Kopfschütteln mag der Tribun diesen Vorgang angesehen haben. Aber wieder ist sein Versuch gescheitert, Klarheit in dieser Sache zu bekommen. Wieder steht er vor dem Rätsel dieses seines Gefangenen, um den auch hier wieder dieser Tumult tobt, ohne daß deutlich wird, was man diesem Paulus eigentlich vorwarf! Irgend ein für einen römischen Soldaten faßbares Verbrechen ist es jedenfalls nicht. Das ist immerhin klar geworden. Unbegreifliche Streitigkeiten in Israel sind es, aus denen man nicht klug werden kann. So schreibt er es dann in seinem Bericht an den Statthalter. Jetzt aber muß er dafür sorgen, daß sein Gefangener nicht noch zerrissen wird. Er schickt seinen Adjutanten und läßt „eine Abteilung" — also wohl die Wache — kommen und Paulus **„aus ihrer Mitte reißen und in die Kaserne bringen"**.

11 Eine einmütige Verurteilung durch das Synedrium hat Paulus verhindern können. Zu einer raschen Verurteilung durch die Römer kann es nicht kommen. Eine neue Verfolgung der ganzen Gemeinde wird sich nicht anschließen, nachdem das Synedrium gespalten ist. Aber die Lage des Paulus ist völlig ungeklärt. Was wird werden? Pau-

lus selbst kann nicht in unbeteiligter Ruhe durch alles hindurchgegangen sein, so ruhig und überlegen er sich in allem gezeigt hat. Da wird ihm aufs neue eine „Offenbarung des Herrn" (2 Ko 12, 1) geschenkt. **„In der folgenden Nacht aber trat zu ihm der Herr und sprach: ‚Sei gutes Muts! Denn wie du meine Sache bezeugt hast in Jerusalem, so mußt du auch in Rom Zeugnis ablegen!'"** Jesus bestätigt seinem Boten, daß sein Gang nach Jerusalem trotz der ernsten und verwirrenden Folgen recht war. Paulus mußte in Jerusalem vor der Volksmenge und dem Obersten Rat seines Volkes die Sache Jesu bezeugen. Wir dürfen nicht einwenden, im Synedrium habe er doch kein Wort von Jesus gesagt. Daß er an Jesus als den Messias Israels und an seine Auferstehung glaubte, brauchte er in diesem Kreis nicht zu versichern. Das wußten alle. Aber darin bestand sein Zeugnis, daß er mit tiefem Ernst seinen einstigen Pharisäergenossen vorhielt, daß sein Evangelium nicht anders sei als die volle Erfüllung alles dessen, was auch sie lehrten; und daß darum auch sie zum Glauben an Gottes Taten in Jesus gerufen seien. Es gehörte in den Plan des Herrn mit Paulus, daß er das in Jerusalem sagte. Aber nun „muß" er auch noch nach Rom als Zeuge Jesu kommen. Darum darf er gutes Muts sein in aller Wirrnis, die er nicht lösen kann, sein Herr kann und wird ihn nach Rom bringen.

Paulus hat später aus Rom von seinem Prozeß an Timotheus geschrieben: „Sie verließen mich alle, aber der Herr stand mir bei" (2 Tim 4, 16 f). Jetzt erlebte er das zum ersten Mal. Wo war jetzt Jakobus, wo die „Tausende unter den Juden, die gläubig geworden waren"? Wo seine Gefährten aus den heidenchristlichen Gemeinden? Wir lesen nicht von einem einzigen Versuch, der unternommen wird, um Paulus zu helfen. Wir hören nicht einmal von einem brüderlichen Besuch bei Paulus, obwohl Kap. 23, 16 zeigt, daß solche Besuche möglich waren. Viele Zeugen Jesu haben solche Verlassenheit von ihren Freunden und von der „Gemeinde" erleben müssen. Wie schwer mag sie einem Paulus gefallen sein, der so von Herzen die Brüder liebte! Aber Jesus verläßt seinen Boten nicht. Er ist in Jerusalem und in der Burg Antonia so gegenwärtig, wie er es in Korinth war und wie er es auf dem tobenden Meer und einst im Prozeß vor Nero in Rom sein wird.

EIN NEUER ANSCHLAG GEGEN PAULUS
Überführung des Apostels nach Caesarea

Apostelgeschichte 23, 12—35

zu Vers 12:
Jo 16, 2
zu Vers 15:
Apg 25, 3
zu Vers 16:
Apg 9, 24
20, 3

12 Als es aber Tag wurde, rotteten die Juden sich zusammen und
legten einen Bann auf sich, indem sie sagten, sie würden weder
13 essen noch trinken, bis sie Paulus getötet hätten. * Es waren aber
14 mehr als vierzig, die diese Verschwörung veranstalteten. * Sie
kamen zu den Hohenpriestern und Ältesten und sprachen: „Mit
einem Bann haben wir uns belegt, nichts zu genießen, bis wir den
15 Paulus getötet haben. * Jetzt nun werdet ihr bei dem Tribunen
vorstellig, zusammen mit dem Synedrium, daß er ihn hierher
bringe zu euch, als wolltet ihr noch genauer seine Sache unter-
suchen. Wir aber sind bereit, bevor er in eure Nähe kommt, ihn
16 zu beseitigen." * Es hörte aber der Sohn der Schwester des Paulus
den Anschlag, kam herbei und ging in die Kaserne und berichtete
17 dem Paulus. * Paulus aber rief einen der Centurionen herbei und
sagte: „Diesen jungen Mann führe zum Tribunen, denn er hat ihm
18 etwas mitzuteilen." * Er nun nahm ihn, brachte ihn zum Tribunen
und sprach: „Der Gefangene Paulus rief mich heran und bat mich,
diesen jungen Mann zu dir zu bringen, der dir etwas zu sagen
19 habe." * Der Tribun aber nahm ihn bei der Hand, führte ihn bei-
seite und erkundigte sich: „Was ist's, das du mir mitzuteilen
20 hast?" * Er sagte aber: „Die Juden sind übereingekommen, dich
zu bitten, daß du morgen früh Paulus hinabbringst zum Syne-
drium, als wolle es eine noch genauere Untersuchung anstellen.
21 * Du nun sei ihnen nicht zu willen, denn es lauern ihm auf mehr
als vierzig Mann von ihnen, die sich selbst mit einem Bann belegt
haben, weder zu essen noch zu trinken, bis sie ihn beseitigt haben,
22 und jetzt sind sie bereit, erwartend die Zusage von dir." * Der
Tribun entließ den jungen Mann, indem er ihm befahl, keinem zu
23 sagen, „daß du dies an mich gemeldet hast". * Und er rief zwei der
Centurionen herbei und sagte: „Macht zweihundert Soldaten be-
reit, daß sie nach Caesarea marschieren, und siebzig Reiter und zwei-
24 hundert Leichtbewaffnete, von der dritten Stunde an", * und Reit-
tiere bereitzustellen, damit sie Paulus darauf setzten und heil zu
25 dem Statthalter Felix brächten. * Und er schrieb einen Brief, der
26 diese Form hatte: * „Klaudius Lysias entbietet dem erlauchten
27 Statthalter Felix seinen Gruß. * Diesen Mann, der von den Juden
ergriffen und nahe daran war, getötet zu werden, habe ich, heran-
rückend mit der Wache, herausgeholt, da ich erfuhr, daß er ein

zu Vers 23:
Apg 9, 25
17, 10
zu Vers 26:
Apg 24, 1
Jak 1, 1
zu Vers 27:
Apg 21, 33
22, 25. 30

28 **Römer ist. * Und da ich die Ursache kennenlernen wollte, wegen**
29 **deren sie ihn verklagten, brachte ich ihn vor ihr Synedrium. * Da**
fand ich ihn angeklagt wegen Streitfragen ihres Gesetzes, jedoch
keine des Todes oder des Gefängnisses werte Anklage auf sich ha-
30 **bend. * Nachdem mir aber ein Anschlag angezeigt worden ist, der**
gegen den Mann erfolgen soll, habe ich ihn sofort zu dir geschickt
und habe auch die Ankläger angewiesen, ihre Sache gegen ihn vor
31 **dir zu führen." * Die Soldaten nun nahmen gemäß dem an sie er-**
gangenen Befehl den Paulus und brachten ihn nachts nach Antipa-
32 **tris. * Am folgenden Tage aber ließen sie die Reiter mit ihm**
33 **weiterziehen und kehrten in die Kaserne zurück. * Sie aber kamen**
nach Caesarea, gaben den Brief dem Statthalter und führten ihm
34 **auch den Paulus vor. * Als er den Brief gelesen und gefragt hatte,**
aus welcher Provinz er sei, und erfahren hatte, daß er aus Kilikien
35 **(stammte), sagte er: * „Ich werde dich verhören, wenn auch deine**
Ankläger eingetroffen sind." Er befahl, er solle im Prätorium des
Herodes bewacht werden.

zu Vers 29: Lk 23, 15. 22 Apg 18, 14 f 24, 1-8 25, 11. 25 26, 31
zu Vers 30: Apg 24, 8
zu Vers 31: Apg 17, 10
zu Vers 34: Apg 22, 3
zu Vers 35: Apg 25, 16

12—15

Was soll werden? Wie soll es weitergehen? Die Lösung kommt — wie so oft bei den Menschen Gottes — ganz unerwartet und gerade von seiten der Todfeinde des Paulus. Wir müssen uns noch einmal die Lage in Jerusalem anschaulich vorstellen. Je gespannter und erhitzter sich das national-religiöse Empfinden des jüdischen Volkes dem großen Aufstand näherte, umso unfähiger war es zu ruhigen und gerechten Überlegungen. Schroffe Urteile wie „Verräter", „Volksfeind" wurden leidenschaftlich aufgegriffen und ließen den Haß emporflammen. Und das „Weg mit ihm!" blieb nicht nur Wunsch und Geschrei. Immer schärfer wurde der Terror der „Dolchmänner", die, das krumme Messer im faltigen Gewand verborgen, überall in den engen Straßen, in den Pilgerzügen, selbst im Tempel zugegen waren und mit raschem Zustoßen die „Schädlinge" und „Römerfreunde" beseitigten. Es war ihnen damit bitterer, fanatischer Ernst. So bespricht man auch jetzt in radikalen Kreisen aufgeregt das Versagen des Hohen Rates diesem Abtrünnigen, diesem Verräter Paulus gegenüber und beschließt, zur Selbsthilfe zu greifen. Mehr als vierzig Mann nehmen das Gelübde auf sich, sie wollen verflucht sein, wenn sie etwas essen und trinken, ehe sie Paulus getötet haben. Aber wie an ihn herankommen? Sehr einfach: Der Kommandant will doch selber gerne herausbekommen, was es mit diesem Paulus auf sich hat; also verspricht man ihm eine zweite, gründlichere Ratssitzung zur Untersuchung der Sache. Zu dieser sollte er Paulus herunterschicken; auf dem kurzen Wege bricht man unversehens in die Reihe der begleitenden Soldaten ein und sticht Paulus nieder. Wenn dann auch der

eine oder andere unter einem römischen Schwerthieb fällt, Dolchmänner verstehen auch zu sterben, wenn sie nur Israel von solchem Schandfleck befreien[522]. Natürlich braucht man dazu die Hilfe des Hohen Rates, der sich dann an den Tribunen wenden muß. Die römerfreundlichen Sadduzäer waren den Dolchmännern sonst nicht gerade gewogen, der direkte Mord widerstrebte ihrer ganzen „vornehmen" und „gebildeten" Art. Aber sie selbst sollen ja ganz aus dem Spiel bleiben; der Mord solle geschehen, **„bevor Paulus in eure Nähe kommt".** Verhaßt war Paulus auch ihnen. So gehen sie auf den Plan ein, zumal es wenig geraten war, sich den Terroristen zu widersetzen.

16—22 Der Plan ist geschickt entworfen und bedeutet eine tödliche Gefahr für Paulus. Aber Gott weiß seinen Boten zu schützen. Wenn vierzig Fanatiker sich verschwören, so kann das nicht geheim bleiben. Ein Schwesternsohn des Paulus erfährt von dem Anschlag und meldet ihn dem Paulus. Ein Christ braucht er dazu persönlich nicht zu sein. Paulus kann den Besuch seines Neffen erhalten. Sein römisches Bürgerrecht wirkt gerade bei den Centurionen nach. Einer von ihnen bringt bereitwillig den jungen Mann zum Tribun. Der Mann hat mit diesem seltsamen Gefangenen genug Aufregung gehabt und beschließt seine sofortige Überlieferung an den Statthalter in Caesarea, der bei der ganzen verworrenen Sache sowieso allein der Zuständige
23—24 ist, der eine Entscheidung treffen kann. Nach gutem militärischem Grundsatz stellt er für die Überführung des Gefangenen eine solche Streitmacht bereit[523], daß irgendein Angriff der Gegner von vornherein zwecklos wird. Paulus bekommt sogar ein Reittier zur Verfügung gestellt und wird auf ihm in die Mitte der siebzig Reiter genommen worden sein. Und so erlebt Paulus, was Menschen unter Gott immer wieder erfahren: Es wird alles ganz anders, als er es sich je hätte denken können. „Drangsal und Fesseln, Auslieferung an die Heiden", das war Paulus vorausgesagt worden. Wie soll ich dann je aus Jerusalem zurückkommen, mochte er gedacht haben. Nun verläßt er Jerusalem in solcher militärischen Begleitung in der Stille der Nacht. Um neun Uhr abends stehen die Truppen bereit. Durch die Nacht hindurch geht es nach Antipatris[524]. Das sind fast 50 km, eine erhebliche Marschleistung. Dort ist Paulus in Sicherheit. Das große

[522] Einige Handschriften haben in V. 15 den Zusatz: „und wenn es nötig wäre, auch zu sterben."

[523] Das Wort, das wir mit „Leichtbewaffnete" übersetzt haben, ist nicht sicher zu bestimmen. Vielleicht trifft Luthers Übersetzung „Schützen" das richtige.

[524] Die Stadt liegt am Südostrand der Saronebene an der alten Heerstraße zwischen Jerusalem und Caesarea. „Herodes der Große baute sie an der Stelle des alten Aphek und nannte sie nach seinem Vater" (Lexikon zur Bibel Spalte 88).

Truppenkontingent kann nach Jerusalem zurückkehren[525]. Für Paulus geht der Ritt im Schutz der Kavallerieabteilung sofort weiter nach Caesarea.

Klaudius Lysias hat einen Brief an den Statthalter mitgegeben. Er 25–30
zeigt die typische Briefform des Altertums. Der Statthalter Felix ist als „Erlaucht" oder als „Exzellenz" angeredet. Der „Gruß" heißt wörtlich übersetzt „viel Freude!", aber er ist so abgegriffen und bedeutungslos wie unser „Guten Tag" oder „Wiedersehen!", bei dem keiner dem andern wirklich einen „guten Tag" wünscht oder ernstlich an ein „Wiedersehen" denkt. Der Brief faßt inhaltlich kurz zusammen, was der Tribun mit Paulus erlebt hat, betont das römische Bürgerrecht[526] des Gefangenen, das zu seinem Schutz verpflichtet, und deutet – zurückhaltend und ohne vorgreifende Stellungnahme – an, daß es sich offenbar um innerjüdische religiöse Streitigkeiten und nicht um irgendein bürgerliches Verbrechen handelt. Nun mag der Statthalter zusehen! An ihn hat Lysias auch die jüdischen Ankläger verwiesen. Auch das gehört zum Stil des antiken Briefes, daß man ihn vom Standpunkt des Empfängers aus schrieb, also in der Form der Vergangenheit ausdrückt, was beim Schreiben des Briefes noch Gegenwart oder Zukunft ist. Wir würden schreiben: „Ich schicke dir den Gefangenen und werde seine Ankläger anweisen, ihre Sache gegen ihn vor dir zu führen." Aber wenn Felix den Brief lesen wird, dann „hat" Lysias das alles schon getan.

Paulus wird sogleich Felix vorgeführt. Der Statthalter erkundigt sich 33–35
nach seiner Heimatprovinz[527], entschließt sich dann aber doch, die Sache selber zu übernehmen. Paulus sollte in dem „Prätorium"[528],

[525] Man hat diese Angaben des Lukas sehr kritisch betrachtet, ihn zugleich auch mit mangelnder geographischer Kenntnis der Lage der Orte und der Entfernungen zwischen ihnen entschuldigt. Aber muß man die Angaben in unserem Bericht pressen? Sie „brachten Paulus nachts nach Antipatris" muß doch nicht heißen, daß sie genau am Morgen mit ihm in Antipatris eintrafen. Und das Weiterziehenlassen des Paulus mit den Reitern am folgenden Tage und das eigene Zurückkehren der Truppe in die Kaserne besagt in keiner Weise, daß auf der Stelle ein erneuter Gewaltmarsch bis nach Jerusalem angetreten sei. Nur das soll unterstrichen werden, daß für Paulus allerdings der Ritt sofort nach Caesarea weiterging.

[526] Wie „echt" ist dabei die unwillkürliche Umfärbung in der Darstellung! Gerade weil der Tribun ein schlechtes Gewissen im Blick auf die Behandlung des römischen Bürgers Paulus hat (Fesselung und Auspeitschung), stellt er hier sein Vorgehen als schützendes Eingreifen für einen römischen Bürger dar.

[527] Ein Prozeß konnte in der Heimatprovinz eines Angeklagten geführt werden oder in der Provinz des Tatortes oder in der Provinz, in der der Betreffende verhaftet worden war.

[528] Manche Ausleger haben dies „Prätorium" mit dem in Phil 1, 13 genannten identifiziert und lassen so den Philipperbrief – wie auch die andern Gefangenschaftsbriefe – in Caesarea geschrieben sein. Aber dazu paßt in keiner Weise, daß Paulus sich im Philipperbrief offenbar auf eine Haftverschärfung bezieht, während er in Caesarea nach kur-

dem Amtssitz des Statthalters, der in Caesarea das Schloß des Herodes bewohnte, bewacht werden, bis auch seine Ankläger erschienen. Ob das von vornherein eine „leichte“ Haft bedeutet hat, wissen wir nicht. Ein solches Schloß konnte auch seine dunklen Verließe haben. Darum wird später in Kap. 24, 23 die Erleichterung der Haft ausdrücklich hervorgehoben. Nun ist Paulus wieder in Caesarea, ganz anders als knapp vierzehn Tage vorher (Kap. 21, 8–14). Agabus hat mit seiner Prophezeiung recht behalten. Daran hatte Paulus damals nicht gezweifelt, als sie ausgesprochen wurde; aber zu sterben für den Namen des Herrn Jesu, das war in Jerusalem noch nicht von ihm gefordert worden. Er war zunächst wirklich „von den Ungläubigen in Judäa errettet“ (Rö 15, 31); die Gebete auch der römischen Brüder waren darin erhört. Wie wird der Herr seinen Weg nach Rom führen? Wird er doch noch „mit Freuden“ zu der Gemeinde Roms kommen und sich „mit ihr erquicken“? (Rö 15, 32) Was mag er in seiner Gefängniszelle gedacht, gehofft, getan und gebetet haben! Wie wenig wissen wir!

PAULUS IN CAESAREA

1. Die Verhandlung vor dem Statthalter Felix

Apostelgeschichte 24, 1–23

zu Vers 1: Apg 23, 2; 25, 2. 15
zu Vers 3: Apg 23, 26; 26, 25
zu Vers 5: Lk 23, 2; Apg 17, 6; 1 Ko 4, 13
zu Vers 6: Apg 21, 28 f
zu Vers 8: Apg 23, 30

1 **Nach fünf Tagen aber kam der Hohepriester Ananias mit einigen**
Ältesten und einem Rhetor Tertullus herab, die dem Statthalter
2 **Anzeige erstatteten gegen Paulus. * Als er aber herbeigerufen**
war, begann Tertullus die Anklage mit folgenden Worten: „Daß
wir viel Frieden erlangt haben durch dich und Reformen erfolgt
3 **sind für dieses Volk durch deine Fürsorge, * erkennen wir allezeit**
4 **und allerorten an, erlauchter Felix, mit aller Dankbarkeit. * Damit**
ich aber nicht weiter dich ermüde, bitte ich dich, uns kurz anzuhö-
5 **ren in deiner Güte. * Wir fanden nämlich diesen Mann als eine**
Pestbeule und einen Erreger von Unruhen gegen alle Juden auf der
6 **ganzen Welt, als Rädelsführer der Sekte der Nazarener. * Er hat**
auch den Tempel versucht zu entweihen; da haben wir ihn er-
7 **griffen** (und wollten ihn nach unserm Gesetz richten. * Es kam
aber der Tribun Lysias herbei und führte ihn mit Gewaltanwen-
dung aus unseren Händen, indem er seinen Anklägern befahl,
8 zu dir zu kommen.) * **Von ihm wirst du selber, wenn du ihn**

zer Zeit eine Hafterleichterung erfuhr. Und mit einer Möglichkeit des Todesurteils brauchte Paulus in Caesarea schwerlich so ernst zu rechnen, wie er es in Phil 2, 17 immerhin tut. Das Recht der Appellation an den Kaiser stand ihm als römischem Bürger immer offen.

verhört hast wegen aller dieser Dinge, das erfahren, dessen wir
9 ihn anklagen.“ * Es griffen (ihn) aber auch die Juden mit an, in-
10 dem sie sagten, es verhalte sich so. * Und Paulus antwortete, als
ihm der Statthalter zunickte zu reden: „Da ich weiß, daß du seit
vielen Jahren ein Richter für dieses Volk bist, verteidige ich mich
11 gutes Muts in meiner Sache. * Du kannst ja feststellen, daß es
nicht mehr als zwölf Tage für mich sind, seit ich hinaufzog anzube-
12 ten nach Jerusalem. * Und weder im Tempel fanden sie mich gegen
jemand disputierend oder einen Auflauf des Volkes erregend,
13 noch in den Synagogen, noch in der Stadt. * Sie können dir auch
14 nicht beweisen, worüber sie mich jetzt anklagen. * Das aber be-
kenne ich dir, daß ich nach dem ‚Wege‘, den sie eine ‚Sekte‘ nen-
nen, so dem Gott der Väter diene, glaubend allem, was dem Ge-
15 setz entspricht und was bei den Propheten geschrieben ist, * wobei
ich die Hoffnung zu Gott habe, welche auch diese selbst erwarten,
daß eine Auferstehung stattfinden werde der Gerechten und der
16 Ungerechten. * Deswegen übe ich mich auch selbst, ein unverletz-
tes Gewissen zu haben gegen Gott und die Menschen beständig.
17 * Nach vielen Jahren aber bin ich hergekommen, um Wohltaten
18 für mein Volk auszurichten und Opfer. * Bei diesen fanden mich,
als ich mich einer Reinigung unterzog, im Tempel, nicht mit einer
19 Volksmenge und auch nicht im Tumult, * einige Juden aus der
Asia, die vor dir anwesend sein und Anklage erheben sollten,
20 wenn sie etwas hätten gegen mich. * Oder diese selbst mögen
sagen, was sie für ein Unrecht fanden, als ich vor dem Synedrium
21 stand, * außer diesem einen Ausspruch, den ich ausrief unter ih-
nen stehend: Wegen der Auferstehung der Toten werde ich ge-
22 richtet heute von euch!“ * Es vertagte sie aber Felix, der ziemlich
genau über den „Weg“ bescheid wußte, indem er sagte: „Wenn
der Tribun Lysias herabkommt, werde ich eure Sache entschei-
23 den.“ * Er gab dem Centurio die Anordnung, daß Paulus in Ge-
wahrsam zu behalten sei, aber Erleichterung haben solle und
keinen der Seinen zu hindern, ihn zu bedienen.

zu Vers 9: Apg 7, 1
zu Vers 10: Mt 10, 19 f
zu Vers 11: Jo 12, 20; Apg 21, 17
zu Vers 14: Apg 28, 22
zu Vers 15: Dan 12, 2; Lk 14, 14; Jo 5, 28 f
zu Vers 16: Apg 23, 1; 2 Ko 1, 12
zu Vers 17: Apg 11, 29; 21, 24; Rö 15, 25 f; 2 Ko 8, 9; Gal 2, 10
zu Vers 18: Apg 21, 27
zu Vers 21: Apg 23, 6
zu Vers 22: Apg 23, 26
zu Vers 23: Apg 27, 3; 28, 16

Ananias hat bestenfalls am Tage nach dem Abtransport des Paulus 1
von Lysias gehört, daß Paulus nunmehr in Caesarea sei und daß dort vor Felix gegen ihn verhandelt werden müsse. Wenn er schon nach fünf Tagen mit dem Rechtsanwalt bei Felix erscheint, wobei er wenigstens zwei Tage für die Reise brauchte, so hat er rasch und energisch gehandelt. Paulus sollte ihm nicht noch weiter entkommen. Der „Rhetor“ Tertullus ist etwas wie ein „Rechtsanwalt“, erfahren in der Kunst rednerischer Darstellung und in der Praxis geschickter Menschenbehandlung.

2—3 Wie es uns auch sonst aus dem Altertum geschildert wird, beginnt die Verhandlung mit der Herbeirufung des Angeklagten. Diesmal kann Paulus nicht einfach das Wort nehmen wie vor dem Synedrium. Zuerst wird die Anklage gehört. Die „Captatio benevolentiae" (s. o. S. 397) ist dick aufgetragene Schmeichelei. Daß die Juden ausgerechnet unter Felix **„viel Frieden erlangt haben"** und daß **„Reformen erfolgt sind für dieses Volk durch deine Fürsorge"**, entspricht in keiner Weise den Tatsachen. Aber solche Redewendungen gehören zum Stil rhetorischer Ansprachen. Zugleich bereitet aber Tertullus durch diese Betonung der Fürsorge des Statthalters für „den Frieden" sehr geschickt die Anklage gegen den „Unruhestifter" Paulus vor. Felix war tatsächlich energisch gegen das Treiben der „Dolchmänner" eingeschritten. Nun soll er ebenso energisch diesen Erreger von Unruhen in der Judenschaft, diesen Paulus, beseitigen. Felix war ein früherer Sklave, ein Freigelassener des Kaisers Klaudius, der ihn im Jahre 52 durch Quadratus, den Statthalter von Syrien, zum Prokonsul einsetzen ließ. Der persönliche Einfluß seines Bruders Pallas am Hof wird dabei mitgewirkt haben. Felix war offenbar ein skrupelloser Emporkömmling. Ein römischer Geschichtsschreiber (Tacitus) sagt von ihm, daß er als Prokonsul „die Macht eines Königs mit der Gesinnung eines Sklaven ausgeübt habe", voller Willkür und Grau-
4 samkeit. Nach der weiteren Phrase, den Statthalter **„nicht weiter ermüden"**, seine kostbare Zeit nicht unnötig in Anspruch nehmen zu wollen, würden wir heute sagen, entwickelt Tertullus die eigentliche
5—8 Anklage in drei Punkten: Paulus ist im ganzen Reich ein Unruhestifter gegen die unter dem Schutz des Reiches stehenden Juden und damit **„eine Pestbeule"**, die vom Statthalter schnellstens beseitigt werden muß; er ist der Rädelsführer der Sekte der Nazaräer; er hat schließlich sogar den Versuch gemacht, den Tempel zu entweihen[529]. Von Paulus selbst, bzw. von Lysias, wird Felix die Richtigkeit dieser Anklage bei einer Vernehmung bestätigt bekommen. Darauf unterstützen die mitgekommenen Juden den Angriff des Tertullus und versichern, **„es verhalte sich so"**.
10 **„Der Statthalter nickt Paulus zu, zu reden"**, ein Wort verschwendet

[529] Einige Handschriften haben hier den oben im Text in Klammern (V. 7) mit aufgenommenen Zusatz. Eine Angabe darüber, wie der von ihnen ergriffene Angeklagte in die Hand der Römer kam, so daß sie nun hier gegen ihn prozessieren müssen, ist eigentlich unentbehrlich. Sie ist in dieser Form zugleich eine Beschwerde gegen Lysias und bahnt die Möglichkeit an, daß Felix ihnen den verhaßten Paulus wieder ausliefert (vgl. Kap. 25, 9). Der anschließende, im Haupttext stehende Satz: „Von ihm wirst du selber, wenn du ihn verhört hast wegen aller dieser Dinge, das erfahren, dessen wir ihn anklagen", würde dann auf Lysias bezogen werden können; auch das ist wahrscheinlicher, als daß Felix bei einer Vernehmung von dem Angeklagten selbst die Vorwürfe der jüdischen Partei bestätigt erhalten wird.

der hohe Herr nicht erst an den Angeklagten. Die Antwort des Paulus geht genau auf die Punkte der Anklage ein. Auch er beherrscht die Redeform der Zeit so weit, daß er ebenfalls mit der „Captatio benevolentiae" beginnt. Aber wie ruhig und sachlich ist sie im Gegensatz zu dem unwahren Schwulst des Rhetors. Paulus weist nur auf die Tatsache hin, daß Felix ungewöhnlich lange das Amt des Prokonsuls inne hat. **„Da ich weiß, daß du seit vielen Jahren ein Richter für dieses Volk bist, verteidige ich mich gutes Muts in meiner Sache."** Felix kennt die Ver- 11–13
hältnisse, kennt die Juden, das erleichtert Paulus die Verteidigung. Der Vorwurf der Unruhestiftung und des Versuches der Tempelschändung ist durch die leicht feststellbare kurze Zeit widerlegt, die Paulus in Jerusalem zugebracht hat. Einschließlich des Ankunftstages und des Tages seines Abtransportes ist Paulus nur zwölf Tage dort gewesen. Weder im Tempel noch in der Synagoge oder sonst in der Stadt ist er bei Disputationen mit andern oder bei der Erregung von Volksaufläufen getroffen worden[530]. So entbehren die Anklagen des Hohen Rates jeder Begründung und sind unbeweisbar. Zum „Christentum" freilich 14
bekennt er sich auch vor dem Statthalter offen und klar. Nur handelt es sich dabei nicht um eine **„Sekte"**, eine „Abspaltung", sondern um einen **„Weg"**. Wir sehen an dieser Stelle besonders deutlich, warum die Urchristenheit diesen Ausdruck **„Weg"** geprägt hat (s. o. Anm. 207). Es ging ja in der Anklage wie in der Verteidigung um die eine, entscheidende Rechtsfrage: Gehören die Jesus-Gläubigen noch zu der „Religio licita", zu der amtlich gestatteten Religion des Judentums, oder steht ihnen dieser Rechtsschutz nicht mehr zu, weil sie sich vom Judentum getrennt, „abgespalten" haben? Die Juden sagten verständlicherweise: Mit diesen „Christen" haben wir nichts zu tun, der Schutz unserer Religion kann und darf ihnen nicht mehr zugute kommen. Paulus dagegen betont hier sehr umsichtig: Ich bin nach wie 14/15
vor Israelit, **„ich diene dem Gott der Väter"**, ich **„glaube allem, was dem Gesetz entspricht und was bei den Propheten geschrieben ist"**, ich halte an der großen jüdischen Hoffnung fest, **„daß eine Auferstehung stattfinden wird, der Gerechten und der Ungerechten"**. Paulus sagt damit nicht nur: Ich bin immerhin auch noch Jude, sondern er sagt: Ich bin erst recht und eigentlich und viel ernster ein Israelit als meine Ankläger. Ich glaube wirklich und völlig dem AT, ich rechne mit der Auferstehung und betrachte sie nicht nur als eine theologische Theorie. Ich gehe den **„Weg"** Gottes mit aller Klarheit und Entschiedenheit, den Weg, den der Gott der Väter mit der Sendung des

[530] Dabei geht Paulus freilich auf die Anklage, daß er im Judentum „auf der ganzen Welt" Unruhe errege, nicht ein. Er beschränkt sich auf die für den Statthalter nachprüfbaren Vorgänge in Jerusalem.

16 Messias Jesus Israel gezeigt und eröffnet und geboten hat[531]. Weil die Hoffnung der Auferstehung durch seinen Sohn zur wahrhaft „lebendigen Hoffnung" (1 Pt 1, 3) geworden ist, wird nun die „Eschatologie" unmittelbar wirksam für die „Ethik". Weil Paulus auf die tatsächliche **„Auferstehung der Gerechten und Ungerechten"** zulebt, **„deswegen übt er sich auch selbst, ein unverletztes Gewissen zu haben gegen Gott und die Menschen beständig".** Das **„Gewissen"** hat Paulus stets sehr ernst genommen, auch gerade bei dem noch nicht Glaubenden (vgl. Rö 2, 15; 2 Ko 4, 2). Es ist nicht einfach „die Stimme Gottes" in uns, wohl aber das Organ, mit dem wir den Anspruch Gottes an uns vernehmen. Je näher wir Gott stehen, umso feiner und richtiger reagiert unser Gewissen. Nun ist es leicht „verletzt". Darum setzt der Christ Paulus eine beharrliche „Übung" daran, so zu denken, zu reden und zu tun, daß sein Gewissen **„unverletzt"** blieb und zwar sowohl Gott wie auch den Menschen gegenüber[532]. Schon von da aus ist es völlig unmöglich, daß Paulus der gewissenlose Verbrecher ist, als den ihn die jüdische Anklage hinstellt.

17 Paulus geht noch einmal besonders auf den gefährlichen Vorwurf der versuchten Tempelschändung ein. Jetzt erwähnt er auch die große Kollekte. **„Nach vielen Jahren aber bin ich hergekommen, um Wohltaten für mein Volk auszurichten und Opfer."** Eben weil Paulus sich mit tiefster Überzeugung als Israelit weiß und gerade die Urgemeinde in Jerusalem als das rechte Israel, kann er dem Statthalter gegenüber mit gutem Gewissen sagen, daß diese Kollekte **„seinem Volk"** galt. Sie ist und bleibt betont eine Gabe der Heidenchristen gerade an „Jerusalem". Paulus hatte, auch abgesehen von seinem Eintreten für die Nasiräer, von vornherein vor, am Tempelgottesdienst teilzunehmen. Er wußte, daß er sich nach Jahren des Lebens unter den Nationen dafür „reinigen" mußte und „Opfer" darbringen;
18/19 so liegt in seiner Aussage hier nichts Unwahrscheinliches. Den Vorwurf der Unruhestiftung gegen die Juden im ganzen Reiche kann Tertullus nicht beweisen. Das könnten bestenfalls die „Juden aus der Asia", die ihn im Tempel sahen und überfielen. Sie **„sollten vor Felix anwesend sein und Anklage erheben, wenn sie etwas hätten**

531 Auch hier handelt es sich wieder nicht um „Diplomatie". Wir müssen vielmehr unserseits los von unserem naiven „christlichen" Denken, das im „Judentum" eine erledigte und vom „Christentum" abgelöste Größe sieht. Wir können und müssen mit Paulus erneut sehen, daß es „der Gott der Väter" ist, dem auch wir dienen; offensichtlich glauben auch wir den Schriften des AT und leben in der gleichen prophetischen Hoffnung, die auch Israel kennt. Das haben wir lange vergessen, sehr zum Schaden unseres Glaubenslebens, das nun den grie Idealismus anstelle des atst Realismus zur Grundlage des christlichen Denkens und Lebens nahm.

532 Kann ein Christ anders leben? Vgl. dazu das treffliche Buch von O. Hallesby „Vom Gewissen" (Wuppertal 1961).

gegen mich". Aber sie sind vorsichtigerweise nicht da. Die Anklage wegen „Erregung von Unruhen" würde sehr rasch gerade sie treffen. Aber das spricht Paulus schon nicht mehr aus. Er verzichtet überhaupt auf alle Gegenanklagen. Er handelt auch hier in seiner Verteidigung als „Christ", als ernster Nachfolger des Jesus Christus, der „nicht widerschalt, da er gescholten ward, nicht drohte, da er litt" (1 Pt 2, 23).

Die Juden aus der Asia sind nicht da. Aber die Juden aus Jerusalem 20/21
stehen vor ihm. Sie erinnert er an die Verhandlung im Hohen Rat. Dort ist kein bestimmtes und klares „Unrecht" gefunden und vorgebracht worden. Auch jetzt wieder kann Paulus es nur so sagen, wie er es dort laut in die Versammlung gerufen hat: **„Wegen der Auferstehung der Toten werde ich gerichtet heute von euch!"** Es geht nun einmal tatsächlich nicht um greifbare, für das wirkliche Recht faßbare Vergehen oder Verbrechen, es geht um Dinge des Glaubens.

Ankläger und Angeklagter haben gesprochen. Nun muß der Pro- 22
konsul entscheiden. Man wird es Felix nicht verdenken können, daß er eine klare Entscheidung nach der einen oder anderen Seite nicht sofort zu fällen vermag. Daß er erst noch einmal Lysias hören will, der die ganzen Vorgänge miterlebt hatte, muß wirklich kein Vorwand sein. Sicherlich spielen bei Felix, **„der ziemlich genau über den ‚Weg' Bescheid wußte"**, mancherlei Erwägungen mit. Woher er das Christentum bereits kannte, wird nicht gesagt. Aber da er seit 52 in Caesarea residierte, ist es nicht weiter verwunderlich, daß er von der Bekehrung seines Centurio Kornelius und von der Bildung einer Christengemeinde in der Stadt und in der ganzen Umgebung gehört und sich dafür interessiert hatte. Dazu kommt, daß seine Frau Jüdin war. Wie sollte sie von der Botschaft, daß in Jesus der Messias gekommen und die alte Verheißung der Propheten erfüllt sei, nicht mit bewegt worden sein? Felix kannte aus den Jahren seines Amtes auch gründlich das Ränkespiel, das in Jerusalem getrieben wurde. So konnte und wollte er Paulus nicht verurteilen, dessen Verteidigung so sachlich und einleuchtend gewesen war. Daß er es andererseits mit dem Hohenpriester nicht einfach verderben und darum auch Paulus nicht direkt aus der Haft entlassen wollte, ist sicher für seine Stellungnahme entscheidend
gewesen. Er spricht die Vertagung des Prozesses aus. Das war ein 23
Ausgang der Sache, mit dem die Jerusalemer zufrieden sein konnten. „Vertagung" – das war die Möglichkeit weiterer Schritte, zumal man den Prokonsul und seinen Charakter genau kannte. Auf der andern Seite aber blieb Paulus gegen die jüdischen Mordpläne gesichert. Und er erfährt die möglichste Erleichterung seiner bestehenbleibenden Haft. Seine vielen christlichen Freunde können unbeschränkt zu ihm kommen und können ihn **„bedienen".** Wie gern hätten wir ein Bild

dieser Zeit! Wie hat Paulus seine Tage ausgefüllt? Was hat er in jenen zwei Jahren, die seine Gefangenschaft in Caesarea schließlich dauerte, geschrieben? Welche Freunde waren bei ihm? War auch Lukas dabei? Wieder müssen wir auf ersehntes Wissen verzichten.

PAULUS IN CAESAREA
2. Das Gespräch mit Felix

Apostelgeschichte 24, 24—27

zu Vers 24: Mk 6, 20
zu Vers 25: Jo 16, 8; Jo 18, 38; Apg 17, 32; 26, 28
zu Vers 26: Mk 6, 20
zu Vers 27: Lk 23, 25; Apg 12, 3; 25, 9; Rö 8, 36

24 **Nach einigen Tagen aber erschien Felix mit Drusilla, seiner Frau,**
einer Jüdin, und ließ Paulus holen und hörte ihn über den Glau-
25 **ben an Jesus Christus. * Als er aber von Gerechtigkeit und Ent-**
haltsamkeit und dem kommenden Gericht sprach, wurde Felix in
Schrecken versetzt und antwortete: „Für jetzt kannst du gehen,
26 **wenn ich Zeit finde, werde ich dich wieder rufen lassen." * Zu-**
gleich hoffte er auch, daß ihm Geld gegeben werde von Paulus.
Deshalb ließ er ihn auch häufiger kommen und unterhielt sich mit
27 **ihm. * Als aber eine zweijährige Frist vollendet war, bekam Felix**
als Nachfolger den Porcius Festus. Und da er eine Gunst erweisen
wollte den Juden, ließ Felix Paulus als Gefangenen zurück.

24 Es ist eine gewaltige Szene, die Lukas uns jetzt vor Augen führt. **„Felix mit Drusilla, seiner Frau, die eine Jüdin war"** — was für Menschen, was für Schicksale stehen hinter diesem Namen! Über Felix hörten wir schon das Urteil des römischen Geschichtsschreibers Tacitus. Drusilla war bereits seine dritte Frau. Sie war die jüngste Tochter des Königs Agrippa I, dessen Art und Ende uns Lukas in Apg 12, 1—3. 21—23 geschildert hat. Herodes Agrippa II war also ihr Bruder, Bernike ihre Schwester (Apg 25, 13). Eine erste Ehe mit Antiochus Epiphanes von Kommagene war nicht zustande gekommen, weil der Bräutigam sich zum Übertritt in das Judentum nicht entschließen konnte. Drusilla heiratete dann den König Azizus von Edessa in Syrien, der die Bedingung der Beschneidung erfüllte. Felix bewog die junge und blendend schöne Frau durch einen jüdischen Magier, ihren Gatten zu verlassen und ihn, den Heiden, zu heiraten. Bei dem berühmten Vesuvausbruch im Jahre 79 wird auch sie den harten Tod dort finden.

Aber diese beiden Menschen **„lassen Paulus holen und hören ihn über den Glauben an Jesus Christus"**. Unaustilgbar sitzt das Sehnen und Fragen auch im Herzen eines brutalen Emporkömmlings und einer leidenschaftlichen und zuchtlosen Frau. Sie spüren wohl, wie unsicher die Macht und der Glanz waren, in denen sie jetzt lebten.

Die Jüdin, die ihren Glauben bei der Eheschließung mit Felix öffentlich fortgeworfen hatte, konnte doch nicht vergessen, was sie von Kindheit an von dem lebendigen Gott[533] wußte. Felix war seinerseits schon auf das Christentum gestoßen und offenbar nicht unbeeindruckt geblieben (vgl. V. 22). Malen wir uns das Bild nur recht anschaulich aus. Da sitzen die beiden, wie eben reiche und mächtige Leute zu allen Zeiten sitzen, gepflegt, geschmückt, in festlicher, vornehmer Kleidung; und da steht Paulus, ein Gefangener, gezeichnet von einem Leben unerhörter Strapazen und Leiden, an ein äußerlich armes und bescheidenes Dasein gewöhnt, innerlich brennend erfüllt von Gottes großer Sache. Der Gefangene in Privataudienz bei seinem Richter — welche Gelegenheit, die Gunst des mächtigen Mannes zu gewinnen und seinem Prozeß die gute Wendung zu geben! Paulus benutzt sie nicht! Paulus denkt mit keinem Gedanken an sich selbst. Paulus sieht diese beiden Menschen, den Herrn „Glücklich" (so heißt „Felix" übersetzt), der doch innerlich tief unglücklich ist; die israelitische Frau, die für den Preis ihres Judentums das Leben gewinnen wollte an der Seite des emporgekommenen Römers und die doch das Leben dabei
verlor. Er sieht die einzigartige Gelegenheit, diesen beiden Menschen 25
die Botschaft zu sagen, die sie ebenso nötig brauchen wie ein lykaonischer Bauer in Lystra oder ein grie Hafenarbeiter in Korinth, und er benutzt diese Gelegenheit ohne Rücksicht auf sich selbst. Er ist auch in dieser Stunde ganz der Bote Jesu. Dem Manne, der seinen Weg zur Macht und zum Reichtum skrupellos mit jedem Mittel des Unrechts gegangen war, sagt er von der Gerechtigkeit. Zu dem Ehepaar, das auf so üble Weise zueinander gekommen war, spricht er von der Enthaltsamkeit. Dem aufgeklärten Römer aus der Welthauptstadt, der Jüdin, die ihre religiösen Bindungen abgeworfen hatte, stellt er das kommende Gericht vor Augen. Paulus macht dabei keine feinen Umwege. Paulus mißt nicht vorsichtig ab, wieviel er seinen Hörern zumuten könne. Paulus führt den klaren, geraden Angriff auf die beiden Menschen und zweifelt nicht, daß jeder Mensch in jeder Lage wisse, was es um die Gerechtigkeit und um die Keuschheit und um das kommende Gericht sei! Und er hat sich nicht geirrt. Felix lächelt nicht ironisch über den rückständigen Mann, der von so veralteten Dingen redet, über die ein moderner Mensch doch längst hinaus ist. Drusilla winkt nicht ab, daß sie diese religiösen Redensarten zur Genüge kenne, daß sie ihr aber keinen Eindruck machen. **„Felix ward in Schrecken versetzt."** Der Zeuge für die Wahrheit und für das kom-

[533] Einige Handschriften fügen dem Text die Erklärung bei, daß Drusilla „Paulus zu sehen und das Wort zu hören wünschte. Da Felix ihr zu Gefallen sein wollte, ließ er Paulus . . ." Aber das ist eben schon ein Stück Auslegung und keinesfalls ursprünglicher Text. Immerhin mag Drusilla der treibende Teil bei der Sache gewesen sein.

mende Gericht wohnt in jeder Menschenbrust. Paulus hat es auch hier wieder erlebt: „Durch Offenbarung der Wahrheit weisen wir uns aus vor aller Menschen Gewissen" (2 Ko 4, 2).

Paulus hat gewiß mit Spannung verfolgt, was in beiden Zuhörern vor sich geht. Er sieht das Erschrecken des Felix. Wird jetzt auch aus des Felix Herz die Frage brechen, die er einst aus dem Mund des Gefangenenaufsehers in Philippi und von so vielen Menschen gehört hat: „Paulus, was muß ich tun, daß ich gerettet werde? Wie sieht mein Leben aus! Was soll in dem kommenden Gericht aus mir werden!"? Wie brennend gern hätte er dann diesem Ehepaar von Jesus gesagt, dem Sündenträger der Welt, der auch diese beschmutzten und entarteten Menschenleben reinigen und erneuern kann. Was hätte aus Felix und der Königstochter Drusilla werden können! Aber auch an diesem entscheidenden Punkt unter der treffenden und erschreckenden Wahrheit Gottes bleibt dem Menschen die Freiheit. Felix wagt die Entscheidung nicht. Er bricht ab **„und antwortet: ‚Für jetzt kannst du gehen; wenn ich Zeit finde, werde ich dich wieder rufen lassen'"**. Es ist so, wie U. Smidt treffend formuliert hat: „Felix liebt die Vertagung — im Prozeß des Paulus vor den Juden und im Prozeß seines Lebens vor dem lebendigen Gott." Felix sagt nicht ein klares Nein zur Botschaft, aber er meint über die Zeit und über Gottes Angebot verfügen zu können. So gerade gehen Menschen verloren.

26 Er ließ freilich Paulus noch **„häufiger kommen und unterhielt sich mit ihm"**[534]. Aber das heilsame Erschrecken kam nicht mehr. Es wurden leere Unterhaltungen, sicher eine Qual für einen Paulus. Sie standen von vornherein unter dem Vorzeichen der Lüge: **„Zugleich hoffte er auch, daß ihm Geld gegeben werde von Paulus"**[535]. Man sprach von Gott, und das unruhige Herz war doch beim Geld. Darum war es Paulus doppelt unmöglich, auf die mehr oder weniger deut-

[534] Die kritische Forschung hält die ganze Szene für eine Erfindung des Schriftstellers Lukas, weil das widerspruchsvolle Verhalten des Felix, das religiöse Interesse eines geldgierigen Emporkömmlings für die Fragen des Christentums unvorstellbar sei. Wer in viel Seelsorge die Menschen kennengelernt hat, wird diesem Urteil nicht zustimmen. So wie Felix von Lukas geschildert wird, gerade so ist der Mensch. Er beschäftigt sich gern und nicht einmal ohne Ernst mit weltanschaulichen und religiösen Fragen. Er spürt, daß an der Botschaft von Gott „etwas dran" ist. Aber zugleich hält ihn das Geld fest in seinem Bann und läßt die „religiösen Interessen" nie zu einer wirklichen Lebensentscheidung für Gott werden.

[535] Warum der Statthalter Paulus für einen Menschen mit Geldmitteln hielt, wird nicht gesagt. Hatte er bei der ersten Vernehmung die Äußerung des Paulus über die Wohltaten für sein Volk (V. 17) mißverstanden und sie als persönliche Spende des reichen Paulus angesehen? Oder beobachtete er den liebenden Eifer der Christen für ihren Apostel und meinte, diese Leute könnten schon ein ordentliches Lösegeld zusammenbekommen, wenn Paulus es mit dem nötigen Nachdruck verlangte?

liche Anspielung des Machthabers einzugehen und so in die Freiheit
zu gelangen. Erwies sich Felix als käuflich, der Bote Jesu konnte es
um keinen Preis sein! Paulus trug es, daß sein unentbehrliches, welt-
weites Wirken scheinbar von der Gunst oder der Ungunst eines be-
stechlichen Menschen abhing. Er trug es, daß er gefangen blieb, ob-
wohl Felix ihn hätte ohne weiteres loslassen können. Er trug es, daß 27
er schließlich diesem Mann nach allen religiösen Gesprächen nicht
mehr wert war, als daß dieser sich mit ihm ein billiges gutes Anden-
ken bei den Juden verschaffte[536], als er nach 2 Jahren vom Kaiser
abberufen wurde. Paulus trug es, weil auch in dem schwer ertrag-
baren Verhalten elender Menschen der lebendige Gott handelt, wie
rätselhaft sein Tun und Lassen uns auch erscheinen mag.

PAULUS IN CAESAREA

3. Die Verhandlung vor dem Statthalter Festus
Berufung auf den Kaiser

Apostelgeschichte 25, 1—12

1 **Als nun Festus die Provinz betreten hatte, zog er nach drei Tagen**
2 **hinauf nach Jerusalem von Caesarea. * Und es wurden bei ihm**
vorstellig die Hohenpriester und die Ersten der Juden gegen Pau-
3 **lus * und ersuchten ihn, indem sie sich eine Gunstbezeigung ge-**
gen ihn ausbaten, daß er ihn nach Jerusalem kommen ließe, wobei
sie einen geheimen Anschlag machten, ihn unterwegs zu töten.
4 *** Festus allein antwortete: Paulus werde in Haft gehalten in Cae-**
5 **sarea; er selbst aber werde in Kürze abreisen: * „Die nun unter**
euch", sagte er, bevollmächtigt sind, mögen mit hinabziehen und,
6 **wenn etwas Schlimmes an dem Manne ist, ihn anklagen." * Nach-**
dem er aber unter ihnen nicht mehr als acht oder zehn Tage ver-
weilt hatte, zog er nach Caesarea hinab, und am folgenden Morgen
setzte er sich auf den Richterstuhl und befahl Paulus vorzuführen.
7 *** Als er aber erschienen war, umringten ihn die von Jerusalem**
herabgekommenen Juden, indem sie viele und schwere Beschul-
digungen vorbrachten, die sie nicht zu beweisen vermochten,
8 *** während Paulus sich verteidigte: „Weder gegen das Gesetz der**
Juden, noch gegen den Tempel, noch gegen den Kaiser habe ich

zu Vers 1: Apg 23, 23 24, 27
zu Vers 2: Apg 24, 1
zu Vers 3: Apg 23, 15 f
zu Vers 6: Apg 22, 30
zu Vers 7: Lk 23, 10

[536] Spätere Handschriften formulieren in V. 27: „Aber den Paulus ließ er im Gefängnis um der Drusilla willen." Dann wäre es hier so gekommen wie einst bei Johannes dem Täufer und seinem König: Die Frau konnte den Vorwurf des Boten Gottes nicht vergessen, der als Stachel in ihrem Gewissen saß. Die gekränkte Drusilla rächt sich, indem sie Felix dazu bestimmt, bei seinem Fortgang Paulus nicht loszulassen. Aber der alte Text gibt einen ausreichenden Grund für die Handlungsweise des Felix an.

zu Vers 9: Apg 24, 27
zu Vers 10: Apg 22, 28
zu Vers 11: Apg 23, 29; 26, 32; 28, 19
zu Vers 12: Apg 27, 1.24

9 **mich irgendwie vergangen." * Festus aber, der den Juden einen**
Gefallen erweisen wollte, antwortete Paulus und sprach: „Willst du
nach Jerusalem hinaufziehen und dich dort über diese Dinge rich-
10 **ten lassen vor mir?" * Es sprach aber Paulus: „Ich stehe vor dem**
kaiserlichen Tribunal, hier muß ich gerichtet werden. Den Juden
habe ich kein Unrecht getan, wie auch du sehr wohl weißt.
11 *** Wenn ich nun im Unrecht bin und etwas Todeswürdiges getan**
habe, so will ich mich dem Sterben nicht entziehen. Wenn aber
nichts an dem ist, dessen diese mich anklagen, dann kann mich
12 **niemand ihnen preisgeben. Ich berufe mich auf den Kaiser!" * Da**
antwortete Festus, nachdem er sich mit dem Kollegium beraten
hatte: „Auf den Kaiser hast du dich berufen, zum Kaiser sollst
du gehen."

1 Über Porcius Festus wissen wir aus römischen Quellen nichts Sicheres. Wahrscheinlich ist er im Jahre 57 n. Chr. an Felix Stelle zum Prokonsul ernannt worden. Nach seiner Ankunft in der Provinz besucht er bereits nach 3 Tagen Jerusalem, die wichtigste Stadt seines Regierungsbezirkes. Die Hohenpriester und die maßgebenden Kreise benutzen die Gelegenheit, um — gewiß unter vielem anderen — erneut ihre Beschwerden gegen Paulus vorzubringen, dessen Zurücklassung in der Gefangenschaft sie natürlich von Felix erfahren hatten. Sie legen dem neuen Beamten nahe, ihnen bei seinem Amtsantritt sein Wohlwollen dadurch zu beweisen, daß er Paulus zur Verhandlung nach Jerusalem bringen läßt. Dabei wird der alte Mordplan als sicherstes Mittel zur endgültigen Beseitigung des Paulus wieder aufgenommen. Haß lebt tief und zäh in Menschenherzen, wenn religiöse und nationale Leidenschaften ihn nähren. Und der Teufel findet darin ein eifrig gepflegtes Mittel seines Zornes gegen die Boten Jesu. Dieser Haß hätte darum auch Paulus nach einer Freisprechung und Freilassung nicht lebendig nach Rom kommen lassen. Gottes Weg, seinen Boten nach Rom zu bringen, war darum auch nach menschlichem Ur-
4/5 teil der sicherste, vielleicht der einzig mögliche. Festus will sich einen Prozeß, der bereits zwei Jahre in Caesarea geruht hat, nicht einfach aus der Hand nehmen lassen. Da er rasch nach Caesarea zurückkehrt, sollen die maßgebenden Leute, denen an diesem Prozeß so viel liegt, gleich mit ihm nach Caesarea reisen, wo dann die Verhandlung gegen Paulus sofort erfolgen kann. Festus läßt dabei die Schuldfrage offen: **„Wenn etwas Schlimmes[537] an dem Manne ist"**; er läßt sich auch innerlich die Entscheidung als Richter nicht vorweg aufdrängen. Er will selber die Sachlage kennenlernen.

[537] Festus gebraucht hier das gleiche Wort, das der Schächer von Jesus verneinend sagt (Lk 23, 41).

Sogleich am Morgen nach der Rückkehr **„setzte Festus sich auf den** 6—8
Richterstuhl"[538] und eröffnete damit die Verhandlung. Paulus wird nach seinem Erscheinen als Angeklagter sofort drohend **„umringt"** und heftig beschuldigt. Zu den alten Anklagepunkten scheint man nun noch rein politische Verdächtigungen hinzugefügt zu haben. Die „Erregung von Unruhe in der Judenschaft der ganzen Welt" (Kap. 24, 5) konnte leicht als Verbrechen gegen den „Frieden" des römischen Reiches und somit gegen den Herrscher dieses Reiches ausgelegt werden. Vielleicht hatte der Hohe Rat sich aber auch von Diasporajuden weiteres Anklagematerial gegen Paulus geholt und Beschuldigungen aufgegriffen, wie sie bereits in Thessalonike ausgesprochen waren (Kap. 17, 6 f). Es ist aber für den Fortgang der Sache wichtig, daß hier von seiten der Ankläger zuerst der Name des Kaisers genannt wird. Vielleicht hat das bewußt oder unbewußt Paulus den Anstoß gegeben, an eine Berufung auf den Kaiser zu denken. Paulus tritt diesen Anschuldigungen, denen die Beweise fehlen, mit ganzer Bestimmtheit entgegen: **„Weder gegen das Gesetz der Juden, noch gegen den Tem-**
pel, noch gegen den Kaiser habe ich mich irgendwie vergangen." Nun 9
steht der neue Statthalter vor der gleichen Entscheidung wie vor ihm Felix. Und es zeigt sich, daß auch der persönlich einwandfreie und in seinem Amt tatkräftige Mann an der gleichen Stelle scheitert wie sein Vorgänger. Er ist kein unabhängiger Richter, sondern politischer Funktionär und Richter in einer Person. Paulus einfach zu verurteilen, ist er nicht imstande. Paulus hat recht, wenn er ihm sagt: **„Den Juden habe ich kein Unrecht getan, wie auch du sehr wohl weißt."** Aber den Freispruch wagt Festus nicht, er will es mit den Häuptern der Judenschaft nicht sofort am Anfang seiner Amtszeit verderben und sich nicht um eines einzelnen Mannes willen unnötige Schwierigkeiten schaffen. Zu abermaliger „Vertagung" hat er keinen hinreichenden Grund. So will er eine Sache, bei der er sich als Römer und Landfremder sowieso nicht durchfindet (vgl. V. 20 und 26), von sich abschieben. Wenn Paulus selber daran festhält, ein Jude zu sein, so mag er sich in Jerusalem von den Instanzen seines Volkes richten lassen, wenn auch unter dem Vorsitz des Statthalters; damit mußte er doch genügende Garantie für eine ordentliche Durchführung des Verfahrens haben. Aber Paulus kennt die Lage besser

[538] Mit dieser Stelle, vgl. auch Kap. 18, 12, ist besonders deutlich erwiesen, daß das Wort „bema" auch in 2 Ko 5, 10 keineswegs nur eine „Preisrichterbühne" bedeuten muß, sondern auch dort zunächst „Richterstuhl" heißt. Daß freilich 2 Ko 5, 10 nicht das „Völkergericht" und auch nicht das „Jüngste Gericht", sondern eben ein besonderes Gericht über die Gemeinde gemeint ist, geht sachlich aus der Tatsache der Entrückung (1 Th 4, 13—18), aus der ganzen Schilderung in 1 Ko 3, 11—15 und aus den Formulierungen in Mt 25, 32 und Offb 21, 12 hervor. Man darf aber nicht sprachlich von dem Wort „bema" aus argumentieren.

als der noch unerfahrene Statthalter und lehnt diesen Vorschlag ab. Zurück nach Jerusalem — nein! Das steht für ihn fest. Und da kein klarer Beweis einer Straftat festliegt, kann er nicht einfach den Juden ausgeliefert werden, nur um diesen vom Statthalter aus eine Gunst zu erweisen.

10/11 Aber was soll dann werden? Paulus scheint zunächst einfach auf Weiterverhandlung seiner Sache vor dem Prokonsul zu bestehen: **„Ich stehe vor dem Kaiserlichen Tribunal, hier muß ich gerichtet werden."** Dieser Satz ist noch keine Berufung auf den Kaiser. Ein **„Kaiserliches Tribunal"** war auch der Richterstuhl des Statthalters. Warum ist Paulus nicht dabei verblieben? Fürchtet er doch, daß Festus nachgeben und aus seinem fragenden Angebot einer Verhandlung in Jerusalem eine zwingende Entscheidung machen könnte? Will Paulus endgültig solchen Möglichkeiten entgehen? Es geht ihm nicht um sein Leben als solches: **„Wenn ich nun im Unrecht bin und etwas Todeswürdiges getan habe, so will ich mich dem Sterben nicht entziehen."** Aber im Intrigenspiel der Politik aufgeopfert werden, das will er nicht. Es mag ihm seine von Gott bestätigte Gewißheit „du mußt nach Rom ziehen" jetzt gerade hell vor Augen gestanden haben, als er an dem neuen Prokonsul wieder die Unzuverlässigkeit der Männer sah, die hier sein Geschick in der Hand haben. So kann ihm, während er noch sprach und zunächst nur dabei beharrte, vor dem Kaiserlichen Tribunal des Statthalters zu bleiben, der Gedanke nahegelegen haben, durch Berufung auf den Kaiser selbst endgültig aus dem Machtbereich Jerusalems und auf jeden Fall nach Rom zu kommen. So macht Paulus zum dritten Mal Gebrauch von seinem römischen Bürgerrecht, das ihm diese Möglichkeit der Appellation an den Kaiser als letzte Instanz gab. Es lag in diesem Recht etwas von jener „Reichsunmittelbarkeit", die Paulus im Blick auf die Philipper zum Bild der Stellung des Christen in der Welt gemacht hatte (s. Phil 3, 20 und die Auslegung dazu in der W. Stb.). Alle Zwischeninstanzen, selbst ein mächtiger Statthalter, waren ausgeschaltet, sobald sich Paulus als römischer Bürger auf den Kaiser berief. Keine Macht der Welt und der Hölle können uns festhalten, wenn wir als „Bürger mit den Heiligen und Gottes Hausgenossen" den Namen des Herrn anrufen. Zugleich aber sehen wir auch, wie wichtig scheinbar ganz „äußerliche" Dinge in der Geschichte auch eines Gottesboten werden können. Was wäre aus Paulus geworden, wenn er nicht „zufällig" von Geburt her das römische Bürgerrecht besessen hätte?

Festus prüft mit dem Kollegium seiner Rechtsberater den Antrag seines Angeklagten und gibt ihm dann statt: **„Auf den Kaiser hast du dich berufen, zum Kaiser sollst du gehen."** Manche Ausleger haben in diesen Worten des Statthalters einen ironischen Ton gehört:

„Hast du eine Ahnung, was ein Prozeß vor dem Kaiser Nero bedeutet! Aber wenn du es so haben willst, schön, dann kannst du das ja selber erleben! Zum Kaiser sollst du gehen." Es kann durchaus sein, daß Festus so ähnlich gedacht hat. Aber Lukas will nur sachlich die große Wendung zeichnen und uns zeigen, wie Jesus seinen Plan mit einem Boten durchzuführen und Paulus wirklich nach Rom zu bringen weiß. Daß dies menschlich gesehen der einzig „sichere" Weg nach Rom war angesichts des mordbereiten jüdischen Fanatismus gegen einen freigelassenen Paulus, haben wir bereits angemerkt.

PAULUS IN CAESAREA

4. Gespräch des Statthalters mit Agrippa über Paulus
Paulus wird dem Königspaar vorgeführt

Apostelgeschichte 25, 13—27

13 Als aber einige Tage verstrichen waren, kamen der König Agrippa
14 und Bernike nach Caesarea, um Festus zu begrüßen. * Wie sie
aber mehrere Tage dort verweilten, legte Festus dem König den
Fall des Paulus vor und sagte: „Ein Mann ist zurückgelassen von
15 Felix als Gefangener, * gegen den, als ich in Jerusalem war, vor-
stellig wurden die Hohenpriester und die Ältesten der Juden,
16 seine Verurteilung verlangend. * Ihnen antwortete ich, es sei nicht
Sitte bei den Römern, einen Menschen preiszugeben, bevor der
Angeklagte persönlich seine Ankläger vor sich habe und Gele-
17 genheit zur Verteidigung bekäme gegen die Anklage. * Als sie nun
mit hierher gekommen waren, ließ ich keinen Aufschub eintreten,
sondern setzte mich am folgenden Tage auf den Richterstuhl und
18 befahl, den Mann vorzuführen. * Über ihn brachten die auftreten-
den Ankläger keine Beschuldigung wegen Verbrechen vor, die ich
19 vermutet hatte, * sondern hatten einige Streitfragen betreffs
ihrer Religion gegen ihn und betreffs eines verstorbenen Jesus,
20 von dem Paulus behauptet, er lebe. * Da ich meinerseits in Ver-
legenheit war, wie ich diese Dinge untersuchen sollte, sagte ich,
ob er nach Jerusalem gehen und sich dort darüber richten lassen
21 wolle. * Als sich aber Paulus darauf berief, für die Entscheidung
der Majestät bewahrt zu werden, befahl ich, ihn in Gewahrsam
22 zu halten, bis ich ihn zum Kaiser senden kann." * Agrippa aber zu
Festus: „Ich möchte auch selber den Menschen hören." „Morgen",
sagte er, „wirst du ihn hören".
23 Am folgenden Tage nun kamen Agrippa und Bernike mit großem
Gepränge und gingen in den Audienzsaal mit den Tribunen und
den hervorragendsten Männern der Stadt, und auf Befehl des

zu Vers 13: Apg 9, 15
zu Vers 14: Apg 24, 27
zu Vers 15: Apg 24, 1
zu Vers 18: Apg 18, 14
zu Vers 19: Apg 18, 15; 23, 29; 26, 8. 23
zu Vers 22: Lk 23, 8
zu Vers 23: Mt 10, 18

zu Vers 24: Apg 22, 22 25, 27
zu Vers 25: Apg 23, 29
zu Vers 27: Apg 19, 40

24 **Festus wurde Paulus vorgeführt. * Und Festus sprach: „König**
Agrippa und alle ihr anwesenden Männer, ihr seht diesen (Mann),
dessentwegen das ganze Volk der Juden mich anging in Jerusa-
25 **lem und hier, rufend, er dürfe nicht mehr leben. * Ich aber stellte**
fest, daß er nichts Todeswürdiges getan habe; da er aber selber
sich auf die Majestät berief, beschloß ich, ihn (dorthin) **zu sen-**
26 **den. * Über ihn habe ich nichts Zuverlässiges dem Herrn zu**
schreiben. Darum habe ich ihn euch und besonders dir, König
Agrippa, vorgeführt, damit ich nach stattgefundener Untersuchung
27 **bekomme, was ich schreiben kann. * Denn es scheint mir wider-**
sinnig, wenn der, der einen Gefangenen schickt, nicht auch die
gegen ihn erhobenen Beschuldigungen anzeigt."

13 Wieder kommt es zu einer eigenartigen Szene, die freilich an äußerem Glanz großartiger, an innerer Wucht aber ärmer ist als die Begegnung des Paulus mit Felix und Drusilla. König Agrippa II machte dem neuen römischen Statthalter seine Aufwartung. Er ist der Sohn Agrippas I, dem wir in Kap 12 begegneten, und Urenkel Herodes des Großen. Die Macht seines Vaters war ihm vom römischen Kaiser nicht wieder übertragen worden. Er herrschte nur über Teile von Galiläa und Peräa und residierte in Caesarea-Philippi. Da er aber die Schutzherrschaft über den Tempel in Jerusalem und das Recht, den Hohenpriester ein- und abzusetzen, erhalten hatte, war seine Rolle keine ganz unbedeutende. Bernike ist die Schwester Agrippas und der Drusilla. Sie war zunächst verlobt mit Markus, dem Neffen des Philosophen Philo. Sie heiratete dann ihren Oheim Herodes von Chalkis, nach dessen Tod sie als zwanzigjährige Witwe zu ihrem Bruder Agrippa zurückkehrte. Das Verhältnis der Geschwister zueinander gab Anlaß zu bösen Verdächtigungen. Zwischen 63 und 66 war sie mit dem König Polemo von Kilikien verheiratet, verließ ihn aber und lebte wieder bei ihrem Bruder; sie begleitete ihn, der unverheiratet war, auch bei öffentlichen Anlässen[539]. So schildert es uns hier auch Lukas.

14/15 Der längere Aufenthalt des Königs gibt Festus Gelegenheit, mit ihm auch über Paulus zu sprechen. Bei der Darlegung des Festus merken wir erneut, wie Lukas uns in seinen Berichten durchaus nicht alles gleich sagt, was er weiß, sondern im Blick auf den jeweiligen Zweck seine Darstellung sehr kürzen kann. Daß Festus den Juden gegenüber die Art des römischen Rechtsstaates hervorgehoben habe, der keinen Menschen ohne persönliche Gegenüberstellung mit seinen

539 Nach 70 wurde Bernike die Geliebte des Titus, als dessen Gemahlin sie sich schon benahm; aber ihre Hoffnung, Kaiserin zu werden, erfüllte sich nicht, da die öffentliche Meinung Titus zur Trennung von ihr zwang.

Anklägern und ohne Gelegenheit zur Verteidigung jemandem ausliefere, hören wir erst hier. Oder hat Festus das damals nur „gedacht" und sprach es jetzt erst aus? Ebenso erfahren wir nun erst, daß Jesus 17–19
und seine Auferstehung in den Verhandlungen doch eine größere Rolle gespielt haben, während wir vorher nur von Fragen nach der Stellung des Paulus zum jüdischen Gesetz, zum Tempel und zum Kaiser hörten. Der Statthalter hat aus den Anklagen und aus der Verteidigung des Paulus gemerkt, daß irgendwelche **„Verbrechen"**, wie er sie doch immer noch vermutet hatte, nicht vorlagen. Es ging vielmehr um **„religiöse Streitfragen"** und dabei vor allem **„um einen verstorbenen Jesus, von dem Paulus behauptet, er lebe"**. Der Römer hat mit der einfachen Sachlichkeit eines Weltmenschen genau den springenden Punkt des „Christentums" erfaßt. Er kann es nur so primitiv ausdrücken. Aber gerade so kennzeichnet er das Evangelium des Paulus ganz richtig. Bis heute geht es immer wieder um diesen Jesus, der starb und darum für die Welt erledigt ist, und von dem wir behaupten, er lebe!

Ein römischer Beamter muß freilich **„in Verlegenheit sein, wie er** 20
diese Dinge untersuchen solle", wie er in diesen, ihm gänzlich fremden Fragen durchgreifen und Recht und Unrecht unterscheiden kann. Er hätte darum die Sache am liebsten nach Jerusalem abgegeben; auch darin ist Festus jetzt ehrlicher als Paulus selbst gegenüber. Vom Vorsitz des Statthalters wird nicht mehr gesprochen, und ein ratloser Vorsitzender, der die Materie der Verhandlung selbst nicht beherrscht, hätte dem Angeklagten wenig genützt. Wie, wenn bei dieser neuen Verhandlung vor dem Synedrium der Hohepriester für bessere Disziplin sorgte und das „Schuldig" sprechen ließe? Hätte dann Festus gewagt und es wagen können, den so Verurteilten nochmals mit sich nach Caesarea zu nehmen und aufs neue dort eine Verhandlung anzusetzen? Paulus hatte schon recht, wenn er alle solchen 21
Pläne durch seine Berufung auf die **„Entscheidung der Majestät"** durchkreuzte. König Agrippa tut dem Statthalter den Gefallen, sich für die Sache zu interessieren: **„Ich möchte auch selber den Men-** 22
schen hören." Wahrscheinlich interessiert er sich wirklich dafür, diesen umstrittenen Führer der Christen kennenzulernen. Es gab Christengemeinden auch in seinem Herrschaftsbereich, und schon sein Vater hatte sich kurz vor seinem Tod mit diesen Leuten befaßt. Erfreut antwortet Festus mit militärischer Kürze: **„Morgen wirst du ihn hören."** Das wird nun verständlicherweise eine hochoffizielle 23
Sache. Das königliche Geschwisterpaar erscheint natürlich nicht ohne seinen Hofstaat; so bringt auch der Statthalter sein Offizierskorps mit, dem dieser umstrittene Gefangene sicher nicht unbekannt geblieben ist; er lädt auch die **„hervorragendsten Männer der Stadt"** zu

der Veranstaltung ein. Jesus hat es den Seinen verheißen: „Und auch vor Statthalter und Könige werdet ihr geführt werden um meinetwillen, ihnen und den Heidenvölkern zum Zeugnis" (Mt 10, 18). Seinem Paulus hat er es noch besonders zugesagt: „Gehe, denn ein erwähltes Rüstzeug ist mir dieser, zu tragen meinen Namen vor Nationen und Könige und vor die Söhne Israels" (Apg 9, 15). Nun ermöglicht er es ihm, diesem Mann ohne Titel und Würden, ohne Macht und Recht, diesem armen Gefangenen, in dieser großen und feierlichen Weise vor dem letzten jüdischen König, vor dem römischen Prokurator und vor einer vornehmen Schar die Botschaft von Jesus zu verkündigen. So wird Gott es fertigbringen, daß Kaiser und Reich auf den geringen Mönch Martin Luther, auf diesen einfachen Bergarbeitersohn, hören müssen. Wenn wir von hier auf Bericht Lk 23, 6—12 „Jesus vor König Herodes" hinüberblicken, müssen wir geradezu sagen: Der auferstandene Herr gewährt seinen Dienern, was ihm selbst als dem stillen Lamm Gottes versagt bleiben mußte. Jesus konnte vor seinem Landesherrn nur schweigen; Paulus wie Luther dürfen reden. Jesus erntete am Hof nur das eine: Hohn und Spott; Paulus wie Luther erringen sich ein ganzes Stück Achtung. Und doch blieb der schweigende Gottessohn vor Herodes und Pilatus größer als der redende Paulus vor Agrippa und Festus und Luther vor Karl V.

24 Die Versammlung wird regelrecht von Festus mit einer Ansprache eröffnet. Wieder bringt Lukas jetzt erst sehr wirkungsvoll zur Geltung, was er bei der unmittelbaren Schilderung noch nicht mitteilte. Die „Hohenpriester und die Ersten der Juden", die bei dem Antrittsbesuch des Statthalters gegen Paulus vorstellig wurden (Apg 25, 2), haben dafür gesorgt, daß während der Unterredung vor den Fenstern eindrucksvolle Demonstrationen stattfanden und das wilde Schreien von Kap. 22, 22 „Er darf nicht mehr leben!" sich wiederholte. Der neue Herr sollte merken, daß das ganze Volk leidenschaftlich die Verurteilung dieses Paulus verlangt und daß er gut daran tut, es
25 mit diesem erregten Volk nicht zu verderben. Die nüchterne Festigkeit, mit der der Römer dem Locken und Drohen widersteht und das Ansinnen der führenden Juden abweist, tritt dadurch noch deutlicher hervor. Vielleicht wollte es Festus auch in diesem großen Augenblick besonders hervortreten lassen. Festus stellt dann fest, daß ein klares, für das römische Recht faßbares Verbrechen, das die Todesstrafe verdient, bei Paulus nicht vorlag. Darum war ihm die **„Berufung auf die Majestät"** in Rom nicht unwillkommen. Damit war er diesen schwierigen Fall los. Nur eins macht ihm dabei Kummer. Er war bei der Überlieferung seines Gefangenen an den Kaiser zu einem Begleitschreiben verpflichtet. Aber **„über ihn habe ich nichts Zuverlässiges**

dem Herrn[540] zu schreiben". Nicht als ob der Prokonsul selber ein
Urteil abzugeben hätte. Der Entscheidung des Kaisers durfte er nicht
im geringsten vorgreifen. Aber er mußte dem Kaiser klar mitteilen,
welche wirklichen Beschuldigungen und Anklagepunkte gegen den
vorliegen, den er ihm als Staatsgefangenen einlieferte. Und eben hier
schaute der Statthalter nicht durch, wieviel auch die Juden heftig ge-
gen Paulus geredet hatten. Was war an diesen Anschuldigungen
wirklich daran? Es ging erneut um die Frage, auf die wir oben schon
als auf die entscheidende stießen: Hatte Paulus sich vom Judentum
als einer Religio licita getrennt, hatte er sich gar gegen diese staat-
lich geschützte Religion vergangen? Inwiefern hatte er das getan?
Hier erhofft Festus vor allem von dem jüdischen König eine sach- 26/27
kundige Hilfe. **„Denn es scheint mir widersinnig, wenn der, der
einen Gefangenen schickt, nicht auch die gegen ihn erhobenen Be-
schuldigungen anzeigt."**

PAULUS IN CAESAREA

5. Die Rede des Paulus vor Festus und Agrippa

Apostelgeschichte 26, 1—32

1 **Agrippa aber sprach zu Paulus: „Es ist dir gestattet, für dich zu
sprechen." Da streckte Paulus die Hand aus und verteidigte sich:
2 * „Betreffs alles dessen, wessen ich angeklagt werde von den
Juden, König Agrippa, halte ich mich für glücklich, daß ich mich
3 vor dir heute verteidigen soll, * der du in besonderer Weise ein
Kenner** (oder: ganz besonders deshalb, weil du ein Kenner) **bist
der bei den Juden gültigen Sitten und Streitfragen. Darum bitte
4 ich, mich geduldig anzuhören. * Meine Lebensweise von Jugend
an, die sich von Anfang an vollzog in meinem Volk und in Jeru-
5 salem, wissen alle Juden, * die mich von früher kennen, wenn sie
Zeugnis geben wollen, daß ich nach der strengsten Richtung un-
6 serer Religion gelebt habe als Pharisäer. * Und jetzt stehe ich auf
Grund der Hoffnung auf die an unsere Väter von Gott ergangene**

zu Vers 1: Apg 13, 16; 21, 40
zu Vers 2: Mt 10, 18
zu Vers 4: Gal 1, 13
zu Vers 5: Apg 23, 6; Phil 3, 5 f
zu Vers 6: Apg 28, 20

[540] Hier finden wir den Titel „Kyrios = Herr" auf den römischen Kaiser angewandt, den Titel, den die junge Christenheit Jesus gab. Wir merken daraus, daß wir das „Herr Jesus" nicht so hinsagen dürfen, wie wir es vielfach tun. „Kyrios Jesus = Herr ist Jesus" ist das Urbekenntnis der Gemeinde. Es stellt Jesus neben den Weltherrscher auf dem römischen Kaiserthron, ja über ihn, da Jesus und nicht er der wirkliche „Herr" ist. Nun ist klar, daß man diese ungeheure Behauptung nur durch „den Heiligen Geist" wahrhaft aussprechen kann (1 Ko 12, 3b), und in welchem Ton man das „Herr Jesus" sagen muß. Aber ebenso klar ist auch, daß hier der schwere Konflikt der jungen Christenheit mit dem römischen Kaiserreich aufbrechen und die Christen zu Majestätsverbrechern stempeln mußte. Wie wenig haben wir Jesus wirklich als den „Herren" bezeugt, daß uns so lange diese Konflikte erspart blieben!

zu Vers 7:
Apg 24, 15
zu Vers 8:
Apg 13, 30
zu Vers 9:
Jo 16, 2
Apg 9, 1-29
22, 3-21
zu Vers 11:
Apg 8, 3
zu Vers 13:
Lk 2, 9
zu Vers 16:
Hes 2, 1. 3. 4
zu Vers 17:
1 Chro 16, 35
Jer 1, 7. 8. 19
zu Vers 18:
Jes 35, 5
Jes 42, 7. 16
Jes 61, 1
Eph 2, 2
Kol 1, 12-14
Apg 20, 32
1 Pt 2, 9
zu Vers 19:
Gal 1, 15 f
zu Vers 20:
Mt 3, 8
Lk 3, 8
Apg 2, 38
zu Vers 21:
Apg 21, 30 f
zu Vers 22:
Lk 24, 44-47
zu Vers 23:
Mt 4, 16
Mt 27, 53
Lk 2, 32
Lk 24, 26
Apg 17, 3
1 Ko 15, 4. 20
2 Tim 1, 10
zu Vers 24:
Mk 3, 21
Jo 10, 20
zu Vers 25:
Apg 2, 15
24, 3

7 Verheißung vor Gericht, * zu der unser Zwölf-Stämme-Volk in
Beharrlichkeit Nacht und Tag (Gott) dienend zu gelangen hofft.
Wegen dieser Hoffnung werde ich angeklagt von den Juden,
8 o König. * Warum wird es bei Euch als unglaubhaft beurteilt,
9 wenn Gott Tote auferweckt? * Ich freilich habe selber geglaubt,
gegen den Namen Jesu von Nazareth viel Feindseliges tun zu
10 müssen. * Das tat ich auch in Jerusalem, und viele der Heiligen
habe ich selbst in Gefängnisse eingeschlossen, da ich die Voll-
macht von den Hohenpriestern bekam; und wenn sie getötet
11 wurden, gab ich die Stimme dafür ab. * In allen Synagogen habe
ich sie oft mit Strafen gezwungen zu lästern, und heftig gegen
12 sie wütend, verfolgte ich sie bis in die auswärtigen Städte. * Als
ich aber dabei nach Damaskus zog mit Vollmacht und Genehmi-
13 gung der Hohenpriester, * sah ich mitten am Tage auf dem Wege,
o König, vom Himmel her über den Glanz der Sonne hinaus ein
14 Licht mich umstrahlen und die mit mir Reisenden. * Und als wir
alle zur Erde fielen, hörte ich eine Stimme zu mir sagen in hebräi-
scher Sprache: ‚Saul, Saul, was verfolgst du mich? Schwer ist es
15 für dich, gegen den Stachel auszuschlagen.‘ * Ich aber sprach:
‚Wer bist du, Herr?‘ Aber er sprach: ‚Ich bin Jesus, den du ver-
16 folgst. * Aber stehe auf und tritt auf deine Füße. Denn dazu bin
ich dir erschienen, um dich zu erwählen zum Diener und Zeugen
dessen, was du sahst und was ich dich noch sehen lassen werde
17 (oder: worin ich dir noch erscheinen werde), * dich errettend vor
18 dem Volk und vor den Heiden, zu denen ich dich sende, * zu öff-
nen ihre Augen, daß sie sich bekehren von der Finsternis zum
Licht und von der Macht Satans zu Gott, auf daß sie Vergebung
der Sünden empfangen und das Erbteil („Los“) unter den Geheilig-
19 ten durch den Glauben an mich.‘ * Daher, o König Agrippa, ward
20 ich nicht ungehorsam der himmlischen Erscheinung, * sondern
denen in Damaskus zuerst und denen in Jerusalem (und das
ganze Land Judäa) und den Heiden verkündigte ich, Buße zu tun
und sich zu Gott zu bekehren, der Buße würdige Werke tuend.
21 * Wegen dieser Dinge ergriffen mich die Juden im Tempel und
22 versuchten mich umzubringen. * Da ich nun Hilfe von Gott er-
langte, stehe ich bis auf den heutigen Tag als Zeuge für klein
und groß, nichts außer dem sagend, was die Propheten angekün-
23 digt haben, daß es geschehen solle, und Mose, * daß („ob“) der
Messias dem Leiden unterworfen sei, daß („ob“) er als Erster aus
der Auferstehung der Toten Licht verkündigen soll dem Volk
24 und den Heiden.“ * Als er dieses zur Verteidigung sagte, ruft
Festus mit lauter Stimme: „Du bist wahnsinnig, Paulus, das viele
25 Studieren treibt dich in den Wahnsinn!“ * Paulus aber sagt: „Ich

bin nicht wahnsinnig, erlauchter Festus, sondern spreche Worte
26 **der Wahrheit und der Besonnenheit. * Denn es weiß davon Be-**
scheid der König, zu dem ich voll Zuversicht spreche. Denn ver-
borgen geblieben ist ihm von diesen Dingen nichts, davon bin
27 **ich überzeugt. Denn nicht im Winkel ist dies geschehen. * Glaubst**
du, König Agrippa, den Propheten? Ich weiß, daß du glaubst!"
28 *** Aber Agrippa zu Paulus: „Nächstens wirst du mich durch deine**
29 **Überredung zum Christen machen!" * Aber Paulus: „Ich wünsch-**
te zu Gott, daß über kurz oder lang nicht allein du, sondern alle
meine heutigen Hörer solche werden, wie ich bin, abgesehen von
30 **diesen Fesseln." * Und der König stand auf und der Prokonsul**
31 **und Bernike und die bei ihnen saßen, * und indem sie sich zurück-**
zogen, sprachen sie miteinander und sagten: „Nichts, was den
32 **Tod oder das Gefängnis verdient, tut dieser Mensch." * Agrippa**
aber sagte zu Festus: „Freigelassen konnte dieser Mensch werden,
wenn er sich nicht auf den Kaiser berufen hätte."

zu Vers 26: Jo 18, 20
zu Vers 28: Apg 24, 25
zu Vers 29: Rö 5, 1 ff; Gal 1, 15 f; Gal 2, 20
zu Vers 31: Apg 23, 29
zu Vers 32: Apg 25, 11; 28, 19

Agrippa antwortet nicht selber auf die Eröffnungsansprache des Statthalters. Er sieht sich durch sie zum Leiter der Versammlung gemacht und erteilt in sehr höflicher Form dem Paulus das Wort. So hören wir nun den Apostel zum letzten Mal in einer großen Rede. Es ist eine Verteidigungsrede und wird von Lukas auch ausdrücklich als solche bezeichnet. Doch sie wird zum evangelistischen Angriff auf den König persönlich, aber auch auf alle Hörer in dieser besonderen Stunde. 1

Wieder beginnt Paulus die Rede, wie es der Natur der Sache entspricht und von der Redekunst ausdrücklich gefordert wurde, mit einer Captatio benevolentiae. Aber auch hier ist sein Wort ungekünstelt und sachlich zutreffend. Paulus darf sich rechtfertigen vor einem Mann des Judentums, der nicht wie Felix oder Festus ratlos vor den **„bei den Juden gültigen Sitten und Streitfragen"** steht, sondern sie kennt, und der doch nicht wie die Hohenpriester und Ältesten von vornherein durch den Haß gegen sein Wort verschlossen ist. Paulus weiß diese glückliche Lage zu schätzen. Hier kann er eingehend sprechen und darf doch **„geduldiges Zuhören"** erwarten. 2/3

Seine Rechtfertigung liegt nicht in bestimmten Anschauungen, nicht in grundsätzlichen Beweisen und logischen Zusammenhängen, sie liegt einzig und völlig in seiner Geschichte[541]. Sie wird darum hier 4/5

[541] Lessing hat die ganze Not des modernen Rationalisten dem biblischen Christentum gegenüber ausgesprochen, wenn er ruft: „Zufällige Geschichtstatsachen können doch niemals notwendige Vernunftwahrheiten beweisen!" Hier liegt für ihn der „garstige Graben", der ihn von der Bibel trennt. Aber göttliche Wahrheiten sind eben keine „notwendigen Vernunftwahrheiten". Und umgekehrt: „Geschichtstatsachen" sind keine

aufs neue erzählt, so wie Israel nicht müde wurde, sich seiner Gottesgeschichte zu erinnern. Auf seiner streng jüdischen Vergangenheit liegt ein großes Gewicht. Tarsus wird dabei überhaupt nicht mehr erwähnt. Es soll jeder Verdacht von vornherein abgewehrt werden, als sei Paulus ein „Diaspora-Jude", dem ein Abfall relativ nahe lag. So hat er auch in seinem Rückblick Phil 3, 5 betont: „Hebräer von Hebräern", also trotz der Geburt in Tarsus ein echter und ganzer Israelit. Dafür könnte er viele Zeugen beibringen. Aber diese seine Vergangenheit ist nicht einfach nur ein Gegensatz zu seinem jetzigen Christenstand[542]. Der echte Pharisäer sah nicht nur auf das Gesetz und seine genaue Erfüllung, sondern eben dabei auf die Zukunft, auf das Kommen des Messias. Darin ist Paulus ein **„Pharisäer"** geblieben,
6/7 hier sah er den Punkt der Gemeinsamkeit. In diesem Sinne geht es im ganzen Dienst des Paulus in allem Ernst um **„die an unsere Väter von Gott ergangene Verheißung, zu der unser Zwölf-Stämme-Volk in Beharrlichkeit Nacht und Tag** (Gott) **dienend**[543] **zu gelangen hofft"**. Gewiß lag in diesem „Dienst Gottes", der das Kommen des Messias herbeiflehen möchte, der ganze „Unverstand" der „eigenen Gerechtigkeit" vor Gott. Doch auch in Rö 10, 2 f hat Paulus bei aller Klarheit und Schärfe des Urteils zugleich mit innerer Achtung von diesem „Eifer" um Gott sprechen müssen. Warum sollte er in jener Stunde vor dem König seines Volkes nicht noch einmal das betont haben, was ihn mit Israel und der pharisäischen Gruppe in Israel verband? „Gottes Gaben und Berufung können ihn nicht gereuen" (Rö 11, 29). Israels Unglauben kann Gottes Glauben nicht aufheben (Rö 3, 3). Die an unsere Väter ergangenen Verheißungen bleiben in

„zufälligen", sondern in ihnen handelt der lebendige Gott und gibt sich gerade dadurch zu erkennen. Israel hatte für seine Existenz und für seine Sendung keinen anderen „Beweis" als die „zufällige Geschichtstatsache" der Errettung aus Ägypten. „Ich bin Jahwe, dein Gott, der ich dich aus Ägyptenland, aus dem Diensthause geführt habe." Und der leidenschaftliche Pharisäer und Christenverfolger Paulus hat für seinen Christenglauben und für sein Apostolat keine andere Grundlage als die — ganz und gar nicht „zufällige" — „Geschichtstatsache" von Damaskus.

542 Gewiß hat er sie in Phil 3, 3—11 auch auf das „Verlust-Konto" setzen können gegen den einen, unendlichen „Gewinn" der „überragenden Größe der Erkenntnis Christi Jesu, seines Herrn". Aber die große „Umbuchung" in seiner Lebensbilanz hat er mit ihr nur vornehmen müssen, sofern er vorher in ihr seine „Gerechtigkeit vor Gott" sah. In seiner jetzigen Rede aber geht es überhaupt nicht um die Wertung seiner Vergangenheit Gott gegenüber, sondern um ihren Inhalt als Erwartung des kommenden Handelns Gottes. Diesem Inhalt nach aber ist der Pharisäismus vom Evangelium nicht widerlegt, sondern erfüllt. Paulus schreibt es mit Überzeugung auch den Römern: „Beseitigen wir nun das Gesetz durch den Glauben? Ausgeschlossen, sondern wir richten das Gesetz auf" (Rö 3, 31).

543 Das Dienen meint besonders das Gebet. Ein „beharrliches Beten Tag und Nacht" kannten Israel und seine ernsthaften frommen Kreise, wie Lk 2, 37; 18, 7 und auch die Klosterregel von Qumran (vgl. dazu Anm. 119, S. 106) zeigen.

Kraft. Das war stets des Paulus Überzeugung, der er hier dadurch einen besonderen Ausdruck gibt, daß er Israel trotz der im Exil verschwundenen zehn Stämme des Nordreiches dennoch **„unser Zwölf-Stämme-Volk“** nennt. Er kann es ohne jede unechte Diplomatie redlich sagen: **„Wegen dieser Hoffnung bin ich angeklagt von den Juden, o König.“**

Aber der König scheint hier eine unwillige oder doch zweifelhafte 8
Bewegung gemacht zu haben. Paulus, du willst doch wohl nicht behaupten, daß du von den Juden gehaßt und angeklagt wirst, weil du ein strenger Pharisäer bist und die messianische Hoffnung Israels hochhältst! Nein, König, antwortete Paulus, aber weil ich die tatsächliche Erfüllung der Hoffnung Israels in der Auferstehung Jesu von den Toten verkündige[544]! Für mich ist sie aus einem bloßen Dogma und einer ungewissen Erwartung durch Gottes Tat lebendige Gegenwart geworden. Aber das will man nicht hören! Warum eigentlich nicht? **„Warum wird es bei euch als unglaubhaft beurteilt, wenn Gott Tote auferweckt?“**

Paulus redet aus der gleichen Lage heraus, aus der auch heute noch 9
viele Gläubige ihr Zeugnis ablegen: Sie können es gar nicht fassen, warum man die kostbare, befreiende Botschaft von Jesus ablehnt — und haben doch selber einmal zu den energisch Ablehnenden gehört! So denkt Paulus gerade jetzt daran: **„Ich freilich habe selber geglaubt, gegen den Namen Jesu von Nazareth viel Feindseliges tun zu müssen.“** Er schildert seine Verfolgertätigkeit so schroff und konkret wie nirgends sonst. Nicht nur von Verhaftungen ist die Rede wie 10/11
Kap. 8, 3 und 9, 2, sondern auch von Todesurteilen, bei denen er **„seine Stimme dafür abgab“**[545]. Ja, nun gibt er seine schwersten Erinnerungen preis: **„In allen Synagogen habe ich sie oft mit Strafen gezwungen zu lästern.“** Wie mag er dann selber die fünf Auspeitschungen in den Synagogen (2 Ko 11, 24) ertragen haben im Denken an Menschen, die Jesus lieb hatten und die er mit der Peitsche dazu

[544] Lukas „verwischt“ nicht die Unterschiede zwischen der pharisäischen und christlichen Hoffnung, wie manche Ausleger meinen, sondern Paulus zeigt mit Recht den eigentlichen Unterschied nicht in der „Lehre“ als solcher, sondern in ihrer gegenwärtigen Realisierung. Das ist genau dem tiefen Unterschied entsprechend, der Jesus und seine Gegner in der Frage der Sündenvergebung trennte. „Lehrmäßig“ leugnete kein Schriftgelehrter die Vergebung Gottes. Aber daß sie jetzt und hier in Jesus da ist, das „entsetzte“ sie.

[545] A. Schlatter sagt dazu: „Damit ist nicht gesagt, daß Paulus Mitglied des Rates war. Nach jüdischem Recht waren Todesurteile keineswegs ausschließlich dem Rat vorbehalten, und nachdem dieser die gesetzlichen Normen für die Christenprozesse festgelegt hatte, können die kleineren Gerichtshöfe die einzelnen Fälle behandelt haben. Auch bei der Christenverfolgung nach dem Tode des Festus fällte ein besonderer Gerichtshof die Todesurteile.“

zu bringen suchte, den teuren Jesusnamen zu lästern[546]. Auch über die Ausdehnung seines Kampfes gegen die Gemeinde Jesu macht Paulus hier eine besondere Angabe: **„Und heftig gegen sie wütend, verfolgte ich sie bis in die auswärtigen Städte.“** Nach der Schilderung in Kap. 8 und 9 konnte es den Anschein haben, als habe Paulus sofort nach seiner Tätigkeit in Jerusalem Damaskus als ersten auswärtigen Ort gewählt. Das wäre von der Sache her befremdend und unwahrscheinlich gewesen. Jetzt erfahren wir, daß Paulus das Gebiet seiner Verfolgung nach und nach weiter ausgedehnt hat.

12 Im Zusammenhang dieser Verfolgung **„in die auswärtigen Städte“** geht es nun auch nach Damaskus. Wieder kann Paulus nur „Geschichtstatsachen“ vor seine Hörer hinstellen. Nicht theologische Erwägungen, nicht religiöse Ansichten haben ihn zum Christen gemacht. Auch nicht gründliche Bibelstudien. Er weiß es aus eigenster Erfahrung, wie das ist, was er 2 Ko 3, 14 beschreibt: „Aber ihre Sinne wurden verstockt. Denn bis auf den heutigen Tag bleibt diese Decke unaufgedeckt über dem Alten Testament, wenn sie es lesen.“ Allen „psychologischen“ Erklärungen seiner Bekehrung hätte Paulus energisch widersprochen[547]. Es ist allein das unberechenbare, souveräne Eingreifen des erhöhten Herrn selbst, das sein Leben und sein Denken vollständig herumreißt und aus dem Verfolger der Gemeinde den Apostel Jesu für die Nationen macht. Seine ganze innere Einstellung, sein ganzer weiterer Weg, seine ganze Tätigkeit, die ihn hier auf die Anklagebank gebracht hat, ist einfach nur „Gehorsam“. Dieses eine Wort ist eigentlich seine ganze Verteidigung und Rechtfertigung[548].

13—17 Weil Paulus das dem Agrippa und den andern Hörern zeigen will, hat er seinen Bericht über Damaskus noch wieder anders gestaltet als in Kap. 22 (und in Kap. 9). Es ist für uns sehr wichtig, diese unbefangene Freiheit im ntst Zeugnis so vor Augen zu sehen. Drei Berichte über das gleiche entscheidende Ereignis stehen in demselben Buch nebeneinander, und doch hat Lukas sich keineswegs ängstlich gemüht, sie nun auch ja genau aufeinander abzustimmen. Paulus kann hier vor dem König den Dienst des Ananias weglassen und die Botschaft Jesu, die ihm der Herr durch Ananias gab, unmittelbar mit dem Anruf Jesu vor Damaskus verbinden. Ananias ist unwichtig, und es war

[546] Das „ich zwang sie“ steht hier im Imperfektum, das im grie ausdrücken kann: „ich suchte sie zu zwingen“. Das entlastet nicht Paulus, aber es deutet an, daß keineswegs alle sich zwingen ließen.

[547] Rö 7, 7 ff ist nicht Selbstbiographie, sondern grundsätzliche Schilderung des Menschen unter dem Gesetz, vom Standpunkt des Christen Paulus aus und in die anschauliche Ichform gekleidet. Der selbstbiographische Rückblick in die Geschichte seiner Bekehrung steht Phil 3, 3 ff und widerspricht jeder psychischen Erklärung.

[548] Vgl. dazu o. S. 433

wirklich Jesus selbst, der durch diesen einfachen Christen zu Paulus sprach. Darum ist es für Paulus keine „Verfälschung", wenn er jetzt Jesus unmittelbar zu ihm sagen läßt: **„Denn dazu bin ich dir erschienen, um dich zu erwählen zum Diener und Zeugen dessen, was du sahst und was ich dich noch sehen lassen werde."** Wie wichtig ist das für uns hinsichtlich der Osterberichte und anderer Erzählungen in den Evangelien. Anders noch als in Kap. 9, 15 und 22, 15 empfängt Paulus 18
hier ein Wort über seinen Auftrag, gültig für die Evangelisation aller Zeiten. Der Inhalt seines Auftrages besteht nur in einer einzigen Tat: **„Zu öffnen ihre Augen."** Wie wunderbar ist damit die ganze Herrlichkeit des Evangeliums gekennzeichnet! Nichts anderes muß der Mensch noch „tun", nichts muß er aus sich machen, nichts sich anquälen. Nur die Augen muß er öffnen, um zu sehen, wie Gott alles andere schon getan hat, wie die ganze Erlösung „vollbracht" ist[549]! Die Augen öffnen, das scheint die leichteste Tat des schwächsten Menschen zu sein. Und doch können wir sie nicht selber tun, weshalb Paulus und mit ihm alle Evangelisten der Welt den Auftrag bekamen: **„Zu öffnen die Augen"** derer, zu denen sie gesandt sind. Aber auch das wiederum kann kein Evangelist, kann nicht einmal ein Paulus in eigener Macht. Nur in der Vollmacht Jesu im Heiligen Geist kann ein Bote Jesu das „Sieh doch! Blicke auf!" so sagen, daß es geschieht und daß wirklich Augen aufgehen für das Lamm Gottes, das der Welt Sünde trägt. Und nun erst, von diesem Blick der geöffneten Augen her, kann es zur Bekehrung kommen, die ohne das ein haltloses Menschenwerk bleibt. Jetzt erst wird es möglich, **„daß sie sich bekehren von der Finsternis zum Licht und von der Macht des Satans zu Gott, auf daß sie Vergebung der Sünden empfangen und das Erbteil** („Los") **unter den Geheiligten durch den Glauben an mich".** Es geht bei der Bekehrung nicht um einzelnes, nicht um diese oder jene moralische Änderung, es geht um die totale Lebenswende, die durch die absoluten Gegensätze „Finsternis - Licht", „Gott - Satan" bezeichnet sind. Hier gilt ein ganzes Entweder-Oder. Von Natur aber ist jeder Mensch in der Finsternis und führt sein Leben unter der Macht Satans und darum unter dem Zorn Gottes (Eph 2, 1—3). Lebensnotwendig, heilsnotwendig ist darum die Bekehrung **„von der Finsternis zum Licht und von der Macht Satans zu Gott".** Sie ist es für den frommen Israeliten ebenso wie für moderne Heiden. In dieser Bekehrung empfängt der Mensch **„die Vergebung der Sünden"** und damit zugleich **„das Erbteil** („Los") **unter den Geheiligten".** So gewaltig ist das Ziel, das Jesus der Arbeit des Paulus setzt. Es geht um die

[549] So hat es der junge Spurgeon erlebt, als er innerlich zerrissen und zerquält an jenem Januarsonntag in die kleine freikirchliche Kapelle geriet. „Sieh, junger Mann, sieh!" rief ihm der einfache Prediger zu. „Und ich sah — und war gerettet."

ganze Ewigkeit. Die Worte am Schluß des Satzes: **„durch den Glauben an mich"** können und müssen auf alle drei unermeßlichen Güter bezogen werden: Vergebung der Sünden empfangen wir durch den Glauben an Jesus; das ewige Erbteil wird uns im Glauben an Jesus zuteil; und **„Geheiligte"** sind wir ebenfalls einzig durch den Glauben an Jesus.

14 Der erhöhte Herr hat Paulus in jenem entscheidenden Augenblick vor Damaskus eine Warnung zugerufen, die Paulus jetzt vor seinen Hörern mit einem Wort verdeutlicht, das als Sprichwort bekannt war: **„Hart für dich, gegen den Stachelstock dich aufzubäumen."** Statt der Peitsche hatte man zum Antreiben der Zugtiere im Altertum einen Stock mit einer scharfen Spitze. Wenn das Tier, anstatt zu gehorchen, sich gegen diesen Stock aufbäumte, so drückte es sich damit den Stachel nur tiefer und schmerzhafter ins Fleisch. Jesus hat also dem Verfolger gesagt, daß alle vergangene Schuld ausgelöscht ist, daß nun aber alles weitere Trotzen und sich-Wehren nur größere Qual über ihn bringen würde; nun mußte er gehorchen und folgen.

19/20 **„Daher, o König Agrippa, ward ich nicht ungehorsam der himmlischen Erscheinung."** Das ist der Mittelpunkt seiner Verteidigung. Gerade nicht Abfall, Eigensucht, Zuchtlosigkeit ist sein neuer Weg, wie seine Gegner meinen, sondern unbedingter Gehorsam. So wie Luther es allen Beschuldigungen und Verdächtigungen entgegenhielt, er habe das Werk der Reformation doch nicht in eigener Willkür gemacht, sondern Gott habe ihn vorwärts geführt „wie einen blinden Gaul", so sagt es hier auch Paulus: Wie ein Zugtier, das sich gegen den schmerzenden Stachel nicht sträuben kann, bin ich gehorsam meinen Weg gegangen[550]. Sofort in Damaskus hat er seinen Dienst begonnen und hat dann den Jerusalemern und den Nationen die Botschaft von der Bekehrung gebracht[551]. Dabei hat ihm, dem Gehorsamen, daran gelegen, daß auch bei den andern die Bekehrung nicht in Gefühlen steckenblieb, sondern zu **„der Buße würdigen Werken"** führte.

21 In diesem gehorsamen Dienst, nicht in irgendeiner „Tempelschändung" liegt der Grund, warum **„die Juden ihn im Tempel ergriffen und umzubringen versuchten"**. Tiefer als in seiner kurzen Verteidi-

[550] Das Christentum ist nicht, wie seine Gegner wähnen, Phantasie, Schwelgen in frommen Wünschen und Neigungen, sondern höchst sachlicher Gehorsam. Wer nicht in solchem Gehorsam lebt, mag sehr „religiös" sein, ein biblischer Christ ist er nicht.

[551] In unseren Handschriften stehen in alter und guter Bezeugung die oben eingeklammerten Worte: „und das ganze Land Judäa". Aber schon der vierte Fall statt des hier notwendigen dritten paßt in das Satzgefüge nicht hinein. Und Gal 1, 22 versichert Paulus ausdrücklich: er sei den Gemeinden Judäas persönlich unbekannt geblieben. So werden wir in den Worten einen zwar alten, aber doch fremden Einschub in den ursprünglichen Text sehen müssen.

gungsrede vor Gericht deckt Paulus hier die eigentlichen Hintergründe
des jüdischen Hasses gegen ihn auf. In der Tat, **„wegen dieser Dinge"**
waren die Diasporajuden so aufgebracht gegen ihn. Aber in jener
Stunde, wie so oft schon vorher, **„erlangte er Hilfe von Gott".** So
konnte man ihn nicht beseitigen, wie man es gern wollte, sondern er 22
„steht bis auf den heutigen Tag als Zeuge für klein und groß" da.
Noch einmal betont Paulus, daß er dabei völlig und klar auf dem
Boden der Schrift geblieben ist und **„nichts außer dem sagt, was die
Propheten angekündigt haben, daß es geschehen soll, und Mose".**
Inhaltlich ist das das Kreuz des Christus und seine Auferstehung, die 23
„Israel und den Heiden das Licht" bringt. Dabei ist die Form der
Sätze eigenartig. Paulus braucht hier nicht das übliche Wort für „daß",
sondern verwendet das Wort „wenn, ob". Nun ist es freilich so, daß
im hellenistischen Grie das „ei = wenn" den Sinn von „daß" anneh-
men kann. Aber wir finden doch sonst immer das richtigere „hoti = daß",
bzw. die Satzkonstruktion mit dem Infinitiv. Bringt nicht Paulus mit
seinem „ob" anschaulich zum Ausdruck, wie gerade von den Juden
her immer wieder die Fragen gegen seine Verkündigung einstürmen,
sei es ehrlich suchend, sei es feindlich ablehnend: Paulus, du verkün-
digst einen leidenden, einen sterbenden Messias — „ob" das wirklich
von Mose und den Propheten gesagt ist? Du predigst den Auferstan-
denen, „ob" du das wirklich nach „den Schriften" (1 Ko 15, 4) tun
kannst, wie du behauptest? Paulus antwortet mit der ganzen ersten
Christenheit in voller Überzeugung: Ja! Wir stehen auf dem Grund
der Schrift! Wir führen den Schriftbeweis!

Jetzt wird Paulus unterbrochen. Solange Festus aus dem Streit 24
zwischen Paulus und den Juden nur heraushörte, es gehe dabei „um
einen verstorbenen Jesus, von dem Paulus behauptet, er lebe", so-
lange waren das sonderbare Behauptungen, die man auf sich beruhen
lassen konnte. Aber dieses nun, daß Jesus **„als erster aus der Auf-
erstehung der Toten Licht verkündigen soll dem Volk und den Hei-
den",** das geht dem römischen Staatsmann zu weit. **„Du bist wahn-
sinnig, Paulus, das viele Studieren treibt dich in den Wahnsinn!"**
ruft er dazwischen. Paulus aber kann mit der Ruhe klarer Überzeu-
gung antworten: **„Ich bin nicht wahnsinnig, erlauchter Festus, son-
dern spreche Worte der Wahrheit und der Besonnenheit."** Paulus ist
im grie Denken und Reden genügend zu Hause, um zu wissen, wie
hoch gerade die besten antiken Menschen die „sophrosýne = Beson-
nenheit" schätzten, wie abhold sie allem waren, was nach „Manie =
Wahnsinn, Schwärmerei, Unklarheit" aussah. Sicherlich, das Evan-
gelium sagt unerhörte Dinge. Und doch ist es nicht „Schwärmerei",
sondern klare, besonnene Wahrheit. Es ist die einzige, wirklich ganz
nüchterne Erfassung des Menschen in seiner Lage vor Gott. Wer wirk-

lich Christ wurde, der weiß, daß er damit nicht träumerisch beseligt die Wirklichkeit überflog, sondern endlich der Wahrheit standhielt, der Wahrheit Gottes und der Wahrheit seiner selbst[552].

26 Und nun wendet sich Paulus noch einmal an den Mann, an dem ihm offenbar in dieser Stunde vor allem liegt, an den jüdischen König. Hier sind andere Voraussetzungen des Verstehens als bei dem römischen Staatsmann. Hier ist schon Vorgeschichte Gottes geschehen, die für jede Evangelisation so wichtig ist. Wenn Agrippa auch erst 27 n. Chr. geboren und in Rom erzogen ist, hörte er doch, als er nach des Vaters plötzlichem Tod im Jahre 44 n. Chr. die Herrschaft in Palästina antrat, genug von den Ereignissen um Jesus. **„Denn verborgen geblieben ist ihm von diesen Dingen nichts, davon bin ich überzeugt. Denn nicht im Winkel ist dies geschehen."** Mochte dieser „verstorbene Jesus" für den Römer auch eine sonderbare Winkelsache sein, nicht wert, daß sich ein Mann ernsthaft damit abgab, für den
27 jungen jüdischen König war das anders. Auf ihn erfolgte nun der direkte evangelistische Angriff: **„Glaubst du, König Agrippa, den Propheten?"** Wieder wie bei der Rede an Felix finden wir bei Paulus diese bestimmte Zuversicht, daß sein Wort im Gewissen des Angeredeten die unausweichliche Zustimmung finden muß. Auch wenn man ein Herodier ist und mit seiner Schwester in einem undurchsichtigen Verhältnis lebt — kann man jüdischer König sein und den Propheten nicht glauben? Muß nicht im Herzen eine letzte Achtung vor dem göttlichen Wort aus Prophetenmund wohnen? Und wenn diese Achtung tief verschüttet war, muß sie nicht in dieser Stunde unter dem Anruf des Wortes aufwachen, gerade weil Agrippa noch jung ist? **„Ich weiß, daß du glaubst!"**[553]

28 Die Antwort des Königs ist schon in den Handschriften verschieden gefaßt, ein Zeichen, wie ihr Verständnis von früh an als schwierig empfunden worden ist. Nach den besten Texten lauten sie wörtlich: „Bald überredest du mich, den Christen zu machen." Dabei könnte das Wort „machen" so gebraucht sein, wie wir es auch im Deutschen kennen: „Er machte den Weihnachtsmann." Agrippa hätte dann den starken Eindruck zugegeben, den Paulus mit dem ernsten Griff nach seiner Überzeugung auf ihn gemacht hatte, und hätte sich doch im letzten Augenblick mit merklicher Ironie diesem Eindruck entzogen.

[552] Von diesem Wahrheitsernst muß alle Verkündigung, besonders alle Evangelisation durchdrungen sein. Der Evangelist, der nicht mit Paulus sagen kann: „Ich spreche Worte der Wahrheit und der Besonnenheit", taugt nicht zu seinem Dienst.

[553] Unentbehrlich bleibt auch uns in unserem Dienst solcher direkter Angriff. In zahllosen Fällen trifft erst mit solchen „zudringlichen" Fragen die Verkündigung wirklich das Herz eines Menschen und zwingt ihn zur Entscheidung. Wenn der Gefangene Paulus seinen König so zu fragen wagt, dann dürfen wir doch erst recht unsern Hörern solche Fragen stellen.

Paulus, wenn du so auf mich eindringst, bekommst du mich herum — aber ich „spiele" dann nur den Christen; etwas Letztes und Ernstes wird doch nicht daraus. Das wäre zugleich ein Wort tiefer Selbsterkenntnis des jungen Herodiers. Der Koine-Text, der das „machen" durch „werden" ersetzt, hätte dann gerade die letzte Eigenart in Agrippas Antwort verkannt. Es wäre aber auch zu denken, daß die heutige Textgestalt aus den beiden inhaltlich verwandten Aussagen zusammengeflossen ist: **„Bald überredest du mich, ein Christ zu werden"**, und **„Bald wirst du mich zum Christen machen"**. Dann müßte man die Antwort des Königs etwa so fassen, wie es oben in der Übersetzung geschehen ist, wenn man nicht doch die Lesart der Koine vorzieht.

Paulus hat sich nicht getäuscht: Der jüdische König hält die Botschaft nicht einfach für „Wahnsinn". Er sagte in dieser Versammlung und vor dem römischen Statthalter ein Wort vom „Christ-werden", das auch dann erstaunlich bleibt, wenn es zugleich in ein Stück Abwehr gehüllt ist. Agrippa ist dabei ein Bild der vielen Männer, die als Menschen von Stellung und Bildung dem Eindruck nicht nachzugeben wagen, den das Wort der Wahrheit auf sie gemacht hat. Sie weisen den Boten Jesu nicht scharf zurück; sie schätzen ihn. Aber mit einer eleganten oder leisen spöttischen Wendung entziehen sie sich seinem Zugriff.

Die Lesart des Codex A „peithe" statt „peitheis" würde Agrippas 29
Antwort nur einen ironisch abweisenden Sinn geben: „Du bildest dir wohl ein, mich eins, zwei, drei zum Christen zu machen." Dieser Sinn ist aber durch die Entgegnung des Paulus ausgeschlossen. Ein positiver Zug muß in den Worten des Königs gelegen haben, an den Paulus sich jetzt hält: **„Ich wünschte zu Gott, daß über kurz oder lang nicht allein du, sondern alle meine heutigen Hörer solche werden, wie ich bin, abgesehen von diesen Fesseln."** So darf der von Liebe erfüllte Glaube sprechen. Schon Jesus selbst hat im Blick auf das Christwerden der Reichen gesagt: „Bei den Menschen ist es eine Unmöglichkeit, aber bei Gott sind alle Dinge möglich" (Mt 19, 26). Mag es ein Herodier für undenkbar halten, daß er den Christen nicht nur „spielen", sondern im Ernst ein Jünger des gekreuzigten Messias werden könne, Paulus traut Gott auch solche Wunder zu. Auch ein Festus, der jetzt noch „Wahnsinn!" ruft, kann es seinem Kollegen auf Cypern nachmachen und „zum Glauben kommen" (Kap. 13, 12). Wenn es nicht „bald" geschieht, kann es doch „später", **„über kurz oder lang"** noch geschehen, auch bei den Offizieren[554] und den „hervorragenden Männern der Stadt". Gottes Wirken ist nicht zu Ende. Paulus ist

[554] Der Hallesche Pietismus hat ausgerechnet unter den Offizieren im Heer Karls XII. von Schweden viele erfaßt und zum persönlichen Glauben zu Jesus gebracht.

ernstlich ein Mann des „Glaubens", des Rechnens mit Gottes Macht. Darum ist sein letztes Wort in dieser Stunde nicht ein Wort der Enttäuschung, der Bitterkeit, der Strafandrohung, sondern ein Wort der herzlichen und werbenden Liebe, die kühn nach den zurechthelfenden Möglichkeiten Gottes ausschaut. Gewiß, die Ketten sähe Paulus ihnen gern erspart. Aber sonst kann er, der arme, zerschundene, in der Welt bedeutungslose Jude, nur wünschen, sie würden alle **„wie er"**. Was ist das „große Gepränge" des Königs und seiner schönen Schwester? Was ist die Macht des Prokonsuls, den morgen schon die Ungnade eines Nero zum Sterben zwingen kann? Was ist aller Glanz und Reichtum dieser Versammlung gegen die Herrlichkeit des „Erbteils unter den Geheiligten durch den Glauben an Jesus"! (V. 18)

30—32 Die hohen Herrschaften erheben sich und beenden die Sitzung. Eine wirkliche Frage hat keiner an Paulus zu stellen. So ernstlich und tief getroffen sind sie nicht. Aber während sie sich zurückziehen, **„sprechen sie miteinander und sagen: ‚Nichts, was den Tod oder das Gefängnis verdient, tut dieser Mensch'"**. Diesen Eindruck haben alle bekommen. **„Agrippa aber sagte zu Festus: ‚Freigelassen konnte dieser Mensch werden, wenn er sich nicht auf den Kaiser berufen hätte.'"** Wie ist das zu verstehen? Konnte denn Paulus seine Berufung auf den Kaiser nicht zurückziehen, wenn ihm der Statthalter versicherte, daß gar kein Verfahren gegen ihn erfolgen, sondern seine Freilassung angeordnet werden solle? Oder hat sich Paulus mit seinem voreiligen Schritt selber die Tür in die Freiheit versperrt? Mit solchen Erwägungen würden wir das Wort Agrippas weit überschätzen. Es ist eine hingeworfene Bemerkung in der Stimmung des Augenblicks, mehr nicht. Rechtlich hatte Agrippa in dieser Sache nicht das geringste zu sagen. Seine Meinung hatte darum kein Gewicht. Eben darum konnte er sie leicht äußern, ohne sich nun wirklich für sie einsetzen zu müssen. Festus aber war in anderer Lage. Er sagte darum auch kein Wort von möglicher Freilassung. Sollte er einem überspannten Schwärmer zuliebe es mit den Häuptern der Judenschaft verderben? Seine Linie in dieser fatalen Sache wird er weiter verfolgen, trotz der freundlichen, aber unverbindlichen Äußerung seines hohen Gastes. Er schickt diesen Paulus jedenfalls nach Rom.

DIE SEEREISE NACH ROM

Apostelgeschichte 27, 1—44

zu Vers 1: Apg 25, 12

1 **Als aber beschlossen war, daß wir nach Italien abfuhren, übergaben sie Paulus und einige andere Gefangene einem Centurio**

2 namens Julius von der Kaiserlichen Kohorte. * Wir bestiegen ein
Schiff von Adramyttium, das die Orte der Asia anlaufen sollte,
und fuhren ab, indem Aristarchus, ein Makedonier aus Thessalo-
3 nike, mit uns war. * Am andern Tag landeten wir in Sidon, und
Julius, der Paulus menschenfreundlich behandelte, erlaubte ihm,
4 zu seinen Freunden zu gehen und Pflege zu finden. * Und nach
der Abfahrt von dort fuhren wir unter Cypern hin, weil uns die
5 Winde entgegen waren, * durchsegelten die offene See längs der
Küste von Kilikien und Pamphylien und kamen nach Myra in
6 Lydien. * Dort fand der Centurio ein alexandrinisches Schiff, das
7 nach Italien fuhr, und brachte uns auf dieses. * In vielen Tagen
wenig Fahrt machend und mit Mühe bis in die Nähe von Knidos
gelangend, fuhren wir, da uns der Wind nicht hinzuließ, unter
8 Kreta hin bei Salmone, * segelten mit Mühe an der Insel entlang
und kamen nach einem Ort, der „Gute Häfen" heißt, in dessen
Nähe die Stadt Lasea liegt.
9 Da aber viel Zeit verstrichen war und die Seefahrt schon gefähr-
lich war, weil auch das Fasten bereits vorüber war, warnte Pau-
10 lus * und sagte zu ihnen: „Ihr Männer, ich sehe, daß mit Unge-
mach und großem Verlust nicht nur der Fracht und des Schiffes,
11 sondern auch unserer Seelen die Fahrt erfolgen wird." * Aber der
Centurio glaubte dem Kapitän und dem Schiffsreeder mehr als
12 dem von Paulus Gesagten. * Da aber der Hafen zum Überwintern
ungünstig gelegen war, faßte die Mehrheit den Beschluß, von dort
abzusegeln, ob sie wohl nach Phönix gelangen könnten zum
Überwintern, einem Hafen von Kreta, der nach Südwesten und
13 nach Nordwesten offen ist. * Als aber ein leichter Südwestwind
einsetzte, meinten sie ihr Vorhaben erreicht zu haben, lichteten
14 die Anker und fuhren nahe an Kreta entlang. * Nach kurzer Zeit
aber warf sich auf die Insel ein Wirbelsturm, Eurakylon genannt.
15 * Da aber das Schiff mitgerissen wurde und nicht imstande war,
dem Wind entgegen zu blicken, gaben wir es ihm preis und lie-
16 ßen uns treiben. * Ein Inselchen namens Klauda unterlaufend, ver-
mochten wir nur mit Mühe uns des Beibootes zu bemächtigen;
17 * als sie es hochgezogen hatten, wandten sie Hilfsmaßnahmen an,
indem sie das Schiff untergürteten. Da sie fürchteten, in die Syrte
verschlagen zu werden, ließen sie den Treibanker herab und trie-
18 ben so dahin. * Da wir aber heftig vom Sturm bedrängt wurden,
19 machten sie am nächsten Tag einen Notauswurf, * und am dritten
Tage warfen sie (oder: wir) eigenhändig das Gerät über Bord.
20 *Als aber weder Sonne noch Mond sich mehrere Tage hindurch
zeigten und ein nicht geringer Sturm uns zusetzte, schwand
21 schließlich alle Hoffnung, daß wir gerettet würden. * Als man

zu Vers 2: Apg 19, 29 20, 4 Kol 4, 10 Phlm 24
zu Vers 3: Apg 24, 23 28, 2. 16
zu Vers 6: Apg 28, 11
zu Vers 9: 3 Mo 16, 29 2 Ko 11, 25 f
zu Vers 12: Apg 28, 11
zu Vers 15: Ps 107, 25-27
zu Vers 19: Jon 1, 5
zu Vers 20: Mt 8, 25

zu Vers 23:
Apg 5, 19
zu Vers 24:
Mt 10, 17. 18
Apg 9, 15
23, 11
zu Vers 33:
Ps 102, 5
zu Vers 34:
1 Sam 14, 45
2 Sam 14, 11
Mt 10, 30
Lk 21, 18
zu Vers 35:
Lk 22, 19
Jo 6, 11
Apg 2, 42
Lk 9, 16
zu Vers 36:
Apg 9, 19
zu Vers 41:
2 Ko 11, 25

lange Zeit ohne Essen geblieben war, da trat Paulus in ihre Mitte
und sprach: „Man hätte, ihr Männer, mir gehorchen und nicht von
Kreta abfahren sollen und sich dieses Ungemach und diesen Ver-
22 lust ersparen. * Und jetzt ermahne ich euch, gutes Mutes zu sein,
denn es wird nicht zum Verlust einer Seele von euch kommen, nur
23 des Schiffes. * Denn es trat zu mir in dieser Nacht von dem Gott,
24 dem ich gehöre und dem ich diene, ein Engel * und sprach: ‚Fürch-
te dich nicht, Paulus, du mußt vor den Kaiser treten; und siehe,
25 geschenkt hat dein Gott alle, die mit dir fahren.‘ * Darum habt
guten Mut, Männer; denn ich vertraue Gott, daß es so sein wird,
26 wie es mir gesagt worden ist. * Auf eine Insel aber müssen wir
auflaufen."
27 Als aber die vierzehnte Nacht kam, während wir in der Adria
umhertrieben, merkten gegen Mitternacht die Matrosen, daß sich
28 ihnen Land näherte. * Und lotend fanden sie zwanzig Klafter; als
sie aber kurz weitergefahren waren und wieder loteten, fanden
29 sie fünfzehn Klafter. * Und aus Furcht, wir würden irgendwie auf
felsige Stellen auflaufen, warfen sie vom Achterdeck vier Anker
30 und wünschten, es würde Tag. * Als aber die Matrosen aus dem
Schiff zu fliehen suchten und das Beiboot ins Meer ließen unter
31 dem Vorwand, sie wollten vom Bug aus Anker anbringen, * sagte
Paulus dem Centurio und den Soldaten: „Wenn diese nicht im
32 Schiff bleiben, könnt ihr nicht gerettet werden." * Da kappten die
Soldaten die Taue des Beibootes und ließen es fallen (oder: trei-
33 ben). * Bis es aber Tag zu werden begann, ermahnte Paulus alle,
Nahrung zu sich zu nehmen, und sprach: „Heute schon den
vierzehnten Tag wartend, seid ihr ohne Essen geblieben und habt
34 nichts zu euch genommen. * Darum ermahne ich euch, Nahrung
zu euch zu nehmen, denn dies dient zu eurer Rettung. Denn kei-
ner von euch wird auch nur ein Haar von seinem Haupt verlie-
35 ren." * Dieses sagend und Brot nehmend, dankte er Gott vor
36 allen, brach es und begann zu essen. * Da wurden alle guten Muts
37 und nahmen auch selber Nahrung zu sich. * Wir waren aber alle
38 Seelen im Schiff zweihundertundsechsundsiebzig. * Als sie sich
aber sattgegessen hatten, erleichterten sie das Schiff, indem sie
das Getreide (oder: den Weizen) in das Meer warfen.
39 Als es aber Tag wurde, erkannten sie das Land nicht, bemerkten
aber eine Bucht mit flachem Strand, auf welchen sie, wenn mög-
40 lich, das Schiff auflaufen lassen wollten. * Und die Anker kap-
pend, ließen sie sie ins Meer, zugleich lösten sie die Haltetaue der
Steuerruder und, das Vorsegel vor dem Wind hissend, hielten sie
41 auf den Strand zu. * Als sie aber auf einen Außengrund gerieten,
ließen sie das Schiff auflaufen, und das Vorderteil rammte sich

ein und blieb unbeweglich, aber das Heck zerbrach von der Ge-
42 **walt. * Die Soldaten aber beschlossen, die Gefangenen zu töten,**
43 **damit keiner schwimmend entkomme. * Aber der Centurio wollte**
Paulus retten und hinderte sie an ihrem Vorhaben; er befahl, die
des Schwimmens Kundigen sollten als erste herabspringend an
44 **Land gehen, * und die übrigen die einen auf Brettern, die andern**
auf irgendwelchen Schiffstrümmern (oder: auf dem Rücken von
Besatzungsmitgliedern). **Und so geschah es, daß alle aufs Land**
gerettet wurden.

zu Vers 42: Apg 16, 27
zu Vers 44: Apg 27, 22-25

Nun wird der Beschluß zur tatsächlichen Abreise gefaßt und Paulus mit andern Gefangenen zusammen einem Offizier übergeben. 1
Von den **„andern Gefangenen"** erfahren wir nichts Näheres. Schwerlich waren es ebenfalls römische Bürger, die sich auf den Kaiser berufen hatten, wahrscheinlich Verurteilte, die nach Rom gebracht wurden, um dort bei den Spielen den Tod zu finden. Schon darum wird Paulus von vornherein eine gewisse Sonderstellung in dem Gefangenen-Transport eingenommen und größere Freiheiten genossen haben. Aus den späteren Schilderungen ergibt sich, daß er sich offenbar frei auf dem Schiff bewegen konnte. Da zur Beförderung der Gefangenen Privatschiffe benutzt wurden, befanden sich auch viele andere Passagiere (vgl. V. 37) an Bord. Der Centurio (s. o. S. 196) **„Julius"** steht bei der **„Kaiserlichen Kohorte"**. „Cohors Augusta" ist öfter ein Ehrentitel für Truppenteile, die aus Landeskindern aufgestellt waren. Der Offizier Julius aber wird Römer sein. Er zeigt in unserem Kapitel den Blick für den Wert eines Menschen und die gerechte und unbürokratische Handlungsweise, wie sie dem echten Soldaten immer wieder eigen ist. Man fährt zunächst mit einem 2
Schiff, das seinen Heimathafen in Adramyttium hat, einer Stadt in Mysien, südöstlich von Troas, und das die Häfen der Kleinasiatischen Küste anlaufen soll. Neben Lukas — in unserem Kapitel setzt ja der „Wir-Bericht" wieder ein — fährt Aristarchus aus Thessalonike mit. Wir kennen ihn schon aus Kap. 19, 29 und 20, 4. In Kol 4, 10 nennt ihn Paulus ausdrücklich seinen „Mitgefangenen", und auch Philemon 24 erscheint er unter denen, die bei Paulus sind und ihre Grüße bestellen lassen. Die Form, in der seine Mitreise erwähnt wird, zeigt aber, daß er nicht zu den Verhafteten gehörte, sondern freiwillig die Gefangenschaft des Paulus teilte. So ernst konnte ein Mann seine Verbundenheit mit Paulus nehmen. Hier wird im Abbild deutlich, was es heißt: „Die Gemeinschaft der Leiden" (Phil 3, 10!) eines andern begehren. Aristarchus wollte nicht nur der Mitarbeiter eines freien und erfolgreichen Paulus sein, sondern auch der Gefährte des Apostels, der um des Evangeliums willen als Gefangener die gefahrvolle Reise nach Rom machte.

3 Am nächsten Tag gelangt man bis Sidon, wo das Schiff, aus nicht näher mitgeteilten Gründen, einen Aufenthalt hat. Der Centurio erlaubt Paulus, das Schiff zu verlassen und in der Stadt seine christlichen Freunde[555] aufzusuchen. Julius kannte Paulus aus den Jahren seiner Gefangenschaft in Caesarea und wußte, daß er sich auf ihn verlassen konnte. Immerhin wird Paulus dabei nach damaligem Brauch an einen Soldaten gefesselt gewesen sein. Was das **„Pflege finden"** oder „Fürsorge genießen" in sich schließt, wissen wir nicht. Die Christen in Sidon mögen Paulus nicht nur im Augenblick erquickt, sondern auch für die Weiterreise mit mancherlei Nützlichem versehen haben.

4 Bei der Weiterfahrt zeigen sich die Schwierigkeiten der damaligen Schiffahrt. Das Überwinden von Gegenwind durch „Kreuzen" kannte man bei den schwerfälligen Schiffen nicht. So fuhr das Schiff „unter Cypern hin", das heißt an der Ostküste der Insel entlang, so daß die Insel es vor dem Westwind schützte, während eine Meeresströ-
5 mung es nordwärts trug. Dann freilich kam wieder die **„offene See"** an **„der Küste von Kilikien und Pamphylien"** entlang. Auch dort gab es im Meer eine nach Westen ziehende Strömung, die das Schiff trotz des ungünstigen Windes bis **„Myra"** brachte. An diesem wichtigen
6 Umschlagplatz (s. o. S. 381) treffen sie auf eines der großen alexandrinischen Getreideschiffe, die zur Versorgung Roms ständig von Alexandria nach der Hauptstadt unterwegs waren. Der weite östliche Umweg war bei der Unzulänglichkeit der damaligen Schiffahrt nicht ungewöhnlich. Man scheute die Fahrt über das offene Meer und hielt sich nach Möglichkeit in der Nähe der Küste. Das Schiff faßte neben seiner Weizenladung immerhin noch 276 Personen. Sein Reiseziel war nun Italien. So läßt der Centurio seine Ge-
7/8 fangenen auf dieses Schiff umsteigen. Aber auch jetzt hält der ungünstige Westwind an. Er läßt das Schiff nur langsam vorwärtskommen, macht eine Landung auf der Insel Knidos unmöglich und zwingt das Schiff mit südlichem Kurs auf Kreta zuzufahren, dessen Ostküste man bei Kap Salmone erreicht. Mühsam geht es an der Südküste der Insel entlang bis zu einem Platz mit dem erfreulichen Namen **„Schöne Häfen"** oder „Guthafen" in der Nähe der Stadt Lasea. Leider täuscht der Name. Von einem „guten Hafen" zur sicheren Überwinterung ist nichts da.

[555] Es sind schwerlich persönliche „Freunde" des Paulus gemeint. Von dem Wort des Herrn Jesu Jo 15, 14 her werden sich die Christen — wie es auch in manchen religiösen Vereinen der Zeit geschah — „Freunde" genannt haben. Vgl. die Selbstbezeichnung der Quäker als „Gesellschaft der Freunde". Vielleicht gibt Lukas aber auch den Ausdruck wieder, den der Centurio bei seiner Urlaubserteilung gebrauchte: Du darfst deine Freunde in der Stadt besuchen.

Nun ist man in einer unangenehmen Lage. Mit der langsamen 9
Fahrt hat man viel Zeit verloren. **„Das Fasten"**, also der große Ver-
söhnungstag am 10. Tag des 7. Monats (Tischri - Sept./Oktober) war
bereits vorbei, man stand schon in der für die Schiffahrt gefährlichen
Jahreszeit. Was soll werden? Es kommt offenbar zu einer Beratung
darüber, zu der auch Paulus hinzugezogen wird. Julius wird etwas 10
von dem gewußt haben, was Paulus selbst 2 Ko 11, 25 f aus seinem
Leben berichtet. Seine vielen Reisen haben ihn auch mit den Dingen
der Seefahrt vertraut gemacht, er kannte gründlich die Gefahren des
Meeres. So warnt er eindringlich vor jeder Weiterfahrt, die nicht nur
für das Schiff, sondern auch für aller Leben bedrohlich werden muß.
Aber die amtlichen Fachleute, **„Kapitän und Schiffsreeder"**[556], sind 11/12
anderer Meinung. Es kommt in der **„Mehrheit"** zu einem Kompro-
miß: die Weiterfahrt nach Italien wird aufgegeben, aber man will
wenigstens noch an Kreta entlang bis Phönix fahren, um dort einen
besseren **„Hafen für das Überwintern"** zu finden. Das Vorhaben 13
scheint auch bestens zu gelingen: Ein leichter Südwind setzt ein, man
lichtet die Anker und fährt nahe an der Küste von Kreta entlang
nach Westen auf Phönix zu. Aber Paulus hat nicht nur aus seiner
allgemeinen Kenntnis der Seefahrt heraus so bestimmt gesprochen
und gewarnt, sondern in einer prophetischen Gewißheit. Ihn täuscht
der günstige Anfang der Fahrt nicht. Er erwartet das Unheil, das er
nicht ändern konnte und das nun rasch hereinbricht. Eine Art Taifun, 14
„ein Wirbelsturm"[557] wirft sich über Kreta und erfaßt das Schiff. Es
ist nicht möglich, das Schiff mit dem Bug gegen den Wind zu drehen 15
(**„dem Wind entgegenzublicken"** sagt der Text anschaulich, das Schiff
wie ein Lebewesen betrachtend) und so den Sturm zu überstehen.
Man mußte es, wahrscheinlich unter Benutzung des kleinen Vorder-
segels (V. 40), vom Wind treiben lassen. Im Windschutz der kleinen 16/17
Insel Klauda gelingt es wenigstens, das Beiboot an Deck zu bringen,
das an einem Tau hinter dem Schiff herfuhr und bei dem Sturm in
Gefahr war, auf das Schiff geworfen zu werden oder voll Wasser zu
laufen und zu sinken. Zugleich werden Hilfsmaßnahmen angewendet:
das Schiff wird **„untergürtet"**. Wie das geschah, wissen wir nicht

[556] Der „Kybernetes" ist nicht der „Steuermann", also der Mann, der das Steuerruder des Schiffes bedient, sondern der die ganze Fahrt bestimmende „Kapitän"; der „Naukleros" ist der Schiffsherr, der Schiffsreeder, der die Fahrt mitmachte.

[557] Der Name des Wirbelsturmes „Eurakylon" findet sich nur hier. Er ist zusammengesetzt aus „Euros = Ostwind" und „aquilo = Nordwind", bezeichnet also einen Nordoststurm. Die Koine hat stattdessen „Euroklydon", „Euros = Ostwind", „Klydon = Wogenschwall" gebildet. Für das Sprachgefühl sind aber solche Namen mehr als eine Zusammenfügung einzelner Worte. In dem Namen schwang für die Menschen, die ihn gebrauchten, die Wildheit und Gefährlichkeit solchen Wirbelsturmes.

genau. Jedenfalls aber sollen um den Schiffsrumpf gespannte Taue dem Schiffskörper größere Festigkeit geben.

Es ist nicht verwunderlich, wenn wir in der Darstellung des Lukas nicht alles verstehen. Ist dies doch einer der wenigen ausführlichen Berichte, die wir überhaupt von einer Seereise aus dem Altertum haben. Den Zeitgenossen, für die Lukas schrieb, waren alle diese technischen Ausdrücke vertraut und anschaulich. Wir besitzen keine schriftstellerischen Parallelen, mit deren Hilfe wir die von Lukas gebrauchten Wendungen genau erklären könnten. Wir wollen aber dankbar sein, daß eine so einzigartige Schilderung aus dem Leben des Altertums in unserem NT steht. Nicht umsonst handelt es sich um einen „Wir-Bericht". Es ist diese stürmische und ereignisreiche Reise von Lukas miterlebt und darum so anschaulich erzählt worden.

17 Der Nordsturm treibt das Schiff davon. Wohin? Die Windrichtung geht auf die große **„Syrte"** zu, die wegen ihrer Sandbänke gefürchtet war. Dorthin zu kommen, will man unter allen Umständen vermeiden und führt darum ein weiteres Manöver aus, das uns nicht eindeutig klar ist. Wörtlich heißt es: **„Sie ließen das Gerät herab."** Das grie Wort „Skeuos = Gerät" kann wie das entsprechende deutsche Wort je nach dem Zusammenhang sehr Verschiedenes bezeichnen. So könnte es an unserer Stelle das große Segel meinen, das nun **„herabgelassen wird"**. Aber das ist wohl schon längst vorher geschehen. Man hätte bei einem Sturm gar nicht mit dem sehr großen und breiten Segel eines antiken Schiffes fahren können. So haben wir unter dem „Gerät" eher an einen **„Treibanker"** zu denken, den ein Marine-Offizier so beschreibt: „Eine breite Holzfläche, senkrecht im Wasser gehalten durch ein Gewicht am unteren Ende und eine leere Tonne am oberen, wird an einem Seil so nachgeführt, daß der Treibanker jedesmal, wenn das Schiff von einem Wellenberg herabgleitet, einen großen Widerstand bietet." Das Seil muß die halbe Länge der Entfernung von Wellenberg zu Wellenberg haben (Haenchen a. a. O. S. 628). So wird die Fahrt verlangsamt in der Hoffnung, daß der
18 Sturm nachläßt, ehe man die Syrte erreicht hat. Am folgenden Tag sieht man sich beim Anhalten des Unwetters genötigt, einen **„Notauswurf"** vorzunehmen, also einen Teil der Schiffsfracht über Bord zu werfen, um das Schiff zu erleichtern und so etwas höher über der
19 Wasseroberfläche zu halten. Am dritten Tag folgt alles entbehrliche **„Gerät"** von Bord nach[558]. Doch alle diese Maßnahmen helfen nichts.

[558] Das Wort „skeue" bezeichnet nicht so sehr ein einzelnes „Gerät", sondern mehr die Gerätschaft, die ganze Schiffsausrüstung. Vielleicht ist damals auch der Hauptmast mit dem schweren Segel über Bord geworfen worden, um größere Gefährdungen zu vermeiden. Der Koine-Text schreibt übrigens „wir warfen" über Bord, läßt also Paulus und seine Gefährten an dieser Arbeit beteiligt sein.

„Als aber weder Sonne noch Mond sich mehrere Tage hindurch 20
zeigten", ist man ohne jede Orientierungsmöglichkeit dem **„nicht ge-**
ringen Sturm" ausgesetzt, und es schwindet schließlich **„alle Hoff-**
nung, daß wir gerettet würden". Mutlosigkeit, Ungemach, Seekrank-
heit führen dazu, daß niemand mehr essen will. Es sitzt oder liegt
alles in dumpfer Hoffnungslosigkeit beieinander in dem engen Raum,
den ein Schiff damals den Passagieren bot. Das **„wir"** an dieser Stelle
zeigt, wie Lukas selber sich noch der verzweifelten Stimmung erinnert,
die alle auf dem Schiff, auch ihn selber, ergriff. Umso erstaunlicher 21—26
ist die Haltung, die er an Paulus erlebt. **„Da trat Paulus in ihre Mitte**
und sprach: ‚Man hätte, ihr Männer, mir gehorchen und nicht von
Kreta abfahren sollen und sich dieses Ungemach und diesen Verlust
ersparen. Und jetzt ermahne ich euch, gutes Mutes zu sein, denn es
wird nicht zum Verlust einer Seele von euch kommen, nur des Schif-
fes.'" Paulus ist anders als sie alle, selbst als die Seeleute und Solda-
ten. Warum? Liegt es an seinem menschlichen Charakter? Aber darin
dürfen wir einem Offizier wie Julius auch einiges zutrauen. Ist Paulus
ruhig von seinen reichen Erfahrungen der Errettung aus Seenot her?
Aber Kapitän und Mannschaft werden auch ihre Erfahrungen hinter
sich haben. Nein, Paulus hat hier — wie einst im Gefängnis zu Philippi
— jene „Rückverbindung" des Glaubenden, die alles ganz anders
macht. Er ist nicht auf seinen Charakter und auf seine Erfahrungen,
also irgendwie auf sich selbst angewiesen, sondern durchlebt diese
schweren Tage betend. Er kann seinem Herrn sagen: „Herr, ich sollte
doch nach Rom? Du hast mich doch aus allen Gefährdungen in Jeru-
salem und Caesarea nicht darum gerettet, damit ich hier ertrinke?"
Und er bekommt durch einen Boten Gottes die klare Antwort:
„Fürchte dich nicht, Paulus, du mußt vor den Kaiser treten!" Der En-
gel ruft auch einem Paulus jenes tröstende Wort zu, das so oft in der
Bibel zu hören ist: **„Fürchte dich nicht!"** Daran wird deutlich, was wir
eben sagten. Auch ein Paulus ist in solchen schauerlichen Tagen als
Mensch nicht gegen die Furcht gefeit. Wolkendunkel Tag und Nacht,
heulender Sturm und brüllende Wogen, Todesgefahr Stunde um
Stunde, durch Tage hindurch, wessen Herz bangte da nicht! Mensch-
licher Zuspruch hilft hier nichts. Aber die Gottesboten dürfen uns mit
Vollmacht zur Furchtlosigkeit rufen. Sie kennen ja den einen, der
alles in seiner Hand hat und alles wenden kann, auch auf dem
tobenden Meer. Paulus hat aber sogleich noch ein Anliegen. „Soll ich
allein gerettet werden? Was wird aus Julius, der so freundlich zu mir
war? Was aus all den Menschen hier auf dem Schiff?" **„Siehe, ge-**
schenkt hat dein Gott alle, die mit dir fahren." So tritt Paulus mit
Glaubensgewißheit unter die Verzagten. Damals, als er vor der Wei-
terfahrt warnte, haben sie vielleicht über seinen „Pessimismus" den

Kopf geschüttelt. Jetzt sehen sie, daß sein Wort schon beachtlich ist! Und diesmal darf es ein Wort der Ermutigung sein. Mögen sie es nun nicht für „Optimismus" halten, sondern auch ihrerseits etwas von dem Gott ahnen, der ihr Leben in seiner Hand hat. Jetzt darf er der Bote Gottes für die andern werden und das ihm zugesprochene **„Fürchte dich nicht!"** weiter sagen: **„Darum habt guten Mut, Männer."** Klar spricht er vor dieser religiös so gemischten Schar aus, worauf er sich dabei stützt: nicht auf menschliche Erwägungen und Hoffnungen, sondern auf den lebendigen Gott. **„Denn ich vertraue Gott, daß es so sein wird, wie es mir gesagt worden ist."** Hier wird anschaulich, was „Glauben" ist: in aussichtsloser Lage der Zusage Gottes einfach vertrauen und mit ihrer Erfüllung unbedingt rechnen. Und wenn sie fragen, wie denn eine Rettung erfolgen soll, dann antwortet Paulus: **„Auf eine Insel aber müssen wir auflaufen."** Das ist wieder ein prophetisches Wort. Denn in der Adria eine Insel zu treffen, ist so unwahrscheinlich wie nur möglich. Zugleich soll der Ernst Gottes nicht verhüllt werden. Das Leben retten sie, aber Schiff und Ladung gehen verloren. Das trifft Schiffseigentümer und Kapitän, die auf die Warnung des Knechtes Gottes nicht hören wollten.

27 **„Als aber die vierzehnte Nacht kam, während wir in der Adria
umhertrieben . . .",** was für eine endlose Zeit ist das für die Beteilig-
ten gewesen, die einsam und ohne jede Orientierung in der wilden
Wasserwüste der Gewalt des Sturmes ausgesetzt waren! Aber da
**„merkten gegen Mitternacht die Matrosen, daß sich ihnen Land
näherte".** Woran sie es merkten, wird nicht gesagt. Hörten sie es an
der Brandung? Sahen sie es an der Art des Wassers und der Wellen?
28 Mehrere Lotungen kurz nacheinander zeigen, daß die Wassertiefe
rasch abnimmt, man sich also wirklich schnell dem Land nähert, des-
29 sen Lage und Art man in der Nacht nicht erkennen kann. Man fürch-
tet felsige Klippen und legt das Schiff durch vier Anker fest, die vom
Heck aus ausgeworfen werden. Man sehnt den Tag herbei, um die
Lage überprüfen zu können.

30—32 Die Matrosen aber lassen im Dunkel das Boot herunter; angeblich wollen sie auch vom Bug her das Schiff verankern und dazu die Anker im Boot ein Stück hinausführen. Paulus aber fürchtet einen Fluchtversuch und erstattet sofort dem Centurio Meldung: **„Wenn diese nicht im Schiff bleiben, könnt ihr nicht gerettet werden."** Sie sind ja die sachkundigen Leute, auf die man völlig angewiesen ist; ganz besonders, wenn das von Paulus vorausgesehene Auflaufen auf einer Insel verwirklicht werden soll. Die Soldaten kappen sofort die Seile des Bootes und lassen es so aufs Meer fallen und dort treiben. Man verliert das Boot, aber behält die Schiffsbesatzung an Bord.

33 Als endlich der Tag zu dämmern beginnt, der über den Ausgang

entscheiden muß, nimmt Paulus aufs neue das Wort. Er, der Jude, der kaiserliche Gefangene, ohne Rang und Macht, wird in diesen Stunden zum Führer im Schiff. Denn die wirkliche und ernste Gefahr macht zu allen Zeiten Besitz, Titel und Stellung wesenlos und wägt den eigentlichen Wert des Menschen. Die echte Autorität tritt hervor, die wie von selbst von den andern anerkannt wird. Paulus hat diese Autorität als der Glaubende, der im Glauben die Ruhe des klaren
Blickes für das Notwendige behält. Darum mahnt jetzt gerade er, der 34
Glaubende und Betende, die Menschen nicht zu irgendwelchen frommen Übungen, sondern zum – Essen! **„Darum ermahne ich euch, Nahrung zu euch zu nehmen, denn dies dient zu eurer Rettung."** Der Glaube ist im Unterschied zu aller „Religion" immer eine sehr nüchterne Sache, die die irdischen Erfordernisse nicht überfliegt, sondern in ihrer Wichtigkeit richtig einschätzt[559]. Zugleich kann der Glaubende über ein bloßes „Mahnen" oder „Befehlen" hinaus durch seine Gewißheit „trösten" und dadurch die Möglichkeit schaffen, das Angemahnte auch wirklich zu tun: **„Denn keiner von euch wird auch nur ein Haar von seinem Haupt verlieren."** Fröhlich wendet Paulus das Wort des Herrn Jesu, das er seinen Jüngern für die Nöte der Verfolgungszeiten gab, jetzt auch auf die Gefahren des Schiffbruches an. Er tut es mit Recht; Gott hat ihm ja alle seine Mitreisenden geschenkt. Und Gott tut dann das Wunderbare, daß sie wohl in die ernsten Schwierigkeiten hineinmüssen, aber darin doch so bewahrt werden, daß sie nicht einmal das Geringste ihres Lebens dabei verlieren.
Paulus mahnt und tröstet aber nicht nur, sondern gibt selbst das 35/36
Beispiel: **„Dieses sagend und Brot nehmend, dankte er Gott vor allen, brach es und begann zu essen."** Angst und Sorge „verschlagen uns den Appetit", wir bekommen keinen Bissen herunter. Wo man in gefährlicher Lage wieder essen kann, da ist die Angst wirklich überwunden[560].

So geschieht der Durchbruch durch Angst und Lähmung nun bei der ganzen Besatzung des Schiffes: **„Da wurden alle guten Muts und nahmen auch selber Nahrung zu sich."** So kann ebenso wie die Angst

[559] Vgl. Jesu Anweisung nach der Auferweckung von Jairi Töchterlein: „Er sagte, sie sollen ihr zu essen geben" (Mk 5, 43); oder das Verhalten von Simons Schwiegermutter nach der Heilung: „Und sie diente ihnen" (Mk 1, 31). In beiden Fällen wird nicht das Wunder gefeiert und genossen, sondern das Nächstliegende und Notwendige getan.

[560] Man darf aus dieser Mahlzeit nicht eine Art „Eucharistie" machen wollen. Paulus spricht vor dem Essen laut sein Dankgebet, weil er es als Israelit so gewohnt ist und weil er sich seines Glaubens nicht schämt und gerade auch durch ihn die Mutlosen aufrichten möchte. Es geht aber um ein ganz irdisches Essen zur Stärkung vor den entscheidenden Stunden. Nur, daß damals die irdische Mahlzeit und das heilige Mahl einander ganz anders nahe lagen als bei unserer Verbannung des Göttlichen in „heilige" Räume und „heilige" Zeiten. (Vgl. Kap. 2, 46 f; 1 Ko 10, 31.)

auch der wirkliche Mut ansteckend wirken. Das schwache Wort, das in sich selbst nicht mehr als ein Lufthauch ist, vermag dennoch Furcht zu vertreiben und Herzen umzuwandeln, wenn es mit innerer Vollmacht gesprochen wird.

37 Wir erfahren nun die genaue Zahl der Passagiere. Sie könnte uns im Blick auf die geringe Größe der damaligen Schiffe übertrieben erscheinen. Aber gerade sie steht wieder in einem „Wir"-Satz und geht so auf die persönliche Erinnerung des Lukas zurück. Übrigens gibt Josephus, der eine ganz ähnliche Sturmfahrt wie Paulus durchzumachen hatte und in der gleichen Gegend Schiffbruch erlitt, für sein Schiff die Zahl der Mitreisenden sogar mit sechshundert an.

38 Nun in der Nähe von Land erleichtert man das Schiff noch einmal durch Ausschüttung der letzten Reste der Weizenfracht. Der Tiefgang des Schiffes soll möglichst gering sein, um über Klippen und Sandbänke besser hinweg zu können.

39 Im Licht des Tages erkennt man mit Freuden, wie gut man es getroffen hat. Zwar kennt keiner das Land, das dort vor ihnen liegt;
40 aber sie ankern vor einer Bucht mit flachem Strand. So kappt man die Anker und überläßt sie dem Meer, löst die Riemen, welche die beiden miteinander gekoppelten Steuerruder während des Ankerns festhalten, setzt auf den niedrigen Vordermast (der auch als Krahn gebraucht werden konnte), das kleine Vordersegel und hält auf den flachen Strand zu. Aber es geht nicht so gut, wie man denkt. Des Paulus Vorhersage vom Verlust des Schiffes trifft ein. Das Schiff gerät auf einen „Außengrund". Das grie Wort bedeutet eigentlich
41 „eine doppelmeerige Stelle", es meint eine Erhöhung des Meeresbodens, hinter der erneut tieferes Wasser folgt. Das Schiff läuft hier auf, das Vorderteil rammt sich sofort im Sand fest und bleibt unbeweglich stecken, während von der Gewalt des Stoßes[561] das Heck abbricht, das schon von der tagelangen Sturmfahrt durch den Wogenanprall gelitten haben mochte. Der flache Strand liegt bereits nahe vor
42 aller Augen. Fast mechanisch greifen die Soldaten zur Waffe, um die
43/44 Gefangenen zu töten. Es sind zum Tode Verurteilte, die nicht entkommen dürfen. Julius liegt an Paulus, den er auf dieser Fahrt noch ganz anders schätzen gelernt hat. So soll dieser Mann nicht im letzten Augenblick zugrunde gehen, der in diesen Tagen mehr und mehr der eigentliche Führer auf dem Schiff geworden ist, der Mann, dem man die Rettung verdankt. Der Centurio verbietet das Töten der Gefangenen. Vielleicht denkt er dabei an die Worte des Paulus von

561 Der Koine-Text ergänzt hier: „von der Gewalt der Wogen." Es ist aber fraglich, ob hier in der Bucht das Meer noch so heftig bewegt war. Die Schilderung des Lukas scheint auch ein sofortiges Zerbrechen des Hecks zu meinen, nicht seine allmähliche Zerstörung durch Wellen.

der Insel, auf die das Schiff auflaufen müßte, auf der dann eine weitere Flucht der Gefangenen unmöglich ist. So gibt er den Befehl, daß alle, die schwimmen können, sofort vom Schiff ins Meer springen und den Strand erreichen sollen, während **„die übrigen die einen auf Brettern, die andern auf irgendwelchen Schiffstrümmern"**[562] zu folgen versuchen und am Strand die Hilfe der ans Land Geschwommenen erfahren. **„Und so geschah es, daß alle aufs Land gerettet wurden."** Die Voraussage des Paulus hat sich erfüllt.

Für uns aber ist wichtig das Bild, das wir in diesem ganzen Kapitel von Paulus und damit von dem wirklichen Christen überhaupt bekommen. Paulus ist nicht nur der große Denker und Theologe. Er ragt nicht nur hervor, wenn er vor großen Versammlungen das bewegende Wort spricht. Nein, er ist der Mann, der sich in der ganzen Härte der Not einer gefährlichen Sturmfahrt bewährt. Auch auf einem Schiff mit Matrosen und Soldaten ist er bald die beherrschende Autorität. Das ist auch schon in seiner natürlichen Art mit begründet: Energie, Festigkeit und Mut waren ihm schöpfungsmäßig mitgegeben. Aber die eigentliche Quelle seiner gelassenen Ruhe und seiner völlig unverkrampften Zuversichtlichkeit ist sein „Glaube", seine Geborgenheit in dem lebendigen Gott. Darum darf jeder wirkliche Christ etwas von dieser Haltung des Paulus haben: „Unverzagt und ohne Grauen", auch in wirklich gefährlichen Tagen und Stunden.

AUF DER INSEL MALTA

Apostelgeschichte 28, 1–10

1 **Und als wir gerettet waren, da erfuhren wir, daß die Insel Malta**
2 **heiße. * Und die Barbaren erwiesen uns ungewöhnliche Freund-**
lichkeit; denn sie zündeten einen Holzstoß an und holten uns alle
herbei wegen des einsetzenden Regens und wegen der Kälte.
3 *** Als aber Paulus eine Menge Reisig zusammenraffte und auf das**
Feuer warf, kam eine Schlange infolge der Hitze heraus und biß
4 **sich an seiner Hand fest. * Als aber die Barbaren das Tier von sei-**
ner Hand herabhängen sahen, sagten sie zueinander: „Sicherlich
ein Mörder ist dieser Mensch, den aus dem Meer gerettet die Ver-

zu Vers 1: Apg 27, 26.39
zu Vers 2: 2 Ko 11, 27
zu Vers 4/5: Mk 16, 18 Lk 10, 19

[562] Wörtlich heißt es: „Auf einigen derer von dem Schiff." G. Stählin schlägt in seiner Übersetzung vor, dieses „einige" nicht sächlich, sondern männlich zu fassen und als Besatzungsmitglieder zu deuten, auf deren Rücken die Nichtschwimmer ans Land kommen. Ein beachtlicher Vorschlag! Es werden mit „die einen — die andern" offensichtlich zwei verschiedene Arten der Rettungsmöglichkeit für die Passagiere unterschieden. „Bretter" und „Schiffstrümmer" aber sind im Grunde die gleiche Sache. Welche „Bretter" sollte man gehabt haben, die nicht zugleich „Schiffstrümmer" waren?

zu Vers 6: Apg 14, 11
zu Vers 8: Lk 10, 9; Jak 5, 14 f
zu Vers 9: Mt 10, 8
zu Vers 10: Apg 16, 15

5 **geltung nicht leben läßt." * Er nun schüttelte das Tier ab ins Feuer**
6 **und erlitt keinen Schaden. * Sie aber erwarteten, er werde an-**
schwellen oder plötzlich tot niederfallen. Als sie aber lange ge-
wartet hatten und sahen, daß ihm nichts Schlimmes geschah, än-
derten sie ihre Meinung und sagten, er sei ein Gott.
7 **In der Umgebung jenes Ortes aber gehörten Landgüter dem Ersten**
der Insel namens Publius, der uns aufnahm und drei Tage freund-
8 **lich bewirtete. * Es geschah aber, daß der Vater des Publius von**
Fiebern und Dysenterie (Ruhr) ergriffen darniederlag. Zu ihm
ging Paulus hinein und betete, legte ihm die Hände auf und heilte
9 **ihn. * Als das geschehen war, kamen auch die übrigen, die**
auf der Insel Krankheiten hatten, herzu und wurden geheilt.
10 *** Sie ehrten uns mit vielen Ehrungen und gaben uns bei der Ab-**
fahrt noch, was nötig war.

1 Nun erfahren die Schiffbrüchigen, wo sie sind. Es ist die Insel Malta, zu der der Sturm sie — wirklich wunderbarerweise — hingetrieben hat. Malta stand einst unter der Herrschaft Karthagos. So sprechen die Einwohner noch punisch und sind daher **„Barbaren"**[563]. Dieser Ausdruck war damals ein rein sachlicher und enthält noch nicht den Klang des Rohen und Grausamen, den wir inzwischen hinein-
2 gelegt haben. Die Malteser kümmern sich herzlich um die Fremden, die an ihren Strand geworfen sind. Naß sind diese an Land gekommen, von den Tagen der Strapazen und der Angst geschwächt. Nun **„setzen Regen und Kälte ein"**, die Schiffbrüchigen frieren. Da wird ein großer Holzstoß angezündet, in dessen Nähe sich viele bergen können.

3 Das Feuer muß unterhalten werden. Die Schiffbrüchigen beteiligen sich mit Zusammentragen von Brennmaterial. Auch der große Apostel **„rafft eine Menge Reisig zusammen und wirft es auf das Feuer"**. Da fährt **„eine Schlange heraus und beißt sich an seiner Hand fest"**. Sichtbar für alle hängt das Tier von seiner Hand herab. Paulus
4/6 schleudert es ab ins Feuer und ist offenbar sehr unbekümmert. Er weiß wohl von der Zusage seines Herrn an seine Jünger Lk 10, 19; Mk 16, 18. Aber auf die einfachen Inselbewohner macht es einen tiefen und unheimlichen Eindruck. Eben ist dieser Mann dem Meer entronnen, nun beißt ihn die Giftschlange. „Gewiß" ist es **„ein Mörder, den die Vergeltung nicht leben läßt"**. So rasch sind ja auch wir

563 Das Wort bezeichnet zunächst den „Bärtigen" im Gegensatz zum glattrasierten Kulturmenschen. Dann aber meint es den Menschen einer fremden und unverständlichen Sprache. So schreibt Paulus in 1 Ko 14, 11 wörtlich: „Wenn ich nun die Bedeutung der Stimme nicht weiß, so werde ich dem Redenden ein Barbar und der Redende für mich ein Barbar."

oft mit unserem Urteil fertig. Als aber Paulus weder vom Gift anschwillt noch plötzlich tot umfällt, schlägt die Stimmung um: Er muß **„ein Gott"** sein, dem das Meer und die Schlange nichts anhaben können. Von einer aufklärenden Rede wie Kap. 14, 15 ff berichtet Lukas diesmal nichts. Die Situation war hier auch eine völlig andere als damals in Lystra[564]. Aber es wird in ihr sichtbar, wie hilflos die Menschen sind, die Gott nicht kennen. **„Ein Mörder" — „ein Gott"** — so geht ihr Urteil im Augenblick hin und her.

Die einfachen Einwohner der Insel können nur eine erste Hilfe 7
leisten. Die nötige durchgreifende Fürsorge geht von dem ersten Beamten der Insel — der **„Erste der Insel"** ist ein amtlicher, uns auch sonst bezeugter Titel — aus, der in der Nähe auf der Insel Landgüter besitzt. Auf ihnen kann er die Schiffbrüchigen zunächst einmal für drei Tage aufnehmen, bis sie für die drei Wintermonate mit der völlig ruhenden Schiffahrt anderweitig untergebracht werden. Der Centurio mit seinen Soldaten ist bei Publius selber einquartiert und
hat auch seine Gefangenen dorthin mitgebracht. Auch hier gewährt er 8/9
Paulus eine große Bewegungsfreiheit. Paulus kann dem an der Ruhr erkrankten Vater des Gastgebers einen Dienst tun und ihn durch Gebet und Handauflegung heilen. Das spricht sich natürlich schnell herum, und viele Kranke von der Insel kommen und finden Hilfe. Auch hier wird wieder deutlich, wie sehr das „Heilen" zum apostolischen Dienst gehört. Selbstverständlich tritt die Wortverkündigung dazu. Die Heilung wurde im Namen Jesu und in der Kraft seiner Auferstehung geschenkt; so mußte notwendig etwas von Jesus gesagt und bezeugt werden. Wenn aber Lukas nichts von einer eigentlichen Predigt oder gar von der Bildung einer Gemeinde berichtet, so entspricht auch das wieder der Lage. Die Freiheit zur öffentlichen Predigttätigkeit konnte Julius dem Gefangenen des Kaisers nicht gewähren.

Die Dankbarkeit der Einwohner ist groß. **„Sie ehrten uns mit** 10
vielen Ehrungen." Steckt in dem „uns" eine Andeutung, daß der Arzt Lukas an den Heilungen beteiligt war? Wahrscheinlicher ist, daß die unmittelbaren Freunde des Paulus zusammen mit ihm beschenkt und geehrt werden, wie sie auch mit ihm gebetet und zu den Kranken gesprochen haben werden. Die Dankbarkeit hält an bis zur Abreise, wo man Paulus und seine Begleiter mit allerlei nützlichen Dingen versieht. Wie einfach und selbstverständlich wächst hier der Dienst des Paulus und seiner Begleiter aus der gegebenen Lage heraus. Aber wie wunderbar ist zugleich Gottes Führung. Nun bekommt

564 Wäre Lukas, wie die Kritik annimmt, ein Erfinder christlicher Wundergeschichten, so würde er in der Tat nicht verfehlt haben, Paulus auch hier eindrucksvoll predigen zu lassen und uns eine Schar bekehrter Malteser vor Augen zu stellen. Aber Lukas berichtet erlebte Tatsachen. Paulus hat hier nun einmal nicht gepredigt.

diese kleine Insel Gottes Freundlichkeit und Hilfe zu schmecken und etwas von der Botschaft von Jesus zu hören. Jesu Weisung erfüllt sich auch in dieser Weise: „Bis an die Enden der Erde . . .“ Und welch ein Bild: Diese „Barbaren“ wissen nicht, wie sie ihrer Dankbarkeit genug Ausdruck geben können gegen den Mann, der als Gefangener unter ihnen weilt, weil die Gottesstadt Jerusalem nur Undank und Haß für ihn hatte.

ANKUNFT IN ITALIEN UND IN ROM

Apostelgeschichte 28, 11–16

zu Vers 11: Apg 27, 6
zu Vers 14: Apg 21, 4
zu Vers 15: Rö 1, 7–12; 2 Ko 7, 67; Apg 23, 11
zu Vers 16: Apg 27, 3

11 Aber nach drei Monaten fuhren wir in einem Schiff ab, das auf
der Insel überwintert hatte, einem alexandrinischen, mit den
12 Dioskuren als Schiffszeichen. * Und in Syrakus angelaufen, blie-
13 ben wir drei Tage dort, * von wo wir (an der Küste) **entlang fah-**
rend nach Rhegium gelangten. Und nach einem Tag, als Südwind
14 einsetzte, kamen wir in zweitägiger Fahrt nach Puteoli. * Dort
fanden wir Brüder und wurden eingeladen, bei ihnen zu bleiben
15 sieben Tage. Und so kamen wir nach Rom. * Von dort kamen
die Brüder, die von unserer Lage gehört hatten, uns entgegen bis
Forum Appii und Tres Tabernae. Als Paulus sie sah, dankte er
16 Gott und faßte Mut. * Als wir aber nach Rom hineinkamen, wurde
es Paulus erlaubt, privat zu wohnen zusammen mit dem ihn be-
wachenden Soldaten.

11 Drei Monate waren die Schiffbrüchigen auf Malta geblieben. Da nach Plinius die Seefahrt um den 7. Februar wieder begann, muß die Strandung Anfang November geschehen sein. Jetzt geht ein Schiff – wieder ein alexandrinisches – ab, das in einem Hafen Maltas überwintert hat. Es führt **„als Schiffszeichen die Dioskuren“**[565], die entweder als Gallionsfigur den Bug des Schiffes schmückten oder zu beiden Seiten des Bugs aufgemalt waren. In Syrakus, der bedeuten-
12/13 den Hafenstadt an der Ostküste Siziliens, blieb das Schiff drei Tage, wahrscheinlich um Ladung zu löschen und neue Fracht an Bord zu nehmen. Dann geht es **„an der Küste entlang fahrend“**[566] hinüber

[565] Die Dioskuren sind die Zwillingsgötter Kastor und Pollux, die Söhne des Zeus, die als Retter in Seenot galten und besonders in Ägypten sehr verehrt wurden.

[566] Das im Text stehende Wort bedeutet eigentlich „herumfahrend“ und paßt hier insofern schlecht, als die Ostküste Siziliens fast gerade von Norden nach Süden verläuft. Vielleicht will Lukas sagen, daß das Schiff infolge widriger Winde gerade nicht einfach der Küste entlang fahren konnte, sondern einen Bogen machen mußte. „Entlang fahren“ ist schon Verbesserung. Die Handschrift B schreibt stattdessen das gleiche Wort,

nach Rhegium, der ersten Stadt in Italien selbst. Nach einem Wartetag kommt ein Südwind auf, der das Schiff mit guter Fahrt in zwei Tagen nach Puteoli am Golf von Neapel bringt. Während die Frachtschiffe von hier weiter nach Ostia, dem Hafen an der Tibermündung fahren, steigen die Passagiere meist in Puteoli aus, um den Weg nach Rom zu Fuß zurückzulegen. So war Puteoli immerhin eine bedeutende Hafenstadt, durch die der ganze Reiseverkehr aus dem Osten und dem Süden des Reiches ging. Damit wird es zusammenhängen, daß es hier — anders als in Syrakus und Rhegium — schon eine Christengemeinde gibt. Auch sie ist wieder ein Zeugnis für die Tätigkeit unbekannter schlichter Männer, die es nicht lassen konnten, von Jesus zu erzählen.

„Dort fanden wir Brüder." Wie **„fand"** man sie? Vielleicht stieß man „zufällig" auf sie, vielleicht hat Paulus auch allerorts nach ihnen
ausgeschaut. Er sehnte sich nach den „Brüdern". Er selbst konnte sie 14
als Gefangener nicht „suchen"; aber seine Begleiter waren durch nichts daran gehindert. Warum Julius mit seinen Soldaten selber gern in dieser Stadt blieb, wird uns nicht berichtet. Wir wissen ja: Lukas erzählt sehr vieles nicht, was wir gern wüßten. Vielleicht machte einfach die Umstellung auf den Fußmarsch einen etwas längeren Aufenthalt nötig, zumal die Soldaten nicht wie Paulus und die Seinen reich beschenkt Malta verlassen konnten[567]. Jedenfalls bekommt Paulus die Erlaubnis, eine Einladung der Christen in Puteoli anzunehmen. Sieben Tage lang darf er die Liebe der Brüder genießen, dann geht es **„nach Rom"**, wie Lukas zunächst zusammenfassend feststellt.

Aber Lukas muß sofort etwas Wichtiges über diesen Weg nach 15
Rom ergänzen. In den sieben Tagen des Aufenthaltes in Puteoli ist durch die Christen die Kunde von der Ankunft des Paulus und von seiner Lage als Gefangener nach Rom gelangt. Als die Brüder in Rom[568] davon hören, **„kommen sie ihm bis Forum Appii und Tres**

das in Kap. 27, 40 „die Anker fortnehmen" hieß. Aber selbst wenn man auch in unserer Stelle „die Anker" stillschweigend ergänzt, ist diese Lesart schwierig: In Apg 27, 40 werden die Anker ja nicht „gelichtet", sondern als unnötiges Hindernis „gekappt".

567 Ausleger wie A. Schlatter vermuten, daß Julius damals bereits selber Christ geworden war und darum die Einladung der Gemeinde in Puteoli auch bekam und gern annahm. Aber würde Lukas das nicht doch ausdrücklich hervorgehoben haben?

568 Den Ausdruck „Gemeinde" verwendet Lukas so wenig, wie Paulus selbst es in der Adresse seines Römerbriefes tut. Über die vermutlichen Gründe vgl. die Auslegung des Römerbriefes in unserer W. Stb. S. 34. Der Blick auf den Römerbrief zeigt, daß die Vermutung der Kritik, Lukas habe die Gemeinden in Rom mit Absicht nicht genannt, um erst Paulus als den Gründer der römischen Gemeinde zu feiern, nur aus dem Geist ständigen Mißtrauens stammt und in der Sache selbst keinen Grund hat.

Tabernae entgegen". Der erstgenannte Ort liegt rund 60, der zweite etwa 49 km von Rom entfernt. Man wird an zwei Gruppen römischer Christen zu denken haben, von denen die eine bis Tres Tabernae, die andere sogar bis Forum Appii gelangt[569].

„Als Paulus sie sah, dankte er Gott und faßte Mut." Verwundert uns das? Dann verkennen wir, was die Bruderschaft allezeit für Paulus bedeutet hat. Paulus hatte nicht unsere entstellte Art des Christseins. Er war nicht gern der einsame Große, der alles allein kann und der sich selbst genügt. Allein zu bleiben war ihm ein ernstes Opfer (1 Th 3, 1). So ist ihm dieses unerwartete Entgegenkommen der römischen Brüder eine tiefe Freude, für die er Gott dankt, und in seiner so ernsten Lage eine wirkliche Ermutigung. Was er vor Jahren den römischen Christen schrieb: „Ich sehne mich danach, Zuspruch zu erfahren in eurer Mitte durch den beiderseitigen Glauben, unseren und meinen" (Rö 1, 11. 12), das war ihm nicht eine höfliche Redensart gewesen. Nun fügt es sich für ihn, wenn auch in anderer Weise, als er es bei seinem Brief[570] dachte, daß er den jetzt doppelt nötigen Zuspruch von ihnen empfängt.

16 **„Als wir aber nach Rom hineinkamen . . .",** so knapp, so trocken berichtet Lukas von dem großen Augenblick. Sollten wir nicht Vertrauen zu seinem Buch haben, wenn er so sichtlich alle schriftstellerischen Sensationen vermeidet? Wie oft hat Paulus seine Wünsche, seine Gebete, seine Pläne hierher gerichtet. Nun ist er da! Aber Lukas sagt kein Wort von den Gedanken und Empfindungen, die jetzt durch die Seele des Paulus gehen. Wir aber müssen bei dem kurzen Satz des Lukas still werden. Was für Menschen sind in den Jahrhunderten des Altertums in Rom eingezogen: Feldherren, Kaiser, Kaufleute, Dichter, Philosophen. Den Einzug eines jüdischen Gefangenen in militärischer Begleitung wird niemand groß beachtet haben. Und doch schreitet dort einer durch die Straßen Roms, der die Welt tiefer und nachhaltiger beeinflussen und gestalten wird als all die Träger glänzender Namen, denen das römische Volk bei ihrem Einzug zujubelte.

[569] „Sie kommen uns entgegen." Hier steht das Gleiche „eis apantäsin", das wir auch Mt 25, 6 und 1 Th 4, 17 finden. Es ist gerade aus unserer Stelle (wie auch aus Mt 25, 6) klar, daß der Sinn dieses „Entgegenkommens" die „Einholung" des Apostels (bzw. des Bräutigams) ist. Darum wird es sich auch in 1 Th 4, 17 nicht um eine „Entrückung" zum Herrn in den Himmel handeln, um dort im Himmel bei ihm zu bleiben, so wenig die römischen Christen sich mit Paulus in Forum Appii oder Tres Tabernae niederließen, sondern um die „Einholung" des wiederkommenden Herrn durch seine Gemeinde.

[570] Was die brüderliche Tröstung und Ermutigung bedeutet, haben wir im Kirchenkampf wieder neu gelernt. Die kleine Schar der Christen, die in Zukunft in aller Welt unter einer völlig anders gearteten Menschheit zu leben haben wird, wird nur bestehen können, wenn jeder einzelne von wirklicher Bruderschaft getragen und gehalten wird.

In Rom angekommen, hat es Paulus unerwartet gut. Es **„wurde Paulus erlaubt, privat zu wohnen"**. Die römische Behörde, die ihm diese Erlaubnis gibt, wird nicht näher genannt. Aus dem Luthertext kennen wir die Koine-Lesart: „Der Centurio übergab die Gefangenen dem Lagerkommandanten, dem Paulus aber wurde erlaubt, privat zu wohnen, außerhalb der Kaserne." Aber das wird spätere Erweiterung durch einen Abschreiber sein, der hier die nötigen Angaben vermißte. Jedenfalls ist die Lage des Paulus eine verhältnismäßig leichte und erfreuliche. Er kann jederzeit Menschen bei sich in der Wohnung empfangen und Gespräche führen. Freilich, er bleibt Gefangener. Er wohnt **„zusammen mit dem ihn bewachenden Soldaten"**, an dessen Arm er angekettet ist. Wirklich allein war Paulus nun niemals, auch nicht nachts zum Schlafen. Und auch Bibellesen und Beten konnte er nur in der steten Gegenwart eines Fremden. Persönliche Nöte und Unbilden der Boten sind im NT „nicht der Rede wert". Wir hören nicht einmal die Andeutung einer Klage oder eines Bedauerns. Das nächtliche „Wachen zum Gebet" wird er umso mehr ausgenutzt haben, um mit seinem Herrn zu reden, während sein Wachsoldat neben ihm schlief.

PAULUS IN ROM

Auseinandersetzung mit den Häuptern der Judenschaft
Das Zeugnis des Paulus frei und ungehindert

Apostelgeschichte 28, 17—31

17 Es geschah aber nach drei Tagen, daß er die zusammenrief, die
die Ersten unter den Juden waren. Als sie aber zusammengekom-
men waren, sagte er zu ihnen: „Ich, ihr Männer und Brüder, der
ich nichts gegen das Volk oder die väterlichen Sitten getan habe,
wurde als Gefangener aus Jerusalem in die Hand der Römer über-
18 liefert. * Diese, als sie mich verhört hatten, wollten mich frei-
19 lassen, weil keine Ursache zur Todesstrafe bei mir vorliegt. * Da
aber die Juden widersprachen, wurde ich gezwungen, mich auf den
Kaiser zu berufen, nicht als ob ich eine Anklage gegen mein Volk
20 hätte. * Aus diesem Grund habe ich euch eingeladen, euch zu se-
hen und mit euch zu sprechen. Denn wegen der Hoffnung Israels
21 trage ich diese Kette." * Sie aber sprachen zu ihm: „Wir unserer-
seits haben weder schriftliche Mitteilungen über dich aus Judäa
bekommen, noch kam einer der Brüder und berichtete oder sagte
22 etwas Böses über dich. * Wir verlangen aber von dir zu hören,
was du denkst; denn über diese Richtung ist uns bekannt, daß ihr

zu Vers 17:
Apg 23, 1
zu Vers 19:
Apg 25, 11
26, 32
zu Vers 20:
Apg 23, 6
24, 15
26, 6 f
2 Tim 1, 16
zu Vers 22:
Lk 2, 34
Apg 17, 19 f
24, 14
Rö 10, 21
Hbr 12, 3

zu Vers 23:
Lk 24, 27
Apg 19, 8
20, 7. 11
zu Vers 24:
Apg 14, 4
17, 4
zu Vers 26:
Jes 6, 9 f
Mt 13, 14 f
Jo 12, 40
zu Vers 27:
2 Ko 3, 14
zu Vers 28:
Ps 67, 3
Jes 52, 10
Apg 13, 46
18, 6
zu Vers 30:
2 Tim 1, 17
zu Vers 31:
Apg 19, 8
Eph 6, 18-20
Phil 1, 14
2 Tim 2, 9

23 überall widersprochen wird." * Sie bestimmten ihm aber einen
Tag und kamen zu ihm in sein Quartier in noch größerer Zahl.
Ihnen legte er (seine Anschauung) **dar, bezeugend die Herrschaft**
Gottes, indem er sie von Jesus zu überzeugen suchte, vom Gesetz
24 Moses und den Propheten aus, von früh bis zum Abend. * Und die
einen ließen sich gewinnen durch das, was er sagte; die andern
25 aber verweigerten den Glauben. * Da sie aber uneins waren un-
tereinander, gingen sie weg, während Paulus ein einziges Wort
sagte: „Richtig hat der Heilige Geist gesprochen durch Jesaja,
26 den Propheten, zu euren Vätern: * ‚Gehe zu diesem Volk und
sprich: Hörend werdet ihr hören und nicht verstehen, und sehend
27 werdet ihr sehen und nicht erkennen. * Denn fühllos wurde das
Herz des Volkes, und mit ihren Ohren hören sie schwer, und
ihre Augen haben sie geschlossen, damit sie nicht etwa sehen mit
ihren Augen und mit ihren Ohren hören und mit ihrem Herzen
28 verstehen und sich bekehren und ich sie heile.' * Kund sei euch
nun, daß den Heiden gesandt wurde dieses Heil Gottes, sie wer-
29 den hören!" * (Und als er dies gesagt hatte, gingen die Juden weg,
indem sie viel Auseinandersetzung untereinander hatten)[571].
30 * Er blieb aber ganze zwei Jahre in der eigenen Mietswohnung
31 und empfing alle, die zu ihm kamen, * bekundend die Herrschaft
Gottes und lehrend von dem Kyrios Jesus Christus mit allem
Freimut ungehindert.

Nun ist Paulus also in Rom! Wir haben die gleiche Frage auf dem Herzen, die auch die Philipper bewegte: die Frage nach seinem weiteren Ergehen, nach dem Verlauf seines Prozesses, nach dem Urteil, mit dem dieser Prozeß schloß. Wurde Paulus zum Tode verurteilt? Kam er frei? Aber Lukas erweist sich auch hier als guter Schüler des Paulus. So wie Paulus selbst die Fragen der Philipper nach seinem Ergehen sofort umwendet zu einer Auskunft über den Fortgang des Evangeliums („Wissen lassen aber möchte ich euch, Brüder, daß meine Lage mehr zum Fortschritt des Evangeliums geführt hat" Phil 1, 12), so sagt uns auch Lukas am Schluß seiner Apostelgeschichte nichts von alledem, was wir so gern wissen möchten, und richtet unsern Blick einzig auf den Fortgang der großen Sache des Evangeliums. In geradezu großartiger Weise unterstreicht Lukas durch den viel umstrittenen Schluß seines Buches noch einmal, was uns die Art seiner Darstellung schon gezeigt hat: das persönliche Schicksal der einzelnen Menschen, selbst der Apostel und sogar

[571] Dieser V. 29, uns aus der Luther-Übersetzung vertraut, findet sich im Koine-Text, fehlt aber in maßgebenden Handschriften.

eines Paulus, ist unwichtig gegenüber dem Evangelium und seinem Lauf durch die Welt! Unsere Unzufriedenheit mit dem Abschluß der Apostelgeschichte ist somit nur ein Zeichen unserer eigenen unbiblischen und verkehrten Einstellung. Das Evangelium wird in der Welthauptstadt frei verkündigt, das müßte uns mit Dank und Freude und Anbetung erfüllen. Der Prozeßverlauf und der Lebensausgang des Paulus ist daneben ohne Gewicht. Wie kraftvoll und vollmächtig würde die Gemeinde Jesu heute dastehen, wenn sie wieder so zu denken, so zu leben und so zu leiden lernte!

Nicht auf das Ergehen des großen Paulus, sondern auf die Arbeit des berufenen Boten wird im letzten Abschnitt unser Blick gerichtet.
Diese Arbeit setzt auch in Rom nicht anders ein als überall: bei der 17
Verkündigung an Israel. Der Mann, der schuldlos **„aus Jerusalem in die Hand der Römer überliefert"** worden ist, der die meisten seiner schweren Leiden durch Juden erlitt, der allein durch den Haß seiner israelitischen Volksgenossen in dieser gefahrvollen Lage vor dem Gericht Kaiser Neros steht, der sucht auch in Rom als erstes und sofort die Verbindung mit der Judenschaft und bittet **„nach drei Tagen die, die die Ersten unter den Juden sind"**, zu sich in seine Wohnung. Welch unverbrüchliche Treue zu Israel, in der sich etwas von Gottes unwandelbarer Treue widerspiegelt. Die römischen Juden folgen seiner Einladung, ein Zeichen, daß sie ihrerseits noch nicht eine endgültige Stellung gegen die junge Christenheit und gegen Paulus eingenommen haben. Paulus legt ihnen zunächst seine persönliche Lage dar um der Sache willen. Sein Satz **„als Gefangener aus Jerusalem in die Hand der Römer überliefert"**, scheint im Widerspruch zu stehen mit den Ereignissen, wie sie uns Kap. 21, 27 ff geschildert und auch von jüdischer Seite selbst mit Betonung Kap. 24, 7 (Koine-Text) dargestellt sind. Sollte Lukas diesen Widerspruch nicht bemerkt haben? Aber Paulus kann und will sich jetzt nicht auf Einzelheiten
einlassen und hebt nur die Grundlinie heraus: Nicht die Römer ha- 18/20
ben ihn irgendwelcher Verbrechen wegen von sich aus festgenommen, sie fanden bei der Untersuchung nichts Strafwürdiges an ihm; die führenden Kreise Israels sind schuld, daß er jetzt als Gefangener des Kaisers in Rom ist. Dabei hat er seinerseits **„nichts gegen das Volk oder die väterlichen Sitten getan"**. Aber er trägt seinem Volk nichts nach und will bei seinem Prozeß vor dem Kaiser nicht etwa sein Volk verklagen. Nein, auch jetzt weiß er sich völlig zu Israel gehörig und sieht in Jesus **„die Hoffnung Israels"** wahrhaft erfüllt[572]. Darum sucht er mit wirklichem Ernst die Verbindung mit der Judenschaft in Rom. **„Denn wegen der Hoffnung Israels trage ich diese**

[572] Vgl. zu dieser ganzen Einstellung des Paulus o. S. 407

Kette." Den ganzen Widersinn seiner Lage hat Paulus in diesem kurzen Satz zusammengefaßt. Können das die Juden in der Welthaupt-
21/22 stadt nicht durchschauen und sich zu ihm stellen? Die Antwort der Häupter der Judenschaft ist nicht ungünstig. Erstaunlicherweise haben der Hohepriester und der Hohe Rat keinen amtlichen Bericht über Paulus nach Rom geschickt. Trotz des lebhaften Verkehrs ist auch kein Jerusalemer gekommen, der amtlich oder privat **„etwas Böses über Paulus"** berichtet hätte. Das Christentum freilich ist den römischen Juden bekannt. Aber noch sehen sie darin eine **„Richtung"** des Judentums, der allerdings **„überall widersprochen wird"**.[573] Darum **„verlangen sie von Paulus zu hören, was er denkt"**. In dem hier gebrauchten Wort für **„verlangen"** steckt der Hinweis auf ein gewisses Recht einer solchen Forderung. Die Christenheit in Rom war von unbekannten Männern gegründet worden. Nun ist es den führenden Juden Roms wichtig, daß ein namhafter Mann der „Nazarener" (Kap. 24, 5), ein Pharisäer und Schriftgelehrter, bei ihnen ist und ihnen über seine Stellung zum Christentum Auskunft geben kann. Zu dieser Auskunft ist er ihnen gegenüber verpflichtet.

23/24 So füllt sich an einem bestimmten Tag das Zimmer des Paulus. Es gibt ein langes Gespräch vom frühen Morgen bis zum späten Abend. Selbstverständlich bildet wieder die Schrift Grundlage und Ausgangspunkt, und es geht um die beiden zusammengehörigen Themen „Reich Gottes" und „Jesus". Jesus — der Bringer der Gottesherrschaft, der Erfüller der alten Verheißungen und Erwartungen, das sucht Paulus, seinen Besuchern zu zeigen. **„Und die einen ließen sich gewinnen durch das, was er sagte."** Das bedeutet hier aber offensichtlich nicht schon klare Bekehrung zu Jesus, sondern nur Offenheit und Interesse für das, was Paulus ihnen darstellt. **„Die andern aber verweigerten den Glauben."** Hier wird noch einmal deutlich, was das ganze NT unter „Unglauben" versteht. Er ist das willentliche Nein zu der klar gehörten und verstandenen Botschaft. So blieb die Judenschaft Roms uneins und zwiespältig[574]. Es kommt nicht zu einer einmütigen, klaren Verwerfung des Paulus. Aber es ist auch von einem weiteren Hörenwollen keine Rede. Es mögen einzelne auf Grund dieses Tages den Weg zu der Gemeinde Jesu in Rom gefun-

[573] Jede ausgesprochene und bestimmte Erkenntnis und Einstellung findet natürlich auch lebhaften Widerspruch. Dem „Christentum" ergeht es darum nicht anders als jeder Religion und Weltanschauung. Darum ist es Torheit, das Christentum schon deshalb abzulehnen, weil ihm kräftig widersprochen wird! Für den tieferen Blick sieht es sogar noch anders aus: In einer gegen Gott sich auflehnenden Welt muß gerade die eigentliche Wahrheit Gottes den leidenschaftlichen Widerspruch erwecken. Daß der Christenheit „überall widersprochen wird", ist also gerade das Siegel auf die Echtheit ihrer Botschaft.

[574] Das spiegelt sich in dem zugefügten V. 29 des Koine-Textes wider.

den haben. Aber Israel als Ganzes bleibt auch in Rom der Botschaft
verschlossen. Das sieht Paulus am Ende dieses heißen Tages deutlich 25/27
vor sich, und so ruft er beim Abschied den vergeblich Umworbenen noch ein Wort zu, das schwere Gerichtswort Gottes aus der Berufungsgeschichte Jesajas, das wir nur hier in der Apg und außerdem in Mt 13, 14; Jo 12, 40 aus dem Munde Jesu selbst hören. Es macht in einer ganz eigentümlichen und erschreckenden Weise deutlich, wie hinter aller faktischen „Schwerhörigkeit" und „Blindheit" für Gottes Botschaft in Wahrheit eine unheimliche, tiefe Abwehr des Menschen steckt, der nicht hören und verstehen will. Warum will er es nicht? Weil er instinktiv spürt, wie alles Hören und Verstehen ihn der Bekehrung entgegentreibt, die er haßt, obwohl sie für ihn die Rettung ist. So schwer bekehrt sich gerade der „fromme" Mensch. Nun wird es auch in Rom deutlich, was Paulus überall erfuhr. Die **„Hoffnung Israels"**, für die Paulus die Kette trägt, wird von Israel selbst zurück-
gestoßen. Gott aber schenkt dadurch die Zeit für die Herausrufung 28
des Leibes Christi aus den Nationen. **„Kund sei euch nun, daß den Heiden gesandt wurde dieses Heil Gottes; sie werden hören."**

Und so geschieht nun auch in Rom zwei Jahre lang die Missions- 30/31
arbeit unter den Heiden, in den Grenzen, die durch die Gefangenschaft des Paulus gesetzt waren. Aber in diesen Grenzen **„mit allem Freimut ungehindert"**. Paulus kann nicht draußen in großen Versammlungen sprechen; aber Menschen kommen zu ihm, denen er die große Botschaft vom Anbruch der Gottesherrschaft sagen und über den **„Kyrios Jesus Christus"** genauen Unterricht geben kann. Der Titel **„Kyrios"** hat hier in der Hauptstadt des „Kyrios Nero" noch einen ganz anderen Klang! Er sagt mächtiger als unser abgebrauchtes deutsches Wort „Herr", daß Jesus Christus der Herrscher der Welt ist und der Träger des göttlichen Heils für alle Räume und Zeiten der Weltgeschichte bis zum großen Tag seiner Wiederkunft.

Durch Philemon 10 kennen wir einen jener vielen Besucher, die damals zu Paulus in sein Quartier kamen, den entlaufenen Sklaven Onesimus, der nun durch Paulus zu Jesus und zur wahren Freiheit findet. Wie viele andere mögen es gewesen sein, die in jenen zwei Jahren die Wende ihres Lebens bei Paulus erfuhren!

„Er blieb aber ganze zwei Jahre in der eigenen Mietswohnung." Diese Formulierung zeigt klar, daß Lukas von einer Wendung nach zwei Jahren wußte. Ist es nur jene Wendung, die wir in Phil 1, 12 f sich widerspiegeln sehen, wo Paulus offenbar in die Kasernen überführt worden ist und seine bisherige Bewegungsfreiheit verloren hat? Ist es die Wendung zum Tode? Wir sind hier gänzlich auf Vermutungen angewiesen. Auf der einen Seite haben wir die kirchliche Überlieferung, die den Tod des Paulus in das Jahr 64 legt. Dann

würde die Verlegung in die Kaserne nur das entscheidende Stadium seines Prozesses ankündigen, der nach seiner eigenen Erwartung in Phil 1, 25 f mit dem Freispruch geendet hätte. Später müßte Paulus dann erneut verhaftet und vor Gericht gestellt und als römischer Bürger zum Tode durchs Schwert verurteilt worden sein. Die sogenannten „Pastoralbriefe" (1 und 2 Tim und Titus) lassen sich als echte Paulusbriefe nur verstehen, wenn der römischen Gefangenschaft noch eine Zeit der Wirksamkeit — freilich doch wieder im Osten und nicht in Spanien — gefolgt ist. Auf der andern Seite aber steht der bestimmte Ausspruch des Paulus in Kap. 20, 25: „Ich weiß, daß ihr nicht mehr sehen werdet mein Angesicht, ihr alle, bei denen ich durchzog, heroldend das Reich." Sollte Lukas das geschrieben haben, wenn er wußte, daß Paulus noch einmal freikam und den Osten erneut besuchte? Es wäre auch schwer zu verstehen, wenn Lukas an dieser Stelle sein Werk beendet hätte, obwohl er den günstigen Ausgang des Prozesses und eine weitere Wirksamkeit des Paulus kannte. Es müßte denn sein, daß er wirklich einen dritten Band seines Werkes in Aussicht genommen hat, der nun diese weitere Wirksamkeit des Paulus schildern sollte, wie manche annehmen. Wenn er dagegen mit seinen Lesern wußte, daß nach diesen zwei Jahren die Verschärfung der Haft, der Prozeß und der Tod folgte, dann wäre dieser Schluß seines Buches wahrhaft groß und folgerichtig. Das Bild des Paulus, der den von Jesus vorgesehenen und durch soviel Hindernisse und Gefahren hindurch dennoch herbeigeführten Zeugendienst in der Hauptstadt Roms tat, **„zwei Jahre hindurch mit allem Freimut ungehindert"**, sollte dann das letzte sein, was der Leser der Apg vor sich sah. Was danach kam, war dem Leser bekannt. Aber es hat keine Wichtigkeit. Die Apg weiß noch nichts von der Verherrlichung der Märtyrer, die später so bestimmend in der Kirche wurde. Wie kurz und sachlich hat sie den Tod des Jakobus berichtet! Auch ein Paulus ist als Märtyrer nicht wichtig, so wie Paulus selbst sein Sterben nur als die Beigabe, als das „Trankopfer" zum eigentlichen „Opfer des Glaubens" der Gemeinde angesehen hat (Phil 2, 17). Auch die großen, erwählten Werkzeuge Jesu leiden und sterben, wie es der Herr selbst vorausgesagt hat. Aber das Evangelium geht weiter. „Gottes Wort ist nicht gebunden." Den Sterbenden entsinkt die Siegesfahne der Botschaft von Jesus. Aber immer wieder sind andere da, die sie aufnehmen und die in dem Maß ihres Auftrages **„bekunden die Herrschaft Gottes und lehren von dem Kyrios Jesus Christus mit allem Freimut ungehindert"**.

NACHWORT

Wir stehen am Schluß der Apostelgeschichte und blicken zurück. Womit begann unser Buch? Mit dem Einen, der in der Mitte weniger junger Männer auf dem Ölberg bei Jerusalem steht und sie in die Weite der Welt hinausweist. Nun am Schluß des Buches lehrt Paulus, der Bote Jesu, in der Welthauptstadt Rom das Evangelium unverboten, und von Jerusalem bis nach Rom geht durch die „Ökumene", durch die damalige Kulturwelt, die Kette der Gemeinden Jesu, der vielen namhaften, deren Gründung wir miterlebten, und der vielen unbekannten, auf die wir nur im Vorbeigehen stießen.

Wie ist das gekommen, in dem knappen Zeitraum von etwa 30 Jahren? Wir sind so an diese Tatsache gewöhnt, daß wir gar nicht mehr ermessen, wie erstaunlich es alles ist. Nie hätte ein Mensch diese Geschichte konstruieren oder sich vorher auch nur irgendeine Vorstellung von ihr machen können. Nie hätte ein Mensch sie für möglich gehalten, wenn er dabeigewesen wäre, als die Elf auf dem Ölberg die Sendung in die Welt hinaus empfingen.

Lukas hat uns diese Geschichte nicht in moderner „systematischer" Weise dargestellt, unter ausdrücklicher Hervorhebung der Triebfedern und der entscheidenden Gesichtspunkte. Lukas ist ein „Erzähler" in dem alten biblischen Stil der einfachen Tatsächlichkeit. Wie man in einem Zug fährt und an Station nach Station vorbeieilt und durch immer neue Landschaften getragen wird bis zum großen Endpunkt der Reise, so liest man sich durch die Apostelgeschichte hindurch. Oft möchte man Halt! Halt! rufen und aussteigen, um sich auf dieser oder jener bedeutenden Station noch näher umzusehen. Aber der Zug eilt weiter; neues Land tut sich dem Blick auf.

Eines aber hat uns Lukas mit seiner ganzen Schilderung unerhört eindrücklich gemacht, und darauf soll jetzt am Schluß unser Blick noch einmal ruhen. In dieser ganz unausdenkbaren Geschichte ist nichts „gemacht", sondern alles „geworden", nichts „geplant" und nichts „organisiert", sondern alles hat sich so „begeben". Hier haben nicht Menschen mit immer neuen Mitteln und Methoden große Ziele erreicht. Hier hat allein das verkündigte Wort in seinem eigenen Lauf Leben geschaffen. Das Wort nimmt wohl auch einzelne bedeutende Männer in seinen Dienst, aber es tut die entscheidenden Dinge ebensogut durch unbekannte und namenlose.

Darum ist diese ganze „Apostelgeschichte" ein unerklärbares Geheimnis, das Geheimnis der Kraft des Heiligen Geistes, das Geheimnis göttlicher Leitung und Führung, das Geheimnis des Glaubens, in welchem Menschen sich dem Wirken des Wortes zur Verfügung stellen. Es „wird" alles so, weil am Anfang der Eine steht, der nicht mit anfeuernder und treibender Energie, sondern mit der Ruhe unbedingter Tatsächlichkeit feststellt: „Ihr werdet Kraft empfangen, wenn der Heilige Geist auf euch kommt, und werdet meine Zeugen sein, in Jerusalem und in ganz Judäa und Samaria und bis an das Ende der Erde." Wenn er spricht, so geschieht es; wenn er gebietet, so steht es da. Darum führt die Apostelgeschichte von diesem Anfang zu

diesem Schluß, und darum ist alles Geschehen in ihr so, wie es Lukas als ein treuer Zeuge voll Glaubens und Heiligen Geistes uns geschrieben hat.

Es gilt aber gerade auch von der Apostelgeschichte des Lukas, was Paulus den Römern von der Bibel überhaupt sagt: „Denn alles, was zuvor geschrieben wurde, wurde zu unserer Belehrung geschrieben, damit wir durch die Geduld und durch den Trost der Schriften die Hoffnung haben." Es ist nicht eine fremde und vergangene Geschichte, die wir hier „historisch" aus weiter Entfernung betrachten. Denn der Eine, der am Anfang der Apostelgeschichte steht, ist derselbe gestern und heute. Er baut seine Gemeinde heute noch so, wie er es damals tat. Wir stehen mit hundert Problemen und mit immer neuen eigenen Versuchen und Methoden vor der Ohnmacht und dem Elend der Kirche in unserer Gegenwart. Laßt uns doch zurückkehren zu der „Apostelgeschichte", die mit dem letzten Satz des Lukas nicht zu Ende war, sondern weiter und weiter gegangen ist bis zu uns. Laßt uns entschlossen allem eigenen Können, eigenen Planen und Tun entsagen und das wahre Beten und Glauben wieder zu unserer Sache machen, weil der Herr Jesus Christus selbst alles in der Hand hat und mit seinem Planen und Lieben, mit der Macht seines Wortes und Geistes heute wie damals seine Taten tun und seine Gemeinde bauen und sie zurüsten will auf den Tag seiner neuen Gegenwart.

Sachregister

Dieses Sachregister will kein vollständiges Verzeichnis aller wichtigen Worte in diesem Band bieten, sondern nur auf die wichtigsten „Sachen" hinweisen, die in diesem Buch ausgelegt werden.

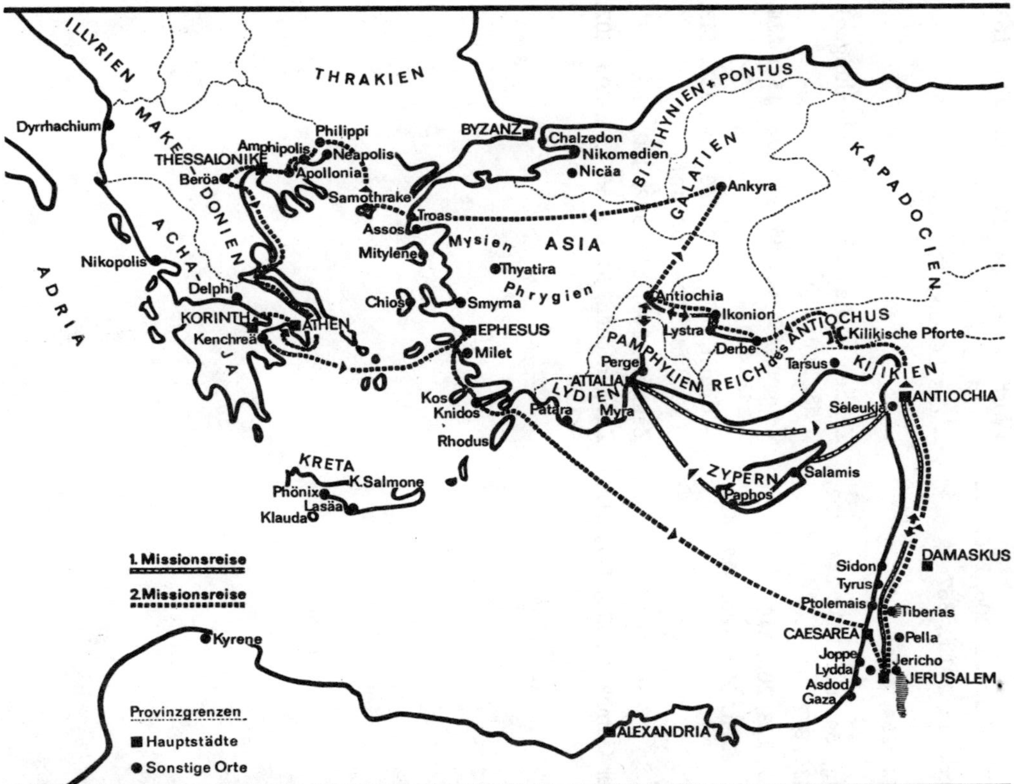

Die 1. Missionsreise des Apostels Paulus nach Kleinasien (Apg 13—14);
Reise nach Jerusalem zum Apostelkonzil (Apg 15);
2. Missionsreise (Apg 16—18).

Die 3. Missionsreise des Apostels Paulus (Apg 12—21);
Zwischenreise nach Korinth; Fahrt nach Rom (Apg 27—28).

Wuppertaler Studienbibel

Begründet von

Fritz Rienecker

Reihe: Neues Testament

Herausgegeben von

Werner de Boor

und

Adolf Pohl

R. Brockhaus Verlag Wuppertal

Wuppertaler Studienbibel